AF810910

Für registrierte Leser halten wir zusätzliche Informationsangebote bereit.

Buchregistrierung

Registrierungscode

Jetzt registrieren

Bitte geben Sie Ihren Code auf der Verlagswebsite ein.

Ihr persönlicher Registrierungscode 04GP59610118

Leseproben · Artikel · Angebote · Newsletter · BuchScanner · Foren · Glossar

Uli Plank

Apple DVD Studio Pro 3

DVD-Authoring in der Praxis

Galileo Press

Liebe Leser,

wir freuen uns, dass Sie sich für ein Buch der Reihe Galileo Design entschieden haben.

Galileo Design ist die Reihe für professionelle Screen-, Web- und Grafik-Designer und Experten im Prepress-Bereich. Unsere Bücher zeigen, wie man es macht – strikt aufgabenbezogen und mit Beispielmaterial professioneller Designer erschleißen sie die Anwendung aller relevanten Tools und Techniken. Sie vermitteln das technische Know-how, und sie sind Ideengeber und überraschen mit originellen und inspirierenden Lösungen. Wissen teilt sich nicht nur sprachlich, sondern auch visuell mit. Satz und Layout tragen dem Rechnung. Und wo immer es dienlich ist, ist ein Buch vierfarbig gestaltet. Unsere Bücher sind eine Augenschule: indem sie gefallen, setzen sie Kreativität frei. Denn Designer lesen anders.

Jedes unserer Bücher will Sie überzeugen. Damit uns das immer wieder neu gelingt, sind wir auf Ihre Rückmeldung angewiesen. Bitte teilen Sie uns Ihre Meinung zu diesem Buch mit. Ihre kritischen und freundlichen Anregungen, Ihre Wünsche und Ideen werden uns weiterhelfen.
Wir freuen uns auf den Dialog mit Ihnen.

Ruth Wasserscheid
Lektorin Galileo Design

ruth.wasserscheid@galileo-press.de
www.galileodesign.de
Galileo Press • Gartenstraße 24 • 53229 Bonn

Für Elena

Auf einen Blick

Inhaltsverzeichnis ... 4
Übersicht Workshops ... 16

1 Schneller Einstieg ... 17

Teil I Wissen
2 Die Rolle der DVD im Medienmarkt ... 45
3 DVD – der technische Hintergrund ... 61
4 Die DVD beim Nutzer ... 81
5 Projektplanung ... 95

Teil II Gängige Praxis
6 Bewegte Bilder ... 111
7 Das Videomaterial ... 137
8 Der Film-Look ... 155
9 Videokodierung ... 199
10 Kompressionspraxis ... 211
11 Der Ton zum Bild ... 251
12 Grafik und Text ... 299
13 Navigationsdesign ... 365

Teil III High-End-Praxis
14 Internationale Projekte ... 395
15 Mit Skripten arbeiten ... 407
16 DVD-Editing mit TFDVDEdit ... 439
17 DVDs umprogrammieren ... 483
18 DVD Re-Authoring ... 505
19 Animierte Buttons ... 547
20 Seamless Branching ... 567
21 Ausgabe, Tests und Vervielfältigung ... 575
22 Kleine Helfer ... 611

Anhang
A Weitere Ressourcen ... 625
B Glossar ... 631
C Inhalt der Buch-DVD ... 651
Ich danke 653
Index ... 655

Inhalt

1 **Schneller Einstieg** ... 17
1.1 Das Übungsprojekt ... 17
Ausgangsmaterial ... 17
1.2 Erstellung der DVD ... 19
Programmeinstellungen ... 19

Teil I Wissen

2 **Die Rolle der DVD im Medienmarkt** ... 45
2.1 Eine für alles ... 45
Standardisierung ... 46
Abwärtskompatibilität ... 48
Mehrwert ... 49
2.2 Konkurrenzlos? Die DVD-Video ... ... und VHS-Video ... 49
Wiedergabemedium Nr. 1 ... 49
DVD-Recording ... 50
2.3 ... und Video auf CD ... 51
DivX;-) ... 52
2.4 ... und die Audio-CD ... 53
2.5 ... und Audio auf DVD ... 53
And the winner is 53
Nomen est omen? ... 55
2.6 ... und die CD-ROM/DVD-ROM ... 55
2.7 ... und das Internet ... 56
Fehlende Bandbreiten ... 56
Fehlende Serverleistung ... 57
Fehlende Standards ... 57
Ungeklärte Finanzierung von Inhalten ... 57
Mangelnde Medienkonvergenz ... 58
2.8 ... und digitales Fernsehen ... 58
2.9 Und was ist mit HDTV? ... 59

3 **DVD – der technische Hintergrund** ... 61
3.1 Der physische Datenträger ... 61
Abmessungen ... 61
Schichten und Ebenen ... 62
Windungen und Drehungen ... 63
Varianten ... 64

DVD aus dem Presswerk 65
Unikate und Kleinserien 66
Direktaufzeichnung 69
3.2 Die DVD – ein Datenspeicher 69
Kapazität einer DVD 70
Hybrid-Disks 71
3.3 Dateistruktur der DVD-Video 72
Der entscheidende Ordner: VIDEO_TS 74
Multiplexing 76
3.4 Monstren, Mumien, Mutationen – exotische Sonderformate 76
3.5 Wann kommt die hochauflösende DVD? 78
Die Kompressionsverfahren 78
Die Disks 79

4 Die DVD beim Nutzer 81
4.1 Abspielplattformen 81
DVD-Player 81
Unverträglichkeiten bei DVD-R 82
Verkabelung 82
Computer 83
Spielkonsolen 85
Profi-Player 85
Sonstige 86
4.2 Einsatzbereiche und Anwendungsformen 86
Einführung 86
Industrie und Messe 87
Kioskanwendungen 87
Aus- und Weiterbildung 88
Künstlerischer Einsatz 89
Interaktiver Film 89
4.3 Typische Inkompatibilitäten 90
Im internationalen Austausch 90
Bei den DVD-Medien 91

5 Projektplanung 95
5.1 Was will der Nutzer? 95
Allgemeine Gestaltungsregeln 96
Was erwartet die Zielgruppe? 97
5.2 Produktionsorganisation 99
Der Produktionsprozess 99
Planungsschritte für das Authoring 100

Wer macht was? ... 102
Asset-Management ... 103
5.3 Kosten ... 103
5.4 Bit-Budgeting ... 105

Teil II Gängige Praxis

6 Bewegte Bilder ... 111
6.1 Von der großen Leinwand zur Flimmerkiste ... 111
TV zeilenweise ... 111
Es flimmert ... 112
Das Zeilensprungverfahren ... 112
Der Kinotransfer für NTSC ... 114
Die Umkehrung – Inverse Telecine ... 115
Progressive Scan auf DVD-Player und Computer ... 116
6.2 Pixelpanik ... 116
Ein analoger Bildschirm hat keine Pixel ... 116
Wie scharf ist ein Fernsehbild? ... 117
So wird Video digital ... 118
Helligkeitswerte bei Digitalvideo ... 120
Farbe bei Digitalvideo ... 121
Wir sehen Farben nicht so scharf! ... 122
6.3 Widescreen – ein weites Feld ... 125
Warum Widescreen? ... 125
Widescreen und TV ... 126
Hochauflösendes Fernsehen und Video ... 126
Widescreen-Aufnahme auf Film ... 129
Widescreen auf Video ... 129
Widescreen auf der DVD ... 131
Widescreen im DVD-Player ... 134
Widescreen auf dem Display ... 135

7 Das Videomaterial ... 137
7.1 Vorbemerkungen ... 137
Bildbearbeitung ... 137
Oversampling ... 138
Mehrfachkompression ... 138
7.2 Film als Quelle ... 139
Filmmaterial und -abtastung ... 139
16:9 und Film ... 140
NTSC und Film ... 140

7.3 Video-Aufnahmeformate ... 142
D1-Format ... 143
Digital-Betacam ... 143
D9 (Digital-S) ... 143
DVCPRO (25 und 50) ... 144
D10 (IMX) ... 144
DV und DVCAM ... 145
Sony Optical Disk ... 146
HDCAM ... 147
DVCPRO-HD/Varicam ... 147
High Definition DV (HDV) ... 148
Analoge Quellen – trübe Quellen? ... 149
Kreativer Umgang mit analogem Material ... 150
Archivmaterial ... 150
7.4 Ratschläge für die Praxis ... 151
Profi-Camcorder ... 151
DV als Produktionsformat für DVD? ... 151
Timecode bei DV ... 151
Computerbilder – zu perfekt? ... 152

8 Der Film-Look ... 155
8.1 Technische Einführung ... 155
Auflösung ... 156
Kontrastverhalten ... 156
Technischer Kontrastumfang bei Digitalvideo ... 158
Kamerapixel ... 163
8.2 Technik und Ästhetik ... 164
Künstliche Farbstoffe ... 164
Volles Korn? ... 166
Volles Bild ... 168
Vollbild-Camcorder ... 169
Vollbilder nachträglich erzeugen ... 171
Video – mit Schärfe nachgewürzt ... 181
Film – weich wie alter Cognac ... 182
Software zum »Dahinterschrauben« ... 185
Hard- oder Software-Filter? ... 188
8.3 Breit werden ... 189
Breit per Software ... 189
Breit mit Chips ... 190
Breit mit Linsen ... 191
8.4 Größe zählt doch! ... 192
Von Fischaugen und Fernrohren ... 192
Das Gesetz des Auges ... 193

Vom Nutzen der Unschärfe ... 194
Die hohe Kunst der Unschärfe ... 196
Produktionsniveau ... 197
Fazit ... 198

9 Videokodierung ... 199
9.1 MPEG ... 199
Geringere Auflösung ... 201
Intraframe-Reduktion ... 203
Interframe-Reduktion ... 204
GOP ... 206
CBR und VBR ... 206
MPEG-1 ... 207
MPEG-2 ... 208

10 Kompressionspraxis ... 211
10.1 Einführung ... 211
Der Encodermarkt ... 212
Encoder-Spezialitäten ... 212
Videoanschlüsse für Hardware-Encoder ... 214
Bleiben Sie realistisch! ... 215
10.2 Apples Compressor ... 215
Was ist eigentlich QuickTime? ... 216
Datenspeicherung und -übergabe ... 219
10.3 Kontrast und Helligkeit ... 223
10.4 Kodieren mit Compressor ... 225
Reiter Codierer ... 226
Filter in Compressor ... 233
Einstellungen unter Geometrie ... 236
Aktionen ... 237
Das Vorschaufenster ... 237
Qualität und Tempo ... 239
Der versteckte Compressor ... 240
10.5 Alternativen ... 241
Hardware-Encoder ... 241
Software-Encoder ... 242
DVD-Rekorder als Encoder? ... 247
Encoding durch Dienstleister ... 248

11 Der Ton zum Bild ... 251
11.1 Die Rolle des Tons im Film ... 251
11.2 Digitale Tonaufnahme ... 251
Abtastrate ... 252

Bit-Tiefe ... 253
11.3 Aufnahmegeräte ... 254
MD-Rekorder ... 254
Computer als Rekorder ... 256
11.4 Tonbearbeitung ... 257
Richtige Aussteuerung ... 257
Normalisierung und Kompression ... 259
Synchronisation ... 260
11.5 Audio für die Video-DVD ... 263
PCM ... 266
Dolby Digital/AC-3 ... 266
DTS ... 267
MPEG ... 268
SDDS ... 268
11.6 Surround-Ton ... 269
Aufnahme ... 269
Digitaler Mehrkanalton ... 270
Der verkannte LFE ... 270
Stereo-Kompatibilität ... 271
11.7 Schnitt, Mischung und Effekte ... 272
Audiobearbeitung mit Nuendo ... 272
11.8 Audiokompression für DTS mit Nuendo ... 278
11.9 Audiokompression mit A.Pack ... 283
Bedienungshinweise ... 284
Abstürze mit Doppel-CPU? ... 285
Was bedeutet Dialog Normalization? ... 287
Die Abhörlautstärke ... 288
Bezugswerte ermitteln ... 289
Und wieder: Dynamikkompression ... 290
Steuerungsinformationen ... 292
Audio-Vorfilterung ... 294
Stereoquellen als Pseudo-Surround ... 296
Ausgabe und Abhören ... 296

12 Grafik und Text ... 299
12.1 Vollbilder ... 300
Bildgrößen ... 301
Feiner Text und zarte Linien ... 302
Der sichtbare Bildausschnitt ... 305
Zulässige Farben ... 306
Leider geht es nicht automatisch ... 308
Weicher machen ... 308

12.2 Subpictures ... 309
Fehlfarben ... 311
Pseudo-3D-Effekte mit Subpictures ... 312
12.3 Menüs ... 313
Menü-Aufbau ... 314
Buttons ... 316
Button-Highlights ... 317
Echtfarben-Menüs ... 317
Konturenglättung in Hervorhebungen ... 318
12.4 Untertitel ... 322
Konturenglättung für Untertitel ... 322
Und es geht doch! ... 324
Untertitel-Sprachversionen ... 325
12.5 Formen mit Photoshop – ein Praxisbeispiel ... 327
12.6 Motion Menus – Menüs mit Bewegung ... 337
Was sind Alphakanäle? ... 339
Beispiel für das Übungsprojekt ... 340
Gestaltungsregeln ... 342
Korrekte Kontraste ... 343
12.7 Animierte Übergänge in DVD Studio Pro ... 343
Einführungsclips ... 345
Übergangsclips ... 346
Gezielte Verbindungen ... 348
Eigene Übergänge mit Alphakanal ... 349
12.8 Und wieder: Widescreen ... 355
Videospuren ... 356
Menüs für Widescreen ... 358
Subpictures für Widescreen ... 359
Untertitel ... 362
Jacket Pictures ... 362

13 Navigationsdesign ... 365
13.1 Die Fernbedienung ... 365
Navigation und Interaktivität ... 365
Einheitliche Bedienung ... 365
Häufige Missachtung der Standards ... 367
13.2 Die nutzerfreundliche DVD – Technik und Design ... 368
Sorgfältige Planung ... 368
Irgendwo muss man anfangen ... 369
Buttons und Menüs ... 370
Motion-Menüs ... 372

13.3 Tasten programmieren ... 373
Taste Menu ... 373
Taste Resume – zurück in den Film ... 374
Taste Title ... 375
Taste Return ... 375
Tasten Audio, Subtitle und Angle ... 376
13.4 Die »Tasten« im Bild ... 377
Buttons ... 378
Hotspots ... 378
Zahlentasten zur Buttonwahl ... 379
13.5 Bilder und Töne ... 380
Untertitel und Subpictures ... 381
Multi-Angle ... 382
Kapitel ... 383
Inhalte schützen ... 385
Subpictures können verschwinden ... 385
Physikalische Reihenfolge des Materials ... 385
Storys – virtuelle Schnitte ... 386
Seamless Branching ... 387
Abspielsicherheit und Geschwindigkeit ... 388
13.6 Weitere Designüberlegungen ... 388
Autostart und Übergänge ... 388
Tastenbelegung ... 389
Button-Vorwahl ... 390
Bildschirm-Navigation ... 390
Kreatives Geschichtenerzählen ... 391

Teil III High-End-Praxis

14 Internationale Projekte ... 395
Die Weltlage ... 395
14.1 Formatwandlung ... 396
Wie viele Bilder sollen's sein? ... 397
14.2 Das 25 auf 24p-Verfahren ... 398
Der Produktionsablauf ... 399
Deinterlacing ... 400
Größenänderung ... 400
Geschwindigkeitsänderung ... 401
Ton für Perfektionisten ... 403
MPEG-2-Kodierung ... 405
Amerikanisches Filmmaterial auf Video ... 405

15 **Mit Skripten arbeiten** ... 407
15.1 Einführung ... 407
Variablen in DVD Studio Pro ... 407
Auslösung von Skripten ... 409
Syntax ... 409
Ein- und Ausgabe ... 410
Startskripte ... 410
15.2 Skriptbeispiel Menüformat ... 411
Umschaltung von Widescreen-Subpictures ... 411
15.3 Skriptbeispiel Sprachauswahl ... 418
Die Problemstellung ... 418
15.4 Codeabfrage Zahlenschloss ... 425
Die Kür ... 435
Apples Übungsbeispiele ... 438

16 **DVD-Editing mit TFDVDEdit** ... 439
Einführung ... 439
16.1 Das Programm TFDVDEdit ... 440
IFOEdit – der Vorläufer ... 440
Die Site ... 440
Das Programm ... 441
Fehlerkontrollen ... 442
Einsatzgebiete ... 443
Vertrieb und Support ... 443
Alternative? ... 444
16.2 Die logische DVD-Struktur ... 444
Projekte in TFDVDEdit ... 444
Darstellung in TFDVDEdit ... 445
Logische Objekte auf der DVD ... 446
Topmanager ... 447
Was hängt an einer Programmkette? ... 448
Wo wird kommandiert? ... 449
Titelinhaber ... 449
Küchenchef ... 449
Teilzeitkräfte ... 449
Portier ... 450
Notausgang ... 451
Programmvielfalt ... 452
Zellen ... 453
Das Pack in den Zellen ... 454
16.3 Kurzanleitung zu TFDVDEdit ... 456
Installation ... 456
Voreinstellungen ... 456
Die Praxis ... 457

Preview ... 458
Dummy-PGCs erzeugen ... 459
Die Program Map ... 460
Cells hinzufügen ... 461
Cells entfernen ... 462
Cells bei Multi-Angle-Video ... 463
Variables Geschichtenerzählen ... 464
Die Title List ... 465
Videomaterial ändern ... 466
Video Title Set ändern ... 468
Parameter und Befehle editieren ... 469
Kopieren und Einsetzen ... 471
Fernbedienungstasten unterdrücken ... 474
Namensgebung ... 475
Mastering ... 480
Der Tracer ... 480

17 DVDs umprogrammieren ... 483
Bedienungshinweise ... 483
17.1 Intros überspringen ... 484
Überspringen mit DVD Studio Pro ... 484
Überspringen mit TFDVDEdit ... 486
Weiterentwicklung ... 490
17.2 International Standard Recording Codes einfügen ... 492
17.3 Taste Return programmieren ... 495
Das Problem ... 495
Die Aufgabe der Taste Return ... 495
Vorbereitung in DVD Studio Pro ... 496
Umprogrammierung in TFDVDEdit ... 497

18 DVD Re-Authoring ... 505
Nachteile des Abstraction Layers in DVD Studio Pro ... 505
18.1 Re-Authoring mit TFDVDEdit ... 507
Analyse der Struktur aus DVD Studio Pro ... 509
Einzelschrittprüfung ... 528
Beispielprojekt Kapitelauswahl ... 533
Warum der ganze Aufwand? ... 544
Ausblick ... 545

19 Animierte Buttons ... 547
19.1 Subpicture-Animation ... 547
Das Verfahren ... 548
19.2 Animation der Subpictures in DVD Studio Pro ... 548
Das Ausgangsmaterial ... 548

Automatisiertes Einlesen ... 549
Das Übungsprojekt ... 550

20 **Seamless Branching** ... 567
Technische Voraussetzungen ... 567
20.1 Wie funktioniert es? ... 571
Storys anlegen in DVD Studio Pro ... 573
Grenzen und Einsatzgebiete ... 574

21 **Ausgabe, Tests und Vervielfältigung** ... 575
21.1 Testschritte ... 575
Vorschau in DVD Studio Pro ... 575
Wiedergabe von der Festplatte ... 577
Test von DVD-Unikaten ... 579
21.2 Vervielfältigung als DVD-R/+R ... 580
Brennen mit Toast ... 580
Icons für DVDs ... 582
DVD-R-Rohlinge ... 582
Bessere Kompatibilität mit DVD+R ... 584
Dürfen Sie das DVD-Logo verwenden? ... 584
21.3 Ausgabe für Massenkopien ... 585
Der Projektname aus DVD Studio Pro ... 585
21.4 Kopierschutz und Regionalcodes ... 585
DLT als Transportmedium ... 587
CMF- oder DDP-Format ... 587
DLT-Laufwerke ... 589
SCSI-Karten ... 589
Der verflixte Schichtwechsel: Layer-Break ... 591
Rechnen für die DVD-9 ... 593
Das Programm rechnen lassen ... 595
Zwei Tapes bei DVD-9 ... 598
21.5 Ausgabe mit TFDVDEdit ... 600
Ausgeben – Kopieren – Vergleichen ... 602
Der Layer-Break ... 604
Ausgabeformate und Kopierschutz ... 604
Hybride Formate ... 605
Regionalcodes und Benennung ... 607
Ausgabe und Kontrolle ... 608
21.6 Anlieferung beim Kopierwerk ... 608
DVD-R als Kopiervorlage? ... 608
Besser nicht! ... 609
Aber notfalls so ... 609

Anlieferung auf Festplatte ... 609
Bedrucken ... 610

22 **Kleine Helfer** ... 611
Einführung ... 611
22.1 Zusammensetzen ... 611
MPEG Append ... 611
Varianten ... 614
Nur korrigieren ... 615
22.2 Zerlegen ... 616
MacMPEG2Decoder ... 617
De-multiplexen und Ton dekodieren ... 617
Untertitel ... 620
Untertitel bearbeiten ... 621
Einfache Overlays ... 621

Anhang

A **Weitere Ressourcen** ... 625
A.1 Internet-Adressen ... 625
DVD-Replikation und Dienstleister ... 625
Transfer von DV auf Film und weitere Profi-Dienstleistungen ... 626
Gute Quellen für professionelle Medieninformationen ... 626
Im Buch beschriebene Produkte ... 626
Allgemeine Ressourcen für DVD-Authoring ... 628
Software-Quellen ... 629
A.2 Literaturhinweise und -empfehlungen ... 630

B **Glossar** ... 631

C **Inhalt der Buch-DVD** ... 651
Assets ... 651
Infos ... 651
Kleine Helfer ... 651
Überraschungen ... 652

Ich danke 653
Index ... 655

Übersicht Workshops

1 Schneller Einstieg
- *Das Übungsprojekt* ... 21

8 Der Film-Look
- *Einsatz des FieldsKit Deinterlacers mit Final Cut Pro* ... 174
- *Deinterlacing mit der Blend-Methode* ... 178

11 Der Ton zum Bild
- *Umwandlung der Datenrate mit dem QuickTime Player* ... 262
- *DTS-Tonspur in Nuendo erstellen* ... 278
- *DTS-Wiedergabe* ... 281

12 Grafik und Text
- *Formen erstellen* ... 328
- *Alpha-Übergänge gestalten* ... 350
- *Angepasste Subpictures selbst erstellen* ... 359
- *Entwurfsgrundlage für Pan and Scan erstellen* ... 361

15 Mit Skripten arbeiten
- *Formatskript* ... 411
- *Auf 16:9 prüfen* ... 415
- *Sprachwahl* ... 419
- *Skript zur Nutzerwahl* ... 423
- *Codeeingabe* ... 426
- *Initialisierung* ... 435

17 DVDs umprogrammieren
- *Intros überspringen* ... 486
- *Return-Taste programmieren* ... 498

18 DVD Re-Authoring
- *Einfaches Projekt* ... 520
- *Tracer-Einsatz* ... 528
- *Kapitelauswahl DVD* ... 534

19 Animierte Buttons
- *Animierte Buttons erstellen* ... 551

1 Schneller Einstieg

Mit DVD Studio Pro hat Apple den Spagat zwischen einfachster Bedienung in der Art von iDVD und den komplexen Möglichkeiten eines professionellen Authoring-Systems gemeistert. In einem praktischen Projekt lernen Sie die wichtigsten Arbeitsgänge kennen.

1.1 Das Übungsprojekt

Während Apple bei seinen Tutorials (die Sie durchaus schon einmal durchgearbeitet haben sollten) in erheblichem Maße auf vorgefertigte Menüstrukturen zurückgreift, möchte ich hier mit Ihnen einen Schritt weiter gehen. Bei diesem kleinen Übungsprojekt liegen zwar die so genannten »Assets« – das ist das grafische und filmische Rohmaterial – schon vor. Aber alles andere machen wir sozusagen »zu Fuß«, so dass etwas durchschaubarer wird, wie alle Elemente zusammenwirken. Im weiteren Verlauf dieses Buches lernen Sie dann die Produktion, Aufbereitung und Gestaltung aller Elemente detailliert kennen.

Ausgangsmaterial

Auf der beiliegenden DVD habe ich Material für ein Übungsprojekt zusammengestellt, bei dem die wichtigsten Möglichkeiten einer Video-DVD vertreten sind. Dieses Übungsprojekt können Sie mit DVD Studio Pro Schritt für Schritt nachvollziehen. Unser Übungsprojekt ist keine völlig fiktive Aufgabe, sondern ein durchaus typischer Fall für kleinere Produktionshäuser oder Einzelkämpfer, nämlich eine **Show-Reel** – bei der DVD müsste das eigentlich Show-Disk heißen. Der Kameramann, Regisseur und Filmkünstler **Christoph Janetzko** aus Berlin hat uns freundlicherweise Material aus künstlerischen und kommerziellen Arbeiten zur Verfügung gestellt.

Das Material besteht aus fertig bearbeiteten Assets, wie sie für eine DVD benötigt werden:

- Videoclips als MPEG-2-Dateien (Endung *.m2v)
- Audioclips als AC-3-Dateien (Endung *.ac3)

- Stills für Menüs, Subpictures und Slides als PICT-Dateien (Endung *.pct)
- Untertitel im Format von Maestro, dem Vorgängerprogramm von DVD Studio Pro (Endung *.stl)

Die längeren Videoclips wurden mit Compressor in 2-Pass-VBR bei bester Qualitätseinstellung mit etwa 5 MBit/s mittlerer Datenrate komprimiert. Bitte beachten Sie, dass das Material zahlreiche Bearbeitungs- und Kopierprozesse hinter sich hat: Die TV-Commercials wurden auf 35-mm-Film und D1 im **NTSC-Format** für Südostasien produziert. Uns lagen davon digitale Kopien auf DV-Band vor, die wir mit Hilfe von After Effects und RSFieldsKit (siehe Kapitel 6, »Bewegte Bilder«) ins **PAL-Format** umgewandelt haben. Dass danach die Bildqualität nicht mehr perfekt ist, dürfte verständlich sein – wir wollten Ihnen aber in einem deutschen Buch kein NTSC-Projekt zumuten.

Die künstlerischen Arbeiten sind überwiegend auf **16-mm-Film** entstanden und wurden im PAL-Format vom Film abgetastet und auf analogem Betacam-SP aufgezeichnet. Wir haben sie dann direkt vom Beta-SP-Band digitalisiert. Sie können also davon ausgehen, dass die hier gezeigte Bildqualität eher ein Mindestmaß darstellt und nicht das Optimum dessen, was Sie mit Originalaufnahmen von DVCAM oder höherwertigen Formaten mit Compressor oder anderen guten Encodern erreichen könnten.

Zu den Werbefilmen gehören drei 30-Sekunden-Spots – »Home Cable«, »Baby Bench« und »Global Handy« – sowie ein Zusammenschnitt von TV-Commercials von etwa fünf Minuten mit dem Namen »TVC-Showreel«. Einen kurzen Zusammenschnitt von Auszügen künstlerischer Arbeiten zeigt »Artfilm«; bei diesem Clip werden im Projekt auch Kapitelmarkierungen benutzt, und deshalb wurden in Compressor manuell entsprechende Markierungen gesetzt.

Außerdem habe ich ein Motion-Menü mit Hilfe von After Effects, Live Type und Cinema 4D erstellt, das eine dynamische Intro und einen ruhigeren Teil für die Buttons besitzt. Dazu kommen noch ein Copyright-Vorspann (der durchaus ernst gemeint ist) und Standbilder für ein statisches Hauptmenü, ein Untermenü zu den künstlerischen Projekten namens »Art-Menü« und eine Reihe von Dias wie Filmbeschreibungen mit Auszügen aus Filmkritiken und Informationen zur Biografie des Künstlers.

Das Material für die Hervorhebungen der Buttons (inklusive eines »Ostereis«) liegt ebenfalls bei, und für alle Teile gibt es entsprechendes Tonmaterial. Für den Copyright-Vorspann habe ich keinen Ton produziert, aber aus technischen Gründen eine stumme Tonspur beigefügt. Auch das komplette Projekt finden Sie unter dem Namen BUCH_DVD.dspproj. Falls Sie diese Version zum Vergleich laden, finden Sie dort ein paar kleine

Ergänzungen, die bei der ersten Übung noch nicht vorkommen: Deren Bedeutung lernen Sie in späteren Step-by-Step-Aufgaben kennen.

Auf der Buch-DVD finden Sie darüber hinaus noch Hintergrundinformationen in Deutsch und Englisch sowie diverse Hilfsprogramme. Nähere Informationen hierzu gibt es am Ende des Buches.

1.2 Erstellung der DVD

Programmeinstellungen

Fenster · Anordnungen

Bei der ersten Installation bietet Ihnen DVD Studio Pro mehrere Varianten der Arbeitsumgebung an, von »Einfach« bis »Fortgeschritten«. Im Grunde handelt es sich dabei aber nur um unterschiedliche Fensterkonfigurationen, die Sie jederzeit wieder ändern können. Da ich Sie in diesem Buch zu Experten machen möchte, stellen Sie bitte das Programm gleich entsprechend ein: Gehen Sie im Menü auf FENSTER • ANORDNUNGEN • FORTGESCHRITTEN, oder benutzen Sie [F3].

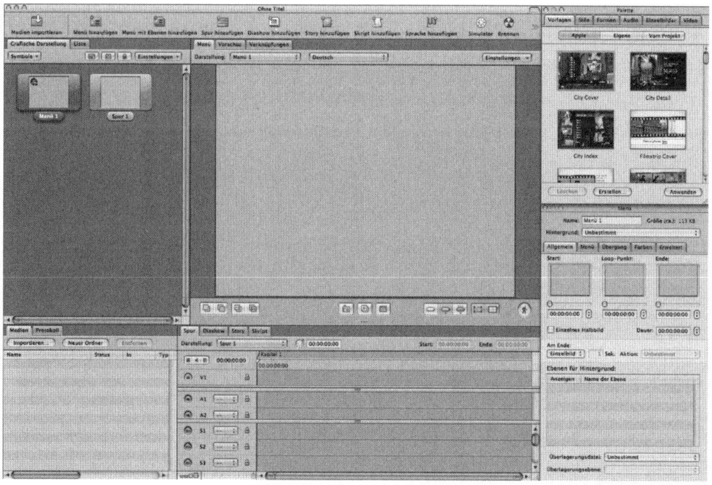

◀ **Abbildung 1.1**
Das Experten-Interface zeigt, abgesehen von Apples Vorlagen, überwiegend noch gähnende Leere.

Sie sollten ein DVD-Projekt nach Möglichkeit nicht auf Ihrer Systemdisk anlegen, da während der Arbeit sehr große Dateien entstehen können. Es ist besser, hierfür eine eigene Disk zu benutzen oder zumindest eine eigene Partition. DVD Studio Pro erzeugt außerdem etliche eigene Dateien, die Ihnen nicht gleich auffallen werden. Es empfiehlt sich, diese zusammen mit dem Projekt in einen eigenen Ordner zu bringen, ändern wir also gleich ein paar Programmeinstellungen. Öffnen Sie hierfür in der Menüleiste DVD STUDIO PRO • EINSTELLUNGEN, es erscheint das Fenster aus Abbildung 1.2.

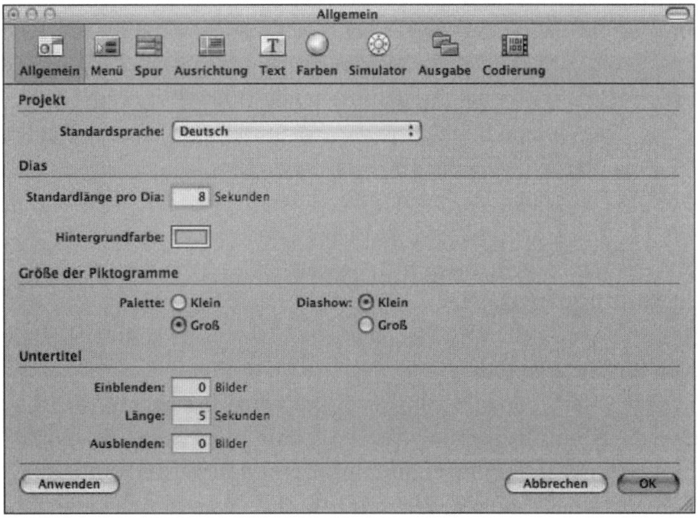

Abbildung 1.2 ▶
Unter ALLGEMEIN stellen wir unsere STANDARDSPRACHE auf Deutsch und verlängern die Standzeit von Dias auf 8 Sekunden.

Ausgabe Wechseln Sie zu AUSGABE, und stellen Sie dort den Pfad – den Ablageort – für die Abspeicherung all der Daten ein, die DVD Studio Pro im Lauf der Arbeit so nebenbei erzeugt. Dazu gehören neben der Codierung von Videos auch die Codierung von Einzelbildern und die Analyse von bereits als MPEG importiertem Material. Letzteres wird in der Fachsprache »Parsing« genannt, dabei wird vom Programm der Ordner PAR erzeugt. Für das ERSTELLEN bzw. FORMATIEREN der DVD-Daten sollten Sie nach Möglichkeit eine separate Festplatte benutzen, dann läuft der Vorgang deutlich schneller ab.

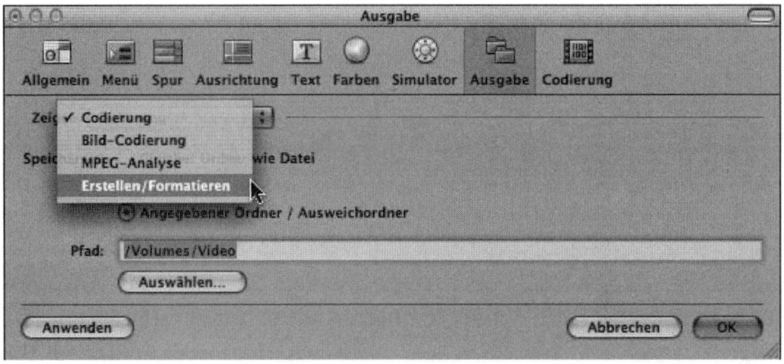

Abbildung 1.3 ▶
Für die Abspeicherung der Dateien, die während der Arbeit mit DVD Studio Pro entstehen, sollten Sie nach Möglichkeit nicht die Systemplatte oder -partition benutzen.

Da diese Einstellungen erst beim nächsten Projekt wirksam werden, schließen Sie das derzeit offene Projekt und erzeugen unter ABLAGE • NEU gleich ein neues. Klicken Sie links oben im Fenster LISTE auf NEUE_DVD, und benennen Sie diese rechts unten im Info-Fenster DVD auf BUCH_DVD um. Achten Sie darauf, dass die DVD in diesem Fenster auf PAL gestellt ist.

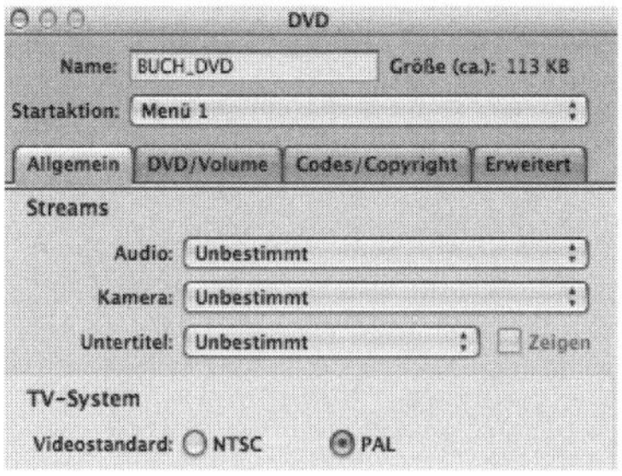

◄ **Abbildung 1.4**
Im Namen einer DVD sollten nur Großbuchstaben, Zahlen und Unterstriche vorkommen. Benutzen Sie hier auch keine Umlaute.

Schritt für Schritt: Das Übungsprojekt

1. Dateien importieren

Laden Sie durch Klick auf IMPORTIEREN im Fenster MEDIEN sämtliche Dateien für Ihr Projekt. Wählen Sie dazu jeweils den gesamten Ordner für Menüs, Filme und Diashow. Ordner werden als hierarchische Struktur in das Medienfenster übernommen.

Dieses sehr vielseitig konfigurierbare Fenster bietet Ihnen wichtige Informationen zu Ihren Mediendateien, vom Status der Analyse über die Verwendung im Projekt, die Laufzeit oder die Dateigröße bis hin zum Ablageort und zu anderen hier aus Platzgründen nicht aktivierten Informationen. Bei komplexen Projekten ist es ein wesentliches Werkzeug zur Verwaltung Ihres Rohmaterials.

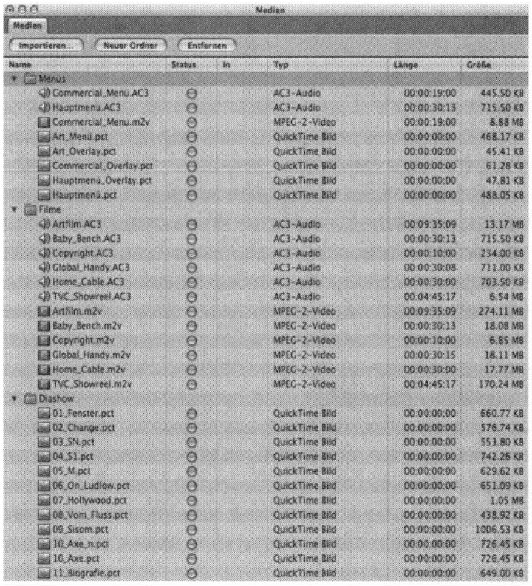

2. Hauptmenü benennen

Öffnen Sie durch Doppelklick auf MENÜ 1 links oben im Fenster LISTE das erste Menü. Es erscheint ein leeres Fenster in der Mitte, und rechts unten wechselt das Info-Fenster auf die Informationen zum Menü. Ändern Sie dort den Namen auf »Hauptmenü«. Der neue Name erscheint auch im Fenster LISTE.

3. Tastenautomatik abschalten Gehen Sie rechts oben im Menüfenster auf EINSTELLUNGEN, und sorgen Sie dafür, dass der zweite Eintrag TASTEN FORTLAUFEND AUTOMATISCH ZUORDNEN nicht aktiviert ist – das könnte die Navigation Ihrer Buttons durcheinander bringen.

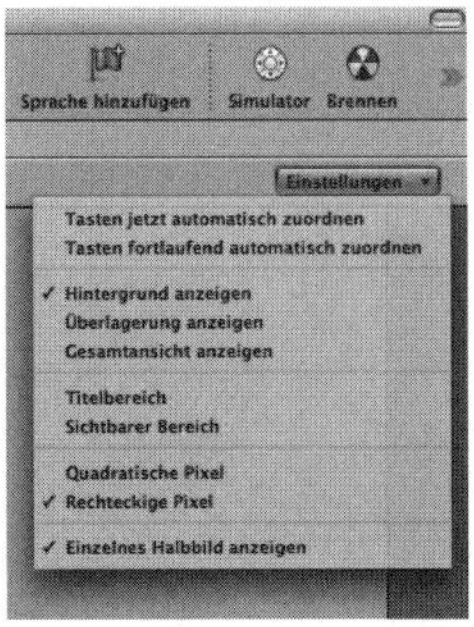

4. Hintergrund festlegen Ziehen Sie das Bild Hauptmenü.pct auf das Menüfenster. Wenn das Kontextmenü erscheint, wählen Sie HINTERGRUND FESTLEGEN. Das Bild wird im Menüfenster angezeigt.

5. Überlagerung und Ton festlegen Ziehen Sie das Bild Hauptmenü_Overlay.pct auf das Fenster, und wählen Sie ÜBERLAGERUNG FESTLEGEN, wenn das Menü erscheint. Ziehen Sie auch die Datei Hauptmenü.AC3 auf das Fenster, dabei gibt es nur die Option AUDIO FESTLEGEN.

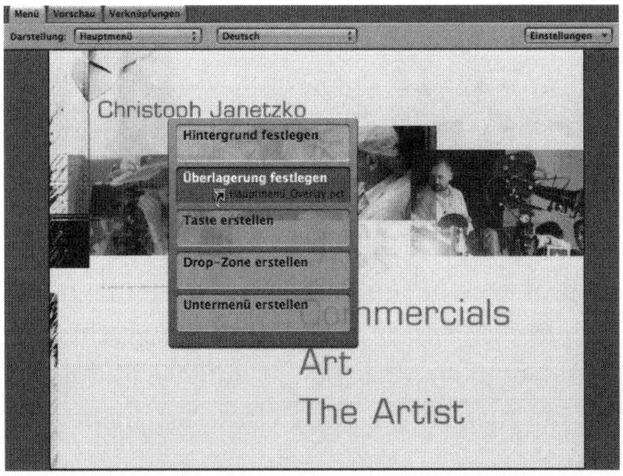

6. Erste Taste erzeugen

Ziehen Sie im neuen Menü einen Rahmen mit der Maus um das Wort »Commercials«. Lassen Sie dabei etwas mehr Raum auf der linken Seite.

7. Taste benennen

Ändern Sie den Namen dieser Taste im Fenster INFO auf »Zu Commercials«, und wechseln Sie im gleichen Fenster in den Bereich FARBEN.

8. Farbpalette bearbeiten

Öffnen Sie die Farbpalette durch einen Klick auf PALETTE BEARBEITEN links unten im Info-Fenster der Taste. Klicken Sie auf den blaugrünen Ton (das vierte Feld von links in der unteren Reihe).

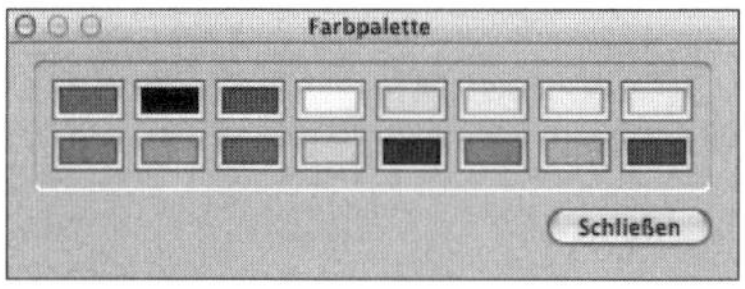

9. Neue Farbe auswählen

Es erscheint das Farbauswahlfenster. Aktivieren Sie die Lupe, und wählen Sie den sattgrünen Ton unterhalb der Kamera rechts im Menübild. Sie können auf diese Weise Farben aus beliebigen offenen Fenstern wählen, selbst aus anderen Programmen wie Photoshop.

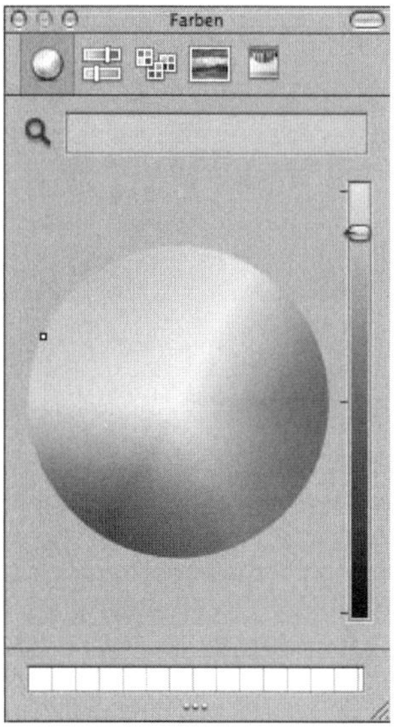

10. Zweite Farbe auswählen

Wählen Sie nun auf die gleiche Weise für das rote Feld links oben den roten Ton unterhalb der Kamera links im Menü aus. Beide Töne sollten sich deutlich verändert haben, das Rot sollte etwas wärmer und gedämpfter sein, das Grün ebenfalls etwas wärmer. Diese Töne sollen uns als Hervorhebungsfarben dienen, so dass die Hervorhebungen der Menüeinträge eine farbliche Entsprechung im Motiv haben. Schließen Sie das Farbauswahlfenster und die Palette.

11. Überlagerungsfarben einstellen

Achten Sie im Info-Fenster darauf, dass ÜBERLAGERUNGSFARBEN auf ERWEITERT steht und ART DER ZUORDNUNG auf GRAUSTUFEN. Um den Zustand NORMAL kümmern wir uns hier nicht, dort sollten alle Regler für die DECKKRAFT auf 0 stehen (der Normalzustand der Knöpfe ist wie üblich bereits ein Teil des Hintergrundbildes).

12. Farbe für Ausgewählt einstellen

Aktivieren Sie den Zustand AUSGEWÄHLT (die FARBREIHE lassen Sie auf 1). Wählen Sie unter FARBE in den ersten drei Einträgen von oben unser neues Grün aus, und stellen Sie die DECKKRAFT auf 14, 8 und 4 wie in der Abbildung. Der unterste Eintrag sollte auf 0 stehen, dessen Farbe ist damit unwichtig, denn dieser Wert bleibt unsichtbar und entspricht dem Umfeld der Hervorhebung.

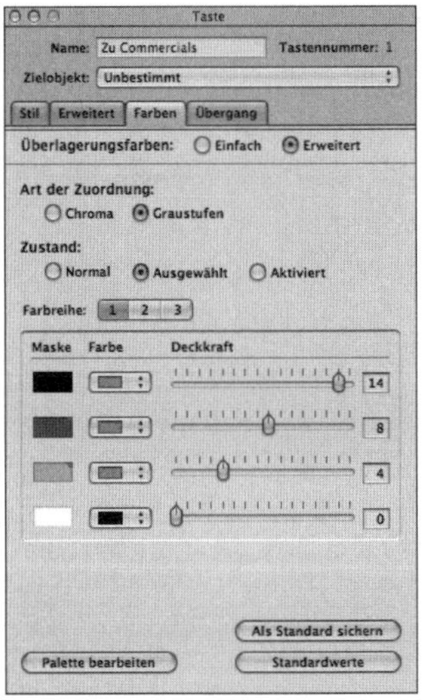

Bug in DVD Studio Pro 3.0.1

Wenn eine Ihrer Tasten im Menü-Editor angewählt ist, sollten Sie diese jetzt eigentlich im neuen Grünton sehen können, und links davor sollte ein vorher nicht sichtbares Dreieck erscheinen. Leider funktioniert diese Anzeige im Menüfenster bei der aktuellen Version von DVD Studio Pro nach einer Änderung der Farbeinstellungen nicht.

Doch im Simulator klappt es, auch nach einem Wechsel in ein anderes Menü oder bei der Erstellung einer neuen Taste werden die Farben wieder sichtbar.

13. Farbe für Aktiviert einstellen

Ändern Sie nun im Info-Fenster den Zustand auf AKTIVIERT, und stellen Sie alle Farben auf das neue Rot ein. Die DECKKRAFT wird wie im letzten Schritt eingestellt. Wir erreichen damit eine leichte Transparenz auch im kräftigsten Bereich der Hervorhebung, so dass die Farbe auf einem TV-Schirm nicht zu grell erscheint.

Die genaue Funktionsweise solcher **Hervorhebungen** (technisch Subpictures genannt) erfahren Sie im Kapitel 12, »Grafik und Text«.

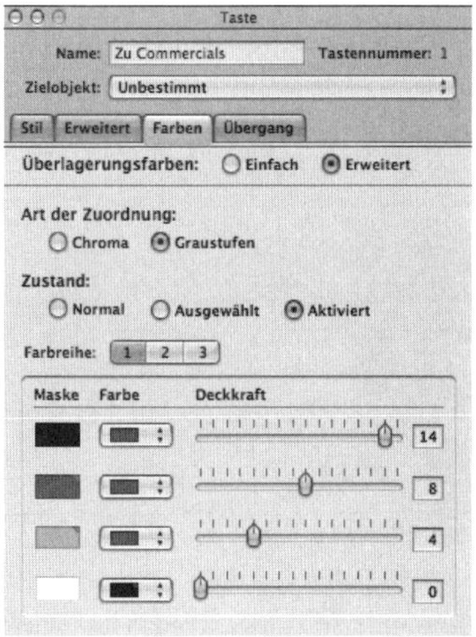

14. Zwischenspeichern

Nach der Nummer dreizehn wäre es wohl an der Zeit, eine Zwischenspeicherung vorzunehmen ;-)

Sichern Sie das Projekt unter dem Namen »BUCH_DVD«. Ab jetzt sichern Sie ruhig ab und zu nach eigenem Gutdünken.

15. Taste »Zum Art-Menü« erstellen

Wählen Sie bei weiterhin angewählter Taste im Menü BEARBEITEN • DUPLIZIEREN, oder benutzen Sie [⌘] + [D]. Dadurch entsteht ein Duplikat der ersten Taste. Ziehen Sie es auf das Wort »Art« herunter. Das Platzieren erleichtern Ihnen die gelben Hilfslinien. Nennen Sie diese Taste im Info-Fenster »Zum Art-Menü«.

16. Taste »Zur Diashow« erstellen

Wiederholen Sie den Vorgang, und legen Sie die dritte Taste über »The Artist«. Nennen Sie diese Taste »Zur Diashow«. Sie werden feststellen, dass die Tasten bei der Auswahl auch mit der entsprechenden Farbe hervorgehoben werden so wie bei der späteren Auswahl per Fernbedienung – falls das Programm Ihnen keinen Streich spielt (siehe oben).

17. Navigation der mittleren Taste einstellen

Wählen Sie im Menüfenster die mittlere Taste (»Zum Art-Menü«), und gehen Sie auf den Karteireiter ERWEITERT. Im oberen Teil sehen Sie die Einträge für die Navigation. Die Einträge für die Pfeiltasten Auf und Ab stellen Sie auf die logisch sinnvollen Tasten. Da es aber rechts und links keine weiteren Tasten gibt, lassen Sie hier beides auf UNBESTIMMT, so dass die Fernbedienung in dem Fall wirkungslos bleibt.

18. Navigation der übrigen Tasten einstellen

Wiederholen Sie den Schritt 17 für die beiden anderen Tasten. Hier können Sie selbst entscheiden, ob die Navigation weiter nach oben von der Taste »Zu Commercials« wieder zur untersten Taste bzw. die von der Taste »Zur Diashow« nach unten wieder zur obersten führen soll oder ob diese Richtungen funktionslos bleiben. Beide Lösungen sind bei üblichen DVDs gängig.

19. Diashow anlegen

Ziehen Sie den gesamten Ordner Diashow auf die unterste Taste, und wählen Sie im Kontextmenü DIASHOW ERSTELLEN. Sie werden feststellen können, in welchem Maße DVD Studio Pro »mitdenkt«. Benutzen Sie nicht DATEI FESTLEGEN UND DIASHOW ERSTELLEN, denn dadurch würde das Bild verändert.

20. Diashow benennen

Aktivieren Sie durch Doppelklick auf die neu entstandene Diashow im Fenster Liste die Anzeige des Objekts. Ändern Sie den Namen auf »Diashow Artist«. Im Info-Fenster können Sie feststellen, dass das Sprungende für die Diashow gleich wieder auf das Hauptmenü zurück verweist, wobei die Herkunftstaste selektiert wird. Das Fenster gibt Ihnen auch den ungefähren Platzbedarf nach der MPEG-Kompression an.

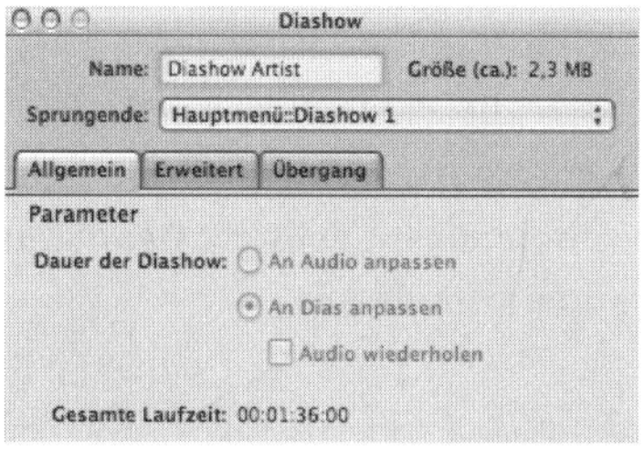

Unten hat sich als neues Fenster der Diashow-Editor geöffnet, in dem bereits alle Bilder aus dem entsprechenden Ordner mit einer Anzeigedauer von jeweils acht Sekunden eingetragen sind. Ähnlich intelligent sind viele solcher Kontextfunktionen in DVD Studio Pro angelegt, wodurch die Arbeit sehr erleichtert wird.

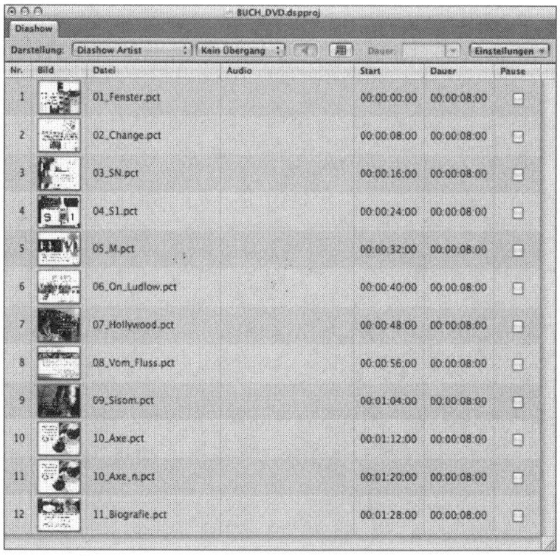

Da die Bilder passend nummeriert waren, stimmt auch ihre Reihenfolge. Hier können Sie noch die Anzeigedauer separat verändern, den Dias einzelne Töne zuordnen oder die gesamte Diashow mit einer Tonspur untermalen. Ich überlasse es Ihnen, hiermit selbst zu experimentieren, Töne hierfür habe ich nicht mitgeliefert. Benutzen Sie aber kein MP3-Format, nur unkomprimierte Töne oder AC-3 (siehe Kapitel 11, »Der Ton zum Bild«).

Anzeigedauer nicht zu kurz

Stellen Sie die Standzeit für die Bilder einer Diashow nicht zu kurz ein, weniger als eine halbe Sekunde geht nicht und wird bei der Ausgabe zu einem Abbruch führen. Bei VOREINSTELLUNGEN • SPUR gibt es zur Abhilfe die Funktion UNGÜLTIGE MARKIERUNGEN BEIM FERTIGSTELLEN KORRIGIEREN, mit der zu kurze Anzeigezeiten automatisch verlängert werden. Wenn Sie aber sehr kurze Zeiten brauchen, stellen Sie das Ganze besser gleich in Final Cut Pro oder After Effects als Videospur zusammen.

---

21. Neues Menü erstellen

Klicken Sie in der Kopfleiste auf MENÜ HINZUFÜGEN, aktivieren Sie dessen Anzeige durch Doppelklick im Fenster LISTE auf das neue Menü; und benennen Sie es im Info-Fenster mit »Commercials«. Diesmal benutzen wir eine Filmdatei und erzeugen so ein animiertes Menü.

22. Hintergrund festlegen

Ziehen Sie die Datei Commercial_Menü.m2v auf das Menüfenster, und wählen Sie im Kontextmenü HINTERGRUND FESTLEGEN (siehe Schritt 4). Ziehen Sie auch die Dateien Commercial_Overlay.pct und Commercial_Menü.AC3 auf das Fenster, und wählen Sie ÜBERLAGERUNG FESTLEGEN und AUDIO FESTLEGEN wie in Schritt 5.

23. Schleife festlegen

Im Info-Fenster des Menüs stellen Sie unter ALLGEMEIN den LOOP-PUNKT auf 7 Sekunden ein. Darunter sollte bei AM ENDE die Funktion LOOP aktiviert sein. Das Menü wird dann bei Wiederholungen das Intro überspringen und erst ab hier als Schleife laufen. Auch die Hervorhebungen der Tasten werden erst an dieser Stelle sichtbar.

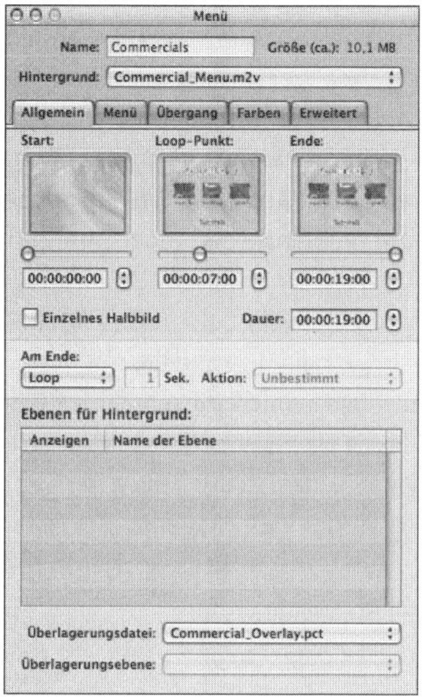

24. Drei Tasten erzeugen

Ziehen Sie im Commercials-Menü ein Tastenfeld um das linke Bild und den Text darunter, und duplizieren Sie diese Taste wieder zwei Mal. Beim Platzieren über die Miniaturbilder und Texte unterstützen Sie auch hier die gelben Hilfslinien.

25. Erste Farbreihe festlegen

Hier kann es ruhig etwas bunter zugehen. Wählen Sie bei den FARBEINSTELLUNGEN das kräftige Gelb aus der Mitte der Originalpalette für den Zustand AUSGEWÄHLT und das Magenta darunter für AKTIVIERT (siehe Schritte 12 und 13). Reduzieren Sie aber bei diesen hoch gesättigten Farben die Werte für die DECKKRAFT auf 10, 6 und 3, um ein Überstrahlen auf dem TV-Gerät zu vermeiden. Gleichzeitig wird durch die Transparenz ein leichter 3D-Effekt erreicht.

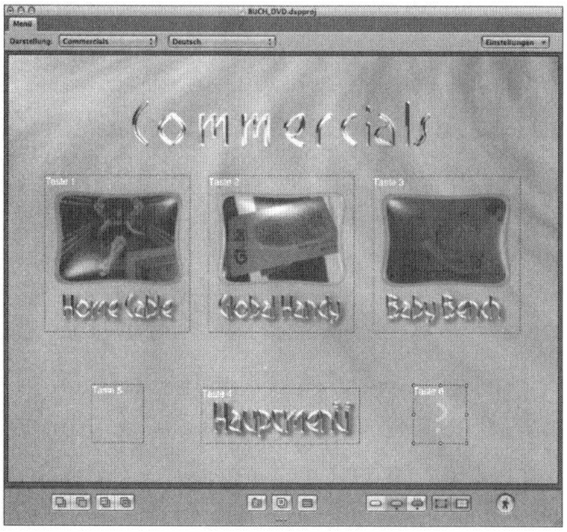

26. Weitere Tasten anlegen

Ziehen Sie eine weitere Taste um den Text HAUPTMENÜ, und benennen Sie alle Tasten sinnvoll. Nun erzeugen Sie noch zwei weitere Tasten links und rechts neben dem Wort Hauptmenü – hier sind nämlich unsere »Easter Eggs« versteckt. Wenn Sie die Tastenfelder weit genug aufziehen, müsste ein Fragezeichen sichtbar werden. Das existiert nur in der Hervorhebung und ist damit ohne Anwahl nicht sichtbar.

27. Neue Farbreihe festlegen

Wählen Sie die Taste **Hauptmenü** aus, und gehen Sie zum ersten Karteireiter mit der Bezeichnung STIL. Hier legen Sie bei HERVORHEBUNGEN fest, dass die Farbreihe 2 benutzt werden soll – wir wollen diesen Knopf von den anderen deutlich unterscheiden.

Wechseln Sie zu FARBEN, und wählen Sie das Rot oben in der Palette für den Zustand AUSGEWÄHLT und wieder das Magenta für AKTIVIERT (noch bunter muss es ja nicht werden). Auch hier reduzieren Sie die Werte bei der DECKKRAFT auf 10, 6 und 3.

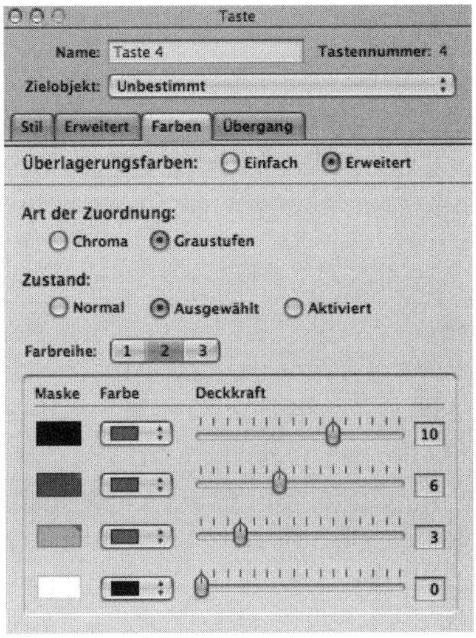

28. Navigation festlegen

Geben Sie den Tasten Namen, und stellen Sie die Navigation aller Tasten unter ERWEITERT logisch sinnvoll ein. Die Abwärtsbewegung bei HOME CABLE und BABY BENCH sowie die Seitwärtsbewegung von der Taste HAUPTMENÜ sollte zu den Fragezeichen und damit zu unserem Osterei führen. Wenn Sie es Ihren Nutzern etwas leichter machen wollen, lassen Sie alle »unlogischen« Pfeilbedienungen zu den Fragezeichen führen, dann stößt man leichter darauf.

Wenn Sie es noch etwas offensichtlicher machen wollen, weisen Sie den Fragezeichen unter STIL die dritte Farbreihe zu und stellen im Zustand NORMAL eine ganz schwache Sichtbarkeit mit der Farbe Weiß und einer Deckkraft von 1 oder 2 ein. Dann sind die Fragezeichen auch ohne Anwahl ganz dezent sichtbar.

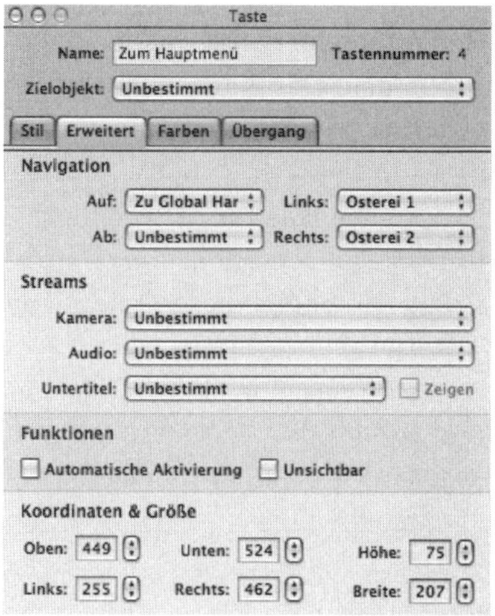

Übrigens: Falls Ihnen aufgefallen ist, dass bei diesem Menü unsere veränderten Farben verschwunden sind, verdienen Sie Anerkennung für Ihre präzise Beobachtung! Jedes Menü kann eine andere Farbpalette haben, so dass unsere Gestaltungsmöglichkeiten trotz der Beschränkung auf 16 Farbtöne recht vielseitig sind.

29. Filmspur erstellen

Ziehen Sie die Datei Home_Cable.m2v auf die entsprechende Taste, und wählen Sie SPUR ERSTELLEN (aber nicht DATEI FESTLEGEN, sonst wird unser Menübild ersetzt). Hierdurch entsteht unsere erste Videospur, deren SPRUNGENDE gleich wieder auf dieses Menü verweist. Die Tonspur wird automatisch mit angelegt, wenn die Namen übereinstimmen.

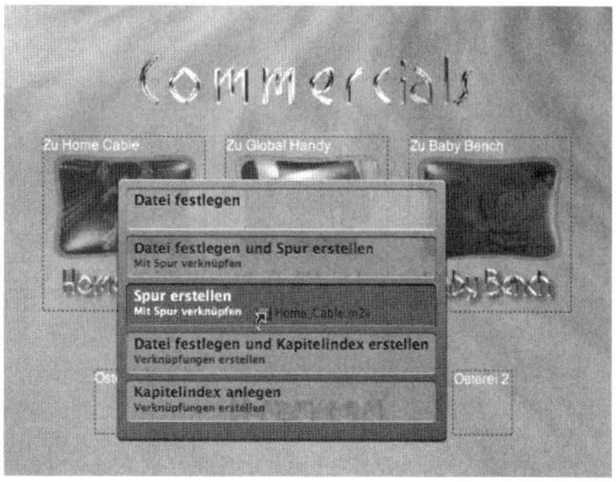

30. Weitere Filme erstellen

Ziehen Sie die beiden anderen Filme auf die entsprechenden Tasten, und lassen Sie Spuren erstellen. Den Film TVC-Showreel (einen rasanten Zusammenschnitt von TV-Commercials) ziehen Sie auf das erste Fragezeichen, denn das ist unser Osterei.

31. Zweites Fragezeichen verbinden

Beim zweiten Fragezeichen klicken Sie im Info-Fenster auf das Ausklappmenü neben ZIELOBJEKT, und wählen Sie aus den Spuren ebenfalls die Spur »TVC_Showreel«, so dass beide Tasten zum gleichen Objekt führen.

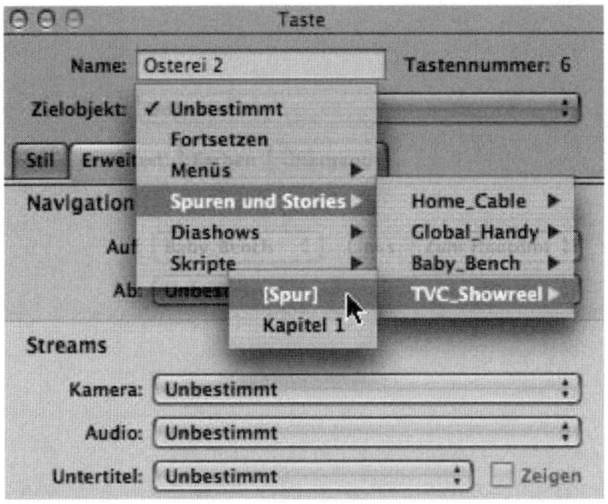

32. Sprungende korrigieren

Leider klappt (zumindest bei Version 3.0.1) die Vorwahl der richtigen Taste beim SPRUNGENDE nicht, nur das Menü wird automatisch zugewiesen. Prüfen und korrigieren Sie das bei den neu angelegten Spuren falls nötig (vielleicht hat Apple ja inzwischen schon ein Bugfix). Es ist einfach guter Stil, wenn nach der Rückkehr aus einer Spur die passende Taste vorgewählt ist (siehe auch Kapitel 13, »Navigationsdesign«).

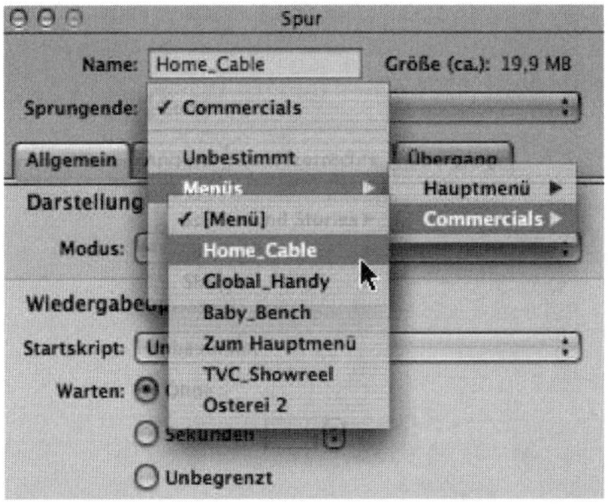

33. Taste »Hauptmenü« verbinden

Wählen Sie die Taste »Hauptmenü« und verbinden sie im Ausklappmenü ZIELOBJEKT des Info-Fensters mit dem Hauptmenü bei vorgewählter Taste »Zu Commercials«.

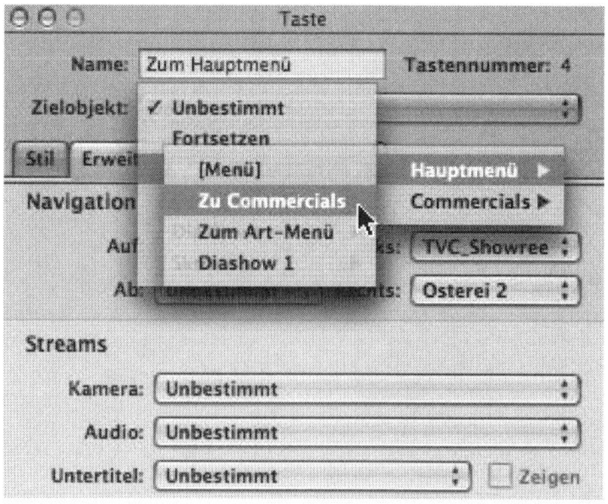

34. Menütaste belegen

Da die Spur TVC_Showreel recht lang ist, sollten wir dem ahnungslosen Nutzer die Möglichkeit zum Sprung zurück in das Menü per Fernbedienung bieten. Öffnen Sie die Spur per Doppelklick auf deren Namen im Fenster LISTE, gehen Sie im Info-Fenster auf ALLGEMEIN, und wählen Sie unter FERNBEDIENUNG bei MENÜ in den Ausklappmenüs die entsprechende Taste im Menü COMMERCIALS.

Sie können für jede Spur separat festlegen, wohin die Menütaste der Fernbedienung den Nutzer bringt. Wenn man allerdings in die gleiche Spur aus verschiedenen Menüs gelangen kann, können Sie nur durch Skripte erreichen, dass der Nutzer dorthin zurückgebracht wird, wo er oder sie herkam. Auch das ist gutes Navigationsdesign!

35. Drittes Menü erzeugen Öffnen Sie wieder das Hauptmenü aus der Liste, ziehen Sie die Datei Art_Menü.pct auf die Taste »Art«, und wählen Sie UNTERMENÜ ERSTELLEN. Öffnen Sie das neue Menü per Doppelklick, und nennen Sie es im Info-Fenster »Art-Menü«.

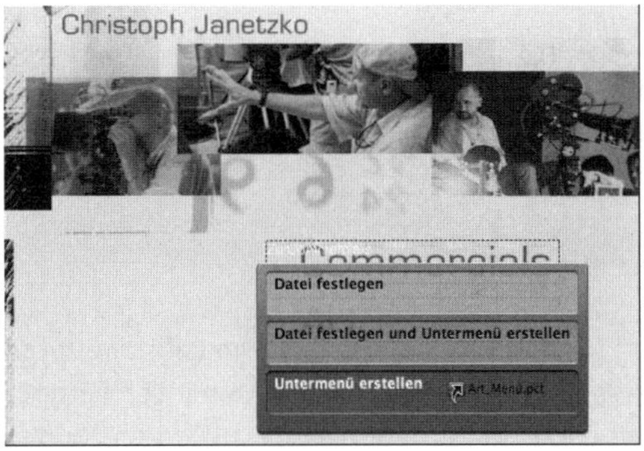

36. Hervorhebung festlegen Ziehen Sie die Datei Art_Overlay.pct für das Art-Menü in das Menüfenster, und legen Sie deren Funktion wie in Schritt 5 fest.

37. Tasten anlegen Legen Sie auch beim Art-Menü alle sieben Tasten an, hier hilft natürlich wieder das Duplizieren. Geben Sie allen Tasten sinnvolle Namen, und legen Sie deren Navigation wie im Schritt 28 fest. Bei der relativ langen Liste von Filmausschnitten auf der rechten Seite dürfte es sinnvoll sein, von der letzten Taste auf die erste zu verweisen und umgekehrt. Was Sie bei den Ausschnitten mit der Pfeiltaste nach links machen, ist Ansichtssache – ich lasse sie in jedem Fall auf die Taste »Zum Hauptmenü« verweisen.

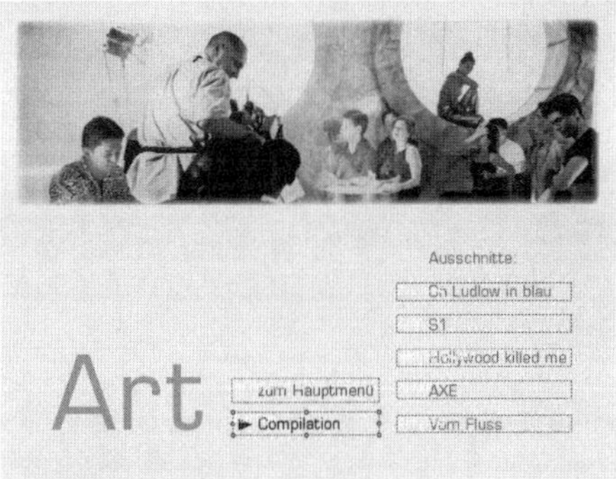

38. Hervorhebungen Diesmal halten wir es mit der Hervorhebungsfarbe ganz dezent: Wählen Sie Schwarz für den Zustand AUSGEWÄHLT, und reduzieren Sie die DECKKRAFT von oben nach unten auf 12, 8 und 4. Für den Zustand AKTIVIERT nehmen Sie diesmal das dunkle Blau unten in der Farbauswahl.

Für die Taste »Zum Hauptmenü« sollten Sie nach eigenem Gutdünken eine leicht abweichende Farbreihe wie in Schritt 27 anlegen. Beachten Sie, dass man die Zuweisung einer Farbreihe zu einer Taste nur bei Stil ändern kann, nicht bei Farben.

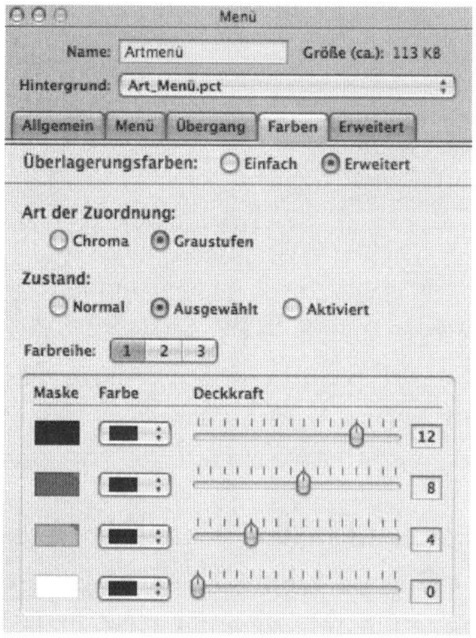

Wählen Sie in der Kopfleiste Spur hinzufügen, öffnen Sie die neue Spur, geben Sie ihr einen Namen, und ziehen Sie den Film Artfilm.m2v in V1. Der gleichnamige Ton wird automatisch mit hinzugefügt, und nach kurzer Wartezeit sehen Sie auch die von mir in Compressor angelegten und benannten Kapitelmarkierungen. Klicken Sie auf die erste Markierung, und benennen Sie diese im Info-Fenster mit »On Ludlow in Blau«.

39. Film für »Art« anlegen

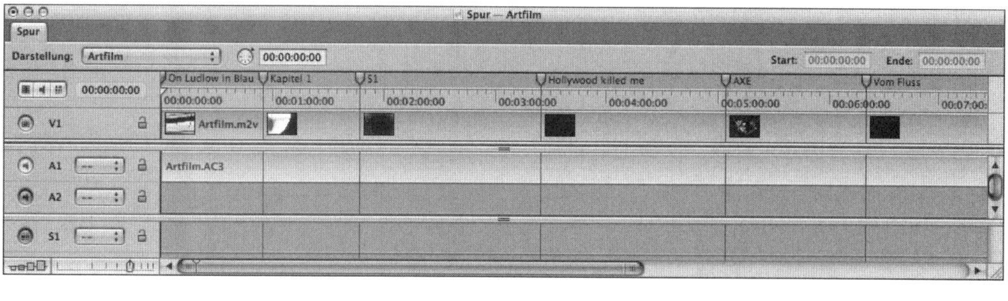

Stellen Sie die erste Untertitelspur S1 unter den Audiospuren durch Klick auf das kleine, orangegelbe Icon links als Standardspur ein. Klicken Sie mit gehaltener CTRL-Taste oder der rechten Maustaste in diese Spur, und wählen Sie Datei für Untertitel importieren. Importieren Sie die Datei Untertitel.stl von der Buch-DVD.

40. Untertitel hinzufügen

Nach kurzer Zeit meldet das Programm die Verrichtung dieses Befehls, bestätigen Sie mit OK. Mit dem zeitlichen Zoom (dem Schieber links unten) oder der unteren Fenstersteuerung können Sie etwas in die Spur hineinzoomen, um sich den Titelbereich näher anzusehen.

41. Untertitel einstellen Klicken Sie einen der gelben Untertitel an, und stellen Sie im Info-Fenster Einbl(enden) ❶ und Ausbl(enden) ❷ auf 4 oder 5 Bilder sowie die Sprache ❸ auf Deutsch. Wenden Sie diese Einstellung auf alle Untertitel der Spur an per Auf Stream anwenden ❹.

Untertitel können Sie sich in der Vorschau oder im Simulator ansehen. Für den Simulator müssen Sie mit entweder mit Immer anzeigen im Info-Fenster dauerhaft aktiviert sein (was dann aber auch für die DVD gilt!) oder mit Zeigen im Simulator eingeschaltet werden, sonst sehen Sie nichts.

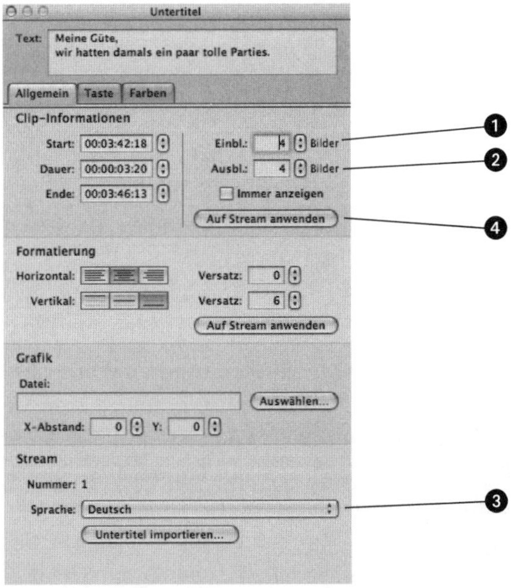

Erzeugen Sie mit STORY HINZUFÜGEN (in der Kopfleiste) fünf neue Storys – die Spur »Artfilm« muss dazu weiterhin angewählt sein –, und benennen Sie diese mit den Namen der einzelnen Filme rechts im Art-Menü.

42. Storys anlegen

Wir wollen erreichen, dass sich der Nutzer die Filmabschnitte zu einzelnen Titeln separat ansehen kann. Dazu müssen wir die jeweilige Kapitelmarkierung mit je einer Story verbinden. Eine Story endet automatisch bei der nächsten Markierung, die nicht zur Story gehört. Der Sprung direkt zu einem Kapitel würde dagegen den gesamten Film ab dem entsprechenden Punkt abspielen.

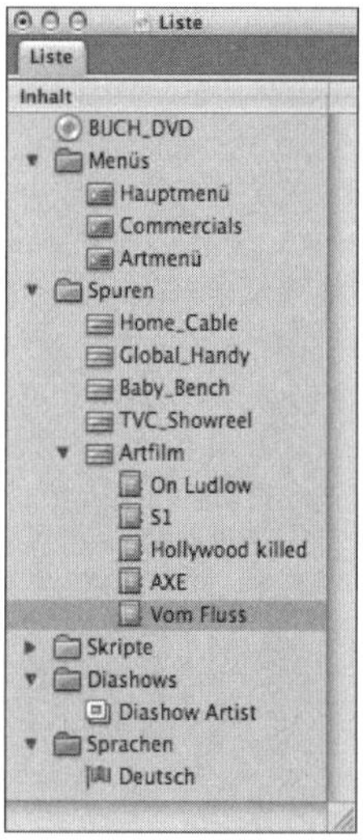

Durch Doppelklick auf eine Story öffnet sich das Story-Fenster. Links sehen Sie alle in Frage kommenden Markierungen (nur die aus der gleichen Spur), rechts ist das Fenster leer. Ziehen Sie für jede Story die jeweilige Markierung auf die rechte Seite.

43. Storys mit Kapiteln verbinden

In unserem Fall ist das immer nur eine, aber Sie könnten hier beliebige Abfolgen aus einer Spur zusammenstellen. Wiederholen Sie das für alle fünf Storys, dabei können Sie über das Ausklappmenü hinter DARSTELLUNG die Storys wechseln.

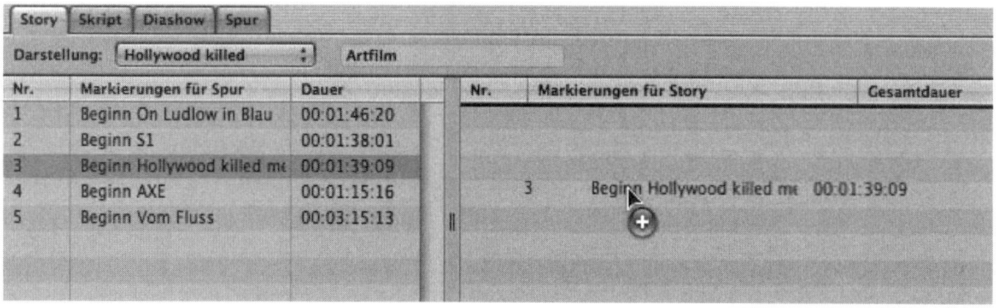

44. Funktion der Menütaste festlegen

Legen Sie für die Spur »Artfilm« noch die Wirkung der Fernbedienungstaste Menü wie bei Schritt 34 fest. Sie soll in diesem Fall für die gesamte Spur zum Art-Menü bei vorgewählter Taste »Zum Film« führen, genau wie das Sprungende.

Für die Storys können Sie die Wirkung der Taste separat einstellen, indem Sie die jeweilige Story wählen und das Ziel unten bei FERNBEDIENUNG • MENÜ ❶ auf die passende Taste im Art-Menü lenken. Vergessen Sie nicht, auch oben bei SPRUNGENDE ❷ die richtige Taste einzustellen. Erledigen Sie das für alle Storys – sicher sehen Sie spätestens jetzt, wie wichtig sinnvolle Namen für die Tasten sind …

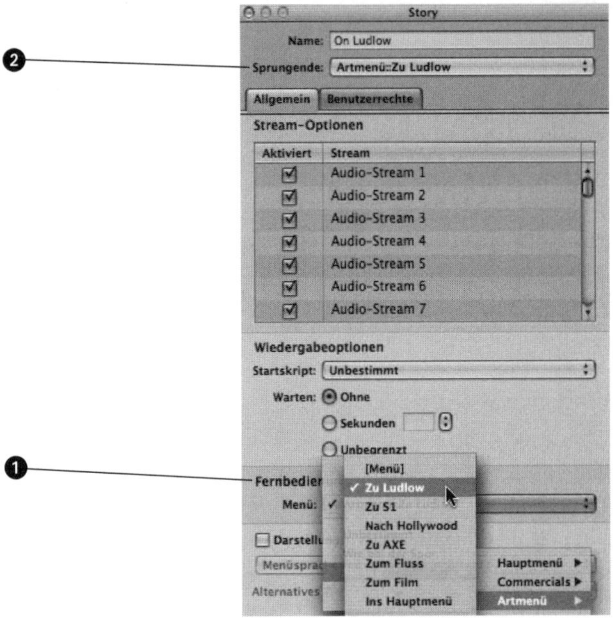

45. Tasten im Art-Menü verbinden

Aktivieren Sie erneut das Art-Menü, und öffnen Sie diesmal das Fenster VERKNÜPFUNGEN statt der einzelnen Tastenfenster. Stellen Sie bei DARSTELLUNG auf EINFACH, und öffnen Sie rechts bei ZIELOBJEKTE durch Aufklappen des Dreiecks SPUREN UND STORYS. Verbinden Sie alle Tasten mit den passenden Storys und die Taste »Zum Film« mit der Spur selbst.

Dazu aktivieren Sie jeweils beide Objekte durch Anklicken und klicken dann auf VERKNÜPFEN. Verknüpfen Sie die Taste »Ins Hauptmenü« mit der Taste »Art-Menü« im Hauptmenü wie in der Abbildung. Bei einem gut organisierten Projekt mit klarer Namensvergabe ist diese Methode deutlich schneller als die Arbeit mit dem Info-Fenster jedes einzelnen Elements.

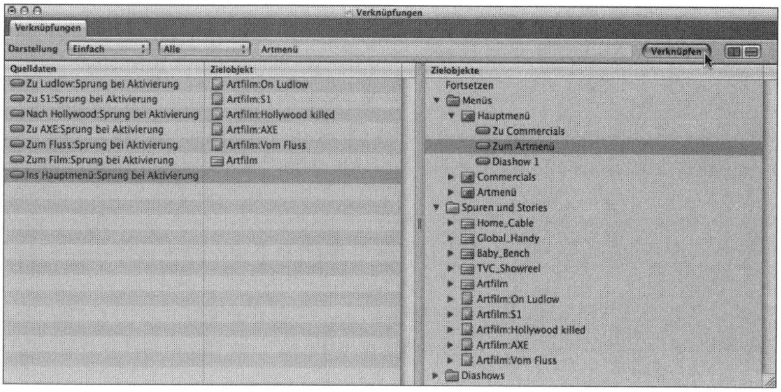

46. Hauptmenü verknüpfen

Da bei der Erstellung des Hauptmenüs noch nicht alle Zielobjekte existierten, müssen Sie jetzt auch dort noch eine Verknüpfung zu den Untermenüs vornehmen. Das sollte Ihnen mit dem obigen Fenster nicht schwer fallen: Verknüpfen Sie »Commercials« mit dem Untermenü und dessen Taste »Global Handy«.

47. Übergang zum Art-Menü

Lassen Sie uns für die Tastenverbindung zum Art-Menü noch einen kleinen Effekt einbauen. Schließlich bietet DVD Studio Pro mittlerweile recht raffinierte Übergänge für Menüs oder auch einzelne Tasten an. Öffnen Sie noch einmal das Hauptmenü, und wählen Sie die Taste »Art«, gehen Sie im Info-Fenster auf ÜBERGANG, und wählen Sie aus dem Ausklappmenü ÜBERGANG • α Satin Blau ❶.

Die DAUER ❷ können Sie auf der Vorgabe belassen. Mit VORSCHAU ❸ können Sie sich den Effekt schon einmal ansehen. Wie Sie solche Effekte selber bauen, erfahren Sie im Kapitel 12, »Grafik und Text«.

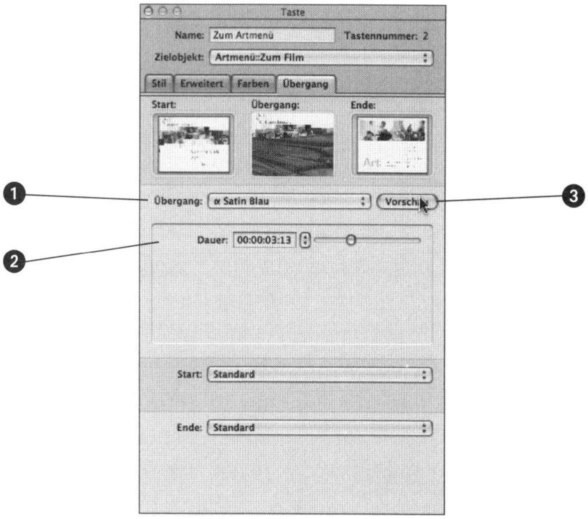

48. Vorspann anlegen und verbinden Erzeugen Sie eine weitere Spur mit dem Film Copyright.m2v und der Bezeichnung »Vorspann«. Verbinden Sie die gesamte DVD mit dieser Spur als Startobjekt und das SPRUNGENDE der Spur mit einer passenden Taste im Hauptmenü. Insbesondere DVD-Rs laufen auf problematischen Playern besser, wenn sie mit einem Stück Video (inklusive Ton) beginnen.

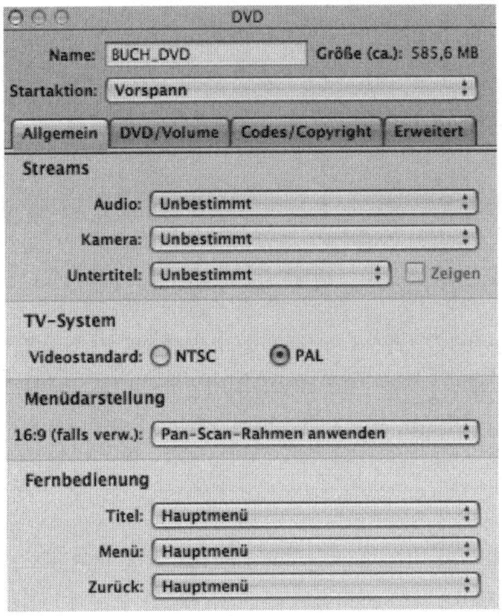

49. Objekte sinnvoll anordnen Ihr Fenster LISTE sollte jetzt etwa wie in der Abbildung aussehen. Legen Sie die Spur »Vorspann« ganz nach oben im Ordner Spuren, dann kommt sie auch rein mechanisch nahe an den Anfang der DVD.

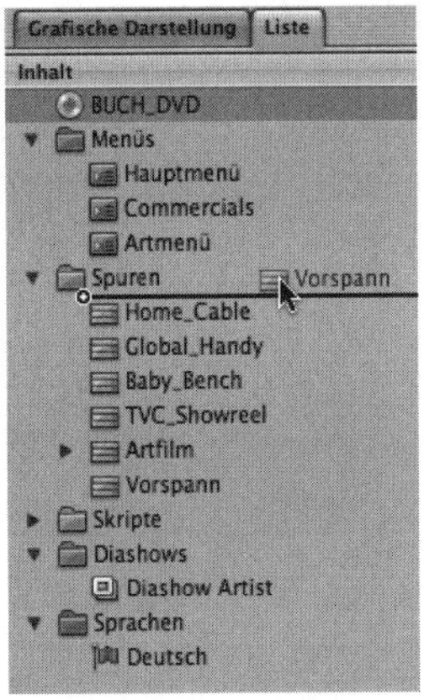

50. Fertig stellen Glückwunsch, damit ist Ihr erstes Übungsprojekt komplett! Sie sollten es jetzt im Simulator testen und alle Funktionen einmal durchgehen, bevor Sie es mit FERTIG STELLEN auf die Festplatte schreiben. Sichern Sie auch die Projektdaten noch einmal, falls Sie später damit experimentieren wollen.

Für einen klaren Überblick über die gesamte Navigation (und später bei eigenen Projekten zur Kommunikation mit dem Kunden) sollten Sie alle Objekte noch einmal in der grafischen Darstellung übersichtlich anordnen und so ausdrucken.

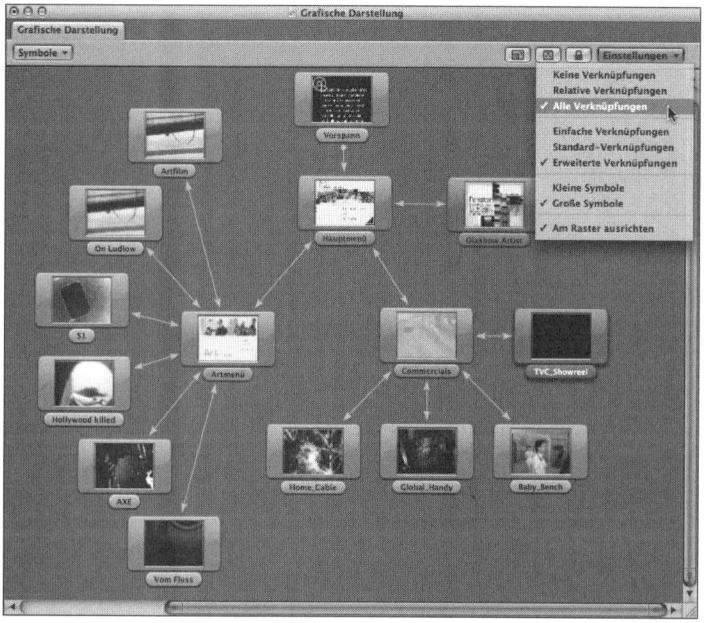

I Wissen

2 Die Rolle der DVD im Medienmarkt

Mittendrin oder zwischen allen Stühlen? Die DVD hat sich schneller etabliert als irgendein technisches Massenmedium vor ihr und in kürzester Zeit die Videokassette – zumindest als Wiedergabemedium – abgelöst. Aber wie bedroht ist sie selbst bei immer schnelleren Innovationszyklen?

2.1 Eine für alles

DVD, Digital Versatile Disc, die vielseitige Scheibe. So vielseitig, dass ihre Möglichkeiten von Mediengestaltern bei weitem noch nicht ausgeschöpft werden. Die Zahl der installierten DVD-Systeme liegt weltweit schon längst über einhundert Millionen, und der Anstieg ist weiterhin exponentiell. Ebenso schnell wächst die Zahl der verfügbaren Titel. Nach Jahren des Streites um Nachfolger für VHS und CD ist ein weltweit akzeptierter Standard gefunden worden. Selbst die Anzahl an DVD-Brennern und -Rekordern zusammen geht schon in die Millionen, wobei der erheblich größere Teil (noch?) auf die Brenner entfällt.

In diesem Buch geht es um die **DVD-Video** oder **Video-DVD** (diese beiden Begriffe verwende ich synonym). Sie ist für »Bild mit Ton« das, was die Audio-CD für »Ton ohne Bild« ist: Ihr Inhalt kann von allen installierten Playern erkannt werden, ob Stand-alone-Geräte oder am Computer. Selbst Einsteigerrechner oder Laptops sind inzwischen schnell genug, die Datenraten der DVD-Video zu meistern. Die DVD-Video hat eine definierte Datenstruktur. Sie stellt wie andere spezifizierte Formate (z. B. DVD-Audio oder die Super-Audio-CD) eine **Anwendung der DVD-ROM** dar.

DVD-Video

Die DVD-Video berücksichtigt drei Konzepte für erfolgreiche technologische Neuentwicklungen:

- Standardisierung
- Abwärtskompatibilität
- Hoher Mehrwert

Standardisierung

In der Digitalbranche ist ein Standard in etwa gleichbedeutend mit einem Monopol bestimmter Verfahren. Bei so komplexen Dingen wie der DVD liegen die beteiligten Patente jedoch zumeist in der Hand mehrerer Firmen. Allein bei der Spezifikation des physischen DVD-Formates sind dies über 4 000. Für die DVD-Video-Spezifikationen sind weitere Patente beteiligt.

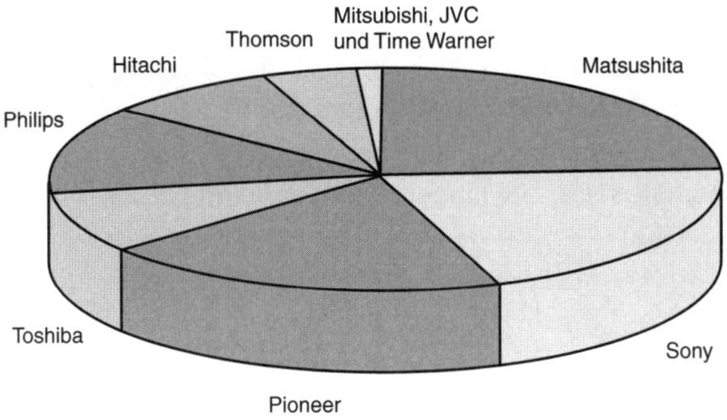

Abbildung 2.1 ▶ Patentverteilung bei der DVD-ROM

Wer die meisten Patente hält, kann den größten Gewinn einstreichen. Genau dieser Verteilungskampf ging der Entwicklung der DVD voraus. Ein Verfahren wird dann zu einem Standard, wenn die beteiligten Patentinhaber die Marktmacht haben, neben ihrem kein anderes zuzulassen – oder wenn ihr Produkt so herausragend ist, dass es sich gegen die Marktmächtigen durchsetzen kann (meist wird eine solche Firma dann allerdings aufgekauft). Die DVD ist zum Standard geworden, weil zuletzt so gut wie alle beteiligt waren, die in der Unterhaltungs- und Mikroelektronik-Branche etwas zu sagen haben. Und Monopol hin oder her: Der Nutzer (siehe Kasten »Der Nutzer«) profitiert von dieser Einigung, denn er kann sich seiner Investitionen sicher sein. Ohne einen Standard gäbe es nur gelähmten Konsum.

Der Nutzer

Wie heißen diejenigen, die eine DVD ansehen? Und schon diese Frage offenbart den Formulierungsnotstand: Eine DVD zielt nicht nur aufs Auge, sondern auch auf die Ohren. Das englische Wort **Viewer** ist zu reduziert. Auch das deutsche Pendant **Zuschauer** berücksichtigt nicht, dass die DVD-Video interaktiv ist (oder sein kann). **Seher**, **Betrachter** oder gar **Schauer** sind im Deutschen schon mehr oder weniger besetzt. Eine DVD wird auch nicht verbraucht, sondern genutzt. Deshalb ist **Verbraucher** oder **Konsument** wenig passend. Ich entscheide mich in diesem Buch deshalb für die deutsche Übersetzung des englischen **User** und verwende das Wort **Nutzer**. Selbstverständlich sollte eine DVD auch genossen werden – aber wäre DVD-**Genießer** besser?

Die Firmenkonsortien um **Philips/Sony** (Acer, Aiwa, Grundig, Nokia und andere) und der Gegenspieler **SD Alliance** (Hitachi, Matsushita/Panasonic, Mitsubishi, Pioneer etc.) versuchten bis 1995 zunächst, ihre proprietären Entwicklungen eines Datenträgers durchzusetzen. Einen Vorsprung, wie ihn Philips sich bei der Einführung der CD verschaffen konnte, wollte die SD Alliance nicht noch einmal zulassen.

CD-Nachfolger

Der neue Datenträger sollte nicht nur die Möglichkeiten einer CD erweitern, sondern auch genügend Kapazität bieten, einen Spielfilm digital zu speichern. Entsprechende Forderungen waren im September 1994 von den Hollywood-Studios gekommen (siehe Tabelle 2.1).

Von	Anforderung
Von der **Musikindustrie**	▶ Raumklang und/oder High-End-Audio ▶ Kopierschutzmöglichkeit ▶ Abwärtskompatibilität zur Audio-CD
Aus **Hollywood** (Columbia Pictures/Sony, Disney, MCA/Universal/Matsushita, Metro Goldwyn Mayer/United Artists, Paramount, Viacom, Warner Bros./Time Warner) im September 1994	▶ Genügend Platz für einen Spielfilm von etwa 135 Minuten auf einer Seite ▶ Bessere Bildqualität als die Laserdisc ▶ Drei bis fünf Sprachversionen auf einer Scheibe ▶ Raumklang und/oder High-End-Audio ▶ Kopierschutzmöglichkeit
Von der **Computerindustrie** (Apple, Compaq, HP, IBM, Microsoft) im April 1995	▶ Ein gemeinsames Format für Computer und Videounterhaltung ▶ Ein gemeinsames und gebräuchliches Dateisystem für Computer und Videounterhaltung ▶ Abwärtskompatibilität zur Audio-CD und CD-ROM ▶ Aufwärtskompatibilität zu kommenden beschreibbaren und wiederbeschreibbaren Datenträgern ▶ Ähnliche Preise wie bei CDs und CD-Laufwerken ▶ Keine vorgeschriebenen Caddys oder Cartridges für die Medien ▶ Datensicherheit wie bei der CD-ROM oder besser ▶ Hohe Datenkapazität, erweiterbar zu zukünftigen Kapazitätssteigerungen ▶ Hochleistung für sequenzielles Video und Computerdaten

◂ **Tabelle 2.1**
Anforderungen an einen CD-Nachfolger

Wohin der Kampf zwischen den beiden Firmenkonsortien hätte führen können, war ihnen klar: Solange sie sich um die Vormachtstellung auf diesem Zukunftsmarkt streiten, verweigert sich der Verbraucher. Wieso sollte sich jemand auf ein Format festlegen, wenn es noch nicht einmal die Hersteller können? Und weiter: Welcher Produzent digitaler Inhalte möchte gern einen Teil seiner Zielgruppe verprellen – was er müsste, wenn er sich für ein Format entscheiden würde? Die beiden Kontrahenten aus der Unterhaltungsindustrie waren nicht fähig, sich zu einigen, denn jede Seite konnte sich berechtigte Hoffnungen machen, ihr Verfahren durchsetzen zu können. Sie würden sich vielleicht heute noch streiten, wenn nicht die Computerindustrie auf den Plan getreten wäre:

Im April 1995 drängten fünf Große aus der Computerbranche die konkurrierenden Gruppen auf eine Einigung und stellten Anforderungen an das neue Format, darunter die Implementierung eines Dateisystems (siehe Tabelle 2.1). Was passierte, ahnen Sie bereits: Im Sommer 1995 konnten *beide* Gruppen diese Anforderungen erfüllen ...

Es war im August 1995 die Firma IBM, die den Ausschlag gab: Sie kündigte an, wegen bestimmter technischer Vorzüge die SD Alliance unterstützen zu wollen, und gab Sony/Philips einige Wochen Zeit, an einem Kompromiss mitzuwirken.

Nun ging es plötzlich schnell. Im Dezember 1995 hatten sich die Beteiligten auf das DVD-ROM-Format und ein Videoverfahren, MPEG, geeinigt. Dieses nun gerade **nicht** proprietäre Verfahren (siehe Kapitel 9, »Videokodierung«) bildete die Grundlage für die Verabschiedung des DVD-Videostandards, um den es in diesem Buch geht.

Abwärtskompatibilität

DVD-Geräte müssen in der Lage sein, auch Audio-CDs lesen zu können. Das haben diejenigen, die in den Entwicklungsabteilungen der Unterhaltungsindustrie an einem Nachfolgemedium für die CD arbeiteten, schon früh erkannt. Bereits die ersten Entwicklungen von Philips mit ihrer **Multimedia-CD** und die Konkurrenz der SD Alliance mit der **Super Disc** konnten dies.

Die CD war bis dahin das erfolgreichste digitale Medium. Und für reine Audioanwendungen wird sie es – neben MP3 auf noch kompakteren Datenträgern – wohl auch noch lange bleiben. Die zumeist liebe- und respektvoll gepflegten sensiblen Vinylbestände verstaubten ab Ende der 80er-Jahre zunehmend. Unzählige Musiktitel füllen inzwischen die Regale der Haushalte, auch wenn ihnen beim Umstieg von der analogen Schallplatte auf ein digitales Medium einiges zugemutet wurde. Doch die Vorteile der CD waren eindeutig.

Ein Nachfolgemedium für die erfolgreiche Scheibe würde es sehr schwer haben, das stand fest. Denn in der Tat ist schon das CD-Format mit der 16/44,1-Auflösung weitaus besser, als es die meisten Abhörsituationen zulassen. Die eifrigste Bevölkerungsgruppe beim Musikkonsum, die

Jugendlichen, berauscht sich selbst am komprimierten populären MP3-Format. Die bereits vorhandene Qualität der CD scheint deshalb wohl fast allen völlig zu genügen. Ein mögliches digitales Nachfolgeformat konnte es den Konsumenten nicht mehr zumuten, ihre bisherige CD-Sammlung zu entwerten: Das Abspielgerät musste in der Lage sein, auch Audio-CDs zu lesen. Jede andere denkbare Möglichkeit der Speicherung digitaler Daten hätte keine Chance auf einen Erfolg gehabt. Und es musste einiges mehr geboten werden als auf der CD.

Mehrwert

Die neue Scheibe sollte nicht nur Video speichern können, sondern gesucht wurde ein echter Alleskönner, der auf mehreren Feldern punkten kann. In jedem anderen Fall fürchtete man sich vor der Verweigerung des Verbrauchers. Der Datenträger der Zukunft muss sich schließlich gleich gegen mehrere Konkurrenzformate behaupten können.

2.2 Konkurrenzlos? Die DVD-Video ... ... und VHS-Video

Der Umstieg vom analogen auf ein digitales Speichermedium vollzieht sich im Videobereich, ähnlich wie bei den Tönen einige Jahre zuvor, in zwei Etappen:

1. Wiedergabe
2. Aufnahme

Wiedergabemedium Nr. 1

Die erste Etappe hat die DVD bereits gewonnen: Bis zum Ende des dritten Quartals 2001 (noch vor dem Weihnachtsgeschäft!) wurden nach Angaben des Bundesverbandes Video (BVV) bereits 477,2 Millionen Mark Verkaufsumsatz mit DVDs erzielt und damit der guten alten Videokassette (444,1 Millionen Mark Umsatz) der Rang abgelaufen. Im Verleihbereich lag die DVD noch hinter den Videos zurück. Das lag jedoch auch daran, dass viele Filme in den Videotheken noch nicht auf DVDs verfügbar waren. Schon im Laufe des Jahres 2003 hatte sich die DVD im Verleih fast mit 50 % etabliert, inzwischen ist sie dominant. Die Verdrängung des Videobandes durch die Scheibe verläuft sogar noch rasanter als die Ablösung der Schallplatte durch die CD.

Manche DVD-Sammlungen in den Haushalten warten bereits mit echten Raritäten auf: Schließlich können viele europäische DVD-Player mit ein paar kleinen Tricks auf der Fernbedienung oder mit Zusatzchips DVDs aus aller Welt lesen. Bei der großen Zahl an Playern und ständig neuen

Modellen (und Tricks) kann ich Ihnen hierbei nicht helfen. Aber eine Internet-Suche mit den Begriffen »Region Code« oder »Codefree« fördert jede Menge an hilfreichen Fundstellen zutage. Besonders rührig scheinen auf dem Gebiet unsere französischen Nachbarn zu sein. Ein echter Fortschritt für die Völkerverständigung – oder zumindest für das Erlernen von Fremdsprachen.

DVD-Recording

Bei der Aufnahmeseite ist es immer noch fraglich, ob sich die DVD als digitales Speichermedium in gleichem Umfang wie der Videorekorder durchsetzen wird. Das hat mehrere Gründe:

- Die Laufzeiten der »kleinen« DVD-5 sind in hoher Qualität für Spielfilme zu gering, die beschreibbare DVD-9 ist noch sehr teuer.
- Auf dem Sektor der beschreibbaren DVDs tobt noch der Formatkampf zwischen den alten Bekannten der Szene (siehe oben) mit DVD-R und +R.
- Und ein paradoxes Phänomen: In Erwartung der Ablösung durch DVD-Rekorder sind die Preise für VHS-Rekorder extrem gesunken.

In Zeiten knappen Geldes wird es da eine Weile dauern, bis die Konsumenten merken, dass im VHS-Bereich fast nur noch sehr kurzlebige Billigprodukte am Markt sind. DVD-Rekorder mit einer Bildqualität, die den hoch gesteckten Erwartungen der Konsumenten gerecht wird, sind dagegen überwiegend noch immer so teuer, wie es vor wenigen Jahren gute VHS-Geräte waren. Es scheint durchaus denkbar, dass sich für die Aufzeichnung kurzlebigerer Videodaten wie zeitversetztem Fernsehen eher Computerfestplatten durchsetzen werden. Selbst bei sehr hoher Qualität reichen etwa acht Gigabyte für einen langen Spielfilm aus, und mit der schnellen Verbreitung von DVB (digitalem Fernsehen) wird die Direktaufnahme immer attraktiver.

Die beschreibbare DVD wird sich bei weiter sinkenden Preisen für Rekorder sicher einen Markt erkämpfen, aber ob sie ein solch gängiges Medium wie die VHS-Kassette auch bei der Aufnahme wird, ist noch nicht klar abzusehen. Eine Bild- und Tonqualität wie auf einer gut produzierten DVD-Video ist mit Fernsehmitschnitten ohnehin nicht zu erzielen – dafür ist das analoge Fernsehsignal zu schlecht und das digitale meist zu stark komprimiert.

2.3 ... und Video auf CD

Bei der starken Verbreitung von CD-Brennern, den sehr niedrigen Preisen für CD-Rohlinge und immer fortschrittlicheren Kompressionsalgorithmen war es eine Weile attraktiv, seine Videos auf CD-R oder CD-RW zu bringen. Zwei Strategien sind hierfür verbreitet: Entweder müssen noch stärkere Kompressionsalgorithmen als MPEG-2 – der DVD-Standard – eingesetzt werden, oder man verkürzt einfach die Laufzeit pro CD.

Die erste Strategie wird von auf dem MPEG-4-Standard beruhenden Alternativen wie DivX gewählt, die zweite von der vor allem in Asien verwendeten Super-Video-CD (SVCD) und der Extended-SVCD, die einen Spielfilm auf mehrere CDs verteilen. Diese beiden Formate sind Nachfolger bzw. Ergänzungen der **Video-CD**. Diese Videostandards wurden auf dem asiatischen Kontinent entwickelt, während sich die großen amerikanischen, europäischen und japanischen Firmen der Unterhaltungsindustrie und -elektronik um ein einheitliches Format stritten. Im Zentrum der Überlegungen in Asien, insbesondere in China, stand die Unabhängigkeit von Lizenzzahlungen an die großen Firmenkonsortien.

MPEG-1

Das Videoformat der Video-CD ist MPEG-1. Dieses auch für die DVD-Video zugelassene Kompressionsverfahren (siehe Kapitel 9, »Videokodierung«) arbeitet im PAL-Raum mit einer Auflösung von 352 × 288 Pixel, also etwa einem Viertel von MPEG-2. Praktisch alle DVD-Player können Video-CDs lesen, aber dieses Format eignet sich allenfalls als digitale Alternative zu VHS – zumindest für kürzere Filme (siehe Tabelle 2.2).

Video	VCD	SVCD	DVD	X(S)VCD	DivX	DV
Videoauflösung NTSC/ PAL	352 × 240 352 × 288	480 × 480 480 × 576	720 × 480 720 × 576	720 × 480, 720 × 576 oder geringer	640 × 480 oder geringer	720 × 480 720 × 576
Videoformat	MPEG-1	MPEG-2	MPEG-1 oder MPEG-2	MPEG-1 oder MPEG-2	MPEG-4 ähnl.	DV
Maximale Datenrate in MBit/s	1,152	2,2	9,8	5–20 MB/min	1–10 MB/min	28,8
DVD-Player-Kompatibilität	Sehr hoch	Brauchbar	100 %	Gering	Sehr gering	–
Bildqualität	Gering	Brauchbar	Sehr gut	Gut	Gut	Sehr gut

▲ **Tabelle 2.2**
Vergleich von digitalen Videodatenträgern

Grundsätzlich ist jedoch kein CD-Verfahren denkbar, das technisch gegen eine DVD bestehen könnte, denn alle für eine CD angewandten Verfahren stehen theoretisch auch der DVD mit ihrer viel höheren Datenkapazität zur Verfügung. In Europa haben sich die asiatischen Formate ohnehin nicht durchgesetzt, nur ein Teil der Player kann problemlos mit SVCDs umgehen, und DivX verstehen nur ganz wenige.

MPEG-4 Die einzige genormte technische Alternative zum MPEG-2 der DVD war in letzter Zeit **MPEG-4.** MPEG-2 in seinen verschiedenen Ausprägungen ist schon schwierig genug zu verstehen (siehe »Videokodierung«). MPEG-4 hingegen beinhaltet eine solche Fülle von Gestaltungs- und Entwicklungsmöglichkeiten, dass dieser Standard allein ein eigenes Buch wert wäre. Als Teil der ganz allgemeinen und umfassenden Standardisierung von MPEG-4 haben sich die Normungsgremien unter anderem auf das Format H.264 als möglichen Nachfolger von MPEG-2 geeinigt (siehe unten). An dieser Stelle will ich nur auf die bisher populärste Variante von MPEG-4 als Alternative zur DVD eingehen.

DivX;-)

DivX Die Namensgebung dieses Werkzeuges, das hilft, große Videos auf kleine CDs (oder natürlich auch Unmengen von Video auf Festplatten) zu bekommen, sorgte bereits für zahlreiche Missverständnisse. Ursprünglich war DivX das Kürzel für eine Firma namens Digital Video Express. Diese Firma hatte 1998 den Plan, ein Verleihsystem für DVDs zu etablieren. DivX-DVDs sollten nur in speziellen DivX-Playern gespielt werden können. Die Idee war, Scheiben zu einem günstigen Preis anzubieten, die man nur gegen die Zahlung eines weiteren Betrages länger als 48 Stunden nutzen konnte.

Diese Methode war in den USA zunächst ein Erfolg: Bereits sechs Monate nach Einführung des Systems gab es 420 verfügbare DivX-Titel. Doch dieses System bekam eine immer schlechtere Presse. Weniger als ein halbes Jahr später kapitulierte die Firma vor dem öffentlichen Druck, und die Geschäfte wurden nach schweren Verlusten an der Börse eingestellt. Dieses Abenteuer hat nach Schätzungen über 300 Millionen US-$ gekostet.

DivX;-) DivX;-) greift augenzwinkernd auf diesen Fall zurück. Rund 90% der im Internet kursierenden Spielfilme sind mit dem DivX-Verfahren kodiert. Dieses ehemalige Hackertool verwendete zunächst einen Teil des Quellcodes aus den Windows »Media-Tools«, um Videos nach dem MPEG-4-Standard zu komprimieren. Die Weiterentwicklungen des Verfahrens beruhen jedoch bereits auf einem selbst entwickelten Codec und können jetzt auch ganz legal vertrieben werden – im Gegensatz zu den meist damit verbreiteten Inhalten ...

Für professionelle Videodaten-Distribution ist dieses Verfahren sicherlich nicht ausreichend. Abgesehen von der geringeren Auflösung kann eine solche Disk nur in ganz wenigen Stand-alone-Geräten angesehen werden, und die Kompressionsartefakte sind auf einem guten Wiedergabegerät meist deutlich sichtbar. Die zusätzlichen Features wie Raumklang, mehrere Sprachversionen usw. sind mit DivX und seinen Verwandten ebenfalls nur mit großem Bastlertalent zu bekommen. Eine Konkurrenz für die DVD-Video ist das Verfahren nicht. Im Gegenteil: Die DVD kann sich im Vergleich zu den »gerippten« Versionen von Filmen als High-End-Referenzmedium positionieren und gewinnt so weiter an Image und Akzeptanz.

2.4 ... und die Audio-CD

Nicht nur für den Videomarkt wurde ein neues digitales Format gesucht, sondern auch für Töne soll die CD nun angeblich nicht mehr ausreichend sein. Wie oben bereits erwähnt, wurden die Audiomerkmale der CD 1982 allerdings so gut gewählt, dass nur geschulte Ohren den Unterschied zu noch höher auflösenden Formaten hören können – und das auch nur unter optimalen Abhörbedingungen im direkten Vergleich. Nebengeräusche im Raum und vor allem die Qualität der Wiedergabegeräte begrenzen den möglichen Musikgenuss seit der CD viel deutlicher als das Format. Das ist neben MP3 und USB-Winzig-Playern der Hauptgrund dafür, dass die beiden Konkurrenzformate auf dem DVD-Datenträger – die Audio-DVD und die SACD – es schwer haben, die Audio-CD abzulösen. Über eine höhere Auflösung allein ist kein Massenmarkt zu erreichen. Mittelfristig wird sich die Scheibe mit der höheren Kapazität wohl dennoch vom audiophilen Markt ein Stück sichern können. Aber nicht unbedingt als reine DVD-Audio ...

2.5 ... und Audio auf DVD

SACD

Die wegen des Kopierschutzes verspätet verabschiedete Spezifizierung des DVD-Konsortiums, die DVD-Audio, konkurriert noch mit der Super-Audio-CD (kurz SACD) um die Vorherrschaft im Markt für Audiophile. Die SACD ist eine proprietäre Entwicklung von Sony und Philips, die physikalisch jedoch nichts anderes ist als eine DVD. Während dieser Standardstreit weiterhin andauert, macht die breite Kundschaft den Beteiligten bereits eine lange Nase.

And the winner is ...

Die hohen Auflösungen wie 24-Bit-Quantisierungstiefe und 96-kHz-Samplingrate (oder das von der SACD favorisierte 1-Bit-Quantisierungsverfahren) machen im Studiobetrieb, wo Audiosignale häufig mehrere Bearbeitungsschritte durchlaufen, durchaus Sinn. Für die reine Distribution sind sie dagegen etwas übertrieben. Der eigentliche Vorteil der Audioformate gegenüber der CD ist nicht das höhere Auflösungsvermögen, sondern die Raumklangfähigkeit. Das aber kann auch die DVD-Video. Sie könnte auf dem Audiomarkt die lachende Dritte sein: Inzwischen sind so viele DVD-Videoplayer verkauft worden, dass abzusehen ist, dass dieses Gerät (oder in Zukunft der DVD-Rekorder) die zentrale Medienabspielstation wird – auch für Audio-CDs. Im Gegensatz zu den Video-DVD-Playern ist die Verbreitung von Audio-DVD-Playern noch recht eingeschränkt. Und das zu Recht: Nur die wenigsten Konsumenten werden wohl bereit sein, sich einen DVD-Audio- oder SACD-Player ins Regal zu stellen, wenn sie den Unterschied zu den High-End-Formaten ohnehin nicht hören können.

Die Richtung, welche die Audioformate nehmen, ist inzwischen erkennbar: Auf jeder Audio-DVD können auch Videoinhalte untergebracht werden. Das erwartet der Kunde einer Audio-DVD unbedingt, wenn er schon gegenüber der CD einen höheren Preis bezahlen soll. Es existiert kein Audio-DVD-Player, der nicht auch den Video-DVD-Teil erkennen und abspielen kann. Die noch spärlichen Produktionen von Audio-DVDs sind inzwischen dazu übergegangen, den Ton in zwei Versionen auf eine Scheibe zu bringen: einmal im hochaufgelösten, verlustlos komprimierten Audio-DVD-Format und zusätzlich in einem der verlustbehafteten komprimierten Formate DTS oder Dolby Digital für die Ausgabe auch auf Video-DVD-Playern.

Rolle

Ob das Audio-DVD-Format mittelfristig eine nennenswerte Rolle spielen kann, hängt nach meiner Einschätzung einzig davon ab, ob die Plattenpreise und die Playerpreise auf das gleiche Niveau sinken wie die von Video-DVD und -Player – dann hat ein Kunde sicher nichts dagegen, wenn er mit seinem Gerät auch Audio-DVDs abspielen kann. Der Vorteil für die Produzenten: Eine Audio-DVD weist einen schwieriger zu knackenden Kopierschutz auf als eine Video-DVD. Potenzielle Ripper handeln sich gegenüber dem reinen Audioformat einen Qualitätsnachteil ein, wenn sie nur den Ton aus dem Videoteil kopieren (können). Das wäre dann so etwas Ähnliches wie damals die Kopien auf Kassetten, mit denen die Musikindustrie ja auch jahrelang gut leben konnte.

Derzeit ist eher der Trend zu beobachten, hochwertige Musikproduktionen einfach als Video-DVD mit zusätzlicher DTS-Spur herauszubringen, die ebenfalls bei voller Ausnutzung der Datenrate zu einer exzellenten Qualität in der Lage ist. Der Massenmarkt von Musikkonsumenten mit bereits lautstärkedeformiertem Gehör wandert derzeit eher zum Internet-Download von Musik ab, und selbst dort sind schon viele anspruchsvollere Titel zu haben.

Nomen est omen?

Noch einmal: Nicht wegen der hohen Audioqualität wird sich die DVD auch für Audioinhalte durchsetzen. Dafür ist die Audio-CD zu gut und wird sich noch lange halten. Den Ausschlag gibt der Zusatznutzen. Und hierbei hat unstrittig das DVD-Videoformat (außer dem Nachteil des missverständlichen Namens und des geknackten Kopierschutzes) alle Vorteile. Ohne einen gefüllten VIDEO_TS-Ordner (siehe Kapitel 3, »DVD – der technische Hintergrund«) hat die Audio-DVD wohl wenige Chancen.

2.6 ... und die CD-ROM/DVD-ROM

Nachdem bereits seit längerem praktisch alle neuen Computer mit einem DVD-Laufwerk ausgestattet werden (das natürlich auch CD-ROMs lesen kann), ist es nur eine Frage der Zeit, wann die CD-ROM (die CD für Computerdaten) durch die DVD-ROM ersetzt wird. Die viel beschworene Multimedia-Tauglichkeit scheiterte bei großen Projekten bisher zu oft an der geringen Speicherkapazität. Vermutlich gewinnt aber auch hier die Video-DVD das Rennen. Schließlich stellt auch sie interaktive Möglichkeiten zur Verfügung, und man kann sie bequem per Fernbedienung vom Fernsehsessel aus handhaben.

Vorteile der Video-DVD

Der Aufstieg der CD-ROM verlief parallel zu dem Aufkommen der CD-ROM-Laufwerke in Computern. Das ist nicht so trivial, wie es sich anhört. Das Aufkommen der DVD-ROM-Laufwerke läuft beispielsweise ganz und gar nicht parallel zur DVD-ROM, sondern eher zur DVD-Video. Außer für den Transport großer Datenmengen, wie z. B. bei umfangreichen Lexika und Softwaresammlungen, erscheint die DVD zurzeit (Ende 2004) ganz überwiegend als DVD-Video, obwohl sie gegenüber Computeranwendungen bei der Interaktivität deutlich weniger bietet. Viel spricht dafür, dass die CD-ROM (und in vielen Fällen sogar die DVD-ROM) von der Video-DVD abgelöst wird:

- **Mehr Inhalt:** Gegenüber einer CD-ROM bietet bereits eine DVD-5 mehr als die siebenfache Kapazität. Bei allen Anwendungen, die nur rudimentäre interaktive Funktionen benötigen, aber einen hohen Multimedia-Anteil wie Video und Audio benötigen, ist die DVD-Video die bessere Wahl (diesen Kapazitätsvorteil hat natürlich auch die DVD-ROM). Für Lernprogramme, bei denen der Nutzer selbst Text eingeben soll, für hochgradig interaktive oder umfangreiche lexikalische Anwendungen hat die DVD-ROM nach wie vor ihre Vorteile gegenüber der DVD-Video. Doch in den meisten dieser Fälle hat die DVD-ROM im Internet einen starken Konkurrenten – dort können Inhalte aktueller gehalten werden.

- **Mehr Plattformen:** Wir alle sind bequem. Und dies ist wohl das Hauptargument für die DVD-Video. Denn sie kann nicht nur auf dem Computer, sondern auch im Fernsehsessel mit der Fernbedienung genutzt werden. Ein Nachteil insbesondere gegenüber der DVD-ROM ist allerdings die geringe Auflösung für die Darstellung von Text. Sollen abgesehen von Untertiteln viele Textinformationen geliefert werden, die über die üblichen maximalen 20 Seiten eines Booklets hinausgehen, ist die DVD-ROM die bessere Wahl. Eine CD-ROM für multimediale Präsentationen macht umso weniger Sinn, je mehr Computer mit DVD-Laufwerken ausgestattet sind.
- **Betriebssystemunabhängig:** Die CD-ROM ist nicht nur auf den Computer als Abspielplattform festgelegt, sondern benötigt (außer bei webbasierten Inhalten) auch noch spezielle Anpassungen an das jeweilige Betriebssystem. Solange Windows ein faktisches Monopol hatte, wurde bei den meisten CD-ROM-Produktionen auf alternative Desktop-Systeme, wie Mac OS und Linux, häufig wenig Wert gelegt. Dieses Potenzial kann man sich mit einer Video-DVD nun ebenfalls erschließen. Software-DVD-Videoplayer sind schließlich für alle Betriebssysteme zu bekommen. Auch verschiedene Varianten des gleichen Betriebssystems machen da weniger Zicken als bei der CD-ROM ...

2.7 ... und das Internet

Video on Demand – Probleme

Im Internet liegt die Zukunft. Dieser Allgemeinplatz wird auch für die Verteilung von Videodaten gern bemüht. Doch es lohnt sich, genauer hinzusehen, denn Zukunft ist ein sehr dehnbarer Begriff. Mehrere Faktoren erschweren die schnelle Einführung von »Video on Demand« in einer der DVD vergleichbaren Qualität:

- Fehlende Bandbreiten
- Fehlende Serverleistung
- Fehlende Standards, sowohl Software als auch Übertragungsstandards
- Ungeklärte Finanzierung von Inhalten
- Mangelnde Medienkonvergenz

Fehlende Bandbreiten

Die schnellsten Verbindungen zum Internet in Deutschland mit größerer Verbreitung sind die DSL-Anschlüsse der deutschen Telekom und anderer Anbieter. Sie bieten in ihren schnelleren (und teureren) Varianten nominell inzwischen im Download Datenraten, die bei maximal einem Drittel der auf DVD zulässigen liegen. Doch diese Datenraten werden bei starkem Andrang keineswegs zuverlässig durchgehalten. Die immer noch bei vielen Gelegenheitsanwendern des Internets verbreiteten ISDN- und Modem-Verbindungen sind erst recht viel zu langsam. Ganz im Gegensatz zum recht flotten Musik-Download ist die Akzeptanz beim Verbraucher folglich bisher gering. In erster Linie bewirbt denn auch die Telekom den kostenpflichtigen Download von Filmen – sie will uns ja eher Bandbreite als Filme verkaufen ...

Fehlende Serverleistung

Sobald im Internet etwas Interessantes läuft, wollen auch viele Zuschauer die »Sendung« sehen (denken Sie nur einmal an die NASA-Übertragungen vom Mars). Dazu muss der Anbieter aber auch die entsprechende Serverleistung zur Verfügung stellen. Zwar formieren sich inzwischen Netzwerke, die sich darauf spezialisiert haben, solche Server-Power zur Verfügung zu stellen, aber potenziell steigt mit jedem zusätzlichen Zuschauer der Kostenaufwand, der auf Senderseite betrieben werden muss. Einer Antenne ist es egal, ob sie für hundert oder hunderttausend Zuschauer sendet – dem Internetserver bei »Video on Demand« keineswegs. Hier hat das digitale Fernsehen wie DVB-T mit seinem Broadcast-Verfahren – eine Sendung für viele – einfach einen enormen ökonomischen Vorteil.

Fehlende Standards

In welcher Form sollen die Daten beim Zuschauer ankommen? Als QuickTime-, Real Player- oder Windows Media-Datei, um nur die verbreitetsten zu nennen? Und mit welchem Codec sollen sie komprimiert sein? Vielleicht als MPEG-2-Datenstrom (der Technik des digitalen Fernsehens)? Für Videoinhalte existiert noch eine babylonische Verwirrung im Netz. Auf Nutzerseite ist man gezwungen, mehrere Dekodierungsprogramme auf seinem Rechner zu installieren, und auf Produzentenseite entstehen Mehrkosten, wenn mehr als ein Format bedient werden soll.

Die zurzeit verfügbaren Übertragungsprotokolle sind zudem nicht in der Lage, eine gesicherte Übertragung aller Datenpakete innerhalb eines festgelegten Zeitraums zu gewährleisten. Wenn dem so ist, kommen wir direkt zum nächsten Punkt.

Ungeklärte Finanzierung von Inhalten

Wer wird bereit sein, für eine solch unsichere Sache Geld auszugeben? Und auf welchem Wege? Trotz jahrelanger Forschung und Entwicklung hat sich immer noch kein Bezahlstandard im Internet für derartige Anwendungen etablieren können. Vieles wird versucht, aber noch ist kein Verfahren in Sicht, das sich für einen breiten Einsatz im so genannten »Micro-Payment« eignen würde. Die Kreditkarte zum Beispiel sitzt hierzulande bei Internet-Nutzung noch bei weitem nicht so locker wie in den USA.

1 2 3 4 5 6 7 8 9 10 11 12 13 14 15 16 17 18 19 20 21 22 A B C

Die Verbraucher werden nach den jüngsten Horrormeldungen im Zusammenhang mit Betrügereien im Online-Banking eher wieder vorsichtiger.

Mangelnde Medienkonvergenz

Internet aus der Steckdose, Internet am Fernseher, Internet im Handy und im Kühlschrank. Möglich ist alles. Die Realität sieht indes noch völlig anders aus. Die überwältigende Mehrheit der Internet-Sitzungen findet (zum Ärger vieler Chefs) am Schreibtischcomputer statt und nicht im Fernsehsessel, wo die DVD bereits kräftig im Revier des Fernsehens und der Kassette wildert. Da bekommen dann die IT-Abteilungen den Auftrag, jegliche Zusatzinstallationen – natürlich insbesondere für Video – zu unterbinden. Die Zukunft lässt da noch auf sich warten. Wer mit Investitionen in die DVD-Produktion immer noch zurückhaltend ist, weil er glaubt, die DVD bis zum Tag Internet aussitzen zu können, dürfte viel Sitzfleisch brauchen.

2.8 ... und digitales Fernsehen

DVB-T Nach einem anfangs durch unausgegorene Decodertechnik und seltsame Anbieterpolitik eher schlechten Image ist das digitale Fernsehen inzwischen auf breiter Front im Vormarsch – insbesondere als DVB-T, der terrestrisch per Antenne gesendeten Variante. Das liegt natürlich mit an der staatlichen Rückendeckung durch die bereits festgelegte Abschaltung des analogen Antennenfernsehens. Aber auch technisch und ökonomisch ist DVB-T unbestreitbar attraktiv: Bei guter Encodertechnik und vernünftiger Datenrate kommt die Bildqualität nahe an die DVD heran (ja, die ist inzwischen Referenz!). Gleichzeitig kann ein breiteres Programmangebot im dicht besiedelten Mitteleuropa versendet werden als mit analogen Kanälen, und als Antenne reicht in Ballungsgebieten buchstäblich eine blanke Stricknadel. Und so kündigt mancher seinen Kabelanschluss schon wieder, weil ihm die Angebotsvielfalt per DVB-T genügt und man trotz steigender Fernsehgebühren ein paar Euro spart.

Standards Interessant ist dabei für uns, dass gerade DVB-T auf die gleichen Standards setzt wie die DVD, nämlich MPEG-2 und MPEG-Audio (Dolby Digital ist optional). Damit fördern sich die beiden Medien gegenseitig: Sie sind technische Referenz füreinander beim Zuschauer und lassen in der Produktion gemeinsame Programminhalte zu. Was schon einmal für die Sendung aufbereitet wurde (wenn das sorgfältig genug erfolgt ist), kann ohne große Kosten auch noch einmal mit Zusatzmaterial und Hintergrundinformationen für Sammler auf DVD angeboten werden.

2.9 Und was ist mit HDTV?

HDTV steht für High Definition TV, also hochauflösendes Fernsehen. Die Versuche der Achtzigerjahre, im europäischen Alleingang ein analoges HDTV-Verfahren zu entwickeln, endeten als gigantische Geldvernichtungsaktion. Seitdem machten Politik und Industrie erst einmal einen großen Bogen um das Thema. In den USA gibt es dagegen eine staatliche Zwangsvorgabe, in den nächsten Jahren auf breiter Front digitales HDTV einzuführen, ähnlich wie bei uns die Marschrichtung in Richtung DVB-T. Nun haben die Amerikaner auch bessere Gründe, ihr antiquiertes Analogfernsehen abzulösen, als wir in Europa. Abgesehen von geringerer Auflösung und schlechterer Farbstabilität hatte das nordamerikanische Fernsehformat immer mit der schlechten Umsetzung von Spielfilmen zu kämpfen – auf die technischen Ursachen komme ich beim Thema »Bewegte Bilder« in Kapitel 6 noch einmal genauer zu sprechen.

In Europa werden viele Verbraucher erst einmal mit ganz normalem PAL-Format, also SD (= Standard Definition), zufrieden sein, wenn es in digitaler Form störungsfrei selbst in Bewegung oder auf dem Campingplatz zu haben ist. Die zaghaften Versuche, ein bisschen HDTV in Europa zu senden, dürften der DVD nicht gefährlich werden. Die meisten Menschen hierzulande haben sowieso andere Sorgen, als ihren funktionierenden Fernseher in den Müll zu werfen und durch teure HDTV-Displays zu ersetzen – ein DVD-Player für unter 50 Euro ist da schon eher möglich.

Wahrscheinlicher ist, dass die DVD mit den Jahren zum Türöffner für HDTV wird – der Appetit kommt schließlich beim Essen. Die Filmindustrie vertreibt bekanntlich ihre ersten Versuchsballons in Richtung hochauflösender Formate als Rückseite des jeweiligen Films auf einer ganz normalen DVD, wobei das Abspielen vorläufig einen recht leistungsstarken Computer erfordert.

3 DVD – der technische Hintergrund

Die Scheibenwelt neu definiert: Technisch gesehen ist die DVD keine Revolution, sondern eine Evolution. Ich möchte Ihnen das notwendige Hintergrundwissen für Ihre Produktionspraxis geben und die Erklärung von DVD-Video, DVD-Audio, DVD-ROM und all den anderen runden, glänzenden Dingern ;-)

3.1 Der physische Datenträger

Abmessungen

Eine DVD (Digital Versatile Disk = vielseitige digitale Disk) ist zunächst nichts anderes als eine CD mit mehr Kapazität. Die technischen Fortschritte, die sie möglich gemacht haben, beruhen auf 20 Jahren CD-Entwicklung und den allgemeinen Fortschritten in Feinmechanik, Lasertechnologie und Mikroelektronik. Die mindestens sieben Mal größere Datenmenge wird durch kleinere Strukturen der **Pits** genannten Vertiefungen in der meist aus Polykarbonat bestehenden Scheibe erreicht.

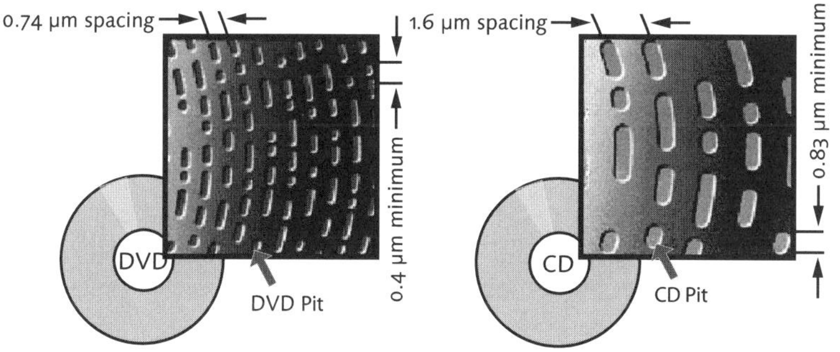

◄ **Abbildung 3.1**
Nur unter einem Elektronenmikroskop wären die feinen Strukturen von CD und DVD noch unterscheidbar.

Die äußeren mechanischen Abmessungen sind mit einem Durchmesser von zwölf Zentimetern und der Dicke von 1,2 mm identisch (wie bei der CD ist auch eine Miniversion mit 8 cm Durchmesser standardisiert).

Schichten und Ebenen

Die DVD hat jedoch, wie der Name schon sagt, mehr Seiten als eine CD (verzeihen Sie den Kalauer). Zunächst besteht eine DVD statt aus einer gleich aus zwei Seiten von jeweils 0,6 mm Dicke, die miteinander Rücken an Rücken verklebt sind. Jede Seite kann in einer oder zwei Ebenen (Layer) Daten enthalten. Der äußere Layer lässt einen Teil des Laserlichts passieren, so dass der Laser wahlweise auf die eine oder die andere Schicht fokussiert werden kann. Stellen Sie sich das etwa so vor, als ob Sie bei Regen durch ein Fenster sehen: Sie können wahlweise die Regentropfen auf der Scheibe oder die durchnässten Passanten draußen betrachten. Ihre Augen fokussieren dabei auf unterschiedliche Entfernungen – dasselbe macht der Laser des DVD-Laufwerks in einem mikroskopisch kleinen Bereich. Um diesen schwierigen Lesevorgang zu erleichtern, werden bei zwei Layern die Pits nicht ganz so eng gesetzt wie bei einem, so dass etwas weniger als die doppelte Kapazität geboten wird.

Ebenen

Die erste Ebene, **Layer 0** genannt, ist näher an der Seite, von der aus gelesen wird. Die zweite, als Layer 1 bezeichnet, ist weiter von der Seite der Laseroptik entfernt. Eine DVD wird von der Unterseite her gelesen (genau wie die CD), damit liegt der Layer 0 unter Layer 1. Die Layer liegen sehr dicht an der Verklebung, nur etwa 55 Mikrometer voneinander entfernt, nicht etwa an der Außenseite. Das macht die Disk etwas unempfindlicher gegen Verkratzen, da die transparente Plastikschicht die Layer schützt. Außerdem ermöglicht es ein gängiges Verfahren in der Herstellung, wenn insgesamt nur zwei Layer benötigt werden:

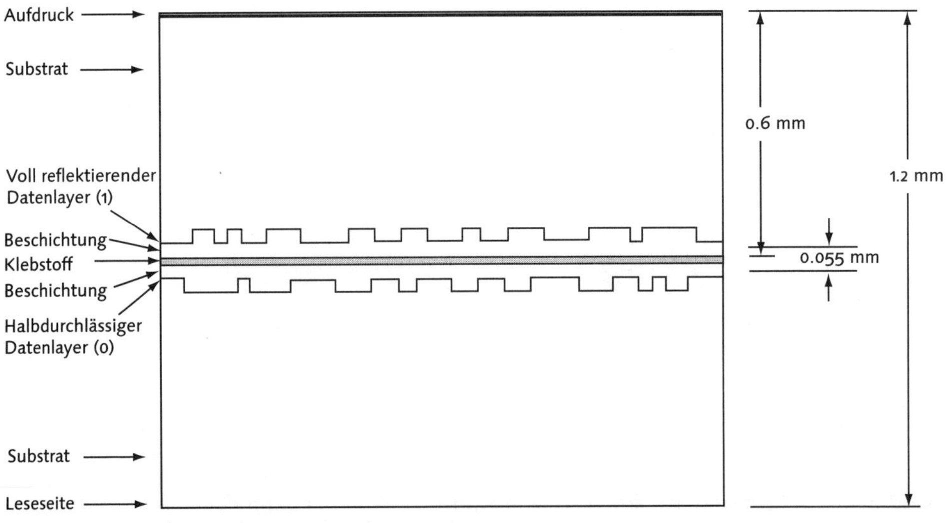

▲ **Abbildung 3.2**
Der mechanische Querschnitt der gängigen DVD-9 mit je einem Layer pro Seite

Der durchlässige Layer kann zu der einen Seite gehören, der voll reflektierende zu der anderen. Die Verklebung erfolgt völlig transparent, so dass diese Version von einer Seite her gelesen werden kann.

Technik des Lesens

Um eine DVD zu lesen, werden rote Halbleiterlaser der Wellenlängen 650 und 635 Nanometer verwendet, was deutlich geringer ist als bei der CD (780 nm). Licht mit kürzerer **Wellenlänge** kann feiner fokussiert werden und so kleinere Strukturen erzeugen und abtasten. Das ermöglicht – neben den Fortschritten bei den Spurführungstechniken und elektronischen Schaltkreisen – die Verwendung kleinerer Pits und enger aneinander liegender Spuren und liefert damit einen Beitrag zur höheren Kapazität der DVD.

Die neuen hochkapazitiven Formate wie HD-DVD und Blu-Ray setzen den Trend nur fort. Durch die Verwendung noch kürzerer Wellenlängen im blauen Bereich und weitere Datenverdichtung – natürlich verbunden mit höheren Präzisionsanforderungen – werden Kapazitäten über 20 GB erreicht.

DVDs sind empfindlich!

Übrigens: Schon die CD war zwar weniger verletzlich als eine Vinyl-Schallplatte, aber auch nicht so robust, wie die Werbung anfangs versprach. Die DVD ist trotz verbesserter Fehlerkorrektur eher noch empfindlicher, da jede Verschmutzung oder gar Beschädigung gleich viel mehr Daten betrifft. Das gilt ganz besonders für die DVD-R, die ohnehin schon ungünstigere Reflexionseigenschaften als die DVD aus dem Presswerk hat. Fazit: Seien Sie nett zu Ihren DVDs!

Windungen und Drehungen

Wenn Sie die berüchtigte Frage erneut stellen wollten: »Wie viele Rillen hat eine Schallplatte?« (Antwort: zwei!), dann heißt das auf die DVD bezogen: ein bis vier. Auch hier wird nämlich eine Spirale geschrieben und gelesen (das ist nicht bei allen optischen Datenträgern so). Eine DVD wird aber – anders als eine CD – nicht immer von innen nach außen gelesen. Bei zwei Layern kann der Laser auf der äußeren Schicht von innen nach außen wandern, fokussiert dann um (das dauert einen Moment!), und er wandert auf der inneren Schicht zurück zur Mitte (**OTP**). So macht man es jedenfalls bei einer DVD, die einen längeren Film (oder Ton) mit möglichst geringer Umschaltpause abspielen soll. Der Nachteil ist, dass Sie dann unbedingt mehr Daten auf dem Layer 0 als auf dem Layer 1 haben müssen. Wenn eine längere Umschaltpause nicht stört, benutzen Sie **PTP**: Der Laser wandert dann immer von innen nach außen, und diese Restriktion fällt weg (Abbildung 3.3). DVD Studio Pro unterstützt übrigens beide Verfahren.

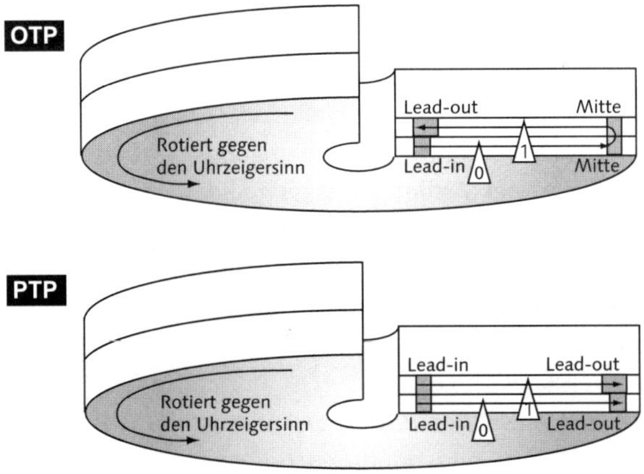

Abbildung 3.3 ▶ Bei der Video-DVD wird für lange Filme das Verfahren Opposite Track Path verwendet (etwa: gegenläufige Spuren), bei zwei Versionen auf den Layern Parallel Track Path (etwa: parallel laufende Spuren).

Bei der DVD und der DVD-R rotiert die Disk gegen den Uhrzeigersinn mit konstanter linearer Geschwindigkeit (**CLV** = Constant Linear Velocity). Das bedeutet, dass der Laser immer mit dem gleichen Tempo über die Spur »fährt« (oder eher fliegt). Da die äußeren Spuren natürlich länger sind, dreht sich die DVD dort langsamer. Die erfasste Datenmenge bleibt damit weitgehend konstant, und der Platz wird optimal ausgenutzt. Der Nachteil des Verfahrens: Beim Suchen nach einer weiter entfernten Stelle der Disk muss das Laufwerk die Scheibe ständig beschleunigen oder abbremsen – die Suchzeiten werden länger. Daraus ergibt sich, dass kurze Suchzeiten in erster Linie dann zu erwarten sind, wenn das betreffende Material auf der DVD auch physikalisch dicht beieinander liegt. Ich komme darauf im Praxisteil zurück.

Die DVD+RW kann wahlweise auch mit konstanter Winkelgeschwindigkeit (**CAV** = Constant Angular Velocity) arbeiten und so kurze Suchzeiten auf Kosten der Platzausnutzung ermöglichen. Die DVD-RAM benutzt ein gemischtes Verfahren, das durch die Aufteilung in größere Zonen mit verschiedenen Winkelgeschwindigkeiten die Vor- und Nachteile beider Verfahren auszugleichen sucht.

Varianten

Alle DVDs bestehen aus zwei miteinander verklebten Scheiben, da sonst der Produktionsprozess durch Umrüstungen unnötig kompliziert würde. Sie müssen aber nicht beide mit (Computer-)Daten versehen sein: Oft trägt eine Seite nur eine vollflächige Beschriftung und Bilder, und die DVD sieht damit fast genauso aus wie eine CD. Derzeit gibt es noch keine Laufwerke, die doppelte Lasereinheiten besitzen, um beide Seiten jederzeit abspielen zu können. Doppelseitige Disks müssen also herausgenommen und von Hand umgedreht werden.

Damit eignen sich zweiseitige DVDs weniger für überlange Filme, sondern eher für zwei Versionen, z. B. in Widescreen und 4:3 oder PAL und NTSC. Außerdem lassen zweiseitig genutzte Disks nur noch eine sehr schmale Zone in der Mitte zur Beschriftung übrig. Eine Sonderform ist die **DVD-Plus**, bei der eine CD (z. B. eine ganz normale Audio-CD) mit dem Rücken auf eine DVD-Seite geklebt wird. Einige Presswerke bieten das auch in Europa schon an: Zum Beispiel kann eine Seite die aktuelle CD einer Band für normale Audio-Player sein und die andere Seite eine DVD mit Konzertaufnahmen oder Musikvideos. Das Ganze liegt zwar etwas außerhalb der offiziellen Toleranzwerte für die Dicke einer DVD, wird aber von fast allen Playern »verdaut«.

zweiseitige DVD

Aus zwei Seiten und zwei Ebenen ergeben sich folgende Kombinationsmöglichkeiten:

Kombinationsmöglichkeiten

- **DVD-1** = ein einzelner Layer verklebt mit einer leeren 8-cm-Seite
- **DVD-2** = zwei einzelne Layer mit transparenter Verklebung in 8 cm (die Variante eines doppelten Layers mit einer leeren Seite ist unüblich)
- **DVD-3** = zwei 8-cm-Seiten mit einzelnen Layern Rücken an Rücken
- **DVD-4** = zwei 8-cm-Seiten mit je zwei Layern
- **DVD-5** = ein einzelner Layer verklebt mit einer leeren 12-cm-Seite.
- **DVD-9** = zwei einzelne Layer mit transparenter Verklebung in 12 cm
- **DVD-10** = zwei 12-cm-Seiten mit einzelnen Layern Rücken an Rücken
- **DVD-14** = eine 12-cm-Seite mit doppeltem Layer, die andere mit einem Layer
- **DVD-18** = zwei 12-cm-Seiten mit je zwei Layern

Soweit erst einmal nur die Varianten aus der Massenproduktion, es gibt noch zahlreiche andere Möglichkeiten – Jim Taylor kommt in seinem Buch »DVD Demystified« (siehe Anhang) auf über 140 mögliche, meist aber exotische Kombinationen ...

DVD aus dem Presswerk

Die DVD aus dem Kopierwerk wird in einem Prägeverfahren hergestellt. Dazu wird in einem aufwändigen Prozess, überwiegend unter laborartigen Bedingungen ähnlich denen in der Halbleiterproduktion, ein Glasmaster erstellt – eine Matrize. Die heißt so, weil Glas als Trägermaterial verwendet wird. Die digitalen Informationen existieren darauf als mechanische Vertiefungen, also in der Form der Pits (siehe oben) des Endprodukts. Dieser Träger aus Glas wird mit Metall beschichtet, und es wird auf elektrischem Wege eine Gegenform aus Metall (meist Nickel) erstellt, die dann die Struktur der Pits in der Form kleinster Erhebungen trägt. Für sehr große Stückzahlen können mehrere solcher **Pressformen** gefertigt werden.

Glasmaster

Die Vervielfältigung erfolgt dann durch Spritzguss von transparentem Kunststoff auf diese Gegenform. Diese Disk aus Kunststoff wird mit einer sehr dünnen Reflexionsschicht aus Aluminium, Silber oder anderen gut reflektierenden Metallen beschichtet und durch eine Kunstharzbeschichtung geschützt. Für den extrem dünnen semitransparenten Layer wird bisweilen Gold benutzt, deshalb haben Disks mit zwei Layern oft einen goldfarbenen Schimmer.

Wegen der hohen Ansprüche an die Umgebungsbedingungen – benötigt wird ein extrem staubfreier Bereich (Reinst-Raum) – und die Präzision ist die Herstellung des Glasmasters ein sehr teurer Teil der Produktion. Der Stückpreis sinkt daher bei hohen Auflagen rapide, und sehr kleine Stückzahlen sind eher unwirtschaftlich. Andererseits stellt nur dieses Verfahren sicher, dass die Disks von jedem intakten DVD-Player gelesen werden können.

Der Prozess für die Erstellung von zwei Layern in einer Seite ist etwas aufwändiger, deshalb wird für die **DVD-9** meist das oben beschriebene Verfahren mit je einem Layer pro Seite und transparenter Verklebung benutzt. Damit sind die DVD-5, diese Art der DVD-9 und die DVD-10 (sowie die DVD-Plus) im Vergleich preisgünstiger als die DVD-14 und die DVD-18. Die letzten beiden Versionen sind deshalb auch noch recht selten. Häufiger findet man zwei Disks in einer Verpackung, da Herausnehmen und Tauschen letztlich kaum anstrengender ist als Herausnehmen und Umdrehen. Im Marketing bietet diese Variante den Vorteil, sich mit jeweils einer bedruckten Vollseite präsentieren zu können – auf die schaut man schließlich – statt einer winzigen beschrifteten Ringzone.

Unikate und Kleinserien

Ähnlich wie bei der CD gibt es mittlerweile auch mehrere Versionen der DVD, die sozusagen im »Manufakturbetrieb« auf dem Computer hergestellt werden können, darunter einmal beschreibbare und wiederholt beschreibbare. Analog zur CD bezeichnet man sie als **DVD-R** und **DVD-RW**, doch es gibt noch weitere Varianten.

DVD-R brennen

Brenner für die einmal beschreibbare DVD-R gibt es schon seit längerer Zeit. Mehr als zwei Jahre lang machte Pioneer seinem Namen Ehre als einziger Anbieter mit dem DVR-S201, einem sehr robusten Profigerät mit SCSI-Schnittstelle für etwa 4500 € (der Preis liegt auch heute noch nicht viel niedriger!). Er arbeitet ausschließlich mit Rohlingen des Typs »A« (für Authoring), die mit einer etwas anderen Laserwellenlänge gebrannt werden. Ihr Preis liegt noch immer weit über 10 €, und es gibt sie für 3,95 GB und 4,7 GB (nominell). Der Brenner schreibt nur mit einfacher Geschwindigkeit und braucht auch sehr lange für das »Lead-out«. Die so gebrannten Rohlinge weisen eine sehr gute Kompatibilität mit fast allen Playern auf, insbesondere die 3,95-GB-Variante. Doch selbst bei dieser DVD-R können Sie nicht absolut sicher sein, dass sie wirklich auf allen Geräten läuft.

DVD-R (A) brennen

Als einzige Variante der selbst beschreibbaren DVD war die DVD-R (A) von Anfang an auch als direkte Vorlage zur Erstellung eines Glasmasters vorgesehen – selbstverständlich auch zu vorherigen Tests. Nur diese Disks verfügen auch über die Datenbereiche, in denen Informationen zur Erstellung des Kopierschutzes und der Regionalcodes angelegt werden. Dabei wird nicht etwa der CSS-Kopierschutz selbst auf der Disk erzeugt, wie oft irrtümlich vermutet, sondern nur die notwendigen Datenstrukturen zu dessen Erstellung, das **CMF** (Cutting Master Format). Lizenzen zur Erstellung des digitalen Kopierschutzes sind nämlich aus Sicherheitsgründen nicht so leicht zu bekommen und – ebenso wie Macrovison – für eine Kleinproduktion viel zu teuer. Sie werden deshalb nur als zusätzlicher Service von Presswerken angeboten.

Seit dem Frühjahr 2001 gibt es auch DVD-Brenner für den allgemeinen Gebrauch mit **IDE-Schnittstellen**, anfangs wieder nur von Pioneer, inzwischen auch von zahlreichen anderen Herstellern. Schon beim Verkaufsstart kosteten sie unter 1000 €, mittlerweile sind sie bei weniger als einem Zehntel angekommen. Die Rohlinge hierfür sind sogar schon unter 1 € zu haben. Bei diesem Preisniveau hat die Filmindustrie sich Sorgen gemacht, dass massenhaft Raubkopien gezogen werden, und deshalb darauf gedrängt, dass dieses Format in gewisser Weise »kastriert« wurde.

Kaufen Sie die richtige DVD-R

Beim Kauf von Rohlingen müssen Sie darauf achten, dass die (teureren) vom **Typ A** nur in den Profibrennern von Pioneer laufen, in allen anderen nur die vom **Typ G**. Es ist **nicht** möglich, mit Disks des Typ A in anderen Brennern eine Profiversion zu erzeugen. Bei der DVD+R(W) gibt es diesen Unterschied nicht.

Die speziellen Datenbereiche für den Kopierschutz sind auf diesen Brennern des Typs »G« (für »general« = allgemein) einfach nicht verfügbar, so dass zumindest keine 1:1-Kopien von kommerziellen DVDs gezogen werden können. Illegale Raubkopierer schreckt das nicht ab, denn »gerippte« Filminformationen können sehr wohl geschrieben werden, aber man will wohl in erster Linie vermeiden, den durchschnittlichen Amateur in Versuchung zu führen. An sich sind die so gebrannten DVDs nicht für Massenkopien geeignet, da von ihrer Datenstruktur nicht unmittelbar ein Glasmaster erstellt werden kann; auch der Schutz per **CSS** ist auf diesem Wege nicht verfügbar.

Da die eigentlichen DVD-Informationen durchaus vorhanden sind, kann sich grundsätzlich ein Kopierwerk bei genügend Kundeninteresse auch auf solche Anlieferungen einrichten. Eine Anfrage in diese Richtung stößt auch bei europäischen Kopierwerken nicht mehr auf Unverständnis, in den USA ist dieser Weg schon länger üblich. Man wird Sie aber üblicherweise darauf hinweisen, dass auf diesem Wege nicht ganz die gleiche Sicherheit in der genauen Reproduktion Ihrer Daten erreicht wird wie mit der üblichen Anlieferung auf DLT. Das ist keine Behauptung, um Kleinproduzenten abzuwimmeln: Die höheren Jitter-Werte solcher Selbstgebrannten können tatsächlich Probleme hervorrufen.

DVD+R(W) Eine Schar von »Dissidenten«, angeführt von Philips und Sony, hat eine Variante der beschreibbaren DVD auf den Markt gebracht, die – streng genommen – gar keiner Norm entspricht: die DVD+R(W). Nachdem noch eine weitere Version so anfangs zur Verunsicherung der Verbraucher beigetragen und die weitere Verbreitung von DVD-Rekordern eher behindert hat, zeigt sich die Lage inzwischen entspannter. Beide Varianten sind auf fast allen aktuellen Playern abspielbar, allein bei den Brennern gibt es noch ein paar Modelle, die nur einen Rohlingstyp akzeptieren. Die meisten Hersteller beider Lager haben aber DVD-Brenner im Angebot, die mit beiden Formaten umgehen können, so dass Sie mit einem solchen Gerät die Preisentwicklung bei den jeweiligen Rohlingen gelassen abwarten können. DVD-Rekorder dagegen sind überwiegend noch auf einen Rohlingstyp festgelegt.

DVD-R (G) Für Unikate und Kleinserien ohne Kopierschutz ist die DVD-R (G) genau wie die DVD+R durchaus geeignet. Auf geeignete Rohlinge können alle heutigen Brenner mindestens mit vierfacher Geschwindigkeit schreiben, und auch das »Lead-out« geht schneller als bei dem Profibrenner. Es empfiehlt sich aber, soweit möglich, die Abspielgeräte auf Kompatibilität zu testen, denn die Kompatibilität mit üblichen DVD-Playern ist bei diesen »selbst gebrannten« immer noch etwas schlechter als beim Typ A. Es scheint sinnvoll zu sein, die Datenraten (siehe Kapitel 10, »Kompressionspraxis«) eher etwas niedriger als am oberen Limit zu halten, da die Zuverlässigkeit dann besser wird. Wegen der etwas schlechteren Reflexionswerte sollten Sie auch peinlich genau auf Sauberkeit achten. In einschlägigen Kompatibilitätstests schneidet – je nach Testbedingungen – mal die DVD-R und mal die DVD+R etwas besser ab, aber insgesamt hat die DVD+R wohl ganz leicht die Nase vorn. Das gilt insbesondere dann, wenn der Brenner bzw. eine Hilfssoftware es erlaubt, im so genannten Compatibility-Mode zu schreiben. Dann wird auf die DVD+R eine Kennung gesetzt, mit der diese sich beim Player als DVD-ROM ausgibt.

Die Verwendung hochwertiger Markenrohlinge – möglichst auf gute Verträglichkeit mit dem eigenen Brenner getestet – hat ebenfalls einen erheblichen Einfluss auf die Abspielsicherheit. Es ist nicht sinnvoll, hier ein paar Cents zu sparen: Ihre Arbeitszeit und die Zufriedenheit Ihrer Kunden sind viel wertvoller. Trotzdem sollte man die Kunden, nach möglichst gründlichen Tests im eigenen Hause, schriftlich darauf hinweisen, dass selbst gebrannte DVDs unter Umständen nicht auf allen (insbesondere älteren) Geräten funktionieren und dass dies kein Reklamationsgrund sein sollte. Unproblematischer ist dagegen die Verwendung für Videoinstallationen in den Bereichen Messe, Theater oder Videokunst, wo Sie darauf dringen können, den einzusetzenden Player selbst zu prüfen.

DVD-RW und DVD+RW

Die mehrfach beschreibbare DVD-RW und die DVD+RW sind in der Kompatibilität mit beliebigen Playern eher noch kritischer. Es kann aber für Sie als Autoren durchaus sinnvoll sein, sich ein paar dieser etwas teureren Exemplare zuzulegen, wenn Sie selbst einen dazu kompatiblen DVD-Player besitzen. Auf diese Weise müssen Sie für Tests auf Fernsehgerät und Surround-Anlage nicht jedes Mal einen Einmal-Rohling »verbraten«.

Und was ist mit der **Dual-Layer** DVD-R? Mein Tipp: Wenn Sie die nicht unbedingt für Tests beim Kunden brauchen, warten Sie noch ab! Das Programm Toast kann zwar schon gut damit umgehen, und auch DVD Studio Pro unterstützt seit Version 3.0.2. und Mac OS X 10.3.6. dieses Format. Doch derzeit sind die Rohlinge wegen des aufwändigen Herstellungsverfahrens noch sehr teuer. Es ist zu erwarten, dass sich das Anfang bis Mitte 2005 ändert, aber in diesem Fall nicht durch hohe Stückzahlen, sondern durch ein etwas anderes Produktionsverfahren. Ob damit dann alle heutigen DL-fähigen Brenner umgehen können, ist noch nicht gewiss. Sicher fallen Ihnen sinnvollere Möglichkeiten ein, durch Investitionen die Wirtschaft anzukurbeln ...

Direktaufzeichnung

Seit geraumer Zeit gibt es nun auch **DVD-Rekorder** für den Heimbereich. Leider herrscht hier mit DVD-R, DVD-RW, DVD+R, DVD+RW und DVD-RAM und zusätzlichen Datenformaten wie dem eingeschränkt editierbaren VR ein Formatwirrwarr wie in der Frühzeit der Videokassette. Aktuelle Tests in Fachzeitschriften belegen immer wieder lästige Kompatibilitätsprobleme der Formate untereinander, außerdem gehen diese Geräte bei den Navigations- und Gestaltungsmöglichkeiten der DVD kaum über das Niveau einer simplen Menüauswahl der Videoaufnahmen hinaus. Für ernst zu nehmendes Authoring im Sinne dieses Buches sind sie derzeit keine Option, daher werden sie von mir nicht ausführlich berücksichtigt. Ich gehe aber beim MPEG2-Encoding noch darauf ein.

3.2 Die DVD – ein Datenspeicher

Da es sich bei Video, Audio und allen anderen Inhalten auf DVD immer nur um gespeicherte digitale Informationen handelt, ist jede DVD im Grunde einfach nur ein Datenspeicher mit großem Fassungsvermögen.

1 2 3 4 5 6 7 8 9 10 11 12 13 14 15 16 17 18 19 20 21 22 A B C

Anders als bei der CD hat man sich diesmal auf ein einheitliches Format geeinigt, das als **UDF** (Universal Data Format) bezeichnet wird. Es ist eine Weiterentwicklung des ISO-9660-Formats und in der Variante **UDF/ISO-9660 Bridge-Format** damit kompatibel. Es gibt Ordner mit standardisierten Namen auf einer DVD, in denen Player für DVD-Video oder DVD-Audio jeweils die für sie passenden Daten erwarten. Wenn Sie dort fündig werden, spielen Sie das Material ab – die übrigen Daten ignorieren Sie einfach. Es können sich deshalb durchaus andere Ordner mit anderen Namen auf der Disk befinden, z. B. für Computerdaten.

Beachten Sie aber, dass der Mac derzeit nur das etwas ältere UDF-Format unterstützt, wie es von allen Video-DVDs und den meisten DVD-ROMs benutzt wird. Die neueren UDF-Versionen ab 1.5 werden insbesondere von Camcordern und DVD-Rekordern mit DVD-RAM benutzt. Diese Disks kann Apples OS X, auch mit einem entsprechenden Laufwerk, nicht ohne Zusatzsoftware erkennen. Von der Firma Software Architects (www.softarch.com) gibt es aber einen Zusatztreiber unter dem Namen »ReadDVD!«, mit dem Sie diese Disks und das spezielle Format DVD-VR (Video Recording) darauf lesen können.

Andere Dateisysteme

Grundsätzlich können Computersysteme auch andere, systemspezifische Dateistrukturen auf eine DVD brennen. Da UDF von allen neueren Betriebssystemen unterstützt wird, sollte man sich jedoch auch bei Computerdaten an das universelle Format halten.

Kapazität einer DVD

Eine einseitige DVD-ROM mit einem Layer kann 4,7 Milliarden Byte speichern. Diese Zahl darf nicht verwechselt werden mit Gigabyte, denn in der Sprachregelung der Computerwelt wird anders gerechnet: Ein Kilobyte sind nicht 1000 Byte, sondern 2^{10} = 1024 Byte, ein Megabyte 2^{20} = 1048576 Byte und ein Gigabyte 2^{30}= 1073741824 Byte. Solange sich die Datenmengen auf niedrigen Niveaus bewegten, fiel der Unterschied zwischen der Bezeichnung in Anlehnung ans Dezimalsystem und wirklicher Kapazität in Binärwerten nicht so deutlich aus. Der Rundungsfehler wird mit zunehmenden Potenzen jedoch immer größer. Bei einer DVD, die zugunsten einer hohen Video- und Audioqualität nach Möglichkeit (bis zur maximalen Datenrate) immer randvoll gefüllt sein sollte, kann es viel Ärger bereiten, diesen Unterschied nicht zu berücksichtigen (siehe Kapitels, »Projektplanung«).

Bit

In diesem Buch verwende ich für die Angabe von Kapazitäten und Datenraten anstatt der Byte-Angabe häufig die Bezeichnung Bit (1 Byte = 8 Bit). Ein Megabit (MBit) entspricht genau einer Million Bit (oder in der Computersprache 122,0703125 Kilobyte). Eine DVD-5 mit 4,7 Milliarden Byte hat dementsprechend eine tatsächliche Kapazität von etwa 4,38 Gigabyte (oder 37600 MBit).

Neben dieser DVD mit der geringsten Kapazität (auf 12 cm Größe) existieren etliche weitere DVD-Formate: DVD-1 bis -4 (auf 8 cm), DVD-9, DVD-10, DVD-14 und DVD-18 (auf 12 cm). Die unterschiedlichen Kapazitäten ergeben sich durch die Verwendung von bis zu zwei Layern auf beiden Seiten (siehe Tabelle 3.1). Zum Selberbrennen auf preisgünstigen Brennern finden Sie meist nur die DVD-5 mit 4,37 Gigabyte Fassungsvermögen – die DVD-R mit zwei Layern ist meist noch zu teuer, und doppelseitige DVD-R werden Sie nur mit größter Mühe auftreiben können.

DVD -Version	Layer auf Seite A/B	Seiten mit Daten	Kapazität in Milliarden Byte	Kapazität in Gigabyte	Kapazität in Megabit
DVD-1	1/–	1	1,46	1,36	11680
DVD-2	2/–	1	2,66	2,48	21280
DVD-3	1/1	2	2,92	2,72	23360
DVD-4	2/2	2	5,32	4,96	42560
DVD-5	1/–	1	4,70	4,37	37600
DVD-9	2/–	1	8,54	7,95	68320
DVD-10	1/1	2	9,40	8,75	75200
DVD-14	2/1	2	13,24	12,33	105920
DVD-18	2/2	2	17,08	15,91	136640

◀ **Tabelle 3.1**
Kapazität der DVD-ROM-Versionen

Hybrid-Disks

Dieser Begriff wird nicht ganz einheitlich benutzt, manchmal verwendet man ihn für eine DVD-Video mit DVD-Audio-Anteilen, oder er taucht im Zusammenhang mit der oben beschriebenen DVD-Plus auf. Auch im Zusammenhang mit den hochauflösenden Videoformaten könnten Ihnen hybride Disks begegnen, nämlich solche, die auf einer Seite die DVD-Version in Standardauflösung (SD) und auf der anderen Seite eine HD-Version im WMV-9-Format zum Abspielen auf leistungsfähigen Computern anbieten. Derzeit scheint das die pragmatische Lösung der Filmfirmen, die Akzeptanz von HD zu testen, solange keine Norm verabschiedet wurde.

Ich verwende den Ausdruck in diesem Buch für eine DVD, die sowohl von einem Stand-alone-Player abspielbares Videomaterial als auch Computerdaten enthält. Wie oben bereits dargestellt, sind diese unter UDF zu friedlicher Koexistenz in der Lage. Damit können Sie den Computerbesitzern interessantes Zusatzmaterial anbieten und die Marktchancen Ihrer Produktion erhöhen, denn es gibt mindestens so viele Computer mit DVD-Laufwerk wie reine Player in den Haushalten.

Professionelle Hybrid-DVDs

Viele Hollywood-DVDs sind auch Hybrid-DVDs: Ein berühmtes Beispiel ist »Matrix«, aber auch das Gegenstück, »Das dreizehnte Stockwerk« (Abbildung 3.4 und 3.5). Beide basieren übrigens mehr oder weniger direkt auf dem Buch »Simulacron 3« von Daniel Galouye, ebenso wie Fassbinders »Welt am Draht« – den Film gibt es aber zum großen Bedauern des Autors nicht auf DVD.

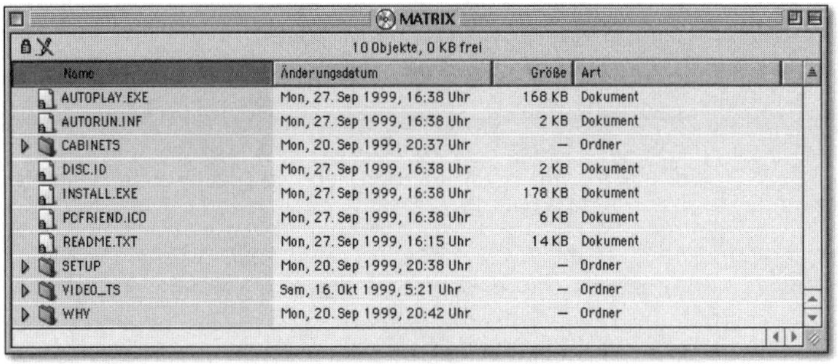

Abbildung 3.4 ▶
Heute sind viele Spielfilm-DVDs eigentlich hybride DVDs – hier »Matrix«, eine der ersten Hollywood-Produktionen mit aufwändigem Zusatzmaterial für den Computer.

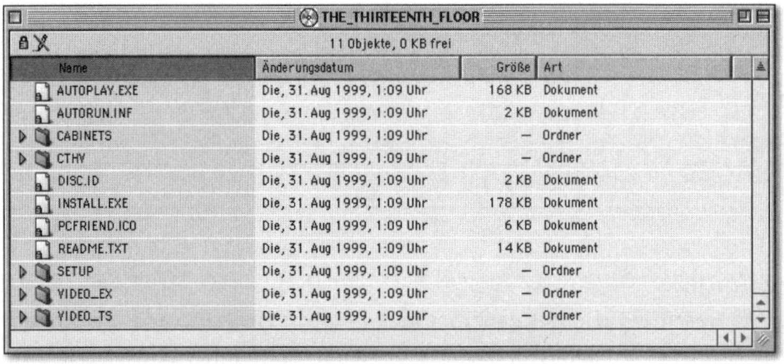

Abbildung 3.5 ▶
Auch das thematische Gegenstück »The Thirteenth Floor« (Das dreizehnte Stockwerk) enthält Computerdaten.

3.3 Dateistruktur der DVD-Video

Anders als bei der Audio-CD hat man sich bei der DVD dazu entschlossen, auch die DVD-Video mit einer Dateistruktur zu versehen. Wenn Sie eine DVD in ein Computerlaufwerk legen, können Sie also die Dateien und ihre Bezeichnungen sehen.

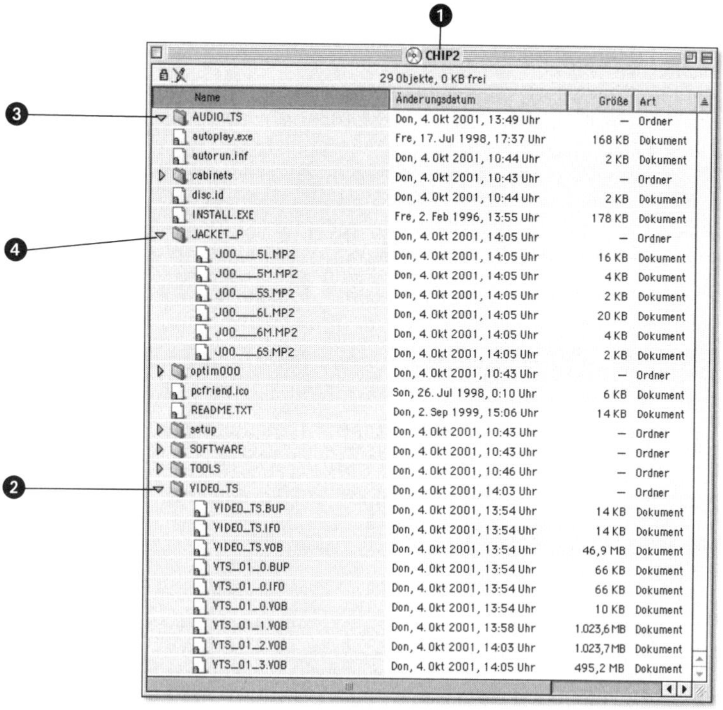

◀ **Abbildung 3.6**
Die typische Dateistruktur einer aufwändigen Hybrid-DVD

❶ Die Bezeichnung des übergeordneten Hauptverzeichnisses (**Root-Ordner**) kann frei gewählt werden, oft heißt es einfach »DVDVOLUME«. Bei »Matrix« heißt es kurz »MATRIX« (Abbildung 3.4), bei der DVD »Das dreizehnte Stockwerk« trägt es den Namen »THE_THIRTEENTH_FLOOR« (amerikanisches Original, Abbildung 3.5). Hier sind nur Großbuchstaben (ohne Umlaute) zulässig; Leer- oder Sonderzeichen dürfen außer dem Unterstrich nicht enthalten sein.

❷ Der Ordner VIDEO_TS (Video Title Sets) existiert auf jeder DVD-Video und ist der Ordner, durch den ein DVD-Player sich angesprochen fühlt. Er enthält alle für eine reine DVD-Video notwendigen Daten – also auch den Ton!

❸ Der Ordner AUDIO_TS (Audio Title Sets) existiert oft auch auf einer DVD-Video, ist dort aber normalerweise leer. Manche Player erkennen die Disk besser, wenn er existiert, deshalb wird er von Authoring-Systemen meist mit erzeugt.

❹ Der Ordner JACKET_P ist optional und wird von manchen – aber bei weitem nicht allen – Playern zur Anzeige eines darin in mehreren Größen für PAL und NTSC abgelegten Standbildes (z. B. Firmenlogo) benutzt.

Weitere Dateien und Ordner können bei der Produktion angelegt werden, sie werden aber nur auf Computern genutzt.

Warum ist AUDIO_TS leer?

Der Ton für eine Video-DVD befindet sich – verschränkt mit den Bildinformationen – im Ordner VIDEO_TS. Der Ordner AUDIO_TS ist bei einer reinen Video-DVD leer.

Die Jacket Pictures müssen sich in einem eigenen Ordner mit dem Namen JACKET_P – Großbuchstaben und ein Unterstrich – auf dem Root-Level der DVD befinden, also parallel zu VIDEO_TS und AUDIO_TS. Es handelt sich um drei gleiche Standbilder in verschiedenen Größen, abhängig vom Fernsehformat; jeweils ein großes, ein mittleres und ein kleines, wobei auch eine feste Namenskonvention einzuhalten ist. Die Dateibezeichnungen der Jacket Pictures sind also auf jeder DVD identisch. Die kleineren Größen sind für DVD-Wechsler bestimmt, die Ihnen so die verfügbaren Disks anzeigen, aber es müssen immer alle Größen für den jeweiligen Fernsehstandard vorhanden sein.

Tabelle 3.2 ▶ Dateinamen und Auflösungen von Jacket Pictures

Dateiname	Videoformat	Pixel
J00___6L.MP2	PAL	720 × 576
J00___6M.MP2	PAL	176 × 144
J00___6S.MP2	PAL	96 × 80
J00___5L.MP2	NTSC	720 × 480
J00___5M.MP2	NTSC	176 × 112
J00___5S.MP2	NTSC	96 × 64

Sie können diese Bilder – z. B. mit dem Kundenlogo – in einem Grafikprogramm erstellen und in der maximalen Größe abspeichern. DVD Studio Pro erzeugt die kleineren Versionen automatisch.

Die Benennung der Computerdaten folgt den Konventionen des jeweiligen Betriebssystems (in diesem Beispiel Windows); sie werden vom DVD-Player ignoriert. Bei einer Video-/Audio-Hybride enthält der Ordner AUDIO_TS alle Daten einer DVD-Audio, aber **nicht** die Audiotracks der Videos – die sind Teil des Datenmaterials in VIDEO_TS.

Der entscheidende Ordner: VIDEO_TS

Der einzige unverzichtbare Ordner auf einer DVD-Video ist VIDEO_TS.

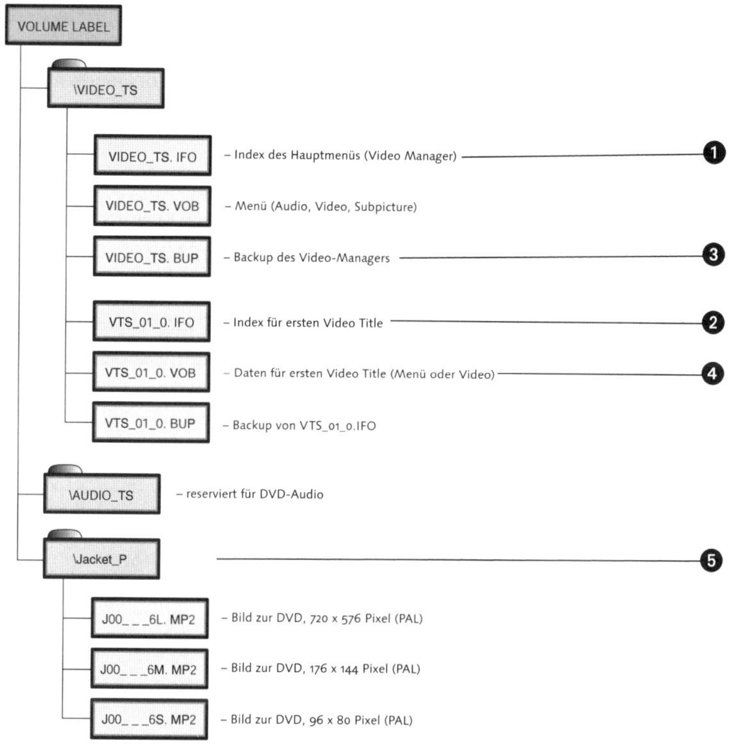

◀ **Abbildung 3.7**
Die Struktur der wesentlichen Ordner einer DVD-Video

In diesem Ordner befinden sich:

❶ Mindestens zwei Dateien mit der Endung *.IFO. Die erste heißt VIDEO_TS.IFO und ist der **Video Manager**, er enthält die Navigationsdaten zur zentralen Steuerung des gesamten Sets.

❷ Die zweite und ggf. alle weiteren IFO-Dateien sind die Menüs (Video Title Set Menus = VTSM) der unterschiedlichen **Video Title Sets** – meist gleichzusetzen mit einem Film.

❸ Dateien mit der Endung *.BUP sind **Backups** der Steuerungsdateien – eine Sicherheitskopie, die verhindert, dass ein kleiner Kratzer gleich die ganze Disk unbrauchbar macht.

❹ Die **Streaming-Daten** (Video, Audio und Subpicture) liegen in den zu den jeweiligen IFO-Dateien gehörenden Dateien mit der Endung *.VOB (Video Object).

❺ Jacket Pictures sind optional und werden nicht von allen Playern angezeigt.

Innerhalb eines dieser VOBs müssen alle Daten dem gleichen Format folgen, also z. B. die gleiche Videoauflösung sowie Anzahl und Art von Audiodaten aufweisen. Die maximale Größe eines Video Objects ist knapp unter einem GByte, darin ist ein Videodatenstrom mit bis zu acht Audiospuren und bis zu 32 Subpictures (2-Bit-Grafikspuren für Highlights oder Untertitel) verwoben. Die maximale **Datenrate** des gesamten Datenstroms darf 10,08 MBit/s nicht übersteigen – diese Informationsmenge müssen sich Video, Audio und Grafik teilen.

Multiplexing

Das »Verweben« der verschiedenen Informationen zu einem Datenstrom bezeichnet man als Multiplexing. Dabei werden Video, Audio und Grafikdaten in kleinste »Häppchen« zerlegt, hintereinander gehängt und so zu einem Gesamtstrom verbunden. Wären sie auf einzelne Dateien verteilt, müsste der Laser ständig auf der Disk umherspringen, um bei der Wiedergabe die Daten zusammenzusuchen. Da diese Repositionierung bei einem DVD-Laufwerk wesentlich langsamer ist als bei einer Festplatte, würde es ständig Aussetzer in Bild und Ton geben.

Stattdessen macht man die hintereinander gereihten »Daten-Häppchen« so klein, dass der Player das Material für eine gewisse Zeitspanne im Voraus einlesen und in einen RAM-Zwischenspeicher schreiben kann. Daraus liest die übrige Player-Elektronik dann fortlaufend die Daten, setzt sie passend zusammen und dekodiert sie für die Wiedergabe.

Es gäbe noch viel mehr über die internen Strukturen einer DVD-Video zu schreiben, aber Sie müssen das als Gestalter und Autor einer DVD für den Anfang gar nicht alles wissen. Um das Multiplexing, die Aufteilung in VOBs und das Anlegen der Datenstrukturen für die DVD kümmert sich nämlich Ihre Authoring-Software.

Mehr zu dem Thema erfahren Sie dann im Theorieteil des Abschnitts zum »DVD-Editing«, Kapitel 16. Dort lernen Sie, wie man Änderungen direkt an diesen Dateien vornimmt, denn keine Authoring-Software macht alles perfekt ...

3.4 Monstren, Mumien, Mutationen – exotische Sonderformate

Video-CD

Wenn Sie nicht auf möglichst perfekte Kompatibilität mit allen Abspielgeräten angewiesen sind oder Ihre Produktion nur von Computern abgespielt werden soll, stehen Ihnen noch einige spezielle Formate zur Auswahl. Die Video-CD (VCD) ist nur noch von geringer Bedeutung, sie speichert Video in horizontal und vertikal halbierter Auflösung mit MPEG-1-Kompression bei wesentlich geringeren Datenraten als die DVD. Sie hat sich mit ihrer auch im besten Fall nur knapp der VHS-Kassette vergleichbaren Bildqualität bei uns nie richtig durchgesetzt, auch wenn sie in Südostasien recht beliebt ist. DVD-Player sind in dieser Hinsicht abwärtskompatibel und können gepresste VCDs grundsätzlich wiedergeben. Selbst gebrannte laufen auf allen DVD-Playern, die auch selbst gemachte Audio-CDs abspielen. Sie können eine VCD heute mit vielen gängigen Programmen (sogar aus dem Freeware-Bereich) ohne großen Aufwand erzeugen, auf dem Mac empfiehlt sich VCD-Builder.

Super-Video-CD

In der Bildqualität attraktiver ist da schon die Super-Video-CD (S-VCD), eine chinesische Entwicklung, die ebenfalls vor allem im fernen Osten sehr beliebt ist. Sie arbeitet mit der vollen Zeilenzahl, aber einer auf 480 Pixel (also zwei Drittel der DVD) reduzierten Horizontalauflösung bei 25 Bildern pro Sekunde und wird wie die DVD mit MPEG-2 komprimiert. Außerdem ist die Datenrate auf maximal 2,6 MBit/sec beschränkt. Ihre Qualität ist damit deutlich besser als VCD, aber natürlich geringer als bei einer guten DVD. Der Ton für maximal zwei wählbare Stereospuren wird nach MPEG-2 Layer II kodiert, eine einzelne MPEG-2-5.1-Surroundspur ist ebenfalls möglich, nicht aber Dolby Digital (AC-3).

Durch die geringere Datenmenge passen 30 bis 40 Minuten auf einen normalen CD-Rohling, doch das ist bei den heutigen Preisen von DVD-Rohlingen nur noch für wenige Anwendungsfälle lohnend. Die Gestaltungsmöglichkeiten beschränken sich auf Auswahlmenüs, Stills, Kapitel und bis zu vier Untertitelspuren, die auch – na klar – Karaoke unterstützen. Bei der Auswahl des Players sollten Sie mitreden dürfen, denn nur ein Teil der in Europa angebotenen Abspielgeräte erkennt die S-VCD, am ehesten werden Sie bei den Billigprodukten aus Fernost fündig. Als Faustregel kann gelten, dass MP3-fähige Geräte am ehesten auch hier Erfolg versprechen. Ob sich die S-VCD bei den heutigen Preisen für DVD-Rohlinge halten kann, ist fraglich, denn der Genuss eines kompletten Spielfilms wird immer wieder vom CD-Wechseln unterbrochen.

Mini-DVD

Eine im Grunde gar keiner Norm entsprechende Variante ist die so genannte Mini-DVD, manchmal auch c-DVD genannt (bitte nicht verwechseln mit der 8-cm-DVD). Dabei handelt es sich um eine vollständige DVD-Datenstruktur, die aber auf eine normale CD-R oder CD-RW geschrieben wird. Alle Gestaltungsmöglichkeiten der DVD sind hier einsetzbar, aber die Vorführlänge ist je nach Kompressionsrate und Zahl der Tonspuren auf ungefähr eine Viertelstunde beschränkt. Nur sehr wenige DVD-Player können sie zeigen, weil die Player-Logik meist beim Einlegen einer CD eine Audio-CD oder VCD erwartet; aber natürlich läuft sie auf praktisch jedem DVD-fähigen Computer.

Für kurze Messevorführungen und ähnliche ständig zu wiederholende Präsentationen ist sie durchaus geeignet. Ob es wirtschaftlich sinnvoll ist, an den Rohlingen zu sparen, um dann einen vollständigen Computer statt eines DVD-Players zu beschäftigen, ist allerdings fraglich. Für die Vorführung auf Computern können Sie letztlich alle Datenträger mit DVD-Strukturen bespielen, welche die nötige Datenrate zuverlässig liefern können, von der DVD-RAM bis zur Festplatte. Die meisten Software-Player können korrekt angelegte Verzeichnisse mit DVD-Videomaterial ohne Probleme von der Festplatte abspielen.

3.5 Wann kommt die hochauflösende DVD?

Das kann ich Ihnen auch nicht sagen! Nicht bei der Frage »Wann«, sondern bei dem »Wie« ist so viel Geld im Spiel, dass die zuständigen Gremien vor einer Einigung mit Informationen vorsichtiger sind als ein geheimes Forschungslabor ...

Derzeit konkurrieren drei Kompressionsverfahren und zwei DVD-Formate um die Akzeptanz der Filmindustrie – die muss schließlich die Inhalte liefern. Bereits verabschiedet wurde, dass als Kompressionsverfahren MPEG-2, H.264 und WMV-9 zulässig sind. MPEG-2 wird dabei wohl eher das Nachsehen haben, wenn die technische Qualität ausschlaggebend ist, obwohl der Standard von Anfang an auch für höhere Auflösungen definiert wurde. Forschung und Entwicklung haben inzwischen nicht geschlafen, und die beiden jüngeren Formate sind beim Verhältnis von Bildqualität zur Datenrate – also zum Platzbedarf – einfach besser.

Die Kompressionsverfahren

H.264 Der Codec H.264 wurde von der ITU (International Telecommunications Union) als Part 10 des MPEG-4 Standards verabschiedet. Er trägt auch die Bezeichnung »Advanced Video Coding«, kurz AVC. Dieser Codec ist ausschließlich für »natürliches« Video (also Kamerabilder) optimiert und bildet damit nur einen kleinen Ausschnitt des viel umfassenderen MPEG-4 Standards. Es handelt sich eher um eine Weiterentwicklung von MPEG-2 in vielen wichtigen Details als um ein grundsätzlich anderes Verfahren. H.264 ist bei gleicher Bildqualität deutlich effizienter als MPEG-2 und gleichzeitig sehr stark skalierbar – der Codec eignet sich genauso gut für Mini-Filmchen auf dem Handy wie für Kinoqualität.

So hat die Firma Apple (die aus verständlichen Gründen H.264 als offenen Standard favorisiert) schon auf der NAB 2004 eine hochauflösende Videopräsentation mit Ausschnitten aus Wolfgang Petersens »Troja« in H.264-Kompression gezeigt. Der Film hätte trotz einer Vertikalauflösung von 1080 und 24 Bildern pro Sekunde mit seiner Datenrate von 6,8 MBit/s auf einer ganz normalen Video-DVD Platz gehabt. Gleichzeitig war die Bildqualität so überzeugend, dass es prompt eine Auszeichnung auf der Messe gab. Die gleiche Bildqualität bräuchte in MPEG-2 etwa das Dreifache an Datenrate.

Die Firma Microsoft dagegen möchte gern ihren proprietären Codec WMV-9 für hochauflösende DVDs etablieren und ist offensichtlich zu erheblichen Zugeständnissen bei der Lizenzvergabe bereit, um dem Ruch des Monopols zu entgehen. Ganz im Gegensatz zu früheren Versuchen des Softwaregiganten auf dem Videosektor ist die Qualität beeindruckend und MPEG-2 ebenfalls klar überlegen – auch dieser Codec kann zwei Stunden HD-Video auf einer normalen DVD unterbringen. Da Microsoft für ausgefeilte Kopierschutzmechanismen bekannt ist, hat die Filmindustrie denn auch ihre bisherigen Versuchsballons im hochauflösenden Format mit diesem Verfahren codiert. Die Ergebnisse lassen sich derzeit ausschließlich auf einem richtig schnellen Windows-Rechner ohne Ruckeln betrachten. WMV-9

Die Disks

Als Nachfolger der derzeitigen DVD mit höherer Kapazität – falls die bei so effizienter Kodierung überhaupt nötig wird – konkurrieren Blu-Ray und HD-DVD. Beide basieren, wie bereits oben beschrieben, auf einem blauen Laser und erreichen damit eine höhere Datendichte als die bisherige DVD bei gleicher Größe. Hinter **Blu-Ray** steht ein großer Teil der japanischen und koreanischen Firmen der Unterhaltungselektronik, aber auch die Europäer mit Philips und Thomson sowie die Computerhersteller Dell und HP. Blu-ray erlaubt Datenraten bis 36 MBit/s und bietet ein Speichervermögen von 25 GB auf einem Layer und 50 GB auf zweien. Ursprünglich hieß es, dass die Disks eine Schutzkassette (Cartridge) benötigen würden, aber das Konsortium hat eine neue Schutzbeschichtung entwickelt, die Blu-Ray sogar unempfindlicher als die heutige DVD machen soll. Zwei Rekordermodelle von Panasonic und Sony werden in Japan – wo HDTV in wohlhabenden Kreisen schon recht verbreitet ist – derzeit angeboten. Außerdem benutzt Sony die Blu-Ray-Disk schon jetzt zur Aufzeichnung in seinen bandlosen Profigeräten (siehe »Das Videomaterial«).

Das konkurrierende Verfahren **HD-DVD** stammt von Toshiba und NEC. Das Herstellungsverfahren ist dem der heutigen DVD etwas ähnlicher, und man erreicht damit eine Kapazität von 15 GB auf einem und 30 GB auf zwei Layern bei der Massenvervielfältigung als DVD-ROM, während die RW-Version 20 bzw. 32 GB haben soll. Die Datenrate erreicht ebenfalls 36 MBit/s. Die HD-DVD-ROM wurde vom DVD-Forum als Nachfolger der derzeitigen DVD abgesegnet. Sie könnte leichte Preisvorteile in der Massenfertigung erzielen, weil bei der Umstellung der Presswerke durch die gleiche Dicke der Schutzschicht der Umrüstungsaufwand geringer ausfällt.

Wer das Rennen macht, ist noch völlig offen, denn das entscheidet letztlich die Filmindustrie. Die hat es nicht eilig, denn derzeitig verkauft sich die konventionelle DVD noch glänzend, und man rechnet auch für die nächsten zwei bis drei Jahre noch mit guten Zuwachsraten. Einzig Columbia TriStar und die kürzlich aufgekaufte MGM haben sich zu Blu-Ray bekannt, aber die gehören eben auch Sony. Vor kurzem hat sich allerdings auch die 20th Century Fox für Blu-Ray ausgesprochen.

Was mich persönlich viel mehr interessieren würde, ist die Spezifikation der Authoring-Features, also die Frage, ob mehr bzw. anspruchsvollere Navigationsmöglichkeiten im neuen Standard vorgesehen sind. Dazu sind aber bisher keinerlei definitive Aussagen zu bekommen – irgendwann werde ich wohl ein weiteres Buch schreiben müssen ...

4 Die DVD beim Nutzer

Die DVD kann viel mehr sein als nur eine bessere Videokassette. Das Nutzungspotenzial wird bei aktuellen Produkten keineswegs ausgeschöpft, aber die Technik hat noch einige Tücken, besonders bei der Verträglichkeit unterschiedlicher Medien und Geräte.

4.1 Abspielplattformen

DVD-Player

Bequeme Nutzung

Das gängigste Gerät für die Wiedergabe von **DVD-Video** ist der ganz normale Player fürs heimische Wohnzimmer mit Anschluss an ein Fernsehgerät oder immer häufiger auch an einen Videoprojektor. Das gilt zumindest bei Häufigkeit und Dauer der Nutzung, denn auch wenn die Zahl der DVD-fähigen Computer die der reinen Player übersteigt, sehen die meisten Betrachter längere Filme lieber am Fernsehgerät als am Computermonitor. Außerdem sind solche Player mit Preisen, die schon unter 50 Euro liegen, im Vergleich zu einem Computer spottbillig. Ihr Hauptvorteil dürfte die einfache und weitgehend einheitliche Bedienung sein – Abstürze kommen zwar vor, sind aber bei sauber produzierten DVDs sehr selten.

Abwärtskompatibilität

Die Abwärtskompatibilität zur etablierten **Audio-CD** ist ein weiterer Vorteil. Die meisten Nutzer haben wenig Lust, zwei verschiedene Geräte zu verkabeln und ihren Verstärker ständig umzuschalten – immer häufiger wird die heimische Stereoanlage durch Surroundboxen und -verstärker ergänzt und kann damit beiden Zwecken dienen. Leider gibt es mit den neuen Kopierschutzmechanismen bei einigen Audio-CDs Probleme auf einigen DVD-Playern, aber da so etwas rechtlich als Produktmangel gilt, kann man sie ja zurückbringen ...

Bedienkomfort

Der Erfolg der DVD dürfte wesentlich darauf gründen, dass DVD-Player zumindest in ihren Grundfunktionen so einfach zu bedienen sind wie ein CD-Spieler. Die erste Generation von Abspielgeräten hatte zwar gelegentlich noch Software-Probleme und verkraftete nicht immer aufwändig gestaltete DVDs, die alle Möglichkeiten des Standards ausreizten – ein berühmt-berüchtigtes Beispiel war die erste Ausgabe von »Matrix«. Aber

Konkurrenzdruck, Reklamationen der Anwender und wachsende Erfahrung der Hersteller führten bei den Geräten aus aktueller Produktion zu einer recht guten Kompatibilität mit industriell gefertigten DVD-Titeln.

Unverträglichkeiten bei DVD-R

Weniger gut sieht es mit der Verdaulichkeit von selbst gebrannten DVDs aus: Insbesondere die DVD-R (Typ General) und die DVD+R aus preisgünstigen Brennern laufen durchaus nicht auf jedem Gerät. Ursachen sind die schlechteren Reflexionseigenschaften, Unregelmäßigkeiten in der Beschichtung und die geringere mechanische Präzision bei der Aufnahme. Noch kritischer sieht es mit den jeweiligen wiederbeschreibbaren RW-Versionen aus. Hier sollten Sie die vorgesehenen Abspielgeräte sorgfältig testen und Ihre Kunden ausdrücklich darauf hinweisen, dass eine DVD-R nicht auf jedem Abspielgerät läuft. Berüchtigt sind in dieser Hinsicht manche DVD-Laufwerke in PC-Laptops – die sind wohl eher darauf geprüft, Spielfilme aus der Videothek im Hotelzimmer abzuspielen als eine DVD-R für Außendienstmitarbeiter. Unter Umständen kann es selbst für Kleinstauflagen sinnvoll sein, doch eine industrielle Vervielfältigung in Betracht zu ziehen: Eine misslungene Präsentation Ihres Abnehmers kann teurer sein! Ich gebe aber im Praxisteil auch einige Hinweise, wie Sie die Abspielsicherheit verbessern können.

Verkabelung

Einer der Nachteile üblicher Player für den Heimgebrauch ist das Fehlen einer Schnittstelle zur Computersteuerung (z. B. für berührungsempfindliche Bildschirme) oder einer Fremdsynchronisierung für den Einsatz bei Mehrfachprojektionen und auf Videowänden. Auch wenn DVD-Player viel zuverlässiger als Bandgeräte arbeiten, sollten Sie bei anspruchsvollem Dauereinsatz eher zu gehobenen Geräten mit guter Mechanik greifen, die meist auch bessere Reaktionszeiten bei der Bedienung von Bildschirmmenüs zeigen.

Bildqualität

Für die optimale Bildqualität muss dann noch die Verkabelung stimmen: Die schlechteste Wahl ist die Videoverbindung mit einem einzigen Signalweg, das so genannte **Composite-Signal**. Besser ist da schon die **S-Video-Verbindung**, die an vielen Geräten entweder als kleine, runde Hosiden-Buchse (= Mini-DIN) oder per Scart-Kabel verfügbar ist.

Die beste Bildqualität bei analogen Ausgängen bietet die Verbindung per Komponentensignal, als **RGB-Signal** auf vielen guten Geräten an der Scart-Buchse verfügbar, wenn man das Player-Setup entsprechend einstellt – das Fernsehgerät oder der Projektor muss natürlich den gleichen Anschluss bieten. Bei Playern der gehobenen Klasse findet sich oft noch eine andere Variante: der **YUV**-Anschluss, meist mit separaten Cynch- oder BNC-Buchsen. Seit sich die Industrie endlich über den Kopierschutz geeinigt hat, gibt es auch digitale Ausgänge an DVD-Playern der Oberklasse, die an entsprechende Projektoren oder Flachbildschirme die bestmögliche Qualität übertragen.

Computer

Fast alle heute verkauften Computer für den allgemeinen Bedarf besitzen ein Laufwerk, das DVDs lesen kann. Bei älteren Geräten kann man es für weniger als 60 Euro nachrüsten, wenn deren Rechenleistung zum Abspielen von DVD-Video ausreicht. Das Vorhandensein eines Laufwerks bedeutet nämlich erst einmal nur, dass der Computer beliebige Daten von einer DVD lesen kann – schließlich ist sie auch einfach nur ein Datenspeicher. Um MPEG-2 dekodieren und flüssig als Video darstellen zu können, ist etwas Rechenleistung notwendig. Noch vor zehn Jahren brauchten Kleincomputer selbst zur Wiedergabe von MPEG-1 spezialisierte Zusatzhardware.

Erst seit wenigen Jahren haben gängige CPUs die notwendige Leistung, um eine flüssige Wiedergabe von MPEG-2-Video zu gewährleisten, beim PC etwa ab Pentium III/500 MHz, beim Mac ab G3/400 MHz. Für die gleichzeitige Dekodierung von Surround-Ton braucht man noch etwas mehr. Allerdings unterstützt die reguläre Hardware gängiger Grafikkarten heute meist einen Teil der benötigten Funktionen. Das Betriebssystem muss die Verarbeitung eines kontinuierlichen Stroms von DVD-Videodaten leisten, beim PC können das mit **DirectShow** alle Versionen ab Windows 95 außer NT 4.0 (es gibt aber Software von Drittanbietern auch für NT). Apple unterstützt mit **QuickTime** bereits seit Anfang der Neunzigerjahre Videodaten, auch wenn damals die Hardware natürlich noch kein Video in voller Auflösung und Bildrate beherrschte. Für eine flüssige Wiedergabe von HD-Material sind auch heute noch die schnellsten PCs gerade gut genug.

Datenrate verringern

Zum Abspielen auf Laptops oder etwas schwachbrüstigen PCs sollte die gesamte Datenrate inklusive Ton unter 6 MBit/s gehalten werden.

DVD-Abspielprogramm

Zum Abspielen von normgerechten Video-DVDs wird zuletzt noch ein Programm benötigt, das die Funktionen eines Abspielgerätes und seiner Fernbedienung simuliert. Bei Apple gehört es zum Lieferumfang, bei PCs nicht, aber die Hersteller entsprechender Grafikkarten und von DVD-Laufwerken liefern meist ein einfaches DVD-Abspielprogramm mit. Stabilität und Bildqualität liegen dabei auf recht unterschiedlichem Niveau. Sinnvolle Empfehlungen können wir in diesem Buch kaum geben, weil der Grafikkarten-Markt bei PCs viel zu kurzlebig ist, Sie werden jedoch regelmäßig Tests in Fachzeitschriften finden können.

Derzeit gilt unter den separat käuflichen Player-Programmen Power DVD von Cyberlink als Favorit, auch WinDVD ist recht gut. Den Ton können Computer mit der Grundausstattung trotz **Dolby-Surround** oft nur in Stereo abspielen, aber es gibt preisgünstige Zusatzkarten für die volle 5.1-Wiedergabe mit entsprechendem Verstärker und Lautsprechern.

Zeilensprungverfahren

Das größte Problem ist meist die Darstellung von DVDs, deren Bilder ursprünglich mit Videokameras aufgenommen wurden. Deren Zeilensprungverfahren (siehe Kapitel 6, »Bewegte Bilder«) verträgt sich schlecht mit dem Computerbildschirm, der sein Bild progressiv scannt und außerdem heute meist eine wesentlich höhere Pixelzahl bei voller Bildschirmgröße anzeigt als Video. In der Praxis äußert sich das je nach Qualität der Soft- und Hardware im mehr oder weniger deutlichen »Lattenzauneffekt« bei schnellen Bewegungen – die Bilder scheinen in feine horizontale Linien zu zerreißen. Die Abspielprogramme und Grafikkarten benutzen unterschiedliche Verfahren, um das Problem zu vermindern, aber letztlich ist das immer ein Kompromiss zwischen Nebeneffekten und verringerter Bildschärfe. Bei Kinofilmen existiert das Problem nicht, und die beste Abhilfe ist es, auch Videofilme mit Vollbildern auf DVD zu bringen, wenn überwiegend der Einsatz auf Computern erwartet wird. Näheres dazu finden Sie im Kapitel 8, »Film-Look«.

Nachteile

Manche Grafikkarten bieten allerdings auch einen Ausgang mit Videosignalen für den Anschluss an einen ganz normalen Fernseher – da treten diese Probleme natürlich nicht auf. Doch ein weiterer Nachteil des Computers ist die Lärmbelastung im Vorführraum. Dabei meinen wir ausnahmsweise nicht die Lüfter – da kann man leisere Modelle einbauen –, sondern die DVD-Laufwerke selbst. Die meisten gängigen Laufwerke machen den größten Lärm von allen Computerkomponenten, das bereitet im Wohnzimmer wenig Freude.

Vorteile

Doch der Computer als Abspielgerät bietet auch etliche Vorteile:

- Wenn eine **Internet-Verbindung** besteht, kann von der DVD automatisch auf Internet-Seiten zugegriffen werden, um aktualisierte Informationen oder Feedback vom Benutzer auszutauschen.
- Auf der DVD kann ein zusätzlicher **Datenbereich** eingerichtet werden, in dem beliebige Computerdaten wie Printmaterial (z. B. als PDF), (Demo-)Programme oder Spiele stehen dürfen.
- Die **Kompatibilität** mit selbst gebrannten DVD-Rs und DVD-RWs ist bei Desktop-Geräten fast immer gewährleistet.
- Die Video-DVD-Datenstruktur kann auch auf eine **Festplatte** kopiert und von dort mit noch größerer Zuverlässigkeit und Zugriffsgeschwindigkeit abgespielt werden.
- Neben der Wiedergabe der DVD kann ein moderner Computer durchaus noch **Steuerungsaufgaben** erledigen, z. B. Lichtsteueranlagen oder elektromechanische Geräte fernsteuern.

Spielkonsolen

Schon die Playstation 2 der Firma Sony war gleichzeitig ein vollwertiger DVD-Player mit Internet-Verbindung. Vorteile sind die größere Betriebssicherheit als beim Computer, einfache Bedienung und hohe Hardwareleistung bei CPU und Grafik – in gewisser Weise das Beste aus beiden Welten. Noch gibt es nicht allzu viele Titel, welche die hohe Interaktivität und die gute Videoqualität gleichzeitig ausreizen, da die Programmierung nicht ganz einfach ist. Doch das Potenzial ist enorm, auch die X-Box von Microsoft kann DVDs abspielen, und sicher werden andere Hersteller nachziehen. Die Playstation reagiert allerdings auch besonders kritisch bei Fehlern auf der DVD; insbesondere müssen die Regionalcodes und der Layer-Break peinlich genau nach DVD-Spezifikation eingerichtet werden.

Profi-Player

Professionelle DVD-Player für den Einsatz im Messe-, Ausstellungs- und Bühnenbereich oder für andere Spezialaufgaben zeichnen sich neben der (bisweilen) größeren Robustheit durch eine Schnittstelle zur Steuerung oder zum Datenaustausch mit Computern aus. Manche Modelle können auch mit einem externen Taktgeber so gesteuert werden, dass sie ihr Bild im perfekten Gleichtakt mit weiteren Geräten ausgeben.

Hier gibt es derzeit praktisch nur den **DVD-V7300/7400** von Pioneer (Euro- bzw. US-Modell) und den ProDVD-170/175 von Philips. Das professionellere (und teurere) Gerät ist der Pioneer-Player. Das Gerät braucht wenig Platz in einem Regal und besitzt eine äußerst robuste Mechanik – auf der Expo 2000 in Hannover liefen Hunderte dieser Geräte störungsfrei über mehrere Monate. Mehrere Player können bildgenau synchronisiert werden und so große Videowände oder Mehrfachprojektionen mit exzellenter Bildqualität speisen.

Der preisgünstigere ProDVD-170 und sein Nachfolger **DVD-175** sind einfacher aufgebaut und beruhen mechanisch auf einem normalen Consumer-Gerät mit möglicherweise etwas geringerer Robustheit. Philips selbst empfiehlt kurze Abkühlzeiten alle 24 Stunden, gibt aber doch eine minimale Ausfallzeit von 7.000 und eine mittlere Verfügbarkeit von 15 000 Stunden an. Der DVD-170/175 besitzt keine direkte Synchronisationsmöglichkeit, aber Dritthersteller bieten kleine Hardware-Boxen für den synchronen Start an, und die Player sollten dann über 15 Minuten nicht mehr als ein Bild auseinander laufen.

Das Gerät besitzt zusätzliche Speicherplätze (NVRAM), die aber leider nur von Apples älterer Version der Authoring-Software DVD Studio Pro bis 1.5.2 für Skripte genutzt werden konnten. So lassen sich Nutzerprofile aufzeichnen oder komplexere Lernanwendungen mit Abfragen ausstatten. Im aktuellen DVD Studio Pro werden die zusätzlichen Speicherplätze leider nicht mehr berücksichtigt. Wenn Sie darauf angewiesen sind, sollten Sie die alte Programmversion aufheben.

Beide Player besitzen eine RS-232 zur **Computersteuerung**, und für Kioskanwendungen können Sie recht einfach spezielle Hardware-Steuerungen erstellen (lassen), so dass alle Funktionen einer normalen Fernbedienung per Kabel oder mit speziellen Tastenkonstruktionen verfügbar werden. Die Geräte arbeiten auch mit DVD-R, aber der ältere ProDVD-170 ist sehr zickig bei den Rohlingstypen, bei uns funktionierte er nur mit 3,95-GB-(A-)Rohlingen von Pioneer. Der 175er- und die Pioneer-Player sind wesentlich unproblematischer.

Sonstige

Abgesehen davon, dass selbstverständlich auch DVD-Brenner zur Wiedergabe fähig sind, gibt es schließlich noch professionelle Festplatten-Player verschiedener kleinerer Hersteller, wie z. B. die Geräte von **Como** (www.como.de). Diese Geräte spielen MPEG-2-Bild und Ton direkt von einer Festplatte ab; manche sind auch zur Aufnahme von Videoquellen in der Lage. Festplattenrekorder gibt es aber mittlerweile auch im Consumerbereich, z. B. als Kombigeräte mit DVD-Rekorder von Panasonic, JVC und anderen. Ihr Vorteil ist wiederum die hohe Zuverlässigkeit und Zugriffsgeschwindigkeit der Festplatte und die Verfügbarkeit höherer Datenraten auch bei längeren Laufzeiten, so dass sie selbst bei kritischen Bildern eine hohe Videoqualität bieten können. Die Datenstruktur lässt sich aber nicht per DVD-Authoring gestalten bzw. zuspielen, sie ähneln in dieser Hinsicht eher einem konventionellen Videorekorder bzw. -player.

4.2 Einsatzbereiche und Anwendungsformen

Einführung

DVD kann weit mehr, als nur die konventionelle Videokassette für den heimischen Filmgenuss zu ersetzen oder mit ein paar zusätzlichen Informationen zu ergänzen. Zum ersten Mal ist ein weltweiter Standard bei einem Medium verfügbar, das dem Nutzer gleichzeitig eine recht weitgehende Interaktivität und hohe Ton- und Videoqualität bietet – Letztere lässt sich per Internet auf mittlere Sicht noch nicht mit vergleichbaren Kosten realisieren. Seit den Sechzigerjahren des letzten Jahrhunderts sind schon viele Versuche gescheitert, interaktive Lehr- und Informationsmedien zu etablieren und sie mit bewegten Bildern und Ton von hoher Qualität auszustatten. Die Hauptgründe waren:

- mangelnde Standardisierung und dadurch zu kleine Märkte
- mangelnde Zuverlässigkeit der jeweiligen Technik
- umständliche Bedienung

Alle diese Punkte stellen bei der DVD kein Problem mehr dar, das einzige Hindernis für die Wirtschaftlichkeit von Spezialanwendungen für kleinere Zielgruppen waren anfangs noch die teuren Produktionsmittel. Die drastisch gefallenen Einstandspreise für professionell nutzbare Soft- und Hardware machen jetzt die DVD-Produktion wesentlich breiteren Anwendungsfeldern zugänglich als nur dem gängigen Kinofilm. Neben dem reinen Hobbybereich sind dies Industrie- und Messevideos, Kioskanwendungen, institutionelle wie private Aus- oder Weiterbildung, künstlerische Einsatzbereiche und schließlich ganz neue Unterhaltungsmedien in einer Kombination aus Film und Computerspiel.

Industrie und Messe

Mehrsprachigkeit

Dieser Bereich wird insbesondere von der Robustheit und Flexibilität des Mediums profitieren. Neben der zuverlässigen Abspielbarkeit im Dauerbetrieb ist die Mehrsprachigkeit der DVD hier sehr wichtig. Hinzu kommt die Möglichkeit, mit dem gleichen Ausgangsmaterial Varianten für wechselnde Einsatzzwecke und Zielgruppen auf einem einzigen, leichten und kompakten Datenträger bereitzuhalten. Als Abspielgerät empfehlen sich hier reguläre Player, bei Dauereinsatz oder synchroner Wiedergabe mehrerer Bilder auch die Profigeräte. Das Bildmaterial sollte für den internationalen Einsatz in NTSC aufbereitet werden, da alle PAL-Player auch NTSC abspielen können. Sie müssen nur darauf achten, dass auch die angeschlossenen Bildschirme Multistandardgeräte sind – das ist heute meist der Fall. Selbst bei kleinen Stückzahlen sollten Sie hier eine industrielle Pressung in Betracht ziehen, um Abspielprobleme auszuschließen.

Kioskanwendungen

Dauereinsatz

Hier stehen dieselben technischen Vorteile des Mediums im Vordergrund wie bei der ersten Gruppe. Besonders wichtig ist die Robustheit im Dauereinsatz, denn die Wartung durch das Personal, z. B. in Verbrauchermärkten und anderen öffentlichen Bereichen, ist oft sehr rudimentär. Nichts ist für den Werbetreibenden kontraproduktiver als ein aufwändig produzierter Werbefilm, der mit Streifen, Zuckungen und Farbschlieren abläuft oder sogar am Ende einen leeren Bildschirm hinterlässt. Die DVD läuft nicht nur in ständig gleich bleibender Qualität ab, sondern lässt sich sehr leicht mit automatischem Start und ständiger Wiederholung ohne Rücklaufzeiten ausstatten. Bei kleinen Stückzahlen und relativ kurzen Einsatzzeiten reichen hier sogar selbst erstellte DVD-Rs, wenn Sie die Kompatibilität mit dem vorgesehenen Player vorher testen können.

interaktive Gestaltung

Doch während bei Video, selbst mit gut funktionierenden Geräten, in der heutigen Medienflut kaum noch jemand hinsieht, bietet die DVD mehr. Durch interaktive Gestaltung können Sie gezielt auf Informationsbedürfnisse der Besucher eingehen und einen höheren Aufmerksamkeitswert erreichen. Auch Mehrsprachigkeit kann hier zur Kundenbindung beitragen. Einfache interaktive Anwendungen lassen sich schon mit fest montierten Fernbedienungen steuern. Wenn Sie aber berührungsempfindliche Bildschirme einsetzen wollen oder Aufzeichnungen über das Nutzerverhalten benötigen, müssen auch hier die Profi-Player zum Einsatz kommen.

Aus- und Weiterbildung

Lehrmedien

Bei der Mittelknappheit der öffentlichen Institutionen und dem Zwang zum lebenslangen Lernen in der heutigen Arbeitswelt werden attraktive Lehrmedien zur eigenständigen Nutzung immer wichtiger. Die Effektivität interaktiver Medien bei der Übermittlung von Inhalten in Bild und Ton durch bessere Behaltensleistung wurde in zahlreichen Untersuchungen nachgewiesen. Doch die Produktion guten Lehrmaterials ist aufwändig, deshalb ist eine Verbreiterung der Marktchancen durch Mehrfachauswertung wichtig.

Die DVD bietet hier ganz spezielle Möglichkeiten für unterschiedliche Lernbedürfnisse oder Altersgruppen: Mehrere Tonspuren können nicht nur für fremdsprachige Versionen verwendet werden, sondern bieten die Möglichkeit, Kommentarspuren mit unterschiedlichem Anspruchsniveau anzubieten. Auch durch Umarrangieren des gleichen Videomaterials mit dem Mechanismus der so genannten Storys und Seamless Branching (siehe »Authoring-Design«) können Sie die gleiche DVD für unterschiedliche Zielgruppen einsetzen.

Schon mit ganz normalen Playern sind einfache Testfragen und vom Lernverhalten gesteuerte Verzweigungen möglich. Fast unbegrenzte Möglichkeiten bieten hybride DVD-Anwendungen auf dem Computer, allerdings stehen einem solchen Einsatz geringere Zuverlässigkeit, komplexere Bedienung und höhere Kosten gegenüber. Für die Entwicklung von Lernanwendungen ist es allerdings unverzichtbar, dass Sie sich mit dem Scripting von DVDs vertraut machen (siehe Praxisteil »Skripte«).

DVD-Extra Studio

Eine leistungsfähige, aber nicht gerade billige Alternative für sehr komplexe Projekte ist das datenbankbasierte Authoring-System DVD-Extra Studio von der Firma Zootech (www.zoo-tech.com), mit dem zum Beispiel die DVD-Version von »Wer wird Millionär?« (Universal Pictures) mit Hunderten von Fragen und weit über tausend Antwortmöglichkeiten gestaltet wurde. Eine solche Aufgabe wäre mit den in diesem Buch dargestellten Werkzeugen nicht mehr sinnvoll zu handhaben. Auch wenn der Name in Analogie zur CD-Extra etwas anderes suggeriert: Dieses Programm erstellt völlig normgerechte DVDs, die auf jedem Stand-alone-Player abspielbar sind. Das Produkt soll Ende 2004 auf den Markt kommen.

Künstlerischer Einsatz

Von der Videoinstallation bis zum Bühnenauftritt, von der Betrachtung durch eine einzelne Person bis zur öffentlichen Inszenierung: Die DVD bietet Künstlern ganz neue Möglichkeiten. Anders als beim Videotape werden wochenlange Ausstellungen oder komplexe Gestaltungen mit mehreren Videoquellen nicht mehr durch technische Probleme torpediert. Die Möglichkeit des gezielten, schnellen Springens zu einzelnen Stellen im Material lässt ebenso Eingriffe durch den Betrachter in der Ausstellung zu wie im Theater Reaktionen des Bedienpersonals auf das Bühnengeschehen.

selbst gebrannt

Technisch gelten ähnliche Überlegungen wie bei der Kiosk- oder Messeanwendung. Allerdings wird hier wohl häufiger aus Kostengründen das selbst gebrannte Unikat zum Einsatz kommen. Da DVD-Rs leichter beschädigt werden können, empfiehlt sich ein Ersatzexemplar, und die vorgesehenen Player müssen sorgfältig auf Kompatibilität geprüft werden. Auf keinen Fall sollte man sich auf Aussagen eines Veranstalters oder Sponsors verlassen wie: »Selbstverständlich können unsere Geräte das!« Mit den extern steuerbaren Profi-Playern können auch ungewöhnliche Auslöser wie Lichtschranken, Kameras, Trittkontakte und Geräusch- oder Bewegungsmelder zur Steuerung dienen. Für den Messe- und Bühneneinsatz bietet die Firma **Dataton** mit dem System Trax eine Lösung, die auch komplexe Abläufe mit mehreren DVD-Playern, Projektoren, Lichtanlagen und Tonzuspielern präzise steuern kann (siehe Anhang).

Interaktiver Film

Die DVD kann bei entsprechenden Wiedergabebedingungen – insbesondere mit Videoprojektoren und guter Surround-Wiedergabe – der Realitätsillusion des Kinos recht nahe kommen. Das Gefühl des Eintauchens in eine andere Realität lässt sich aber erheblich steigern, wenn der Betrachter in den Handlungsablauf eingreifen und entsprechende Reaktionen auslösen kann. Während so genannte Virtual Reality mit Computern bei hoher Bildqualität noch sehr teuer ist, sind mit DVD interaktive Filme mit exzellentem Bild und Ton möglich, ohne Millionen in die Hardware zu investieren. Erst dadurch wird eine persönliche Erfahrung mit neuen Formen des Geschichtenerzählens auch ohne extrem hohe Eintrittspreise denkbar.

Natürlich ist der Aufwand trotzdem hoch, da anders als bei einem konventionellen Film mehrere Varianten produziert werden müssen. Die DVD selbst dagegen ist vergleichsweise einfach zu gestalten, da das Feature des »Multi-Angle« sich natürlich auch hierfür einsetzen lässt – der

Inhalt der Bilder ist dem Player schließlich egal. Das Umarrangieren von Filmteilen durch virtuelle Schnittfassungen (Seamless Branching) und alternative Tonspuren erlauben manche Handlungsvarianten auch ohne zusätzliches Material. Gerade hier bietet sich kreativen Erzählern mit der DVD ein Potenzial, das noch überhaupt nicht ausgelotet wurde.

4.3 Typische Inkompatibilitäten

Im internationalen Austausch

Eine Erfindung Hollywoods ist der **Regionalcode** auf der DVD. Kinofilme werden nach ihrer Kinoauswertung in den USA oft schon als DVD vertrieben, während sie in anderen Teilen der Welt noch nicht einmal im Kino angelaufen sind. Damit massenhafte Exporte das Geschäft nicht verderben, tragen solche DVDs eine regionale Kennung (in Nordamerika die 1, bei uns die 2). Die gleiche Kennung tragen auch die in der jeweiligen Region verkauften Abspielgeräte (selbst die in Computern), und nur bei übereinstimmender Kennung akzeptiert der Player die DVD (siehe auch die Farbtafel).

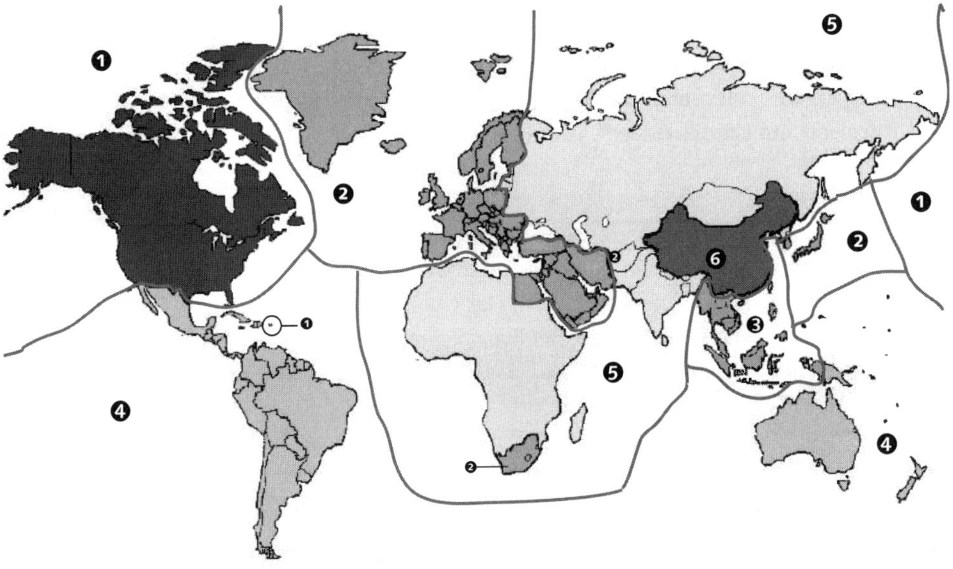

Abbildung 4.1 ▼ Die Welt, wie Hollywood sie aufteilt ... Der Code 8 wird bei international verkehrenden Flugzeugen und Kreuzfahrtsschiffen verwendet, Code 7 ist noch reserviert (vielleicht für Mondstationen?).

Doch das heißt nicht, dass Sie für jede Region eine eigene DVD-Version erstellen müssen. Eine DVD, die keinen Regionalcode hat, wird überall abgespielt. Selbst gebrannte DVD-Rs tragen sowieso keinen Regionalcode, denn der wird erst beim Kopierwerk erzeugt. Außerdem ist es unter Cineasten ein offenes Geheimnis, dass man viele Player vom Regionalcode befreien kann, und manche Geräte aus Fernost ignorieren den Code von Anfang an. Übrigens ist die Umgehung des Regionalcodes – anders als die des Kopierschutzes – bei uns nach wie vor legal (laut Aussage des Bundesjustizministeriums gemäß Zitat in der Zeitschrift »Video« 9/2003).

Fernsehstandards

Auf der DVD gibt es weltweit nur noch zwei Fernsehstandards: **PAL** und **NTSC**. Der (ursprünglich) französische Standard SECAM wird bei der analogen Ausgabe erzeugt, auf der DVD selbst ist er mit PAL identisch. Sie dürfen davon ausgehen, dass praktisch alle Player, die regulär in **Europa** angeboten werden, neben PAL auch NTSC abspielen können. Das bedeutet allerdings nicht, dass dabei eine echte Wandlung des Videosignals ins PAL-Format stattfindet: Die Zeilenzahl bleibt bei 480 Zeilen und die Bildwechselfrequenz bei 30 Bildern pro Sekunde, nur die Farbinformation wird »übersetzt«. Fast alle europäischen Fernsehgeräte der letzten Jahre können mit einem solchen Pseudo-PAL-Signal umgehen und es korrekt darstellen. Dagegen ist eine Kopie auf hier übliche Videorekorder nicht möglich.

Ganz anders ist die Situation in den **NTSC-Gebieten**: Die dort verkauften Player verarbeiten überwiegend kein PAL-Format, ebenso wenig die meisten TV-Geräte. Für den internationalen Einsatz könnten Sie nun auf die Idee kommen, Ihre DVD gleich im NTSC-Format zu erstellen. Das wirft aber auch einige Probleme auf, denn solche DVDs werden auf älteren Fernsehgeräten in PAL-Regionen nicht funktionieren und auf den übrigen nicht die gewohnte Qualität bei der Zeilenauflösung zeigen. Außerdem brauchen Sie für die Produktion NTSC-Aufnahmegeräte, die nicht überall zu finden sind. Bereits vorhandenes PAL-Material müsste umgewandelt werden – dadurch entsteht zusätzlicher Aufwand. Dabei würden sie den Qualitätsvorsprung verlieren, den DV-Material in PAL bei der DVD-Produktion besitzt (mehr dazu im Kapitel »Das Videomaterial«). Ich empfehle daher für den internationalen Einsatz bei größeren Stückzahlen in der Regel eine separate Produktion in beiden Formaten, ggf. auf einer zweiseitigen DVD. Trotzdem werde ich Ihnen im Praxisteil ein von uns entwickeltes Verfahren vorstellen, mit dem Sie international anwendbare DVDs im NTSC-Standard auf der Grundlage von PAL-Aufnahmen in bestmöglicher Qualität erstellen können. Bei Produktionen für Nischenmärkte, wo sich eine Massenauflage in zwei Standards nicht rechnen würde, kann diese Alternative durchaus Sinn machen.

Bei den DVD-Medien

Natürlich dürfen Sie davon ausgehen, dass eine industriell gefertigte DVD aus einem Presswerk von jedem Player abgespielt werden kann – vorausgesetzt, sie hat keinen Pressfehler und ist nicht beschädigt. Softwareseitig kann es da schon anders aussehen, denn nicht alle älteren oder besonders billigen Player unterstützen alle exotischen Möglichkeiten des Standards, und nicht alle Programme fürs DVD-Authoring beachten oder prüfen die Einhaltung aller technischen Regeln bei der DVD-Erstellung. Soweit mir Probleme mit DVD Studio Pro bekannt sind, gehe ich darauf im Praxisteil ein und zeige auch gleich, wie Sie diese Fehler mit TFDVDEdit in Ordnung bringen können. Trotzdem sollten Sie sich regelmäßig bei den im Anhang empfohlenen Internet-Foren informieren, denn manche Fehler werden erst in längerer Praxis unter ganz bestimmten Konstellationen erkannt. Bitte beachten Sie insbesondere auch die Hinweise im Kapitel 10, »Kompressionspraxis«.

Selbst gebrannt

Unikate dagegen (also selbst gebrannte DVD-Rs) bereiten immer noch auf einigen Playern Probleme. Das kann am Abspielgerät liegen, aber auch an der Kombination aus DVD-Brenner, Firmware des Brenners und Marke der Rohlinge. Nicht einmal DVD-Laufwerke für den Computer kommen immer mit allen DVD-Rs (oder gar DVD-RW/+RW) zurecht. Achten Sie auf aktuelle Firmware Ihres Brenners, und testen Sie unbedingt die gewählten Rohlinge mit dem vorgesehenen Abspielgerät.

Wenn Nachbestellungen des gleichen Kunden für die gleiche Abspielplattform zu erwarten sind, decken Sie sich am besten gleich mit genügend getesteten Rohlingen ein, da Hersteller ihre Rezepturen bisweilen völlig unangekündigt ändern. Die beste Kompatibilität zu einem großen Teil der gängigen Abspielgeräte weisen bisher die 3,95-GB-DVD-Rohlinge für den teuren Pioneer DVR-S201 auf. Die DVD+R ist mit einem kleinen Trick, den ich Ihnen im Praxisteil gern verrate, entgegen landläufiger Meinung sogar etwas »kompatibler« als die DVD-R. Es hilft aber auch, ganz allgemein die zulässige Datenrate auf DVD-R nicht voll auszureizen – die interne Datenpufferung der Player kann dann bei mehreren Leseversuchen besser mit kleinen Lesefehlern umgehen.

Tests belegen, dass auch die Scheiben aus DVD-Rekordern für den Heimbereich ähnliche, oft noch massivere Abspielprobleme bereiten. In Berichten der Zeitschriften »Computervideo« und auch »Computerbild« verweigerten unter manchen Bedingungen bis zur Hälfte der geprüften Player die DVD-Rs, DVD-RWs oder gar DVD-RAMs der diversen widersprüchlichen »Standards« aus unterschiedlichen Aufnahmegeräten. Die Lage wird aber mit zunehmender Erfahrung der Hersteller langsam besser. Die selbst gemachte DVD ist halt ein »Bananen-Verfahren«: Sie wird grün geliefert und reift beim Anwender ...

Verschmutzungen

Schließlich sollten Sie noch beachten, dass DVDs im Vergleich zu der relativ robusten Audio-CD bzw. CD-ROM durch die höhere Datendichte und die Dual-Layer-Technik auch für Verschmutzungen und Kratzer empfindlicher sind. Eine DVD-RW mit ihrer geringeren Reflexion kann schon bei einem einzigen Fingerabdruck den Dienst verweigern – reinigen Sie

sie mit einem weichen, fusselfreien Tuch und etwas Isopropanol (notfalls auch mit Fensterreiniger) radial von innen nach außen. Etiketten sollten Sie keinesfalls auf DVDs kleben, denn die geringste Unwucht kann das Abspielen verhindern. Besser ist das Bedrucken mit speziellen Tintenstrahldruckern.

5 Projektplanung

Sie sollten den Nutzer nie vergessen: Wer die DVD-Gestaltung als kreativen Prozess begreift, hat die Hauptsache bereits verstanden. Doch dieser Prozess muss beendet sein, wenn das eigentliche Authoring beginnt. Die sorgfältige Planung einer DVD ist der Schlüssel zu einer gelungenen Produktion.

5.1 Was will der Nutzer?

Diese Frage sollte ganz am Beginn einer jeden DVD-Produktion stehen. Der potenzielle Nutzer mit seinen Wünschen und Erwartungen ist letztlich der Chef: Ihm (oder ihr) soll alles gefallen.

Nicht allein arbeiten ;-)

Abstrakte Figuren wie »der Nutzer« haben eben jenen Nachteil: Sie sind abstrakt. Es fällt nicht leicht, ständig die Wünsche dieser Figur bei der Arbeit zu berücksichtigen. Ein Trick: Suchen Sie sich ein Bild der Person, die Ihrer Meinung nach die Zielgruppe am besten repräsentiert, und verwenden Sie es als Bildschirmhintergrund. Sie werden sehen: Ihre Zielgruppe können Sie nicht mehr aus den Augen verlieren ...

Sind Sie selbst der Einzige, der die DVD jemals handhaben muss, können Sie sich nach Lust und Laune austoben und die verrücktesten Dinge wagen: vom Player zufällig ausgewählte Kapitel, labyrinthartig verschachtelte Menüs, unlogische Navigationsstrukturen, versteckte Buttons allerorten und vieles mehr. Dem Einfallsreichtum des Gestalters sind kaum Grenzen gesetzt. Doch jeder halbwegs normale Mensch würde eine solche DVD schleunigst entsorgen – zu Recht. Die Spezifikation der DVD-Video ist nur die Festlegung, was technisch in diesem Format umsetzbar ist. Was der Gestalter daraus macht, bleibt ihm überlassen.

Zielgruppengröße
Je kleiner und je genauer definierbar die Zielgruppe, desto eher können Sie von der klassischen Film- oder Fernsehästhetik abweichen.

Informationstiefe

Das in diesem Buch als erstes vorgestellte Produkt **DVD Studio Pro** ermöglicht eine sehr weit reichende Kontrolle, wie der Nutzer geführt wird und was er vom Inhalt zu sehen bekommt. Mit leistungsfähigen Werkzeugen kann der Gestalter die DVD für seine Zielgruppe maßschneidern. Hier zeigt sich das bislang noch weitgehend ungenutzte Potenzial der DVD: Anders als bei einem Film kann ich dem Nutzer eine von ihm zu steuernde Informationstiefe bieten. Dieser Vorteil kommt insbesondere bei Special-Interest-Titeln zum Tragen. Wo beiläufig Interessierte bereits Längen bemäkeln würden, kann es manchen Enthusiasten oft gar nicht genau genug sein. Durch geschickte Navigationsführung können Sie mit derselben Video-DVD diese unterschiedlichen Interessen berücksichtigen.

Spezialisten, die mit den komplizierten High-End-Werkzeugen im DVD-Authoring-Sektor umgehen können (und dafür viel Geld investiert haben), betrachten Programme wie DVD Studio Pro meist etwas von oben herab. Aber abgesehen davon, dass sich manche Titel für kleinere Zielgruppen überhaupt erst mit solch preisgünstigen Werkzeugen rechnen, stehen Programme wie DVD Studio Pro den High-End-Lösungen in der Nutzung aller Möglichkeiten des DVD-Standards kaum noch nach. Mit der Ergänzung durch **TFDVDEdit** im zweiten Teil dieses Buches – und mit zugegebenermaßen etwas mehr Lernaufwand – haben auch Sie ein High-End-System! Bei sorgfältiger Arbeit und hochwertigem Rohmaterial sind die Ergebnisse, die mit solchen Programmen zu erzielen sind, von denen der High-End-Systeme nicht mehr zu unterscheiden. Den Unterschied machen inzwischen weniger die Werkzeuge, sondern eher das Wissen und die Erfahrung des Operators hinter den entsprechenden Maschinen aus. In der zielgruppengerechten Gestaltung liegt zudem oft eine interessantere kreative Herausforderung als bei gängigen Massenprodukten.

Allgemeine Gestaltungsregeln

So richtig Spaß macht eine DVD erst, wenn sich ihr Inhalt ohne viel Nachdenken erschließt. Wir alle sind bis zu einem bestimmten Grad Couch-Potatoes und wollen nicht bei jeder DVD erneut verstehen müssen, was sich der DVD-Gestalter wohl gedacht haben mag. Doch nach welchen Konventionen soll sich der Designer richten?

Usability

Einige Eigenschaften sollten jede DVD auszeichnen:

- **Bildschirmtasten für alle wesentlichen Funktionen**
  Auch wenn immer alle in Frage kommenden Tasten der Fernbedienung sinnvoll belegt sein sollten: Bieten Sie für alle notwendigen Bedie-

nungsvorgänge möglichst verständliche und übersichtliche Alternativen auf dem Bildschirm an. Die Fernbedienungen sind leider sehr uneinheitlich, manche Tasten müssen sogar aus technischen Gründen zeitweise abgeschaltet werden.

- **Flache Hierarchien**
  Der Inhalt einer DVD sollte sich möglichst einfach überblicken lassen. Je weniger Untermenüs nötig sind, desto besser. Grundregel: auf keinen Fall mehr als drei Ebenen.
- Auch wenn keine Eingabe gemacht wird, läuft nach einer gewissen Zeit der **Hauptfilm von alleine** an.
  Denken Sie an all diejenigen, deren Fernbedienung nicht aufzufinden ist – vielleicht ist auch die Batterie leer. Es soll sogar Leute geben, die sich nicht trauen, irgendeine Taste zu drücken aus Angst, etwas falsch zu machen. All jene sollten Sie nicht ohne Grund vom Genuss Ihrer DVD ausschließen.

Im Kapitel 13, »Navigationsdesign«, finden Sie ausführliche Gestaltungsregeln, aber schon diese kurze Aufzählung macht deutlich, dass gutes DVD-Design aufwändig werden kann. Hinzu kommen weitere Fragen, die in der Planungsphase beantwortet werden wollen:

Was erwartet die Zielgruppe?

- **Das Look-and-Feel**
  Wie sich die DVD »anfühlt«, dafür ist in erster Linie die künstlerische Gestaltung der Menüs verantwortlich. Neben allgemeinen Designmerkmalen wie Farbgebung, Bildkomposition, Auswahl der Schriften usw. sind DVD-typische Entscheidungen zu treffen: Soll es nur Standbilder geben, oder sind animierte Menüs sinnvoll? Sollen die Menüs mit Tönen hinterlegt sein? In Mono, Stereo oder Surround? Gibt es Übergänge (Transitions) zwischen Menüs und anderen Inhalten (wieder mit Ton oder ohne)? Je mehr Ihnen einfällt, desto aufwändiger wird es!
- **Der Qualitätsanspruch**
  Es gibt bei einer DVD im Wesentlichen vier Punkte, bei denen das Qualitätsniveau eine Rolle spielt: **Inhalt, Bildqualität, Tonqualität** und **Navigationskomfort**. Auch hier gilt: Je höher der Anspruch, desto aufwändiger die Verfahren auf allen Ebenen (Aufnahme, Mischung/Schnitt, Kodierung). Ist das Rohmaterial schlecht, egal ob Bild, Ton oder Inhalt, kann selbst der beste DVD-Gestalter mit einer interessanten Navigation nichts mehr retten.
- **Die Interaktivität**
  Faustregeln: Je jünger oder je technisch interessierter die Zielgruppe ist, desto interaktiver darf und sollte eine DVD sein. Das hängt in erster

Linie mit der in diesen Gruppen stärker ausgeprägten Computerspielerfahrung zusammen.

- **Der Wohnort der Zielgruppe**
  Wohnen Ihre Nutzer ausschließlich in Europa, so können und sollten Sie Ihr Projekt im PAL-Standard ausführen. In den meisten nordamerikanischen Playern hingegen wird diese DVD nicht gelesen werden können. Andersherum ist dies schon möglich: Alle europäischen Geräte können NTSC-DVDs lesen. Das ist der Hauptgrund, weswegen ich in diesem Buch immer wieder auch auf den nordamerikanischen Standard zu sprechen komme. Der Aufwand, der für internationale Versionen getrieben werden muss, beschränkt sich jedoch leider nicht auf die Formatwandlung von PAL auf NTSC – deshalb gibt's dazu ein eigenes Kapitel.
- **Die Sprache der Zielgruppe**
  Kommt in der Zielgruppe mehr als eine Sprache vor, müssen Sie entscheiden, wie diese Sprachversionen eingebunden werden sollen: als Untertitel oder als weitere Tonspur? Soll für jede Sprache eine eigene Version aller Menüs gestaltet werden? Auch ist z. B. britisches Englisch nicht dasselbe wie Amerikanisch, Portugiesisch in Europa unterscheidet sich von dem in Brasilien ...
- **Das Wiedergabegerät**
  Für den Computer oder ein progressives Display wie Chip-Projektor und Flachbildschirm müssen Sie das Videomaterial möglichst schon beim Dreh anders aufnehmen als für den klassischen Röhrenfernseher. Für bestmögliche Qualität auf modernen Displays und herkömmlichem TV können sogar zwei Versionen sinnvoll sein, wenn der Film kurz und der Kunde anspruchsvoll genug ist.
- **Die Displaybreite**
  Eine cineastisch orientierte und gut betuchte Zielgruppe wird heute recht oft schon einen 16:9-Fernseher oder sogar einen Projektor haben. Wer sich das noch nicht leisten konnte, wird zumindest bei Spielfilmen eine Letterbox-Darstellung akzeptieren. Bei auf Informationsvermittlung angelegten Produktionen werden sich dagegen Nutzer mit 4:3-Geräten über eine verkleinerte Darstellung sehr ärgern. Hier gibt es auch kulturelle Unterschiede: Während in Europa bei Spielfilmen eine Letterbox-Version meist akzeptiert wird, bevorzugt man in Nordamerika eher die Vollbildversion, auch wenn Teile des Bildes dabei verschwinden.

»Darf's ein bisschen mehr sein?« Alles, was in Bild, Ton oder (kurzen) Texten dargestellt werden kann, darf zum Inhalt einer Video-DVD werden. Darüber hinaus kann in einem optionalen ROM-Teil alles abgelegt sein, was sonst noch an digitalen Daten möglich ist – in erster Linie Programme, Spiele oder Weblinks, die verwandtes Material enthalten. Durch die Möglichkeit der Verknüpfung mit dem Internet (einer so genannten »Web-enhanced-DVD« oder »Web-DVD«) sind in der Aktualität kaum Grenzen gesetzt.

5.2 Produktionsorganisation

Vor der Berechnung, in welcher Qualität Ihre Daten auf die DVD kommen können (dem »Bit-Budgeting«), werfen wir zunächst einen Blick auf die Organisation der Produktion und die zu erwartenden Kosten.

Der Produktionsprozess

Arbeitsschritte

Leider scheint es noch keine einheitliche Sprachregelung zu geben, wie die unterschiedlichen Arbeitsschritte einer DVD-Produktion benannt werden sollen. Ich möchte nicht in diese Diskussion einsteigen und halte mich stattdessen an die Termini von Jim Taylor, Autor des Buches »DVD Demystified«. Er unterscheidet drei grundlegende Arbeitsschritte:

1. **Authoring** (inkl. der Kodierung)
2. **Formatieren** (Premastering)
3. **Vervielfältigung**

Authoring wird manchmal nur als der Schritt angesehen, in dem die Assets mit einem Authoring-System zusammengestellt werden. Kodierung und Authoring zusammen werden manchmal als Premastering bezeichnet. Klarer ist es, Premastering als den letzten Arbeitsschritt zu verstehen, bei dem die Dateien »gemultiplext« und mit einem Dateisystem verbunden werden und ein DLT-Tape (oder eine gebrannte DVD) für das Mastering und die Vervielfältigung geschrieben wird.

Authoring

Das Authoring, mit dem sich dieses Buch hauptsächlich beschäftigt, ist der arbeitsintensivste Teil einer DVD-Produktion. Dieser Prozess kann vieles beinhalten: die Erstellung eines Entwurfs, eines Verlaufsplans, manchmal Videoaufnahmen und -schnitt (für Motion-Menüs), Audioaufnahmen und deren Mischung, Fotos schießen, Vorlagen einscannen, Grafiken und Animationen erstellen, Menüs und Buttons erstellen und verbinden, Subpicture-Grafiken erstellen, Audio- und Videomaterial kodieren und dann alles zusammenstellen, organisieren, synchronisieren und testen. Im engeren Sinn beinhaltet das Authoring drei Punkte:

- Kodierung von Video, Audio, Stills und Subpictures
- Layout der Menüs
- Navigationsdesign erstellen

Die Reihenfolge dieser Punkte spielt eigentlich nur eine untergeordnete Rolle. Hat der DVD-Gestalter eine genaue Vorstellung von dem Projekt, kann er weitgehend mit Dummys arbeiten – auch wenn die einzelnen Assets noch nicht geschnitten oder gemischt und kodiert vorliegen. Doch mit der Vorstellung ist das so eine Sache: Je mehr Inhalte eine DVD bekommt, desto schwieriger wird es sich vorzustellen, wie die einzelnen Teile miteinander harmonieren.

Ein wichtiger Punkt ist die genaue Planung des Einsatzes der einzelnen Ressourcen: Wird beispielsweise eine hochwertige MPEG-2-Kodierung gewünscht, so kann dieser Prozess recht viel Zeit in Anspruch nehmen, wenn ein Software-Encoder eingesetzt wird. Dieser Computer ist dann so beschäftigt, dass er – je nach CPU-Ausstattung – nicht mehr für die kreative Arbeit zur Verfügung steht.

Formatieren

Das Formatieren, die Zusammenführung der Daten zu dem Multiplexstrom, den die DVD-Player verstehen können, nimmt nicht annähernd so viel Zeit in Anspruch wie das Authoring. Diese Arbeit erledigt der Computer auf Knopfdruck.

Vervielfältigung

Spezialisierte Betriebe übernehmen die Anfertigung des Glasmasters und die Vervielfältigung, oft auch als Replikation bezeichnet. Sie verfügen über die teuren Maschinen, mit denen auch Großprojekte wie Spielfilme auf die Scheiben gepresst werden. Die Fertigungskapazitäten sind begrenzt, und kleinere Projekte laufen bisweilen Gefahr, nachrangig behandelt zu werden. Bei Terminen, die eingehalten werden müssen, sollte das Datum der Lieferung sowohl des Check-Exemplars wie auch der fertigen DVDs im Auftrag schriftlich festgehalten werden.

Kleinserien können auch per Duplikation auf DVD-R oder DVD+R vervielfältigt werden, wenn man leichte Kompatibilitätseinschränkungen in Kauf nimmt. Das geschieht mit Kleinrobotern, die zwar einen ganzen Stapel DVDs automatisch brennen und bedrucken, aber dabei nicht besonders schnell sind – auch diese Zeit muss eingeplant werden.

Planungsschritte für das Authoring

Die beiden wichtigsten Arbeiten, die bei jeder Produktion unabhängig von ihrem Inhalt anfallen, sind die **DVD-Gestaltung** und das **Projektmanagement**. Gerade bei kleineren Projekten übernimmt diese zentralen Tätigkeiten oft dieselbe Person. Eine möglichst weitgehende Kenntnis aller Prozesse einer DVD-Produktion brauchen beide. Während der DVD-Gestalter für das Projektlayout und das Design zuständig ist, ist die Aufgabe des Projektmanagements die effiziente Organisation aller zur Erstellung einer DVD notwendigen Arbeiten und die Qualitätsprüfung der Assets.

Für relativ einfache Projekte mit beispielsweise einem Hauptmenü und einer überschaubaren Anzahl an Untermenüs in einer Ebene reicht vielleicht ein **Ablaufplan**. Für höherwertige interaktive Titel dagegen (z. B. mit mehreren Blickwinkeln oder unterschiedlichen Fassungen eines Films) ist der Einsatz einer Projektplanungssoftware sehr hilfreich. Bei High-End-Systemen ist so etwas üblicherweise Teil des Programmpakets, bei DVD Studio Pro müssen Sie sich selbst eine geeignete Ergänzung suchen oder mit den gebotenen Strukturierungsmöglichkeiten wie der recht gut gelösten Asset-Verwaltung im Medienfenster und den Ordnerstrukturen arbeiten. Erfreulich ist, dass Sie in DVD Studio Pro wiederholt genutzte Elemente unabhängig von denen des jeweiligen Projekts verwalten können. Nutzen Sie die hilfreichen Möglichkeiten der »Palette«!

Flowchart

So wie Storyboards für die Planung einer Filmproduktion zum Einsatz kommen, ist das adäquate Gegenstück bei einer DVD-Produktion das **Flowchart**, ähnlich wie man es zur Planung von Computerprogrammen einsetzt. Sie kennen es bereits aus Ihrem Tutorial zu DVD Studio Pro.

Dieses zentrale Dokument dient der Darstellung einer Vielzahl von Merkmalen der geplanten DVD:

- Inhalt
- Hierarchie
- Kapitelstruktur
- Verknüpfungen der Kapitel untereinander
- Verwendete Formate
- Dauer der Assets

Von der Abstimmung mit dem Kunden über das Asset-Management bis zur Testphase begleitet es fast alle Aufgaben, die bei einer DVD-Produktion anfallen. Hierfür ist aber auch die **grafische Darstellung** in DVD Studio Pro gut geeignet, die sich hervorragend zu einem großflächigen Plan für Produktionsbesprechungen ausdrucken lässt.

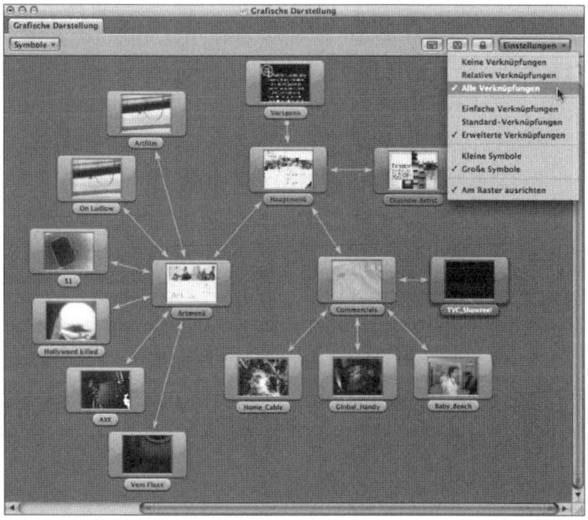

◂ **Abbildung 5.1**
Grafische Darstellung

Weitere Hilfsmittel Das in diesem Buch vorgestellte Programm DVD Studio Pro wurde, wie schon erwähnt, nicht für den reinen High-End-Markt entwickelt. Die Aufgaben des Projektmanagements unterstützt es, abgesehen von der Dateiverwaltung, kaum. Viele wichtige Parameter für das Asset-Management – z. B. Anlieferungstermin, Name des Designers/Kodierers, Datum der Bearbeitung usw. – können nicht dargestellt werden. Auf der Buch-DVD finden Sie deshalb in der Datei »DVD_Forms.doc« ein Word-Dokument, das zwei Formulare für die Planung bereitstellt.

Wer macht was?

Fast jeder, der im Video- und Audiosektor arbeitet, hat auf irgendeine Weise mit der DVD zu tun – oder wird es haben. Spezialisierte Berufe für die DVD-Gestaltung gibt es noch nicht. Vielseitig einsetzbar sind in Deutschland die »Mediengestalter Bild und Ton«. Deren Ausbildung vermittelt gestalterische und technische Grundlagen für die meisten bei einer DVD-Produktion anfallenden Aufgaben. Der Produktionsprozess einer DVD ist allerdings komplex. Viele zum Teil hoch spezialisierte Dienstleister aus der Medienbrache finden hier ein Betätigungsfeld, auch wenn sie nicht an jeder DVD-Produktion beteiligt sind:

- **Kameraleute und Regisseure** liefern das Film- bzw. Videomaterial.
- **Video-Cutter** erstellen und bearbeiten die Videosequenzen.
- **Videokodierer** bereiten das Rohmaterial in bestmöglicher Qualität für den Import in ein Authoring-Programm wie DVD Studio Pro auf.
- **Tonmeister** sind für die Aufnahme sowie Gestaltung und Mischung der Audio-Inhalte verantwortlich.
- **Animationsdesigner** erstellen die 2D- oder 3D-Animationssequenzen.
- **Grafikdesigner** sind für die Grafikgestaltung der Menüs, Stills, Subpictures sowie für das Verpackungsdesign verantwortlich.
- **DVD-Gestalter** fügen alle Assets mit einem Authoring-Programm zusammen und sorgen für die Funktionalität der Navigation

Bei einer DVD-Produktion treffen Qualifikationen aus unterschiedlichen Bereichen mit jeweils unterschiedlichen Gewohnheiten aufeinander: Grafiker und Videoleute meinen zum Beispiel nicht dasselbe, wenn sie vom Pixel sprechen, sie werden sich auch auf einen gemeinsamen Farbraum und viele weitere Details einigen müssen. Deshalb ist ein ausführliches **Briefing** aller an einer DVD-Produktion beteiligten Dienstleister unerlässlich – insbesondere wenn die Arbeit an DVDs nicht deren Hauptaufgabe ist. Bei der Zusammenarbeit mit Partnern, die keinerlei DVD-Erfahrung haben, ist ein schriftlich fixiertes **Pflichtenheft** dringend angeraten, sonst beginnen bei Problemen schnell die gegenseitigen Schuldzuweisungen. Die nötigen technischen Informationen finden Sie im Abschnitt zu den Assets Video, Ton sowie Grafik und Text.

Asset-Management
Jeder Dienstleister, der an der Asset-Erstellung beteiligt ist, kann das gesamte Projekt verzögern, wenn er seinen Beitrag nicht zum vereinbarten Termin oder in nicht ausreichender Qualität liefert. Der Projektmanager gleicht einem Jongleur, der alle Bälle in der Luft halten muss: Je mehr Bälle, desto schwieriger wird's.

Er oder sie muss alle Assets prüfen und im Fall eines Fehlers entscheiden, was zu tun ist: den Fehler in Kauf nehmen, ihn selbst beheben oder beheben lassen. Ein Projektmanager muss genaueste Kenntnisse über den gesamten DVD-Produktionsprozess haben. Schließlich muss er erkennen, was überhaupt einen Fehler darstellt. Zudem muss er wissen, welche Auswirkungen dieser Fehler haben wird, um rechtzeitig (also vor weiteren Bearbeitungsschritten) gegenzusteuern.

5.3 Kosten

Letztlich bestimmt das Budget den Umfang einer Produktion. Bei DVDs, die in den Verkauf gelangen sollen, gibt es ein Verhältnis von Qualität und Nachfrage. Je höher die Qualität (auch des Authorings, nicht nur des Films!), desto größer die Nachfrage. Das optimale Verhältnis von Aufwand und Ertrag ist bei jeder DVD-Produktion neu zu finden. Eine Faustregel hierfür gibt es nicht. Diese Kalkulation ist ähnlich vage wie bei Film- oder Musikproduktionen.

Projektplanung

Zum größten Kostenfaktor kann sich statt des eigentlichen Authorings eine mangelhafte Projektplanung entwickeln. Fällt einem beispielsweise auf halber Strecke ein, noch eine zusätzliche Audiospur zu benötigen, so reicht es nicht, diese einfach zusätzlich zu produzieren und einzubinden. Solche Dinge machen oft ein erneutes Bit-Budgeting (siehe unten) erforderlich. Die Menüstruktur und das Menüdesign müssen geändert werden, eventuell bereits produzierte Assets sind erneut zu kodieren – die Folgen können hohe Zusatzkosten und verpasste Termine sein.

Auftraggeber

Natürlich müssen Sie auch Ihre Auftraggeber in dieser Hinsicht schulen: Wenn beispielsweise eine Agentur bisher nur mit herkömmlicher Videoproduktion zu tun gehabt hat, wird sie den Aufwand eventueller Änderungen oder Zusätze in einem späten Stadium eines DVD-Projekts nicht richtig einschätzen können. Machen Sie den Auftraggebern schriftlich klar, bis zu welchem **Zeitpunkt** Änderungen überhaupt möglich sind, um den Abgabetermin noch zu halten, und was diese jeweils kosten würden.

So wäre zum Beispiel eine Änderung einer einzelnen Beschriftung in einem bestimmten Menü noch relativ spät möglich, wenn diese keine neuen Verknüpfungen benötigt. Auch die Streichung eines Assets ist nur ein mittelschweres Problem. Wenige Minuten zusätzlicher Ton- oder Videodaten dagegen können bei einer bereits voll genutzten DVD eine komplette Neukodierung aller Assets oder eine größere (und teurere) DVD-Version erzwingen. Lassen Sie sich die Kenntnisnahme solcher Informationen auch schriftlich bestätigen.

Natürlich sollten Sie bei notorisch unzuverlässigen oder chaotischen Kunden trotzdem etwas Luft bei der Produktionszeit und dem DVD-Platz einplanen. Dann können Sie sich dramatisch die Haare raufen, am Kopf kratzen und »Mal sehen, was sich da noch machen lässt« murmeln und ein paar Euros dazuverdienen, ohne gleich Nachtschichten einzulegen. Vielleicht weiß der Kunde ja dann beim nächsten Mal schon etwas früher, was er genau haben will ...

Lizenzmanagement

Zu den schwerwiegendsten Planungsfehlern gehört auch ein weiterer, oft unterschätzter Kostenfaktor: das Lizenzmanagement. Es kommt vor, dass Lizenzen benutzter Daten, Programme und Verfahren nur für einen regionalen Einsatz vorhanden sind, nicht aber für deren internationale Verwendung. Auch können zeitliche Begrenzungen vorliegen. Eine einzige Lizenz, die nicht eingeholt oder deren Bedingungen nicht eingehalten wurden, kann das ganze Projekt gefährden. Das Projektmanagement muss hier mit größter Sorgfalt arbeiten, denn Rechtejagd ist in der Medienbranche inzwischen zum Sport geworden. Es kann durchaus vorkommen, dass man für manche Zwecke Rechte sogar kostenfrei bekommt – wenn man vorher fragt!

Wenn der sorgfältig ausgearbeitete Projektplan vorliegt, sollten Sie sich hüten, noch irgendetwas daran ändern zu wollen. Ansonsten kann, wie oben dargestellt, die gesamte Kalkulation schnell aus dem Ruder laufen.

Vervielfältigung

Konkreter als die Aufwendungen für das Authoring können die Kosten kalkuliert werden, die bei der Vervielfältigung entstehen. Im Anhang finden Sie eine Liste von Presswerken im deutschsprachigen Raum. Die DVD-Produktion basiert im Prinzip auf demselben Verfahren wie die CD-Produktion. Die Preise der DVD-5 erreichen schon fast das Preisniveau von CDs, während DVD-9, doppelseitige DVDs und die DVD-Plus (also DVDs mit einer CD-Seite) in jedem Fall teurer bleiben, da sie aufwändiger herzustellen sind. Eine Kleinserie lohnt sich ab etwa 500 Stück, wenn unbedingte Kompatibilität wichtiger als die Kosten ist, eventuell auch schon darunter.

5.4 Bit-Budgeting

Die Kapazität einer DVD ist begrenzt. Nach Vorgaben aus Hollywood wurde die kleinste DVD, die DVD-5, so gewählt, dass sie einen 120-Minuten-Film in hoher MPEG-2-Qualität speichern kann. Nun haben DVD-Produktionshäuser, die Hollywood-Filme auf die Scheiben bringen, die besten Mittel und entsprechende Fachleute zur Bildbearbeitung zur Verfügung. Auch ist wegen der hohen Filmauflösung sehr rauscharmes Rohmaterial die Regel. Kinofilme benötigen deswegen nur eine mittlere Datenrate des MPEG-2-Videos von ca. 3,5 MBit/s, um hohe Qualität zu bieten. Insbesondere analoges Videomaterial muss meist mit einer höheren Datenrate komprimiert werden (siehe »Bewegte Bilder« und »Kompressionspraxis«).

Beim Bit-Budgeting muss die Datenrate jedes einzelnen Segmentes der DVD bestimmt werden. Zugunsten einer möglichst hohen Qualität des Materials sollte man keinen Platz verschenken. Zunächst müssen Sie alle Video- und Audio-Assets auflisten und bestimmen, wie viele aller verfügbaren Bits jedem Asset zugeordnet werden können. Die Subpictures (Untertitel und Menü-Highlights) und eventuelle Standbilder (für Stillshows und Menüs) nehmen im Vergleich zu den Video- und Audiodaten nur wenig Platz ein. Sie können für die erste Überschlagsrechnung vernachlässigt werden.

Beim Formatieren und »Multiplexen« zum Abschluss des Authoring-Prozesses werden den Asset-Daten noch Kontroll- und Backup-Daten hinzugefügt. Hierfür rechnen Sie eine vierprozentige Reserve hinzu. Das lässt zudem etwas Raum, um wirklich sicherzustellen, dass alles auf die DVD passt.

Kapazität einer DVD-5

Bedenken Sie, dass eine DVD-5 in der Computerterminologie nicht 5 und auch nicht 4,7 (wie für die Berechnung des Bit-Budgetings bei der Video-DVD), sondern nur 4,37 Gigabyte Kapazität aufweist (siehe Kapitel 3, »DVD – der technische Hintergrund«).

Inhalt – Vorüberlegungen

Bei den Überlegungen, was alles auf die DVD soll, sind folgende Parameter festzulegen:

- Dauer aller Videos der DVD inklusive animierter Menüs und der Übergänge
- Gewünschte Bildqualität
- Anzahl der Kameraperspektiven bei Multi-Angle
- Gewünschte Tonqualität
- Anzahl der Tonspuren und Tonkanäle

Kalkulationen Um die Kalkulationen zu vereinfachen, wird in Megabit statt Megabyte gerechnet (es heißt ja auch Bit-Budgeting und nicht Byte-Budgeting). Die Datenrate (in Megabit pro Sekunde) mal die Spielzeit (in Sekunden) ergibt die Größe (in Megabit). Wird beispielsweise die gewünschte Qualität der Videos auf realitätsnahe 5 MBit/s eingeschätzt (wenn Sie sich damit nicht zu viel Arbeit machen wollen), ergibt sich ein Datenaufkommen (bei 90 Minuten Videomaterial) von:

5 × 5400 = 27000 Megabit

Dieser Videoanteil muss von der maximal nutzbaren Kapazität abgezogen werden. Für die verbleibenden Assets auf der DVD und den eventuellen DVD-ROM-Anteil bleiben in unserem Beispiel noch 9096 Megabits oder knapp 24,2 Prozent übrig, wenn eine DVD-5 benutzt werden soll (siehe Tabelle 5.1):

36096 – 27000 = 9096

Tabelle 5.1 ▶ Berechnung der nutzbaren Kapazität in Megabit

	DVD-5	DVD-9	DVD-10	DVD-14	DVD-18
Kapazität in Billionen Bytes (nicht Gigabyte!)	4,7	8,54	9,4	13,24	17,08
Kapazität in Megabits	37600	68320	75200	105920	136640
Abzüglich 4% Headroom	1504	2733	3008	4237	5466
Nutzbare Kapazität in Megabit	36096	65587	72192	101683	131174

Nun können die weiteren Assets zu dem Videoanteil hinzugerechnet werden. Die typischen Datenraten der Assets zeigt Tabelle 5.2.

Tabelle 5.2 ▶ Typische Datenraten von DVD-Inhalten in MBit/s

Inhalt	Datenrate
MPEG-2-Video	5
MPEG-1-Video	1,150
5.1 Raumklang Dolby Digital (AC-3)	0,448
5.1 Raumklang DTS	0,768 (max. 1,536)
PCM-Ton Stereo (16 Bit/48 kHz)	1,536
Stereoton AC-3	0,192
Untertitelspuren	< 0,01

Wenn die Summe des Datenvolumens aller Assets kleiner ist als die verfügbaren 36096 Megabits, kann der verbliebene Platz für eine höhere Videoqualität genutzt werden.

Ist die Summe größer, gibt es drei Möglichkeiten:

Datenvolume verringern

- weniger Assets verwenden (Bonusmaterial, Tonspuren etc.)
- die Video- oder Audioqualität verringern
- eine DVD mit mehr Kapazität verwenden

Audio für Menüs

Wenn Sie vertonte Menüs verwenden wollen, haben Sie dort – anders als bei den normalen Tracks – keine freie Wahl der Audioformate. Sie müssen für alle Menüs die gleiche Anzahl an Kanälen, die gleiche Datenrate, Auflösung und Kompression benutzen.

Bei den einzelnen Tracks können Sie durchaus Kompromisse eingehen und z. B. den Hauptfilm mit höherer Datenrate kodieren als weniger wichtige Bonusteile. Wenn eine DVD mit mehr Kapazität gewählt wird, steht selbstverständlich auch wieder mehr Platz für eine höhere Video- und Audioqualität zur Verfügung. Die Bit-Budgeting-Berechnung muss erneut durchgeführt werden. Falls Sie sich wundern, dass Hollywood heute auch für Spielfilme mit ganz normaler Laufzeit oft eine DVD-9 einsetzt: Da wird dann die Datenrate bewusst höher gesetzt, um das Kopieren etwas schwieriger zu machen – schließlich gab es lange gar keine DVD-R mit so hoher Kapazität, und jetzt ist die neue Dual-Layer-DVD-R zumindest noch ziemlich teuer ...

Videodatenrate

Aus den sich ergebenden Zahlen muss noch ein anderer wichtiger Wert ermittelt werden: die maximale Videodatenrate. Laut DVD-Videospezifikation (siehe »DVD – der technische Hintergrund«) darf das gesamte Datenaufkommen nicht über 10,08 MBit/s liegen. Die Datenraten der Audio-Assets und der Untertitel müssen von diesem Wert abgezogen werden. Wenn nur eine Vervielfältigung auf DVD-Rs vorgesehen ist, sollten Sie deutlich unter diesem Wert bleiben, um die Kompatibilitätsprobleme gering zu halten – 7 oder höchstens 8 MBit/s sollten Sie dann bei Video plus Audio nicht überschreiten.

Alle Spuren zählen mit

Alle Streaming-Daten werden beim Formatieren zu einem Multiplexstrom verwoben. Deshalb müssen alle Audio- und Subpicture-Streams in die Berechnung der maximalen Videodatenrate eingehen – auch wenn man nur jeweils einen zur Zeit nutzen kann.

Das Ergebnis wird im Video-Encoder verwendet, um die Datenrate des Videos in schwierig zu kodierenden Teilen auf diesen maximal zugelassenen Wert zu begrenzen.

Berechnungshilfe

Auf der Buch-DVD finden Sie ein Excel-Spreadsheet zur Berechnung des Bit-Budgets (MakeABitBudget.xls), das uns Bruce Nazarian zur Verfügung gestellt hat. Auf seiner Website www.recipe4dvd.com finden Sie neben einer aktuellen Version auch ein kompetent moderiertes DVD-Authoring-Forum.

II Gängige Praxis

6 Bewegte Bilder

Das Schöne an Standards ist, dass es so viele davon gibt. Für das Verständnis der Film- und Videotechnik will ich Ihnen kein Ingenieurstudium abverlangen. Ein paar technische Grundlagen möchte ich Ihnen trotzdem nahe bringen – sie zeigen die Gestaltungsmöglichkeiten und helfen bei der Fehlervermeidung.

6.1 Von der großen Leinwand zur Flimmerkiste

Sie wissen vermutlich, dass die Illusion lebender Bilder im **Kino** auf kleinen Fotos beruht, die 24 Mal pro Sekunde auf einen (meistens) 35 mm breiten Filmstreifen als vollständiges Bild belichtet werden. Dieser internationale Standard gilt seit der Anfangszeit des Tonfilms und führt dazu, dass sich ein Film überall auf unserem Planeten vorführen lässt, vom glitzernden Kinopalast bis zur improvisierten Bettlaken-Projektion auf dem Hinterhof eines Armenviertels.

TV zeilenweise

Vermutlich wissen Sie auch schon, dass **Fernsehen** und Video dagegen auf zeilenweise abgetasteten Bildern beruhen, die vom Wiedergabegerät in schneller Folge ebenso zeilenweise dargestellt werden. Wie schnell das geschieht und aus wie vielen solcher Zeilen diese Bilder bestehen, ist leider keineswegs einheitlich und führt dazu, dass wir uns international mit verschiedenen Fernsehstandards und Videoformaten herumquälen müssen. Und noch etwas ist bei TV-Bildern anders: Sie werden nicht sofort vollständig dargestellt, sondern in zwei Schritten zusammengesetzt.

Aufnahmeverfahren

Um zu erklären, warum sich dieses Aufnahmeverfahren vom Film unterscheidet, sollten wir in die Zeitmaschine steigen und uns 70 Jahre zurück beamen: in die Anfangszeit des Fernsehens. Lange nach Nipkows mechanischen Versuchen des vorletzten Jahrhunderts, der sich bereits das zeilenweise Lesen, Übertragen und Darstellen eines Bildes ausgedacht hatte, begannen die Experimente mit elektronischen Röhren. Auch mit der Röhre wurde ein Bild zeilenweise abgetastet, sozusagen »gelesen«

wie die Seite eines Buches. Dass dabei von links oben angefangen wird, dürfte an unserer abendländischen Leserichtung liegen – rein technisch ist das egal, man könnte auch rechts unten anfangen oder spaltenweise vorgehen.

Es flimmert

Um die Abtastung beim Sender und die Darstellung beim Empfänger zu synchronisieren, wollte man die Frequenz des Wechselstroms heranziehen: In Europa waren dafür bereits 50 Hertz (Schwingungen pro Sekunde) üblich. Das Kino dagegen arbeitete seit der Einführung des Tonfilms bereits mit den oben erwähnten 24 Bildern pro Sekunde. Für die deutschen Fernsehtechniker war die nächstliegende Bildfrequenz 25 B/s, aber die Versuche damit fielen sehr unbefriedigend aus: Das Bild flimmerte stark. Die damaligen Phosphorschichten auf der Innenseite der Bildröhre waren nämlich oben im Bild schon wieder dunkel geworden, ehe der Elektronenstrahl unten ankam.

Bandbreite

Nun hätte man ja auch 50 Bilder pro Sekunde übertragen können, aber das bedeutet eine größere Informationsmenge – beim Senden heißt das mehr Bandbreite. Die heute genutzten extrem kurzwelligen Bereiche standen der damaligen Technik noch nicht zur Verfügung, und so stritten sich die europäischen Staaten bereits beim Rundfunk um die Verteilung der knappen Frequenzbänder. Mehr Bandbreite fürs Fernsehen war nicht drin.

Das Zeilensprungverfahren

Der Ingenieur Fritz Schröter bei der Firma Telefunken verfiel auf den genialen Trick, doppelt so viele Bilder zu übertragen, aber jeweils nur die halbe Informationsmenge – so blieb die Bandbreite gleich. Sein Zeilensprungverfahren wurde 1930 patentiert: Zuerst werden alle Zeilen mit ungerader Nummer abgetastet und gesendet, in der nächsten Fünfzigstelsekunde werden die mit gerader Nummer gelesen und dazwischen geschrieben. Das Auge sieht weniger Flimmern, da der Bildphosphor 50 Mal von oben bis unten aufleuchtet und unser Gehirn die beiden weniger scharfen **Halbbilder** zu einem einigermaßen scharfen Vollbild ergänzt. Dieses Verfahren setzte sich durch und wurde zum internationalen Standard – in den USA in abgewandelter Form für die dortige Netzfrequenz von 60 Hz, in der englischen Sprache nennt man es **Interlaced**. Übrigens: Wer sich für diese Frühzeit des Fernsehens interessiert, sollte beim nächsten Aufenthalt in Berlin das Fernsehmuseum unter dem Funkturm besuchen.

Einmal etablierte Standards haben eine erstaunliche Tendenz zur Beständigkeit, besonders wenn sie in allen Wohnstuben stehen. Selbst bei der Einführung des Farbfernsehens oder später der Breitbildformate konnte es den Konsumenten nicht zugemutet werden, dass alle vorhandenen Fernsehgeräte auf einen Schlag unbrauchbar werden. Bis heute sehen Sie also ein Bild im Zeilensprungverfahren auf Ihrem Fernsehgerät, und das merken Sie auch, wenn Sie ein Einzelbild eines schnell bewegten Objekts aus einer Videoaufnahme herausgreifen. Schnell bewegte Objekte werden von den zwei Halbbildern an verschiedenen Positionen erfasst, und damit tritt der berüchtigte »Lattenzauneffekt« auf.

◄ **Abbildung 6.1**
Der »Lattenzauneffekt«: Da ich vom Stativ aus gearbeitet habe, ist der Effekt auf dem Hintergrund nicht zu erkennen – der hat sich ja nicht bewegt.

zeitliche Auflösung

Auch wenn diese Technik bei Grafik und Trickbearbeitung zahlreiche Probleme bereitet, hat sie gestalterisch nicht nur Nachteile. Haben Sie schon einmal ältere Sportaufnahmen der Wochenschau, die noch auf Film gedreht wurden, mit aktuellen Sportaufnahmen im Fernsehen verglichen? Im Vergleich wirken die Filmbilder »abgehackt«, weniger flüssig. Video hat eine bessere zeitliche Auflösung als Film, da in jeder Sekunde 50 verschiedene Positionen eines bewegten Objekts aufgenommen werden, während Film nur 24 Bilder aufnimmt. Beim Spielfilm wird dieses Manko durch ein gewisses Maß an Bewegungsunschärfe kaschiert, bei Sportaufnahmen dagegen will man alles genau erkennen können.

progressive Abtastung

Computerbildschirme und Chip-Projektoren dagegen arbeiten mit der so genannten »progressiven« Abtastung – nicht unbedingt fortschrittlich, aber »fortschreitend«, also nacheinander alle Zeilen von oben nach unten erfassend. Auch die neuen HD-Fernsehstandards erlauben diese Darstellungsart, und manche modernen Fernsehgeräte sind schon darauf vorbereitet. Schon heute arbeiten hochauflösende Videokameras für die Filmproduktion wahlweise im **24p-Format**, also mit 24 Bildern pro Sekunde und progressivem Bildaufbau. Selbst manche neuen Amateurgeräte, wie die DVX-100A von Panasonic oder die Canon XL-2, können auf eine progressive Aufnahme umgeschaltet werden (in PAL allerdings bei 25

Bildern). Apples Schnittprogramm Final Cut Pro unterstützt seit Version 4 auch mehrere progressive Bildformate.

Die DVD muss beim heutigen Stand der Technik im Wohnzimmer des Zuschauers beide Quellformate, Film und Video, in guter Qualität wiedergeben können. Außerdem sollte sie international einsetzbar sein, also für PAL und NTSC geeignet.

Da die Wiedergabe von DVDs normalerweise auf einem Fernsehgerät erfolgt, wird vom Player letztlich ein normgerechtes Fernsehsignal mit Zeilensprung abgegeben – auf die Besonderheiten der Wiedergabe per Computer gehe ich später ein. Nun ist es dem Fernsehgerät an sich egal, ob der Inhalt der beiden Halbbilder vom selben Zeitpunkt stammt oder nicht. Wichtig ist nur, dass der Elektronenstrahl korrekt angesteuert wird, also nach einem Halbbild um eine Zeile versetzt wieder oben zu »schreiben« anfängt. Das macht es für uns Europäer relativ einfach, Kinofilme ins Fernsehen zu bringen: Man lässt sie einfach mit 25 Bildern pro Sekunde laufen und tastet jedes Einzelbild mit zwei Halbbildern ab. Den in Abbildung 6.1 dargestellten Lattenzauneffekt gibt es also bei Filmbildern im europäischen Videoformat nicht. Sie laufen zwar ein bisschen schneller, aber das fällt kaum auf. Wenn ein Film auf Video also nur 4% kürzer ausfällt, liegt das noch nicht an Zensurmaßnahmen ...

Der Kinotransfer für NTSC

(Nur wenn Sie sicher sind, dass Sie nie etwas für den internationalen Markt produzieren müssen und nie Videomaterial aus den Nordamerika oder Japan bekommen, dürfen Sie diesen komplizierten Abschnitt ignorieren.)

Der e**NTSC**heidende Nachteil: Schon vor der Urzeit des Fernsehens hatte man in Nordamerika die Netzfrequenz bei Wechselstrom auf 60 Hertz festgelegt, und so wurde das Fernsehen dort mit 60 Halbbildern, also 30 Vollbildern pro Sekunde standardisiert. Wie kommt Hollywood von **24 Filmbildern auf 30 Fernsehbilder** in einer Sekunde? So viel schneller laufen lassen geht natürlich nicht, sonst würde jedes Drama zur Slapstick-Komödie. Theoretisch könnte man auf jeweils vier Bilder eins verdoppeln, das würde bei schnellen Bewegungen aber stark ruckeln. Man hat sich deshalb ein relativ kompliziertes Verfahren ausgedacht, um die fehlenden sechs Bilder pro Sekunde zu ergänzen: Zwei von fünf Videobildern werden aus künstlichen Halbbildern benachbarter Filmbilder zusammengesetzt (Abbildung 6.2).

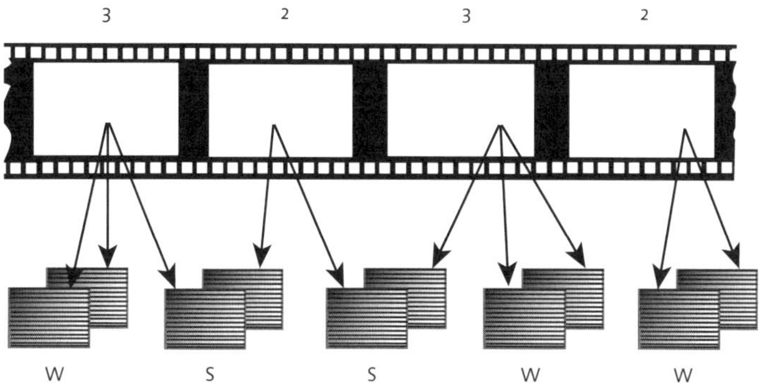

◄ **Abbildung 6.2**
Das 3:2-Pulldown-Verfahren: Ein Bild des Filmmaterials wird auf zwei oder drei Video-Halbbilder verteilt. So entstehen Video-Vollbilder, die von einem Filmbild stammen (»whole« = ganz), und solche, die aus zwei Filmbildern stammen (»split« = gespalten).

3:2-Pulldown-Verfahren

Das erste Filmbild wird auf beide Halbbilder des ersten Videobilds kopiert, aber auch in das erste Halbbild des zweiten Videobilds. Filmbild 2 wird auf je ein Halbbild des 2. und 3. Videobilds verteilt, und das dritte Filmbild speist ein Halbbild in Videobild drei und beide in vier. Das vierte Bild des Films wird in beide Halbbilder des fünften Videobilds kopiert und ist so das einzige Filmbild, das nur auf einem Videobild existiert und somit einen Schnittpunkt bilden könnte. Dann beginnt der Zyklus von vorne. Dieses Verfahren – in der Fachsprache **3:2-Pulldown** oder **Telecine-Transfer** genannt – schwächt die Nebeneffekte der Filmübertragung für NTSC bei schnellen Bewegungen ab.

Es erzeugt aber letztlich redundante (mehrfach vorhandene) Bildinformationen, die bei komprimierenden Videoformaten wie der DVD überhaupt nicht erwünscht sind. Im Grunde könnte man Filme auch digital abtasten und direkt an die MPEG-2-Kompression übergeben, aber den Herstellern ist das heute meist noch zu teuer. Doch bei Animationsfilmen, die vollständig im Computer entstanden sind, wie »A Bug's Life« (Das große Krabbeln), »Shrek« und anderen, wird das genauso gemacht – mit exzellenten Resultaten. Sie finden solche DVDs in jeder guten Videothek, schauen Sie sich ruhig einmal einen »Kinderfilm« an!

Die Umkehrung – Inverse Telecine

Für klassisch gedrehte Filme ist dieses Verfahren noch zu aufwändig, deshalb werden sie zur DVD-Herstellung auf einer Videokopie in hochwertigen Digitalformaten wie **D1**, **Digi-Beta** oder **IMX** angeliefert (siehe nächstes Kapitel). In diesen Fällen werden deshalb die überflüssigen Informationen bei NTSC durch einen umgekehrten Prozess (Inverse Telecine) wieder entfernt. Teure MPEG-2-Encoder beherrschen diese Aufgabe – wie Sie auch mit einfacheren Mitteln dahin kommen, beschreibe ich im Praxisteil. Bei der Vorführung von Kinofilmen auf einem TV-Gerät im NTSC-Format muss das 3:2-Pulldown rekonstruiert werden, aber das erledigt heute die Elektronik im DVD-Player nebenbei während der Wiedergabe. Mit einem Informationsbit im Datenstrom, die Fachleute nennen so etwas ein »Flag«, informiert man den Player darüber, ob das Bildmaterial von Film oder von Video stammt. Auf bereits mit 60 Halbbildern vorliegendes Videomaterial darf der Prozess logischerweise nicht angewendet werden, sonst gibt's Bildsalat.

Progressive Scan auf DVD-Player und Computer

Da auf diese Weise praktisch alle Kinofilme auf der DVD selbst ohne Interlace vorliegen und erst vom Player für klassische Fernsehgeräte oder Videoprojektoren aufbereitet werden, ist die DVD auch für progressive Wiedergabemöglichkeiten gerüstet. Ein Kinofilm von DVD sieht deshalb mit einem Software-Player auf dem Computer mit seinem progressiven Monitor oder auf manchem Chip-Projektor besser aus als eine DVD von Videomaterial. Immer mehr DVD-Player können auch schon wahlweise ein solches progressives Signal ohne Zeilensprung an einen geeigneten Projektor oder Monitor ausgeben.

Verständnisfrage

Wie verändert sich die Stimmlage eines Schauspielers beim Transfer vom Kinofilm auf das PAL-Format (ohne Computerhilfe)?

Antwort: Sie wird durch die veränderte Laufgeschwindigkeit etwas höher.

6.2 Pixelpanik

Jeder weiß, dass Videobilder heute vom LCD-Taschenfernseher bis zum Projektor im Kinoformat gezeigt werden können. Doch wie groß ist eigentlich so ein Fernsehbild in der analogen und der digitalen Welt in messbaren Werten?

Ein analoger Bildschirm hat keine Pixel

Unser europäisches Fernsehformat überträgt 625 waagerechte Zeilen, die aber nicht alle sichtbar sind. Dargestellt werden nur 576 davon, der Rest enthält Steuerinformationen und Zusätze wie Videotext. In der Horizontalen gibt es bei einem analogen Signal eigentlich keine separaten Werte. Wenn Sie auf einem Fernsehgerät entsprechende Strukturen erkennen können, liegt das an der Farbmaske bei Bildröhren bzw. an der Pixelstruktur von LCD-Geräten. Auf einem alten Schwarz-Weiß-Fernseher sehen Sie wirklich nur Zeilen und keine Bildpunkte, da das analoge Signal entlang einer Zeile kontinuierlich seine Helligkeit ändert.

◀ **Abbildung 6.3**
Detailaufnahme einer Schwarz-Weiß-Bildröhre

Ein solches Bild könnte man auf rein elektronischem Wege beliebig in die Breite ziehen, aber das herkömmliche Fernsehformat wurde auf ein **Höhen-Seiten-Verhältnis** von 3:4 festgelegt, womit es den ganz frühen Kinoformaten entspricht.

Wie scharf ist ein Fernsehbild?
Um bei Messungen der Schärfeleistung Vergleichbarkeit erzielen zu können, wird ein Muster gleich breiter heller und dunkler Streifen wiedergegeben und der Wert ermittelt, bis zu dem diese noch einzeln sichtbar sind und nicht zu einer grauen Masse verlaufen.

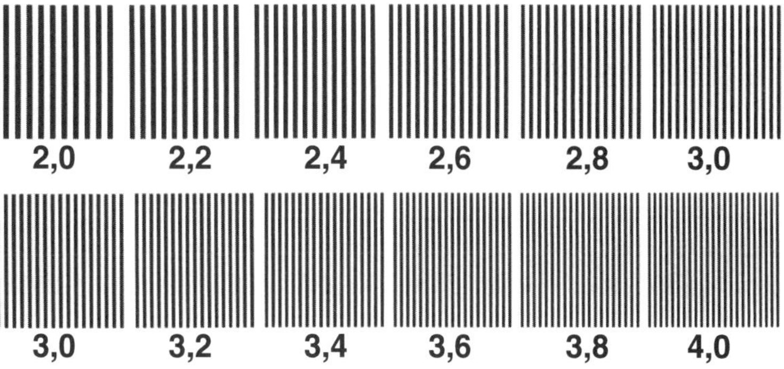

◀ **Abbildung 6.4**
Mit einer solchen Testtafel wird die Auflösung eines Videosystems von der Linse bis zum Fernsehbildschirm gemessen.

Damit sich verschiedenste Geräte unabhängig vom Seitenverhältnis vergleichen lassen, zählt man die Linien für einen quadratischen Bereich in der Mitte des Bildes, dessen Breite der Bildhöhe entspricht. Der so ermittelte Wert für die **Auflösung** beträgt bei VHS etwa 240 Linien, bei analogen Fernsehsendungen etwa 400 Linien und bei MPEG-2 in voller Qualität auf DVB-T und DVD 500 Linien (siehe Tabelle 6.1). Dieser Wert ist vergleichbar mit anderen Digitalformaten wie DV oder Digital-Betacam. Eine andere Form der Schärfenangabe ist die rein elektronische Messung der **Bandbreite** der dargestellten Schwingungsformen, dabei entspricht VHS-Qualität etwa 3 Megahertz, und die DVD kommt auf mehr als das Doppelte. Ein wesentlicher Teil der hervorragenden Bildqualität einer DVD beruht auf dieser hohen Auflösung, die nur sehr gute Bildröhren oder Projektoren voll ausnutzen – solche Fernsehbilder bekam früher bestenfalls das Studiopersonal zu Gesicht!

Tabelle 6.1 ▶ Auflösung gängiger Videoformate

Format	Horizontale Linien	Bandbreite in MHz
Analoge Formate		
VHS und 8-mm	240	3,0
U-matic	250	3,1
U-matic SP	330	4,1
Betacam-SP (UVW)	360	4,5
Betacam-SP (BVW)	400	5
S-VHS und Hi-8	400	5,0
Fernsehsendung	400	5,0
Laserdisc	425	5,3
Digitale Formate		
DV/DVCAM	500	6,3
DVD/DVB-T	500	6,3

So wird Video digital

Pixel Nur bei den digitalen Verfahren wird ein Videobild tatsächlich in einzelne Bildpunkte zerlegt, und ausnahmsweise hat man sich hier international auf einen Standardwert einigen können: Eine waagerechte Fernsehzeile wird in 720 solcher Pixel aufgeteilt. Damit hören die Gemeinsamkeiten aber schon wieder auf, denn der analoge NTSC-Standard in anderen Teilen der Welt, wie Amerika und Japan, hat nur 525 Zeilen, von denen 480 sichtbar sind. Deshalb werden in der Höhe bei uns für PAL 576 Pixel generiert, während NTSC mit 480 auskommen muss. Das liegt daran, dass bei uns nur 25 komplette Bilder pro Sekunde übertragen werden müssen, bei NTSC dagegen 30.

Nicht alle Pixel sind quadratisch!

Bei grafischen Arbeiten für Video und DVD müssen Sie sich daran gewöhnen, dass die Pixel – anders als auf dem Computermonitor – nicht immer die gleiche Höhe und Breite aufweisen. Moderne Grafik- und Schnittprogramme können das für die Bildschirmdarstellung kompensieren.

Multipliziert mit der geringeren Zeilenzahl kommen die Formate insgesamt auf die gleiche Datenmenge. Man kann also sagen, dass PAL die bessere Auflösung in der Bildfläche besitzt, NTSC dagegen eine bessere Auflösung der zeitlichen Abläufe. Beim Nachrechnen werden Sie feststellen, dass das Zahlenverhältnis bei beiden Formaten nicht mehr 4:3 entspricht: Bei PAL müsste die Zeile eigentlich 768 Pixel haben und bei NTSC 640. Trotzdem sehen die Bilder auf den jeweiligen Fernsehgeräten ganz normal aus, denn die 720 Pixel werden jeweils von der analogen Wiedergabetechnik auf die volle Breite des Bildes verteilt. Bei PAL werden sie also etwas in die Breite gezogen (Abbildung 6.5) und bei NTSC etwas zusammengestaucht (Abbildung 6.6). Anders als auf einem Computermonitor ist die Form eines Pixels somit nicht mehr quadratisch.

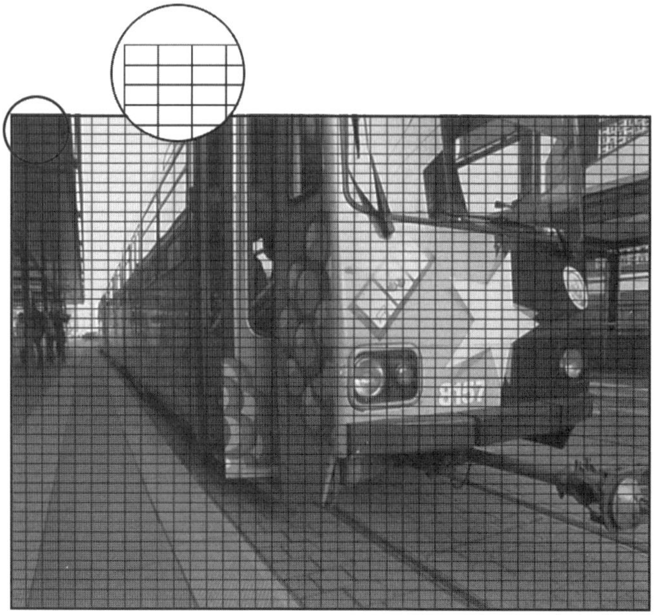

◀ **Abbildung 6.5**
Bei PAL wird das Bild auf einem TV-Gerät leicht in die Breite gezogen – die Pixel sind breiter als hoch.

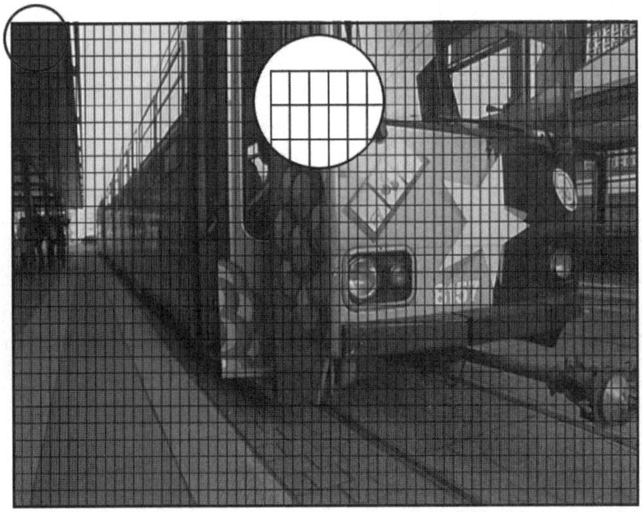

Abbildung 6.6 ▶ Bei NTSC wird das Bild vom TV-Gerät in der Höhe vergrößert – die Pixel sind weniger breit als hoch.

Helligkeitswerte bei Digitalvideo

Nun sollte klar sein, in wie viele Pixel ein Videobild für DVD zerlegt wird: Es sind 720 × 576, also 414720 bei PAL (bzw. 345600 bei NTSC). Aber welche Informationen enthält denn so ein Pixel?

Bei Video wird nur die Helligkeitsinformation in voller Auflösung abgetastet, also getrennt für jeden einzelnen Bildpunkt, und die soll hier zuerst betrachtet werden. Digitalisierung bedeutet die Umwandlung in Zahlenwerte: Für jeden Bildpunkt wird der augenblickliche Wert der Helligkeitsinformation gemessen und als **Binärzahl** gespeichert. Die Genauigkeit – also die Stellenzahl – dieses binären Werts bestimmt den maximal möglichen Signalrauschabstand und die Feinabstufung der Bildschattierungen.

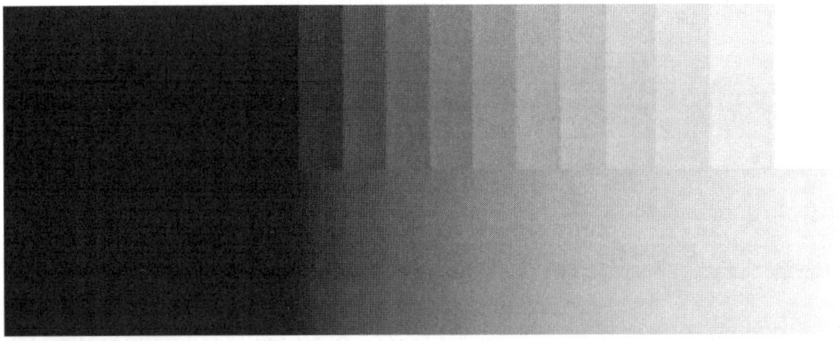

Abbildung 6.7 ▶ So sieht ein Grauverlauf bei 16 Stufen (= 4 Bit) und bei 256 Stufen (= 8 Bit) aus.

Bei einem weichen Übergang zwischen reinem Schwarz und reinem Weiß würden wir bei zu groben Zahlenwerten getrennte Zonen erkennen statt eines gleichmäßigen Grauverlaufs, bei zu genauer Abspeicherung wäre der Speicherplatzbedarf unnötig hoch. Für DVD als reines Wiedergabemedium hat man sich auf 8 Bit (entsprechend 1 Byte) festgelegt, das genügt, um auf gängigen Wiedergabegeräten gerade noch keine Stufen erkennen zu lassen. Manche hochwertigen Aufnahmeformate benutzen genauere Werte, Digital-Betacam z. B. speichert 10 Bit, um Spielraum für Helligkeits- und Kontrastkorrekturen zu bieten. Der theoretisch mögliche **Rauschabstand** bei 8 Bit beträgt etwa 50 dB.

8 Bit entsprechen im Zehnersystem Werten von 0 bis 255, somit könnte das dunkelste Schwarz im Videobild als 0 gelten und das hellste Weiß als 255. Allerdings gäbe es bei diesen Werten keinerlei Reserven für Fehler auf dem Übertragungsweg, und deshalb wurden die Grenzen in der digitalen Fernsehnorm **ITU-601** auf 16 für Schwarz und 235 für Weiß festgelegt. Ein Fernsehgerät oder Videoprojektor wird diesen Wertebereich bei richtiger Kontrasteinstellung optimal wiedergeben.

IRE-Setup bei DVD?

Beim amerikanischen NTSC-Standard wird in der analogen Videoaufzeichnung der Schwarzwert auf einen IRE-Wert von 7,5 angehoben. Bei der DVD kümmert sich der Player in der analogen Ausgabestufe darum. Sie dürfen bei NTSC-Produktionen für DVD also kein Setup einsetzen, da sich sonst der Schwarzwert zu Grau verschiebt und Ihre Bilder zu kontrastarm werden.

Unterschreitungen können zu fleckigem Tiefschwarz führen, Überschreitungen zu »ausgebrannten« weißen Flecken ohne Detailwiedergabe. Auf manchen TV-Bildröhren werden bei extremen Kontrasten sogar geometrische Verzerrungen auftreten – gerade Linien am Bildschirmrand werden kurvig. Ältere Fernsehgeräte reagieren auf solche Übersteuerungen gelegentlich mit Tonstörungen wie einem harten Brummen. Während Profimaterial normalerweise die Vorgaben einhält, können DV-Camcorder oder computergenerierte Grafiken den »erlaubten« Wertebereich überschreiten. Korrekturverfahren und Bildbeispiele finden Sie im Kapitel 12, »Grafik und Text«.

Farbe bei Digitalvideo

Aber schließlich sind wir heute an das Farbfernsehen gewöhnt. Wie sieht denn die technische Farbinformation eigentlich aus? Wer mit Computern, Videokameras oder Bildröhren vertraut ist, wird sagen: Sie besteht aus Rot, Grün und Blau (Kurzform: **RGB**). Richtig, das sind die additiven Grundfarben, also die eines selbst leuchtenden Objekts (im Gegensatz zu

Druckfarben), aus denen sich praktisch jede andere Farbnuance zusammensetzen lässt. Tatsächlich nimmt eine Videokamera diese Farben auf, und eine Farbbildröhre oder ein Flachbildschirm erzeugen nur diese drei Farben. Ihre Kombination erfolgt bei normalem Betrachtungsabstand im Auge, und durch die jeweiligen Intensitätsverhältnisse nehmen wir alle anderen Farbtöne wahr. Wenn alle drei Farben mit gleicher Leuchtkraft auftreten, sehen wir Weiß, bei Verringerung der Intensität Grautöne bis hin zum Schwarz. Übrigens: Bei 1-Chip-Projektoren mit Mikrospiegelchips funktioniert das bei schnellen Augenbewegungen nicht mehr so ganz, und wir bemerken, dass die Bilder in einzelne Grundfarben zerfallen.

Wir sehen Farben nicht so scharf!

Nun wäre es aber im Interesse der Datenmenge nicht sinnvoll, bei der Aufzeichnung alle drei Grundfarben mit voller Genauigkeit zu speichern, denn unser visueller Wahrnehmungsapparat erkennt Farben wesentlich unschärfer als den Helligkeitseindruck. Die Farbe wird deshalb bei Videobildern nicht mit der gleichen Auflösung gespeichert und übertragen wie die Helligkeit. Das war schon beim analogen Fernsehen so, und es hat uns auch nicht sonderlich gestört. Bei der analogen Fernsehtechnik diente das der Kompatibilität zum Schwarz-Weiß-Fernsehen und der Bandbreitenreduzierung auf den knappen terrestrischen Sendefrequenzen, bei der Digitaltechnik bemüht man sich entsprechend um möglichst geringen Speicherplatzbedarf.

Wenn das Schwarz-Weiß-Signal eine bekannte Mischung aller drei Farben enthält, muss man eigentlich nur noch die Unterschiede zwischen zwei anderen Farben und der Helligkeit speichern, die dritte lässt sich daraus leicht berechnen. Unsere Augen sind im Grünbereich am empfindlichsten und sehen am genauesten. Im Grün hat übrigens auch unsere Sonne ihr Energiemaximum für den sichtbaren Anteil des Spektrums, was einen Zusammenhang der Grünempfindlichkeit mit unserer Evolution vermuten lässt. Jedenfalls ist es sinnvoll, für die weniger genauen **Farbdifferenzsignale** die anderen beiden Farben heranzuziehen. Ob analog oder digital, Farbfernsehen wird deshalb nicht als RGB, sondern als Helligkeit (Kürzel: Y), Rotdifferenz (V) und Blaudifferenz (U) aufgenommen und übertragen. Erst im Monitor oder Projektor wird aus dieser **YUV-Information** wieder Rot, Grün und Blau berechnet und angezeigt.

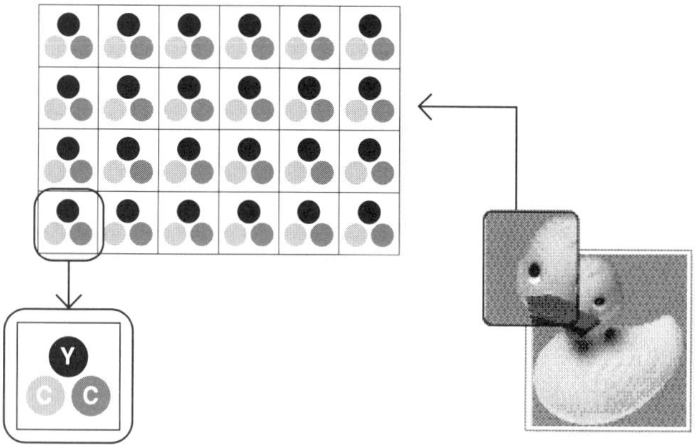

◂ **Abbildung 6.8**
Bei einer Farbabtastung mit 4:4:4 wird für jedes Pixel die volle YUV-Farbinformation gespeichert. Für Video-Aufnahmesysteme ist das nicht üblich, durchaus aber in der High-End-Postproduktion (siehe auch die Farbtafel).

Volle Farbqualität mit PAL-DV
Im nächsten Kapitel gibt's mehr dazu, aber so viel sei vorweggenommen: Mit ihrer Form der Farbspeicherung sind DV und DVCAM in der PAL-Version gut geeignet für die DVD!

Bei sehr hochwertigen Produktionsformaten wie **Digital-Betacam** wird die Farbinformation in der Auflösung halbiert, jeweils zwei Pixel teilen sich eine gemeinsame Farbe.

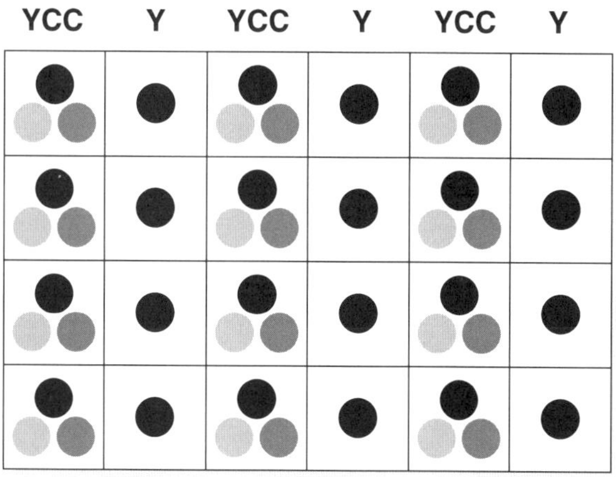

◂ **Abbildung 6.9**
Bei 4:2:2 (wie Digital-Betacam und DVCPRO-50) werden nur für jedes zweite Pixel die beiden Farbdifferenzinformationen (U und V) gespeichert. Das ist für die Fernsehübertragung mehr als genug (siehe auch die Farbtafel).

Das ist wichtig, wenn noch weitere Bearbeitungsschritte erfolgen sollen, insbesondere für Bluescreen (Chroma-Keying). Die weniger aufwändigen Digitalformate wie DV und seine professionellen Varianten DVCAM und DVCPRO (25) dagegen reduzieren die Farbinformation weiter auf je eine vollständige Farbinformation für vier Pixel. Das ist auch bei der DVD so, und die Farbqualität ist immer noch mindestens ebenso gut wie das viele

Jahre in der TV-Produktion benutzte analoge Betacam. Allerdings gibt es feine Unterschiede, wie die Farbinformation auf die Pixel und Zeilen verteilt wird, und zwar im **4:1:1-Schema** oder in **4:2:0**. Eine Wandlung zwischen diesen beiden Versionen bedeutet einen deutlichen Qualitätsverlust und sollte vermieden werden.

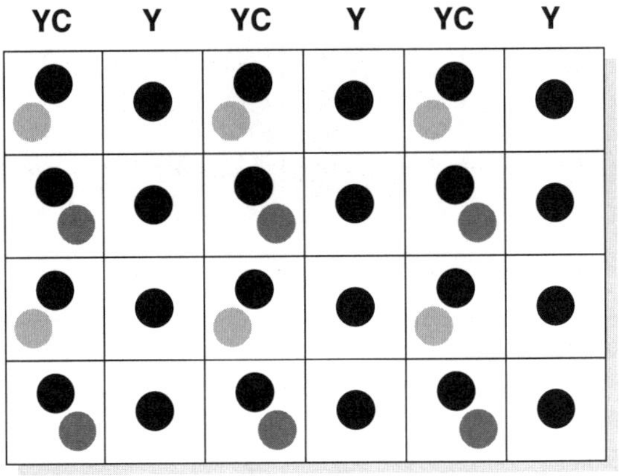

Abbildung 6.10 ▸
Bei 4:2:0 wird für jedes zweite Pixel zeilenweise abwechselnd je eine Farbkomponente gespeichert. Das ist so bei DV und DVCAM in PAL, bei der DVD gilt es bei PAL und NTSC (siehe auch die Farbtafel).

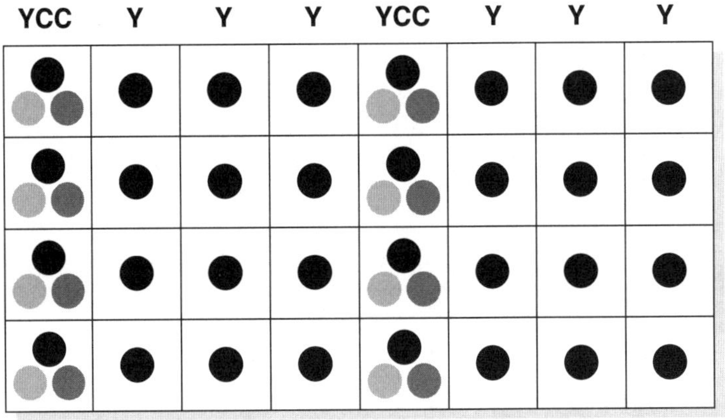

Abbildung 6.11 ▸
Beim 4:1:1-Schema werden für jedes vierte Pixel beide Farbkomponenten gespeichert. Das ist bei DVCPRO-25 und bei DV/DVCAM in NTSC so, die damit beide für DVD nicht gut geeignet sind (siehe auch die Farbtafel).

Verständnisfrage

Nun könnte ich Sie fragen, wie unser Farbfernsehsignal aussehen würde, wenn unsere Sonne ein roter Riese wäre. Ich möchte aber lieber wissen, wie viel Speicherplatz eine Sekunde Digitalvideo in 4:2:0 im Rohzustand benötigt – schließlich ist dies ein Praxishandbuch.

Antwort: über 15 MByte.

6.3 Widescreen – ein weites Feld

DVD-Bilder soll man auf allen Displays genießen können: auf normalen 4:3-Fernsehern, 16:9-Bildschirmen, Computer-Displays und Projektoren. Leider müssen drei Komponenten für eine optimale Darstellung aufeinander abgestimmt werden: Die DVD, der DVD-Player und das Display – und nur über die DVD haben Sie das Kommando. Fehleinstellungen bei dieser Abstimmung sind eher die Regel als die Ausnahme. Selbst in vielen Verkaufsabteilungen für Unterhaltungselektronik zeugen die gestauchten, gestreckten oder verkleinerten Bildschirmdarstellungen von der Verwirrung. Aber die Hersteller von DVD-Komponenten machen es den Benutzern auch nicht leicht – die Möglichkeiten (und damit auch die potenziellen Fehlerquellen) der Einstellungen sind einfach sehr »versatile«.

Warum Widescreen?

Das menschliche Auge sieht in horizontaler Richtung mehr als in vertikaler. Für das Leben und Überleben unserer Spezies war das, was auf dem Erdboden passiert, wichtiger als das Geschehen in der Luft – auch wenn mancher SciFi-Film anderes vermuten lässt: Mit Flugsauriern haben wir nie koexistiert. Der Bereich des menschlichen Sehens umfasst etwa 180 Grad in der Breite und 120 Grad (3:2) in der Höhe – selbst wenn wir unsere Augen und unseren Kopf nicht bewegen (wir können beides in horizontaler Richtung auch besser als in vertikaler). Leider reicht beim herkömmlichen **35-mm-Kinoformat** sowohl dessen Auflösung als auch die Projektion auf eine flache Leinwand nicht aus, den gesamten sichtbaren Bereich des menschlichen Sehens auszufüllen. Auch die Illusion einer fließenden Bewegung würde bei schnell durchs Bild wandernden Inhalten und einer Bildabfolge von 24 Einzelbildern pro Sekunde verloren gehen. Die Kinos setzen deshalb auf trickreiche Methoden, das Erlebnis für den Zuschauer (und -hörer) möglichst perfekt zu gestalten:

- Begrenzung des Bildes auf den Bereich des deutlichen Sehens (bei mittlerem Betrachtungsabstand)
- Verdunklung des Raumes, um die Konzentration einzig auf das Filmgeschehen zu lenken
- Breitbildformate, um den Sehgewohnheiten des Menschen zu entsprechen
- Raumklang

Das Kino kennt zwei verschiedene Techniken, mit breiteren Bildern umzugehen. Auch das 35-mm-Format wurde ursprünglich für Bilder mit einem Seitenverhältnis von 4 zu 3 benutzt. Als die Breitwandformate im Kino aufkamen, wollte man die Transportmechanik der Projektoren nicht verändern, um alle Formate zeigen zu können. Daher wird bei geringer Breitwandwirkung das Bild einfach nur oben und unten beschnitten und größer projiziert. Bei den extremen Breitwandformaten wie Cinemascope oder Panavision hätte man damit aber zu viel an Detailauflösung und an Lichtausbeute verschenkt, deshalb kommen dort anamorphotische Verfahren zum Einsatz (anamorphotisch heißt in etwa »ungleichgestaltig abgebildet«). Das Bild wird bei der Aufnahme mit einer speziellen Optik seitlich zusammengestaucht, bei der Vorführung aber durch eine Vorsatzoptik am Projektor wieder auf die korrekten Proportionen entzerrt. Direkt auf dem Film sieht also John Wayne selbst in seinen späteren Jahren gertenschlank aus – vielleicht haben Sie so etwas schon einmal gesehen, wenn der Vorführer geschlafen hat. Die Werbung im Kino läuft nämlich fast immer in den gemäßigten Breitbildformaten, für einen Hauptfilm in Cinemascope fährt der Vorhang dann weiter auf, und die Optik muss umgestellt werden.

Widescreen und TV

Beim herkömmlichen Fernsehen ist die Auflösung gegenüber Film leider deutlich geringer. Faustregel: Die Auflösung eines 35-mm-Kinobildes lässt je nach Filmmaterial ein mindestens viermal so großes Bild zu wie ein Fernsehgerät. Die Lage verschlimmert sich natürlich bei Widescreen, da Spielfilme im Breitbildformat auf einem 4:3-Gerät nur gezeigt werden können, wenn oben und unten schwarze Balken eingefügt werden, was die Vertikalauflösung weiter verringert. Man nennt das auch **Letterbox-Verfahren**, da es – leicht ironisch ausgedrückt – dem Blick durch einen Briefkastenschlitz ähnelt.

Warum hat man Fernseher nicht auch gleich im Breitbildformat gebaut? Die technischen Möglichkeiten in der Anfangszeit des Fernsehens waren begrenzt (und das Format auch beim Film noch nicht eingeführt). Zum einen war es schwierig, die Bildgeometrie bei breiten Seitenverhältnissen einzuhalten. Zum anderen wird die klassische Vakuum-Bildröhre mit zunehmender Bildschirmdiagonale immer größer und damit schwerer und teurer. Heutzutage ist die technische Entwicklung sehr viel weiter: Bis zum Imax-Feeling auf dem heimischen Sofa ist es zwar noch ein weiter Weg, aber für ein Erlebnis ähnlich wie im Kino müsste die Auflösung des Bildes sowohl in horizontaler wie vertikaler Richtung nur verdoppelt werden.

Hochauflösendes Fernsehen und Video

Genau das denken auch viele Fernsehmacher bereits seit über 20 Jahren und propagieren **HDTV** (High Definition Television) mit einer dem Kino angenäherten Bildqualität. Doch bisher war davon nicht viel zu sehen, denn wieder einmal scheiterte eine machbare Technik auch an Standardisierungsstreitigkeiten. Das viel zu knappe Programmangebot und extrem teure Geräte führten zu einem geringen Interesse der Verbraucher.

Doch jetzt ist massiv Bewegung in das Thema gekommen, denn in den USA wird digitales HDTV zwangsweise eingeführt: Wer dort seine Sendelizenz nicht verlieren will, muss in den nächsten Jahren auf HDTV umstellen. Da sich viele Produktionen heute gar nicht mehr amortisieren, wenn sie nur im Inland verbreitet werden, wächst damit auch der Druck auf hiesige Produzenten, sich mit dem Thema zu befassen. Gleichzeitig wird die neue Technik durch die so angekurbelte Nachfrage und größere Stückzahlen weltweit billiger.

Wir werden wohl in nächster Zeit noch nicht mit großer Häufigkeit HDTV-Sendungen in Europa zu sehen bekommen, aber jede Menge Videomaterial in diesem Format wird uns früher oder später bei DVD-Produktionen angeliefert werden. In diesem Format? Nun, es sind eher mehrere Formate, denn HDTV nennt sich alles, was mehr Pixel hat als unser herkömmliches Format, das nun als SD (Standard Definition) bezeichnet wird. Die beiden gängigsten Formate heißen **720p** und **1080i**, wobei hier nur die **Vertikalauflösung** genannt wird.

HDTV ist grundsätzlich 16:9, und die Pixel sind am Ausgang der Kamera quadratisch – da kann jeder den Taschenrechner zücken und sich die horizontale Größe selber ausrechnen. Ich erspare Ihnen das und gebe Ihnen die Formate vollständig an: Das kleinere hat 1280 × 720 Pixel (also knapp 1 Megapixel) und das größere 1920 × 1080 (gut 2 Megapixel). Das kleine »p« steht dabei für »progressiv« und das »i« – na klar – für »interlace«. Das kleinere Format löst also in beiden Richtungen etwa 50 % mehr auf als PAL und liegt damit etwa bei der Schärfe von Super 16, während das große tatsächlich die herkömmliche TV-Auflösung verdoppelt und dem 35-mm-Kinofilm nahe kommt. In der Fläche ist das natürlich eine Verdoppelung bzw. Vervierfachung an Detailreichtum.

In den USA umfasst der verabschiedete Standard namens **ATSC** (Advanced Television Systems Committee) dann noch mehrere Varianten bei der Bildfrequenz:

- 1280 × 720 ist immer progressiv mit 24, 30 oder 60 Bildern pro Sekunde.
- 1920 × 1080 hat entweder 60 Halbbilder oder 24 bzw. 30 Vollbilder.

Abbildung 6.12 ▶
Die Auflösung eines HDTV-Bildes von 1920 × 1080 Pixel kommt nahe an Kinoqualität heran (das Beispiel hat horizontal eine native Auflösung von nur 1440 Pixeln). Leider kann man die Unterschiede hier kaum erkennen, schauen Sie bitte unbedingt auf die Farbtafel.

Abbildung 6.13 ▶
Auch bei 1280 × 720 Pixel ist der Vorsprung zum klassischen TV-Format noch offensichtlich (siehe auch die Farbtafel).

Abbildung 6.14 ▶
Das Bild in SD mit 720 × 576 Pixel wurde auf 16:9 verbreitert, so wie es auch ein 16:9-Display zeigen würde (siehe auch die Farbtafel).

Gesendet wird übrigens in MPEG-2 mit Ton in Dolby Digital, also genau den gleichen Kompressionsverfahren wie auf der Video-DVD. Der Laptop, an dem ich gerade schreibe, kann nur das kleinere Format Pixel für Pixel darstellen – er spielt es übrigens bei 24 Bildern flüssig ab, ich hab es gerade ausprobiert (neugierig gemacht? Ich komme darauf zurück). Die Hersteller von Aufnahmegeräten – meist aus Fernost – sind zum Teil schlau genug, auch die europäische Bildfrequenz mit 25 Vollbildern bzw. 50 Halbbildern pro Sekunde mit zu berücksichtigen, und sogar erste Amateurgeräte sind bereits auf dem Markt.

Welche Optionen haben Sie nun für die breiten Bilder auf DVD?

Widescreen-Aufnahme auf Film

Bei **Filmkameras** stehen Ihnen nur optische oder mechanische Methoden der Widescreen-Aufnahme zur Verfügung:

- **Eingrenzung** des Bildformats durch Letterboxing (bei Widescreen-Aufnahmen wird vertikal mehr Bildinhalt auf Film belichtet, als später zu sehen ist).
- **Vorsatzlinsen**, die das Bild in der Waagerechten schmaler abbilden als in der Senkrechten; eine solche Linse wird als **Anamorphot** bezeichnet.

Im Anhang finden Sie eine Liste mit Betrieben im deutschsprachigen Raum, die einen Film zu Videotransfer, auch Telecine oder »Mazen« genannt, übernehmen können. Die Bänder, die Sie geliefert bekommen, sollten auf jeden Fall digital sein, meist ist D1 oder Digi-Beta üblich, auch das IMX-Format gewinnt an Bedeutung. Für besonders hochwertige Produktionen wäre sogar HDTV in Betracht zu ziehen, denn die höhere Auflösung macht sich selbst beim Encoding in SD noch bemerkbar. Wo auf jeden Cent geachtet werden muss, kann aber auch DVCAM in PAL ausreichen, wenn Sie es nicht weiter bearbeiten müssen. Lassen Sie Breitwandfilme unbedingt anamorphotisch überspielen und nicht etwa als Letterbox!

Widescreen auf Video

Eine **Videokamera** kann den Effekt der anamorphotischen Linse auf elektronischem Wege nachbilden, indem die Informationen der Aufnahmechips in Echtzeit verzerrt werden, bevor sie aufs Band kommen. Da das heutzutage keine aufwändige Angelegenheit mehr ist, sind etliche DV-Camcorder mit einer Umschaltmöglichkeit auf das 16:9-Format ausgestattet. Im Grunde wird ja nur der gleiche Effekt genutzt, den PAL-DV in geringerem Maße auch bei 4:3 zeigt – horizontal »verdichtete« Pixel. Doch selbst bei etlichen Geräten des semiprofessionellen Bereichs muss man sich zuallererst von einer großen Hoffnung verabschieden: Viele dieser

Kameras nutzen für den Bildaufbau im Breitwandformat kein einziges Pixel mehr als bei 4:3!

Ganz im Gegenteil – in der Vertikalen bleiben oben und unten einfach Bildbereiche des CCD ungenutzt! Das entstehende Bild wird auf den vollen Vertikalbereich gestreckt, während in der horizontalen die normale Pixelanzahl genutzt wird. Das lässt sich beim Blick in den Sucher überprüfen: Der erfasste Bildausschnitt wächst nicht etwa zu den Seiten, sondern wird oben und unten eingeschränkt.

Abbildung 6.15 ▶ Das gesamte Motiv erfasst nur ein 16:9-Chip oder eine anamorphotische Vorsatzlinse. Der innere Rahmen ❶ entspricht 16:9 auf elektronischem Wege, und der 4:3-Bereich ❷ beschneidet beide Seiten.

Statt für 16:9 zusätzliche Pixel an beiden Seiten des Bildes aufnehmen zu können, fallen oben und unten Pixel weg. Sie können den gleichen Effekt in besserer Qualität in der Nachbearbeitung erreichen, indem Sie das Bild in der Höhe beschneiden und asymmetrisch skalieren, denn offensichtlich erfolgt die vertikale Skalierung in der Kameraelektronik in geringerer Qualität als bei einem guten Computerprogramm. Die meisten herkömmlichen DV-Camcorder bis hin zu älteren semiprofessionellen Geräten liefern beim 16:9-Bild nicht mehr, sondern weniger Information als bei 4:3 – die Auflösung nimmt ab! (Abbildung 6.16)

Die Lage bessert sich jetzt allmählich, spätestens bei der Photokina 2004 haben die meisten großen Hersteller semiprofessionelle DV-Camcorder mit echten 16:9-Chips vorgestellt. Alles andere wäre auch lächerlich gewesen, wenn man an die Auflösung der ganz nebenbei von vielen Camcordern schon längst angebotenen Fotofunktionen denkt – doch manche Innovationen kommen halt tröpfchenweise …

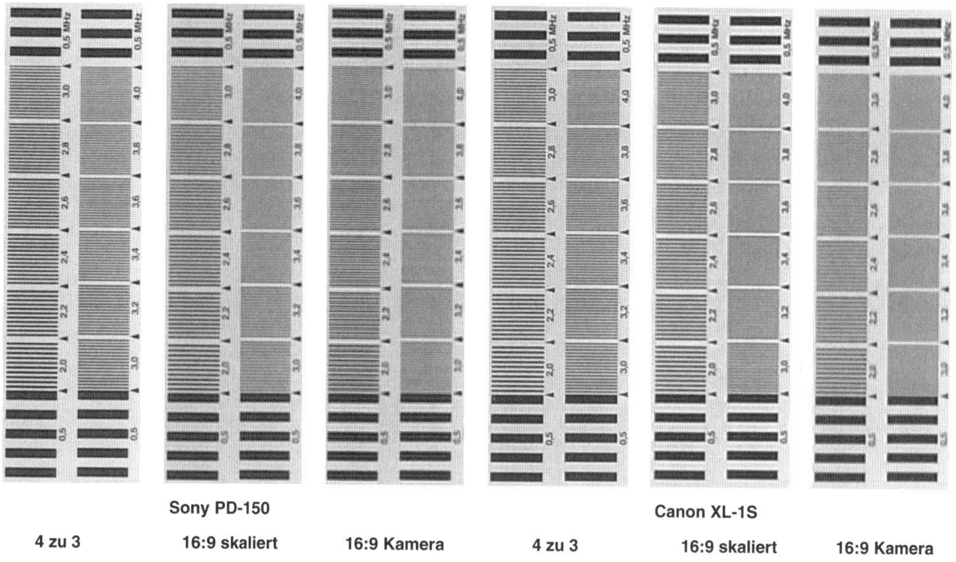

▲ **Abbildung 6.16**
Bei der elektronischen 16:9-Funktion wird sogar in semiprofessionellen DV-Camcordern die optische Gesamtauflösung deutlich schlechter. Links das 4:3-Bild, in der Mitte ein auf 16:9 beschnittener und skalierter Ausschnitt, rechts die 16:9-Version aus der Kamera

Die Nachbearbeitung solcher Bilder ist kein Problem, denn alle einigermaßen professionellen Schnitt- und Compositing-Programme können heute mit 16:9-Bildern umgehen und entzerren sie für den Computermonitor auf aktueller Hardware in Echtzeit. Aber für gute Aufnahmen müssen Sie sich eine andere Kameraführung und Bildkomposition angewöhnen, wenn Sie bisher nur in 4:3 gearbeitet haben sollten. Bei der Erstellung von Grafiken für 16:9 müssen Sie natürlich ebenfalls anamorphotische Bilder gestalten – dazu finden Sie mehr im Kapitel »Grafik und Text«.

Widescreen auf der DVD

Wie oben schon erwähnt, müssen für eine möglichst gute Darstellung des 16:9-Bildes die drei beteiligten Komponenten aufeinander abgestimmt werden – die DVD, der DVD-Player und das Display.

Pixelzahl

Die DVD kennt für das fast ausschließlich verwendete MPEG-2 nur zwei Auflösungen: 720 × 576 Punkte (5:4) im PAL- und Secam-Raum und 720 × 480 (3:2) für die NTSC-Länder (es gibt noch eine horizontal leicht reduzierte Version mit 704 Pixel, aber das spielt hier keine Rolle). Alle Bilder auf einer DVD haben die gleiche Pixelzahl und damit die gleiche Informationsmenge – ob Widescreen oder nicht! Um auf die einheitliche 4:3-Fernsehauflösung zu kommen, sind Videopixel nicht wie Computerpixel quadratisch, sondern bei PAL »dick« und bei NTSC »schlank« (siehe weiter oben). Dies sagt allerdings noch nichts darüber aus, welchen Bildinhalt diese Pixel darstellen. Bei den fürs Fernsehen produzierten üblichen 4:3-Bildern ist es noch einfach: Die Pixel enthalten einfach das Fernsehbild.

Spielfilme dagegen – noch die häufigste Anwendung für DVD – liegen meist im Widescreen-Original vor. Widescreen heißt hier alles, was breiter ist als 4:3, und meint deswegen noch keine exakte Bezeichnung für ein Seitenverhältnis: Hollywood produziert häufig in 1,85:1, Europa eher in 1,66:1. **Panavision** bzw. **Cinemascope**-Filme werden sogar mit 2,35:1 gedreht. In der Fotobranche ist 1,5:1 (= 3:2) üblich, und im Fernsehbereich existiert bereits seit einiger Zeit der 16:9-Standard.

16:9-Format

Dieses 16:9-Format – das weltweit auch für HDTV vorgesehen wurde – ist mit dem Verhältnis von 1,78:1 ganz offensichtlich ein Kompromiss, der zwar etwas näher an Hollywood als an Babelsberg liegt, aber beide Formate mit geringem Beschnitt auf einem 16:9-Display darstellen kann (Fernsehgeräte beschneiden das Bild sowieso). Amerikanischen Filmen fehlt somit ein kleiner Streifen an beiden Seiten, europäischen dagegen oben und unten. Ganz anders verhält es sich mit dem **Cinemascope-Format**, in dem praktisch alle Top-Spielfilme produziert werden. Hier liegt das Seitenverhältnis bei 2,35:1, und selbst im Kino muss der Vorhang dafür weiter geöffnet werden. Da Sie das sogar mit einem 16:9-Fernseher nicht machen können, werden diese Filme auch auf den neuen Breitbildgeräten nur mit schwarzen Balken oben und unten gezeigt. Die fallen aber wenigstens nicht so extrem aus wie bei klassischen Fernsehgeräten.

16:9 ist neben dem 4:3-Format das einzige, das von der DVD-Videospezifikation unterstützt wird. Es stellt einen guten Kompromiss dar zwischen technischen Herstellungsanforderungen in der Display-Technologie (Leuchtdichte, Konvergenz etc.), anderen existierenden Bildformaten und einer möglichst einfachen mathematischen Konvertierbarkeit von 4:3 ($4/3 \times 4/3 = 16/9$). In anderen Seitenverhältnissen aufgenommene Bilder müssen erst in dieses Format gebracht werden, und für die DVD wird es schließlich immer auf 720 Pixel in der Horizontalen gebracht. Ein 16:9-Bild auf DVD enthält also wie bei DV technisch gesehen genau so viele Pixel wie ein 4:3-Bild – es unterscheidet sich nur im Bildinhalt.

Bildmaterial auf DVD

Um eins dieser breiteren Formate auf die von der DVD angebotene PAL- oder NTSC-Auflösung zu bringen, können (und müssen!) Sie als DVD-Gestalter entscheiden, wie das Bildmaterial auf die DVD kommen soll.

Sie haben bei der Überspielung bzw. der Schnittbearbeitung drei Möglichkeiten:

- **Letterbox:** das Bild so verkleinern, dass es horizontal in voller Breite passt
- **Pan-and-Scan:** das Bild seitlich so beschneiden, dass es vertikal passt
- **Anamorphotisch** (manche sagen auch anamorph): das Bild seitlich stauchen

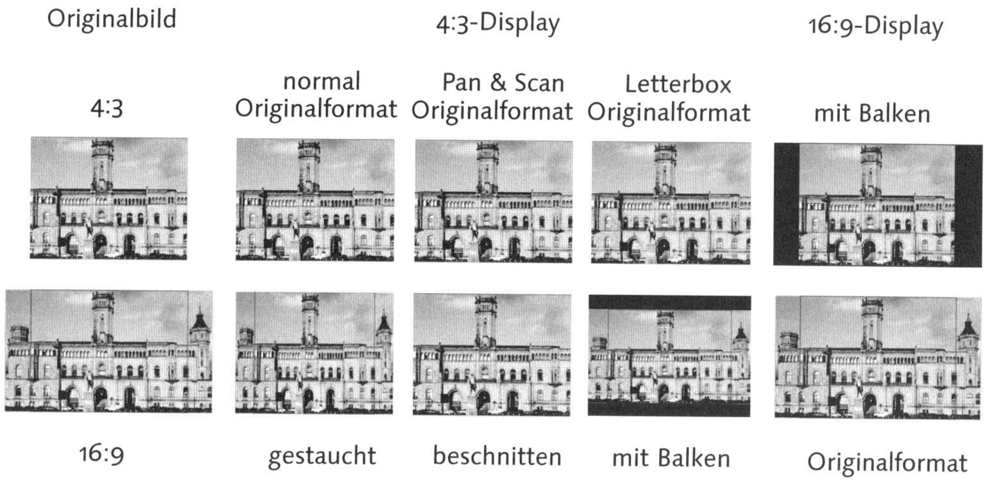

▲ **Abbildung 6.17**
Alle Varianten bei der Bildschirmdarstellung in 16:9 und 4:3

Letterbox-Verfahren

Mit dem Letterbox-Verfahren handelt man sich einen erheblichen vertikalen Auflösungsverlust ein, da bei PAL nur noch 432 Pixel in der Vertikalen genutzt werden. Es wird gelegentlich verwendet, um sich bei älteren Filmen aus Kostengründen eine anamorphotische Überspielung zu sparen. Immerhin behält man so die von den Filmgestaltern beabsichtigte Bildkomposition mit dem ursprünglichen Seitenverhältnis bei.

Pan-and-Scan-Verfahren

Anders ist es beim Pan-and-Scan-Verfahren, bei dem auf 4:3 keine schwarzen Balken zu sehen sind. Pan-and-Scan bedeutet, den Film bei der Überspielung auf Video Szene für Szene neu zu bearbeiten, denn ein Operator muss entscheiden, welcher Bildausschnitt für die Darstellung auf 4:3-Monitoren wichtig ist. Mit dem digitalen Videomaterial werden dabei Positions- und Bewegungsinformationen abgespeichert, durch die das 4:3-Fenster der Handlung nachgeführt wird. Im Grunde erzeugt der Operator dadurch eine Fassung mit neuen Schnitten oder Kameraschwenks.

Das darf er jedoch bisweilen gar nicht, denn viele Regisseure bestehen auf ihrer Mitwirkung bei diesem Prozess. Einige der besten schließen dieses Verfahren für ihre Werke sogar gänzlich aus, weil es die bei der Aufnahme beabsichtigte Bildkomposition massiv verfälscht. Außerdem ist diese Methode sehr arbeits- und damit kostenintensiv. In Europa ist das Verfahren eher unüblich, hier hat sich das Publikum schon beim Fernsehen an die Letterbox-Darstellung gewöhnt.

In Nordamerika ist Pan-and-Scan beliebter als bei uns, und wenn Sie einen ursprünglich für Breitwand gedrehten Film von dort bereits auf Video erhalten, ist er oft auch schon auf diese Weise aufbereitet worden. Dann können Sie ihn natürlich wie einen beliebigen 4:3-Film benutzen (und sich über diese filmische Barbarei ärgern). Mit DVD Studio Pro bzw. seinem Encoder könnten Sie die Informationen zur Nachführung auch gar nicht erzeugen, sie werden aber verwendet, wenn sie in bereits kodiertem MPEG-Material enthalten ist. Wenn Sie dagegen bei Breitbild-Videomaterial ohne solche Informationen trotzdem auf Pan-and-Scan stellen, wird immer nur der mittlere Teil des Bildes gezeigt, und beide Seiten werden gnadenlos abgeschnitten. Im Extremfall, zum Beispiel bei Dialogen von Personen, die sich weit voneinander entfernt am Bildrand gegenüberstehen, kann das zum völligen Verschwinden der eigentlichen Handlung führen!

Bei Spielfilmen der letzten Jahrzehnte wurde allerdings oft – besonders im Hinblick auf eine Fernseh-Zweitauswertung – ein 4:3-Format ohne breite schwarze Balken auf den Film belichtet (nicht bei Cinemascope). Im Kino ist später nur der mittlere Breitbildanteil zu sehen. Dieses Verfahren nennt man **Soft Matting** im Gegensatz zum **Hard Matting**, bei dem wie früher ausschließlich das Breitbild belichtet wird. Soft Matting gibt dem Pan-and-Scan-Bearbeiter die Freiheit, entweder nur einen von ihm gewählten Ausschnitt zu zeigen oder auch das vollständige Bild auszuwählen (falls keine Mikros, Scheinwerfer etc. ins Bild hängen). Damit eine Nahaufnahme auch eine Nahaufnahme bleibt, kann bei diesem Prozess zudem leicht in das Bild gezoomt werden.

Die Pan-and-Scan-Informationen können also für die Darstellung auf 4:3-Displays entweder Teil des DVD-Datenstroms einer 16:9-Aufnahme sein, oder es wurde direkt das Pan-and-Scan-Bild als reine 4:3-Version kodiert, weil bereits eine Fernsehversion vorlag. Die zweite Variante findet man oft auf doppelseitigen DVDs (DVD-10 oder -18) für Cineasten aus den USA, wo eine Seite die nachgeführte 4:3-Version und die andere die anamorphotische 16:9-Version anbietet.

anamorphotisch

Die anamorphotische Methode ist die mit weitem Abstand häufigste Lösung für Widescreen-Bildmaterial und wird von DVD Studio Pro voll unterstützt. Sie muss für Filme bereits bei der Überspielung in Auftrag gegeben werden, wenn damit ein Auflösungsvorteil verbunden sein soll. Bilder, die Sie selbst am Computer erzeugen, wie z. B. Animationen oder Grafiken, sollten Sie im 16:9-Format anlegen, um deren Gestaltung richtig einschätzen zu können. Erst vor der Kodierung für die DVD werden sie seitlich zusammengestaucht, was heute jedes gute Schnitt- oder Animationsprogramm leistet. Ein Flag (eine simple Software-Kennung) im kodierten Material teilt dann dem Wiedergabegerät mit, dass es sich um 16:9-Material handelt.

Widescreen im DVD-Player

Bei der Wiedergabe auf einem 4:3-Fernsehgerät übernimmt der Decoder im DVD-Player die Aufgabe der Projektor-Vorsatzlinse im Kino und schickt wahlweise den Pan-and-Scan-Ausschnitt des 16:9-Bildes oder das Letterbox-Format in den korrekten Seitenverhältnissen zum Display. An ein **16:9-Display** dagegen schickt er die gesamte Information und eine Kennung im Signal, die dem Display mitteilt, dass es sich um 16:9 handelt. Das 16:9-Display wird dann bei einer Widescreen-Quelle ausgefüllt, bei 4:3-Material dagegen zeigen sich nun schwarze Balken links und rechts.

Dazu muss man aber darauf vertrauen können, dass der Nutzer im Setup des Players zutreffend angegeben hat, ob ein 4:3- oder ein 16:9-Display angeschlossen wurde – das kann der Player leider nicht selber feststellen.

Widescreen auf dem Display

Manche neueren Fernsehgeräte im 4:3-Format können die Widescreen-Kennung auswerten und selbsttätig ein Letterbox-Bild daraus machen. Meist muss aber der Nutzer im Player-Setup angeben, ob er eine Pan-and-Scan-Darstellung oder Letterbox wünscht. Wenn Sie sich nicht darauf verlassen wollen, können Sie schon beim Authoring vorgeben, welche Variante auf 4:3-Geräten benutzt werden soll. Wenn er bei einem 4:3-Gerät, das die Kennung nicht auswertet, auf 16:9 gestellt hat, bekommt er gnadenlos das gequetschte 16:9-Original zu sehen. Dagegen können Sie beim Authoring nicht viel ausrichten, aber er wird's schließlich selber merken.

Problem

Ist der DVD-Player dagegen an einem 16:9-Display fälschlicherweise auf 4:3-Letterbox eingestellt, ergibt sich ein weniger offensichtliches Problem: 16:9-Monitore oder -Projektoren bieten für Letterbox-Material aus dem Fernsehen auch einen »Expand«- oder »Zoom«-Modus an. Wenn der Zuschauer nun fröhlich auf diese Taste drückt, um sein teures Display auszufüllen, wird er niemals die von Ihnen sorgfältig erstellte Bildqualität zu Gesicht bekommen. In diesem Fall wird nämlich das bereits auf 4:3-Qualität herunterskalierte Bild vom Player abgegeben, und das Display zoomt es nur heran, ohne die auf der DVD verfügbare Auflösung zu nutzen.

Nun werden Sie vielleicht sagen: Wer sich ein 16:9-Display leisten kann, kann sich ja eventuell auch bei der richtigen Einstellung von Fachleuten beraten lassen! Na ja, wenn man sich in »Fach«geschäften umsieht, die eigentlich ihre teuren Plasma-Fernseher oder 16:9-Projektoren mit überragender Bildqualität verkaufen wollen, kommen einem da so manche Zweifel ... Ein Hinweis im Booklet oder auf der DVD wäre für anamorphe 16:9-Filme vielleicht angebracht.

Subpicture

So weit zu Video- und Standbildinhalten. Verkompliziert wird das Ganze zusätzlich durch eine echte Lücke der DVD-Spezifikation. Subpictures – also vor allem Untertitel und Menü-Highlights – werden nicht wie der Videodatenstrom vom Player skaliert, wenn er anamorphotisches Material darstellt. Daraus ergeben sich einige Konsequenzen – im Kapitel »Grafik und Text« erfahren Sie, wie Sie damit umgehen. Auch im Authoring-Teil gehe ich mit einem eigenen Abschnitt auf die Widescreen-Problematik in der Praxis ein.

Verständnisfrage

Wie sieht Cinemascope auf einem 16:9-Display aus?

Antwort: Es hat oben und unten immer noch leichte schwarze Balken.

---

7 Das Videomaterial

Ob Sie Ihr Rohmaterial selbst gedreht und geschnitten haben oder ob es angeliefert wurde: Für die Qualität des Endprodukts wird man Sie verantwortlich machen. Deshalb müssen Sie wissen, mit welchen Bildquellen Sie die Qualität der DVD voll ausschöpfen.

7.1 Vorbemerkungen

DVD-Qualität

Auch wenn Aufnahmen ursprünglich auf Film gedreht wurden, müssen sie für die DVD-Erstellung in elektronische Form überführt werden, also meist als Videoaufzeichnung vorliegen. Daher ist die wichtigste Frage: Was muss ein Video-Aufnahmesystem mindestens leisten, um die volle DVD-Qualität auszuschöpfen?

Technische Parameter

Die Antwort ist auf den ersten Blick leicht: Es muss dieselben technischen Parameter aufweisen wie der MPEG-2-Standard für die Video-DVD. Im PAL-Raum sind dies:

- Digitale Bildaufzeichnung mit 8-Bit-Auflösung
- 720 × 576 Bildpunkte
- 4:2:0-Kodierung
- 50 Halbbilder pro Sekunde
- Möglichkeit der anamorphotischen Aufnahme

Mit allen Systemen, die weniger anbieten, ist eine bestmögliche Videoqualität auf DVD nicht zu erreichen. Und alle, die mehr anbieten, sind überdimensioniert? So einfach ist das nicht, und zwar in mehreren Punkten.

Bildbearbeitung

Wann immer in der Postproduktion etwas am Bild manipuliert werden soll, reicht die 4:2:0-Abtastung nicht aus. **Keying** oder **Farbkorrekturen** sind zwar möglich, die Ergebnisse können aber nicht mit den Systemen mithalten, welche die Farbinformation eines Bildes differenzierter abspeichern (siehe unten). Auf dem weiten Gebiet der digitalen Filter versuchen diverse Anbieter, den Nachteil der 4:2:0- und 4:1:1-kodierten Formate mit immer ausgefuchsteren Algorithmen zu verringern – mit zum Teil wirklich erstaunlich guten Resultaten. Aber diese Filter stehen prinzipiell auch den 4:2:2-Formaten offen. Deren Ergebnisse werden rein messtechnisch immer besser sein. Ob der Betrachter diesen Unterschied allerdings erkennt, ist eher ein Arbeitsfeld der Wahrnehmungspsychologie (die besten Bildbearbeitungsalgorithmen berücksichtigen psychologische Adaptionsmuster).

Oversampling

Eine höhere Detailauflösung im Quellmaterial verbessert ebenfalls die Bearbeitungsmöglichkeiten in der Postproduktion. Das gilt zum Beispiel bei einer Abtastung von Filmmaterial in einem Filmscanner, das dann als Computerdatei und nicht als Videoband übergeben wird. Ähnlich ist es bei Videoüberspielungen in einem der neuen, hochauflösenden Formate. Selbst die Bewegungsanalyse für die MPEG2-Kompression liefert bessere Resultate, wenn sie mit mehr Informationen gefüttert wird. So kann bei HDTV als Quelle Rauschen deutlich besser vom Nutzsignal unterschieden werden. Aber schon auf einem Videoband im SD-Format sieht man weniger **Quantisierungsartefakte** – wie die berüchtigten Treppenkanten –, wenn das Material von Film oder einer höher auflösenden Profi-Videokamera stammt. Systeme wie Digital-Betacam digitalisieren außerdem mit der höheren Bit-Tiefe von 10 Bit, um den Rauschabstand sowie den Spielraum für Helligkeits- oder Kontrastkorrekturen zu verbessern.

Mehrfachkompression

Für den DVD-Gestalter, der in seinem Videomaterial keine weiteren Bearbeitungen mehr vornehmen muss, entsprechen die anfangs genannten Parameter exakt dem DV-Format. Mehr muss nicht sein. MPEG-2 kann einfach nicht mehr darstellen, als es DV auch kann. Und doch: Rohmaterial, das in den niedriger komprimierten oder unkomprimierten Formaten angeliefert wird, sieht auf DVD einfach besser aus als Rohmaterial von DV (oder den anderen DV-basierten Formaten mit 25 MBit/s). Das liegt daran, dass sich die Nebeneffekte der Kompression, so unauffällig sie anfangs auch sein mögen, durch mehrere Kompressionsschritte bis zu sichtbaren Störungen aufsummieren können. Es gibt also auch bei digitalem Video ein Generationsproblem mit zu vielen Kopierschritten bzw. Dekompressionen und erneuten Kompressionen.

7.2 Film als Quelle

Vorteil

Film hat den Vorteil sehr guter Auflösung (zumindest bei **35 mm**), hervorragender Farbreproduktion und eines sehr weiten Kontrastumfangs. Nachteil ist der aufwändige Transfer auf ein elektronisches Format (üblich sind Digital-Betacam, IMX oder D1, siehe unten) und die relativ komplizierte Tonbearbeitung bei Synchronton. Als Alternative kommt heute ein Dreh auf einem der hochauflösenden Videoformate in Frage. Dabei kann es allerdings – je nach Drehverhältnis – zu ähnlich hohen Kosten kommen, die sich nur vom Material auf die Gerätemiete verlagern. Andererseits liegt so das Material für die MPEG-2-Kodierung schon in elektronischer Form vor.

Filmmaterial und -abtastung

Korn

Wenn Sie selbst Einfluss auf die Aufnahmearbeiten haben und keine Kinoversion geplant ist, lassen Sie für ein Endprodukt im PAL-Format gleich mit 25 Bildern pro Sekunde drehen, die meisten europäischen Kameras können das. So bekommen Sie keine Geschwindigkeitsveränderung bei Bild und Ton. Wenn Ihr Produkt für den NTSC-Markt gedacht ist, bleiben Sie bei 24 Bildern. Wichtig ist, dass unter vernünftigen Lichtverhältnissen gearbeitet wird, denn der Einsatz von hochempfindlichem Filmmaterial sollte möglichst vermieden werden. Empfindlicherer Film hat ein gröberes und deutlicher sichtbares **Korn**, das der Computer nicht von tatsächlicher Bildinformation unterscheiden kann. Die von Bild zu Bild wechselnden, feinen Details sind Gift für ein gutes Ergebnis bei der MPEG-Kompression (bitte beachten Sie hierzu aber auch das folgende Kapitel).

16-mm-Film

Aus dem gleichen Grund ist normaler 16-mm-Film weniger geeignet, da er in Relation zur Bildfläche ein gröberes Korn mitbringt, während das moderne Super-16-Format gute Ergebnisse ermöglicht. Wenn ein Interessent bereits vorhandenes – vielleicht sogar älteres – Material in 16 mm mit erkennbarem Korn anliefert, sollten Sie unbedingt darauf hinweisen, dass die Ergebnisse nicht optimal ausfallen werden. Besonders auffällig ist der Effekt, wenn das Korn genau an der Grenze der Bewegungserkennung im MPEG-Encoder liegt. Dann entstehen Artefakte, die sich wie ein Schleier über das Bild legen, weil sie manchmal in Bewegung bleiben und manchmal stillstehen.

Filmabtastung

Sparen Sie nicht am falschen Platz: Nur eine professionelle Filmabtastung, bei der die Farben und die hohen Originalkontraste des Films korrekt auf die technischen Eigenschaften von Video umgesetzt werden, führt zu guten Ergebnissen – sonst drehen Sie besser gleich auf Video. Ähnlich wie bei der Lichtbestimmung für Vorführkopien ist auch beim **Mazen** (so der Ausdruck der Profis für die Übertragung auf Video) eine enge Zusammenarbeit mit dem Dienstleister nötig. Bei besonders kritischen Partien wie z. B. Nachtaufnahmen muss unter Umständen Szene für Szene nachkorrigiert werden, um ein optimales Ergebnis zu erreichen. Anderenfalls hagelt es später Kritik, weil die gute Wiedergabequalität der DVD Schwächen schnell enthüllt und Fachzeitschriften in ihren Besprechungen auf diese Dinge viel Wert legen.

16:9 und Film

Breitbildvarianten

Für die Arbeit im Breitwandformat ist Film natürlich perfekt, allerdings sollte die Kamera für das moderne Soft Matting ausgerüstet sein (siehe Abschnitt »Widescreen« auf Seite 134). Dabei wird das volle Bildformat wie bei 4:3 belichtet, und im Sucher sind beide Bereiche für die Bildkomposition markiert, so dass Sie zwei Varianten für Breitbild und Standard auf die DVD bringen können. Filmkameras unterstützen traditionell nicht das 16:9-Format, dafür aber zwei relativ ähnliche Breitbildvarianten. Das Verhältnis 1,66:1 ist gängig in Europa und 1,85:1 ist typisch für Hollywood. 16:9 entspricht 1,78:1 und stellt damit einen sinnvollen Kompromiss dar. Wenig geeignet sind dagegen Filmaufnahmen im Cinemascope-Format von 2,35:1, das kein Fernseher oder Videoprojektor adäquat darstellen kann – selbst auf einem 16:9-Gerät hat Cinemascope schwarze Letterbox-Balken.

Wenn Sie zwei Formatvarianten auf die DVD bringen wollen, müssen Sie zwei verschiedene Filmabtastungen in Auftrag geben: Für 16:9 sollte gleich anamorphotisch (seitlich gestaucht) und für 4:3 der passende Ausschnitt überspielt werden. Eine nachträgliche Ausschnittsvergrößerung würde auch bei einem hochwertigen Format wie Digi-Beta zu Schärfeverlusten führen, denn D1 und Digi-Beta arbeiten mit der gleichen Pixelzahl wie die DVD. Nur bei HDTV als Quelle könnten Sie es sich leisten, das Format selbst zu korrigieren, da diese Formate genügend Auflösungsreserve mitbringen.

NTSC und Film

Ein paar Besonderheiten müssen Sie bei Produktionen für den amerikanischen Markt beachten. Wenn Sie eine Filmabtastung auf Bändern im NTSC-Format bekommen, dann ist diese schon mit **3:2-Pulldown** versehen und enthält damit redundante Informationen, die Sie vor der MPEG-2-Kompression entfernen sollten. Nicht alle Kompressionsprogramme oder -karten integrieren die Funktion **Inverse Telecine** und sind somit geeignet, dieses Pulldown für DVD rückgängig zu machen, besonders die billigeren nicht.

Final Cut Pro

Auf dem Mac ist aber das Schnittprogramm Final Cut Pro, das auch sonst hervorragend mit DVD Studio Pro harmoniert, mit seinen »Cinema Tools« dazu in der Lage.

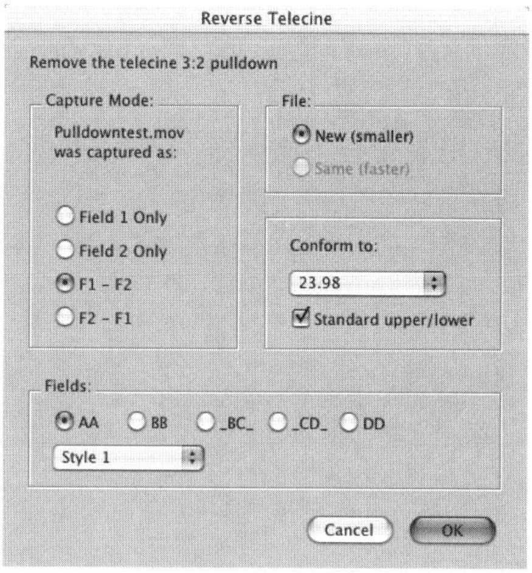

◂ **Abbildung 7.1**
Apples Cinema Tools bieten alle erdenklichen Varianten unter der Bezeichnung »Reverse Telecine«, aber Sie müssen die Struktur des Quellmaterials kennen, um die richtige Einstellung zu finden.

DVD Film Transformer

Wenn Sie mit einem anderen Programm für den Videoschnitt arbeiten, das diese Funktion nicht bietet, empfiehlt sich der preiswerte **DVD Film Transformer** von John Brisbin für diese Aufgabe.

◂ **Abbildung 7.2**
John Brisbins »DVD Film Transformer« dagegen erkennt die Pulldown-Sequenz des NTSC-Materials automatisch.

After Effects

Auch das für die Erstellung von Motion-Menüs sehr beliebte After Effects bietet unter den Optionen für das Rohmaterial die Möglichkeit, den 3:2-Pulldown rückgängig zu machen, und kann dabei meist ebenfalls automatisch erkennen, welche Bildfolgesequenz vorliegt (Abbildung 7.3).

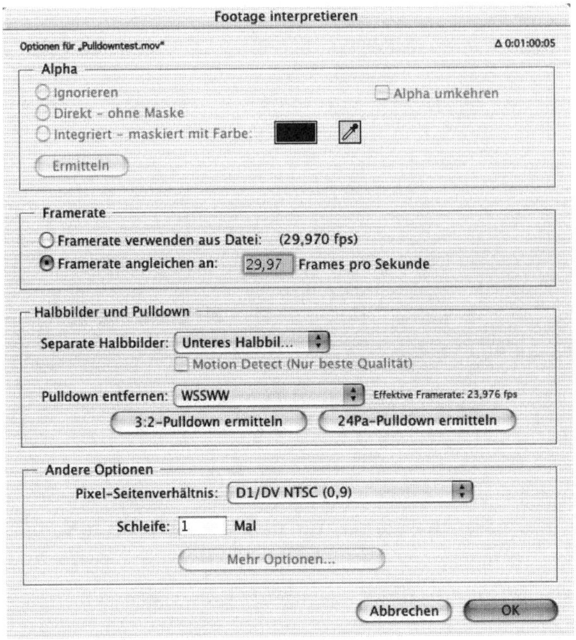

Abbildung 7.3 ▶ After Effects bietet unter FOOTAGE INTERPRETIEREN die Funktion PULLDOWN ENTFERNEN (= Inverse Telecine) an und kann die Strukur meist selbst ermitteln.

Damit dieser Prozess einwandfrei funktioniert, sollten Sie das Videomaterial auf keinen Fall vorher schneiden. Sie würden sonst die regelmäßige Folge der Halbbilder durcheinander bringen, und die inverse Telecine würde zu falschen Ergebnissen führen. Wenn Sie Ihr Material bearbeiten wollen, muss das entweder direkt am Filmschneidetisch oder nach der Rekonstruktion der Vollbilder geschehen. Um unnötige Qualitätsverluste zu vermeiden, benutzen Sie als Format zum Zwischenspeichern in QuickTime am besten den Foto-JPEG-Codec mit einer Qualität von 75%, der einen hervorragenden Kompromiss zwischen Platzbedarf und Bildqualität bietet. Wenn Ihr Videomaterial dagegen auf Digi-Beta vorliegt, sollten Sie trotz des hohen Platzbedarfs beim unkomprimierten 10-Bit-Format bleiben, falls noch weitere Korrekturen vorgesehen sind.

7.3 Video-Aufnahmeformate

Video liefert Ergebnisse gleich in elektronischer Form, und das Kontrastverhalten sowie die Farbqualität moderner Kameras haben in den letzten Jahren gegenüber Film stark aufgeholt. Die Auflösung digitaler Videoformate ist identisch mit der auf DVD und somit völlig ausreichend – in der Regel wird ja bisher auch von Film überspieltes Material auf dem Weg über hochwertige Videoformate wie D1 und Digital-Betacam zur DVD-

Erstellung angeliefert. Die Eigenschaften der Formate stelle ich im Einzelnen vor, gegliedert in die digitalen Profiformate, die semiprofessionellen Digitalformate und die analogen Standards.

D1-Format

Dieser erste digitale Aufzeichnungsstandard – nur noch im absoluten High-End-Bereich üblich – zeichnet sich durch unkomprimierte Studioqualität aus und bietet damit ausgezeichnete Möglichkeiten der Nachbearbeitung. Geräte und Bänder sind sehr teuer.

D1 zeichnet Video als digitale Komponentensignale zusammen mit vier digitalen Tonsignalen auf eine Kassette mit 19 mm breitem Band auf. Man erreicht damit mehr als 50 Generationen ohne sichtbaren Qualitätsverlust. Die analogen Komponentensignale werden mit einer 8-Bit-Quantisierung nach ITU-Standard 601 abgetastet und ohne Datenreduktion aufgezeichnet. Die maximale Spieldauer beträgt 96 Minuten.

Digital-Betacam

Diese Entwicklung von Sony ist seit Jahren eine gute Wahl bei den Vorlagen für DVDs. Vorteile gegenüber DV liegen neben der größeren Robustheit in den besseren Korrektur- und Nachbearbeitungsmöglichkeiten und bei den wesentlich höherwertigen Kameras. Spielfilme fürs Fernsehen und manche Werbeproduktionen werden heute auf »Digi-Beta« gedreht. Sowohl das Bandmaterial als auch die Geräte sind günstiger als bei D1, gehören aber dennoch zum oberen Ende der Preisskala.

Bei Digi-Beta werden digitale Komponentensignale zusammen mit vier digitalen Tonsignalen auf eine Kassette mit ½ Zoll breitem Band aufgezeichnet. Man erreicht damit 15 Generationen ohne sichtbaren Qualitätsverlust. Die analogen Komponentensignale werden mit einer 10-Bit-Quantisierung nach ITU-601 in 4:2:2 abgetastet und mit einer sehr geringen Datenreduktion von 2:1 aufgezeichnet. Die maximale Spieldauer stationärer Geräte beträgt 124 Minuten, bei den kleinen Kassetten für Camcorder sind es 40. Einige stationäre Maschinen des Digital-Betacam-Formats können Kassetten des analogen Betacam-SP-Formats abspielen.

D9 (Digital-S)

Dies ist eine Entwicklung von JVC, die qualitativ bei etwas geringeren Kosten nahezu mit Digi-Beta vergleichbar ist. Das Format hat im hiesigen Markt nie eine wichtige Rolle gespielt.

Hier werden digitale Komponentensignale zusammen mit zwei digitalen Tonsignalen auf eine Kassette mit ½ Zoll breitem Band aufgezeichnet. Die analogen Komponentensignale werden mit einer 8-Bit-Quantisierung im Verhältnis 4:2:2 abgetastet und mit einer Datenreduktion von 3,3:1

aufgezeichnet. Die maximale Spieldauer beträgt 105 Minuten. Stationäre Geräte des D9-Formats können Kassetten des S-VHS-Formats abspielen.

DVCPRO (25 und 50)

Panasonic hat mit dieser Entwicklung das DV-Format nach oben hin erweitert. In der 50er-Variante ist die Qualität mit den oben genannten 4:2:2-Formaten annähernd vergleichbar, aber die Preise sind auch nicht viel niedriger. Vorteile gibt es bei der Wiedergabekompatibilität mit den übrigen DV-Formaten und bei der Kompaktheit der Camcorder. Nachteile sind die etwas geringere Robustheit und die eingeschränkte Qualität auf DVD bei DVCPRO-25.

DVCPRO-25

Das Format zeichnet digitale Komponentensignale zusammen mit zwei digitalen Tonsignalen auf eine Kassette mit ¼ Zoll breitem Band auf. Die analogen Komponentensignale werden bei DVCPRO-25 mit einer 8-Bit-Quantisierung im Verhältnis 4:1:1 (in PAL wie in NTSC!) abgetastet und mit einer Datenreduktion von 5:1 aufgezeichnet. Die maximale Spieldauer stationärer Geräte beträgt 123 Minuten. Die maximale Spieldauer kleiner Kassetten für Kamerarekorder beträgt 63 Minuten.

DVCPRO-50

Bei **DVCPRO-50** werden die analogen Komponentensignale mit einer 8-Bit-Quantisierung im Verhältnis 4:2:2 abgetastet und mit einer Datenreduktion von 3,3:1 aufgezeichnet. Mit einer doppelten Bandgeschwindigkeit wird hier die doppelte Datenmenge gespeichert. Die maximale Spieldauer stationärer Geräte beträgt dann 62 Minuten. Die maximale Spieldauer kleiner Kassetten für Camcorder beträgt 31 Minuten.

Die meisten Maschinen für DVCPRO können Kassetten des DV-Formats und des DVCAM-Formats abspielen. Manche DVCPRO-Geräte besitzen FireWire-Anschlüsse und lassen sich daher ohne Zusatzhardware an einem Apple-Rechner mit Final Cut Pro 4 betreiben. Gegenüber DigiBeta oder D-9 sparen Sie so die Kosten für ein SDI-Board, und auch der Platzbedarf der Videodaten wird reduziert.

DVCPRO-25 und die DVD

Obwohl die visuelle Qualität von DVCPRO-25 mit der DVD vergleichbar ist, eignet sich das Format nicht sehr gut für DVD-Produktionen. Durch das andersartige Farbsampling-Schema (4:1:1 statt 4:2:0) leidet die Qualität bei der Aufbereitung für die DVD erheblich. DVCPRO-50 ist dagegen gut geeignet.

D10 (IMX)

Nur Sony leistet es sich, eine solche Formatvielfalt zu entwickeln und anzubieten. Nachdem für Digital Broadcasting und DVD MPEG-2 als Standard akzeptiert wurde und der einzige Nachteil in der eingeschränkten

Editierbarkeit bestand, wurde ein durchgängiger Produktionsstandard auf MPEG-2-Basis von Sony entwickelt.

Das Format zeichnet ein digitales Komponentensignal mit acht (!) digitalen Tonspuren auf einem ½ Zoll breiten Band auf. Die Quantisierung erfolgt in 8 Bit bei 4:2:2-Abtastung und einer Datenreduktion von 3,3:1. Auch hier entsteht also ein Datenstrom mit 50 MBit/s, der aber nach MPEG-Norm kodiert ist (ausschließlich in I-Frames, siehe Kapitel zur Videokompression). Stationäre Geräte fassen Kassetten mit bis zu 220 Minuten, Camcorder bis 72 Minuten. Die Geräte können Bänder der Formate Betacam-SP, Beta-SX und Digi-Beta abspielen. Der Korrekturumfang erreicht nicht ganz das Niveau von Digi-Beta, ansonsten ist IMX aber als Quellformat für DVD mehr als ausreichend.

DV und DVCAM

Hiermit kommen wir zu den Amateur- bis semiprofessionellen Formaten. DVCAM von Sony ist eine Variante des DV-Amateurstandards, bei der nur ein Parameter der Bandaufzeichnung geändert wurde: die Spurbreite bzw. der Abstand zwischen den Videospuren auf dem Band. Das Band läuft dazu schneller durch den Rekorder, die gleiche Kassette hat eine um ein Drittel geringere Spieldauer. Damit wird in erster Linie der Austausch von Bändern zwischen verschiedenen Geräten im Vergleich zu DV verbessert. Sony bietet zu mehreren seiner gehobenen DV-Camcorder jeweils ein DVCAM-Gegenstück zu etwas höherem Preis an.

In beiden Fällen werden digitale Komponentensignale zusammen mit zwei (48 kHz/16 Bit) oder vier (32 kHz/12 Bit) digitalen Tonsignalen auf eine Kassette mit ¼ Zoll breitem Band aufgezeichnet. Die analogen Komponentensignale werden mit einer 8-Bit-Quantisierung im Verhältnis 4:1:1 (NTSC) oder 4:2:0 (PAL) abgetastet und mit einer **Datenreduktion** von 5:1 aufgezeichnet. Die maximale Spieldauer stationärer Geräte beträgt 270 Minuten (bei DVCAM 184 Minuten). Die maximale Spieldauer der Mini-DV-Kassetten für Camcorder beträgt 80 Minuten (bzw. 54 Minuten bei DVCAM). Alle Maschinen des DVCAM-Formats können Kassetten des DV-Formats abspielen, manche neueren Modelle können auch wahlweise im DV-Format aufzeichnen (längere Spieldauer!); sie sind aber überwiegend nicht kompatibel zum DVCPRO-Format. Manche Sony-Geräte des DV-Standards spielen auch DVCAM ab, ohne dass dies offiziell angegeben wird – einfach ausprobieren.

Im Gegensatz zu DV wird der Ton von DVCAM in zum Bild passenden Datenblöcken aufgenommen (locked), und man vermeidet so gelegentliche Probleme beim Tonschnitt in DV. Die DVCAM-Geräte besitzen professionelle **XLR-Tonanschlüsse** mit Phantomspeisung und – im Gegensatz zu DV – Möglichkeiten der Timecode-Steuerung aus dem Profilager. Mit ihren niedrigen Preisen und dem **FireWire-Anschluss** zu kostengünstigen

Schnittsystemen bilden die DVCAM-Geräte eine besonders interessante Geräteklasse für kleinere Produktionseinrichtungen.

Abbildung 7.4 ▶ Der DSR-11 ist ein solider Industrierekorder von Sony für das DVCAM-Format. Er lässt sich auf PAL und NTSC umschalten, so dass er auch für internationale Produktionen eine recht preisgünstige Lösung darstellt.

Sony Optical Disk

Seit Herbst 2003 bietet Sony auch eine komplette Reihe von Profigeräten an, die Digitalvideo nicht mehr auf Magnetband aufnehmen, sondern auf der optischen Blu-Ray-Disk (siehe »Technischer Hintergrund« auf Seite 79). Diese Geräte erlauben die Wahl zwischen IMX und der DVCAM-Kompression, um maximale Qualität oder maximale Laufzeit verfügbar zu machen. Für Sie als DVD-Autoren ändert sich dadurch nicht viel, denn abgesehen vom neuen Datenträger gilt alles, was ich weiter oben zu den beiden Formaten geschrieben habe.

Interessant ist aber, dass Sony offensichtlich das DV-Format auch weiterhin als Profiformat ernst nimmt und dass diese Aufnahmegeräte nebenbei so genannte Proxy-AV-Daten aufnehmen (Proxy kommt von Approximation = Annäherung). Dabei handelt es sich um eine wesentlich stärker komprimierte, aber weniger hochwertige Version des gleichen Bild- und Tonmaterials im MPEG-4-Standard mit Zusatzinformationen. Diese Daten lassen sich in kürzester Zeit in einen Computer einlesen und für schnelle Sichtungen oder den Offline-Schnitt verwenden. Damit bestätigt sich erneut, dass MPEG-4 eher für sehr kompakte Daten mit Zusatzinformationen geeignet ist, während MPEG-2 für hochwertige Originalaufnahmen bevorzugt wird.

HDCAM

Dieses HDTV-Format der Firma Sony nimmt mit der Auflösung 1080 mit 24 oder 25 Vollbildern bzw. mit 50 oder 60 Halbbildern auf Betacam ähnlichen Kassetten auf. Intern werden allerdings horizontal nur 1440 Pixel gespeichert, die bei der Wiedergabe extrapoliert werden – eine Reduktion um ein Drittel. Das Format arbeitet mit einem ungewöhnlichen 3:1:1-Farbsampling bei 8 Bit und bietet vier Tonkanäle mit 20 Bit.

Übrigens: Auch bei den bisherigen Angeboten von hochauflösenden Filmen auf DVD-ROM beträgt die Horizontalauflösung im WMV-9 Codec intern nur 1440 Pixel – schließlich dürften die wenigsten Computerbesitzer höher auflösende Bildschirme besitzen.

DVCPRO-HD/Varicam

Das konkurrierende Format der Firma Panasonic arbeitet mit DVCPRO-Kassetten bei höherem Datendurchsatz und kürzerer Laufzeit – daher wird es auch manchmal DV100 genannt. Eine 60-Minuten-Kassette für DVCPRO-25 reicht also nur für 15 Minuten bei DV100. Auch hier wird die Datenmenge durch interne Reduktion der Pixelzahl auf Band vermindert:

- Bei 60i sind es 1280 × 1080 native Pixel.
- Bei 50i schon 1440 × 1080 (wie bei Sony).
- Bei Vollbildern werden 960 × 720 Pixel erfasst.

Dieses »Breitziehen« einer verringerten internen Horizontalauflösung ist kein ungewöhnliches Verfahren: Im Kino passiert das bei Cinemascope im Prinzip genauso, ohne dass es unseren Genuss schmälert. Der Kamerachip erfasst bei beiden Formaten die volle Auflösung. Bei der Ausgabe enthält das Signal auch wieder die volle Pixelzahl und damit quadratische Pixel – was natürlich die Grafik- und Effektbearbeitung erleichtert.

Das Farbsampling bei DVCPRO-HD ist 4:2:2 und die Farbtiefe auf Band 8 Bit, während (genau wie bei Sony) extern auch 10 Bit angeboten werden. Das Format unterstützt bis zu acht Tonkanäle. Einige Kameramodelle unter der Bezeichnung **Varicam** ermöglichen stufenlose Bildraten von 4 bis 60 Vollbildern pro Sekunde im 720p-Format und damit unter anderem eine echte Zeitlupe wie bei klassischem Kinofilm.

Kooperation

Einer der interessantesten Punkte an diesem Format ist für uns die Kooperation von Panasonic und Apple, durch die HDTV-Schnitt auf dem Mac so unkompliziert wie DV-Bearbeitung wird. Das DVCPRO-HD-Signal wird dazu per FireWire übertragen und nativ weiterverarbeitet. Final Cut Pro konnte zwar bei entsprechend hohen Investitionen in die Hardware schon seit längerer Zeit auch HDTV bearbeiten, aber mit diesem Format können Sie ohne Qualitätsverluste auf günstiger serienmäßiger Hardware arbeiten, und der Konfigurationsaufwand verringert sich drastisch. Das Format könnte in 24p eines der attraktivsten Aufnahmeformate für kleinere Filmproduktionen werden, die neben einer Kinoversion auch eine Auswertung auf DVD (und später eventuell HD) planen. Mit den im Kapitel 14, »Internationale Projekte« beschriebenen Verfahren ist dieses Ausgangsformat auch für die parallele Vermarktung in PAL und NTSC bestens geeignet.

Ja, und um auf meine Erwähnung zurückzukommen: Immerhin spielt mein älteres PowerBook mit 667 MHz von seiner internen Festplatte dieses Format ruckelfrei ab (schneiden würde ich aber auf einem moderneren Gerät) ...

High Definition DV (HDV)

Mit den Firmen Canon, JVC, Sharp und Sony haben sich einige der einflussreichsten Hersteller auf einen Standard geeinigt, bei dem hochauflösendes Video mit bis zu 1440 Pixel pro Zeile auf normale DV-Kassetten aufgezeichnet wird, genannt **HDV**. Dabei sind sowohl progressive Varianten als auch Interlaced-Video möglich. Diese Firmen setzen offensichtlich darauf, dass HDTV sich nun allmählich durchsetzen wird, und wollen damit den gehobenen Amateurmarkt bedienen. Die Aufzeichnung erfolgt mit MPEG-2 in der ebenfalls standardisierten H-14-Variante des Main Profiles und einer Datenrate von 19 MBit/s bei 720p oder 25 MBit/s bei 1080i auf DV-Kassetten, der Ton mit zwei Spuren wird – wie bei DVB-T – als MPEG-Audio kodiert.

JVC hat mit der JY-HD 10 bei 720/30p und einem CCD-Chip den Vorreiter gespielt, aber schon zur Photokina 2004 hielt Sony mit der HDR-FX1 auf höherem Niveau dagegen. Sie bietet die im semiprofessionellen Bereich üblichen drei Chips und eine Auflösung von 1440 × 1080 Pixel auch mit europäischen Bildfrequenzen, aber nur im Interlace-Verfahren. Diese Kamera zum Kampfpreis von 4000 € dürfte schon zum Weihnachtsgeschäft 2004 lieferbar sein und könnte der Beginn einer neuen Ära sein wie in den Neunzigerjahren die VX-1000.

Abbildung 7.5 ▶ Der erste HDV-Camcorder von Sony heißt HDR-FX1 und bietet mit drei Chips eine Auflösung von 1440 × 1080 Pixel. Leider nur im Interlace-Format, 720p nimmt er nicht auf.

Ob auch dieses Format für Sie als Autor einer herkömmlichen Video-DVD interessant ist, kann ich noch nicht abschließend beurteilen, denn man hat mich schlichtweg mit den versprochenen Testgeräten im Stich gelassen. Ich habe da allerdings – anders als bei dem wirklich exzellenten DVCPRO-HD – ein paar Zweifel: Da HDV auf normale DV-Kassetten mit den gleichen Spurbreiten und der gleichen Laufgeschwindigkeit aufzeichnet, muss die bis zu vier Mal höhere Datenmenge logischerweise stärker komprimiert werden. Außerdem müsste das Signal der HDR-FX1 vor der Skalierung einem De-Interlacing unterzogen werden, da 1080 kein ganzzahliges Teilungsverhältnis zu 576 bildet. Erste Tests in der Zeitschrift »Computervideo« bescheinigen der Kamera denn auch trotz exzellenter HD-Qualität eine unbefriedigende Qualität der PAL-Ausgabe – allerdings noch bei einem Vorserienmodell.

FieldsKit

Mit dem FieldsKit (siehe Kapitel »Film-Look«) ist eine qualitativ sehr hochwertige Wandlung möglich, aber das ist recht zeitaufwändig. Derzeit unterstützt Final Cut Pro (wie etliche andere ernst zu nehmende Schnittprogramme) das Format noch nicht, aber die Unterstützung ist angekündigt. Bisher können Sie das Videomaterial nur mit Zusatzsoftware wie dem »Indie HD Toolkit« von Heuris (www.heuris.com) oder »Lumière HD« (www.lumierehd.com) in ein anderes QuickTime-Format umcodieren, um es zu bearbeiten. Anders als bei den professionellen High-Definition-Formaten lässt sich vermuten, dass die Ergebnisse auf der Standard-DVD durch die höhere Kompression des Originals nicht unbedingt sichtbar besser als bei herkömmlichen DV-Formaten ausfallen werden.

Analoge Quellen – trübe Quellen?

Betacam-SP

Ein ganz anderes Thema ist analoges Video. Schon Material, das Ihnen auf analogem **Betacam-SP** angeliefert wird, kann Probleme beim Komprimieren bereiten. Eigentlich könnte die technische Qualität etwa mit DV vergleichbar sein, aber wenn Ihr Film schon geschnitten wurde, handelt es sich nicht mehr um die erste »Generation«. Anders als bei digitalen Kopien erhöht sich beim Schnitt von analogem Material mit jeder Bearbeitung das Rauschen, und die Schärfe verschlechtert sich. Oft liefert man Ihnen noch nicht einmal das wertvolle Schnittmaster, sondern eine Kopie davon, so dass Sie bereits die dritte Generation erhalten. Weisen Sie Ihre Kunden unbedingt auf diese Nachteile hin, und machen Sie nach Möglichkeit den Schnitt selbst, ausgehend von den Originalkassetten. Am besten geschieht das auf einem Computersystem mit YUV-Komponenteneingängen in möglichst niedriger Kompressionsstufe, sonst können sich die Artefakte der hierbei üblichen M-JPEG-Kompression ungünstig auf die MPEG-2-Bearbeitung auswirken.

VHS

Quellmaterial auf **VHS** und **8 mm**, ja selbst auf **S-VHS** oder **Hi-8**, ist für eine DVD eigentlich unzureichend. Auflösung, Rauschverhalten und

Bildstabilität liegen deutlich unter DVD-Niveau, und auch die MPEG-Kompression reagiert sehr ungünstig vor allem auf die letzten beiden Faktoren. Wenn ein Kunde unbedingt solches Quellmaterial einsetzen will, gilt natürlich hier erst recht, die Originalaufnahmen zu verwenden und auf keinen Fall eine Kopie. Zusätzlich sollten Sie aber eine Testkompression kritischer Szenen machen und vom Kunden abnehmen lassen, bevor ein erheblicher Arbeitsaufwand in ein solches Projekt gesteckt wird.

Kreativer Umgang mit analogem Material

Wenn aus historischen oder anderen wichtigen Gründen technisch unzureichendes Material zum Einsatz kommen soll, gehen Sie kreativ an die Sache heran. Eine gute Lösung kann die Verwendung dieser Filme als **Bild im Bild** sein, z. B. mit erläuternder Grafik und Text oder mit einem Sprecher als Kommentator wie bei einer Nachrichtensendung. Die Verkleinerung wird der geringeren Auflösung besser gerecht und unterdrückt auch durch Interpolation ein wenig das Rauschen. Daneben entsteht ein wahrnehmungspsychologischer Effekt: Wenn das Auge Bereiche mit guter Schärfe im Gesamtbild findet, kann es sich daran »festhalten« – der subjektive Eindruck wird besser als bei einem insgesamt unscharfen Bild. Jedes moderne Schnittprogramm bietet Ihnen diese Gestaltungsmöglichkeit, und in diesem Fall reicht auch eine Kopie per DV, falls Ihr Schnittsystem nur dieses Format beherrscht.

Archivmaterial

In den Archiven der Sender und Produzenten schlummern unglaubliche Schätze von analogem Bildmaterial. Eine TV-Sendeminute kostet in der Produktion je nach Genre etwa zwischen 300 und 5000 € und mehr. Das meiste, was hier sowohl an Sendebändern wie auch an Rohmaterial lagert, wurde für nur eine einzige Sendung aufgenommen. Dann verstaubt es: Es gibt für den Normalbürger schlicht keine realistische Möglichkeit, an Material zu kommen, das für ihn von besonderem Interesse ist.

Ziele der Digitalisierung

Mit Hochdruck arbeiten die großen Sender daran, ihre Archive zu digitalisieren. Drei Ziele spielen hierbei die Hauptrolle:

- Haltbarmachung des wertvollen, aber auf Magnetband alternden Materials
- Einfache, computergestützte Verwaltung
- Senderweiter Zugriff auf die Videodaten
- Vorbereitung für Digital TV

Das Format, in dem diese Daten abgespeichert werden, wird zumeist MPEG-2 sein. Nebeneffekt dieser Digitalisierung ist, dass vielfach über eine Verwertung nachgedacht werden kann, die über die Sendeausstrahlung hinausgeht – also auch auf DVD.

7.4 Ratschläge für die Praxis

Profi-Camcorder

Während D1 eher im Studio verwendet wird, können die übrigen Formate auch mit kompakten Camcordern vor Ort eingesetzt werden. Entsprechende Camcorder haben sehr hochauflösende Chips, ein gutes Rauschverhalten und halten bei korrektem Abgleich den zulässigen Kontrastbereich für Digitalvideo ein (siehe Kapitel 6, »Bewegte Bilder«). Außerdem gibt es mehrere Geräte dieser Klasse, die echte **16:9-CCD-Chips** bieten, also für diesen Zweck zusätzliche Pixel zur Verfügung stellen. Eine progressive Aufzeichnung (also Vollbilder) für die parallele Auswertung auf Film oder NTSC-DVD bieten aber paradoxerweise weniger Profikameras als solche aus dem semiprofessionellen Bereich.

Lichtverhältnisse

Korrekt belichtetes Material solcher Kameras ist uneingeschränkt für DVD geeignet, allerdings sollte nicht bei zu schlechten Lichtverhältnissen mit hohen Stufen der zuschaltbaren elektronischen **Verstärkung** gearbeitet werden. Bildrauschen (so genannter »Schnee«) hat etwa die gleiche Wirkung auf die Kompression wie Filmkorn: Die MPEG-Kompression kann nicht zwischen erwünschten Details und dem Rauschen unterscheiden, und das Bild verschlechtert sich drastisch. Elektronische Filter können das Rauschen vor der MPEG-Kodierung mildern, aber darunter leidet gleichzeitig die Bildschärfe.

DV als Produktionsformat für DVD?

Mir ist klar, dass diese relativ teuren Aufnahmeformate nicht allen Anwendern von DVD Studio Pro zur Verfügung stehen. Die spannendste Frage ist für Sie sicherlich, ob reguläres DV denn auch ausreicht. Die pauschale Antwort ist: Ja, es kann ausreichen, wenn man sorgfältig genug arbeitet. Bei den einzelnen Kriterien vermischen sich aber technische und gestalterische Faktoren. Hier taucht dann auch immer wieder die Frage nach dem berühmten **Film-Look** auf: Wie kann ich mit DV so arbeiten, dass der subjektive Eindruck auf DVD später einer Filmproduktion möglichst nahe kommt? Deshalb widme ich der Gestaltung und Produktionspraxis auf Video und insbesondere DV im Anschluss ein eigenes Kapitel.

Timecode bei DV

Dieser Punkt (die elektronische Nummerierung der Videobilder) betrifft nur den **Produktionsablauf**, nicht die Bildqualität auf DVD. Die gängigen Amateur-Camcordermodelle (selbst teure 3-Chipper) haben eine Art »kastrierten« Timecode: Der Timecode jeder Kassette fängt bei 00:00:00:00 an und lässt sich weder gezielt auf einen Anfangswert setzen noch mit anderen Quellen oder der Realzeit synchronisieren. Wahrscheinlich wollen die Hersteller damit ihren Profimarkt schützen, denn dort werden genau diese Möglichkeiten zur Produktionserleichterung genutzt. Dabei setzt man zur Unterscheidung verschiedener Kassetten gerne die Stundenzahl auf verschiedene Werte (natürlich nur bei Kassetten unter einer Stunde Laufzeit) oder gibt Zusatzinformationen als so genannte User-Bits ein. Darauf kann man bei sorgfältiger Beschriftung relativ gut verzichten, außerdem beginnt Canon mit seiner XL-2 den Trend zu ändern: die hat nämlich einen professionellen Timecode.

Zeitreferenz

Wichtiger ist die Möglichkeit, für jedes Gerät eine absolute Zeitreferenz aufzuzeichnen, um mehrere Kameras oder Kamera und Tongerät synchron laufen zu lassen. Dazu werden die Geräte entweder im **Master-Slave-Betrieb** genutzt, bei der ein Gerät als Taktgeber den Timecode für die übrigen liefert (nur bei High-End-Geräten), oder alle Geräte werden präzise auf die aktuelle Uhrzeit gesetzt und zeichnen diese als Timecode auf (Free Run). Diese Möglichkeit bieten auch DVCAM-Geräte und – als einzige Ausnahme im semiprofessionellen DV-Sektor – die XL-2. Bei den übrigen DV-Camcordern kann man sich zur Synchronisation mit der klassischen **Filmklappe** behelfen, denn die Laufgeschwindigkeit wird erfahrungsgemäß hinreichend präzise eingehalten. Im Schnittsystem können Sie dann den Schlag der – sorgfältig beschrifteten – Klappe im Bild mit der Ansage im Ton und dem Knall in Übereinstimmung bringen.

Vermeiden Sie Timecode-Lücken!

Da sowohl Schnittprogramme als auch DVD Studio Pro mit Timecode arbeiten, können Sie sich viel Ärger ersparen, wenn Sie für einen durchgehenden Timecode auf Ihren Kassetten sorgen.

Wichtig ist dabei, dass Sie die Kassette immer ein paar Sekunden über das aufzunehmende Geschehen hinaus laufen lassen. Falls Sie dann die Kassette zwischendurch einmal aus der Kamera entnehmen müssen, können Sie später einige Sekunden zurückspulen, ohne wichtiges Material zu verlieren. Nur auf diese Weise ist bei DV ein kontinuierlicher Timecode gewährleistet, den Sie zum Schnitt brauchen. Wenn die Kassette in der Kamera bleibt und die Batterie nicht für längere Zeit entfernt wird, gibt es das Problem nicht – der korrekte Timecode wird so auch beim Ausschalten aufrechterhalten. Wenn Sie ganz sichergehen wollen, können Sie Ihre Kassetten auch vorab mit geschlossenem Objektivdeckel bespielen, denn ein einmal durchgängig aufgezeichneter Timecode bleibt erhalten.

Computerbilder – zu perfekt?

Die sauberste digitale Quelle sind Animationen, die mit Computerprogrammen künstlich erzeugt wurden, seien es **2D-Animationen** im Cartoon-Stil oder **Produktionen in 3D**. Hier ist es wichtig, dass Sie sich für die Vollbild-Berechnung oder Halbbilder entscheiden. Einige Kriterien dafür habe ich Ihnen schon genannt, aber ich komme in diesem Buch noch mehrmals auf das Thema zurück. Alle professionellen Animationsprogramme bieten diese Wahlmöglichkeit bei der Ausgabe. Selbstverständlich sollten Sie auch hier vermeiden, den Kontrastumfang für Digitalvideo zu überschreiten (beachten Sie aber die Hinweise zu Apples Compressor).

Zwischenspeicherung

Wichtig ist außerdem noch, dass Sie unnötige Qualitätsverschlechterungen bei der Zwischenspeicherung vermeiden. Der DV-Codec ist für synthetische Bilder mit ihren extrem scharfen Konturen und hohen Farbkontrasten nicht gut geeignet – er wurde für natürliche Kamerabilder optimiert. Animationsprogramme bieten meist keine direkte Ausgabe im MPEG-2-Format, stattdessen sollten Sie bei QuickTime den **Foto-JPEG-Codec** mit genau 75% Qualitätslevel einsetzen. Falls weitere Bearbeitungsschritte wie Compositing oder Schnitt mit Digi-Beta-Material vorgesehen sind, ist natürlich 10-Bit-Uncompressed die erste Wahl unter den Codecs, aber dann brauchen Sie sehr viel Plattenplatz.

MPEG-Kompressionsverfahren

Auch das MPEG-Kompressionsverfahren ist für natürliche Bilder optimiert worden, die immer kleinste Schwankungen durch Korn oder Rauschen aufweisen. Selbst wenn ich Sie vor zu viel Korn oder Rauschen gewarnt habe: Gerade preiswerte MPEG-2-Encoder kommen mit allzu perfekten Bildern ebenso wenig zurecht. Sie tendieren dann manchmal zur Bildung regelmäßiger geometrischer Muster, die sehr auffallen können, da sie meist statisch bleiben. Lästig sind auch **Tontrennungen**: eine bandartige Zonenbildung in Farbverläufen mit zarten Kontrasten. In solchen Fällen kann eine ganz niedrig dosierte Zugabe von Rauschen helfen – diesen **Noise-** oder **Grain**-Effekt kennt fast jedes Videoprogramm. Gleichzeitig hilft dieser Trick, die künstlichen Bilder besser an Realfilmsequenzen anzupassen. Sie müssen selbst durch Tests herausfinden, bei welchem Wert Ihr Material gut aussieht, in älteren Versionen von After Effects bis 6.0 eignet sich der Filter Störungen HLS Auto bei Werten um 1–2% am besten, nicht etwa der Filter RAUSCHEN. Ich komme auf das Thema Filmkorn im nächsten Kapitel noch ausführlicher zu sprechen.

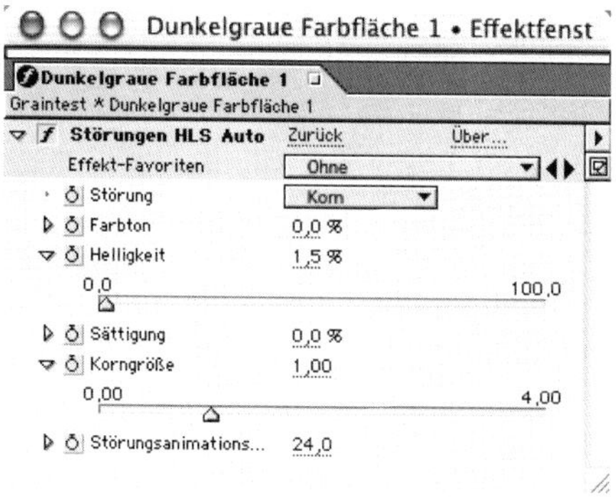

◄ **Abbildung 7.6**
Den Generator für eine brauchbare Simulation von Filmkorn finden Sie im älteren After Effects unter EFFEKT • RAUSCHEN • STÖRUNGEN HLS AUTO – ähnliche Filter bietet fast jedes Videobearbeitungsprogramm.

Grain Surgery Ganz perfekt beherrscht diese Arbeit dagegen das ehemalige **Plug-in Grain Surgery** von Visual Infinity, das für Version 6.5 von Adobe aufgekauft und in After Effects integriert wurde. Sie finden es dort bei EFFEKT • STÖRUNG und KÖRNUNG unter KÖRNUNG ANPASSEN/ENTFERNEN/HINZUFÜGEN. Es analysiert vorhandenes Korn in Filmsequenzen oder das Rauschen in Video mit statistischen Methoden und kann das passende Korn mit exzellenten Resultaten in eine Computeranimation hineinrechnen. Mit ähnlichen Verfahren kann es aber auch exzessives Korn bzw. Rauschen aus Film- und Videomaterial entfernen, ohne die Schärfe auffällig zu reduzieren. Die Wirkung ist erstaunlich, allerdings braucht der Filter viel Rechenzeit. Wenn Sie mit Rauschen zu kämpfen haben, lohnt sich daher auch erst einmal ein Versuch mit dem integrierten Rauschfilter Ihres MPEG-Encoders (siehe Kapitel 10 zur Kompressionspraxis).

8 Der Film-Look

Chips oder Gelatine? Nein, ich will hier nicht übers Essen reden – aber mit Geschmack hat das Ganze schon etwas zu tun. Können – und sollten – wir mit DV so produzieren, dass es wie eine Filmaufnahme wirkt?

Das Aussehen von auf Video produziertem Material dem einer Filmproduktion weitgehend anzunähern, ist ein alter Traum von Autoren und Kameraleuten, die nicht über große Filmbudgets verfügen können. Viel ist schon darüber geschrieben worden, dass man angeblich einfach mit einem DV-Camcorder im so genannten Movie- oder Frame-Modus Hollywood Konkurrenz machen könne. Aber mal ganz abgesehen davon, dass sich ein wesentlicher Teil der professionellen Filmgestaltung und der dazu nötige Aufwand bereits vor der Kamera abspielen: Was passiert eigentlich mit dem Licht, das durch die Linse fällt? Dazu gehören technische ebenso wie ästhetische Dimensionen. Ich kann Ihnen in diesem Buch keinen umfassenden Kamerakurs bieten, einige Gedanken zum »elektronischen Kino« will ich Ihnen aber nahe bringen.

8.1 Technische Einführung

CCD

Das Bildaufnahme-Element in der Mehrzahl heutiger Videokameras ist ein **CCD** (Charge Coupled Device), ein elektronischer Chip, der Lichtintensitäten in elektrische Signale umsetzt. Diese durchlaufen mehrere Bearbeitungsstufen analoger und digitaler Art, bevor sie als digitale Informationen auf Band oder manchmal auch schon auf einer optischen Disk landen. Hochwertige Kameras verwenden drei dieser Chips, um die Farbinformation zu erfassen: Jeder davon bekommt seine Helligkeitsanteile, nachdem das Licht durch einen Prismenblock in die drei Grundfarben Rot, Grün und Blau zerlegt wurde.

Kinofilm

Der **Kinofilm** dagegen verwendet seit mehr als 100 Jahren ein flexibles Band aus Acetat oder anderen Kunststoffen als Träger für eine Gelatine-Emulsion mit einer Perforation an den Seiten, um es mechanisch durch die Kamera und später den Projektor zu bewegen. Richtig, in der Frühzeit war das Nitrozellulose, aber die war extrem feuergefährlich und wurde bald durch modernere Materialien ersetzt, nachdem etliche Kinos in Flammen aufgegangen waren. Die Emulsion enthält winzige Kristalle aus Silberhalogeniden, die ihre Struktur ändern, wenn sie von Photonen getroffen werden. Chemische Prozesse unter Verwendung wasserlöslicher Substanzen – deshalb verwendet man die Gelatine – ändern das Aussehen dieser Kristalle und machen sie unempfindlich für weiteren Lichteinfall. Diese vereinfachte Darstellung trifft auf den Schwarz-Weiß-Film zu, sollte aber genügen, um meine weiteren Erklärungen in diesem Abschnitt zu verstehen. **Farbfilm** besteht aus mehreren Schichten ähnlicher lichtempfindlicher Emulsionen, die durch Farbfilterschichten getrennt sind.

Beide Verfahren haben ihre spezifischen technischen Grenzen. Worin liegen die Nachteile dieser Aufnahmesysteme im Vergleich zur natürlichen Wahrnehmung?

Auflösung

Unter günstigen Bedingungen haben unsere Augen eine bemerkenswerte Fähigkeit zur Wahrnehmung feinster Details. Auch wenn wir es dabei nicht gerade mit einem Adler aufnehmen können, gehören wir doch auf diesem Gebiet zu den fähigsten unter den Säugetieren. Nur Filmformate wie das sehr hochauflösende IMAX können dem menschlichen Auge die Illusion bieten, auf eine »reale« Szene zu blicken.

Sicher ist es nur eine Frage der Zeit, bis die elektronischen Techniken gleichziehen, aber für die nächsten paar Jahre wird die Aufzeichnung mit extrem hochauflösendem Video-Equipment nicht wesentlich billiger sein als die Filmaufnahme, denn was man an Materialkosten spart, fressen stattdessen die Gerätemieten. Doch wenn ein Projekt nicht für das Kino, sondern nur für den Vertrieb auf DVD gedreht wird, sind Digi-Beta und sogar DV – dies aber vorzugsweise im PAL-Format – eine ernst zu nehmende Alternative. Dabei müssen Sie schon bei der Gestaltung Einschränkungen akzeptieren: **35-mm-Film** löst mindestens doppelt so hoch auf wie DV, in der Fläche bedeutet das die vierfache Menge an Bildinformationen.

Detailreiche Totalen sollten Sie daher bei der Bildgestaltung vermeiden – die weiten Landschaften des klassischen Westerns, in denen man fast die Skorpione husten sieht, sind auf Video einfach zu unscharf. Bei DV sollten Sie als Einstellungsgrößen häufiger die Nah- und Großaufnahme einsetzen. Doch die eingeschränkte Auflösung hat nicht nur Nachteile: Wer auf HD-Formate umsteigt, stellt schnell fest, dass Maske, Requisite und Kulissenbauer nun wesentlich sorgfältiger arbeiten müssen ...

Kontrastverhalten

Film verkraftet wesentlich höhere Motivkontraste als Video, die durch eine hochwertige Überspielung mit Anpassung der Kontrastkurven auch für die DVD erhalten werden können. Digitalvideo tendiert vor allem bei **Überbelichtung** zu unangenehm »ausgebrannten« weißen Flecken, während überbelichteter Film noch angedeutet das Motiv zeigt. Je nach Qualität des Chips kommen noch technische Artefakte wie Blooming (ausufernde, oft farbige Ränder) und Smear (senkrechte Streifen an punktförmigen Lichtquellen) hinzu.

Zebra-Funktion

Bei der Videoaufnahme hilft hier nur die manuelle Belichtung und eine sorgfältige Ausleuchtung mit Aufhellung zu dunkler Partien, um die Motivkontraste dem Aufnahmevermögen anzupassen. Weil Überstrahlungen im Video noch unangenehmer sind als zu dunkle Partien, bieten gute Kameras, auch im gehobenen Amateursektor, die so genannte **Zebra-Funktion**. Wenn diese aktiviert ist, werden zu helle Bildpartien im Sucherdisplay durch ein diagonales Streifenmuster gekennzeichnet.

◂ **Abbildung 8.1**
So etwa markiert eine DV-Kamera überbelichtete Bereiche mit einem Zebramuster.

Je nach Kameramodell setzt dieses Zebramuster bei 75% oder 100% der maximalen Bildhelligkeit ein, und bei manchen ist der Wert einstellbar – befragen Sie die Bedienungsanleitung. Abgesehen von begrenzten Glanzlichtern oder kleineren Lichtquellen sollten 100% nicht überschritten werden, bei einer Anzeige von 75% dürfen Sie etwa eine halbe Blendenstufe darüber gehen. An diesen Äußerungen sehen Sie schon, dass ich grundsätzlich von einer manuellen Belichtungseinstellung ausgehe – ein Profi benutzt die Automatik fast nie.

Dunkle Bildpartien sollten durch Zusatzlichtquellen oder Reflektoren so aufgehellt werden, dass sie nicht völlig im Schwarz versinken. Hilfreich sind hier auch manche professionellen Vorsatzfilter für die Kamera, die den Motivkontrast ebenfalls beeinflussen können (dazu später mehr). Da die Darstellung im LCD-Sucher bei preiswerten Kameras stark von der tatsächlichen Aufnahmequalität abweichen kann, benutzen Sie nach Möglichkeit einen sorgfältig eingestellten portablen Monitor zur Kontrolle.

Technischer Kontrastumfang bei Digitalvideo

Dies ist einer der schwierigsten Punkte bei DV, denn etliche Kameras halten hier nicht die Normwerte des Digitalstandards **ITU-601** (Dezimalwert 16 bis 235) ein, sondern nutzen den digitalen Spielraum voll aus (0 bis 255). Deshalb gibt es bei Final Cut Pro auch die Wahlmöglichkeit »Superweiß« bei den Sequenzeinstellungen für den Fall, dass Sie diesen Kontrastumfang erhalten wollen. Auf einem Computerbildschirm wirkt das brillant, auf einem normal eingestellten Fernsehgerät oder Projektor ist dieser Kontrast aber zu hoch. Ob Sie das vermeiden oder nutzen wollen, hängt von den Vorführbedingungen und Ihrem MPEG-Encoder ab. Wenn Ihre DVD nur auf Computern betrachtet werden soll, könnten Sie theoretisch diese hohen Kontraste beibehalten.

Normbereich

Allerdings kenne ich wenige Kinofilme auf DVD, die den genannten Normbereich überschreiten – sie würden dadurch auf gängigen Fernsehgeräten nämlich Details in den dunkelsten und hellsten Bildpartien verlieren. Eine DVD-Abspielsoftware für Computer wird das meist schon berücksichtigen und den Kontrast für den Computerschirm automatisch korrigieren. Dann würde eine bereits auf der DVD mit vollem Kontrast gespeicherte Aufnahme selbst auf dem Computer zu kontrastreich abgespielt. Viele Ihrer Kunden werden die DVD sowieso auf einem normalen TV-Gerät sehen wollen, und daher plädiere ich normalerweise dafür, den Kontrast immer normgerecht einzuschränken (Abbildung 8.2 und 8.3). Final Cut Pro macht das bei der Einstellung auf normales Weiß bei YUV-Material wie Videoquellen automatisch.

Abbildung 8.2 ▶ Der volle Tonwertumfang dieses Motivs schöpft den 8-Bit-Spielraum von 0 bis 255 aus.

◂ **Abbildung 8.3**
Auf einem Fernsehgerät wird dieses Bild korrekt aussehen. Mit seinem geminderten Kontrast wirkt es am Computer etwas blässlich, es entspricht aber dem Wertebereich der ITU-601.

Die beste Lösung ist es, gleich bei der Aufnahme für videogerechte Kontrastverhältnisse durch sorgfältige Ausleuchtung zu sorgen (siehe oben). Mit der **Waveform**-Anzeige in Final Cut Pro, zu finden unter WERKZEUGE bei den VIDEO SCOPES (Abbildung 8.4), können Sie Testaufnahmen von Ihrer eigenen Kamera auf die Einhaltung des genannten Wertebereichs prüfen.

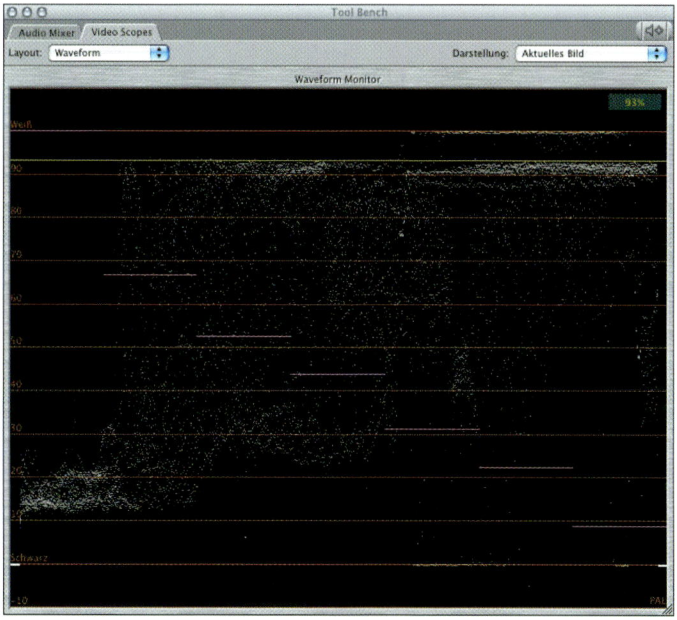

◂ **Abbildung 8.4**
Ein Waveform-Monitor – hier von Final Cut Pro simuliert – zeigt die Helligkeitsverteilung im Bild präzise an.

Wenn sich diese Möglichkeiten, wie bei Dokumentaraufnahmen, nicht bieten oder Sie bereits fertiges DV-Material bekommen, müssen Sie nachträglich korrigieren. Da die Einschränkung auf den Normumfang auch Einfluss auf die übrigen Tonwerte nimmt und damit den gewünschten Bildeindruck verfälschen kann, sollten Sie bei der Arbeit am Schnittsystem Ihre Bilder immer mit einem sorgfältig kalibrierten Videomonitor kontrollieren. Verlassen Sie sich bei Veränderungen an Kontrast, Helligkeit und Farbsättigung auf keinen Fall auf den Computer-Bildschirm.

Grafiken Anders ist die Situation bei Grafiken aus Photoshop, Scans oder Fotos aus Digitalkameras, die meist im RGB-Format bearbeitet werden. Besonders übersichtlich ist die Funktion zur **Kontrastbegrenzung** in Photoshop und **After Effects**:

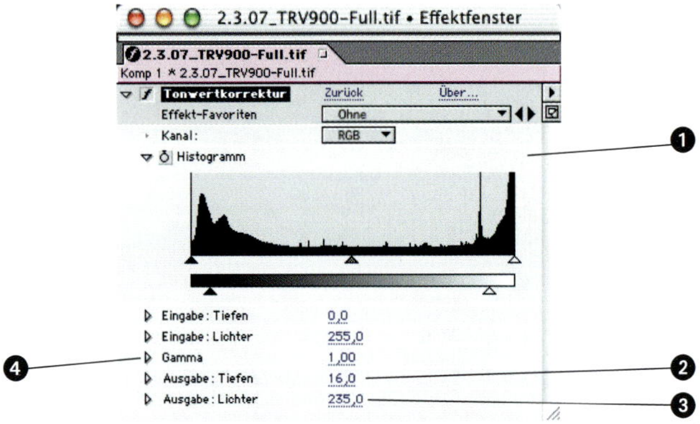

Abbildung 8.5 ▶ Die Tonwertkorrektur in After Effects finden Sie unter EFFEKT • ANPASSEN.

❶ Im HISTOGRAMM wird Ihnen der im Bild vorhandene Wertebereich unmittelbar angezeigt.

❷ AUSGABE: TIEFEN müssen Sie auf 16 stellen, falls das Bild den Kontrastspielraum voll ausschöpft.

❸ AUSGABE: LICHTER setzen Sie auf 235 für die volle Korrektur.
Beide Werte brauchen nur eine kleinere Korrektur, wenn die Überschreitungen schon im Original geringer als in unserem Beispiel sind – entscheidend ist das Ergebnis. Mit GAMMA ❹ können Sie das Bild in seiner Helligkeitswirkung noch anpassen, ohne die beiden Grenzwerte zu verändern. Entsprechende Korrekturmöglichkeiten gibt es natürlich auch für Final Cut Pro, After Effects stellt die Zusammenhänge allerdings besonders einsichtig dar.

Die hauseigene **Tonwertkorrektur** in Final Cut Pro dagegen arbeitet nicht mit der gleichen Dezimalskala und lässt sich auch nicht getrennt nach Lichtern und Tiefen einstellen. Mit dem Wert 85 für den Parameter AUSGANGSTOLERANZ bekommen Sie aber ebenfalls den Wertebereich 16 bis 235 – falls das Quellmaterial von 0 bis 255 reicht!

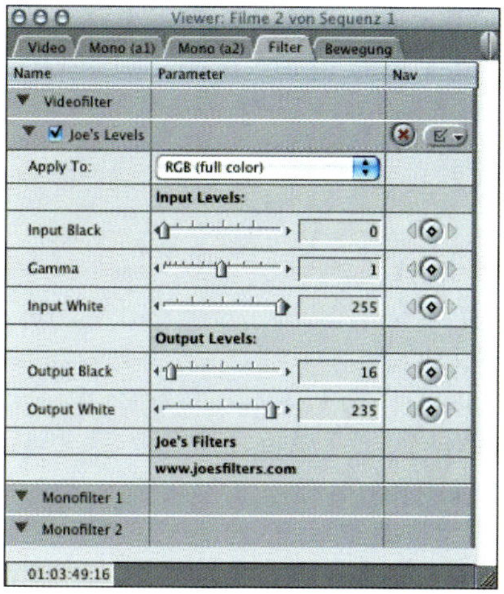

◂ **Abbildung 8.6**
Der Filter »Joe's Levels« aus der weiter hinten beschriebenen Serie stellt in Final Cut Pro die Tonwertkorrektur ganz ähnlich dar, nur ohne Histogramm.

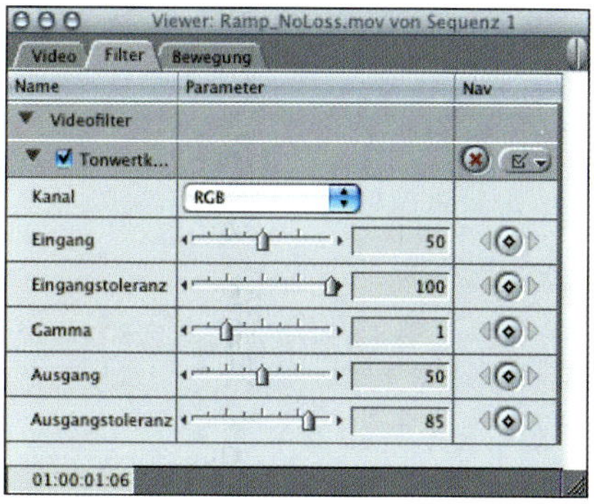

◂ **Abbildung 8.7**
Mit dem Wert 85 für die Ausgangstoleranz in Apples Tonwertkorrektur bekommen Sie ebenfalls die korrekten Werte.

Compressor

So weit ein Stück Theorie hier im Praxiskapitel – leider handelt Apples Compressor im Zusammenhang mit Apples DV-Codec in dieser Hinsicht manchmal etwas eigenmächtig! Das Kompressionsprogramm geht je nach Codec des Quellmaterials davon aus, dass Ihre Bilder eines weiteren Eingriffs bedürfen, und hellt das Material per Gammakorrektur auf. Das wäre nicht ganz verkehrt, wenn dem Programm immer nur Videomaterial mit vollem Kontrastumfang angeboten würde, wie es bei der direkten Übergabe typischer Amateuraufnahmen auf DV oder bei RGB-Grafik und -Animation der Fall ist. Durch deren hohen Kontrastumfang würden die Ergebnisse sonst auf dem Fernsehgerät oft etwas zu dunkel wirken.

Compressor korrigiert eigenmächtig!

Apples MPEG-2-Encoder geht in manchen Fällen davon aus, dass Ihr Videomaterial den Kontrastbereich voll ausschöpft, und korrigiert die Gammakurve mit einer Aufhellung. Diese Funktion kann bisher nicht deaktiviert werden.

---

1 2 3 4 5 6 7 **8** 9 10 11 12 13 14 15 16 17 18 19 20 21 22 A B C

Was aber, wenn Ihr Videomaterial auf einer Profikamera aufgenommen oder auf einem bereits für sendefähige Werte korrigierten Band fertig angeliefert wurde? Dann wird Compressor das Material bei manchen Codecs überkorrigieren und ein zu helles und kontrastarmes Bild auf der DVD liefern. Apples Encoder prüft nämlich das Material vorher nicht auf die Einhaltung des Normbereichs, und die Korrektur lässt sich auch nicht abschalten.

professionelle Encoder

Andere professionelle Encoder wie BitVice oder der MPEG-2-Encoder von Main Concept erlauben zumindest eine manuelle Umschaltung. Bei Compressor kann ich Ihnen nur dazu raten, für den von Ihnen benutzten Video-Codec Testkompressionen auf DVD-RW zu erstellen und auf einem gut eingestellten Videomonitor zu überprüfen. Ich werde diese Problematik im Kapitel 10, »Kompressionspraxis«, vertiefend behandeln.

QuickTime- und DVD-Player kompensieren

Diese Korrekturmaßnahme wird bei der Wiedergabe auf einem Mac nicht sichtbar, da der mitgelieferte MPEG-2-Decoder offensichtlich zur Computerdarstellung genau diese Aufhellung wieder kompensiert. Das führt dazu, dass Ihre Bilder auf dem Mac richtig aussehen, auf dem TV aber eher zu hell. Die Ergebnisse fremder MPEG-Encoder ohne Gammakorrektur werden somit auf dem Mac (je nach Quelle) etwas zu dunkel aussehen ...

Nötigenfalls müssen Sie dann schon in Final Cut Pro etwas in der Gegenrichtung korrigieren (Gammakorrektur oder Proc Amp). Vorher bereits kontrastarmes Material sollten Sie zumindest auf die Nutzung des erlaubten Bereichs ausweiten (Abbildung 8.8).

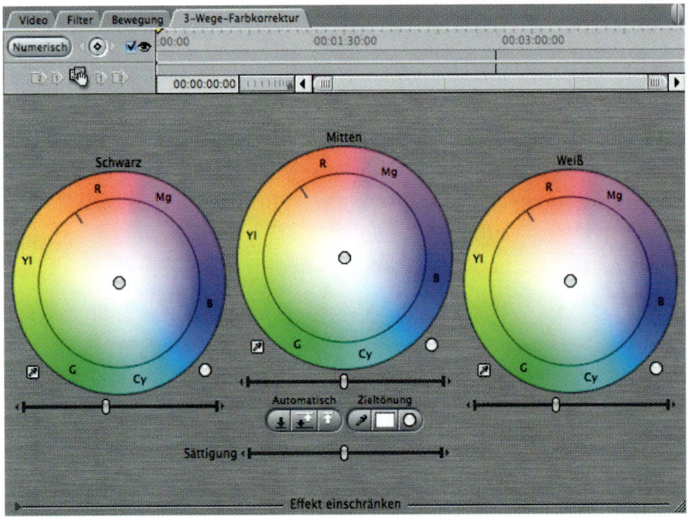

Abbildung 8.8 ► Die 3-Wege-Farbkorrektur in Final Cut Pro – der mittlere Knopf unter AUTOMATISCH dehnt kontrastarmes Material auf den vollen Helligkeitsumfang aus.

Nun ja, wenigstens sind diese Filter auf modernen Maschinen echtzeitfähig! Aber optimal ist das nicht, vor allem wenn Sie mit bereits knapp bemessenen 8 Bit arbeiten müssen. Bei 10-Bit-Quellen wie Digi-Beta sind solche Anpassungen unkritischer, bei 8 Bit können gegenläufige Korrekturen an den Gammakurven zum »Banding« führen, das sind Tontrennungen in weichen Farbverläufen.

So korrigiertes Material dürfen Sie aber nur an Compressor, nicht an einen Fernsehsender liefern – dort würde man es Ihnen um die Ohren hauen! Für eine Broadcast-Version müssen Sie also Ihren Schnitt in einer separaten Sequenz korrigieren bzw. bei ursprünglich korrektem Material die unbearbeitete Version benutzen (Genaueres im Buch »Final Cut Pro« von Andreas Zerr im gleichen Verlag). Trösten dürfen Sie sich damit, dass übliches DV-Material aus semiprofessionellen Camcordern meist richtig aussieht. Aber mir persönlich wäre es lieber, die Korrektur in Compressor bei einem Programm, das ein »Pro« im Namen trägt, auch abschalten zu können.

Kamerapixel

Die Auflösung von CCDs wird in Pixel gemessen, einzelnen lichtempfindlichen Elementen auf der Oberfläche des Chips. Sie sind in einem regelmäßigen, rechtwinkligen Muster angeordnet, und auch die aufgezeichnete Auflösung lässt sich direkt durch die Anzahl der Pixel in beiden Dimensionen angeben. Formate wie DV, Digi-Beta und DVD richten sich in dieser Hinsicht alle nach dem **ITU-601-Standard**, der die Anzahl der Bildelemente mit 720 horizontalen und, je nach Videostandard, 576 (PAL) oder 480 (NTSC) vertikalen Elementen festlegt. Somit kommen wir auf eine Gesamtzahl von 414720 Pixel für PAL und 345600 für NTSC, soweit diese zur endgültigen Aufzeichnung beitragen. Die aufgezeichnete Auflösung von DV (und den Varianten DVCAM und DVCPRO) ist identisch mit DVD. Allerdings besitzen die entsprechenden Camcorder meist geringer auflösende CCD-Technik als reine Profigeräte.

Mehr Pixel

Sie werden vielleicht einwenden, dass Ihr Camcorder doch auch schon mehr Pixel als die 414720 Bildpunkte des PAL-Formats besitzt. Viele moderne Camcorder weisen höhere Pixelzahlen auf, aber diese werden auf verschiedene Weise genutzt. In kostengünstigeren Modellen mit elektronischen Stabilisatoren dienen sie der Bildberuhigung, indem der tatsächlich genutzte Bildbereich auf der Pixelfläche entgegengesetzt zur Wackelbewegung blitzschnell versetzt wird. Bei vielen Amateurcamcordern werden zusätzliche Pixel auch für Fotofunktionen genutzt, ohne zur Videoaufnahme beizutragen. Profikameras dagegen, die außerdem immer drei CCDs besitzen, nutzen einen gewissen Pixelüberschuss zum so genannten **Oversampling**. Die größere Menge verfügbarer Pixeldaten wird mit Hilfe aufwändiger Elektronik auf das Videoformat heruntergerechnet, um Aliasing-Artefakte (die typischen »Treppenkanten« an diagonalen Linien) zu vermindern. Die auf Disk oder Band aufgezeichnete Auflösung ist bei SD für DVD, DV(-CAM/PRO) und sogar Digi-Beta identisch. Bei HDTV ist es etwas komplizierter (siehe Kapitel 7, »Das Videomaterial«).

Außerdem zählt natürlich nicht nur die von der Pixelanzahl definierte Auflösung, sondern auch die von der Optik gelieferte Schärfe. Bei Profikameras kostet oft allein das Objektiv ein Mehrfaches der gesamten Kamera im Amateurbereich. Ein solches Objektiv lässt sich nicht nur präzise von Hand bedienen, sondern liefert auch perfekte Schärfe bis in die Bildecken.

Abbildung 8.9 ▶ Von der Firma JVC gibt es den Profi-Camcorder GY-DV5000, der im normalen DV-Format aufzeichnet. Ein solches Gerät kostet dann aber je nach Wechselobjektiv auch schon mindestens 6 000 €.

8.2 Technik und Ästhetik

An viele technische Eigenheiten des Films haben wir uns ein Leben lang gewöhnt, und sie sind für uns praktisch zum Indiz geworden, dass wir einen »richtigen« Film betrachten. Manches lässt sich bei der Videoaufnahme per Software oder mit optischen Vorsätzen nachahmen.

Künstliche Farbstoffe

Kein fotografisches Medium reproduziert die Farben unserer Umwelt mit absoluter Präzision: Abweichungen gibt es nicht nur im Video. Zwar hat Film eine erheblich feiner differenzierte **Farbwiedergabe** als gängige Videokameras, aber das Kontrastverhalten der verschiedenen Farbschichten ist nicht ganz identisch, und auch die Farbfilterschichten sind niemals perfekt. Daher hat jeder Filmtyp seinen spezifischen »Look«, und ein erfahrener Kameramensch oder Regisseur wird den Film wählen, der am besten zur Atmosphäre der jeweiligen Story passt. Kamerafilter, Farbfilter für die Scheinwerfer und die Farbkorrektur im Kopierwerk erlauben weitere Veränderungen der Farbcharakteristik, und so sind Kinofilme weit davon entfernt, Farben einfach nur naturalistisch abzubilden. Viele großartige Spielfilme beziehen ihre emotionale Wirkung auch aus ganz subtilen Farbstimmungen – im Grunde also aus irrealen Farben.

◂ **Abbildung 8.10**
Dieses Motiv wurde mit den ziemlich radikalen Vorgaben für die Simulation von 8-mm-Farbfilm per CineLook-Filter behandelt.

CineLook-Plug-ins

Die berühmten »CineLook«-Plug-ins von DigiEffects (www.digieffects.com) gestatten die genaue Nachbildung gängiger **Filmtypen** mit perfekt ausgetüftelten Vorgaben für die richtige Einstellung, aber sie sind recht langsam in der Berechnung und nicht gerade billig. Gute Schnittprogramme erlauben ebenfalls eine differenzierte Anpassung oder Veränderung der Farbstimmung, vorbildlich ist zum Beispiel die 3-Wege-Farbkorrektur in Final Cut Pro, die zudem noch in Echtzeit erfolgt. Ganz generell lässt sich sagen, dass Sie für einen Film-Look den Kontrast etwas erhöhen, die Farbsättigung dagegen eher etwas zurücknehmen sollten.

manueller Weißabgleich

Ein ganz simpler Trick zur Veränderung der Farbstimmung schon bei der Aufnahme ist bei Camcordern mit manuellem Weißabgleich möglich. Wenn Sie die Einstellung nicht mit einem weißen Blatt, sondern einem Papier mit leichtem Pastellton vornehmen, wird die Kamera mit einem Stich in der Gegenfarbe reagieren. Ein gelbliches Blatt verschiebt die Farbe ins Blaue, ein blaugrünes ins Rote und so weiter. Verbunden mit subtiler Farbfilterung der Scheinwerfer können Sie auf diese Weise einer Szene gezielt spezielle Stimmungen – wie Unwetter oder Dämmerung – verleihen. Auch Joe Mallers weiter unten erwähnte Filter für Final Cut Pro bieten zusätzliche Möglichkeiten der Farbveränderung und -verfremdung.

Volles Korn?

Die Auflösung von Film wird durch die Größe der Silberhalogenidkristalle und durch Lichtstreuung in der Emulsion bestimmt. Die Kristalle sind feiner bei Filmen mit geringerer Lichtempfindlichkeit wie 25 oder 50 ASA und gröber in Material mit hoher Empfindlichkeit. Auch die Filmtechnik hat in den letzten Jahren noch enorme Fortschritte gemacht, und so hat heute selbst hoch empfindlicher Film mit 400 ASA eine enorme Detailauflösung. Wir können davon ausgehen, dass 35-mm-Film feine Details in jedem Fall weit besser auflöst als DV oder DVD und selbst den HD-Formaten im Originalnegativ noch überlegen ist, auch wenn davon bis zur Vorführkopie im Kino einiges verloren geht.

Filmkorn

Doch der Effekt, den man in der Fachsprache als **Filmkorn** bezeichnet, hat auch eine ästhetische Dimension: Er liegt zwar bei modernen Filmen an der Grenze der Sichtbarkeit und wird kaum bewusst wahrgenommen – abgesehen vielleicht von echten Nachtaufnahmen mit hochempfindlichen Filmen. Aber auf ganz subtile Weise teilt uns das Korn selbst bei einem völlig ruhigen Bild mit, dass wir einen Film und nicht etwa ein Dia sehen: Film lebt! Das Kinopublikum hat sich so daran gewöhnt, dass Videobilder oft als zu sauber und perfekt abgelehnt werden. Das könnte sich ändern, wenn immer mehr Kinos mit Videoprojektion arbeiten, aber vorläufig sollten Sie diesen Faktor noch in Betracht ziehen.

Bildrauschen

Auch beim **Bildrauschen** sind die Profi-Videokameras durch die größere Fläche der Aufnahmechips und raffiniertere Elektronik überlegen, wenn unter schlechten Lichtverhältnissen gearbeitet werden muss. Allerdings ist auf diesem Gebiet der Abstand in letzter Zeit durchaus geringer geworden (Abbildung 8.11). In jedem Fall muss für so viel Licht gesorgt werden, dass die Kamera nicht in die höheren **Verstärkungsstufen** schaltet – deutlich sichtbares Rauschen sollten Sie unbedingt vermeiden.

Abbildung 8.11 ▶ Hochwertige 3-Chip-DV-Kameras wie die VX-2100 von Sony – hier deren DVCAM-Variante PD-170 – liefern erstaunlich rauscharme Ergebnisse auch bei wenig Licht.

Videorauschen vs. Filmkorn

Videorauschen sieht auf subtile Weise anders aus als Filmkorn:

- Die Kristalle in der Filmemulsion sind völlig unregelmäßig verteilt und ändern ihre Lage von Bild zu Bild.
- Ein intensiveres Korn bei höher empfindlichem Film ändert seine Größe, während stärkeres Rauschen seine Intensität erhöht.
- Das deutlichste Artefakt, das wir bei Video sehen können, ist die fixe Anordnung der Pixel, die für Störungen wie Moiré und Treppchenkanten verantwortlich ist.
- Das Rauschen von Video, wie es bei zu schwachem Licht sichtbar wird, entspricht dieser festen Position und sieht allein dadurch schon anders aus als Filmkorn.

Bei einer Produktion zur direkten Vorführung von DV können Sie durchaus darüber nachdenken, erst einmal mit möglichst wenig Rauschen auf Video zu drehen, um dann mit einem Filter wie KÖRNUNG aus After Effects (siehe voriges Kapitel) ein möglichst überzeugendes Filmkorn zu simulieren. In dieser Hinsicht sollten Sie aber zum Filmlook auf DVD immer nur in medizinisch fein abgestimmter Dosierung beitragen, da Rauschen genau wie Korn für die MPEG-Kompression kritischer als für DV mit seinem Intraframe-Verfahren ist (siehe nächstes Kapitel).

◀ **Abbildung 8.12**
Hier wurde das simulierte 8-mm-Korn aus dem vorigen Bild mit Hilfe des Filters »Körnung« wieder entfernt – zugegeben ein ziemlich radikaler Test.

Joes Filter

Wenn Sie nur mit Final Cut Pro arbeiten, sollten Sie einen Blick auf die sehr nützliche Sammlung von Software-Filtern von Joe Maller werfen (www.joesfilters.com). Dort gibt es unter anderen ein Plug-in namens »Levels Noise«, das auf raffinierte Weise eine Kontrastkorrektur und die Generierung von Rauschen kombiniert. Sehr nützlich ist dabei, dass sich das Rauschen vor der Mischung mit dem Bild intern mit einem Blur versehen lässt. Das verhindert Flimmern des simulierten Korns auf einem Fernsehschirm und ist auch für die Videokompression besser, durch die separate Berechnung wird dabei das Bild selbst nicht unschärfer. Mit diesem Filter lässt sich in einem Schritt recht gut ein filmähnliches Aussehen erzeugen. Auf eine Abbildung verzichte ich hier, da sich eine gute Simulation von Filmkorn letztlich nur im bewegten Bild beurteilen lässt.

Volles Bild

Film löst mit 24 Vollbildern pro Sekunde die Zeit schlechter auf als Video, wo 50 verschiedene Positionen bewegter Objekte pro Sekunde erfasst werden, aber wir empfinden gerade das als Teil der typischen Filmästhetik. Im PAL-Format bleibt diese Eigenheit voll erhalten, da man zur Übertragung auf Video den Film einfach etwas schneller laufen lässt. Es gibt dabei technisch gesehen weiterhin **Halbbilder** (ein normales Fernsehgerät könnte das Signal sonst gar nicht wiedergeben), aber der Inhalt der beiden Halbbilder stammt jeweils vom gleichen Vollbild des Films – also vom gleichen Zeitpunkt. Damit entfällt auch der Lattenzaun-Effekt, der sonst in der grafischen Nachbearbeitung von Videoaufnahmen so viel Ärger bereiten kann.

Vollbild-Aufnahme

Eine Vollbild-Aufnahme wie beim Film ist auch mit einigen DV-Camcordern (und fast allen HDTV-Geräten) möglich, dabei sollten Sie aber einige Regeln des Filmhandwerks beachten:

- Schwenks, Zooms und Fahrten der Kamera müssen langsamer erfolgen als bei Videoaufnahmen, da pro Zeitabschnitt weniger Einzelpositionen aufgezeichnet werden als bei den 50 Halbbildern des Videostandards. Anderenfalls können insbesondere lange Horizontalschwenks mit Architekturdetails oder ähnlichen kontrastreichen Linien abgehackt wirken – die Verschmelzung zu einer flüssigen Bewegung in unserer Wahrnehmung funktioniert dann nicht mehr.
- Eine Filmkamera wird fast immer mit Hilfe mechanischer Geräte wie Dolly, Kran oder Steadicam kontrolliert bewegt. Unruhige Handkamera-Aufnahmen sind eher die Ausnahme, auch der Zoom kommt nur sehr sparsam zum Einsatz.
- Die **Belichtungszeit** in der Kamera sollte auf keinen Fall unter 1/50 Sekunde reduziert werden. Falls Ihre Kamera es zulässt, sollten Sie sogar auf eine längere Shutter-Einstellung gehen. Ein gewisses Maß an Unschärfe schneller Bewegungen ist für die filmische Bewegungsillusion vorteilhaft. In Situationen mit zu starkem Licht benutzen Sie daher besser einen Graufilter, der oft schon in die Kamera eingebaut ist.

Möglichst vom Stativ arbeiten

Die Aufnahme mit einem Stativ oder anderen mechanischen Hilfen erlaubt nicht nur eine filmgerechte Kameraführung, sondern sichert gleichmäßigere Bewegungen als die Kameraführung aus der Hand. Dadurch kann die MPEG-Kompression bessere Bewegungsvektoren ermitteln, was letztlich der Bildqualität auf DVD dienlich ist (siehe nächstes Kapitel).

Vollbild-Camcorder

XL-2

Eine semiprofessionelle DV-Kamera mit echtem Vollbildmodus und 16:9-Chips ist die neue XL-2 von Canon. Die Vorgängermodelle der XL- und XM-Serie besaßen zwar auch schon die Möglichkeit der Vollbildaufnahme, aber nur mit etwa 75% der möglichen Vertikalauflösung, da dort noch mit dem »Pixel-Shift«-Verfahren gearbeitet wurde. Gerade die XL-Modelle sind mit ihrer Wechseloptik, der Mehrspur-Tonaufnahme und gutem Rauschabstand für das elektronische Kino geeignet.

◄ **Abbildung 8.13**
Die Canon XL-2 ist neben Panasonics DVX100A eine der ganz wenigen semiprofessionellen Kameras mit einem echten Vollbildmodus bei 25 Bildern pro Sekunde. Die XL-2 bietet zusätzlich einen 16:9-Chip.

AG-DVX 100

Die erste DV-Kamera, die ohne Auflösungsnachteile progressiv aufzeichnen konnte, war die AG-DVX 100 von Panasonic. Diese Kamera (bzw. ihre Nachfolgerin DVX 100A) ist ebenfalls ein sehr professionell ausgestattetes Gerät mit stark filmischer Kontrastwiedergabe, bietet aber leider kein Wechselobjektiv und keinen 16:9-Chip. Ebenfalls von Panasonic kommt die gut ausgestattete Amateurkamera NV-GS400 mit drei 16:9-Chips und 25p-Modus (allerdings nur mit 1/50 Sekunde Belichtungszeit). Sie hat zwar nicht die professionellen Möglichkeiten zur Bildjustage der AG-DVX100(A), ist aber mit etwa 2000 € für diese Ausstattung unschlagbar günstig.

Abbildung 8.14 ▶ Die AG-DVX 100 von Panasonic war die erste semiprofessionelle Kamera, die Vollbilder ohne Auflösungsverluste aufnimmt. Beliebt ist sie auch wegen der guten Objektivkonstruktion.

AJ-SDX900A Im Profisektor war die AJ-SDX900A von Panasonic (Abbildung 8.15) die erste Kamera in Standardauflösung, die einen 16:9-Chip und progressive Vollbildaufnahme mit der sehr hochwertigen DVCPRO-50 Aufzeichnung verbindet, aber die kostet dann auch schon 28 000 €. Im professionellen HD-Sektor kann jede Kamera auch Vollbilder aufzeichnen, wenn auch nicht in Kombination mit jeder verfügbaren Auflösung.

Abbildung 8.15 ▶ Fast schon wie Kino, aber noch kein HD: Die AJ-SDX900A ist die erste Kamera, die einen 16:9-Chip und progressive Vollbildaufnahme mit der sehr hochwertigen DVCPRO-50-Aufzeichnung verbindet.

Zu wenige Bilder bei Sony

Mehrere Sony-Modelle, wie die PD-170, bieten einen so genannten **Progressive Scan** Modus an, der zwar Vollbilder aufzeichnet, aber nur jedes zweite Bild neu belichtet. Sie bekommen bei PAL also nur 12,5 B/sec bzw. 15 bei NTSC. Das führt zu sehr ruckhaften Bewegungen.

Die Vorteile in der Produktionspraxis liegen neben den niedrigen Kosten von DV darin, dass Sie nur noch ein universelles Master-Format für die Auswertung in verschiedenen Medien brauchen, und das weltweit. Für das **Kino** kann dieses Material durch eine Herabsetzung der Geschwindigkeit von 25 auf 24 Bilder pro Sekunde (bei gleichzeitiger Anpassung des Tons) auf 35-mm-Film übertragen werden (in der Fachsprache **Fazen** genannt). Die maximal mögliche Auflösung von Digitalvideo wird beim Vollbild genutzt, und für Film dürfen Sie auch den etwas größeren Kontrastumfang von DV ausreizen (sprechen Sie darüber aber vorher mit dem FAZ-Dienstleister). Gleichzeitig ist PAL-DV wegen der etwas höheren Auflösung, der 4:2:0-Farbkodierung und der näher am Film liegenden Bildgeschwindigkeit optimal für eine **internationale Auswertung** auf DVD und Computer geeignet – ich komme darauf in einem eigenen Kapitel noch zurück. Für die Wandlung von PAL auf NTSC (oder umgekehrt) brauchen Sie in jedem Fall auch Vollbilder (zumindest als Zwischenformat).

HDTV-Kameras

Das Bildmaterial professioneller HDTV-Kameras ist natürlich für die Mehrfachauswertung in Kino, DVD und Fernsehen optimal geeignet, aber diese Kameras sind noch sehr teuer. Zwar kommen mittlerweile auch Kameras im semiprofessionellen HDV-Format auf den Markt, aber keine von diesen Kameras ist für den Film-Look uneingeschränkt zu empfehlen. Die neue JY-HD 10 von JVC arbeitet zwar im Vollbildverfahren, unterstützt aber ausschließlich die NTSC-Bildfrequenzen und ist damit für eine Mehrfachauswertung ungeeignet; außerdem besitzt sie nur einen Chip. Die brandaktuelle Sony HDR-FX1 dagegen unterstützt zwar auch die europäischen Bildfrequenzen, arbeitet jedoch im HD-Format nur in 1080i, also nicht mit Vollbildern. Außerdem ist die Weiterbearbeitung für beide Camcorder wegen der MPEG-2-Kodierung in vielen Schnittprogrammen derzeit noch nicht verfügbar.

Vollbilder nachträglich erzeugen

Zeilensprung

Bilder der meisten gängigen Videokameras sind normalerweise mit Zeilensprung versehen, und dabei könnten Sie es auch belassen, wenn eine DVD in erster Linie für die Vorführung auf TV-Geräten und nicht für den Film-Look vorgesehen ist. Bei der Darstellung auf einem Computer oder Chip-Projektor kann der Zeilensprung zu Artefakten, z. B. in Form von dünnen horizontalen Linien oder Nadeln, führen. Das liegt daran, dass der Computer nicht nur **progressiv** darstellt, sondern auch noch in den meisten Fällen die geringere Zeilenzahl von DVD auf die höhere Auflösung des Bildschirms umrechnen muss. Je nach Qualität des Abspielprogramms bzw. der DVD-Hardware im Computer oder in der Elektronik im Projektor sieht das nicht immer perfekt aus.

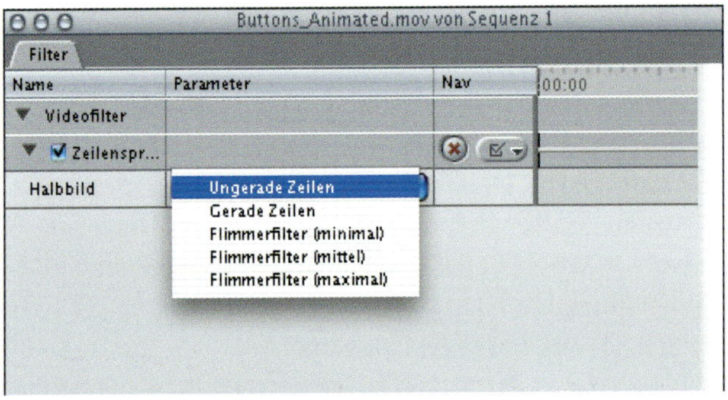

Abbildung 8.16 ▶
Der Filter ZEILENSPRUNG AUFHEBEN in Final Cut Pro arbeitet leider nicht adaptiv.

Deinterlace Wenn Sie aus Videobildern nachträglich die **Interlace-Artefakte** – die »Lattenzäune« – entfernen wollen, gibt es in vielen Programmen für Videobearbeitung eine Deinterlace-Funktion. In der deutschen Version von Final Cut Pro heißt die Funktion ZEILENSPRUNG AUFHEBEN und findet sich unter VIDEO. Dabei wird die Information eines Halbbildes »weggeworfen«, und die fehlenden Zeilen werden durch Interpolation, also einen Vergleich mit den jeweiligen Bildpunkten der Nachbarzeilen, errechnet. Sie können nur wählen, welches Halbbild benutzt werden soll.

Dabei geht aber letztlich Information verloren, wie man in Abbildung 8.17 gut erkennen kann. Wir haben hier nur die eingerahmten Bereiche des Bildes mit einem solchen Filter behandelt. Wenn Sie sich das Bild mit der fahrenden Straßenbahn genauer ansehen, dann hat der Filter bei der Straßenbahn oder dem Radfahrer zwar die gewünschte Wirkung und beseitigt die feinen horizontalen Störungen. Bei dem statischen Hintergrund dagegen ist diese Filterung eigentlich unnötig und führt zu Auflösungsverlusten und neuen Artefakten bei schrägen oder gekrümmten Linien wie hier an der Kuppel des Gebäudes.

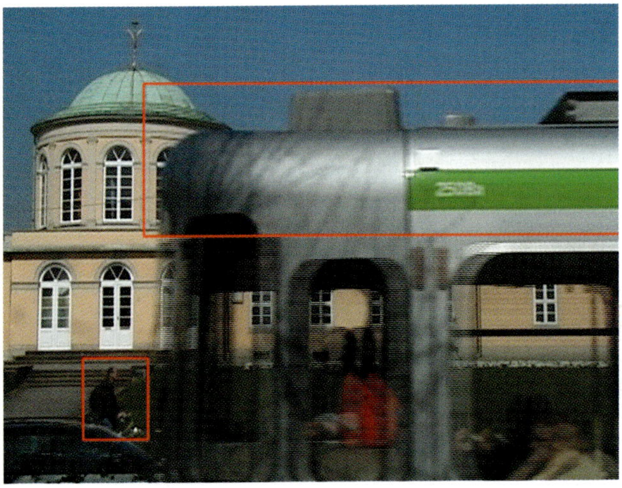

Abbildung 8.17 ▶
Die Qualitätsverluste durch Deinterlacing werden insbesondere bei schrägen oder gekrümmten Konturen wie an der Kuppel des Gebäudes deutlich sichtbar.

adaptives Deinterlacing

Ein perfektes Deinterlacing sollte also unbewegte Bildbereiche erkennen können und von der Bearbeitung ausschließen – was natürlich nur bei einer stabilen Aufnahme mit Stativ von Belang ist. Ein solches Verfahren wird auch als **adaptives Deinterlacing** bezeichnet, doch bei Final Cut Pro ist es von Hause aus nicht verfügbar. Angeblich gibt es diese Funktion serienmäßig in After Effects (bei der Behandlung des importierten Materials). Sie ist bei diesem Programm aber nur sehr unzureichend implementiert – probieren Sie's einmal im direkten Vergleich aus.

Ganz offensichtlich ist adaptives Deinterlacing kein triviales Problem, denn erst einmal muss eine solche Software bewegte Bildbereiche sauber von unbewegten trennen können. Erst seit kurzer Zeit ist die dafür notwendige Rechenleistung auf Desktop-Rechnern verfügbar, und geeignete Verfahren zur Bewegungsermittlung wurden in ähnlicher Form für die MPEG-Kompression entwickelt. Mittlerweile gibt es auch hoch spezialisierte Plug-ins für die gängigen Videoprogramme, die diese Aufgabe hervorragend lösen. Das meiner Ansicht nach beste unter den preisgünstigen Angeboten und den Umgang damit möchte ich Ihnen hier vorstellen.

FieldsKit

Eine Software, die das adaptive Deinterlacing perfekt beherrscht, ist das FieldsKit von der Firma RE:Vision Effects. Dabei handelt es sich um ein Plug-in für After Effects, das aber auch mit Final Cut Pro arbeitet, mit 90 US-$ recht preiswert ist und exzellente Ergebnisse liefert. Es erzeugt durch Vergleich mit den Nachbarbildern eine Maskierung der bewegten Bildbereiche, auf die es dann seine hochwertigen Algorithmen zur Interpolation der Zwischenzeilen anwendet.

◄ **Abbildung 8.18**
Durch die Ermittlung der bewegten Objekte im FieldsKit wirkt sich der Filter nur auf die Bildbereiche aus, in denen tatsächlich Interlace-Artefakte auftreten können.

Abbildung 8.19 ▸ Während die Artefakte auf der Lokomotive verschwunden sind, lässt das adaptive Deinterlacing feine Details, wie hier den Schotter des Gleisbetts, völlig unangetastet.

Ich habe dieses Programm auch beim Übungsmaterial auf der CD für die Wandlung der Commercials von NTSC zu PAL eingesetzt. Sie können eine Testversion und ausführliche Erläuterungen von der Website der Firma beziehen (www.revisionfx.com). Zu dem kompletten Satz gehört auch ein Re-Interlacer und ein Modul für das 3:2-Pulldown (siehe NTSC). Beide werden für die folgende Aufgabe nicht benötigt, können aber bei der Wandlung von PAL zu NTSC für sehr hohe Qualität sorgen.

Ich möchte Ihnen den Einsatz des Deinterlacers unter Final Cut Pro genau erläutern, auch wenn Programme wie After Effects, Commotion oder Combustion ebenso dafür geeignet wären.

Schritt für Schritt: Einsatz des FieldsKit Deinterlacers mit Final Cut Pro

1. Filter hinzufügen

Legen Sie Ihr Quellmaterial in die Timeline und fügen ihm den Videofilter »FieldsKit Deinterlacer« aus dem Untermenü RE:VISION PLUG-INS hinzu.

2. Filtereinstellungen vornehmen

Die in der Abbildung gezeigten Einstellungen für den Deinterlacer sind recht gute Ausgangswerte, die Sie aber je nach Videomaterial eventuell noch anpassen sollten.

Öffnen Sie die Filtereinstellungen, und stellen Sie für einen ersten Test die hier angezeigten Werte ein.

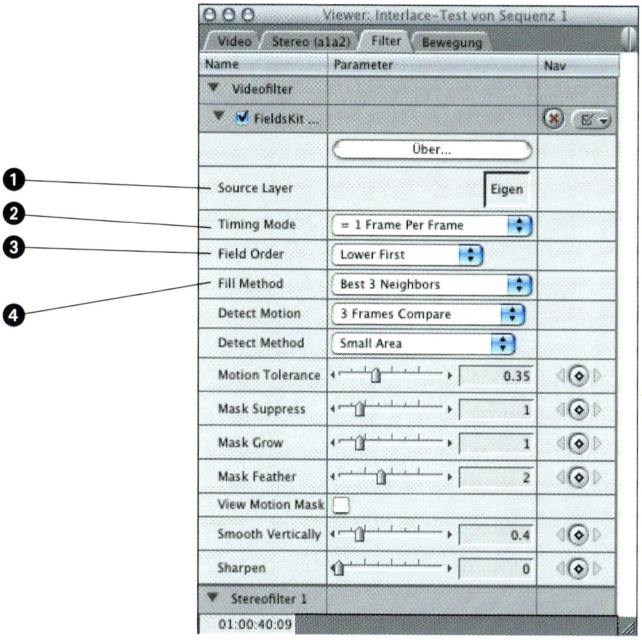

Der Source Layer ❶ steht für diesen Zweck immer auf Eigen, da die jeweilige Spur selbst behandelt werden soll.

Der Timing Mode ❷ sollte auf 1 Frame Per Frame bleiben, wenn wir keine Zeitlupe erzeugen wollen und die Bilder bereits Bewegungsunschärfe enthalten. Wenn Sie dagegen etwas Bewegungsunschärfe hinzufügen möchten, stellen Sie auf Fields Blend, 1 Frame per Frame.

Die Field Order ❸ ist für DV immer Lower First, bei anderen Quellformaten konsultieren Sie bitte die technischen Angaben der Gerätehersteller. Manchmal werden Sie dort auch die Begriffe Odd und Even finden, dabei entspricht Odd dem Eintrag Upper First und Even Lower First. Wenn Sie hier einen Fehler gemacht haben, wird Ihr Material beim Abspielen auffällig zitternde Bewegungen aufweisen – dann probieren Sie die gegenteilige Version.

3. Vom Bildmaterial abhängige Einstellungen

Bei den weiteren Einstellungen sollten Sie meine Angaben nur als ersten Anhaltspunkt betrachten, da die optimalen Werte hier stark vom Bildmaterial abhängen können.

Der erste Eintrag bei Fill Method ❹ bestimmt die Interpolation, mit der die gelöschten Pixel aus dem verbleibenden Halbbild ersetzt werden – hier habe ich mit Best 3 Neighbors gute Erfahrungen gemacht. Best 5 Neighbors kann noch etwas präziser aussehen, neigt aber bisweilen auch zu einer leichten Kantenrauigkeit schnell bewegter Objekte.

4. Bewegte Bereiche bestimmen

Bei Detect Motion ❶ stellen Sie auf 3 Frames Compare, wenn die Bewegungen im Bild möglichst vollständig erfasst werden sollen, die Berechnung dauert allerdings etwas länger als bei 2 Frames Compare.

Diese und die folgenden Einstellungen betreffen den Kern unserer Bemühungen, nämlich die Beschränkung des Deinterlacers auf Bildbereiche, die sich tatsächlich bewegt haben.

Wenn Sie nicht vom Stativ aus gearbeitet haben, können Sie sich die damit verbundene erhebliche Rechenzeit sparen und den Eintrag auf No Motion Mask stellen, da immer Bewegung im Bild ist. Das Gleiche gilt natürlich für Kamerafahrten, Schwenks oder einen Zoom.

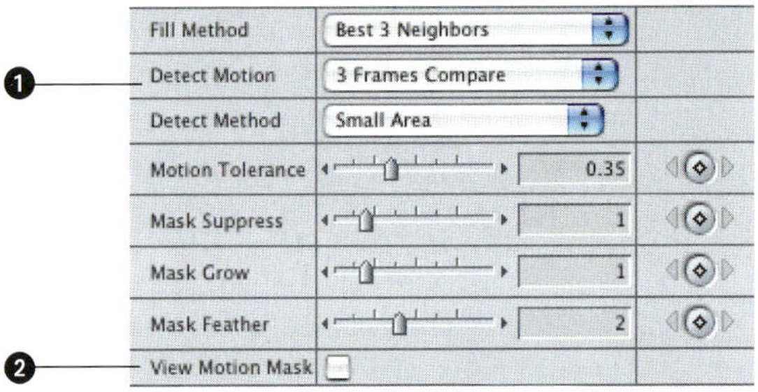

5. Feinjustierung

Zur Feinjustage der folgenden Werte machen Sie durch Anklicken von View Motion Mask ❷ die Bewegungsmaske temporär sichtbar, sie ist dem Bild in Rot durchscheinend überlagert, während der Rest bläulich eingefärbt wird.

An diesem Beispiel lässt sich gut erkennen, wie scharf konturierte Details der fahrenden Lokomotive als bewegt erkannt werden, während großflächige Bereiche an den Seitenflächen mangels Detailinformation und der überwiegende Teil des Hintergrunds als unbewegt gelten. Einige verstreute rote Flecken deuten auf Bildrauschen hin, das als Bewegung interpretiert wird.

Um diesen Effekt abzumildern, benutzen wir bei DETECT METHOD ❸ die Einstellung SMALL AREA und nicht POINT DIFFERENCE, die sich nur bei extrem rauscharmem Material empfiehlt. Bei der Einstellung LARGE AREA dagegen können kleinere bewegte Objekte bereits unentdeckt bleiben und Artefakte aufweisen.

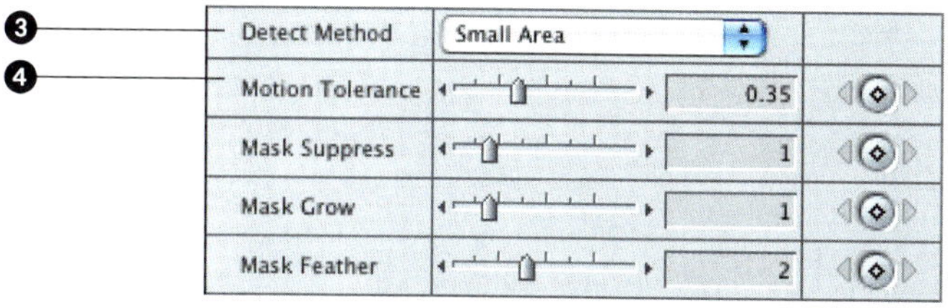

Die Vorgabe für MOTION TOLERANCE ❹ steht auf 0,35, hier sollten Sie mit der Einstellung bei gutem Quellmaterial noch etwas heruntergehen, aber nur so weit, dass die Maske nicht zu viel Rauschen mit erfasst.

Der Wert für MASK SUPPRESS ❺ bestimmt, ähnlich wie das Verkleinern einer Auswahl in Photoshop, um wie viele Pixel die Ränder der Maske reduziert werden. Der hier gewählte Wert lässt Details mit nur einem Pixel Größe verschwinden, aber auch die erwünschten Maskenbereiche um diesen Betrag schrumpfen.

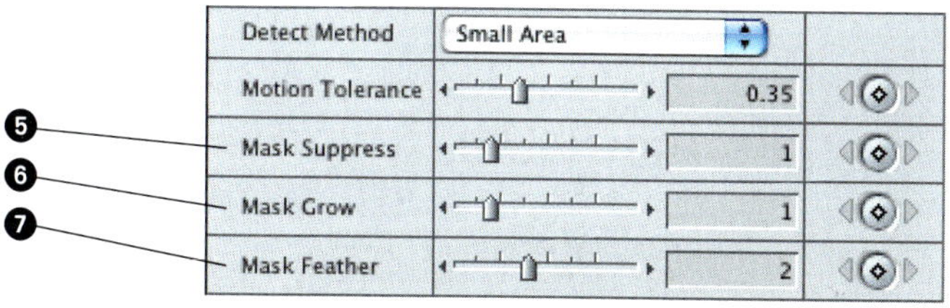

Deshalb wurde MASK GROW ❻ ebenfalls auf den Wert 1 gesetzt, so dass die verbleibende Maske wieder entsprechend erweitert wird.

Mit MASK FEATHER ❼ schließlich erzeugen wir eine weiche Maskenkante, so dass die geringen Unterschiede zwischen gefilterten und ungefilterten Bildteilen nicht als harte Kontur erkennbar werden.

Wenn Sie mit Ihrer Bewegungsmaske nach einigen Stichproben anderer Zeitpunkte zufrieden sind, müssen Sie diese wieder ausschalten, sonst

1 2 3 4 5 6 7 **8** 9 10 11 12 13 14 15 16 17 18 19 20 21 22 A B C

bleibt sie im gerenderten Film sichtbar (was zu Testzwecken durchaus nützlich sein kann).

6. Letzte Filter setzen

Die beiden letzten Filter werden erst nach dem eigentlichen Deinterlacer berechnet und wirken ebenfalls nur auf die Bereiche innerhalb der Maske:

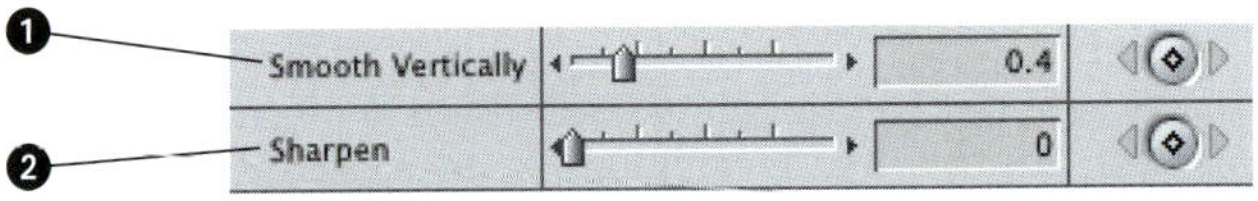

SMOOTH VERTICALLY ❶ entspricht einer leichten vertikalen Unschärfefilterung, ähnlich wie der Flimmerfilter aus Final Cut Pro. Diese wird nur in seltenen Fällen benötigt, da sich die Vertikalauflösung schon durch das Deinterlacing reduziert. Wenn Sie aber in den gefilterten Bereichen noch **Aliasing** (Treppenkanten) bemerken, kann dieser Filter mit einem Faktor von 0,4–0,8 ganz gut helfen.

Die künstliche Kantenschärfung durch SHARPEN ❷ sollte fast immer ausgeschaltet bleiben, da Kameras und Fernsehschirme hier meist schon zu viel des Guten tun (siehe unten). ■

Schritt für Schritt: Deinterlacing mit der Blend-Methode

Eine etwas schnellere und ganz brauchbare Alternative mit »Bordmitteln« in Final Cut Pro.

Sie verstärkt den Eindruck von Bewegungsunschärfe und funktioniert folgendermaßen:

1. Video übereinander legen

Legen Sie eine weitere Videospur in der Sequenz an, und platzieren Sie Ihr Originalmaterial zweimal exakt zeitgleich übereinander in die beiden Spuren.

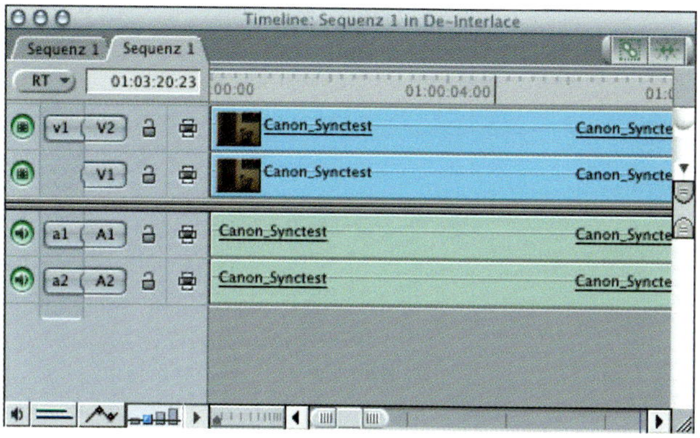

2. Zeilensprung aufheben

Lassen Sie vom Final Cut Pro-eigenen Filter ZEILENSPRUNG AUFHEBEN beim einen Exemplar die geraden und beim anderen die ungeraden Halbbilder berechnen.

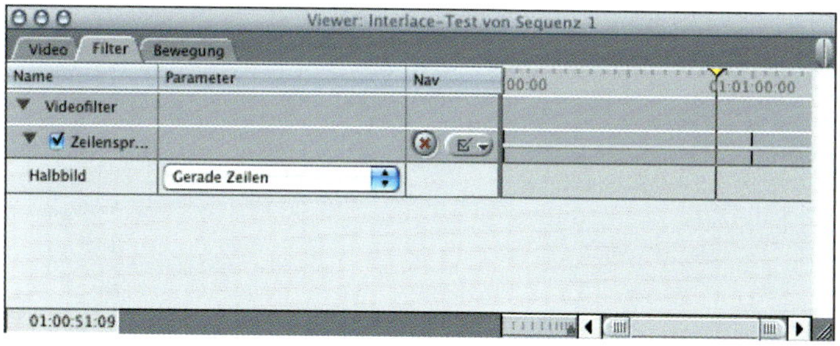

3. Deckkraft auf 50 % einstellen

Stellen Sie beide im Tab BEWEGUNG auf eine Deckkraft ❶ von 50 % ein.

4. Composite-Modus auf Addieren Stellen Sie für die obere Spur per `Ctrl`-Klick (oder mit der rechten Maustaste) den Composite-Modus auf Addieren ein.

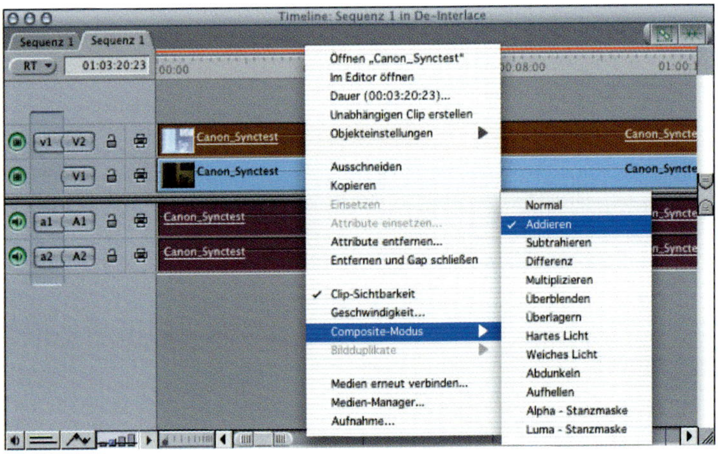

■

Bewegungsunschärfe Während unbewegte Bildteile nur wenig an Auflösung verlieren, zeigen die bewegten Partien im Standbild zwar Doppelkonturen, diese wirken im laufenden Film aber ähnlich wie eine Bewegungsunschärfe und können damit sogar erwünscht sein. Der Effekt lässt sich je nach Motiv noch durch Feinjustage der beiden Deckkrafteinstellungen optimieren. Diese Methode braucht weniger als die Hälfte an Rechenzeit im Vergleich zum FieldsKit, und sie kann bei Videobildern mit zu kurzer Belichtungszeit, die sonst im Vollbildverfahren zum Ruckeln neigen, sogar die bessere Alternative sein.

Aber auch der Filter ZEILENSPRUNG AUFHEBEN in Final Cut Pro, der hier sogar doppelt berechnet werden muss, glänzt nicht gerade mit Tempo. Der Deinterlacer aus Joe Mallers Serie ist deutlich schneller, und sein »Field Blender«, erledigt den hier beschriebenen Prozess in einem einzigen Durchgang. Joe's Filters enthalten zusätzlich noch einen »Field Fixer«. Der bietet die Korrektur einer falschen Halbbildfolge oder einer PAL-Filmüberspielung, bei der die Vollbilder des Originals sich auf jeweils zwei Videobilder verteilen. Das wird manchmal bei der Überspielung bewusst so gemacht, um das Aussehen mehr an Videoaufnahmen anzupassen. Als Problem zeigt es sich besonders bei Schnitten, wo sich in diesem Fall zwei verschiedene Bildinhalte vermischen. Sie sollten das korrigieren, wenn Sie auf Video im Vollbildmodus gedrehtes Material mit echten Filmausschnitten zusammenschneiden wollen.

Video – mit Schärfe nachgewürzt

Video-Enhancer

Die rein technische Auflösung unserer beiden Medien lässt sich nicht direkt auf den wahrgenommenen Eindruck von Schärfe beziehen. Da die physikalische Schärfe von DV so viel geringer ist als die des Films, versuchen Camcorder und andere Videogeräte unser Auge mit technischen Tricks zu überlisten. Die Erkennbarkeit feiner Details lässt sich verbessern, indem man an deren Kanten den Kontrast erhöht. Auf diese Weise glauben wir, eine höhere Auflösung zu sehen, als tatsächlich vorhanden ist. Dieses Feature wird in der Profitechnik als **Video-Enhancer** bezeichnet oder einfach als **Sharpness** bei Consumer-Geräten. Elektronisch gesehen handelt es sich um eine Art von Überschwingen bei hohen Frequenzen im Bildsignal, das eine feine helle Linie neben den dunklen Bereichen oder eine dunkle neben den hellen erzeugt.

Artefakte

Unglücklicherweise machen das nicht nur Kameras, sondern auch andere Geräte in der Reproduktionskette – wie Abspielgeräte oder Fernseher – und tun damit oft zu viel des Guten. Ziemlich unschöne Artefakte können die Folge sein. Typisch sind **Mehrfachkonturen** feiner Strukturen wie z. B. von Zweigen vor hellem Himmel oder – fast noch schlimmer – die Übertreibung feiner Abweichungen auf menschlicher Haut wie Falten oder Flecken. Insbesondere die Damen wissen so etwas in ihrem Hochzeitsvideo gar nicht zu schätzen ...

Abbildung 8.20 ▶ Die elektronische Kantenschärfung setzt neben jede Kontrastkante noch eine zusätzliche feine Linie.

Die meisten billigen Camcorder lassen eine Justage oder Abschaltung dieser Kantenschärfung nicht zu, aber bei professionellen Kameras und den gehobenen DV-Modellen wie der VX2100/PD170, der DVX100 oder der XL-2 verbergen sich in den Tiefen der Menüs Einstellmöglichkeiten unter dem Begriff SHARPNESS oder DETAIL. Für einen eher filmischen Bildeindruck auf DVD und insbesondere für die Übertragung auf Film empfiehlt es sich fast immer, den Wert gegenüber der Standardeinstellung etwas zu reduzieren. Nicht gerade ganz bis zum Anschlag, das könnte ein zu weiches Bild ergeben. Aber solche Dinge müssen sowieso Szene für Szene beurteilt werden: Ein Porträt verträgt weniger Kantenschärfung als eine Totale.

Film – weich wie alter Cognac

Film auf der anderen Seite wird durchaus noch weicher aussehen, da das Licht dort relativ weit in die lichtempfindliche Schicht eindringt. Das führt zu einem unvermeidbaren Anteil von **Lichtstreuung** zwischen den Partikeln der Emulsion, aber auch der Verbrauch chemischer Substanzen bei der Entwicklung trägt auf subtile Weise zur typischen Überstrahlung heller Bildbereiche bei. Wir haben uns an diese Eigenschaft des Films so sehr gewöhnt, dass sie zum Kinoerlebnis gehört, obwohl dies alles andere als »realistisch« ist.

Sie kennen sicher diese typischen Szenen, in denen sich das Licht in die Konturen der Darsteller vor einem starken Gegenlicht am Ende eines Tunnels frisst und sie fast zu Aliens mutieren lässt. CCD-Chips dagegen verarbeiten das Licht sehr nah an ihrer Oberfläche und weisen diesen Effekt nicht auf. Überstrahlte Bereiche werden im Video eher zu hart konturierten weißen Flecken. So entsteht ein Teil der Härte oder Künstlichkeit von Video, die Zuschauer meist nicht schätzen. Die interessanten neuen Chips von Foveon (www.foveon.com) arbeiten – nach dem, was man so zu lesen bekommt – in dieser Hinsicht eher wie der Farbfilm und könnten ähnliche Eigenschaften aufweisen. Bisher gibt es sie aber nur in wenigen Stillvideo-Kameras, so dass wir uns nach anderen Hilfsmitteln umsehen müssen.

Weichzeichner-Effekt

Filmkameraleute und Regisseure schätzen diese Lichtstreuungen im Film seit 100 Jahren so sehr, dass sie sich sogar Methoden ausgedacht haben, diesen Weichzeichner-Effekt noch zu verstärken. Eine primitive Methode war und ist es, einen Damenstrumpf aus Seide oder später Nylon über das Objektiv zu ziehen. Mit der Zeit hat die Filmindustrie spezielle Filter entwickelt, die den Effekt besser steuerbar werden ließen.

Beispiel für Weichzeichner im Film

Nehmen wir als Beispiel Spielbergs »Minority Report«: Viele Szenen wurden dort mit starkem Weichzeichner aufgenommen, was ihnen einen fast surrealen Charakter verleiht. Schauen Sie sich noch einmal die Szenen im Haus der Exfrau des Hauptdarstellers an, wo die präkognitive Agatha mit einem Fenster im Rücken zu sehen ist, und achten Sie auf die schönen, weichen Lichter. Kann es sein, dass uns solche Bilder an unsere eigene Wahrnehmung der Umwelt erinnern, wenn Emotionen so stark sind, dass die Augen feucht werden? In diesem speziellen Fall wird der Effekt natürlich auch aus filmästhetischen Gründen eingesetzt, da er die Szene mit den Sequenzen verbindet, in denen wir die »Pre-Cogs« in der weiß leuchtenden Flüssigkeit im »Tempel« gesehen haben.

Vorsatzfilter Fog und Mist

Eine typische Serie entsprechender Vorsatzfilter finden Sie unter den Namen Fog (Nebel) oder Mist (Dunst) in zahlreichen Varianten. Werfen Sie einen Blick auf die Website des Herstellers Tiffen (www.tiffen.com): Dort finden Sie besonders bei den DV-Kits umfangreiche Informationen, aber andere große Anbieter wie Hoya haben Vergleichbares im Programm. Ein Filter, den anspruchsvolle Videofilmer gern verwenden, ist der »Black Pro-Mist« in einer Stärke von ⅛ bis ½. Die Wirkung solcher Filter ist von der Ausleuchtung ebenso wie von der Brennweite abhängig – Teleaufnahmen tendieren an sich schon zu einer weicheren Darstellung. Die richtige Filterstärke müssen Sie somit je nach Motiv durch Probeaufnahmen ermitteln, mit der Zeit hilft die Erfahrung. Ein solcher Filter wird nicht nur subtile Streuungen der Lichter erzeugen, sondern auch den Gesamtkontrast der Aufnahme mildern. Da der Kontrast vieler Motive ohne Zusatzlicht Video noch leichter überfordert als eine Filmkamera, ist es durchaus wünschenswert, den Kontrast schon vor dem Chip herabzusetzen.

Abbildung 8.21 ▶
Hier wurde das gleiche Motiv – Glasobjekte mit starken Highlights – einmal ohne Filter und einmal mit einem relativ kräftigen »Black Pro-Mist« mit dem Faktor 1 aufgenommen.

Vorsatzfilter Soft Contrast

Ein anderer beliebter Filtertyp heißt »Soft Contrast«: Hier werden nicht nur die Kontraste gedämpft, sondern auch die Farbsättigung. Die Filter der Serie »Ultra Contrast« dagegen reduzieren – anders als der Name erwarten lässt – nur die Kontraste. Noch stärkere Weichzeichnerwirkung und eine etwas wärmere Tönung erzielt die »Soft/FX«-Serie. Sie eignet sich mit ihrer sehr romantischen, verträumten Bildwirkung besonders für zarte Porträts, die ohne jede Filterung im Video oft zu hart wirken. Das radikalste Hilfsmittel zur Kontrastreduktion, Aufhellung dunkler Bildbereiche und Schaffung von Atmosphäre insbesondere bei Innenaufnahmen ist eine Nebelmaschine, wie sie heutzutage im Discobedarf auch nicht mehr schwer zu finden ist.

Abbildung 8.22 ▶
Diese Nahaufnahme wurde ohne Filter aufgenommen und zeigt die typische Härte einer Aufnahme per CCD.

◀ **Abbildung 8.23**
Hier wurde das Porträt mit einem »Soft/FX« der Stärke 1 weicher gestimmt.

Beachten Sie bitte, dass subtile Filterwirkungen bei Videobildern sich im Druck nicht exakt reproduzieren lassen – unter anderem weil der Bildschirm eine Lichtquelle darstellt. Wir haben daher alle Bildbeispiele zu diesen Filtern auch auf die Buch-DVD kopiert.

Nun werden heute ja von Drittherstellern Hunderte von Plug-ins mit den wildesten Spezialeffekten für jede gängige Nachbearbeitungssoftware angeboten. Darunter finden sich natürlich auch einige Filter, die reale optische Filtervorsätze und Filmeigenschaften nachbilden wollen. Können Sie mit ihren realen Vorbildern mithalten?

Software zum »Dahinterschrauben«

Exemplarisch möchte ich hier die Filterserie **55mm** von Digital Film Tools (www.digitalfilmtools.com) und **Joe's Filters** für Final Cut Pro (www.joesfilters.com) vorstellen. Die Filter aus der Serie 55mm arbeiten mit allen zu After Effects kompatiblen Programmen auf PC und Mac, Joe's Filters natürlich nur auf dem Mac.

Filterserie 55mm

Die Filterserie 55mm bezieht ihren Namen von einem verbreiteten Frontgewinde für Kameraobjektive und konzentriert sich ausschließlich auf die Nachahmung gängiger optischer Filter. Der Filter »Faux Film« kombiniert sogar gleich die Wirkung mehrerer Filter mit Korn, gesofteten Highlights sowie Kontrast- und Helligkeitskorrekturen und kommt dem angestrebten Film-Look schon recht nahe. Da manche Filtereinstellungen Werte außerhalb des erlaubten Spielraums für Broadcast-Video erzeugen können, bieten alle Filter dieser Serie die Option an, die Wirkung auf den zulässigen PAL- oder NTSC-Bereich einzuschränken.

Abbildung 8.24 ▶ Hier habe ich den Filter »Mist« aus der Serie »55mm« auf unser obiges Motiv angewendet. Geboten werden aber auch ein »Fog« und ein »Skin Smoother« (zur Unterdrückung von Fältchen und Hautunreinheiten).

Abbildung 8.25 ▶ Mit dem Filter »Bleach Bypass« aus der Serie 55mm wird das Weglassen des Bleichvorgangs in der Farbentwicklung simuliert, wie es ähnlich in Teilen von »Matrix Reloaded« zu sehen ist.

Joe's Filters Joe's Filters von Joe Maller bieten einen sehr breiten Einsatzbereich und haben von der amerikanischen Zeitschrift »Mac World« die nur selten vergebene höchste Wertung mit »fünf Mäusen« erhalten. Sie eignen sich ausschließlich für Final Cut Pro, da sie auf dessen interner Skriptsprache basieren, und die Mehrzahl läuft auf aktueller Hardware in Echtzeit. After Effects-Plug-ins dagegen werden neben der Nutzung in Final Cut Pro von vielen anderen Schnitt- und Compositing-Programmen unterstützt. Doch diese Beschränkung auf Final Cut Pro hat für Apple-User den Vorteil, dass Joe's Filters ohne Änderung auch unter OS X laufen und Multiprozessor-Maschinen unterstützen, während After Effects-Plug-ins nur per Update neuere Systemversionen oder Dual-CPUs nutzen können. Für unser

Thema, den Film-Look, sind Joes »Diffuser« und der »Color Glow« besonders interessant.

◂ **Abbildung 8.26**
Der Autor Joe Maller meint, dass sein »Diffuser« einem Pro-Mist entspräche. Urteilen Sie selbst: Hier wurde er mit der Standardeinstellung auf das schon bekannte Gläser-Motiv angewendet.

Man erkennt, dass die Simulation eines hochwertigen optischen Filters nicht ganz einfach ist. Es fehlt der zarte Glanz um das gesamte Objekt herum, der sich nur zeigt, wenn man den Parameter Blur stark erhöht. Dann geht aber zu viel Zeichnung in den Lichtern verloren. Ein zarter Sterneffekt des realen Filters auf den Glanzlichtern (der im Druck allerdings kaum auffällt) fehlt bei der Software-Version ebenfalls. Die exakte Wirkung des optischen Filters lässt sich nur durch die Kombination mehrerer Software-Filter (z. B. Diffuser und Color Glow) und sehr sorgfältige Justage auf das jeweilige Motiv annähernd erreichen.

◂ **Abbildung 8.27**
Bei dem Porträt dagegen schafft es auch »Joe's Diffuser« sehr gut: Der harte Video-Look verschwindet, und es wird wieder romantischer.

Abbildung 8.28 ▶ Der »Color Glow« kommt dem Nylonstrumpf-Effekt recht nahe. Die Highlights werden besser zum Glühen gebracht als mit dem »Diffuser«, aber es fehlt die Kontrastreduktion – die sich natürlich ohne Probleme auch im Hostprogramm erreichen lässt.

Trotzdem sind für Besitzer von Apples Final Cut Pro Joe's Filters derzeit der heißeste Tipp zum Film-Look in der Nachbearbeitung. Die Serie ist mit ihren über 30 Filtern auf dem Gebiet praktisch komplett, abgesehen vielleicht von einem sehr hochwertigen Entrauscher wie dem in After Effects 6.5 für Problemfälle und echtem, bewegungsgesteuertem Motion-Blur wie dem von der Firma Re:VisionFX. Käufern der Vollversion wird von Joe Maller sogar der Quelltext zur Verfügung gestellt, so dass sie sich mit ein paar Scripting-Kenntnissen an eigene Modifikationen und Weiterentwicklungen heranwagen können. Der Autor unterhält dazu auf seiner Web-Site eine sehr gute Rubrik zum Scripting mit der Filtersprache in Final Cut Pro.

Hard- oder Software-Filter?

Der größte Vorteil aller Software-Filter ist ihre stufenlose Justierbarkeit, wenn Einstellungen perfekt auf das Motiv abgestimmt werden sollen. Um mit optischen Filtern feine Korrekturen vornehmen zu können, müssen Sie recht viel Geld für komplette Reihen ausgeben. Außerdem sollten Sie sich dann zu Ihrer Kamera besser ein Kompendium für Einsteckfilter (z. B. von Chrosziel) zulegen, denn sonst wird mehrfacher Filterwechsel ein ziemliches Gefummel.

Software-Filter: Nachteile

Der wesentliche Nachteil aller Software-Filter darf hier aber nicht verschwiegen werden: Alle arbeiten mit den Daten aus der Kamera, die bereits auf den 8-Bit-Bereich beschränkt sind und im Falle von DV auch schon erheblich komprimiert wurden. Eine Kontrastreduktion zum Beispiel kann an dieser Stelle die Qualität nicht mehr verbessern, sondern nur einen speziellen Bildeindruck nachahmen. Daher gilt im Grunde die gleiche Regel wie beim Ton: Ein Problem sollte man möglichst schon an der Quelle kurieren.

Chroma-Keying

Persönlich halte ich mehr von realen Filtervorsätzen an der Kamera, mit einer Ausnahme: Keying! Wenn Sie Aufnahmen für Chroma-Keying oder ähnliche Arbeiten drehen, sollten diese so klar und scharf wie nur möglich sein, da verbietet sich jegliche Diffusion bei der Aufnahme. In solchen Fällen sind die hier beschriebenen Filter ideal für die Nachbearbeitung, ebenso wie die **künstliche Bewegungsunschärfe** mit dem »Motion Blur«-Plug-in der Firma RE:Vision FX (www.revisionfx.com). Eine sehr nützliche Funktion hat in diesem Zusammenhang auch der »Channel Blur« aus Joe Mallers Serie: Sie können ihn separat nur auf die Farbinformation anwenden. Damit lassen sich die Klötzchenstrukturen an der Kante eines Bluescreens oder anderer Chroma-Keys verringern, wie sie von der verringerten Farbauflösung bei DV verursacht werden. Final Cut Pro besitzt seit der Version 4 ebenfalls einen vergleichbaren Filter (unter dem Namen FARBGLÄTTUNG bei STANZSIGNAL).

8.3 Breit werden

Zum Film-Look gehört natürlich das breitere Bild, doch echte 16:9-Chips besitzen nur wenige Kameras der Amateur- bis semiprofessionellen Klasse, auch wenn die meisten Kameras heute auf elektronischem Wege eine **anamorphotische 16:9-Aufnahme** anbieten. Dabei wird aber nicht auf einen größeren horizontalen Bildbereich wie bei Profigeräten umgeschaltet, sondern der vertikale Bildwinkel wird reduziert und auf die volle Bildhöhe gedehnt. Solche Camcorder liefern also eine Art »Widescreen-Light«: Die reale Auflösung verringert sich erheblich (mehr dazu im Kapitel 6, »Bewegte Bilder«, unter »Widescreen«). Das Sucherbild im 16:9-Format wird zudem nicht von allen älteren Camcordern richtig angezeigt, selbst die semiprofessionelle XL-1 von Canon gab noch ein verzerrtes Bild aus.

Breit per Software

Bei allen Camcordern ohne echten 16:9-Chip empfiehlt es sich, für die Aufnahme im 4:3-Modus zu bleiben und nur den Ausklappsucher mit abwaschbarem Filzstift zu markieren oder einen externen Monitor so abzukleben, dass man den Ausschnitt für 16:9 beurteilen kann. Die endgültige Festlegung des Ausschnitts kann dann in Final Cut Pro mit dem Filter BREITBILD erfolgen, den Sie unter der Rubrik MASKE finden.

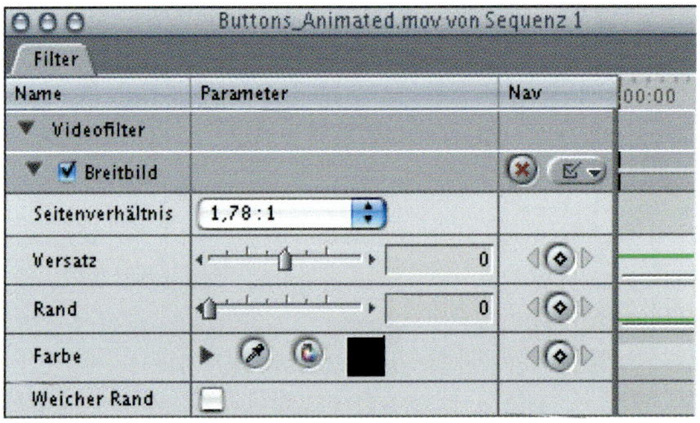

Abbildung 8.29 ▶ Möchten Sie das 16:9-Format simulieren, wählen Sie das Seitenverhältnis 1,78:1 aus dem Menü SEITENVERHÄLTNIS.

Das hat den zusätzlichen Vorteil, dass Sie den genauen Ausschnitt per Keyframe szenenweise korrigieren können, wenn einmal ein Mikro ins Bild kommt oder ähnliche Missgeschicke passieren. Bei der Sequenzeinstellung muss dazu natürlich anamorphotisches 16:9 aktiviert sein, und unter dem Titel BEWEGUNG müssen Sie mit den Funktionen SKALIERUNG und SEITENVERHÄLTNIS (unter VERZERREN) das Bild formatfüllend justieren.

Breit mit Chips

Lange Zeit eine große Ausnahme war die DSR-PDX10 (die DVCAM-Version des TRV-950) von Sony, die ihren höher auflösenden Chip neben der Fotofunktion auch für eine echte 16:9-Aufnahme nutzt. Doch war Sony hier der Vorreiter eines für uns sehr willkommenen Trends, denn inzwischen haben andere Hersteller wie Canon und Panasonic nachgezogen (siehe bei »Vollbilder« ab Seite 300). So schwer war das auch nicht, da sich ja oft für die zusätzliche Fotofunktion schon höher auflösende Chips in den Kameras befanden.

Etliche teure Profimodelle besitzen ebenfalls echte 16:9-Aufnahmechips, die im Breitwandformat zusätzliche – bei der 4:3-Aufnahme nicht genutzte – Bildinformationen liefern. Solche Kameras kosten derzeit noch weit über 10.000 €, die günstigsten sind die **GY-DV700W** im DV-Format von **JVC** (Abbildung 8.30) und die **DSR-570 WSP** von **Sony** im DVCAM-Format. Auch diese reinen Profigeräte sind in der Aufzeichnung selbstverständlich auf das CCIR-601 Format beschränkt, bei PAL also 720 × 576 Pixel, aber sie erfassen das Bild ohne Schärfeverlust in der Vertikalen.

◂ **Abbildung 8.30**
Die professionelle GY-DV700W von JVC besitzt einen echten 16:9-Chip und ein darauf angepasstes Objektiv.

Breit mit Linsen

Besonders die Tendenz zu Treppenkanten und Moiré ist bei den »Widescreen-Light«-Modellen ohne 16:9-Chip deutlich ausgeprägt. Eine interessante Möglichkeit zur Nutzung der vollen Auflösung sind – wie beim Film – Vorsatzlinsen, die dem 4:3-Chip schon ein seitlich gestauchtes Bild liefern und damit die volle Bildfläche füllen. Solche Vorsatzlinsen bieten in guter Qualität Century Precision Optics (www.centuryoptics.com) für knapp 900 US-$ und Optex (www.optexint.com) aus England für rund 800 US-$ an. Allerdings gibt es anamorphotische Vorsatzlinsen nur für Modelle des gehobenen Consumer-Bereichs. Für die im Profibereich gebräuchlichen 2/3-Zoll-Objektive hat sich noch kein Hersteller gefunden – der für solche Linsen notwendige asphärische Schliff ist für die kleinen Stückzahlen zu kompliziert und teuer, als dass sich eine solche Linse rechnete.

◂ **Abbildung 8.31**
Ein solcher 16:9-Adapter – hier der von Century für die VX-2100/PD-170 – nutzt auch beim breiten Bild die Auflösung von DV bis zum letzten Pixel.

Die Nachteile der Vorsatzlinsen sollen hier nicht verschwiegen werden: Meist lässt sich nicht mehr der volle Zoombereich nutzen, und das Sucherbild ist in jedem Fall verzerrt. Da sich die Bildkomposition auf diese Weise kaum beurteilen lässt, brauchen Sie zum Dreh also noch einen portablen Monitor, der sich manuell auf 16:9 umschalten lässt (die Kamera liefert in diesem Fall kein Umschaltsignal). Wenn Sie bisher nur in 4:3 gedreht haben, werden auch Sie selbst einige Zeit brauchen, um Ihr Gefühl für die Bildkomposition auf das neue Format auszurichten.

Welche Methode der Widescreen-Aufnahme Sie mit Video einsetzen, hängt letztlich von Ihrem Qualitätsanspruch und Budget ab. Schon mit der Software-Methode und einem guten 3-Chip-DV-Camcorder lassen sich akzeptable Bilder aufnehmen. Mit einer hochwertigen Vorsatzlinse reizen Sie das Auflösungsvermögen für DVD schon voll aus und bekommen ganz nebenbei einen größeren Weitwinkelbereich (siehe »Bewegte Bilder«). Bei den Profimodellen mit echten 16:9-Chips ist der Mehrpreis für das letzte Quäntchen Qualität im Vergleich zu den Vorsatzlinsen doch sehr hoch.

8.4 Größe zählt doch!

Ein einzelnes Bild auf 35-mm-Kinofilm hat eine Diagonale von etwa 26 Millimetern. Das ist zwar weniger als bei einem Foto von einer Kleinbildkamera, denn dort wird das Bild in Längsrichtung und nicht quer auf den Filmstreifen aufgenommen, aber doch erheblich mehr als die Größe eines CCD-Chips:

- Die kompaktesten unter den digitalen Camcordern arbeiten heute mit Chips bis herunter zu 1/6 Zoll, das sind etwa 4,2 mm, gängiger sind Modelle mit 1/4 Zoll (6,35 mm).
- Semiprofessionelle Camcorder und ältere Modelle haben meist 1/3-Zoll-Chips (8,5 mm), und
- Profigeräte besitzen CCDs mit 1/2 oder gar 2/3 Zoll (also 12,7 oder knapp 17 mm). Selbst HDTV-Kameras entsprechen in dieser Hinsicht nicht dem Film, ihre Chips liegen bestenfalls im Bereich eines 16-mm-Negativs. Diese Größenunterschiede haben einen ganz wesentlichen Einfluss auf die gesamte Bildgestaltung.

Von Fischaugen und Fernrohren

Brennweite

Wenn Sie Kameratests und die technischen Angaben dazu aufmerksam lesen, wird Ihnen ein sehr wichtiger Unterschied zwischen Film und Video schon vertraut sein: Je kleiner der Chip, desto geringer die Weitwinkelwirkung. Eine kürzeste Brennweite von z. B. 6 mm – der tatsächliche Wert

Farbteil

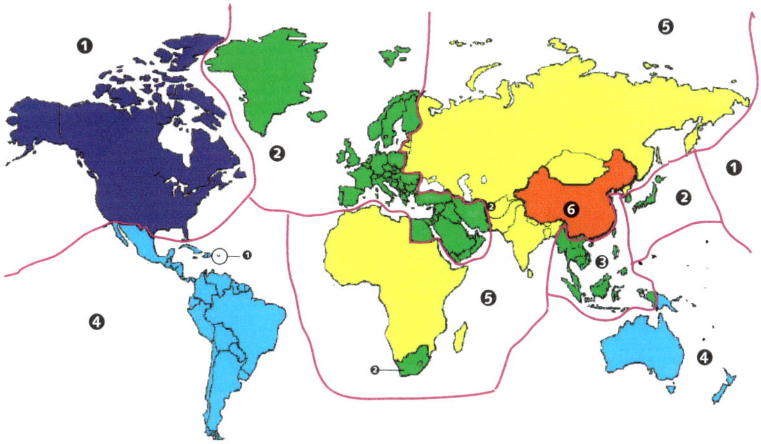

◀ **Abbildung 4.1 von Seite 90**
Die Welt, wie Hollywood sie aufteilt … Der Code 8 wird auf international verkehrenden Flugzeugen und Kreuzfahrtschiffen verwendet, Code 7 ist noch reserviert.

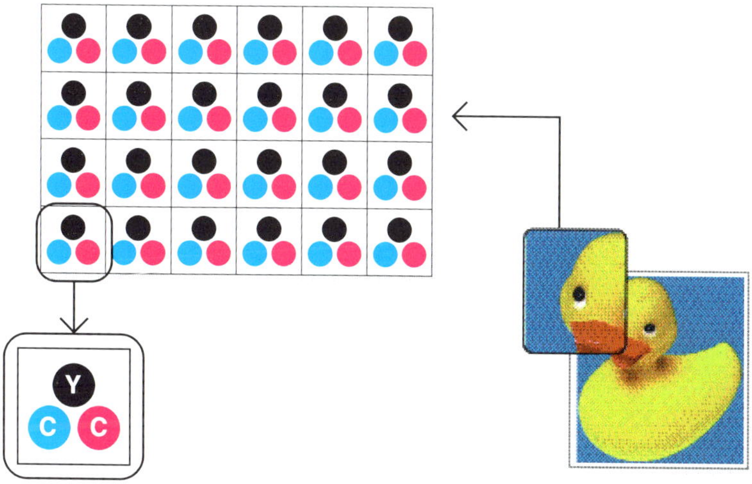

◀ **Abbildung 6.8 von Seite 123**
Bei einer Farbabtastung mit 4:4:4 wird für jedes Pixel die volle YUV-Farbinformation gespeichert. Für Video-Aufnahmesysteme ist das nicht üblich, durchaus aber in der High-End-Postproduktion.

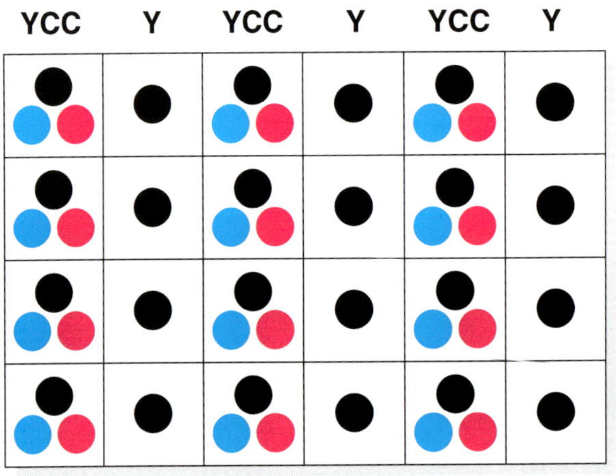

Abbildung 6.9 von Seite 123 ▶
Bei 4:2:2 (wie Digital-Betacam und DVCPRO-50) werden nur für jedes zweite Pixel die beiden Farbdifferenzinformationen (U und V) gespeichert. Das ist für die Fernsehübertragung mehr als genug.

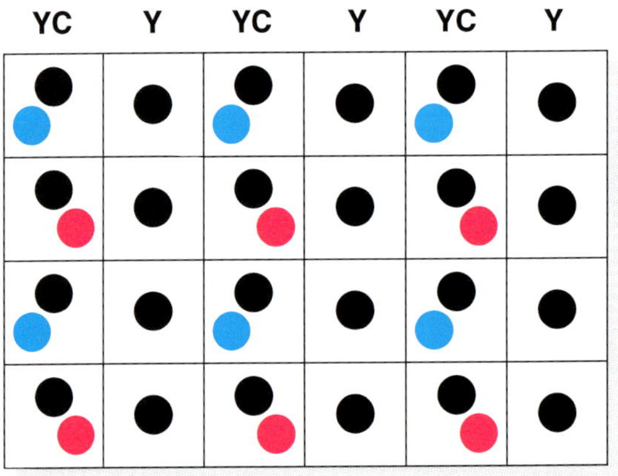

Abbildung 6.10 von Seite 124 ▶
Bei 4:2:0 wird für jedes zweite Pixel zeilenweise abwechselnd je eine Farbkomponente gespeichert. Das ist so bei DV und DVCAM in PAL, bei der DVD gilt es bei PAL und NTSC.

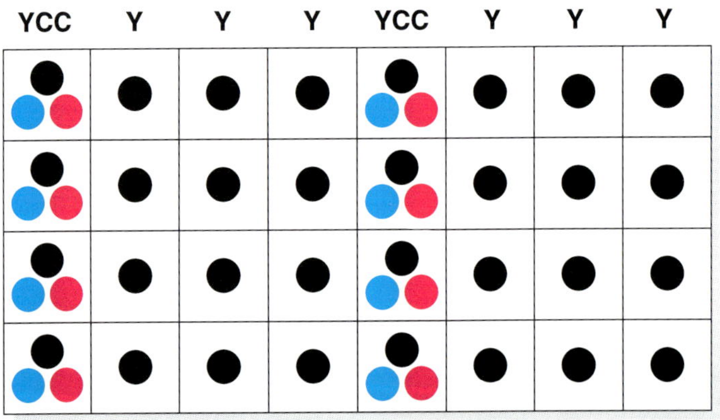

Abbildung 6.11 von Seite 124 ▶
Beim 4:1:1-Schema werden für jedes vierte Pixel beide Farbkomponenten gespeichert. Das ist bei DVCPRO-25 und bei DV/DVCAM in NTSC so, die damit beide für DVD nicht gut geeignet sind.

◀ **Abbildung 6.12 von Seite 128**
Die Auflösung eines HDTV-Bildes von 1920 × 1080 Pixel kommt nahe an Kinoqualität heran (das Beispiel hat horizontal eine native Auflösung von nur 1440 Pixeln).

▶ **Abbildung 6.13 von Seite 128**
Auch bei 1280 × 720 Pixel ist der Vorsprung zum klassischen TV-Format noch offensichtlich.

▶ **Abbildung 6.14 von Seite 128**
Das Bild in SD mit 720 × 576 Pixel wurde auf 16:9 verbreitert, so wie es auch ein 16:9-Display zeigen würde.

Abbildung 6.15 von Seite 130 ▶
Das gesamte Motiv erfasst nur ein 16:9-Chip oder eine anamorphotische Vorsatzlinse. Der innere Rahmen entspricht 16:9 auf elektronischem Wege, und der 4:3-Bereich beschneidet beide Seiten.

Abbildung 10.5 von Seite 220 ▶
Ein grafisches Testbild mit extremen Farbkontrasten in der PAL-DV-Kompression. Achten Sie auf die Pixelstrukturen an den diagonalen Farbstreifen und die Randzonen der Farbfelder.

Abbildung 10.6 von Seite 220 ▶
Bei NTSC-DV sind die Artefakte noch wesentlich deutlicher, da hier im 4:1:1-Farbraum gearbeitet wird (wie auch bei DVCPRO-25 in PAL)

◀ **Abbildung 10.7 von Seite 221**
Die geringfügigen Nebenwirkungen des Foto-JPEG-Codecs sind im Ergebnis bei MPEG-2 im Vergleich zu unkomprimierten Quellen nicht mehr zu erkennen.

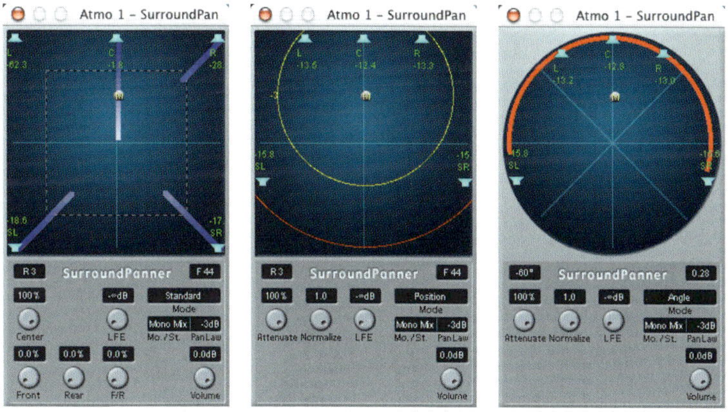

◀ **Abbildung 11.16 von Seite 276**
Die Surround-Positionierung einzelner Kanäle wird von den Pan-Werkzeugen in drei Varianten sehr intuitiv grafisch dargestellt.

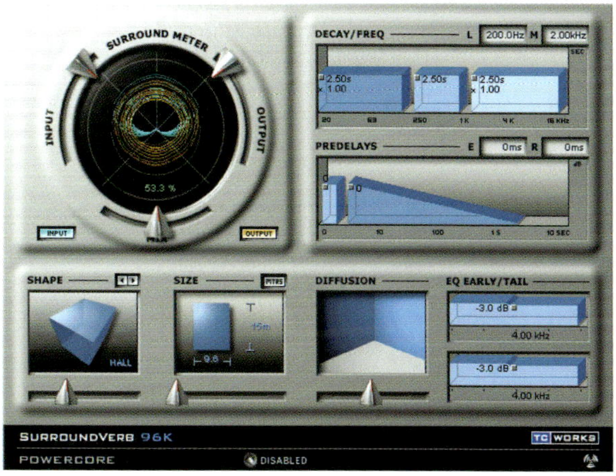

◀ **Abbildung 11.17 von Seite 276**
Das Hallmodul »SurroundVerb« von TC Works kann differenziert mit 5.1-Raumton umgehen.

Abbildung 12.10 von Seite 314 ▶
Menüs auf der DVD sind aus drei funktionellen Schichten aufgebaut: dem vollfarbigen Hintergrund, dem Subpicture zur Hervorhebung der Buttons und deren unsichtbaren sensitiven Bereichen.

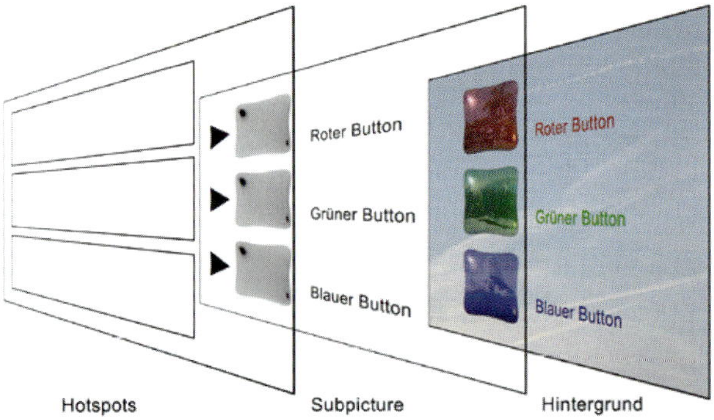

Abbildung 12.11 von Seite 314 ▶
Und so wirken sie zusammen: Der rote Button ist aktiviert, damit wird das Subpicture mit unterschiedlichen Transparenzstufen einer gelben Hervorhebung sichtbar. Das Dreieck existiert hier nur im Subpicture und ist dadurch besonders auffällig.

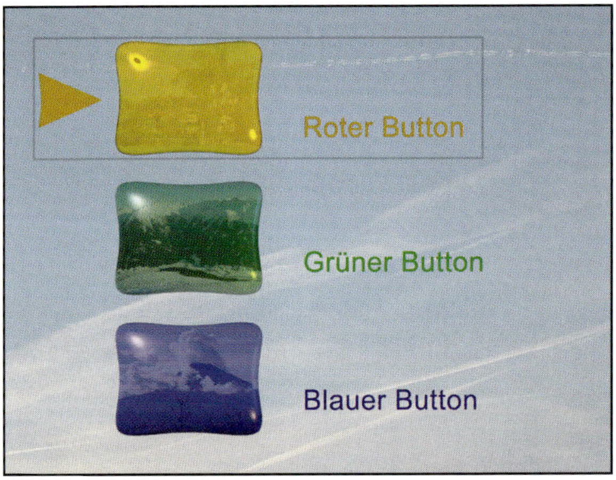

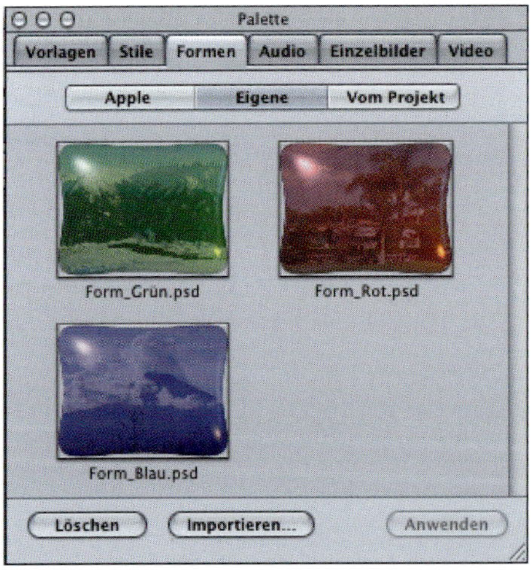

Abbildung 2 von Seite 335 ▶
In der Abbildung sehen Sie die neue Form in DVD Studio Pro.

◂ **Abbildung 12.26 von Seite 342**
Und so sieht das Motion Menu aus, nachdem es in Final Cut Pro zusammengesetzt wurde (auch der Hintergrund stammt aus LiveType).

◂ **Abbildung 2 von Seite 350**
Die oberste Ebene enthält die Kontur der Buchstaben, die ich im Beispiel mit einem Blauverlauf eingefärbt und relativ fett ausgelegt habe.

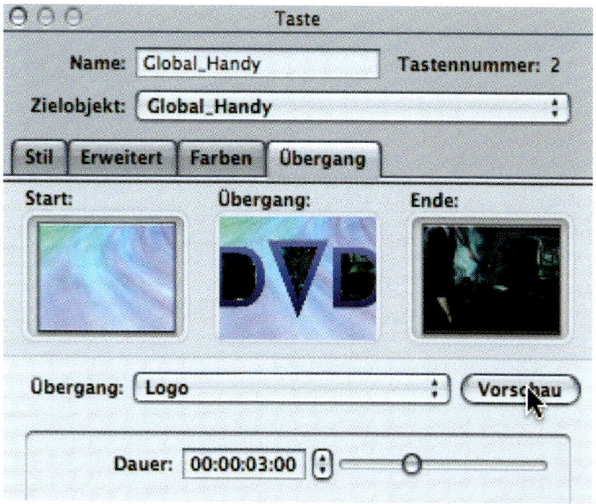

◂ **Abbildung 2 von Seite 354**
In der Abbildung sehen Sie den fertigen Übergang im Simulator

Abbildung 1 von Seite 355 ▸
In der Abbildung sehen Sie den fertigen Übergang in der Vorschau von DVD Studio Pro.

wird meist auf dem Zoomring angegeben – wäre bei einer Kleinbildkamera ein extremes Fischaugenobjektiv. Bei einer kompakten DV-Kamera ist das gerade eine Normalbrennweite, und die 50 mm des Standardobjektivs beim klassischen Fotoapparat entsprechen bei DV bereits einem stark vergrößernden Teleobjektiv. Da dieser vom Chip abhängige Verlängerungsfaktor Vergleiche der Bildwirkung erschwert, sind die Hersteller dazu übergegangen, oft zusätzlich die äquivalente Brennweite einer Kleinbildkamera anzugeben. Natürlich könnte man auch den Bildwinkel angeben, aber viele Menschen sind mit den klassischen Objektivbrennweiten vertrauter.

Die kleinen Chips machen es den Herstellern nicht gerade einfach, ihre Zoomobjektive mit einer hinreichenden Weitwinkelwirkung bei gleichzeitig guter Bildschärfe bis in die Ecken und mit guter Lichtstärke zu versehen. Man kann schon froh sein, wenn eine gängige DV-Camcorderoptik die Wirkung eines mäßigen 35-mm-Weitwinkels im Kleinbildsektor erreicht. Das Gegenstück zu einem 28-mm-Objektiv – wie bei dem hervorragenden Dreifach-Zoomobjektiv für die Canon XL-1 – ist schon eine optische Meisterleistung mit großem Nutzen bei beengten Raumverhältnissen. Üppige Telewirkung ist dagegen kein großes Kunststück, aber sie führt ohne ein stabiles Stativ selbst bei aktiviertem Bildstabilisator eher zu mittleren Erdbeben. Die Verwendung eines starken Teleobjektivs von einer EOS-Fotokamera per Adapter an einer Canon XL-Kamera bietet dann schon fast die Bildwirkung eines astronomischen Fernrohrs.

Das Gesetz des Auges

Schärfentiefe

Im Grunde ist es höchst bemerkenswert, wie gut die meisten Kamerahersteller die extrem kurzen Brennweitenbereiche moderner DV-Camcorder im Griff haben. Doch das Gesetz der Optik können sie nicht brechen, und es diktiert eine einfache Regel: Je geringer die Brennweite, desto größer die Schärfentiefe. Fein, werden viele sagen, dann muss ich mir nicht mehr so viele unscharfe Aufnahmen ansehen. Stimmt, abgesehen vom Autofokus tragen auch die kurzen Brennweiten dazu bei, dass unscharfe Amateurfilme seltener geworden sind. Bei guten Lichtverhältnissen ist im Weitwinkelbereich praktisch alles ab anderthalb Metern bis zum Horizont scharf, man bezeichnet diesen Bereich als Schärfentiefe (der Begriff Tiefenschärfe ist hierfür nicht mehr üblich und im Grunde auch unsinnig). Doch wieso spielen hier die Lichtverhältnisse eine Rolle?

Abbildung 8.32 ▶ Selbst im Nahbereich ist die Schärfentiefe einer DV-Kamera bei Weitwinkelstellung zu groß, um störende Details des Hintergrunds in die Unschärfe zu rücken.

Blende Ein weiterer Faktor neben der Brennweite beeinflusst die Schärfentiefe: die Blende, die etwa der Iris in unseren Augen entspricht. Auch hier gibt es eine feste Regel: Je weiter die Blende geschlossen ist, desto größer der Schärfenbereich (und umgekehrt). Bei manchen Kameras lässt der Blendenwert sich gar nicht direkt beeinflussen, sondern wird nur von der Belichtungsautomatik bestimmt. Tendenziell haben wir dann bei viel Licht immer auch eine größere Schärfentiefe.

Belichtungszeit Wenn sich bei Ihrer Kamera die Belichtungszeit (Shutter = Verschluss) manuell regeln lässt, können Sie trotzdem Einfluss auf die Blende nehmen. Eine kürzere Belichtungszeit verringert die Lichtmenge natürlich ebenfalls, so dass die Automatik die Blende entsprechend öffnen wird. Kameras der gehobenen Preisklasse dagegen lassen nicht nur die separate Einstellung von Belichtungszeit und Blende zu, sondern besitzen meist auch noch einen oder mehrere zuschaltbare Graufilter (ND-Filter = Neutral Density). Ein **ND-Filter** oder die Verringerung der Verstärkung in der Kamera auf –3dB (soweit einstellbar) erlauben eine Reduzierung des einfallenden Lichts und damit das Öffnen der Blende ohne Farbverfälschung und ohne Änderung der Belichtungszeit.

Vom Nutzen der Unschärfe

Warum sollte es erstrebenswert sein, die Schärfentiefe zu verringern? Weil der gezielte Einsatz der Schärfentiefe eines der wichtigsten filmischen Gestaltungsmittel ist! Die Reduktion des Schärfenbereichs auf wichtige Handlungsträger und Details lenkt die Aufmerksamkeit des Zuschauers aufs Wesentliche, verhindert irritierende Wirkungen des Hintergrundes – denken Sie an den Baum, der einem Porträtierten aus dem Kopf wächst – und steigert die räumliche Wirkung der Szene. An unserem Beispiel können Sie den Unterschied nachvollziehen: Hier wurde mit einer DV-Kamera für die gelben Blüten in etwa der gleiche Abbildungsmaßstab durch den Einsatz des Teleobjektivs aus größerer Entfernung erzielt. Der ND-Filter unterstützte die Wirkung, da sich die Blende bei gleichen Lichtverhältnissen weiter öffnen ließ.

◀ **Abbildung 8.33**
Bei größerem Abstand, Telebrennweite und weit geöffneter Blende wird das Motiv durch die eingegrenzte Schärfentiefe wirkungsvoll vom Hintergrund isoliert.

Die Reduktion der Belichtungszeit wäre bei schnell bewegten Objekten nur die zweitbeste Lösung, da ein völliges Verschwinden der Bewegungsunschärfe im Film eher stört – die Verschmelzung der Einzelbilder zur **Bewegungsillusion** wird dadurch erschwert. Aber auch der Einsatz der Telebrennweiten ist nicht immer passend, denn die Perspektive wird dadurch verflacht. Außerdem eignen sie sich nicht für enge Innenräume, so dass sich mit »Bordmitteln« ein echter Film-Look mit den Objektiven von DV-Kameras nicht immer erreichen lässt.

Unscharfe Hintergründe helfen MPEG

Ein unscharfer oder möglichst uniformer Hintergrund dient nicht allein der Ästhetik, sondern unterstützt die MPEG-Kompression bei ihrer Arbeit. Wenn der Hintergrund wenig Details zeigt, können mehr Bits für die Darstellung des Hauptmotivs verwendet werden (siehe nächstes Kapitel).

Mini35Digital-Adapter

Zumindest für Kameras der semiprofessionellen Garde, wie Canon XL, Sony VX-2100/PD-170 und Panasonic AG-DVX 100, gibt es Abhilfe – wenn auch zu einem saftigen Preis. Die deutsche Firma P+S Technik (www.pstechnik.de) hat den Mini35Digital-Adapter entwickelt, der die Verwendung hochklassiger **35-mm-Filmkamera-Objektive** ohne Änderung des Abbildungsverhaltens an einem solchen Camcorder ermöglicht. Der Trick: In diesem Adapter wird auf einer rotierenden Mattscheibe ein Zwischenbild in der Größe eines normalen 35-mm-Films erzeugt, das dann seinerseits von der DV-Kamera reproduziert wird. Das erfordert zwar eine enorme optische und mechanische Präzision, aber die Ergebnisse sind beeindruckend – Sie können sich davon auf der Website des Herstellers oder unter (www.mini35.com) überzeugen. Da allein der nackte Adapter schon etwa 6.200 Euro kostet, finden sich dort auch die Adressen von Verleihfirmen, wo Sie den Adapter ebenso wie hochwertige Filmkamera-Objektive mieten können. Neben dem Preis bringt der Adapter allerdings auch einen gewissen Helligkeitsverlust und zusätzlichen Stromverbrauch mit sich.

Abbildung 8.34 ▸ Der Objektivadapter Mini35Digital von P+S Technik erlaubt die Benutzung hochwertiger 35-mm-Filmkameraobjektive mit fester Brennweite (so genannter Prime Lenses) an einer DV-Kamera mit identischer Bildwirkung.

Die hohe Kunst der Unschärfe

Schärfeverlagerung

Zur klassischen Filmgestaltung gehört unverzichtbar die Schärfeverlagerung, das heißt die manuelle Umfokussierung auf eine andere Distanz bei laufender Kamera. Sie kann die Aufmerksamkeit des Zuschauers auf subtile Weise zu einem anderen Motivbereich lenken, ohne aufdringlich bis peinlich wie ein Zoom zu wirken. Denken Sie an die Szenen im klassischen Mafia-Film, wenn der große Boss im Hintergrund zwar nichts sagt, aber alle Fäden in der Hand behält, während sich die anderen im Vordergrund lautstark streiten ...

Entfernungseinstellung

Daneben ist eine gefühlvolle Entfernungseinstellung am Objektiv auch nötig, um ein bewegtes Objekt in der Schärfe halten, wenn der Autofokus falsch reagiert. Normalerweise ist dafür ein Assistent zuständig, im Englischen »Focus Puller« genannt, der sich nach vorher abgesprochenen und markierten Bezugspunkten am Schärfenring der Kamera richtet. Mit dem Mini35Digital und Filmobjektiven geht natürlich auch das so perfekt wie beim Film.

Die gängigen Objektive von DV-Camcordern dagegen sind hierfür leider völlig ungeeignet, da ihre elektronische Schärfensteuerung keinen eindeutigen Bezug zwischen der mechanischen Stellung des Einstellrings (wenn er überhaupt noch vorhanden ist) und der Entfernung des fokussierten Bereichs liefert. Nur berührungsgesteuerte Spot-Focus-Verfahren (wie bei der TRV-950 von Sony) erlauben in manchen Situationen einigermaßen brauchbare Schärfeverlagerungen, und die DVX 100 hat einen akzeptablen Schärfenring mit Entfernungsangaben zumindest im Sucher.

Für die Canon XL-1/2 dagegen und natürlich alle Kameras der Profiklasse gibt es hochwertige Objektive, die einen mechanischen Einstellring besitzen. Besonders hilfreich ist dazu ein extrem weich bedienbarer Schärfenhebel mit Fluid-Dämpfung, wie ihn die Firma Chrosziel für die Canon-Optik anbietet. Sie merken es schon: Das professionelle Zubehör für ernsthafte Filmgestaltung kann durchaus teurer sein als die Kamera selbst.

Profis zoomen selten

Und noch etwas: Den Zoom benutzen Filmkameraleute in einer Szene nur ganz selten, viel häufiger werden Objektive mit fester Brennweite eingesetzt – und das sieht man der Filmgestaltung auch an. Eine fließende Änderung des Bildausschnitts wird normalerweise durch eine echte Kamerabewegung mit einem Kran oder einem Schienenwagen (Dolly) erreicht.

Produktionsniveau

Das richtige Gefühl ist für die Kameraarbeit in jeder Hinsicht unverzichtbar, denn auch wenn ich Ihnen in diesem Abschnitt die kameratechnische Seite des Film-Looks näher gebracht haben sollte, werden Sie doch nicht gleich mit Spielberg (bzw. seinen Kameraleuten) wetteifern können. Die übrigen Ingredienzien des Film-Looks sind gutes Filmhandwerk wie Lichtsetzung und Kameraführung sowie ästhetische Qualität bei allen Komponenten wie Drehbuch, Requisite, Regie, Schauspiel, Schnitt und Spezialeffekten. Einiges davon können Sie aus Büchern lernen – ich empfehle hier insbesondere die Filmbücher bei Zweitausendeins (www.zweitausendeins.de) – aber der Rest ist Talent und jahrelange Erfahrung.

Dieser Punkt hat weniger mit der Technik, sondern eher mit dem gesamten professionellen Können aller Beteiligten zu tun. Erfahrene und kreative Schauspieler, Kameraleute, Beleuchter, Tonspezialisten, Kostümgestalter, Filmarchitekten, Requisiteure und Handwerker können Sie natürlich auch für eine Videoproduktion engagieren. Bei vergleichbarem Aufwand wird dann aber der Kostenvorteil der DV-Technik irgendwann unbedeutend ...

Fazit

Die Stärken der DV-Technik liegen meiner Meinung nach letztlich weniger im Spielfilm, sondern eher in der **dokumentarischen** Arbeit. Sie können mit den kleinen, unauffälligen Kameras fast überall filmen, und Menschen werden sich gegenüber einer solchen Kamera viel ungezwungener verhalten. Gleichzeitig spielt die Wartezeit auf den entscheidenden Satz oder die wunderbare Geste finanziell kaum eine Rolle. Das haben auch bekannte Filmemacher wie Wim Wenders erkannt, der in seinem »Buena Vista Social Club« genau diese Stärken der DV-Technik eingesetzt und dann erfolgreich im Kino gezeigt hat. Ein anderes Beispiel wäre Michael Winterbottom mit seinem Afghanistan-Film »In This World«, der ohne DV nie entstanden wäre und unter anderem auf der Berlinale 2003 den Goldenen Bären erhielt – mittlerweile gibt es ihn auf DVD. Sehr interessant sind in diesem Zusammenhang auch die Thesen des erfahrenen Dokumentarfilmers Jon Jost, die Sie unter dem Stichwort »Cinema Electronica« bei www.dv.com im Internet finden.

9 Videokodierung

Damit ein großer Film auf eine kleine Scheibe passt, wird mit allen Tricks gearbeitet. Diese Tricks sind zwar keine Geheimwissenschaft, so ganz leicht zu verstehen sind sie jedoch auch nicht.

9.1 MPEG

Moving Picture Experts Group – MPEG. Diese Gruppe von Experten der bewegten Bilder hat seit ihrer Gründung Mitte der Neunzigerjahre ständig neue Ergänzungen der anerkannten Spezifikationen für Bildkompression (zum Teil auch für Ton) entwickelt. Ihr Ziel ist es, offene Standards für die Übermittlung digitaler Videodaten (plus Audio- und Zusatzdaten) zu setzen. Die von dieser Gruppe definierten Verfahren werden ebenfalls MPEG genannt. Die drei inzwischen verabschiedeten Standards erkennt man an einer angehängten Nummer, die chronologisch vergeben wurde – allerdings in seltsamen Intervallen. Nach MPEG-1 und -2 kam gleich MPEG-4. Dieser Standard hat sich bereits im Internet etabliert, und auch etliche Multimedia-Anwendungen sind verfügbar, auch einer der Codecs für zukünftige hochauflösende DVDs wurde als MPEG-4 Part 10 verabschiedet. Er trägt auch die Bezeichnung Advanced Video Coding oder H.264 (unter diesem Kürzel hat ihn die ITU anerkannt).

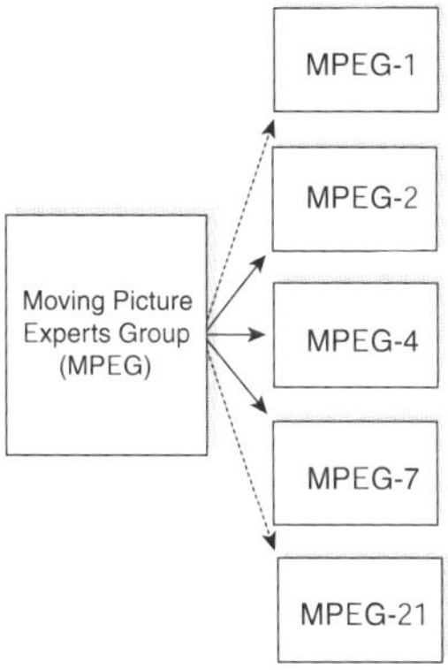

◂ **Abbildung 9.1**
Die Arbeitsfelder der MPEG

Aufgaben Die Hauptaufgabe der MPEG-Verfahren ist die Festlegung, wie die dieser Norm entsprechenden Geräte die angelieferten Daten interpretieren sollen. Der Teil, der das definiert, wird mit **Systems** bezeichnet. Die anderen Teile – bei MPEG-1 und -2 gibt es noch **Audio** und **Video** – beschreiben, auf welche Weise die Daten reduziert werden können. Dabei legt MPEG die Kodierungsvorschriften nicht in allen Einzelheiten fest, sondern lässt den Entwicklern von Algorithmen genügend Raum für einen Wettbewerb um die beste Methode.

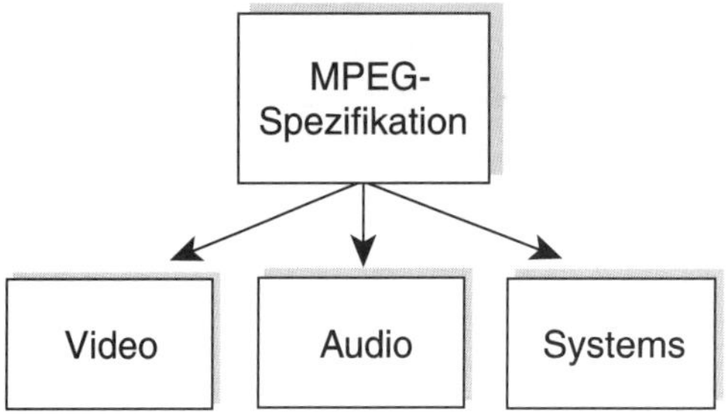

Abbildung 9.2 ▶
Die Teile der MPEG-Spezifikation

Ursprünglich wurde MPEG als bloßes Distributionsformat konzipiert. Anfang der Neunzigerjahre, als die ersten digitalen Bildaufzeichnungsverfahren in der Videotechnik in größerem Umfang eingesetzt wurden, war man verlustbehafteten Datenreduktionsverfahren gegenüber noch sehr skeptisch. D1, das erste international standardisierte Digitalformat, das im High-End-Bereich große Bedeutung erlangte, ist bezeichnenderweise ein reines 601-Format ohne weitere Datenreduktion. Doch MPEG wurde viel besser als zunächst vermutet. Es erwies sich als so flexibel, dass es auch im Produktionssektor eingesetzt werden kann (siehe IMX im Kapitel 7, »Das Videomaterial«).

Die DVD-Video lässt ausschließlich Videodaten zu, die nach MPEG-1 oder MPEG-2 kodiert sind. Kein anderes Verfahren ist auf allen Playern abspielbar, auch wenn einige wenige Geräte nicht standardisierte Kodierungen wie DivX verarbeiten. Bei der Audiokodierung für die DVD hat sich das ursprünglich für Europa vorgesehene MPEG-Audio nicht gegenüber Dolby Digital und DTS durchsetzen können (siehe Kapitel 11, »Der Ton zum Bild«), es wird aber beim digitalen Fernsehen eingesetzt. Sogar auf dem Bildsektor bekommt MPEG-2 inzwischen ernst zu nehmende Konkurrenz durch Codecs, die nicht von diesem Gremium betreut wurden, wie WMV-9 von Microsoft.

Die Übertragung eines nach ITU-601 (bei acht Bit) festgelegten digitalen Komponentensignals benötigt eine Datenrate von 216 Megabit pro Sekunde. Auf eine DVD-5 würden bei dieser Datenrate gerade einmal drei Minuten Video passen – ohne Ton. Wahrscheinlich gibt es irgendwann 20-fache DVD-Laufwerke, die selbst eine solche Datenrate liefern könnten.

Doch das ist gar nicht nötig. Parallel zur exponentiellen Leistungssteigerung in der Digitaltechnik wurden zunehmend ausgefeiltere Methoden ersonnen, Videodaten bei gleich bleibender visueller Qualität immer weiter zu reduzieren – oder bei geringer Datenrate die Bildqualität immer weiter zu verbessern, was auf das Gleiche herauskommt. Die DVD war die erste Digitalanwendung, bei der es mit optischen Speichermedien möglich wurde, die Bildqualität über das vom analogen Fernsehen gewohnte Niveau zu heben. Hier ergänzen sich die Erfolge bei der Leistungssteigerung und der Verfeinerung der Kompressionsverfahren.

Datenreduktion

Datenreduktion kann auf sehr vielfältige Weise vorgenommen werden:

- Geringere Auflösung (Gesamtbild und/oder Farbe)
- Intraframe-Reduktion
- Interframe-Reduktion
- Deskriptive Verfahren (z. B. Vektorgrafik, fraktale Kompression)

All diese Methoden werden bei MPEG angewandt. Die deskriptiven Verfahren nutzt MPEG-2 jedoch nur in Ansätzen mit der Bewegungsschätzung (MPEG-4 geht da bei Multimedia-Inhalten deutlich weiter).

Ich beschränke mich bei den Beschreibungen der Kompressionsverfahren auf das, was Sie für die Praxis unbedingt wissen müssen. Für technisch Interessierte haben wir auf der Buch-DVD über dieses Thema eine ausführliche PDF-Broschüre der Firma Panasonic in deutscher Sprache untergebracht (Kompressionsbuch.pdf).

Geringere Auflösung

Geringere **Bildauflösung** ist in zweierlei Hinsicht möglich:

- Zum einen kann das ITU-601-Signal auf das tatsächlich sichtbare Bild reduziert werden. Das heißt, dass die bei einer analogen Signalübertragung für die vertikale Austastlücke und die zusätzlichen Zeilen notwendigen Datenanteile wegfallen können. So erreicht man bereits eine Reduzierung von knapp einem Viertel: Es müssen nur noch 166 statt 216 MBit/s übertragen werden. Diese Reduzierung kommt bei beiden Verfahren, MPEG-1 und -2, zum Einsatz (übrigens auch bei DV).
- Zum Zweiten kann ganz simpel für alle drei Kanäle (YUV) die Bildauflösung reduziert werden. Diese Methode bleibt MPEG-1 vorbehalten: Sowohl die Horizontal- wie auch die Vertikalauflösung werden einfach halbiert, was die Datenmenge auf ein Viertel senkt.

Farbauflösung

Geringere **Farbauflösung** ist möglich, weil im menschlichen Auge viel weniger Rezeptoren für die Farbempfindung (Zapfen) verantwortlich sind als für die Helligkeit (Stäbchen). Zudem müssen sich für die Farbempfindung drei Sorten von Zapfen den Platz auf der Netzhaut teilen – wie bei einer Kamera für jeden Farbauszug eine. Die Stäbchen sind weitaus lichtempfindlicher. Deshalb sehen wir unterhalb einer gewissen Helligkeit alles in Schwarz-Weiß – nachts sind alle Katzen grau.

Das geringere Farbauflösungsvermögen des Auges wird technisch ausgenutzt. Auch das Digi-Beta-Signal macht davon ja bereits Gebrauch und stellt die Farbdifferenzsignale nur mit halbierter Auflösung dar (siehe Kapitel 6, »Bewegte Bilder«). Wenn es um die reine Distribution von Videosignalen geht, ist diese halbierte Farbinformation jedoch immer noch besser als nötig. Die Farbauflösung kann problemlos weiter reduziert werden, ohne dass wir davon viel bemerken könnten. Die bei der DVD zum Einsatz kommende Variante von MPEG-2 (Main Profile at Main Level, kurz MP@ML, siehe unten) geht auf diese Weise vor und halbiert die Farbanteile des Signals erneut. Die Reduzierung bei MP@ML nennt man 4:2:0. Nach dieser Prozedur hat der Videodatenstrom nur noch 124,5 MBit/s – eine Reduzierung von über 40 %.

Drei Begriffe, die im Zusammenhang mit Kompressionsverfahren immer wieder fallen, möchte ich kurz erläutern:

RLE/RLC

Eine Möglichkeit der Reduzierung redundanter Daten ist die **Lauflängenkodierung** oder **RLC** (Run Length Coding bzw. **RLE**, Run Length Encoding). Sie fasst mehrere aufeinander folgende gleiche Werte zusammen: Anstatt beispielsweise hundertmal für jedes einzelne Pixel einen Wert 255 zu übertragen, werden nur einmal der Wert 255 und der Faktor 100 benötigt, um die gleiche Information zu erhalten. Dieses Verfahren wird bei der DVD für Subpictures (siehe Kapitel 12, »Grafik und Text«) eingesetzt. Subpictures sind 2-Bit-Grafiken mit vielen gleichen Pixeln und meist großflächigem Hintergrund, sie eignen sich deshalb besonders gut für RLC. Daraus ergibt sich aber auch, dass Subpictures wesentlich mehr Platz brauchen können, wenn Sie große Teile der Bildfläche mit vielen kleinen Details versehen – das müssen Sie bei Subpicture-Animationen berücksichtigen.

VLC

Beim Prinzip der **variablen Längenkodierung (VLC)** wird denjenigen Daten, die häufig übertragen werden, ein kürzeres Zeichen zugewiesen als den selteneren: wie beim Morsealphabet, wo das häufige E durch nur einen Punkt (.) dargestellt wird, ein seltener Buchstabe wie das Q durch längere Zeichenkombinationen (Strich-Strich-Punkt-Strich --.-). Die bei MPEG angewandte Methode der VLC ist der nach seinem Entwickler benannte **Huffman-Code**.

DCT

DCT, die **Discrete Cosinus Transformation**, ist kein Datenreduktions-, sondern ein mathematisches Verfahren zur Vorbereitung von Bilddaten und ist vollständig reversibel. Nach Anwendung der DCT liegen nicht weniger, sondern mehr Werte vor. Allerdings nicht für einzelne Bildpunkte, sondern deren Frequenzen. Die eigentliche Datenreduktion geschieht dann durch eine möglichst geschickte **Quantisierung** dieser DCT-Werte. Das

Verfahren ist skalierbar: Der Kompromiss zwischen Speicherbedarf und Bildqualität kann weitgehend frei gewählt werden. Erst die Ergebnisse der Quantisierung bestehen dann aus weniger Daten als das Ausgangsmaterial. Die DCT teilt dabei das Bild in Blöcke mehrerer Bildpunkte ein (meist 8 × 8), um die Berechnungen durchzuführen. Diese Blöcke kann man manchmal sehen: als typisches digitales Artefakt bei fehlerhafter Übertragung oder zu starker Kompression. Die DCT ist die Grundlage sowohl von DV, JPEG- wie auch MPEG-Verfahren. Für eine optimale DCT-Bearbeitung sollte die Encoding-Software berücksichtigen, ob das Quellmaterial progressiv oder interlaced ist (siehe Kapitel 6, »Bewegte Bilder«). Nicht alle Kompressionsprogramme sind dazu in der Lage, aber eine Kennung in der Datei teilt dem Decoder mit, wie das Material behandelt wurde.

Intraframe-Reduktion

Bei der Intraframe-Reduktion werden die Daten innerhalb eines einzelnen Bildes mit Hilfe der DCT reduziert. Je mehr flächige oder kontrastarme Strukturen vorliegen, desto besser können die Bilddaten reduziert werden. Je mehr unterschiedliche, feine Bildstrukturen deutlich zu sehen sind, desto schwieriger ist die Datenreduktion. Bei der für Einzelbilder geläufigen JPEG-Kompression ist bis zu einem Kompressionsverhältnis von etwa 1:5 bei den meisten natürlichen Motiven kaum ein Unterschied zum Original auszumachen. Mit etwa dieser Kompressionsrate arbeitet DV. Dort werden (inklusive Ton) 3,6 MByte/s gespeichert. Bei DV werden die einzelnen Bilder mit einem sehr ähnlichen Verfahren komprimiert, das ebenfalls auf DCT beruht.

Nachteile

Das Reduktionsverfahren auf der Grundlage von DCT ist wegen der Quantisierung der Werte nicht frei von Nachteilen:

- Es ist **verlustbehaftet:** Ein Bild kann nie wieder vollständig in den Originalzustand versetzt werden (im Gegensatz zu RLC und VLC).
- Es produziert **Artefakte** (nicht im Original vorhandene Informationen), am auffälligsten sind zusätzliche Bildpunkte in der Nachbarschaft deutlicher Kontrastübergänge. Im Englischen nennt man das sehr treffend »Mosquito Noise« – es sieht bei bewegten Bildern aus wie ein Schwarm Tanzmücken. Besonders problematisch sind die äußerst scharfen und kontrastreichen Texte oder Grafikelemente, wie sie im Computer erzeugt werden können.
- Es ist **motivabhängig:** Wenn die gesamte Fläche aus feinen, aber kontrastreichen Details besteht, werden die Nebeneffekte sichtbar. Ein besonders schwieriges Motiv wären z. B. eine Wasserfläche im Gegenlicht oder Blätter vor hellem Himmel. Deutliches Filmkorn oder Bildrauschen bei Video ist aber ebenso kritisch, denn ein Computer unterscheidet nicht zwischen erwünschten und unerwünschten Informationen. In beiden Fällen sind Blockbildungen zu erwarten.

- Damit lässt sich umgekehrt der **Speicherplatzbedarf** bei einem vorgegebenen Qualitätsanspruch bzw. die Qualität bei einer festen Datenrate nicht unabhängig vom Motiv voraussagen. Beide sind in erheblichem Maße vom Bildinhalt abhängig.

Interframe-Reduktion

Diese Art der Kodierung berücksichtigt die bei Film und Video zu erwartende Ähnlichkeit zwischen aufeinander folgenden Bildern. Das bedeutet, dass für ein Bild nur die Veränderungen gegenüber seinem Vorgänger gespeichert werden müssen, um es darstellen zu können. Es können auch die Veränderungen gegenüber dem Nachfolgerbild abgespeichert werden – was natürlich nur funktioniert, wenn es bekannt ist.

Abbildung 9.3 ▶ Das aus zwei Halbbildern zusammengesetzte Bild eines Schwenks mit sich bewegendem Bildinhalt

Abbildung 9.4 ▶ Das auf Abbildung 9.3 folgende Frame

◀ **Abbildung 9.5**
Das Bild aus Abbildung 9.4 mit Bewegungsvektoren. Deutlich ist zu erkennen, wie sich die Vektoren an kontrastreichen Bildinhalten orientieren.

Typen von Bewegtbildern

Es gibt damit bei bewegten Bildern drei verschiedene Typen:

- Vollständig kodierte Bilder: I-Frames
- Bilder, die von einem Referenzbild abhängen: P-Frames
- Bilder die von zwei Bildern (vorher und nachher) abhängen: B-Frames

I-Frame

I-Frame steht für »Intra«-Frames, auf die nur die Kompression innerhalb eines Bildes angewandt wird. Wenn diese Bilder nicht häufig genug eingesetzt werden, würde sich das Bild innerhalb einer Szene durch aufsummierte Fehler bis zur Unkenntlichkeit verändern.

P-Frame

Zwischen I-Frames werden die beiden anderen Typen von »Bildern« abgespeichert – im Grunde keine direkt darstellbaren Bilder, sondern Informationen zu deren Rekonstruktion. Die P-Frames (von engl. predicted = vorausgesagt) enthalten Bewegungsvektoren, die den Unterschied zum vorangehenden P- oder I-Frame definieren, sowie eventuell vorhandene flächige Änderungen (wie Helligkeitsänderungen). Ändert sich der Bildinhalt sehr stark, zum Beispiel wenn ein Objekt neu ins Bild kommt, kann ein P-Frame auch eine weitgehend vollständige Bildinformation enthalten. Manche Encoder können auch wahlweise bei einem drastischen Bildwechsel – zum Beispiel bei einem Schnitt – automatisch ein neues I-Frame setzen (Scene Detection).

B-Frame

Der dritte Bildtyp heißt B-Frame (bidirectional) und ist nichts anderes als ein P-Frame, das seine Informationen auf beide Nachbarbilder bezieht (das davor und das dahinter). Auch wenn der MPEG-Standard in dieser Hinsicht viel Spielraum lässt, werden in der DVD-Praxis meist zwei B-Frames zwischen je einem P-Frame eingesetzt, weil sich das für übliches Filmmaterial als besonders effizient herausgestellt hat.

GOP

Die typische Bildfolge bei MP@ML im PAL-Raum ist:
IBBPBBPBBPBB (wieder gefolgt von einem I-Frame).

Eine solche Gruppe von Bildern nennt man **GOP**, Group of Pictures. In linearer Folge kann diese typische DVD-GOP nicht kodiert werden, da die B-Frames, also die bidirektionalen Bilder, auch vom Nachfolgebild abhängen, das natürlich noch nicht bekannt ist – selbst Hochleistungsrechner können noch nicht in die Zukunft schauen. Die Reihenfolge der zu kodierenden Bilder wird geändert, wenn B-Frames eingesetzt werden. Und auch die Reihenfolge der Übertragung an den Decoder ist nicht dieselbe wie für die Darstellung auf dem Monitor.

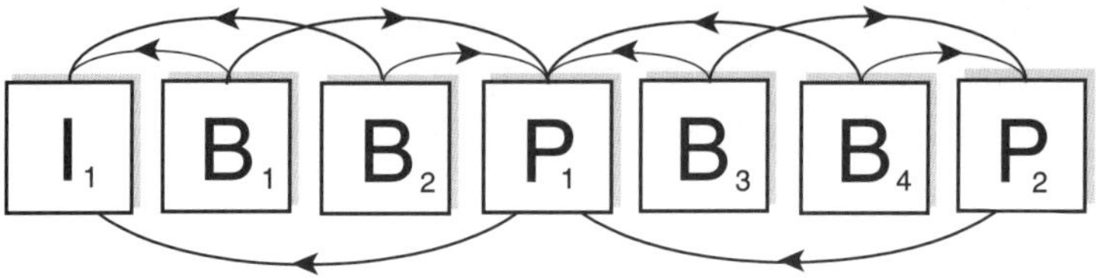

Reihenfolge der Bildübergabe an den Decoder im DVD-Player:
I1, P1, B1, B2, P2, B3, B4
Reihenfolge der Bilddarstellung auf dem Monitor:
I1, B1, B2, P1, B3, B4, P2

Abbildung 9.6 ► Abhängigkeiten der Bilder in einer GOP

Das zentrale Problem bei der Interframe-Kodierung ist der Schnitt. Wenn nicht jedes einzelne Bild vollständig kodiert wird, kann eine Bildsequenz nicht an jeder beliebigen Stelle geschnitten werden, weil eventuell die Referenzbilder fehlen. Auch ist bei einem fertigen Film eine feste Kodierungsvorschrift nach obigem Muster nicht angemessen, da bei Schnitten erst auf das erste I-Frame gewartet werden muss, bis der Encoder Referenzbilder erstellt. Deshalb benutzen Produktionsformate meist eine reine I-Frame-Kodierung, womit sie sich kaum vom JPEG-Verfahren unterscheiden, oder bestenfalls zwei Bilder in einer GOP (wie Betacam SX). Sie brauchen damit auch wesentlich mehr Platz als die Distributionsformate mit größeren GOPs.

Varianten

GOPs gibt es in zwei Varianten: open und closed. Nur in einer offenen GOP darf es auch Bilder geben, die sich auf ein außerhalb der Gruppe liegendes Bild beziehen. Die Kodierung mit offenen GOPs ist etwas effizienter und damit in der Regel vorzuziehen, sie eignet sich aber nicht für alle Anwendungsfälle (mehr dazu unter Kapitel 10, »Kompressionspraxis«).

CBR und VBR

Je komplexer der Bildinhalt ist, desto schwieriger wird die Quantisierung der durch die DCT ermittelten Werte – die Kodierungsqualität hängt stark vom Bildinhalt ab. Ebenso treiben bei der Interframe-Reduktion intensive Bewegungen unterschiedlichster Richtung im Bildausschnitt die benötigte Datenrate in die Höhe. Werden MPEG-2-Datenströme mit konstanter Bitrate (CBR) kodiert, schwankt die Bildqualität. Anders geht die Kodierung mit VBR (Variabler Bitrate) vor: In komplexen Szenen wird mit einer höheren Datenrate kodiert als in weniger kritischen. Das bedeutet nicht, dass CBR immer eine schlechtere Bildqualität liefert, sondern nur, dass es für eine durchgängig gute Bildqualität mehr Speicherplatz als VBR benötigt. Bei der maximalen MPEG-Datenrate kann VBR nicht besser kodieren als CBR, aber wenn der Platz knapp wird, wird VBR wesentlich besser aussehen.

Filmgestaltung für MPEG

Die Interframe-Reduktion wird auch von der **Kameraführung** beeinflusst. So ist ein Zoom oder eine frontale Fahrt viel kritischer im Encoding als ein Schwenk oder eine Parallelfahrt, da sehr viele Bewegungsvektoren unterschiedlichster Richtung und Stärke auftreten, während sich bei letzteren große Teile des Bildes gleichförmig bewegen.

2-Pass-VBR

Auch hier kann der Encoder die Daten nicht vorher raten. Um deren Verteilung beim VBR optimal an das Bildmaterial anzupassen, muss der Film in zwei Schritten bearbeitet werden. Beim **2-Pass-VBR** wird im ersten Durchgang jedes Frame analysiert. Hier wird auch schon bestimmt, wo eventuell zusätzliche I-Frames gesetzt werden (soweit der Encoder die Scene Detection unterstützt). Nach dem ersten Durchgang hat der Encoder intern für jedes Frame eine Art Tabelle angelegt, die dessen Kodierungsaufwand bewertet. Begrenzt durch die jeweiligen Voreinstellungen der minimalen und maximalen Datenrate wird in einem zweiten Durchgang so kodiert, dass im Mittel die vorgegebene Datenrate eingehalten und der Platz bestmöglich genutzt wird.

MPEG-1

Die hervorragende Bildqualität, die wir von DVDs kennen, wird immer durch die MPEG-2-Kodierung erreicht. MPEG-1 findet man wegen der deutlich schlechteren Bildqualität selten auf einer DVD. Aber MPEG-1 bietet mit einem guten Encoder immerhin annähernd die Videoqualität von VHS und eignet sich durchaus für Anwendungsfälle, bei denen zugunsten einer sehr großen Laufzeit die Bildqualität reduziert sein darf. Zwar steht MPEG-1 heute in Konkurrenz zu den weit entwickelten Streaming-Formaten (siehe Kapitel 2, »Die Rolle der DVD«). Doch einen Vorteil hat es gegenüber Windows Media, Real Player, QuickTime und Co: Auf DVD ist es zurzeit das einzige Low-Level-Format, das von allen Stand-alone-Playern gelesen werden kann. Auch bei Computern kann man davon ausgehen, dass MPEG-1 in fast allen Fällen ohne die Installation von Zusatzsoftware dargestellt werden kann. Bei vergleichbar geringen Datenraten würde MPEG-2 eine deutlich schlechtere Bildqualität erzielen, da viermal so viele Pixel berücksichtigt werden müssten.

MPEG-2

MPEG-2 ist dabei, in allen Bereichen des Videomarktes universelle Bedeutung zu erlangen: in der Produktion, Distribution und Archivierung.

Produktion

In der Produktion setzt Platzhirsch Sony mit dem I-Frame-only-Format IMX (D10) inzwischen ganz auf MPEG-2, sowohl auf Tape wie auf optischen Disks. Endlich scheint ein Nachfolgeformat für Betacam-SP gefunden zu sein. High-End-Taperekorder für IMX sind in der Lage, alle Betacam-Kassetten zu lesen – ob Betacam, Betacam SP, Digital Betacam oder Betacam SX. Letztgenanntes war bereits ein MPEG-2-Format, allerdings nicht I-frame-only, sondern mit einer I- und P-Struktur, was vom Markt (vor allem wegen der beschriebenen Probleme beim Schnitt) nicht gut angenommen wurde. Vom neuen IMX wurden dagegen viele Einheiten bereits abgesetzt, bevor überhaupt die ersten Geräte verfügbar waren. Ob IMX auch das Digital-Betacam-Format ablösen wird, muss abgewartet werden, aber das Produktionsende der Betacam-SP-Linie ist bereits beschlossen.

Distribution

In der Distribution gibt es zwei bedeutende Kanäle, die das MPEG-2-Format unter die Leute bringen: zum einen digitales Fernsehen, zum anderen die DVD.

Archivierung

In der Archivierung haben die großen TV-Sendeanstalten in Deutschland (und nicht nur dort) beschlossen, ihre Archive im Laufe der nächsten Jahre auf eine digitale Speicherung umzustellen. Das Format wird MPEG-2 sein.

Selbst für die Zukunft ist MPEG-2 bestens gerüstet: Die ursprünglich in MPEG-3 vorgesehenen High-Definition-Formate sind nun schon Teil der MPEG-2-Spezifikation geworden – MPEG-3 existiert nicht.

Da MPEG-2 auch höher auflösende Profiles und Levels zulässt, kann eine zukünftige »High Definition DVD« (oder wie auch immer der Markenname lauten wird) ebenfalls in MPEG-2 kodiert sein. Das Format wurde bereits als eines der drei dafür vorgesehenen Kodierungsverfahren zugelassen, hat aber mittlerweile starke Konkurrenz bekommen (siehe Kapitel 3, »Technischer Hintergrund«).

Profiles/ Level und max. Bildwechsel	Simple Profile 4:2:0 (keine B-Frames)	Main Profile 4:2:0	SNR Scalable Profile 4:2:0	Spatially Scalable Profile 4:2:0	High Profile 4:2:0 oder 4:2:2
Low Level **30 B/sec**		352 × 288 Pixel < 4 MBit/s	352 × 288 Pixel < 4 (3) MBit/s		
Main Level **30 B/sec**	720 × 576 Pixel < 15 MBit/s	**720 × 576 Pixel** **< 15 MBit/s**	720 × 576 Pixel < 15 (10) MBit/s		720 × 576 Pixel (352 × 288 Pixel) < 20 (15) MBit/s
High Level 1440 **60 B/sec**		1440 × 1152 Pixel < 60 MBit/s		1440 × 1152 Pixel (720 × 576 Pixel) < 60 (40) MBit/s	1440 × 1152 Pixel (720 × 576 Pixel) < 80 (60) MBit/s
High Level 1920 **60 B/sec**		1920 × 1152 Pixel < 80 MBit/s			1920 × 1152 Pixel (960 × 576 Pixel) < 100 (80 MBit/s
Die Werte in Klammern geben die Alternativen bzgl. der Skalierung an.					

▲ **Tabelle 9.1**
Profiles und Levels bei MPEG-2

10 Kompressionspraxis

Wenn Sie gedacht haben »MPEG ist doch einfach nur MPEG«, muss ich Sie aufklären: Die Qualitätsunterschiede sind gewaltig! Und ein MPEG-2-Encoder ist entweder gut oder schnell oder billig, aber nie alles auf einmal – oder vielleicht doch?

10.1 Einführung

MPEG-1-Encoder

Sie wissen nun, dass Sie für die Video-DVD Ihr Videomaterial in der Regel nach dem MPEG-2-Standard komprimieren müssen. Im selteneren Fall, dass Sie sich mit MPEG-1 und seiner wesentlich schlechteren Bildqualität begnügen wollen oder – für extrem lange Laufzeiten – müssen, finden Sie zahlreiche billige und leicht zu handhabende Encoder bereits mit gängiger CD-Brenner-Software oder als Freeware im Netz. Viele dieser Encoder sind leider qualitativ schlechter als MPEG-1 es sein müsste, und deshalb möchte ich ein Produkt lobend erwähnen: **TMPGEnc** auf dem PC. Dieser Encoder ist in seiner MPEG-1-Variante sogar kostenlos und holt doch dabei qualitativ fast alles heraus, was mit MPEG-1 zu erreichen ist (www.tmpgenc.net). Da er aber auch geraume Zeit dafür braucht, lassen Sie ruhig einen PC ackern, während Sie sich auf dem Mac Ihrer kreativen Arbeit widmen ;-)

Inzwischen bietet auch **Apples Compressor** MPEG-1 als Ausgabeformat an; er erreicht dabei bestenfalls gute, aber nicht die optimale Qualität. Der weiter unten beschriebene, recht hochwertige **MPEG-Encoder von Main Concept** beherrscht MPEG-1 in gehobener Qualität. **DVD Studio Pro** nimmt normgerechte MPEG-Dateien normalerweise auch vom PC und anderen Encodern großherzig an, die Endung beim Dateinamen der MPEG-Dateien spielt dabei übrigens keine Rolle.

Kommen wir also zu MPEG-2, und da mute ich Ihnen im nun folgenden Kapitel wirklich geballte Information zu. Doch sorgfältiges Vorgehen und die korrekte Einstellung aller Parameter sind nun einmal entscheidend für die Bildqualität. Wenn die nicht stimmt, werden Ihre Abnehmer sich ganz bestimmt beschweren, denn inzwischen hat fast jeder schon erlebt, zu welcher hervorragenden Qualität die Video-DVD in der Lage ist.

Der Encodermarkt

Zuerst einmal sollten Sie sich darüber im Klaren sein, dass MPEG-2 nach der Kompression zwar immer einer definierten Datenstruktur entsprechen muss, dass aber keineswegs alle Encoder gleich sind. Das Ergebnis wird von allen Decodern weitgehend identisch verarbeitet (abgesehen von einigen technischen Tricks bei der analogen Filterung), daher legt überwiegend bereits die Qualität des Encodings fest, welche Bildqualität zu sehen sein wird. Zur Herstellung eines guten MPEG-Encoders ist ein ganz erheblicher Entwicklungs- bzw. Programmierungsaufwand erforderlich, und jeder Hersteller eines Encoders wird somit sein Produkt nach Bildqualität, Schnelligkeit und angestrebtem Marktsegment optimieren.

Die Unterschiede bei jedem dieser Faktoren können enorm sein, und ähnlich wie beim Vergleich von Profi-Videokameras mit Amateurgeräten gilt, dass das letzte Quäntchen Bildqualität mit einem ganz erheblichen Preissprung verbunden ist. MPEG-Encoder gibt es als Hardware-Boards und als Software, die Preise reichen von Freeware bis zu weit über 10 000 € und die Geschwindigkeit von Echtzeit bis zu mehreren Stunden Wartezeit für wenige Minuten Film. Die Regel ist simpel: MPEG-2-Encoder können **schnell**, **gut** oder **billig** sein – und Sie werden immer nur zwei von diesen drei Faktoren gleichzeitig bekommen …

Software-Encoding

Der Trend geht allerdings seit einiger Zeit durch die immer höhere Leistung von Desktop-Computern eindeutig in Richtung Software-Encoding, da sich Programme leichter an Weiterentwicklungen anpassen lassen als Zusatzboards. Die Encoder unterscheiden sich darüber hinaus bei den Video- oder Datenformaten, die als Eingangsmaterial akzeptiert werden – und natürlich bei der Computer-Plattform, für die sie angeboten werden. Doch Apple scheint mit seinem **Compressor** die Regeln zu durchbrechen, denn der ist recht gut und schnell und wird bei Final Cut Pro oder DVD Studio Pro einfach dazugelegt. Aber Apple lebt ja auch nicht in erster Linie von der Encoder-Programmierung, sondern vom Verkauf von Computern – und Popmusik ;-)

Encoder-Spezialitäten

Hochwertige Encoder

Hochwertige Encoder beherrschen **VBR** mit einem oder mehreren vorangehenden Analysedurchläufen – 2-Pass- bzw. Multipass-VBR – und können so den Platz auf einer DVD besser ausnutzen. Systeme, die angeblich in einem Durchgang VBR kodieren, können das Material nicht über einen hinreichend großen Bereich analysieren und so die Qualität nicht wirklich optimieren – sie kodieren meist mit kaum variierender Datenrate. Manche Systeme erlauben das manuelle Setzen von **I-Frames** für gezielte Kapitelsprünge oder die automatische Erkennung von Schnitten und die entsprechende Platzierung der I-Frames, da so die Bildqualität bei dem plötzlichen Wechsel des Bildinhalts besser wird. Bei integrierten Systemen aus

DVD-Software und Schnittprogramm wie bei Apple können Informationen über Schnitte oder Markierungen für Kapitelanfänge direkt aus dem Schnittprogramm übernommen werden.

Solche Features sollten Sie jedoch bei Bedarf abschalten können, denn für **Multi-Angle**-Produktionen brauchen Sie MPEG-Streams mit völlig identischer **GOP-Struktur** – da darf die Position der I-Frames sich in den einzelnen Streams nicht unterscheiden. Der Wechsel zwischen den einzelnen Video-Streams findet nämlich immer auf dem nächsten I-Frame statt, er kann somit auch eine halbe Sekunde dauern. Dazu muss natürlich in jedem der Streams jedes I-Frame an derselben Stelle sein, und die B-Frames dürfen auch nicht auf benachbarte GOPs zugreifen – das bedeutet geschlossene GOPs.

Systeme der Spitzenklasse lassen Veränderungen an fast jedem Parameter des Encodings zu, bis hin zur mathematischen Struktur der DCT-Matrix. Hier Anpassungen vornehmen zu wollen, erfordert allerdings detailliertes Fachwissen und sehr viel Erfahrung, sonst wird die Bildqualität oder der Platzbedarf eher schlechter. Ein weiteres Feature der Encoder-Oberklasse ist **Segment Based Re-Encoding**. Bei aufwändigen Produktionen wie Spielfilmen wird die Encodierung auf das Sorgfältigste geprüft, Szene für Szene. Wenn sich dabei Fehler zeigen, werden nur die betroffenen Segmente mit veränderter Einstellung gezielt neu encodiert und in den MPEG-Stream eingefügt.

Zur Vorbereitung des Materials werden darüber hinaus oft auch **Inverse Telecine** und **Deinterlacing** integriert (siehe Kapitel 6, »Bewegte Bilder«). Bei analoger Eingabe des Videosignals erlauben Hardware-Encoder Anpassungen von Kontrast, Helligkeit und Farbsättigung sowie Filterfunktionen wie die Rauschreduktion. Hier gilt: Mit viel Erfahrung und Zeitaufwand kann man bei kritischem Material, wie z. B. bei sehr dunklen Lichtstimmungen oder intensiven Bewegungen, deutlich mehr subjektive Bildqualität herauskitzeln, insbesondere bei szenenweiser Einzelkorrektur. Da sich dieser Aufwand aber nur für anspruchsvolle Produktionen bei massenhafter Verbreitung wie Hollywood-DVDs wirklich lohnt, werden alle Steuerungsmöglichkeiten auch nur bei sehr teuren Spitzengeräten angeboten.

Wasser glitzert im Gegenlicht

Ein nach meiner Erfahrung besonders kritisches Motiv sind glitzernde Lichtreflexe auf Wasser. Ihr hoher Kontrast bei feinem Detail macht schon dem Intraframe Kompressor zu schaffen. Da sie außerdem von Bild zu Bild wechseln, kann die Interframe-Kompression auch nicht greifen. Solche (und ähnliche) Motive neigen zu deutlicher »Klötzchenbildung« – hier ist ein leichter Weichzeichner oder Rauschfilter auf jeden Fall angebracht.

Anpassungen im Schnittprogramm

Wenn Sie mit einfacheren Encodern arbeiten, können Sie viele Anpassungen natürlich auch im **Schnittprogramm** vornehmen. Insbesondere eine leichte Rauschfilterung bei körnigem oder etwas verrauschtem Material kann sinnvoll sein. Zwar wird das Bild dadurch etwas unschärfer, aber das sieht meist besser aus als eine verstärkte Pixelbildung durch zu viele feine Strukturen. Auch die Anpassung der Kontrastwiedergabe und der Farbe auf normgerechte Werte (siehe Kapitel 7, »Das Videomaterial«) kann schon im Schnittsystem erfolgen – wenn der Encoder sie nicht zwangsweise durchführt!

Videoanschlüsse für Hardware-Encoder

Natürlich ist für jeden Encoder das Beste gerade gut genug – wie ich im Kapitel zu den Videoquellen schon dargestellt habe. Hardware-Encoder besitzen je nach Preisklasse analoge Videoeingänge für:

- **Composite-Signale:** Eine Übertragung per Composite-Signal sollten Sie in jedem Fall vermeiden, denn die Nebenwirkungen dieses zusammengesetzten Videosignals würden die Kompressionsqualität unnötig verschlechtern.
- **S-Video:** Wo nichts anderes verfügbar ist, kann ein sauberes S-Video-Signal schon zu erstaunlich guten Ergebnissen führen, aber optimal ist auch das noch nicht. Wenn Sie ein zum Encoder inkompatibles Schnittsystem haben, ist eine direkte analoge Übertragung per S-Video jedoch viel besser als eine analoge Bandkopie.
- **YUV-Komponenten:** Wenn Ihr Bandgerät entsprechende Signale liefert, wie z. B. das Betacam-Format, ist dies die beste Anschlussart mit den geringsten Verlusten.

Wenn Ihr Quellmaterial schon in digitaler Form aufgezeichnet wurde, sollten Sie möglichst nicht mit analogen Verbindungen arbeiten, da die Bildqualität sich durch die beiden unnötigen Umwandlungen von digitalen zu analogen Signalen und zurück nur verschlechtern kann. Für die besonders hochwertigen Profiformate wie Digi-Beta brauchen Sie einen Encoder mit SDI-Eingang, der dann schon mehrere tausend Euro kostet. Preiswertere Encoder mit direktem Anschluss nach IEEE 1394 (z. B. für DVCAM-Quellen) sind zwar für den Mac derzeit nicht mehr zu haben, aber Sie können mit einigen Encodern natives DV-Material von der Festplatte mit Hardware-Unterstützung nach MPEG-2 umwandeln. Reine Software-Encoder dagegen können normalerweise mit jedem von der Systemsoftware unterstützten Video-Datenformat umgehen, das Ihre Digitalisierungskarte oder Ihr Schnittsystem liefern kann.

Bleiben Sie realistisch!
Eines sollten Sie auf jeden Fall vermeiden: Glauben Sie nicht, dass Sie es mit vertretbarem Zeitaufwand auf einem **Mittelklasse-System** genauso perfekt hinbekommen wie die Filmindustrie. Dort wird mit erstklassigem Quellmaterial, proprietären Spitzensystemen mit Preisen im sechsstelligen Bereich und erfahrenen Spezialisten zu dessen Bedienung gearbeitet, die ihr täglich Brot allein mit Encoding verdienen. Versuchen Sie auch nicht, Ihre Kunden daran glauben zu lassen! Apples »Compressor« beherrscht zum Beispiel kein Segment Based Re-Encoding: Wenn Sie also Fehler in einer Szene entdecken, müssen Sie diese entweder tolerieren oder alles mit neuen Einstellungen noch einmal komprimieren und auf Besserung hoffen. Entweder werden Sie selbst durch die vielen Versuche und Feinarbeiten auf einen miserablen Stundenlohn kommen, oder Ihr Kunde wird Sie mit einer DVD aus der Videothek konfrontieren, die bei irgendeiner wirklich kritischen Szene einfach besser aussieht. Im ersten Überschwang nach ein paar guten Bildern auf einem erschwinglichen System wird man leicht verführt, an Wunder zu glauben. Aber nicht alle problematischen Bildsequenzen oder besonders langen Projekte lassen sich damit perfekt hinbekommen. Machen Sie auch Ihren Abnehmern klar, dass Ihre niedrigeren Produktionskosten auf günstigerer Technik beruhen. Am besten ist es, Sie zeigen ihnen in der Konzeptphase vergleichbare Szenen aus anderen Produktionen auf Ihrem Equipment und lassen sich bestätigen, dass die Qualität den Anforderungen entspricht.

10.2 Apples Compressor

Ich gehe hier in erster Linie auf die Softwarelösungen ein, da es mit der CPU-Leistung eines (oder gar mehrerer!) G5 kaum noch Argumente für Hardware-Encoder gibt. Auf dem Mac ist das Angebot überschaubar, und ein guter Encoder kommt von Apple selbst. Vermutlich haben Sie ihn ja schon – eventuell sogar doppelt –, denn er wird mit Final Cut Pro und mit DVD Studio Pro geliefert.

◀ **Abbildung 10.1**
Apples Compressor ist ein professioneller MPEG-2-Encoder mit guter Bildqualität.

Formate Compressor beherrscht neben MPEG-1 und -2 auch MPEG-4 für CD oder Internet, er unterstützt darüber hinaus alle regulär in QuickTime enthaltenen Formate. Hier beschränke ich mich auf die für DVD geeigneten Formate. Die Möglichkeiten gehen weit über den früheren, für seine unzureichende Qualität oft gescholtenen QuickTime-Encoder hinaus und zeigen die Ausrichtung auf die professionelle DVD-Erstellung.

Features Zu den wichtigsten Features gehören:

- Echtes 2-Pass-VBR
- Hochwertige Bewegungsanalyse
- Farb- und Kontrastkorrektur
- Deinterlacing
- Rauschfilterung
- Letterbox-Funktion
- Übernahme von Markierungen aus Final Cut Pro
- Manuelles Setzen von Markierungen
- Beschneiden und Skalieren
- Stapelverarbeitung

Manches werden Sie eventuell vermissen, so z. B. die **inverse Telecine**. Wer auch seine Schnittbearbeitung auf dem Mac mit Final Cut Pro vornimmt, findet dafür Ersatz in den dort mitgelieferten »Cinema Tools«. Eine Scene Change Detection – die Erkennung von Schnitten – bietet Compressor ebenfalls nicht. Die ist auch gar nicht nötig, wenn Sie mit Final Cut Pro schneiden, denn das Schnittprogramm kann Compressor präzise mitteilen, wo Schnitte gesetzt wurden. Dieser Ansatz ist letztlich der bessere, da keine Automatik zur Schnitterkennung perfekt arbeitet. Da Final Cut Pro auch weit bessere Funktionen zur Farbkorrektur besitzt, werde ich auf die Farbkorrektur in Compressor hier nicht näher eingehen. Was leider ebenfalls fehlt, ist das korrekte Encoding von Vollbildern und die Umstellung auf Studio-RGB – ich komme darauf noch zurück.

Die Integration von Programmen zur Video-Bearbeitung auf Apple-Rechnern beruht auf QuickTime, und das möchte ich Ihnen zuerst vorstellen.

Was ist eigentlich QuickTime?

QuickTime selbst ist kein Aufnahmeprogramm, kein Schnittprogramm und auch kein Abspielprogramm (auch wenn Letzteres mitgeliefert wird). Es ist überhaupt kein Programm, es ist eine **Multimedia-Systemarchitektur**, welche die Eingabe, Verarbeitung und Ausgabe von (meist) zeitbezogenen Datentypen unabhängig von der verwendeten Hardware regelt. Im Wesentlichen geht es also darum, standardisierte Schnittstellen für diese Aufgaben bereitzustellen, auf die einzelne Hersteller von Videohard- und -software ihre Entwicklungen dann beziehen können – genauso wie der

Hersteller eines Textprogramms sich auf standardisierte Druckerschnittstellen verlässt.

Der klassische Computer konnte in erster Linie mit zweidimensionalen Datentypen wie Text oder Zahlen umgehen. Auch wenn man bisweilen von mehrdimensionalen Kalkulationsprogrammen oder Datenbanken liest, ist die Darstellung dieser weiteren Dimensionen nicht auf einen Zeitablauf bezogen, sie können daher dargestellt werden, so schnell es der Computer eben schafft. Bei den dynamischen Medien Video, Ton oder Animation kommt die Zeit als dritte Dimension hinzu (nicht etwa als vierte, wie im wirklichen Leben – schließlich ist der Bildschirm fürs Erste noch zweidimensional). Bei diesen Medien muss der Zeitablauf stimmen, unabhängig von der Leistungsfähigkeit der Hardware – oder was würden Sie davon halten, wenn derselbe Film in einem etwas älteren Kino dreimal langsamer gespielt würde? Oder wenn der Ton dem Bild immer weiter voranliefe, weil er weniger Daten benötigt und daher schneller abgespielt werden kann?

◀ **Abbildung 10.2**
QuickTime von Apple ist eine Systemarchitektur für zeitbezogene Daten wie Video, Ton und Animationen. Hier der Player, der mit QuickTime geliefert wird.

Hier setzt QuickTime (ähnlich wie Windows Media auf dem PC) an und schafft eine feste Referenz für zeitbezogene Datentypen wie Video und Ton. Natürlich kann QuickTime keine Wunder bewirken: Ein betagter Computer oder ein älteres CD-ROM-Laufwerk schaffen eben keine 25 Bilder pro Sekunde bei voller Bildschirmauflösung, erst recht nicht das Internet – bestenfalls mit DSL. Aber in diesen Fällen sorgt QuickTime wenigstens dafür, dass die Bild-Ton-Synchronisation erhalten bleibt, und hält notfalls das vorige Bild so lange an, bis die Hardware (oder das Internet) wieder nachgeladen hat. So dauert auch ein dreiminütiger Film immer drei Minuten, egal ob er auf einem aktuellen G5-Mac oder auf einem Uralt-Computer gezeigt wird.

Dateiformat

QuickTime definiert auch ein einheitliches Dateiformat, in dem solche Filme zu speichern sind, ohne dabei die zu verwendende Kompression oder die Video-Hardware für die Ein- und Ausgabe vorzuschreiben. Vielmehr können sich andere Hersteller in die QuickTime-Architektur mit eigenen Codecs oder Hardware zur Videodigitalisierung und -kompression einklinken. Der von Apple bereits mitgelieferte **DV-Codec** ist übrigens von recht guter Qualität, geht aber etwas eigenmächtig mit der Helligkeit um (siehe unten).

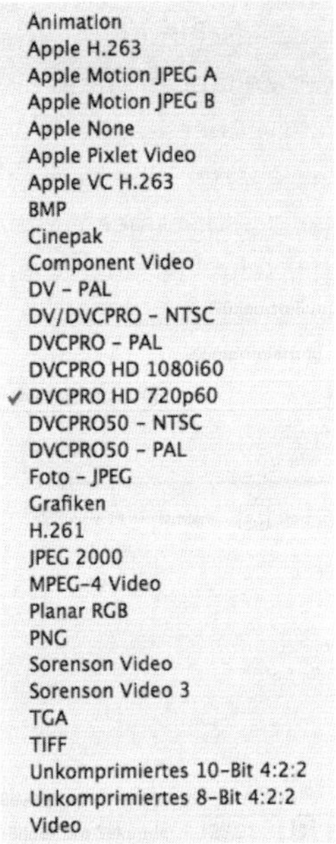

Abbildung 10.3 ▶ Zahlreiche Codecs werden bei QuickTime mitgeliefert, von CD-ROM- und Internet-Formaten bis zu unkomprimierten Profiformaten und Panasonics DVCPRO HD.

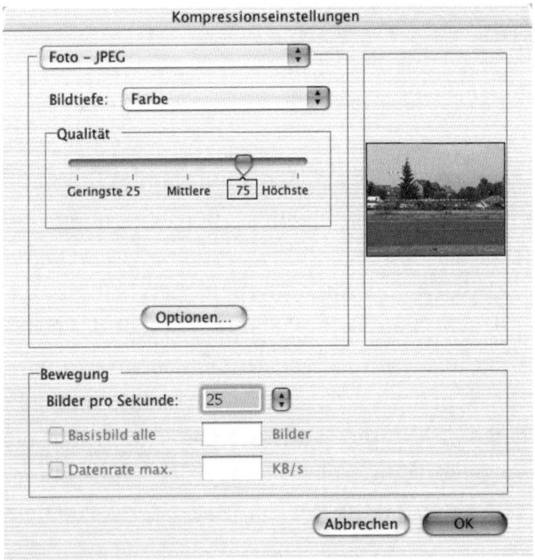

Abbildung 10.4 ▶ Ein sinnvolles Format zur Zwischenspeicherung und Datenübergabe an den MPEG-2-Encoder ist Foto-JPEG bei 75 %.

Mit DVD Studio Pro bzw. Final Cut Pro erwerben Sie auch eine Lizenz zur Freischaltung des QuickTime Players in der Pro-Version, die Ihnen – neben rudimentären Schnittfunktionen – über den Befehl EXPORT Möglichkeiten zur Wandlung zwischen verschiedenen Formaten bietet. Außerdem wird bei DVD Studio Pro ein Wiedergabemodul für MPEG-2 mit installiert, das man bisher separat erwerben musste. Damit kann der QuickTime Player MPEG-2-Material direkt anzeigen. Das geht sogar mit Multiplex-Dateien (VOBs) direkt auf der DVD (wenn diese nicht kopiergeschützt sind), allerdings hört man zurzeit nur MPEG-Audio, nicht den AC-3-Ton. Alle Videoprogramme auf Apple-Rechnern, wie iMovie, Final Cut Pro, After Effects oder DVD Studio Pro, arbeiten auf der Basis von QuickTime.

Es gibt QuickTime auch für den PC, die Standardversion ist auch dort kostenlos. Manche Hersteller bieten ihre QuickTime-Codecs ebenfalls plattformübergreifend an, so zum Beispiel Blackmagic Design für die DeckLink-Karte. Auf diese Weise können Sie Ihr Material in bester Qualität auch an MPEG-2-Encoder auf dem PC wie den hervorragenden ProCoder von Canopus übergeben.

Datenspeicherung und -übergabe

Das Handbuch zum Compressor ist gut und recht ausführlich, deshalb gehe ich hier nur auf die Punkte näher ein, die meiner Meinung nach erläutert werden müssen oder wo alternative Software bessere Ergebnisse ermöglicht.

Codec

Ihr Quellmaterial darf – rein technisch gesehen – mit jedem Codec komprimiert sein, der von QuickTime unterstützt wird. Doch wie bereits im Abschnitt zu Video beschrieben, sind etliche Codecs nicht verlustfrei und können damit bereits Artefakte in die MPEG-2-Kodierung einbringen. Andererseits wäre es reine Platzverschwendung, wenn Sie Videodaten in einem Format abspeichern, das besser als das Ausgangsmaterial ist – eine Kette ist schließlich auch nur so stark wie ihr schwächstes Glied. Wenn Ihre Quelle also eine der DV-Varianten oder M-JPEG-Material ist, sollten Sie die Daten auch in diesem Format übergeben. Wenn Sie mit Digi-Beta oder einem der anderen High-End-Formate arbeiten, ist selbstverständlich entweder Uncompressed 10 Bit 4:2:2 oder dessen 8-Bit-Version das Format der Wahl oder proprietäre Codecs, wie sie von Blackmagic mit der SDI-Karte Decklink geliefert werden. So nutzen Sie die Qualität hochwertiger Quellen voll aus, auch wenn diese Formate viel Platz brauchen.

Abbildung 10.5 ▶ Ein grafisches Testbild mit extremen Farbkontrasten in der PAL-DV-Kompression. Achten Sie auf die Pixelstrukturen an den diagonalen Farbstreifen ❶ und die Randzonen der Farbfelder ❷ (siehe auch die Farbtafel).

Etwas komplizierter ist die Situation, wenn Sie animierte Menüs oder andere grafische Sequenzen rein digital erzeugt haben, wie z. B. mit 3D-Animationsprogrammen, After Effects, Motion oder einfach nur Live Type, oder wenn Sie in Final Cut Pro mit dem Computer erzeugte grafische Stills hinzufügen. Auch wenn PAL-DV durchaus als Quellformat für die Video-DVD ausreicht, ist es doch nur für normale Kameraaufnahmen gut geeignet. Computergenerierte Grafiken (kurz CGI) können eine so große Kantenschärfe und so hohe Farbkontraste aufweisen, dass sie unter der DV-Kompression leiden. Insbesondere feine, kontrastreiche Schriften und die Konturen hoch gesättigter Farben werden sichtbar beeinträchtigt. Wenn Sie mit After Effects oder einem 3D-Programm wie Cinema 4D arbeiten, ist aber eine unmittelbare Ausgabe im MPEG-2-Format nicht möglich.

Abbildung 10.6 ▶ Bei NTSC-DV sind die Artefakte noch wesentlich deutlicher, da hier im 4:1:1-Farbraum gearbeitet wird (wie auch bei DVCPRO-25 in PAL) (siehe auch die Farbtafel).

Zwischenspeicherung Zur Zwischenspeicherung vor der Übergabe an Compressor (oder auch an Final Cut Pro) sollten Sie dann einen verlustarmen Codec nehmen. Gut geeignet ist zur Übergabe an den MPEG-Encoder das Format Foto-JPEG mit der Qualitätseinstellung 75%. Achten Sie aber darauf, dass Sie exakt 75% einstellen, denn ab 76% wird's wieder ungünstiger. Das liegt daran, dass dieser Codec bis 75% im 4:2:2-Farbraum arbeitet, darüber mit 4:4:4. Trotz geringem Platzbedarf (etwa wie DV!) ist diese Kompression so gut, dass sichtbare Qualitätsverluste im Endprodukt völlig vermieden werden.

◄ **Abbildung 10.7** Die geringfügigen Nebenwirkungen des Foto-JPEG-Codecs sind im Ergebnis bei MPEG-2 im Vergleich zu unkomprimierten Quellen nicht mehr zu erkennen (siehe auch die Farbtafel).

Alphakanal

Wenn Sie Ihr Material noch mit anderen Bildern in Final Cut Pro kombinieren wollen – wie z. B. ein Kundenlogo mit einem Videohintergrund – müssen Sie den so genannten Alphakanal (die Maskeninformation) mit übertragen. Dann ist der **Codec »Animation«** bei der Einstellung auf 100% die beste Wahl, auch wenn er je nach Motiv recht viel Platz brauchen kann. Mit Final Cut Pro funktioniert das gut, Compressor dagegen könnte mit dem Alphakanal sowieso nichts anfangen.

Wenn Sie nicht mit DV, sondern einem der Profiformate (inklusive DVCPRO-50) arbeiten, sind diese natürlich sinnvoller für die Übergabe an Final Cut Pro. Sie können zwar in der Timeline Codecs und Formate beliebig mischen, provozieren damit aber zeitraubende Render-Vorgänge. Von stark komprimierenden Codecs wie »Sorenson«, »Video« oder »Cinepak« sollten Sie natürlich in jedem Fall Abstand nehmen, da sie deutlich unter der Qualität von MPEG-2 liegen.

Final Cut Pro

Bei der Ausgabe aus Final Cut Pro müssen Sie sich über ein Format zur Zwischenspeicherung eigentlich keine Gedanken machen: Das Programm kann den Inhalt der Timeline über den Befehl EXPORTIEREN • COMPRESSOR VERWENDEN direkt an den MPEG-Encoder übergeben und vermeidet dabei jegliche zusätzliche Kompression. Auch wenn diese Methode kaum noch langsamer ist als die Bearbeitung direkt im Compressor, wird dabei Ihr Schnittprogramm für längere Zeit blockiert. Ich empfehle daher eher die Übergabe per Datei, dann können Sie Compressor – insbesondere auf

Mehrprozessormaschinen – im Hintergrund arbeiten lassen. Hier haben Sie drei Möglichkeiten:

- Wenn Sie in erster Linie geschnittenes DV-Material mit wenig Grafik oder Text übergeben, exportieren Sie Ihren Film aus der Timeline im DV-Format als referenzierte Datei (die Option ALS EIGENSTÄNDIGEN FILM SICHERN wird dazu nicht aktiviert). Das geht schnell und spart Platz.
- Wenn Sie viel mit Grafik und Titeln arbeiten, sollten Sie eine Timeline für die DV-Bildgröße, aber mit dem Codec Foto-JPEG bei 75 % Qualität anlegen. Die sichern Sie dann ebenfalls als referenzierte Datei. Da in diesem Fall sämtliches DV-Material gerendert wird, braucht das mehr Zeit, aber die Qualität Ihrer Grafiken wird voll ausgeschöpft.
- Wenn Sie mit einem Profiformat wie DVCPRO, Digi-Beta oder IMX arbeiten, stellen Sie in der Timeline natürlich auf das native Format und übergeben Ihre Grafik oder Animation auch mit dem gleichen Codec an Final Cut Pro. Zur Platzersparnis kann die Übergabe an Compressor wieder als referenzierte Datei erfolgen, wenn die Festplatten mit dem Quellmaterial so lange angeschlossen bleiben.

HDTV

Übrigens: Compressor unterstützt als Eingabeformat jetzt auch **HDTV**. Das bedeutet aber (noch?) nicht, dass er im HD-Format komprimieren kann, sondern das Material wird auf SD-Größe (also PAL oder NTSC) herunterskaliert. Das meines Wissens einzige Programm auf dem Mac, das auch HD-MPEG erzeugen kann, ist von Heuris und sehr teuer. Aber ob wir das je brauchen werden, steht noch gar nicht fest – Apple jedenfalls arbeitet mit Hochdruck daran, den H.264 Codec zu integrieren (siehe »Technische Grundlagen«).

Da HDTV-Ausgangsmaterial auch für die ganz normale DVD eine exzellente Quelle darstellt, hat Apple sich mit der Skalierung viel Mühe gegeben. Hier müssen Sie, anders als für sonstige Skalierungsvorgänge in QuickTime, After Effects nicht bemühen – wenn Ihr HD-Quellmaterial in einem progressiven Format wie 720p aufgenommen wurde. In After Effects können Sie aber mit dem Plug-in FieldsKit (siehe »Film-Look«) das notwendige Deinterlacing für das 1080i-Format vornehmen. Da die 1080 vertikalen Zeilen dieses Formats (zum Beispiel aus der neuen HDV-Kamera von Sony) nicht durch einfaches Auslassen von Zeilen auf die 576 Zeilen für PAL heruntergerechnet werden können, würden Sie ohne Deinterlacing massive Interlace-Artefakte bei schnellen Bewegungen im Bild bekommen, den »Lattenzauneffekt«. Der Filter DEINTERLACER im Compressor ist für HD nicht geeignet. Auch eine Umrechnung von amerikanischen Bildfrequenzen wie 60i zu 25p ist mit After Effects möglich, aber das wird dann schon recht zeitaufwändig.

10.3 Kontrast und Helligkeit

Eines der schwierigsten Probleme bei der Videobearbeitung und -kodierung ist die zuverlässige Reproduktion von Farben und Helligkeit beim mehrfachen Wechsel zwischen den Farbräumen RGB und YUV. Wie schon im Kapitel 6, »Bewegte Bilder«, dargestellt, wird Video intern immer im YUV-Farbraum gespeichert, der außerdem nach der Norm für Digitalvideo in der Komponente Y (das ist Helligkeitsinformation) auf Werte zwischen 16 und 235 eingeschränkt ist. Zur Darstellung und Bearbeitung auf dem Bildschirm werden aber immer RGB-Informationen benötigt, die wiederum für die Übertragung und Kompression weniger gut geeignet sind.

Wandlung

Daher findet in der Videobearbeitung wiederholt eine Wandlung zwischen den beiden Formaten statt. Der RGB-Farbraum lässt sich nicht in vollem Umfang in YUV abbilden, was zu den weiter hinten beschriebenen Einschränkungen bei stark gesättigten Farben führt. Bei der relativ geringen Genauigkeit von 8 Bit pro Komponente entstehen mit jeder Wandlung auch noch Rundungsfehler, die zu leichten Verfälschungen führen können. Für besonders hochwertige Berechnungen bleiben daher manche Programme im YUV-Farbraum; bei Apples Final Cut Pro können Sie das Verhalten hierfür wählen. Adobes After Effects und dazu kompatible Plug-ins von Fremdherstellern dagegen arbeiten im RGB-Farbraum – das gilt auch beim Einsatz solcher Filter in Final Cut Pro.

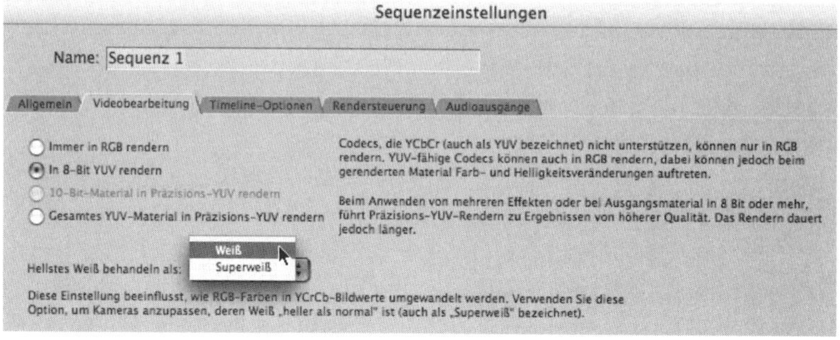

◀ **Abbildung 10.8**
Apple bietet Ihnen die hochwertige Berechnung im YUV-Farbraum an, aber keine Anpassung zu niedriger Schwarzwerte – nur beim Weiß können Sie wählen.

Problem

Das größte Problem ist aber, dass jeder Hersteller sein eigenes Konzept bei der Frage verfolgt, wer denn nun für die Anpassung des Kontrastumfanges zwischen den Farbräumen zuständig sei. Apple zum Beispiel schränkt in seinem Schnittprogramm Final Cut Pro normalerweise den Helligkeitsumfang in den Lichtern auf zulässige Werte ein, wenn man die Verarbeitung für die Sequenz nicht auf »Superweiß« gestellt hat. Die Schwarzwerte dagegen werden nicht verändert, obwohl manche semiprofessionellen DV-Kameras auch zur Darstellung von »Superschwarz« tendieren, wenn die Motivkontraste hoch sind. Damit solche DV-Bilder auf dem Fernsehschirm nicht zu dunkel wirken, heben manche MPEG-

Encoder die Helligkeitswerte bei der Bearbeitung an. Das gilt für Apples Compressor genauso wie für den weiter hinten beschriebenen Main Concept Encoder. In beiden Fällen lässt sich dieses Verhalten auch nicht abschalten.

Avid DV-Codec

Für die Wandlung zwischen den Farbräumen ist – neben der Kompression und Dekompression – der jeweilige Codec zuständig (soweit er YUV unterstützt). Doch auch der DV-Codec von Apple erlaubt keine Umstellung seiner Übersetzung von YUV zu RGB. Eine Alternative ist der DV-Codec von Avid, der mit dem kostenlosen Programm FreeDV geliefert wird und nach dessen Installation auch für QuickTime verfügbar ist. Hier können Sie einstellen, ob mit vollem RGB-Farbumfang gearbeitet oder ob das Quellmaterial schon im Kontrast reduziert wurde.

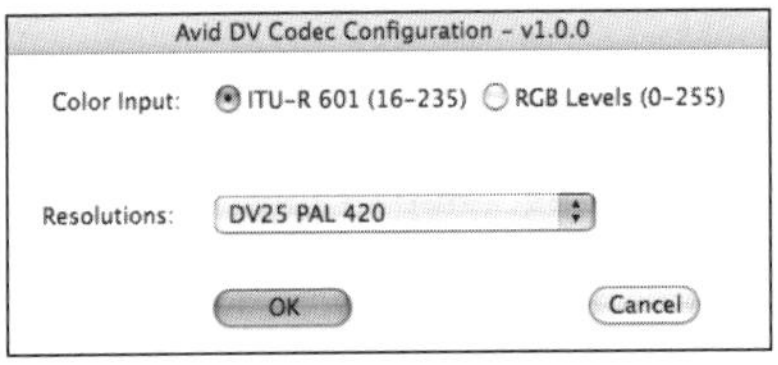

Abbildung 10.9 ►
Der DV-Codec von Avid erlaubt unter OPTIONEN die Umstellung des Farbraums.

Einige proprietäre Codecs von anderen Schnittsystemen benutzen diesen reduzierten Kontrastumfang auch bei der Wandlung von YUV zu RGB, man bezeichnet das manchmal auch als Studio-RGB. Wenn Ihr MPEG-Encoder aber als Input den vollen RGB-Kontrastumfang von 0–255 erwartet, werden diese Bilder auf der DVD kontrastarm, wie »ausgewaschen« dargestellt. Apples Compressor erlaubt keine Umstellung auf Studio-RGB, aber beide am Ende dieses Abschnitts dargestellten alternativen Encoder lassen sich umschalten.

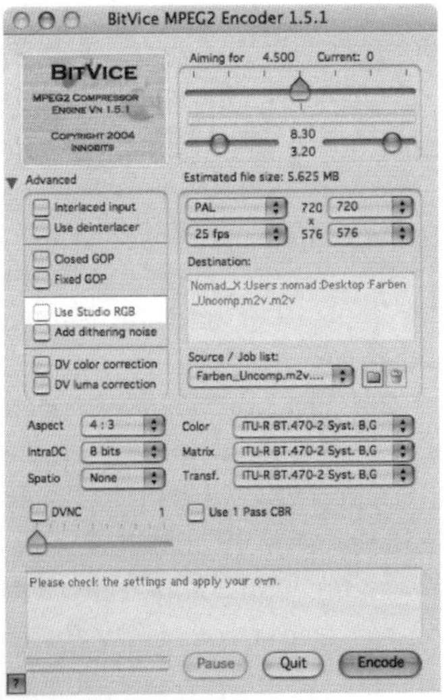

Abbildung 10.10 ►
Der BitVice-Encoder hält nicht nur die Farb- und Helligkeitswerte vorbildlich konstant, sondern lässt sich bei Bedarf auch auf den so genannten »Studio RGB«-Farbraum von 16–235 umschalten.

Wie sollten Sie nun in der Praxis mit dieser Problematik umgehen? Solange Sie Ihren gesamten Arbeitsablauf mit den Produkten eines Herstellers erledigen, werden Sie kaum Probleme haben – was vermutlich auch so beabsichtigt ist. Final Cut Pro und Compressor arbeiten an sich recht gut zusammen. Leider wird man aber gerade bei der DVD-Erstellung immer wieder mit Videomaterial aus den unterschiedlichsten Quellen konfrontiert, ohne immer in Erfahrung bringen zu können, welcher Farbraum jeweils eingehalten wurde. Um solche Fälle in den Griff zu bekommen, ist ein auf Studio-RGB umschaltbarer MPEG-Encoder im Werkzeugkasten des Profis unverzichtbar. Sie werden trotzdem bei kritischem Ausgangsmaterial um eigene Tests nicht herumkommen, insbesondere dann, wenn Material aus verschiedenen Quellen kombiniert werden soll. Bitte beachten Sie bei der Prüfung solcher Test-Encodings, dass der QuickTime Player die Helligkeitsanhebung von Compressor rückgängig macht. Der kostenlose VLC-Player von www.videolan.org macht das nicht, aber am besten ist immer ein Test auf dem Wiedergabegerät, das letztlich auch beim Nutzer stehen dürfte.

10.4 Kodieren mit Compressor

Im folgenden Praxisbeispiel wollen wir Ihnen zeigen, wie Sie eine Kodierung mit dem Apple Compressor vornehmen und was Sie dabei beachten sollten.

Bit-Budget

Bevor Sie eine Kodierung mit Compressor vornehmen, sollten Sie das Bit-Budget (siehe Kapitel 5, »Projektplanung«) berechnet haben und genau wissen, welche Datenrate Ihnen für das Videomaterial zur Verfügung steht. Wenn Sie hier nicht sorgfältig sind, lassen Sie Ihren Rechner unter Umständen mehrere Stunden unnötig schuften.

Voreinstellungen

Starten Sie Compressor, und klicken Sie auf das Icon VOREINSTELLUNGEN.

In der Liste suchen Sie eine Vorgabe aus, die Ihrer Situation nahe kommt. In unserem Beispiel benutzen wir MPEG-2; 120MIN; CODIERUNG IN HOHER QUALITÄT, da wir viel auf einer DVD-5 unterbringen wollen. Öffnen Sie den Eintrag durch Klick auf das Dreieck, und aktivieren Sie die MPEG-2-Version durch Anklicken. Duplizieren Sie diesen Eintrag durch einen Klick auf das mittlere Icon rechts oben – das mit den zwei hintereinander liegenden Ordnern. So bleibt das Original intakt, falls Ihnen die Einstellungen einmal durcheinander geraten. Das Duplikat wird am Ende der Liste erzeugt, Sie müssen eventuell erst dorthin scrollen, um es zu sehen.

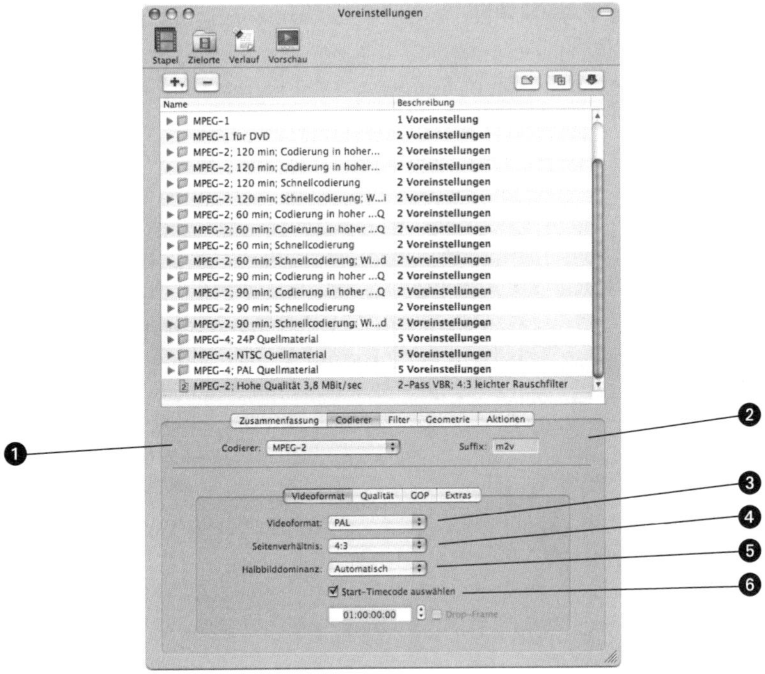

Abbildung 10.11 ▶ Das Videoformat und die Halbbildstruktur werden bei DV automatisch erkannt.

Durch Doppelklick auf den Namen wird dieser editierbar – vergeben Sie einen sinnvollen Namen wie in meinem Beispiel: »MPEG-2 Hohe Qualität 3,8 MBit/sec«. Dieser Name wird bei der automatischen Benennung mit benutzt. Rechts können Sie auf die gleiche Weise noch eine genauere Beschreibung hinzufügen. Machen Sie die Angaben ähnlich wie in der Abbildung, da wir noch einen Filter hinzufügen wollen.

Reiter Codierer

Klicken Sie auf den Reiter CODIERER, es erscheinen vier weitere Einstellbereiche. Im Ausklappmenü Codierer ist MPEG-2 schon eingestellt ❶, auch das Suffix ❷ kann so bleiben (DVD Studio Pro akzeptiert auch andere Endungen).

Bereich Videoformat

Der erste Bereich heißt VIDEOFORMAT, und den Eintrag stellen wir auch zuerst ein. Das VIDEOFORMAT ❸ kann Compressor automatisch am Format des angelieferten Materials erkennen (dann ist der Reiter GOP nicht zugänglich). Wenn Sie hier von Hand auf ein falsches Format stellen, also statt PAL auf NTSC, wird Compressor zwar das Bild auf die richtige Größe skalieren, aber mit der Veränderung der Bildgeschwindigkeit kann er nicht korrekt umgehen. Ihr Film würde dann ein deutliches Ruckeln zeigen, zur Formatwandlung ist dieses Vorgehen also nicht geeignet. Etwas Besonderes ist das Format 24p, aber darauf komme ich im Kapitel zu internationalen Produktionen zurück.

Keine Formatwandlung mit Compressor

Sie können zwar in Compressor ein anderes Videoformat als das Ihrer Quelle einstellen – also z. B. NTSC statt PAL –, aber damit ist keine befriedigende Wandlung zwischen den Formaten möglich. Der Encoder würde die Änderung der Bildfrequenz durch Verdoppeln bzw. Auslassen von Einzelbildern vornehmen, was zu sehr unbefriedigenden Ergebnissen führt. Eine recht gute Formatwandlung erlaubt der ProCoder von Canopus auf dem PC.

Beim SEITENVERHÄLTNIS ❹ haben Sie nur die Wahl zwischen 4:3 und 16:9, mit Letzterem ist das anamorphotische Breitbild gemeint. Ein unverzerrtes Bild, das bereits schwarze Balken enthält (z. B. von einer älteren Filmüberspielung), muss dagegen entweder als 4:3 angegeben oder beim Reiter GEOMETRIE beschnitten werden (siehe unten).

Die HALBBILDDOMINANZ ❺ versucht Compressor in der Standardeinstellung automatisch zu ermitteln. Bei DV ist das auch kein Problem (hier gilt übrigens immer UNTEN) – zumindest war es bei mir nie eins. Manche Benutzer berichten von falschen Ergebnissen bei der Automatik auch mit DV, die ich aber bei meinen Tests nicht feststellen konnte. Bei anderen Formaten – z. B. aus analogen Schnittsystemen oder SDI-Karten – sollten Sie das Handbuch konsultieren und die richtige Einstellung von Hand wählen, denn da kann die Automatik häufig daneben liegen. Wenn Ihre Ergebnisse auf einem Fernsehgerät bei schnellen Bewegungen seltsam zittern, war die Einstellung falsch, und Sie sollten von Hand eingreifen.

Schließlich können Sie den kodierten Film noch mit einem neuen Timecode ❻ beginnen lassen – z. B. um ihn mit angelieferten Untertiteln in Übereinstimmung zu bringen.

Bereich Qualität

Ein Klick auf QUALITÄT bringt uns zum nächsten Bereich (Abbildung 10.12), für niedrige Bitraten sollten Sie oben auf 2-PASS-VBR stellen ❶. Wenn die Zeit reicht, ist die beste Qualität natürlich wünschenswert, aber auch das einfache 2-Pass-VBR kann schon recht gut aussehen.

Darunter stellen Sie die insgesamt gewünschte mittlere Bitrate ❷ gemäß Bit-Budgeting ein, in meinem Beispiel 3,8 MBits/s. Die maximale Datenrate ❸ sollten Sie für DVD-R allenfalls auf 8 MBits/s einstellen (besser weniger!), bei einer Vervielfältigung durchs Presswerk dürfen Sie auch höher gehen, wenn dadurch inklusive aller übrigen Spuren 10,08 MBits/s nicht überschritten werden. Bei der Bewegungsschätzung ❹ führt die BESTE QUALITÄT natürlich ebenfalls zu den längsten Rechenzeiten – auch die mittlere Einstellung BESSER reicht in vielen Fällen schon aus. Selbst mit der Einstellung GUT bekommen Sie bemerkenswert gute Ergebnisse, wenn das Material von Film stammt oder die Zwischenzeilen entfernt wurden (Deinterlace), wenn es also nur Vollbilder enthält.

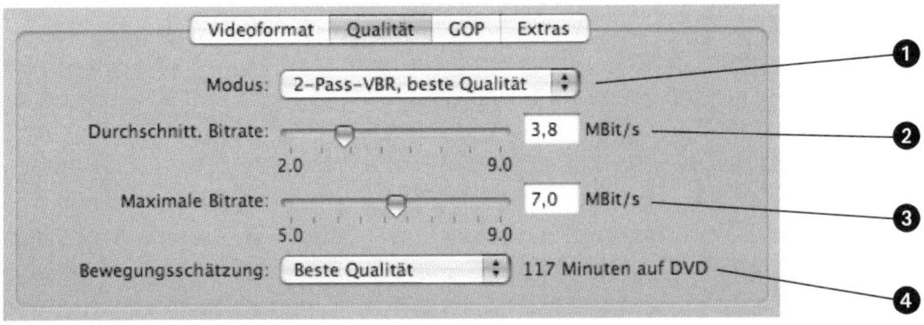

Abbildung 10.12 ▶ Die Qualitätseinstellungen haben großen Einfluss auf die Bildqualität und den Platzbedarf des Videomaterials.

2-Pass-VBR

Wenn Sie nur kurze Filme auf eine DVD bringen wollen und dabei 7–8 MBit/s voll ausschöpfen können, ist **2-Pass-VBR** natürlich reine Zeitverschwendung, denn die Qualität wird dadurch nicht mehr besser. Selbst bei einer Datenrate von 6 MBit/s ist es noch schwer, Unterschiede zwischen VBR und CBR zu sehen. Zwischen der mittleren und der maximalen Datenrate sollten für 2-Pass-VBR mindestens 2 MBit/s Differenz liegen, sonst lohnt sich der Aufwand kaum. Auch bei sehr kurzen Videos ist 2-Pass-VBR wenig sinnvoll, da die unterschiedlichen Anforderungen beim Bildmaterial (wenn es diese überhaupt gibt) zu kurze Zeit einnehmen, um die Bitrate sinnvoll darauf zu verteilen.

Bit-Budget und Datenrate

Natürlich müssen Sie bei der Einstellung der Datenrate das Bit-Budgeting berücksichtigen. Gehen Sie aber auch bei genügend Platz auf der DVD nicht über 8 MBit/s, da Sie Reserven für Ton und Subpictures brauchen. Der visuelle Unterschied zwischen 8 und 8,5 MBit/s ist marginal, das Risiko von Funktionsfehlern dagegen wächst erheblich an, vor allem beim Abspielen vom Computer oder älteren DVD-Playern.

Wenn Sie Ihr Werk auf selbst gebrannten DVDs verbreiten wollen (oder müssen), sollte die Gesamtdatenrate inklusive Tonspur(en) nicht über 7 Mbit/s liegen, das erleichtert den Playern die Abtastung bei den schlechteren Reflexionswerten dieser Disks. Auch für Seamless Branching (siehe Kapitel 20) sollten Sie die Obergrenze der Datenrate eher niedrig halten.

Leider hält sich Compressor nicht immer ganz an die eingestellte Datenrate. Während der Durchschnittswert bei 2-Pass-VBR gut eingehalten oder sogar etwas unterschritten wird, kann er bei dem oberen Grenzwert auch deutlich über das Ziel hinausschießen, hier sollten Sie zum Beispiel statt angestrebter 8 MBit/s eher auf 7 einstellen, dann bleibt er tatsächlich unter 8. Beim simplen VBR sind die Schwankungen gering, und der eingestellte Wert wird sehr genau eingehalten, aber da könnten Sie auch genauso gut mit CBR arbeiten.

Der nächste Bereich heißt GOP und bietet die Einstellung der Struktur und Größe der Group of Pictures (siehe letztes Kapitel).

Bereich GOP

Das vorgegebene Muster IBBP ist für übliches Filmmaterial der sinnvollste Kompromiss zwischen der Einzelbildqualität und dem Platzbedarf ❶. Die kürzeren Muster IBP oder gar IP (also ganz ohne »Between«-Bilder) werden mit besonders kritischem Material wie handgemachter Animation, extrem schnellen Schnitten oder Experimentalfilmen eventuell weniger Artefakte erzeugen. Das geht aber nur, wenn Sie gleichzeitig hohe Datenraten einstellen können, so dass Sie auf jeden Fall mehr Platz verbrauchen. Als verkürzte GOP für solches Material bietet Compressor je nach IBP- bzw. IP-Struktur eine Größe von 6 oder 7 an.

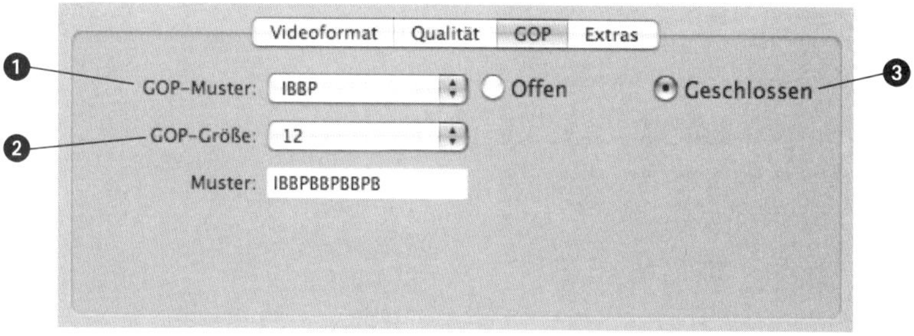

▸ **Abbildung 10.13**
Unter GOP können Sie die Struktur und Größe der Group of Pictures einstellen.

Falls Sie den Schnitt mit Final Cut Pro selber durchführen, ist es aber im Fall der schnellen Schnitte sinnvoller, diese vom Schnittprogramm als I-Frame-Markierung an den Compressor zu übergeben – schließlich »weiß« das Schnittprogramm am besten, wo Sie einen Schnitt gesetzt haben. Auch an Übergängen (also Blenden), die in Final Cut Pro selbst erzeugt wurden, setzt das Schnittprogramm automatisch solche Kompressionsmarkierungen. Wenn diese Informationen zur Erstellung von I-Frames genutzt werden sollen, muss die Übergabe an Compressor mit der Einstellung »DVD Studio Pro-Markierungen« erfolgen. Das ist auch mit referenzierten QuickTime-Dateien möglich. Kompressions- und Schnittmarkierungen sind nur für den Compressor von Belang, der an diesen Stellen I-Frames setzt. An DVD Studio Pro werden ausschließlich Kapitelmarkierungen übergeben.

Die GOP-Grösse ❷ wird vom Compressor bei PAL automatisch auf den üblichen Wert 12 limitiert, obwohl hier maximal 15 zulässig wäre. Bei NTSC wird der gängige Wert 15 vorgegeben, hier wäre laut DVD-Norm maximal eine Größe von 18 zulässig, aber die Vorgaben sind schon ganz in Ordnung.

Wichtiger ist die Entscheidung für offene ❸ oder geschlossene GOPs. Bei DVDs für Massenkopien können Sie in der Regel offene GOPs benutzen, sie sind im Verhältnis von Platzbedarf zu Qualität etwas günstiger. Für Motion-Menüs und animierte Übergänge sind geschlossene GOPs besser, weil sie etwas schnellere Schleifen und Sprünge erlauben und der geringfügig höhere Platzbedarf für diese kurzen Abschnitte kaum ins Gewicht fällt. Im Menübereich müssen Sie sich grundsätzlich für eine der Varianten entscheiden: Anders als bei den Spuren dürfen Sie hier offene und geschlossene GOPs nicht mischen. Besonders gut laufen Schleifen in Motion-Menüs, wenn Sie ganzzahlige Vielfache der GOP-Größe benutzen, bei PAL also 12, 24, 48 Bilder und so fort – aber das ist dann schon etwas für Perfektionisten ...

Abbildung 10.14 ▶ Mit dem Befehl MARKIERUNG können Sie in Final Cut Pro gezielt I-Frames für Compressor definieren (hier Kompressionsmarkierung genannt), zum Beispiel am Beginn und Ende einer schnellen Bewegung oder einer Blende im Originalmaterial.

Auch für die Veröffentlichung auf DVD-R sollten Sie meist bei geschlossenen GOPs bleiben, da sie die Fehlerkorrektur des Players weniger fordern und damit unkritischer in der Kompatibilität sind. Selbst der schnelle Vor- und Rücklauf per Fernbedienung funktioniert auf DVD-R besser bei geschlossenen GOPs. Wenn Sie sehr viel auf eine DVD-R bringen müssen, sollten Sie den besten Kompromiss selbst ausprobieren. Unterhalb von etwa 5 MBit/s wird es meist sinnvoller sein, mit offenen GOPs zu arbeiten.

In einem Fall müssen Sie unbedingt geschlossene GOPs benutzen: Multi-Angle- oder Mixed-Angle-Tracks funktionieren nur mit dieser Einstellung! Außerdem müssten eventuelle Kapitel- oder Kompressionsmarkierungen in allen Videospuren exakt auf dem gleichen Frame sitzen. Doch in der Praxis vermeiden Sie hier besser jegliche zusätzlichen I-Frames, denn mir ist es bisher nicht gelungen, solches Material für Mixed-Angle zu verwenden, obwohl es theoretisch möglich sein sollte (Apple behauptet das auch so auf Seite 73 im Handbuch). Setzen Sie eventuell benötigte Kapitelmarkierungen in diesem Fall besser in der Timeline von DVD Studio Pro, auch wenn das nicht ganz so präzise ist, weil immer das nächste reguläre I-Frame benutzt werden muss. Wenn Sie Multi-Angle-Filme in voller Länge anlegen wollen, stören **Kapitelmarkierungen** nach meiner Erfahrung nicht, soweit sie exakt auf dem gleichen Einzelbild sitzen. Kompressionsmarkierungen dagegen sollten in beiden Fällen vermieden werden.

◄ **Abbildung 10.15**
Am Anfang und am Ende jedes Multi-Angle-Abschnitts müssen Markierungen gesetzt werden, dazwischen dürfen sie bei Bedarf gesetzt werden, aber innerhalb der Mehrfachspuren nicht!

Kapitelmarkierungen setzen

Sie müssen beim Setzen von Kapitel- oder Kompressionsmarkierungen in Final Cut Pro darauf achten, dass das Timeline-Fenster aktiviert ist, nicht aber ein einzelner Clip angewählt wurde. Anderenfalls werden Ihre Markierungen für den Compressor beim Export des gesamten Films ohne Fehlermeldung »verschluckt«.

Außerdem müssen Kapitelmarkierungen mindestens eine Sekunde voneinander sowie vom Anfang und Ende des Films entfernt sein.

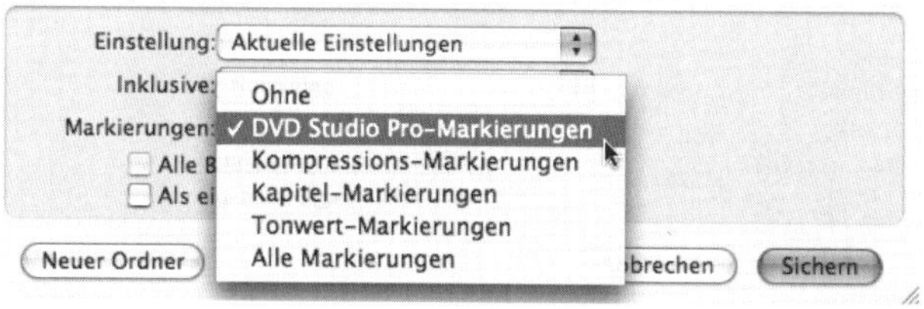

◄ **Abbildung 10.16**
Beim Export aus Final Cut Pro können Sie wählen, welche Markierungen im QuickTime-Film an Compressor übergeben werden.

◄ **Abbildung 10.17**
Im Vorschaufenster von Compressor finden sich die Markierungen wieder.

GOPs für Multi-Angle und Mixed-Angle

Zur Erstellung von MPEG-2 für Multi-Angle oder Mixed-Angle müssen Sie immer auf geschlossene GOPs stellen. Außerdem sollten Sie in Videoabschnitten, die für diesen Zweck vorgesehen sind, keine Kompressionsmarkierungen benutzen, bei Mixed-Angle auch keine Kapitelmarkierungen.

Bereich Extras

Schließlich können Sie unter EXTRAS noch bestimmen, ob dem kodierten Material Metadaten für DVD Studio Pro hinzugefügt oder ob eventuell vorhandene Markierungen, die nicht als Kapitelmarkierung benannt sind, aus dem Material entfernt werden. Wenn Metadaten im Material enthalten sind, kann DVD Studio Pro auf langwieriges Parsing verzichten (die Strukturanalyse der MPEG-2-Dateien beim Import).

Abbildung 10.18 ▶
Bei den EXTRAS können Sie festlegen, dass ausschließlich Kapitelmarkierungen berücksichtigt werden. So lassen sich Probleme bei Videospuren für Multi-Angle durch vorhandene Kompressionsmarker vermeiden.

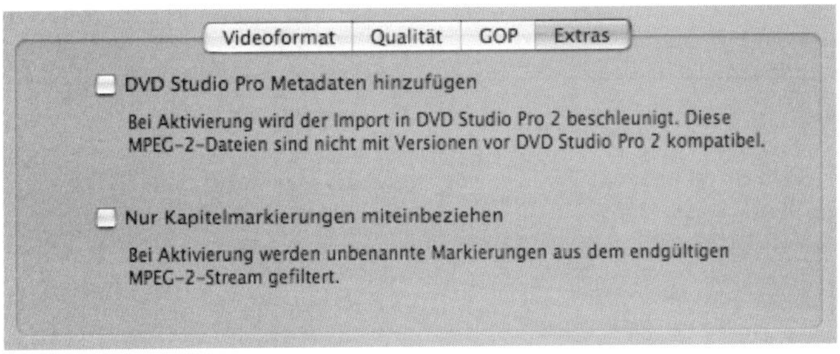

Kapitelmarkierungen

Wenn in Final Cut Pro die Ausgabe von Markierungen auf DVD STUDIO PRO-MARKIERUNGEN und nicht auf KAPITELMARKIERUNGEN gestellt war, werden im QuickTime-Film auch Kompressionsmarkierungen für alle Schnitte und Blenden enthalten sein, die Sie im Vorschaufenster von Compressor auch anzeigen lassen können (siehe unten, Abbildung 10.24). Da sich in den Dateien für Multi-Angle- oder Mixed-Angle-Spuren in den seltensten Fällen alle Schnitte exakt am selben Platz befinden dürften, sind diese Tracks hierfür nach der Kodierung nicht verwendbar. Stellen Sie also für solche Produktionen auf NUR KAPITELMARKIERUNGEN MIT EINBEZIEHEN, aber setzen Sie im Bereich eines Mixed-Angle trotzdem keine.

Abbildung 10.19 ▼
Mit dieser Meldung, die normalerweise bei falscher GOP-Struktur erscheinen sollte, reagiert DVD Studio Pro auch auf zu hohe Datenraten in einer Multi-Angle-Spur.

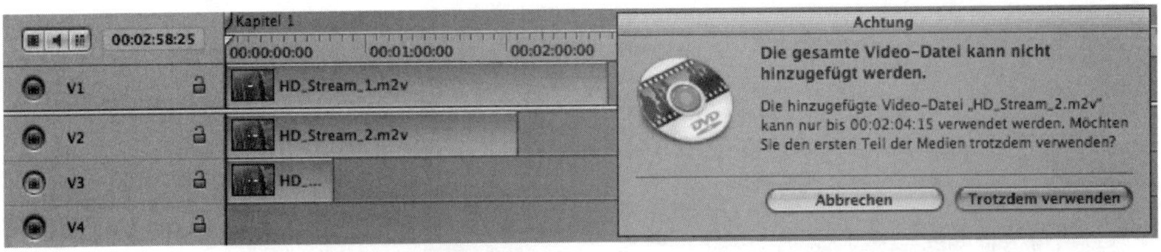

Achten Sie auf die korrekten Datenraten bei der Kodierung von Material für Multi-Angle oder Mixed-Angle: maximal 8 MBit/s bei bis zu fünf Spuren, 7,5 MBit/s bei sechs bis acht und 7 MBit/s bei neun Spuren. DVD Studio Pro gibt bei der Überschreitung der Werte eine etwas missverständliche Meldung aus und behauptet, es könne nur ein Teil der hinzugefügten Spur verwendet werden – und der wird dann mit jedem weiteren Angle kürzer ...

Multi-Angle oder Mixed-Angle

Filter in Compressor

Unter dem Tab FILTER erreichen Sie eine Liste von Filterfunktionen, die Sie vor der Kompression auf das Videomaterial anwenden können.

Helligkeit, Kontrast, Farb- oder Gammakorrekturen

Den Einsatz der Filter zur Veränderung von Helligkeit, Kontrast, Farb- oder Gammakorrekturen kann ich Ihnen nicht sonderlich empfehlen. Nicht, weil damit etwas nicht in Ordnung wäre, aber wenn Sie mit Final Cut Pro oder einem anderen hochwertigen Schnittprogramm arbeiten, stehen Ihnen dort die besseren Werkzeuge zur Verfügung. Abgesehen von der sinnvolleren Bedienung dieser Werkzeuge haben Sie dort die Möglichkeit der szenenweisen Korrektur, während Sie die Filter im Compressor nur pauschal anwenden können. Außerdem können Sie im Schnittprogramm das Ergebnis auf einem Videomonitor kontrollieren, während der Bildvergleich in Compressor nur auf dem Computerschirm erfolgen kann.

Anders als Adobe Encore DVD, wo das wenigstens bei einigen Arbeitsschritten möglich ist, unterstützen Compressor und DVD Studio Pro bisher keine **visuelle Kontrolle** der Spuren oder Menüs auf einem TV-Monitor. Wenn Ihre DVD in erster Linie zur Vorführung auf TV-Geräten vorgesehen ist, sollten Sie jegliche Korrekturen unbedingt auf einem guten TV-Monitor überprüfen, denn die Bildschirme am Mac besitzen eine völlig unterschiedliche Farb- und Kontrastwiedergabe. Anderenfalls könnte Ihnen bei der Vorführung der fertigen DVD eine unerfreuliche Überraschung bevorstehen.

Deinterlacing

Die Funktion DEINTERLACING entfernt die Zwischenzeilen, wie sie in bewegten Videobildern auftreten können. Diese Funktion ist bei DVDs sinnvoll, die in erster Linie auf Computern oder Chip-Projektoren gezeigt werden sollen, da dort diese kammartigen Strukturen stören können. Bei der Vorführung auf einem klassischen TV-Gerät kann sie eher schaden, da Bewegungen auf diese Weise weniger flüssig aussehen (es gibt aber moderne Fernsehgeräte, die mit progressiven Bildern umgehen können). Notwendig ist das Deinterlacing, wenn die vertikale Bildgröße noch verändert wird, z. B. durch Beschneiden (siehe unten).

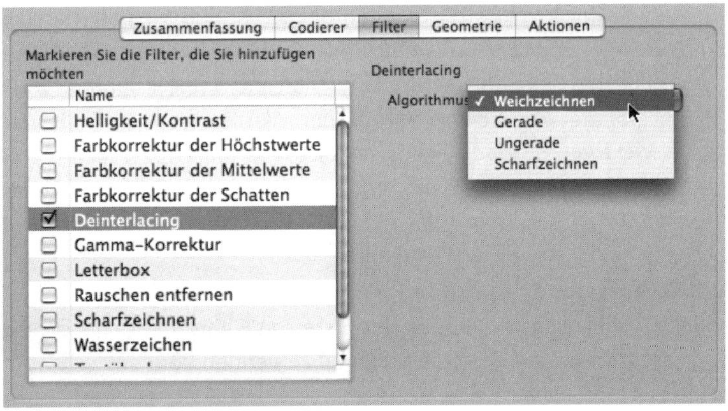

Abbildung 10.20 ▶ Eigentlich ist das integrierte Deinterlacing von Compressor nur in der Einstellung WEICHZEICHNEN brauchbar.

Sie finden unter ALGORITHMUS verschiedene Einstellungen:

- WEICHZEICHNEN überblendet die beiden interpolierten Halbbilder und erzeugt auf diese Weise ein relativ weiches, sehr filmisch wirkendes Bild mit natürlich wirkender Bewegungsunschärfe. Diese Einstellung ist am sinnvollsten.
- GERADE und UNGERADE arbeiten offensichtlich mit einfacher Zeilenverdoppelung oder einer eher schlechten Interpolation – sie erzeugen jedenfalls deutliche Pixelstrukturen.
- SCHARFZEICHNEN lässt deutlich erkennbare Interlace-Artefakte übrig – der Sinn dieser Einstellung ist mir unverständlich.

Im Grunde ist also nur einer dieser Filter im Compressor brauchbar, und auch dieser beherrscht kein adaptives Deinterlacing – er entspricht offensichtlich der Überblendungsmethode, die man auch in Final Cut Pro einsetzen kann (siehe Kapitel 8, »Film-Look«). Wenn es auf bestmögliche Ergebnisse ankommt, sollten Sie eher das dort beschriebene Plug-in **FieldsKit** einsetzen.

Letterbox

LETTERBOX erlaubt die nachträgliche Umstellung auf ein Breitbildformat mit schwarzen Balken (Soft Matting). Da Sie aber innerhalb von Compressor normalerweise mit Quellen im Videoformat arbeiten, ist das nicht unbedingt sinnvoll, da sich hier die mögliche Auflösung nur verschlechtern kann. Wenn Sie im Verlauf der Videobearbeitung Grafiken, Fotos oder Text zu 16:9-Filmen hinzufügen, ist auch diese Korrektur sinnvoller im Schnittprogramm vorzunehmen, da dort die Auflösung der Quellen optimal genutzt werden kann. Außerdem können Sie den gewünschten Ausschnitt dort Szene für Szene anpassen, während hier wieder nur eine durchgängige Anwendung möglich ist.

Rauschen entfernen

RAUSCHEN ENTFERNEN ist ein Rauschfilter gegen exzessives Rauschen oder Korn. Wenn Ihr Original in dieser Hinsicht kritisch ist, kann der Filter die Qualität nach der Kompression etwas verbessern, da solche Störungen oft zu Blockartefakten führen.

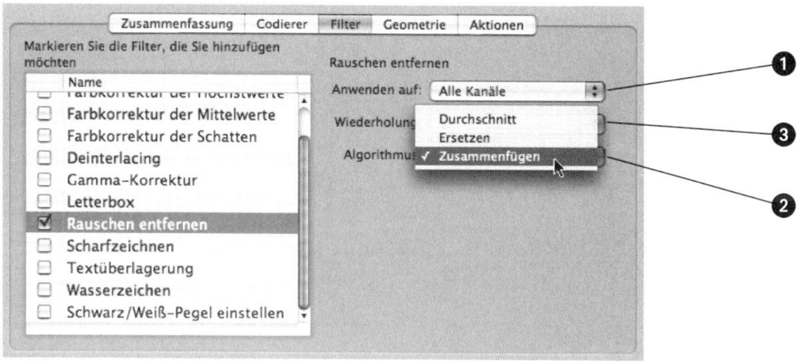

◂ **Abbildung 10.21**
RAUSCHEN ENTFERNEN ist grundsätzlich einer der nützlichsten Filter vor einer MPEG-Kompression, allerdings macht der Filter in Compressor die Bilder für meinen Geschmack zu unscharf.

Mit ANWENDEN AUF... ❶ können Sie festlegen, ob der Filter auf alle Bildinformationen wirkt oder nur auf die Chroma-Kanäle (die Farbinformationen) – oft ist das Farbrauschen störender als der Helligkeitsanteil. Die Anwendung auf die Chroma-Kanäle allein hilft aber auch, Kantenartefakte zu mildern (wie sie bei Farbgrafiken durch vorherige DV-Kompression entstehen können), ohne dass der subjektive Schärfeeindruck beeinträchtigt wird.

Unter ALGORITHMUS ❷ wählen Sie das Verfahren aus, mit dem die Rauschreduktion erfolgt. Die mildeste Wirkung hat ZUSAMMENFÜGEN, dann kommt DURCHSCHNITT, und am radikalsten wirkt ERSETZEN – das gilt für die erwünschten Wirkungen wie für die unvermeidliche Weichzeichnung des Videos. Zusätzlich steigern lässt sich die Wirkung jeder Version durch die Anzahl der Wiederholungen ❸, aber das treibt natürlich auch die Rechenzeit sowie die Unschärfe in die Höhe. Bei einigermaßen brauchbarem Rohmaterial sollten eine bis maximal zwei Wiederholungen reichen, bei starkem Rauschen dürfen Sie von diesem Filter sowieso keine Wunder erwarten. Leider zeichnet er das Material sehr weich und kann keineswegs mit spezialisierten Rauschfiltern wie KÖRNUNG ENTFERNEN aus After Effects 6.5 konkurrieren. Die Bildqualität von Compressor dagegen profitiert bei kritischem Rohmaterial sehr von einer guten Rauschfilterung.

Scharfzeichnen

SCHARFZEICHNEN entspricht den vergleichbaren Filtern in Photoshop oder Videoprogrammen und sollte – wenn überhaupt – sehr zurückhaltend eingesetzt werden. Meist wird Videomaterial schon in der Kamera scharfgezeichnet (siehe Kapitel 8 zum »Film-Look«), und der Filter kann vorhandenes Rauschen oder andere Artefakte im Quellmaterial noch verstärken.

Textüberlagerung und Wasserzeichen

TEXTÜBERLAGERUNG und WASSERZEICHEN können zur Beschriftung bzw. Kennzeichnung Ihres Materials, z. B. vor der Herausgabe von Tests an den Kunden, verwendet werden. Verwenden Sie diese Funktionen aber nicht für das Endprodukt: Zur Betitelung bietet DVD Studio Pro die besseren Möglichkeiten, und dauerhaft sichtbare Logos sollten Sie eher schon im Schnitt- oder Compositing-Programm einfügen.

Schwarz-Weiss-Pegel einstellen

Auch SCHWARZ-WEISS-PEGEL EINSTELLEN werden Sie für DVD kaum brauchen, da diese Funktion mühsam korrigierte Kontrast- und Helligkeitswerte eher durcheinander bringen kann und außerdem dazu neigt, Details in den hellsten und dunkelsten Bildteilen zu verlieren.

Apropos Schwarz-Weiß: Was ich noch vermisse, ist ein Filter zur Entfernung von überflüssigen Farbstörungen in Schwarz-Weiß-Filmen – das kann Compressor leider nicht, obwohl es recht nützlich wäre (in John Brisbins »DVD Film Transformer« gibt es eine solche Funktion).

Andere Darstellung

Da manche Filter sich gegenseitig beeinflussen können, lässt sich die gewünschte Reihenfolge der Bearbeitung durch Ziehen mit der Maus verändern. Deshalb kann Ihre Liste auch etwas anders aussehen als in unserer Abbildung.

Einstellungen unter Geometrie

Unter dem Tab GEOMETRIE können Sie Ihr Quellmaterial an den Seiten beschneiden. Das ist nützlich, wenn Ihre Produktion auch auf Computern laufen soll, da viele semiprofessionelle DV-Kameras an den Seiten des Bildes einen schmalen schwarzen Rand erzeugen. Eine Reduktion um etwa vier bis acht Pixel rechts und links sollte reichen. Da diese Ränder auf TV-Geräten sowieso nicht zu sehen sind, können Sie sich bei ausschließlich fürs TV vorgesehenen Produktionen den zusätzlichen Rechenaufwand schenken.

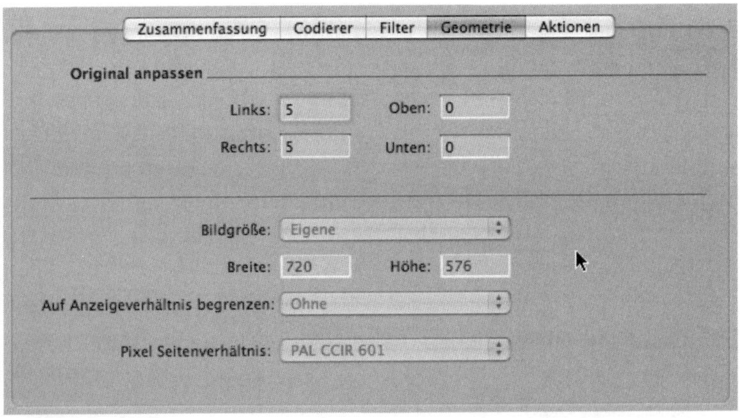

Abbildung 10.22 ▶ Unter dem Reiter GEOMETRIE können Sie die Seiten Ihres Videomaterials beschneiden. Die Ausgabegröße ist bei MPEG-2 aber nicht einstellbar, sondern richtet sich immer nach dem Videostandard.

Bild vertikal ändern

Falls Sie Ihr Videobild auch in der Vertikalen beschneiden wollen, müssen Sie bei normalen Videoaufzeichnungen unbedingt das **Deinterlacing** aktivieren. Durch die in jedem Fall erfolgende Skalierung auf die reguläre Höhe für MPEG-2 würden sonst unangenehme Interlace-Artefakte (kammartige Strukturen an bewegten Objekten) entstehen.

Anamorphes 16:9 erzeugen

Die Ausgabegröße können Sie bei MPEG-2 nicht verändern: Der Compressor wird das Bild in jedem Fall auf die Normgröße für PAL oder NTSC skalieren. Diese Einstellungen sind anderen Kompressionsverfahren vorbehalten, denn der Compressor kann ja auch Material fürs Internet oder für CD aufbereiten. Das bedeutet auf der anderen Seite, dass Sie durch einen Beschnitt von oben und unten auch ein anamorphes 16:9-Bild erzeugen können. Bei PAL müssen Sie dazu oben und unten 72 Pixel entfernen, bei NTSC jeweils 60. Bitte beachten Sie aber besonders in diesem Fall den Hinweis zum Deinterlacing, und stellen Sie unter VIDEOFORMAT auf 16:9. Ein Nachteil des Verfahrens gegenüber einer 16:9-Maskierung und -Skalierung in Final Cut Pro ist es, dass Sie hier keine Korrektur des Ausschnitts für einzelne Filmeinstellungen durchführen können.

Aktionen

Unter AKTIONEN können Sie schließlich noch bestimmen, was nach dem Ende des Encodings passieren soll. Wenn Sie bei den Internet-Einstellungen in Ihrem System einen Server für ausgehende Mail eingetragen und eine automatische Verbindung ins Netz zugelassen haben, kann Compressor nach getaner Arbeit eine E-Mail absetzen. Hier lässt sich auch ein AppleScript starten, um die Ergebnisse des Encodings auf einen Server zu laden oder andere Verwaltungsaufgaben zu starten.

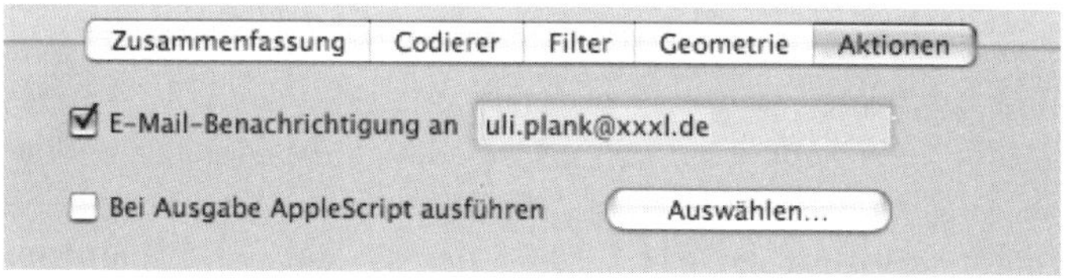

◄ **Abbildung 10.23**
Ich weiß ja auch nicht so recht, ob ich es nun toll finden soll, wenn mein Computer mir auf mein Handy eine E-Mail schickt, wenn ich in der Kneipe sitze. Aber nützlich kann es manchmal schon sein ...

Das Vorschaufenster

Ähnlichkeiten im Grundkonzept zwischen Discreets Cleaner und Apples Compressor sind unverkennbar, und das Vorschaufenster ist ein besonders offensichtliches Beispiel. Sie können hier – abgesehen vom unterschiedlichen Farb- und Kontrastverhalten von Computermonitor und TV-Röhre – die Wirkung Ihrer Korrekturen sofort überprüfen und durch eine einstellbare Bildteilung mit dem Original vergleichen. Außerdem erlauben die seitlichen Anfasser eine direkte Einstellung der Randbeschneidung, wenn Sie die Präzision der zuvor beschriebenen Zahleneingabe nicht benötigen.

Abbildung 10.24 ▶
Das Vorschaufenster im Compressor erlaubt – neben etlichen anderen nützlichen Funktionen – die Anzeige von Kapitel-, Kompressions- und Schnittmarkierungen.

Sehr nützlich sind auch die Möglichkeiten zum **Kürzen des Originals** und zum **Überprüfen und Setzen von Markierungen**. Wenn Sie häufig bereits geschnittene Originale von Ihren Kunden bekommen, werden Sie diese vermutlich auch einfach schnell in den Rechner einlesen wollen, ohne sich lange mit einem Schnittprogramm zu befassen. Da ist es dann sehr hilfreich, dass Sie hier den Anfang und das Ende des Films bildgenau von einem eventuellen Vorspann oder überflüssigen Schwarzbildern befreien können. Zwar kann man auch in DVD Studio Pro noch Kürzungen vornehmen, aber die sind dann bei MPEG-Material auf die Position von I-Frames beschränkt. Im Vorschaufenster können Sie zudem vorhandene Markierungen aus Final Cut Pro überprüfen, löschen oder neu benennen, sie lassen sich aber genauso gut hier setzen. Inzwischen kann Compressor Filme mit solchen Kürzungen und neuen Markierungen sogar mit allen Einstellungen als Stapel speichern, so dass Sie das Encoding auch auf später (vor den Kneipenbesuch?) verschieben können ...

Ihr Encoding startet nicht?

In der Vergangenheit gab es einige Probleme mit dem Compressor bzw. dem SENDEN an den STAPEL-MONITOR, die mittlerweile behoben wurden. Falls das Problem bei Ihnen trotz Aktualisierung noch auftritt, sollten Sie für eine bereinigte Installation sorgen:

- Gehen Sie in den Ordner LIBRARY/RECEIPTS.
- Suchen Sie nach jeglicher Version von CompressorUpdateX.X.pkg, und löschen Sie diese.
- Wechseln Sie in den Ordner Library/Frameworks, suchen Sie nach Compressor.framework, und löschen Sie das ebenfalls.
- Installieren Sie die aktuelle Version von Compressor – Sie können diese mit der Funktion SOFTWARE AKTUALISIEREN aus dem Netz holen.

Qualität und Tempo

Wenn Sie das Encoding dann endlich starten, werden Sie angenehm überrascht sein: Apples Compressor liefert in den aufwändigeren Qualitätseinstellungen bis herunter auf 3,5 MBit/s erstaunlich gute Bilder, und das bei sehr schneller Berechnung. Auf einem schnellen G5-Rechner mit einer doppelten 2-GHz-CPU berechnet Compressor die niedrigsten Qualitätseinstellungen mit DV-Material schneller als dessen Laufzeit (etwa Faktor 0,6), mittlere Qualität liegt bei 1, und in der höchsten Qualitätsstufe mit 2-Pass-VBR kann das dann bis auf einen Faktor von 1,8 ansteigen. Die beiden Filter zum Deinterlacing und zur Rauschverminderung brauchen pro Filter nur maximal 20 % der Filmlaufzeit zusätzlich, wenn Sie nicht mehr als zwei Rauschfilter-Durchläufe einstellen. Etwas langsamer, wenn auch keineswegs schlechter, ist Compressor mit anderen Quellformaten wie Digi-Beta, offensichtlich nutzt er die bereits vorgegebene Kompression von DV besonders geschickt.

Compressor beim Übungsprojekt

Das MPEG-2-Material für unser Übungsprojekt auf der CD-ROM wurde mit Compressor kodiert. Mit den sehr schnellen Schnitten und Bewegungen in den Werbefilmen und seinem zum Teil sehr körnigen 16-mm-Filmmaterial im Teil »Art« dürfte es sich um einen Härtetest für jeden Encoder handeln.

Sie werden zwischen den einzelnen Qualitätsstufen keineswegs auf Anhieb drastische Unterschiede sehen, bei mittleren bis hohen Datenraten bringen die höheren Einstellungen nur den letzten Feinschliff. Es ist also kein Euphemismus, wenn Apple schon die schnellste Einstellung als »Gut« deklariert. Nur dann, wenn Sie sehr viel auf eine DVD packen und deshalb mit Datenraten unter 6 MBit/s arbeiten müssen, sollten Sie die etwas längeren Wartezeiten für ein bestmögliches Encoding gleich mit einplanen. Wenn Sie selbst auf der Grundlage Ihres eigenen Materials Compressor mit anderen Encodern vergleichen wollen: Für die weiter unten empfohlenen alternativen Software-Encoder gibt es Testversionen zum Herunterladen, die nur durch ein Wasserzeichen beschränkt sind.

Der versteckte Compressor

Apple gibt Ihnen mit DVD Studio Pro neben der oben beschriebenen direkten Übergabe aus Final Cut Pro noch weitere Möglichkeiten, den hauseigenen MPEG-2-Encoder zu nutzen. Auch im QuickTime Pro Player wird mit der Ausgabe zu MPEG-2 jetzt der neue, verbesserte Encoder angesprochen. Die Einstellmöglichkeiten sind dabei allerdings reduziert, um die Bedienung zu vereinfachen:

- Es werden immer geschlossene GOPs mit zwölf bzw. 15 Bildern erzeugt.
- Die Filterfunktionen sind hier nicht zugänglich.
- Sie können keine Markierungen bearbeiten, vorhandene Kapitelmarkierungen werden aber berücksichtigt und im QuickTime Player auch angezeigt.
- Kompressionsmarkierungen werden ignoriert, um Probleme mit Multi-Angle-Spuren zu vermeiden.

Alle Video- und Kompressionseinstellungen sind natürlich verfügbar, und Sie können auch hier die Metadaten für das Parsing in DVD Studio Pro erzeugen lassen. Ebenso kann man den Ton als getrennte AIFF-Datei herausschreiben und eine Protokolldatei erzeugen. Eine Stapelverarbeitung wie im Compressor bietet der Player dagegen nicht.

DVD Studio Pro

Von DVD Studio Pro wird der Compressor wahlweise im Hintergrund genutzt – was nur auf einer Doppel-CPU wirklich Freude bereitet –, oder die MPEG-2-Bearbeitung wird bis zur Fertigstellung der DVD verschoben. So lange arbeiten Sie also bei der Gestaltung im Authoring-Programm mit den Originaldateien im jeweiligen QuickTime-Codec. Bei DV ist das kein Problem, aber wenn Sie Video wie Digi-Beta mit sehr hohen Datenraten haben, sollten Sie vorab komprimieren, weil die Arbeit sonst nicht sehr flüssig von der Hand geht.

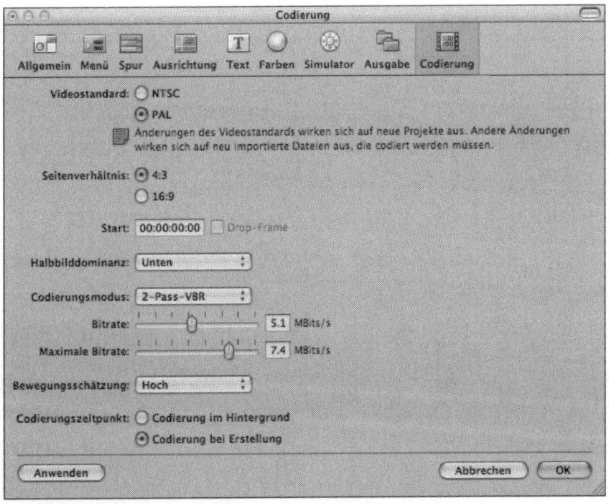

Abbildung 10.25 ▶ Die hochwertige Kompression der neuen MPEG-2-Engine kann auch in DVD Studio Pro genutzt werden.

Alle wichtigen Einstellungen sind wiederum verfügbar, es gibt aber auch hier keine Filter, keine Beschneidung und keine manuellen Änderungen. Mit CODIERUNG IM HINTERGRUND oder CODIERUNG BEI ERSTELLUNG stellen Sie die gewünschte Arbeitsmethode ein. Da es durchaus vorkommen kann, dass Sie auf einer DVD Videomaterial mit 4:3 und 16:9 mischen oder mit unterschiedlichem Aufwand komprimieren wollen, lassen sich diese Einstellungen per Kontextmenü auch separat für jedes Video-Asset vornehmen. Der Ton wird hier automatisch als unkomprimierte Datei getrennt vom Bild gespeichert, die GOPs sind immer geschlossen. Ein kleiner Fortschrittsbalken im Medien-Fenster informiert Sie über die Fortschritte bei einer Kompression im Hintergrund.

Einstellungen

Wenn Sie während des Encodings schon andere sinnvolle Aufgaben erledigen wollen und keine Doppelprozessor-Maschine besitzen, kann sogar der Kauf eines weiteren Computers durchaus sinnvoll sein. Das muss nicht mehr kosten als eine hochwertige Kompressionshardware allein, und Sie sind letztlich in Ihrer Arbeit flexibler, da Sie gleichzeitig schon Videos schneiden, Grafiken erstellen oder andere Partien im Authoring anlegen können. Als Transportmedium empfehlen sich Festplatten mit FireWire bzw. eine schnelle Vernetzung.

10.5 Alternativen

Hardware-Encoder

Es gibt auch externe MPEG-2-Encoder mit USB-Anschluss für wenig Geld, aber die lassen nur eine Live-Kodierung vom Videoeingang bei gleichzeitigem Multiplexing des Tons zu. Das ist nicht besonders praktisch, da mit dem De-Multiplexing und Abtrennen unerwünschten Materials viel Nachbearbeitung auf Sie zukommt. Außerdem ist deren Qualität für die professionelle Arbeit ungeeignet. Darüber liegen dann die Hardware-Encoder der Mittelklasse im Preisbereich von 1500 bis zu mehreren tausend Euro, je nach Ausstattung mit Videoeingängen von S-Video bis hinauf zu SDI für digitale Quellen und mit der Möglichkeit der präzisen Steuerung von Zuspielgeräten. Die Spitzenprodukte von **Sonic** (SD2000) oder den japanischen Giganten wie Sony (Vizaro) und Panasonic gehen bis weit über 20 000 €.

Geschwindigkeit

Grundsätzlich galt lange Zeit, dass Hardware-Encoder, also Zusatzboards oder Geräte mit spezialisierten MPEG-2-Chips, wesentlich schneller sind als reine Software-Encoder auf einer universellen CPU. Doch Software-Encoder können inzwischen auf den schnellsten Computern bei akzeptabler Qualität mit Faktoren unterhalb der Laufzeit des Films arbeiten, und ein Hardware-Encoder braucht für das 2-Pass-Verfahren logischerweise mindestens das Doppelte der Filmlaufzeit. Heutzutage kann ich Ihnen die Investition in einen neuen Hardware-Encoder deshalb kaum noch empfehlen, allenfalls gute Gebrauchtangebote können noch attraktiv sein.

Sogar dann, wenn Sie sehr hochwertige Quellen wie Digital Betacam verarbeiten wollen, ist eine reine **SDI-Karte** wie die Decklink von Blackmagic Design (www.decklink.com) zusammen mit einem Software-Encoder wesentlich billiger und vielseitiger nutzbar als ein MPEG-2-Board mit SDI-Anschluss, für das Sie wesentlich mehr hinblättern müssen. Immerhin wurde bei einem Encoder-Blindtest der amerikanischen Zeitschrift »Video-Systems« das Material aus Compressor mehr als einmal von Juroren mit der Ausgabe des Sonic SD2000 verwechselt! Beim gleichen Test (April 2004) wurde übrigens die hervorragende Integration von Compressor in den gesamten Arbeitsablauf vom Schnitt bis zum Authoring gelobt.

Wenn Sie eigene Vergleiche anstellen wollen, ist es wichtig, dass diese auf Ihrem üblichen Quellmaterial im **PAL-Standard** basieren. Nicht alle hochwertigen amerikanischen Produkte liefern bei PAL die gleiche Qualität wie bei NTSC, und nicht jedes Produkt, das bei Digi-Beta gut aussieht, ist auch bei DV-Quellen optimal. Außerdem sollten Sie den Encoder schon etwas quälen: Bei 7–8 MBit/s macht heute jeder halbwegs brauchbare Encoder gute Bilder. Wenn Sie aber etwa zwei Stunden Film und einige Extras auf eine DVD-5 quetschen müssen, sieht das schon ganz anders aus. Der kritische Bereich liegt zwischen 3,5 und 4 MBit/s – da benutzt man natürlich VBR –, und bei solchen Bitraten trennt sich schnell die Spreu vom Weizen.

Software-Encoder

Auf dem Mac gibt es nur wenige Alternativen zum Compressor. Die MPEG-2-Kompression in **Cleaner** ist langsam und schlecht, auch wenn diese Software für CD-ROM und Internet-Video sehr gut geeignet ist. Auch die MPEG-2-Kompression in Toast 6 kann mit Compressor überhaupt nicht mithalten. Die Produkte von Heuris halte ich schlichtweg für überteuert (www.heuris.com).

BitVice

Interessant ist der schwedische Encoder **BitVice**, der insbesondere bei Grafikmaterial und Film bzw. Vollbildvideo (progressive Scan) sehr gute Ergebnisse liefert und einfach zu bedienen ist. Er bietet zudem einen wesentlich besseren Rauschfilter und weitere nützliche Zusatz-Features. BitVice arbeitet grundsätzlich in 2-Pass-VBR und steht dabei im Tempo dem Compressor bei bester Einstellung kaum nach, nur bei Aktivierung des aufwändigen Rauschfilters wird er deutlich langsamer. Wenn Sie es häufiger mit Quellen wie analogem Video oder älterem Filmmaterial zu tun haben, sollte er in Ihrem Werkzeugkasten nicht fehlen. Bei Interlace-Video mit extrem schnellen Bewegungen, wie zum Beispiel in Sportaufnahmen, neigt er aber zu mehr Artefakten als das Produkt von Apple. Andererseits nimmt er, im Gegensatz zum Compressor, keinerlei eigenmächtige Veränderungen an Helligkeit oder Kontrast vor und wurde deshalb sogar für das Encoding der sehr anspruchsvollen Videosignal-Test-DVD Avia PRO von der Firma Ovation Multimedia verwendet. Schade, dass man den Rauschfilter nicht einzeln kaufen kann ...

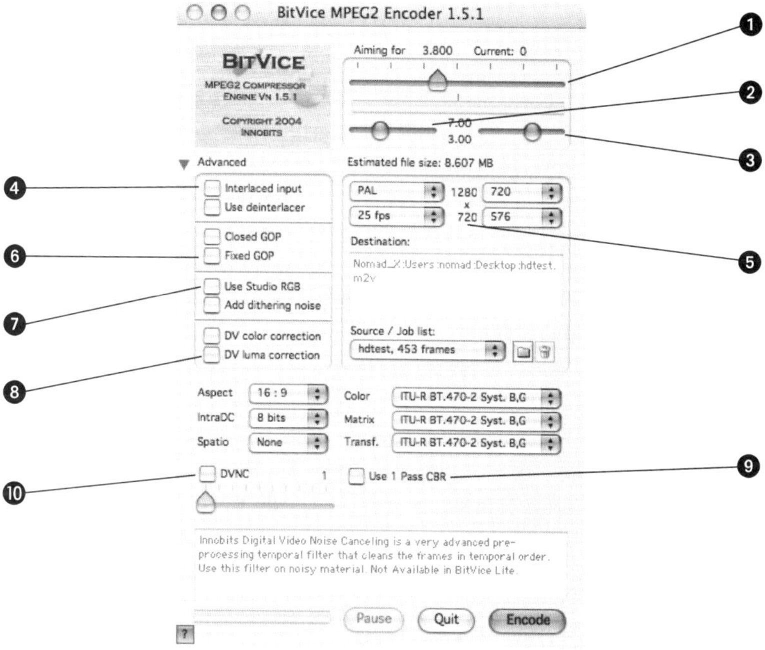

◂ **Abbildung 10.26**
In einem sehr übersichtlichen Fenster – hier bereits auf ADVANCED geschaltet – bietet BitVice alle wesentlichen Features eines professionellen MPEG-2-Encoders.

Die Durchschnittsdatenrate gemäß Bit-Budgeting stellen Sie bei ❶ ein, die Untergrenze bei ❷ und das Maximum bei ❸. Während die Durchschnittsrate sehr gut eingehalten wird, leistet sich auch BitVice manchmal ein paar kleine Ausreißer nach oben, wenn auch nicht so deutlich wie Compressor. Stellen Sie also auch hier die Obergrenze eher etwas zurückhaltend ein. Anders als Compressor kann BitVice auch bei PAL wahlweise Vollbilder oder Halbbilder berücksichtigen ❹. Eine Skalierung von HD-Material ❺ ist ebenfalls möglich, doch die Qualität ist hierbei schlechter als im Compressor, da auf die regulären QuickTime-Algorithmen zurückgegriffen wird (nehmen Sie dafür also besser After Effects). Für Multi-Angle müssen Sie auf FIXED GOP ❻ stellen, da BitVice sonst grundsätzlich eine Szenenerkennung vornimmt und dort jeweils eine neue GOP beginnt.

Mit der Umstellung auf Studio RGB ❼ können Sie Quellmaterial berücksichtigen, das vom jeweiligen Codec mit reduziertem Kontrastumfang von 16–235 angeliefert wird. Normalerweise geht BitVice davon aus, dass am Ausgang des Codecs Werte mit dem vollen RGB-Umfang von

0–255 angeliefert werden, und übersetzt selbsttätig in den YUV mit Helligkeitswerten von 16–235, wie es der 601-Norm entspricht. Das Feld DV LUMA CORRECTION ❽ sollten Sie nur aktivieren, wenn Sie mit Apples DV-Codec als Quellformat arbeiten, sonst werden solche Bilder etwas zu dunkel (BitVice arbeitet dann mit der gleichen Aufhellung wie Compressor). Mit USE 1 PASS CBR ❾ können Sie auf konstante Bitrate umstellen, falls das für Ihre Zwecke (z. B. Interleaving) wirklich nötig ist – regulär arbeitet das Programm immer mit 2-Pass-VBR. Unter ❿ findet sich schließlich das Highlight von BitVice: der Rauschfilter DVNC.

Dieses DIGITAL VIDEO NOISE CANCELING ist eine Eigenentwicklung des Herstellers Innobits, die per Vergleich der Nachbarbilder (temporale Filterung) sehr wirksam Rauschen oder Korn beseitigt, ohne feine Details im Bild zu sehr zu beeinträchtigen. Der Filter macht das Encoding zwar langsamer und ist noch nicht für Doppel-CPUs ausgelegt, doch er ist immer noch deutlich schneller als der statistisch arbeitende Filter KÖRNUNG ENTFERNEN in After Effects. Der hat dafür wesentlich ausgefeiltere, aber auch kompliziertere Möglichkeiten, die Filterung auf die speziellen Probleme des jeweiligen Quellmaterials einzustellen, während Sie den DVNC einfach nur in der Intensität regulieren können. Meine Empfehlung: Wenn Sie After Effects sowieso schon einsetzen und mit dem Filter gut umgehen können, ist der die Rechenzeit wert. Wenn Sie ihn zu kompliziert finden oder After Effects nicht besitzen, ist BitVice die einfachere und billigere Alternative für schwierige Fälle.

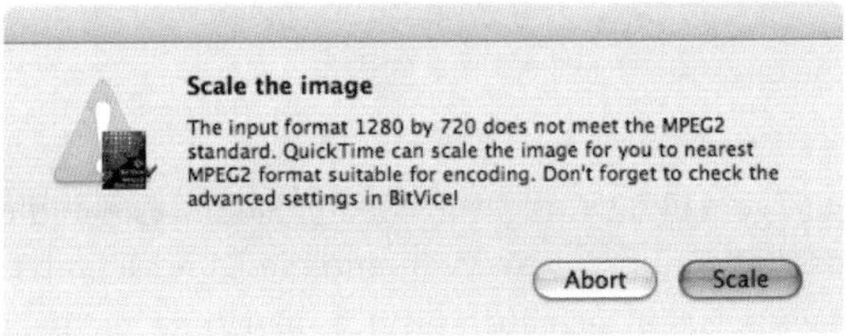

Abbildung 10.27 ▶
Auch BitVice kann schon mit HD-Quellen umgehen, aber die Skalierung fällt hier etwas schlechter aus als bei Compressor oder dem Main Concept Encoder.

Besonders erfreulich ist, dass BitVice auch **25p** korrekt encodieren kann. Compressor behandelt Vollbilder (sogar bei 24p!) im DCT (siehe »Videokodierung«) wie Interlace-Material, und das führt nicht zu optimalen Ergebnissen auf progressiven Displays. Da Sie BitVice wahlweise auf den üblichen RGB-Input mit 0–255 oder auf STUDIO-RGB mit 16–235 einstellen können und auch die Korrekturmöglichkeit für Apples DV-Codec haben, sollten Sie auch in keinem Fall mehr Probleme mit Kontrast- oder Helligkeitsveränderungen beim Encoding bekommen. Werfen Sie ruhig selbst einen Blick auf die Testversion (www.innobits.se), die nur durch ein Wasserzeichen eingeschränkt wurde. Es gibt neben der Profiversion mit Batch-Prozessing, dynamischem Rauschfilter und anderen Zusatz-Features auch eine sehr preisgünstige Light-Variante, die qualitativ nicht eingeschränkt wurde. Wenn Sie noch einen G3-Rechner haben, ist BitVice zudem der einzige verfügbare Software-Encoder (was jedoch für Profianwender aus Geschwindigkeitsgründen kaum interessant sein dürfte).

Main Concept

Ein weiterer exzellenter Encoder kommt sogar aus deutschen Landen: Die Firma **Main Concept** aus Aachen hat inzwischen ihren auf dem PC in vielen Vergleichstests gut bewerteten Main Concept Coder (kurz MCC) auf den Mac portiert – danke! Nicht ohne Grund war dies der Encoder der Wahl für Adobe: Er wird auf dem PC mit Premiere Pro geliefert. Der MCC bietet bei MPEG-1 übrigens eine ähnlich hohe Qualität wie TMPGEnc, vielleicht sogar einen Hauch besser, während Compressor hier doch etwas zurückstecken muss. Auch sonst gibt es nur Gutes zu sagen: Der Encoder ist schnell, bietet eine exzellente Bildqualität und umfassende Einstellungsmöglichkeiten für Profis. Vorsicht: Sie können schnell auch zu Resultaten kommen, die mit der Video-DVD nicht kompatibel sind, wenn Sie an den falschen Knöpfchen spielen.

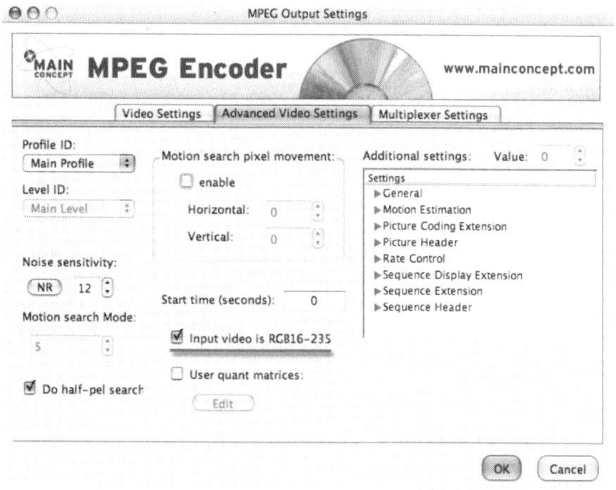

◄ **Abbildung 10.28**
Unter den Advanced Video Settings findet sich auch die Umstellung für Studio-RGB. Von den anderen Knöpfchen in diesem Bereich lassen Sie besser die Finger, wenn Sie kein Encoding-Spezialist sind …

Auch der MCC kann mit Studio-RGB und mit Vollbildern korrekt umgehen, er besitzt aber keinen spezialisierten Rauschfilter wie BitVice.

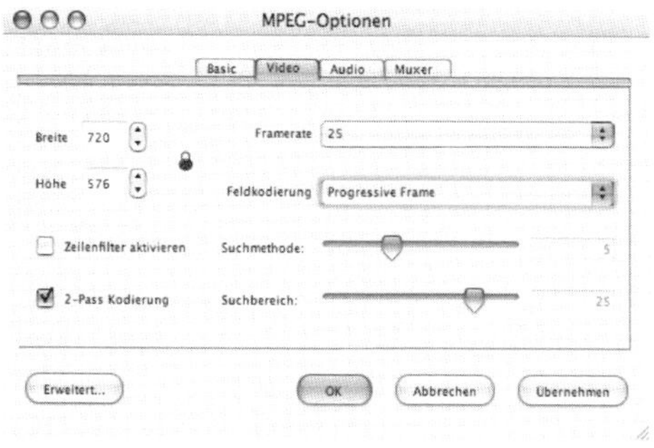

◄ **Abbildung 10.29**
Auch der MCC kann Vollbilder in PAL und NTSC bei der Feldkodierung korrekt behandeln.

Wertung In der **Geschwindigkeit** ist der MCC unschlagbar: Auf einem Dual-G5 erreicht er auch bei hochwertigen Quellen wie Digi-Beta und aktiviertem 2-Pass-VBR nahezu Echtzeit. Apples Compressor ist nur etwa halb so schnell, wenn man ihn nicht mit DV-Material füttert. BitVice ist auf vergleichbarer Hardware immer etwas langsamer als Compressor. In der **Qualität** liegen alle drei sehr dicht beieinander, wenn man sie mit hochwertigem Material wie Film oder progressivem HDTV versorgt. BitVice hat einen leichten Vorsprung bei Grafik, insbesondere im progressiven Format. Bei schnellen Bewegungen, wie zum Beispiel Sportaufnahmen mit Interlace-Material, liegt dagegen Compressor ganz vorne, denn die beiden anderen Codecs produzieren bei solchem Material deutlich mehr Artefakte. Allerdings möchte ich noch einmal betonen, dass man nennenswerte Unterschiede erst bei niedrigen Datenraten ab etwa 4 Mbit/s sieht. Bei Datenraten ab etwa 6 Mbit/s sind Unterschiede kaum noch auszumachen.

Immer mit »Sequence Header«

Falls Sie einen hier nicht näher beschriebenen Encoder benutzen, der weitergehende Einstellmöglichkeiten bietet, beachten Sie bitte, dass Material für die Video-DVD immer einen Sequence Header für jede GOP haben muss.

PC-Software-Encoder Unter den zahllosen Software-Encodern auf dem PC verdienen meines Erachtens drei eine Erwähnung:

- An der Spitze in Preis und Qualität liegt der Encoder von **Cinema Craft** (www.cinemacraft.com).
- Ein hervorragendes Preis-Leistungs-Verhältnis bietet der **ProCoder** von Canopus (www.canopusgmbh.de).
- Unschlagbar billig und immer noch gut ist der oben bereits erwähnte **TMPGEnc**, dessen Vollversion nur 48 US-$ kostet (www.pegasys-inc.com).

Abgesehen vom knapp 2000 US-$ teuren Referenz-Encoder Cinema Craft kann Compressor qualitativ recht gut mithalten. ProCoder ist nur bei DV-Quellen im NTSC-Format deutlich besser, aber mit 469 Euro nicht gerade billig und in der Bedienung umständlicher. Allerdings beherrscht ProCoder zusätzlich die automatische Formatwandlung zwischen PAL und NTSC in sehr guter Qualität und kann auch schon echtes HD in MPEG-2 und Windows Media erzeugen oder zwischen HD und SD konvertieren. Wenn Ihnen einer dieser Encoder mehr zusagt, spricht auch nichts dagegen, die MPEG-Kompression auf einem schnellen PC laufen zu lassen – die Vernetzung ist unter OS X unproblematisch – und Panther (die aktuelle Version von Mac OS X) kann sogar mit dem NTFS-Format auf FireWire-Festplatten umgehen. ProCoder nimmt als Quellmaterial sämtliche QuickTime-Formate an, deren Codecs auch für den PC existieren, während die QuickTime-Verarbeitung mit TMPGEnc etwas problematisch ist.

DVD-Rekorder als Encoder?

Da es seit einiger Zeit DVD-Rekorder für den Heimbereich gibt, stellt sich natürlich die Frage, ob diese nicht auch als Encoder mit Echtzeitfähigkeit eingesetzt werden können. Dem stehen leider einige Hindernisse entgegen:

- Die mögliche Qualität Ihrer geplanten DVD wird bei kritischen Platzverhältnissen nicht voll ausgenutzt, da keine Echtzeitkodierung das Material durch einen vorherigen Analysevorgang (2-Pass) optimal aufbereiten kann, selbst wenn sie mit **VBR** arbeitet. Die angebliche VBR der derzeitigen Rekorder bleibt meist eher bei einer konstanten Rate und passt sich bestenfalls der Restlaufzeit an.
- Für kürzere Projekte dagegen, die sich mit der höchsten Qualitätsstufe des jeweiligen Rekorders aufnehmen lassen, kann die **Qualität** ausreichen. Bei den bisher vorgestellten Geräten sind allerdings für das geübte Auge Artefakte bisweilen erkennbar.
- Da Sie diese Rekorder bei analogen Quellen **nicht bildgenau** starten und stoppen können, nehmen Sie unter Umständen unerwünschtes Material vom Band mit auf. Selbst der digitale Anschluss für IEEE 1394 bei manchen Geräten bietet derzeit keine Schnittsteuerung und ist – vermutlich aus Kopierschutzgründen – nicht für Computer nutzbar.
- Das Material auf der DVD liegt bei diesen Geräten bereits als **Multiplex-Information** aus Bild und Ton vor. Da Authoring-Systeme damit nichts anfangen können, müssen Sie die Daten erst von der Disk auf Festplatte kopieren und dann mit einem De-Multiplexer zerlegen (siehe »Kleine Helfer«).
- DVD-Rekorder benutzen auf DVD-RW/+RW oder DVD-RAM ein spezielles Format, DVD-VR genannt (für Video Recording). Es ist mit vielen De-Multiplexern nicht ganz kompatibel. Falls Sie es doch benutzen wollen: Machen Sie nur eine zusammenhängende Aufnahme, benutzen Sie keine Schnittfunktionen, und finalisieren Sie die Disk (manche Geräte nennen das auch »Formatieren«).
- Die Geräte bieten kein Mehrkanal-Encoding für den **Ton**, bestenfalls Stereo in AC-3. Außerdem werden zum Teil verschiedene Bitraten je nach gewählter Bildqualität benutzt, auf die Sie keinen Einfluss nehmen können.

Wie sie sehen, ist das Ganze derzeit noch recht umständlich und für einen professionellen Einsatz nicht besonders sinnvoll, denn die zusätzlichen Arbeitsgänge machen den Echtzeitvorteil wieder zunichte. Falls Sie es trotzdem versuchen wollen: Das richtige Werkzeug zum Lesen der DVD-RAM- oder DVD-RW-Disks auf dem Mac ist »ReadDVD!« von Software Architects (www.softarch.com), denn direkt unterstützt wird das spezielle Aufnahmeformat DVD-VR zurzeit noch nicht. Weitere Qualitätsverbesserungen, externe Steuerungsmöglichkeiten und digitale Anschlüsse für solche Geräte könnten diesen schnell zu mehr Attraktivität für das MPEG-2-Encoding verhelfen – wenn die Kopierschutz-Paranoia solche Features nicht verhindert ...

Encoding durch Dienstleister

Letztlich müssen Sie sich überlegen, ob Sie sich für wenige anspruchsvollere Aufträge, bei denen Sie auch umfangreiches und kritisches Material auf einem DVD-Layer unterbringen müssen oder gelegentlich ein Digi-Beta-Tape geliefert bekommen, wirklich einen eigenen Profi-Encoder kaufen müssen. Schließlich gibt es Servicebetriebe, die nicht nur solche Anlagen, sondern auch viel Erfahrung besitzen und Ihnen fertige MPEG-Dateien für Ihr Authoring liefern können. Wenn nur ab und zu ein Kunde besonders hochwertiges Material braucht, dann sollten Sie lieber eine solche Fremdleistung mit einkalkulieren, anstatt sich unnötigerweise im Hinblick auf mögliche weitere Projekte zu verschulden. Denn eins ist sicher: Die preiswerten Software-Encoder werden immer besser, und die Computer immer schneller.

Checkliste

Sie sollten in diesem Fall aber genau wissen, was Sie benötigen:

- Legen Sie mit dem Servicebetrieb fest, auf welchen **Datenträgern** (oder Bändern) und in welchen Datenformaten Sie Ihr Material anliefern dürfen, wenn es sich nicht um D1 oder Digi-Beta handelt. Bei manchen Betrieben ernten Sie noch verständnislose Blicke, wenn Sie mit einer FireWire-Festplatte und DV-Material im QuickTime-Format auftauchen.
- Genauso sollten Sie vorher abklären, was Sie für Ihr Authoring-System benötigen: DVD Studio Pro akzeptiert Bild und Ton nur als getrennte Dateien, da darf der Dienstleister Ihnen **kein Multiplex-Format** liefern.
- Lassen Sie ein kurzes Test-Encoding anfertigen, um zu sehen, ob alle Parameter stimmen und das Material von DVD Studio Pro angenommen und dargestellt wird.
- Legen Sie auch genau fest, ob Ihr Material Breitwand oder 4:3-Format entspricht, mit welcher Bildgeschwindigkeit es läuft und welche Halbbild-Sequenz es hat.
- Wenn Sie das Filmmaterial für Multi-Angle verwenden wollen, muss die Erzeugung zusätzlicher I-Frames durch Scene Detection abgeschaltet bleiben und müssen geschlossene GOPs verwendet werden.

Hier sollten Sie beim Bit-Budgeting besonders genau festlegen, welche Datenraten Sie sich leisten können. Bleiben Sie lieber etwas auf der sicheren Seite, denn kleine Abweichungen sind je nach Bildinhalt möglich, und wenn Sie noch einmal den Dienstleister aufsuchen müssen, kosten Ihre Fehler hier gleich das Doppelte.

11 Der Ton zum Bild

Gerade bei Produktionen mit eher knappem Budget wird der Ton oft vernachlässigt, obwohl er eine nicht zu unterschätzende Rolle bei der emotionalen Wirkung des Endprodukts spielt. Hochwertige Tonbearbeitung auf dem Computer ist schon seit Jahren erschwinglich, aber eine gute Tonaufnahme und -mischung ist die Sache von Spezialisten.

11.1 Die Rolle des Tons im Film

Wir müssen uns darüber im Klaren sein, dass unsere Zuschauer den Ton weitgehend unbewusst registrieren, während das Bild viel stärker mit dem Verstand betrachtet wird. Damit ist natürlich nicht der Inhalt eines Dialogs oder eines Kommentars gemeint, sondern die Wirkung von Tönen und deren Qualität. Machen Sie – zumindest in Gedanken – ein simples Experiment: Unterlegen Sie eine Videodokumentation durchschnittlicher Qualität einmal mit einem Text, der von einem Laien gesprochen wird, und einmal mit dem gleichen Text von einem professionellen Nachrichtensprecher. Die Zuschauer werden im zweiten Fall schwören, dass sie einen gut gemachten Film gesehen haben, im ersten werden sie das gleiche Bildmaterial für ein Amateurprodukt halten. Die **Suggestivkraft des Tons** wird uns natürlich auch in jeder Kinoproduktion bewiesen, wo Emotionen ganz gezielt durch Toneffekte und Musik gesteuert werden.

11.2 Digitale Tonaufnahme

Wenn Ihnen die Bedeutung des Tons deutlich ist, werden Sie also auch auf bestmögliche technische Qualität Wert legen. Da kann selbst die Video-DVD schon eine Menge bieten, obwohl die Bildqualität natürlich, anders als bei der Audio-DVD und deren Variationen, an sich im Vordergrund steht.

Für die digitale Aufzeichnung wird der Ton, ähnlich wie das Bild, in messbare Einheiten zerlegt. Diesmal sind es keine Rasterpunkte bzw. Pixel, sondern kleinste Zeitabschnitte, **Samples** (= Muster) genannt.

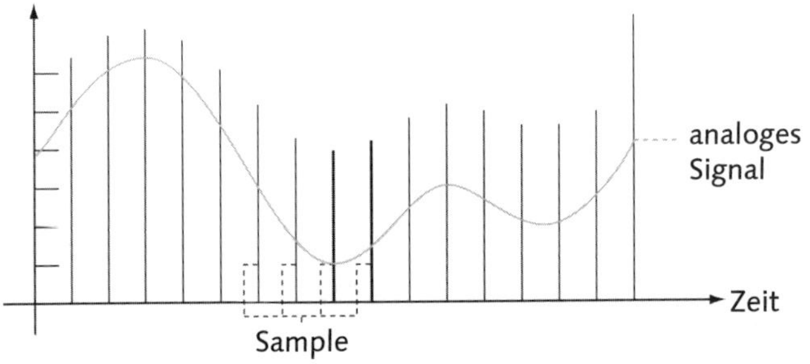

Abbildung 11.1 ▶ Samples – für jeweils einen kurzen Moment in der Zeit wird die augenblickliche Intensität der Schallwelle gemessen und als digitaler Zahlenwert gespeichert.

Abtastrate

Dabei sind in erster Linie zwei Faktoren von entscheidender Bedeutung für die Qualität der Tonwiedergabe am Ende der Kette: die **Häufigkeit** dieser Messung und die **Genauigkeit**. Die Häufigkeit entscheidet über die höchsten noch reproduzierbaren Töne. Dabei gilt die Regel, dass mindestens doppelt so viele Samples pro Sekunde ermittelt werden müssen wie die Schwingungszahl des höchsten Tons – man nennt diese Zahl auch die Abtastrate. Die Audio-CD wird mit einer Abtastrate von 44100 Samples pro Sekunde aufgenommen und erreicht damit locker die 20000 Hertz, die unser Hörorgan als Obergrenze in frühester Jugend noch wahrnimmt. Mit den Jahren wird das nämlich deutlich weniger – etwa 2 kHz pro Jahrzehnt, bei häufigem Discobesuch oder Heavy-Metal-Konzerten auch mehr …

Video-DVD

Für die Video-DVD sind 48 kHz üblich, bei PCM sind auch 96 kHz möglich, das würde aber sehr viel Platz schlucken, der beim Bild dann fehlen dürfte. Somit liegt die obere Wiedergabegrenze höher als bei der Audio-CD, und Ihre Tonquellen sollten möglichst von entsprechender Qualität sein. Viele mitgelieferte Camcorder-Mikrofone z. B. schöpfen diesen Frequenzbereich keineswegs aus, und eine der sinnvollsten Zusatzinvestitionen für guten Ton ist sicher ein Satz hochwertiger Mikrofone. Der Aufnahmeteil moderner DV-Camcorder bietet fast immer eine Abtastrate von 48 kHz, so dass Sie hier die Qualität voll ausschöpfen können.

Richtige Einstellung des Camcorders

Passen Sie auf, dass Sie Ihren DV-Camcorder nicht bei 32 kHz aufzeichnen lassen – das ist häufig ab Werk voreingestellt, um Nachvertonungen zuzulassen. Wenn Sie nach der Wahlmöglichkeit suchen, achten Sie auf die Angabe »16 Bit«, dieser Wert taucht oft als einzige Angabe im Einstellmenü auf, ist aber grundsätzlich mit 48 kHz verbunden.

Bit-Tiefe

Damit wären wir auch schon beim zweiten Qualitätsfaktor, der **Abtastgenauigkeit** oder Bit-Tiefe. Das ist die Präzision, mit der die jeweilige Abtastung der Tonkurve in eine Binärzahl umgesetzt wird. Die Audio-CD wird mit 16 Bit pro Zahlenwert aufgezeichnet, und dieser Wert ist auch auf der Video-DVD gängig. Die Größe dieses Werts bestimmt, vereinfacht gesagt, den Abstand zwischen dem lautesten Ton, der noch verzerrungsfrei wiedergegeben werden kann, und dem Restrauschen – also die **Dynamik** der Tonaufnahme. Genau genommen geht es hier um das Quantisierungsrauschen, eine Art Rauheit, die sich dem Ton beimischen würde, wenn die Präzision zu gering wäre.

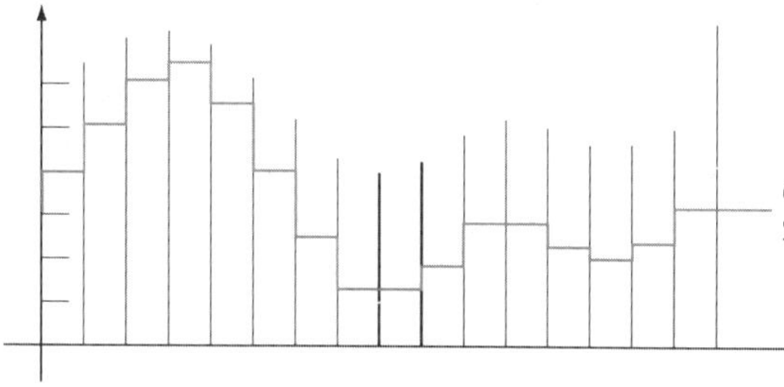

◂ **Abbildung 11.2**
Vereinfachend kann man den Effekt des Quantisierungsrauschens mit den Treppenkanten zu grober Pixel bei Bildern vergleichen.

Bereits mit 16 Bit ist eine Dynamik möglich, die praktisch von keinem analogen Medium ausgeschöpft wird (und auch in keinem normalen Wohnraum abgespielt werden kann). Trotzdem geht der Trend in der Audioproduktion seit einiger Zeit zu höheren Werten mit mindestens 24 Bit, um Reserven für Lautstärke- und Klangbeeinflussungen im Studio zu haben. Das ist ähnlich wie bei den 10 Bit im Bild von Digi-Beta (siehe »Das Videomaterial«), die auch Einfluss auf die Produktionsqualität haben, obwohl sie letztlich nicht auf der DVD landen.

Video-DVD

Auf der Video-DVD sind in PCM 16, 20 und 24 Bit, in Dolby Digital 16 oder 20 Bit zulässig, so dass sehr hohe Dynamikreserven bestehen. Bei PCM-Ton stellt sich dann natürlich das Platzproblem in verschärftem Umfang – unkomprimiert kann solches Material höhere Bitraten als eine Videospur beanspruchen! Final Cut Pro lässt seit Version 4 den Import, die Bearbeitung und den Export von Tonmaterial in 24 Bit zu, auch wenn es keine Quellen in 24 Bit direkt aufnehmen kann. Intern berechnet das Programm den Ton sogar in 32-Bit-Genauigkeit. Sie können also bei Filterungen und Mischung mit erhöhter Reserve arbeiten und diese Qualität auch für die DVD nutzen.

24-Bit-Audio für A.Pack

20-Bit-Auflösung ist auf Computern nicht üblich. A.Pack, der Kompressor für Dolby Digital im DVD Studio Pro-Paket, nimmt aber Dateien mit 24 Bit an. Die können Sie z. B. in Final Cut Pro 4 erstellen, und sie werden in normgerechtes AC-3-Material gehobener Qualität für DVD umgewandelt.

Aufnahmegerät Das schwächste Glied in der Kette ist nun meist das Aufnahmegerät: Ein DV-Camcorder liefert maximal 16 Bit. Wenn Sie Fremdmaterial bekommen, sollte dies möglichst nicht auf Audio-CD, sondern zumindest auf DAT (Digital Audio Tape) mit 48 kHz und 16 Bit geliefert werden. Höhere Qualität ist immer vorteilhaft, denn herunterrechnen lassen sich bei Bedarf beide Parameter mit jedem gutem Tonbearbeitungsprogramm. Notfalls kann man mit einem solchen Programm auch heraufrechnen, z. B. von den 44,1 kHz der Audio-CD auf 48 kHz – optimal ist das nicht, aber besser als eine analoge Kopie vom CD-Spieler.

11.3 Aufnahmegeräte

MD-Rekorder

Digital Am besten geeignet sind natürlich Aufnahmegeräte, mit denen Sie schon vor Ort in digitaler Form aufzeichnen können, wie digitale Camcorder oder DAT-Rekorder. Da portable DAT-Rekorder teuer und etwas anfällig sind, haben sich als Alternative die preisgünstigen, zuverlässigen und kompakten **MD-Rekorder** bei vielen etabliert. Diese Geräte arbeiten zwar mit bereits digital komprimierter Audioaufzeichnung, doch ähnlich wie bei der DV-Kompression im Video ist deren Qualität in vielen Fällen ausreichend.

Wenn Sie das Tonmaterial von einer MD nicht extremen Klangveränderungen in der Nachbearbeitung aussetzen, führt die erneute Kompression bis hin zum Endergebnis auf DVD noch zu recht anständigen Ergebnissen. Ein professioneller MD-Rekorder mit symmetrischen Mikrofoneingängen und Timecode ist derzeit eine der robustesten und kompaktesten Lösungen für die portable Audioaufnahme.

◀ **Abbildung 11.3**
Der Portadisc von HHB aus England (www.hhb.co.uk) ist ein Profigerät mit Timecode und symmetrischen Mikrofoneingängen.

Auch die Firma Marantz bietet mit dem PMD 650 ein ähnliches Profigerät an. Selbst kleine Amateurgeräte sind mit guten Ansteckmikrofonen für Sprachaufnahmen durchaus brauchbar und dabei so kompakt, dass man sie den Schauspielern glatt in die Tasche stecken kann. So können Sie unter kritischen Bedingungen auf eine störungsempfindliche Funkstrecke verzichten. Zur **Synchronisation** benutzen Sie in dem Fall am besten die gute alte Filmklappe, da Amateurgeräte keinen Timecode haben.

Festplatte

Eine Klasse für sich sind portable Recorder, die auf eine Festplatte aufzeichnen. Die bereits erwähnte Firma HBB bietet auch einen hochwertigen Festplattenrekorder namens Portadrive an, hier sind dann unkomprimierte Aufnahmen mit höheren Abtastraten und Bit-Tiefen möglich. Auch andere Anbieter haben solche Harddisk-Rekorder im Programm mit zum Teil wesentlich höherer Qualität als MD oder DV, aber auch zu entsprechenden Preisen, da sich das Angebot mit seinen kleinen Stückzahlen ausschließlich an den Profimarkt richtet. Da denkt man natürlich gleich daran, dass sich ja auch eine Festplatte im jedem Laptop befindet.

◀ **Abbildung 11.4**
Von der gleichen Firma stammt der Portadrive, ein professioneller Festplattenrekorder für unterwegs.

1 2 3 4 5 6 7 8 9 10 **11** 12 13 14 15 16 17 18 19 20 21 22 A B C

Computer als Rekorder

Ein hervorragendes Aufnahmegerät ist natürlich auch der **Computer** selbst, da jeder moderne Mac oder PC selbst als Laptop mit seiner Festplatte und entsprechender Software eine **digitale Mehrkanalaufnahme** locker wegschreibt. Verlassen Sie sich dabei aber nicht auf billige Soundkarten, besonders bei PCs. Diese versprechen zwar 16 Bit und 44,1 kHz als Aufnahmedaten, aber oft ist der Rauschabstand der analogen Eingangsstufen bereits unzureichend. Die Wandler von analog zu digital (A/D-Wandler) haben oft solche Schwächen, dass man eher von 12 Bit realer Qualität ausgehen muss. Die Eingänge der Laptops von Apple sind zwar etwas besser, aber allein schon wegen der asymmetrischen kleinen Klinkenstecker kaum für professionelles Audio geeignet. Außerdem ist das Innere eines Computers mit seinen extrem hochfrequenten Signalen kein geeigneter Käfig für die artgerechte Haltung gesunder Audiosignale ...

Abbildung 11.5 ▶ Professionelle Audio-Interfaces für den Mac wie hier das portable FireWire 410 von M-Audio erlauben die professionelle Tonaufnahme mit dem Laptop in 96 kHz und 24 Bit.

Audio-Interface

Professionelle Audio-Interfaces werden daher in separaten Gehäusen angeboten und mit digitalen Verbindungen an den Computer angeschlossen. Dazu reicht bei Audio bereits der USB-Anschluss, den praktisch jeder moderne Computer besitzt. Entsprechende Geräte bietet z. B. Digidesign (Mbox, unter www.digidesign.com), Edirol hat mehrere solcher Interfaces im Programm (www.edirol.com), und besonders günstig ist das Transit von M-Audio (www.m-audio.de). M-Audio wurde vor kurzem von Avid aufgekauft, vermutlich sind diese Geräte also auch bald bei Digidesign zu finden. Besonders hochklassige Geräte mit mehr Kanälen, höheren Abtastraten und größerer Bit-Tiefe werden per FireWire (IEEE 1394) angeschlossen, so z. B. das portable FireWire 410 Interface mit vier Eingängen, zehn Ausgängen und 24 Bit/96 kHz von M-Audio. Die ebenfalls sehr hochwertigen portablen Geräte von Metric Halo gibt es in Deutschland bei Digital Audio Service in Hamburg (www.digitalaudioservice.de). Sie sollten darauf achten, dass Ihr Gerät dann auch professionelle Eingangsverbindungen für symmetrische XLR-Stecker und eine gute Aussteuerungsanzeige besitzt, oder Sie brauchen einen vorschaltbaren professionellen Audiomischer, z. B. von SQN (www.sqn.co.uk). Doch damit kommen wir zu einem besonders kritischen Thema.

11.4 Tonbearbeitung

Richtige Aussteuerung

Alle Tonsignale sind anfangs analog: nicht nur als Schallwelle, sondern bisher auch im Mikrofon. Nach einer analogen Vorverstärkung kann ein solches Signal dann dem A/D-Wandler zugeführt werden (digitale Mikrofone kommen zwar allmählich auf den Markt, sind aber noch sehr teuer). Dabei muss die Lautstärke genau stimmen, denn sonst entstehen entweder Verzerrungen, oder die Bit-Tiefe wird nicht optimal genutzt. Diesen Vorgang bezeichnet man als Tonaussteuerung.

Übersteuerung

Hier sind digitale Aufnahmen viel kritischer als analoge, denn die geringste Übersteuerung durch zu hohe Lautstärke führt sofort zu extrem unangenehmen Verzerrungen beim Klang. In der klassischen analogen Aufnahmetechnik war eine leichte Übersteuerung wesentlich unkritischer, und der warme Klang eines übersteuerten Röhrenverstärkers wird heute noch von Rockgitarristen geschätzt.

automatisch und manuell

Das Problem ist dabei vor allem die präzise Messung, denn das menschliche Gehör ist keineswegs in der Lage, kurze Lautstärkespitzen richtig einzuschätzen. Einfache Tongeräte arbeiten mit **automatischer Aussteuerung**, aber da wird es Ihnen wie mit der Belichtungsautomatik beim Bild gehen: Eine Maschine weiß einfach nicht, an welchen Signalen Ihnen gelegen ist. Wenn z. B. ein Sprecher eine Pause macht, wird die Automatik jegliches Hintergrundgeräusch unangenehm verstärken. Profis setzen deshalb auf **manuelle Aussteuerung** und orientieren sich am lautesten zu erwartenden Tonereignis.

Messinstrument

Leider gibt es praktisch keine einheitliche Richtlinie, wie ein Messinstrument für digitale Tonaufnahme das anzeigen sollte. Manche empfehlen, 12 dB unter der Vollaussteuerung eines klassischen VU-Meters zu bleiben, man liest aber auch Angaben bis zu –18 dB. Damit könnten Sie unter Umständen schon einen erheblichen Teil der Dynamik einer 16-Bit-Aufnahme verschenken, wenn Ihr Instrument in Wirklichkeit ein Peak-Meter ist und präzise die Lautstärkespitzen anzeigt, statt der eher gemittelten VU-Werte (Abbildung 11.6). Ein VU-METER zeigt nämlich nicht das Lautstärkemaximum an, sondern einen Durchschnittswert über einen durch mechanische Trägheit (oder deren Nachahmung) festgelegten Zeitraum.

◂ Abbildung 11.6
Das »Vintage Meter« der Firma PSP – eine Computersimulation

Die beste Methode Ich möchte Ihnen einen anderen Weg empfehlen, nämlich die Methode von Versuch und Irrtum – aber bitte vor einer unwiederbringlichen Aufnahme! Nehmen Sie einige für Ihre Projekte typische Tonereignisse unter reproduzierbaren Bedingungen mit stufenweise veränderter Aussteuerung auf. Notieren Sie penibel die Angaben Ihres Anzeigeinstruments, am besten verbunden mit einer entsprechenden Ansage. Nun laden Sie das Ergebnis in ein Video- oder Audiobearbeitungsprogramm, das die **Wellenform** Ihres Tonmaterials anzeigen kann – das können praktisch alle Profiprogramme. Meist gibt es dabei auch eine Marke für 100%, aber wenn Sie stark in die Zeitachse hineinzoomen, können Sie Übersteuerungen sofort erkennen.

Natürliche Tonereignisse haben immer eine mehr oder weniger gerundete Wellenform unterhalb der Grenzwerte (Abbildung 11.7).

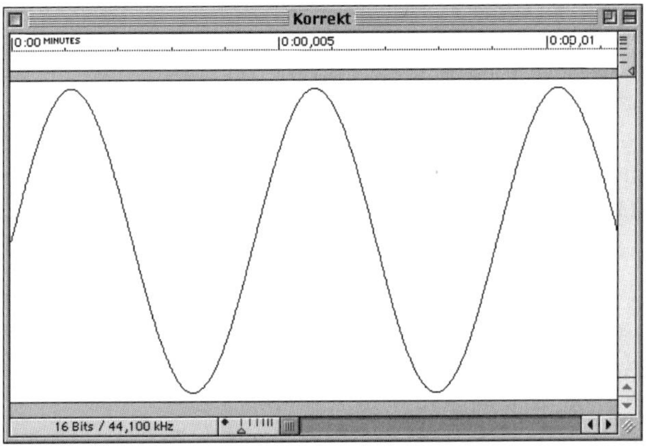

Abbildung 11.7 ▶ Natürliche Tonereignisse haben immer eine mehr oder weniger gerundete Wellenform unterhalb der Grenzwerte.

Dort, wo die Übersteuerung wie in Abbildung 11.8 einsetzt, bekommen Sie unweigerlich Verzerrungen.

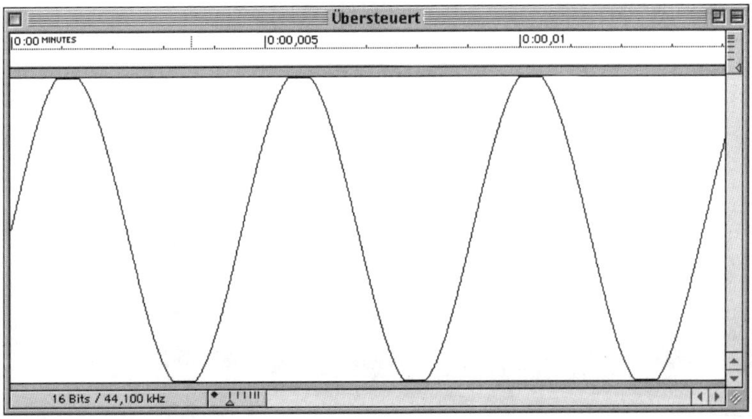

Abbildung 11.8 ▶ Eine digitale Übersteuerung schneidet die Wellenform oben und unten wie mit dem Messer glatt – diese Intensität sollte Ihr Signal an keinem Punkt erreichen.

Merken Sie sich den Wert Ihres Aufnahmeinstruments, bei dem Sie diese Intensität erreicht haben, und bleiben Sie in Zukunft unbedingt mit etwas Sicherheitsabstand darunter. Ihre Tests sollten Sie mit unterschiedlichen Tonsignalen nachprüfen, denn eine Sprachaufnahme kann vom Messgerät anders angezeigt werden als Klavier oder Schlagzeug. Auch für verschiedene Geräte wie Camcorder, Computer, MD- oder DAT-Rekorder müssen Sie die Messungen wiederholen.

Mischen

Weil sich Audiosignale beim Mischen in komplexer Weise addieren, müssen Sie auch Ihr Mischergebnis mit dieser Methode gegenüber der Anzeige der simulierten Aussteuerungsmessung Ihrer Software verifizieren. Im Zweifelsfall bleiben Sie auch beim Mischergebnis eher etwas auf der sicheren (leiseren) Seite, da der Dynamikumfang digitaler Tonaufnahmen bei normalen Abhörlautstärken immer noch völlig ausreicht, um die Nachbarn zu schockieren, erst recht bei einer Mischung in 24 Bit. Nur wenn Sie tatsächlich für Kinovorführungen abmischen sollten, müssten Sie zumindest bei 16 Bit jedes Bit so gut wie möglich ausnutzen, denn dort sind viel höhere Spitzenlautstärken möglich. Für die Video-DVD sollte das absolute Maximum Ihrer Mischung bei –6 dB (besser –9 dB) eines echten Peak-Meters liegen, das gilt auch für die Anzeige in Final Cut Pro. Es ist auf DVD nicht üblich, wie bei manchen Audio-CDs auf –0,01 dB auszusteuern!

Normalisierung und Kompression

Normalisierung

Fast jedes Audioprogramm bietet Ihnen die Funktion der Normalisierung. Das bedeutet, dass Ihr Tonsignal, unabhängig von der vorhandenen Lautstärke, so verstärkt wird, dass die lautesten Stellen genau 100 %, also **Vollaussteuerung**, erreichen. Doch wieder einmal haben Sie es mit einem rein mathematischen Vorgang im Computer zu tun – subjektiv kann das menschliche Gehör dagegen normalisierte Tonereignisse als ganz unterschiedlich laut empfinden. Für eine gute Tonabmischung brauchen Sie stattdessen einen geeigneten Raum, der akustisch den vermutlichen Bedingungen bei Ihren Abnehmern ähnelt, einen guten Verstärker, neutral klingende Boxen – und in erster Linie ein gutes Gehör und viel Erfahrung!

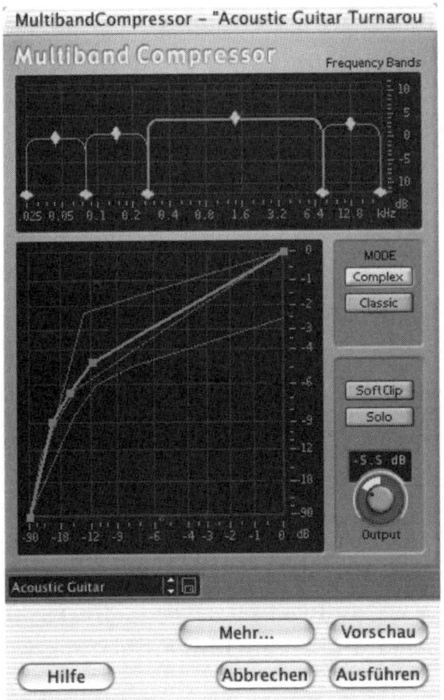

Abbildung 11.9 ▶ Der Kompressor in Nuendo kann eine Dynamikanpassung für mehrere Frequenzbänder getrennt vornehmen.

Kompression Den Begriff der Kompression finden Sie in diesem Buch häufig – an dieser Stelle ist damit ausnahmsweise nicht die Reduktion der Datenmenge gemeint. Die so bezeichnete Funktion in einem Audioprogramm dient der **Reduktion des Dynamikumfangs** einer Tonaufnahme: Leise Stellen werden lauter gemacht, laute Stellen bleiben, wie sie sind. Diesem Effekt haben wir die lästige Tatsache zu verdanken, dass wir bei der TV-Werbung schnell nach der Fernbedienung suchen, weil der Ton plötzlich so laut erscheint. Ein reduzierter Dynamikumfang an der oberen Grenze der Lautstärke lässt den Ton nämlich durchdringender wirken, während im übrigen Filmmaterial meist eher auf subtilere emotionale Wirkungen des Tons gesetzt wird. Eine gewisse Kompression sehr dynamischer Tonereignisse, wie z. B. von einem Sinfonieorchester, kann für Wohnräume sinnvoll sein. Falsche Kompression dagegen kann zu störenden Lautstärkeschwankungen führen – auch hier ist ein geschultes Gehör der beste Ratgeber.

Synchronisation

Der Ton sollte selbstverständlich auch auf einer DVD exakt gleichzeitig mit dem dazugehörigen Bild abgespielt werden. Angesehen davon, dass besonders billige Player oder Abspielsoftware auf Computern hier gelegentlich auch eigene Macken zeigen, sind Fehler bei der Bearbeitung der häufigere Grund für mangelnden Synchronismus von Bild und Ton. Das liegt vor allem daran, dass bei manchen Bearbeitungsschritten der DVD-Produktion – anders als beim reinen Videoschnitt – Bild und Ton getrennt behandelt werden müssen. Bei DVD Studio Pro haben wir separate Programme für die MPEG-2-Bildkompression und das AC-3 oder DTS Audio-Encoding, und auch das Anlegen mehrerer Sprachversionen im Ton setzt separate Tondateien voraus. Hier müssen Sie sehr sorgfältig vorgehen, um Fehler auszuschließen.

Audio direkt ausgeben

Obwohl Compressor den separaten Export des Tonmaterials in eine unkomprimierte Datei anbietet, scheinen hier auch in der aktuellen Version immer noch gelegentlich Asynchronismen aufzutreten. Es ist derzeit sicherer, den Ton direkt aus Final Cut Pro oder dem QuickTime Player in eine AIFF-Datei zu schreiben.

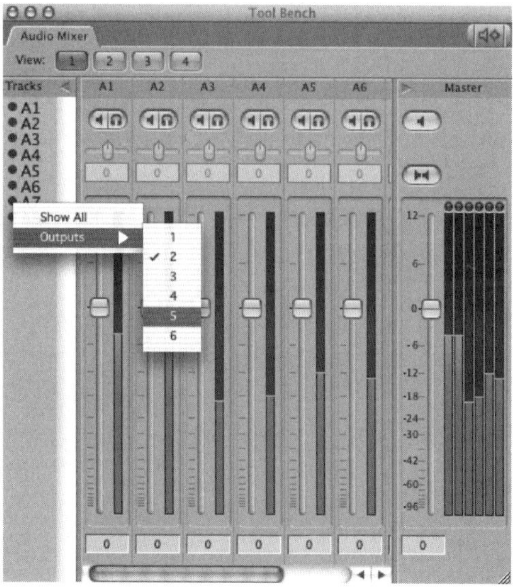

◀ **Abbildung 11.10**
In Final Cut Pro 4 können Sie, wie bei jedem guten Tonmischer, einzelne Tonspuren abschalten oder auf verschiedene Ausgänge legen. So lassen sich parallel geschnittene Sprachversionen separat abmischen.

Tonspuren

Moderne Videoschnitt- oder Tonbearbeitungssoftware lässt praktisch beliebig viele Tonspuren zu, so dass Sie neben den Spuren für Atmosphäre, Geräusche und Musik verschiedene Dialog- oder Kommentarversionen parallel anlegen und bearbeiten können. Erst wenn hier alles stimmt und keinerlei Änderungen an Bild und Ton mehr nötig sind, sollten Sie die jeweils benötigten Sprachversionen separat abmischen und unkomprimiert abspeichern. Auch Final Cut Pro 4 besitzt ein simuliertes Mischpult, bei dem Sie ausgewählte Spuren zu einer separaten Mischung zusammenfassen und in einzelne Dateien schreiben können. Die häufigste Fehlerquelle für Asynchronitäten neben Fehlern beim Schnitt ist bei der Mischung verschiedener **Abtastraten** in einem Projekt zu suchen, z. B. von verschieden eingestellten Camcordern oder mit Tonmaterial von Audio-CD.

Abtastraten nicht mischen

Auch wenn Ihr Video-Schnittprogramm angeblich die Mischung verschiedener Abtastraten in einem Projekt zulässt, verlassen Sie sich lieber nicht darauf. Sie sollten das Tonmaterial besser vorher mit einem Audioprogramm oder per QuickTime Player in ein einheitliches Format – meist 48 kHz – wandeln.

Schritt für Schritt: Umwandlung der Datenrate mit dem QuickTime Player

1. Öffnen der Datei

Öffnen Sie die Ausgangsdatei im QuickTime Player und wählen Sie EXPORTIEREN unter ABLAGE. Hier legen Sie auch den Namen und Speicherort fest.

Wählen Sie AIFF im Ausklappmenü.

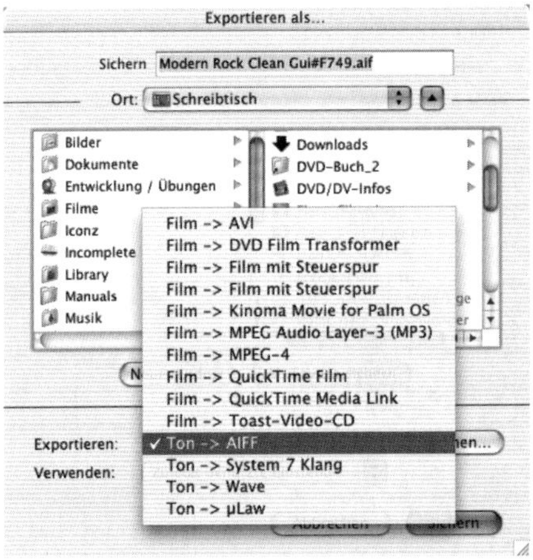

2. Klicken Sie auf Optionen

Stellen Sie hier die Datenrate auf 48 kHz und das Format auf 16 Bit und Stereo oder Mono. Sichern Sie die neue Datei. Diese Vorgehensweise eignet sich z. B. für DV-Material mit falscher Voreinstellung oder CDs.

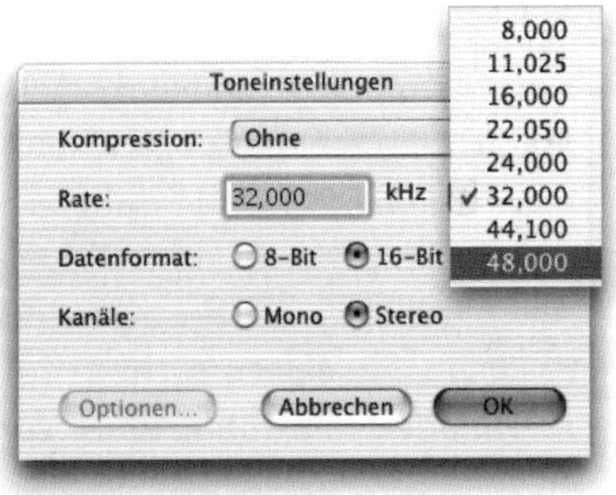

Filmabtastung

Ein weiterer Fehler ist bei der Wandlung von Film zu Video möglich. Bei uns im PAL-Bereich wird **Filmmaterial** hierfür einfach etwas schneller abgespielt, mit 25 statt mit 24 Bildern pro Sekunde. Der Ton muss natürlich um den gleichen Betrag beschleunigt werden (Time-Stretching). Das kann schon bei dem Servicebetrieb geschehen, der die Filmabtastung für Sie vornimmt, so dass Sie zwei synchrone Aufnahmen geliefert bekommen. Wenn Sie die Geschwindigkeitsanpassung selbst vornehmen wollen oder müssen, muss Ihr Tonprogramm das mit der nötigen Präzision über längere Strecken leisten können – nicht jede Software kann das. Prüfen Sie das Ergebnis unbedingt vorab in einem Videoschnittprogramm, ehe Sie damit auf die DVD gehen. Gute Tonprogramme können übrigens auch die dabei natürlicherweise zu erwartende Tonhöhenverschiebung kompensieren.

Quellen mit NTSC-Timecode

Eine weitere Quelle für Synchronismusärger ist bei **NTSC**-Material zu erwarten, denn hier kommt zusätzlich der Timecode in verschiedenen Formaten vor. Bei Non-Drop-Frame-Timecode werden 30 Bilder pro Sekunde vorausgesetzt, genau genommen hat NTSC aber nur 29,97 Bilder pro Sekunde. Da es im Video zwar halbe Bilder, aber keine drei Hundertstel eines Bildes gibt, wird die genaue Zeitzählung durch eine Art Schaltjahr-Verfahren im Sekundenbereich wieder hergestellt – das nennt sich dann Drop-Frame-Verfahren. Klären Sie also mit Ihren Lieferanten genau ab, ob eventuelles Bild- und Tonmaterial im NTSC-Format einen Drop-Frame- oder Non-Drop-Frame-Timecode besitzt, und stellen Sie Ihr Schnittprogramm und den MPEG-2-Encoder korrekt darauf ein.

11.5 Audio für die Video-DVD

Audioformat

Bis zu acht verschiedene Tonspuren können auf einer DVD-Video untergebracht werden, wobei jede mehrere Kanäle für Surround besitzen darf – genügend Platz und Reserven bei der Datenrate vorausgesetzt. Bei der Wahl des Tons bietet die DVD-Video deutlich mehr Möglichkeiten als bei der Wahl des Videoformates. Dabei spielt ausgerechnet der Standard, der vor allem für den Einsatz auf DVDs in Europa gedacht war, nämlich MPEG, kaum noch eine Rolle. De-facto-Standard ist **Dolby Digital**. Bei sehr hohen Ansprüchen an die Tonqualität, z. B. bei Musik-(Video-)DVDs, ist DTS (**Digital Theatre Systems**) ein häufig gewünschtes Format.

Alle komprimierenden Tonformate beruhen auf psychoakustischen Untersuchungen, also umfangreichen Tests mit Versuchspersonen durch Wahrnehmungspsychologen. Auch wenn bei der Kompression im Detail unterschiedlich gearbeitet wird, nutzen alle Verfahren im Wesentlichen so genannte Maskierungseffekte. Durch diese Einschränkungen im menschlichen Hörvermögen werden leise Töne in einem Frequenzbereich verdeckt, der nahe an lauten Tönen liegt. Denken Sie an folgende Situation: Solange auf einer Party nur der Tiefbass wummert, haben Sie noch relativ gute Chancen, sich mit jemandem zu verständigen. Wenn dagegen auch eine Gesangsstimme mit entsprechender Lautstärke einsetzt, müssen Sie auf Gestik ausweichen ...

Reihenfolge Das bedeutet in der Praxis, dass solche Kompressionsverfahren erst sinnvoll eingesetzt werden können, wenn keine Bearbeitungen von Klang und Lautstärke mehr zu erwarten sind – anderenfalls könnte das Fehlen einiger Toninformationen doch wieder hörbar werden. Ebenso wie beim Bild das hoch komprimierte MPEG-2 sind diese komprimierten Tonformate reine Distributionsformate und nicht für die Produktion geeignet. Das beliebte MP3 ist also keineswegs als Quelle für eine DVD-Produktion zu empfehlen. Wenn Sie es mangels Originalmaterial doch einmal einsetzen müssen, sollten Sie es vor dem Import in das Tonprogramm zu AIFF oder einem anderen unkomprimierten Format umwandeln, da die Dekodierung von MP3 den Computer bei der weiteren Bearbeitung unnötig bremst. Das können Sie mit dem QuickTime Player erledigen, so wie oben bei den Abtastraten beschrieben.

PCM-Ton Auch DVDs mit unkomprimiertem PCM-Ton sind möglich, der verbraucht aber im Verhältnis zum geringen hörbaren Qualitätsvorteil sehr viel Platz und ist im Grunde nur für bebilderte Musik zu rechtfertigen. Im Video-Ordner einer DVD kann dagegen kein Ton nach dem für die DVD-Audio vorgesehenen Standard (MLP, siehe Glossar) abgelegt werden. Dafür ist der Ordner AUDIO_TS auf der DVD zuständig. Wenn dort ebenfalls Audio abgelegt ist, spricht man – wie bei jeder Kombination verschiedener Formate – von einer Hybrid-DVD.

Audio immer mit Video

Auf einer DVD-Video muss wenigstens eine Videospur vorhanden sein; nur Ton allein ist nicht zulässig. Dabei kann man sich bei Bedarf auf stark komprimierte Standbilder oder sogar extrem komprimiertes Schwarz mit ganz niedriger Datenrate beschränken.

Auf einer DVD-Video kann kein reines Audio untergebracht werden. Wenigstens eine einzige Videospur muss vorhanden sein (beachten Sie auch die technischen Hinweise unter »Navigationsdesign«). Die Audioqualität kann auch auf dem DVD-Videoteil allerhöchsten Ansprüchen genügen. Wer anderes behauptet, hat sich mit Sicherheit noch keinem eigenen Hörvergleich ausgesetzt. Sehr erhellend ist in diesem Zusammenhang auch die Relation zwischen der tatsächlichen Marktsituation und den ab und zu aufgelegten Tests in Fachzeitschriften, die zum Ziel haben, einen Vorteil für die reinen Audioformate zu belegen. Das geschieht dann unter absoluten Profi-Studiobedingungen, während sich beim Verbraucher die beiden High-End-Audioformate – die DVD-Audio und die SACD – nur recht zögernd durchsetzen. Manche Fachgeschäfte haben ihre einschlägigen High-End-Abteilungen schon wieder aufgegeben.

Die Zeitschrift »AudioVideoFoto-Bild« dagegen bietet mit gutem Erfolg Remixes klassischer Rockmusik in Surround-Ton auf Video-DVD an. Der Springer-Verlag nennt das »Super-Audio-DVD« und packt eine hochwertige AC-3-Surround-Spur, eine noch bessere DTS-Spur und eine PCM-Spur mit Dolby ProLogic zusammen mit einem hoch komprimierten Schwarzfilm auf diese DVDs. Über Remixes mit einem räumlichen Klangbild, das die Künstler zur Zeit der Originalaufnahme noch gar nicht kannten, darf man geteilter Meinung sein, aber die so erzielte Tonqualität ist exzellent.

Der Streit, ob man die verwendete Audiokompression heraushören kann, ist mittlerweile jedoch eigentlich überflüssig. Der Videosektor macht es vor: Bei den immer umfangreicheren Bearbeitungsvorgängen in der Produktion macht eine hohe Auflösung wegen möglicher Informationsverluste sicherlich Sinn. In der Distribution dagegen sind höhere Kompressionsraten durchaus akzeptabel. Wann haben Sie sich das letzte Mal bei einem Top-Spielfilm in einem guten Kino über unzureichende Tonqualität geärgert? Auch dort ist überwiegend Dolby-Digital im Einsatz, und alle Dolby-Encoder – auch als Softwareprodukte – müssen von der Firma Dolby selbst zertifiziert werden, die sich ihren guten Namen sicher nicht ruinieren will.

Aber der Kunde ist König, und der kommt vielleicht aus dem Musikbereich und hat gelesen, dass DTS besser sei. Na gut, kann er oder sie haben! Wird aber ein bisschen teurer, da Sie den Encoder hierfür zusätzlich erwerben müssen, während der A.Pack-Encoder für Dolby-Digital bei Apple ja im Schnäppchenpreis schon enthalten ist. Ein DTS-Encoder ist nicht dabei, auch wenn beim Erscheinen der Version 3 von DVD Studio Pro ein paar missverständliche Meldungen durch die Fachpresse geisterten. Fakt ist, dass seit Version 3 fertiger DTS-Ton von Apples Authoring-Programm importiert und als alternative Tonspur verwendet werden kann.

Kein DVD-Logo bei reinem DTS

Eine DTS-Tonspur darf nur zusätzlich zu einem der im Standard vorgesehenen Formate angeboten werden, sonst gehört auf Ihre Produktion nicht das DVD-Logo. Die Normungsgremien sind da streng: missbräuchliche Verwendung eines Markenzeichens! Der zusätzliche Platzbedarf dafür entspricht bei voller Ausnutzung der (mehrkanalfähigen) DTS-Qualität immerhin dem einer unkomprimierten PCM-Version bei 48 kHz in Stereo.

Tabelle 11.1 ▶ Die Tonformate im Vergleich

	Linear PCM	Dolby AC-3	MPEG-1 Audio	MPEG-2 Audio	DTS	SDDS
Sample-Frequenz (kHz)	48/96	48	48	48	48	48
Auflösung (Bit)	16/20/24	komprimiert	komprimiert	komprimiert	komprimiert	komprimiert
Maximale Bitrate (kB/s)	6144	448	384	912	1536	1280
Maximale Anzahl der Kanäle	8	5.1	2	7.1	7.1	7.1

PCM

Üblicher PCM-Ton (Pulse-Code-Modulation) kann bei einer DVD in Stereo mit einer Bit-Tiefe von 16, 20 oder 24 Bit und einer Auflösung von 48 oder 96 kHz eingebunden werden. In der Praxis macht dies jedoch fast niemand. Trotzdem ist PCM-Ton neben Dolby Digital das Format, das jeder DVD-Player erkennen kann (DVD-Player im PAL/SECAM-Raum müssen zusätzlich auch MPEG-Audio dekodieren können). Die niedrigste mögliche Datenrate für 16 Bit/48 kHz in Stereo – die Datenrate von DV und DAT – liegt bereits bei 1,5 MBit/s. Die maximale Rate ist auf gut 6,1 MBit/s festgelegt. Acht Sprachversionen wären also nur in Mono zu haben, und der Platz für eine Videospur wäre arg eingeschränkt.

Auch wenn hohe Auflösungen von 96 kHz und 20 oder 24 Bit möglich sind, macht es wenig Sinn, sie einzusetzen, da die meisten DVD-Player ein internes Downsampling auf 48 kHz und 16 Bit vornehmen. Und auch wenn ein DVD-Player die hohe Auflösung wiedergeben kann, begrenzt das vielfach eingesetzte Verschlüsselungsverfahren CSS die Audioausgabe auf 48 kHz.

Dolby Digital/AC-3

Dolby Digital wird – nach dem ursprünglichen Entwicklungsnamen – oft auch AC-3 genannt. Dieses komprimierte Audioformat ist fast auf allen Video-DVDs zu finden. Ebenso wie bei den anderen Audioformaten der DVD ist (anders als bei MP3) keine variable Datenrate (VBR) vorgesehen. Die möglichen konstanten Datenraten (CBR) reichen von 64 KBit/s bei Mono bis 448 KBit/s bei maximaler Surround-Auflösung. Die höchste Datenrate wird nicht oft benutzt, bei Spielfilmen kommt häufiger die Auflösung von 384 KBit/s zum Einsatz. Dolby Digital unterstützt zwar auch die niedrigeren Samplingraten 44,1 kHz (Audio-CD) und 32 kHz (also wie DV bei vier Tonkanälen), die Nutzung auf DVD ist aber damit nicht möglich. AC-3 wird von allen NTSC-Playern unterstützt, und nur sehr wenige europäische Player aus der Anfangszeit der DVD können damit nicht umgehen.

Bis zu fünf unabhängige Kanäle mit vollem Frequenzumfang können beim AC-3-Format genutzt werden. Ein Kanal für reine Tiefstfrequenzen (also die 1 hinter dem Punkt) kann hinzugefügt werden. Dieser LFE-Kanal wird oftmals missverstanden. Er ist **kein** Subwoofer-Kanal, sondern nur ein reiner Effektkanal (siehe unten). Das Encoding nach Dolby Digital wird von einigen professionellen Audioprogrammen per Ausgabemodul unterstützt (manchmal aber nur in Stereo), doch bei DVD Studio Pro wird ein vollwertiger AC-3-Encoder unter dem Namen A.Pack mitgeliefert.

Die neue Dolby-EX-Version unterstützt optional einen zusätzlichen Mittenkanal für den hinteren Bereich, ist aber abwärtskompatibel. Sie besitzt nicht etwa sieben getrennte, digitale Kanäle: Ähnlich wie beim analogen Dolby ProLogic werden die zusätzlichen Informationen in den vorhandenen Kanälen »versteckt«. Wenn dieses Format gewünscht wird, müssen die Spuren per Matrixkodierung im Tonprogramm zusammengefügt und in einem AC-3-Encoder konvertiert werden, der das notwendige Flag für den Decoder setzen kann.

DTS

Alle aktuellen DVD-Player unterstützen mittlerweile diese Alternative zu Dolby Digital. Die Audioqualität von DTS ist mit der höheren maximalen Datenrate von gut 1,5 MBit/s besser als bei Dolby Digital. Doch da Sie außerdem immer eine Dolby-Digital-Tonspur anbieten müssen, schlägt DTS dann natürlich auch bei der Datenrate und dem Platzbedarf erheblich zu Buche (Bit-Budgeting). In Verbindung mit Spielfilmen wird die hörbare Überlegenheit von DTS oft überschätzt, wie Tests angesehener Fachzeitschriften gezeigt haben. Wenn der jeweilige Toningenieur die Eigenheiten des betreffenden Kompressionsverfahrens gut kennt, werden beide bei vergleichbarer Datenrate sehr gut klingen, und wenn ein Laie die Abmischung macht, kann man auch beides leicht verderben. Oft ist ein Vorsprung zugunsten von DTS nur von geschulten Ohren auf sehr hochwertigen Wiedergabegeräten auszumachen.

Wenn dagegen nicht die Bildqualität, sondern die Musik im Vordergrund steht, ist dieses Format sehr interessant, denn es bietet bei der höchsten zulässigen Datenrate – insbesondere in Stereo – exzellente Tonqualität (siehe unten). Allerdings wäre es dann für die Anbieter schwierig, die Audio-DVD als eigenständiges Format überhaupt noch zu legitimieren. Oder ist sie nur deshalb noch von Interesse, weil sie gut kopiergeschützt ist? Vielleicht wird ja deshalb für Audio-DVDs statt des besseren DTS-Tons im Videoteil oft nur Dolby Digital benutzt ...

MPEG

Es hätte so schön sein können: MP3 auf allen DVDs statt eines proprietären Formates wie Dolby Digital oder DTS. Doch leider ist mit MPEG-Ton auf DVD nicht MP3, also das vom Fraunhofer-Institut entwickelte Format MPEG-2 Layer 3, sondern MPEG-1 Layer 2 gemeint; oder auch MPEG-2-BC (Backward compatible) mit oder ohne AAC (Advanced Audio Coding) genannt. Erst die MPEG-2-Datenströme ermöglichen eine Surround-Unterstützung. Die AAC-Daten dürfen jedoch nicht als primäre Audiodaten eingesetzt werden. Alles klar?

So ähnlich dachten wohl auch diejenigen, die diesen Standard einsetzen sollten. Die Geschichte ist an sich noch etwas länger, jedenfalls hat sich MPEG-Ton auf DVDs nicht durchsetzen können, auch nicht in Europa, obwohl alle PAL-DVD-Player es dekodieren können (nicht jedoch alle NTSC-Geräte).

Der Vorteil von MPEG gegenüber AC-3 liegt in der Unterstützung von bis zu acht Kanälen (7.1) bei einer Datenrate von maximal 912 KBit/s. Die acht Kanäle bietet jedoch auch DTS, und so schien MPEG schon sanft zu entschlummern – bis DVB-T kam. Das digitale terrestrische Fernsehen, das sich nach Großbritannien nun auch in Deutschland schnell etabliert, sendet seinen Ton meist in MPEG, nur wenige Sender bieten das ebenfalls zulässige Dolby Digital. Auch HDV zeichnet den Ton in MPEG-Audio auf.

Es könnte durchaus passieren, dass dadurch MPEG-Ton bei Mehrfachauswertung für DVB-T und DVD in Europa wieder eine gewisse Bedeutung erlangt. DVD Studio Pro akzeptiert normgerechte MPEG-Tonspuren als Input, besitzt aber keinen eigenen Encoder. Das dürfte nicht weiter problematisch sein: Wer bereits mit MPEG gesendet hat, sollte Ihnen den Ton in diesem Format liefern können, außerdem gibt es Encoder sogar im Freeware-Bereich.

MPEG-Audio für QuickTime-Wiedergabe

Das Wiedergabemodul für MPEG-2 im QuickTime Player, das Sie mit DVD Studio Pro bekommen haben, kann bisher keinen AC-3-Ton abspielen, aber es beherrscht MPEG-Audio nach DVD-Spezifikation. Für Dateien, die direkt in QuickTime oder zum Beispiel von Präsentationsprogrammen wie Keynote oder PowerPoint abgespielt werden sollen, ist das Format daher eine gute Alternative. Benutzen Sie dazu die VOB-Dateien aus DVD Studio Pro oder einen der frei verfügbaren Multiplexer wie WiredMux (www.wiredinc.com).

SDDS

SDDS von Sony ist ein weiteres optionales Surround-Format, das sich auf DVD nicht durchsetzen konnte (und von DVD Studio Pro auch nicht unterstützt wird). Dieses auf dem ATRAC-Verfahren der Mini-Disc (MD) basierende Format könnte zwar mit ein paar Tricks und TFDVDEdit hinzugefügt werden, aber SDDS-Encoder sind rar und teuer, auch DVD-Player mit SDDS-Ausgang sind auf dem Markt selten zu bekommen. Für eine DVD-Produktion ist SDDS daher wenig sinnvoll – außer vielleicht, wenn man eine DVD für Sony produziert ...

Einschränkungen bei Audioformaten auf DVD

Auch wenn mehr als ein Audioformat vertreten sein darf, können Sie diese nicht beliebig kombinieren. Die Töne für alle Menüs müssen in Kompressionsformat, Kanalzahl, Abtastrate, Bit-Tiefe und Bitrate übereinstimmen. Das Gleiche gilt innerhalb einer Slideshow. Verschiedene Tonformate in separaten Audiostreams eines Videotracks sind dagegen zulässig (analog zu Sprachfassungen).

11.6 Surround-Ton

Auch wenn es keineswegs so sein muss: Bei der DVD wird vom Publikum meist auch Surround-Ton erwartet. Daran dürfte in erster Linie die Werbung der Hersteller schuld sein, die den Käufern eines DVD-Players gleich noch eine komplette Heimkino-Anlage dazu verkaufen wollen. Technisch wird mit der Dolby-Digital-Kompression (AC-3), die sich in Verbindung mit MPEG-2-Video aus Platzgründen durchaus empfiehlt, keineswegs zwingend die volle Kanalzahl eines 5.1-Tons vorausgesetzt. Es ist genauso gut möglich, ganz normale Mono- oder Stereosignale in AC-3 zu komprimieren. Wenn Sie aber in dieser Hinsicht die Erwartungen Ihres Publikums erfüllen wollen, brauchen Sie auch die geeigneten Werkzeuge.

Aufnahme

Postproduktion

Zuerst einmal muss ich erläutern, dass Surround-Ton nicht einfach vor Ort in dieser Form aufgenommen wird. In den seltensten Fällen wird man tatsächlich Mikrofone in entsprechender Anordnung verteilen und einfach fünf bis acht verschiedene Tonspuren aufnehmen. Schon ganz normaler Stereoton ist bei der Filmproduktion ein in höchstem Maße synthetisches Produkt – abgesehen vielleicht von wenigen audiophilen Konzertmitschnitten. Surround-Ton entsteht in erster Linie bei der Postproduktion im Studio durch die Verteilung von monauralen oder bestenfalls stereophonischen Tonsignalen auf die zusätzlichen Kanäle. Bei dem älteren, analogen Dolby ProLogic-Surround-Ton wurden die zusätzlichen Signale für die Dialoge in der Mitte und die hinteren Lautsprecher noch auf raffinierte Weise in das normale Stereosignal hineingemischt und bei der Wiedergabe mehr oder weniger gut aufgetrennt.

Digitaler Mehrkanalton

Der digitale 5.1-Ton besteht tatsächlich aus fünf unabhängigen Kanälen mit vollem Frequenzumfang und einem zusätzlichen Kanal für tieffrequente Effekte. Da dieser Kanal auf den Frequenzbereich bis 120 Hz begrenzt ist, gibt er nur die untersten beiden Oktaven wieder und damit ungefähr ein Zehntel des hörbaren Bereichs – deshalb die 1 hinter dem (Dezimal-)Punkt. Die Firma Dolby empfiehlt, hier nur Frequenzen bis 80 Hz vorzusehen. Vorn gibt es zusätzlich zu den beiden Stereospuren einen Center-Lautsprecher, der zwar bei Spielfilmen in erster Linie für die Dialoge zuständig, aber keineswegs auf Sprachfrequenzen beschränkt ist. Die beiden hinteren Kanäle im Rücken des Betrachters sind ebenfalls vollwertige Stereokanäle, während beim älteren, analogen ProLogic das gleiche Monosignal auf diese beiden Lautsprecher gegeben wurde. Dolby-EX erweitert das Konzept, indem hinten ein Center-Kanal ergänzt wird (siehe oben).

Der verkannte LFE

Der LFE-Kanal (Low Frequeny Effects) wird häufig missverstanden: Es handelt sich nicht um einen Subwoofer im üblichen Sinne. Ein Subwoofer nutzt die Tatsache, dass der Mensch tiefe Frequenzen sowieso nicht orten kann. Bei beengten Wohn- oder Finanzverhältnissen kauft man dann einen gemeinsamen Basslautsprecher – den Subwoofer – und zwei kleine Stereolautsprecher ohne nennenswerte Tieftoneigenschaften für die Stereowiedergabe.

Bei der Abmischung für 5.1 dagegen sollten Sie davon ausgehen, dass auch die übrigen Lautsprecher – zumindest die beiden vorderen Stereoboxen – über gute Tieftonqualität verfügen können und dass der Anwender auf einen LFE auch völlig verzichten darf. Bei vielen Verstärkern mit eigenem AC-3-Decoder kann der Anwender zwar die LFE-Signale auf die Stereoboxen umleiten, aber Sie sollten nicht davon ausgehen, dass das auch jeder versteht und richtig einstellt.

Auch das Apple-Handbuch zu DVD Studio Pro ist in dieser Hinsicht anfangs missverständlich – auf Seite 670 im Anhang B steht, man solle diese Frequenzbereiche aus seinem Tonmaterial mit Bandpassfiltern »extrahieren«. Extrahieren darf hier nicht so verstanden werden, dass diese Töne aus den übrigen Kanälen ganz verschwinden, sondern dass die tiefsten Anteile zusätzlich auf den LFE gegeben werden können. Etwas weiter hinten, auf Seite 683, wird der LFE dann wesentlich besser erklärt. Ein korrekter 5.1-Ton wird folglich so erstellt, dass z. B. die Dinosaurier im »Jurassic Park« auch ohne LFE anständig auftreten und nicht auf Zehenspitzen schleichen. Der LFE bekommt dann nur zusätzlich die Signale, die es so richtig im Bauch grummeln und die Nachbarn vor der Tür stehen lassen.

Stereo-Kompatibilität

Downmix

Obwohl die DVD dazu geführt hat, den Absatz von Surround-Tonanlagen mit fünf Lautsprechern plus Tiefton-Wumme anzukurbeln, hören doch noch viele Nutzer der DVD ihren Ton über eine ganz normale Stereoanlage oder die Lautsprecher des Fernsehgeräts. Auch wenn die kleine Zahl der verbliebenen Monohörer mittlerweile ignoriert wird, nimmt das Dolby-Digital-Verfahren auf die Zuhörer mit Stereogeräten Rücksicht. Bei allen Decodern ist eine automatische Abmischung der Surround-Kanäle auf zwei Stereokanäle vorgesehen – in der Fachsprache »**Downmix**« genannt. Sie sollten bei der Produktion auf diese Tatsache unbedingt Rücksicht nehmen und Ihre Tonmischung auch in dieser Wiedergabesituation probehören. Durch Phaseneffekte und Lautstärkeänderungen können unerfreuliche Nebenwirkungen entstehen, die sonst von Ihnen nicht bemerkt würden. Beim automatischen Downmix verschwinden übrigens die Inhalte des LFE grundsätzlich.

Da der automatische Downmix im Decoder letztlich nie für beide Wiedergabemöglichkeiten die optimale Wirkung erzielen kann, ist die perfekte Lösung natürlich eine speziell abgemischte Stereoversion, die Sie auf der DVD per Menü zur Auswahl anbieten.

Weiterführende Informationen

Im Apple-Handbuch finden Sie ab Seite 683 (bei Version 3) noch ein paar nützliche Informationen zum Thema Surround-Tongestaltung. Daneben sei noch auf die Website der Firma Dolby verwiesen, wo Sie exzellente Hintergrundinformationen und weitere Hinweise zur Surround-Tonmischung finden – natürlich nur auf Englisch (http://www.dolby.com). Im übernächsten Abschnitt gehe ich beim Encoder A.Pack noch auf einige wichtige Einstellungen ein.

Rechte für Dolby

Übrigens: Wenn Sie einen Dolby-Trailer auf Ihrer DVD oder das Dolby-Logo auf der Verpackung benutzen wollen, müssen Sie einen Vertrag mit der Firma unterzeichnen. Sie finden die nötigen Informationen unter http://www.dolby.com, und das Ganze kostet Sie keine Lizenzgebühren. Der Hersteller will nur sichergehen, dass Sie mit der Technik vertraut sind und ein autorisiertes Produkt zur Erstellung des AC-3-Materials benutzen (was bei Apples A.Pack der Fall ist).

11.7 Schnitt, Mischung und Effekte

Final Cut Pro beherrscht zwar die Audiobearbeitung für eine große Zahl von Kanälen und hat seit Version 4 auch einen brauchbaren Mischer, doch zur ernsthaften Surround-Bearbeitung fehlen allein schon so wichtige Werkzeuge wie Positionsfader und erst recht auf Surround spezialisierte Filter, z. B. für Hall und andere räumliche Effekte. Sie werden sich dazu nach anderen Programmen umsehen müssen – so wie es auch die Hersteller von Videosoftware getan haben! Nicht ohne Grund haben sich die großen drei der Branche, nämlich Avid, Pinnacle Systems und Apple, alle eine Firma mit anerkannt hochwertiger Tonbearbeitungssoftware gekauft: Avid besitzt Digidesign, Pinnacle Systems leistete sich Steinberg, und Apple hat sich Emagic gesichert. Am längsten zurück liegt der Erwerb von Digidesign, und deren **ProTools** haben sich unter Avid in der Medienbranche zum Quasistandard entwickelt, obwohl man dem manchmal umständlichen Handling des Programms anmerkt, dass es schon ein wenig älter ist.

Vorteilhaft ist jedoch, dass auch das von Avid propagierte Austauschformat OMF (Open Media File) zur Übergabe von Tondaten zum Standard wurde und von den beiden anderen Herstellern ebenfalls unterstützt wird. Apple bietet in Final Cut Pro den OMF-Export für Ton, und sowohl Apples Neuerwerbung **Logic** als auch Nuendo von Steinberg können OMF importieren. Da das aber mit allen Details und Effekten nur beim Erfinder so ganz richtig funktioniert, sollten Sie für das von mir empfohlene **Nuendo** Ihren Arbeitsablauf etwas anpassen, damit es perfekt läuft. Erledigen Sie in Final Cut Pro in erster Linie Ihren Schnitt sowie die Auswahl und Positionierung der Töne, selbstverständlich sinnvoll auf mehrere Spuren verteilt, aber ohne Blenden und Effekte. Diese Rohversion übergeben Sie dann an Nuendo, dann klappt es problemlos. Alles, was Sie zur perfekten Tongestaltung brauchen, kann Nuendo sowieso besser. Auch Apples eigene Neuerwerbung Logic braucht offensichtlich noch etwas Reifezeit, bis sie nahtlos in die Videobearbeitung integriert ist – das Programm hakt in der Arbeit mit OMF-Dateien noch gelegentlich. Meiner Meinung nach ist Nuendo zwar mit seinem Preis von rund 1500 € das teuerste, aber auch beste Produkt unter diesen Konkurrenten, wobei Apple in letzter Zeit sehr aufgeholt hat, aber für Logic Pro noch keinen DTS-Encoder anbietet.

Audiobearbeitung mit Nuendo

Nuendo von der Firma **Steinberg**, die sich mit Produkten wie Cubase VST in Musikerkreisen schon einen guten Namen und jahrelange Erfahrung erworben hat, zielt eindeutig auf die Film- und Videoproduktion. Neben allen wichtigen Audioformaten unterstützt das Programm auch den Import von Videodateien – der Ton wird auf Wunsch in eine eigene Spur extrahiert, das Video in einem eigenen Fenster synchron abgespielt. Dabei verfolgt das Videobild den Cursor, wenn man Audiodateien positioniert, und erleichtert so das synchrone Anlegen punktueller Toneffekte. Sie können ohne Probleme eine referenzierte Videodatei aus FCP benutzen. Wenn Sie mit weniger leistungsfähiger Hardware arbeiten, ist es sinnvoller, den Film im Offline-RT-Format zu übergeben – so bleibt mehr Leistung für den Ton übrig.

Ein großer Vorteil liegt darin, dass unter Mac OS X alle DV-Formate, die QuickTime per FireWire unterstützt, parallel zur Tonbearbeitung in voller Qualität über ein DV-Gerät auf einem Monitor gezeigt werden können. Sie brauchen also keinen teuren synchronisierbaren Videorekorder. Beachten Sie aber, dass es dabei einen Bild-Ton-Versatz gibt, da die Verarbeitungszeiten in den beteiligten Geräten differieren. Sie müssen den Wert einmal für Ihre Konfiguration ermitteln, z. B. mit einer Filmklappe, und in den Settings eintragen. Anderenfalls würden Sie konstant einen Versatz sehen und zu korrigieren versuchen, der im Endergebnis gar nicht auftritt, und so eine asynchrone Tonspur produzieren.

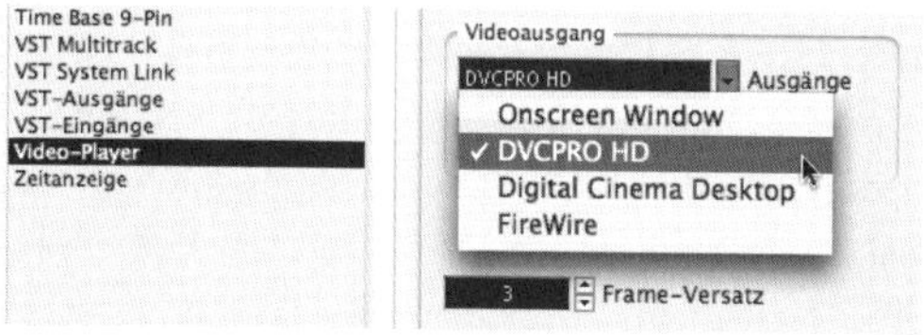

◂ **Abbildung 11.11**
Nuendo kann Ihre Videospur wahlweise als QuickTime-Fenster oder bei DV-Formaten über FireWire abspielen. Beim aktuellen QT-Player gehören dazu sogar DVCPRO50 und Panasonics HD-Format.

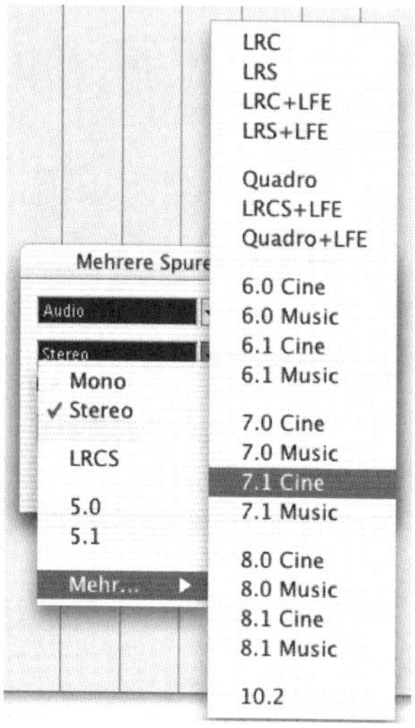

◂ **Abbildung 11.12**
Nuendo beherrscht mehr Surround-Formate als die DVD – bis hinauf zu zehn Kanälen mit zwei LFEs.

Cycle Recording

Ein für die Synchronisierung von Film- bzw. Videosequenzen besonders nützliches Verfahren ist das Cycle Recording, bei dem über einen festgelegten Teilabschnitt hinweg immer wieder erneute Aufnahmen gemacht werden können, die alle wie ein Stapel gespeichert werden. Nachher kann man dann jeweils eine einzelne Aufnahme »nach oben holen« und synchron zum Bild abhören, bis der beste Take gefunden ist. Das ist z. B. bei der **Nachsynchronisation** fremdsprachiger Produktionen durch Synchronsprecher ein unverzichtbares Hilfsmittel, aber auch beim Anlegen von live erzeugten Toneffekten oder beim Einsprechen von Kommentaren äußerst praktisch. Das mit Final Cut Pro gelieferte Programm »Soundtrack« bietet eine ähnliche Möglichkeit in vereinfachter Form.

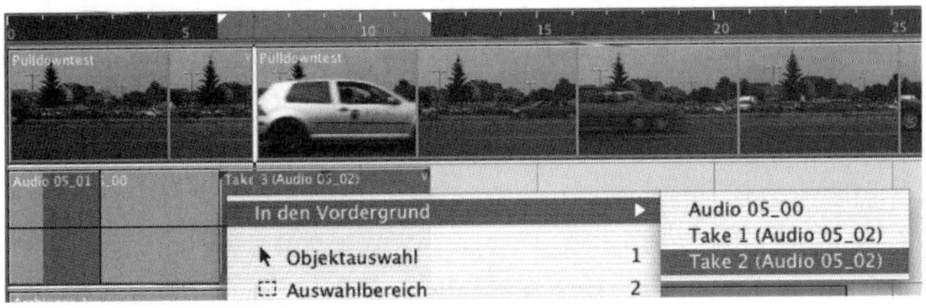

Abbildung 11.13 ▶ Beim Cycle-Recording wird eine Aufnahme synchron zum Bild so lange wiederholt und in mehreren »Takes« abgespeichert, bis sie sitzt.

Bei Bedarf kann mit dem Import auch gleich eine Abtastraten- oder Bittiefen-Konvertierung erfolgen – Nuendo unterstützt je nach eingesetzter Hardware auch 24 Bit und 96 kHz (und Werte weit darüber hinaus). Als Zeitmaß stehen neben den im Musikbereich üblichen Bars und Beats alle für Video gängigen Timecode-Formate zur Verfügung, aber auch die 24 Bilder pro Sekunde des klassischen Tonfilms bzw. Filmlängen in Fuß, bezogen auf 16- und 35-mm-Film.

Abbildung 11.14 ▶ Die Lautstärke, Position und Länge einzelner Töne wird direkt im Arrangementfenster bestimmt, ebenso sind Ein- und Ausblendungen hier ohne umständliche Wechsel der Modi möglich.

Die Anzeige der Wellenform passt sich in Echtzeit an Lautstärke oder Längenänderungen an. Der übersichtlich gestaltete Mischer kann in allen

Funktionen – natürlich auch den Effekten – über die Zeit automatisiert werden. Ein nettes Detail ist die Steuerung der meisten Regler über das Scrollrad auf einer entsprechend ausgestatteten Maus. Natürlich lässt sich jeder Kanal mit einem aussagekräftigen Namen versehen, und ganz generell ist das Interface in hohem Maße individualisierbar. Mehrfache CPUs werden voll unterstützt.

Zahlreiche gängige – und ebenfalls voll automatisierbare – Effekte werden mitgeliefert. Im Filmbereich besonders wichtig ist das **Time-Stretching** (die Veränderung der Dauer einer Aufnahme ohne Tonhöhenveränderung). Hier werden verschiedene Qualitätsstufen bis hin zum sehr hochwertigen MPEX-Verfahren von Prosoniq angeboten.

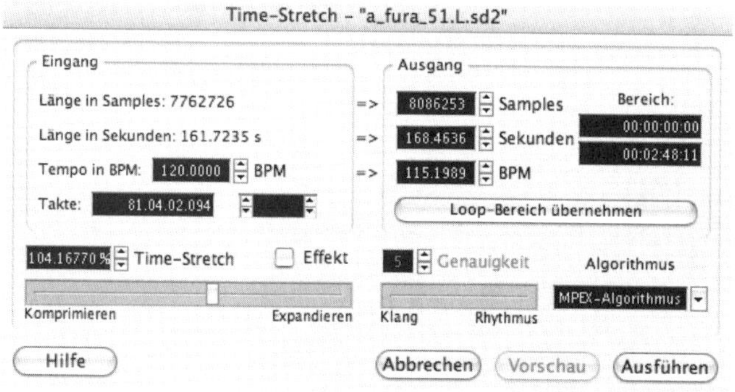

◀ **Abbildung 11.15**
Für das im Film- und Videobereich besonders wichtige »Time-Stretch« werden verschiedene Qualitätsstufen bis hin zum sehr hochwertigen MPEX-Verfahren von Prosoniq angeboten.

VST-kompatible Effekte, die für alle erdenklichen Anwendungsfälle als **Plug-ins** auf dem Markt sind, werden ebenso unterstützt wie VST-Instrumente. Außerdem ist das Programm für die Zusammenarbeit größerer Teams über ein Firmennetz mit TCP/IP ebenso ausgelegt wie auf die Synchronisation mehrerer Computer für aufwändige Projekte mit der eigenen Technik »VST System Link«.

Surround-Bearbeitung

Das Programm wurde von Grund auf für die Arbeit mit Surround-Ton entwickelt. Dabei legte man besonders viel Wert darauf, eventuelle Zeitverschiebungen durch eingefügte Effekte sorgfältig zu kompensieren. Das ist bei der Surround-Bearbeitung besonders wichtig, da kleinste Laufzeitunterschiede die Raumwahrnehmung drastisch verändern können. Die menschliche Richtungswahrnehmung stützt sich nämlich keineswegs nur auf die Lautstärke eines Signals, sondern in erheblichem Maße auf die Zeitverschiebungen der Töne, die unsere beiden Ohren treffen. Einige für Surround spezifische Plug-ins, darunter Kompressoren, Equalizer und LFE-Management, werden als **Nuendo Surround Edition** für weitere 499 € angeboten, und einen auf 5.1-Surround spezialisierten Hall von **TC Works** gibt es zum gleichen Preis.

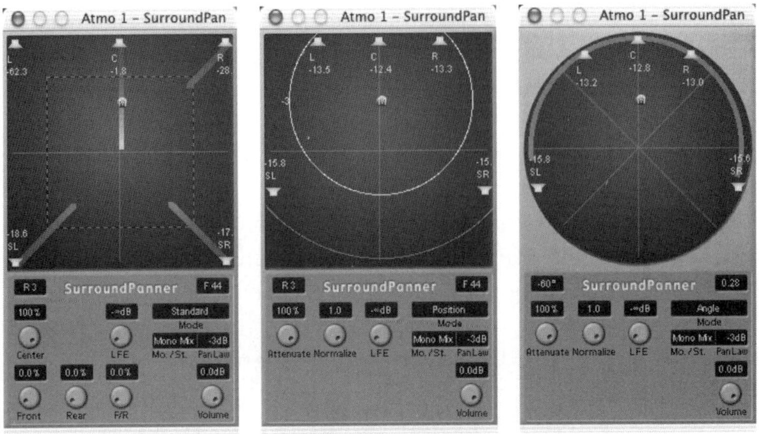

Abbildung 11.16 ▶
Die Surround-Positionierung einzelner Kanäle wird von den Pan-Werkzeugen in drei Varianten sehr intuitiv grafisch dargestellt (siehe auch die Farbtafel).

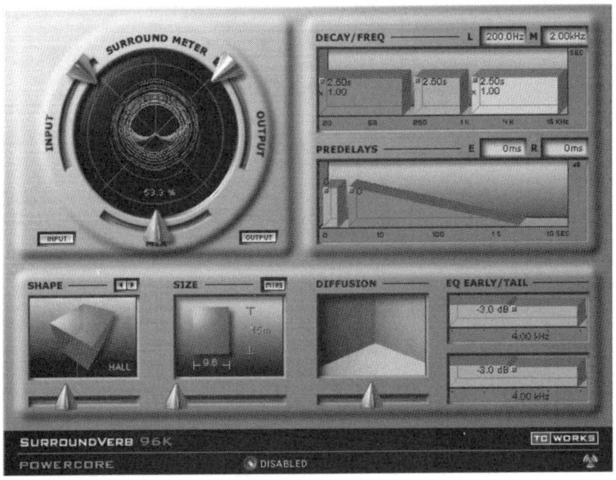

Abbildung 11.17 ▶
Das Hallmodul »SurroundVerb« von TC Works kann differenziert mit 5.1-Raumton umgehen (siehe auch die Farbtafel).

Während ein Matrix-Encoder und Decoder für das herkömmliche Pro-Logic-Verfahren bereits dazugehören, gibt es einen AC-3- oder DTS -Encoder nur gegen einen recht satten Aufpreis von jeweils 990 €. Da merkt man als Besitzer von DVD Studio Pro erst, wie viel man von Apple für sein Geld bekommt. Auf den AC-3-Encoder können Sie natürlich verzichten, da A.Pack denselben Zweck erfüllt und Nuendo selbstverständlich alle Surround-Kanäle als separate Dateien übergeben kann. Die Nutzung des DTS-Encoders zusammen mit DVD Studio Pro werde ich Ihnen gleich im Anschluss noch genauer erläutern. Nicht unerwähnt sollte die Kollektion der »Urban Atmospheres« bleiben, die für den gleichen Preis auf neun DVDs hochwertige Surround-Aufnahmen von Geräuschkulissen bieten.

Eine Demo-Version von Nuendo gibt es nicht, aber auf der Website www.steinberg.de finden Sie das Handbuch auf Deutsch, Englisch oder Französisch als PDF-Datei zur Vorab-Information. Nuendo unterstützt zahlreiche externe Hardware-Mischersteuerungen aus dem Profisektor, ist aber nicht darauf angewiesen. Natürlich werden auch alle gängigen

Methoden der Synchronisierung externer Zuspielgeräte unterstützt, für Videorekorder oder Audio-Bandmaschinen u.a. mit der Profi-Hardware **Nuendo Time Base**, die auch das VST System Link unterstützt.

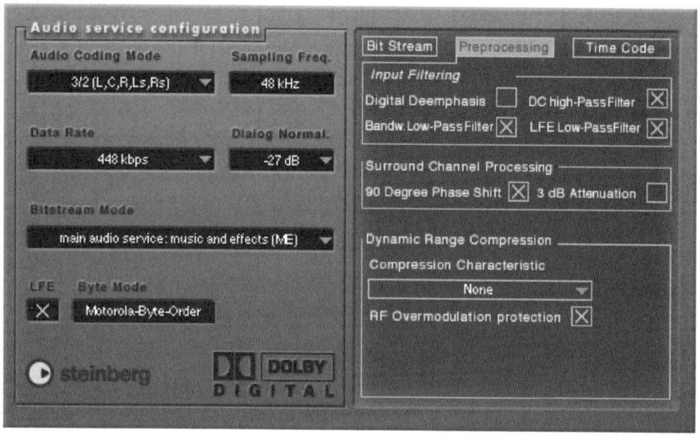

◂ **Abbildung 11.18**
Der Dolby Digital Encoder für Nuendo tut auch nichts anderes als A.Pack, er kostet aber mehr als DVD Studio Pro insgesamt.

Zum Abhören ist natürlich eine mehrkanalfähige Audio-Hardware (mit ASIO-Treibern) und der entsprechende Abhörraum mit Surround-Anlage notwendig. Auch bei den aktuellen Rechnern von Apple reicht dafür nicht der optische Digitalausgang, denn der kann erst das kodierte Digitalsignal an einen Decoder weitergeben. Um aber während der Mischung in Nuendo (oder anderen Tonprogrammen) den Mehrkanalton analog an eine Wiedergabeanlage ausgeben zu können, brauchen Sie genauso wie für ältere Rechner ein entsprechendes Interface.

Empfehlung

Über die Tonaufnahme und -bearbeitung ließe sich noch sehr viel schreiben, aber das würde ein zusätzliches Buch werden. Einige finden Sie im Anhang, besonders zu empfehlen ist das Buch von Jay Rose, das wunderbar praxisnah, aber leider auf Englisch geschrieben ist. Ein weiter gehender Rat lautet: Bleiben Sie bei Ihrem Metier! Wenn Sie von Hause aus Film- oder Grafikprofi sind – was vermutlich auf den Großteil unserer Leser zutreffen dürfte –, dann arbeiten Sie besser mit einem Tonprofi zusammen, statt alles selber machen zu wollen.

Das gilt vor allem dann, wenn Sie (oder Ihr Kunde) eine Produktion in durchgängiger 96-kHz-/24-Bit-Qualität für notwendig halten. Es gehört nämlich nicht nur eine ganze Menge gutes und nicht allzu billiges Equipment dazu, sondern vor allem genauso viel Erfahrung und künstlerisches Gespür wie zum Gestalten der Bilder. Mit Dateistandards wie OMF ist es ziemlich leicht geworden, das geschnittene Tonmaterial an einen Tonspezialisten – oder eine Spezialistin – zu übergeben und nach der perfekten Abmischung ohne Synchronfehler wieder in das Videoschnittsystem zu übernehmen oder die fertige Surround-Abmischung gleich als AC-3 zu kodieren.

Korrekter Countdown zur Übergabe

Wenn Sie Ihr Material nicht per OMF, sondern in separaten Dateien für eine Vertonung oder Musikkomposition übergeben, denken Sie bitte daran, dass die Tonkollegen nicht genau wissen können, mit welchem Bild denn nun der Film beginnt – besonders wenn er mit einer Aufblende anfängt. Um Fehler zu vermeiden, sollten Sie immer einen technischen Vorspann mit normgerechten Tonsignalen gemäß Absprache aufnehmen. Sie finden geeignete Vorspänne im Ordner zu den Cinema Tools.

11.8 Audiokompression für DTS mit Nuendo

SurCode DVD-DTS-Encoder

Lange Zeit gab es die relativ teuren Encoder für DTS nur auf dem PC – am bekanntesten ist der SurCode DVD-DTS-Encoder von Minnetonka Audio (www.surcode.com). Auch die Dateien dieses PC-Encoders kann DVD Studio Pro seit Version 3 nutzen. Verwenden Sie aber unbedingt eine aktuelle Version, denn die ältere Variante des Programms erzeugte noch einen Fehler, der zur Verweigerung seitens DVD Studio Pro führt. Zurzeit wird der Encoder mit 499 US-$ deutlich günstiger angeboten – angeblich aber limitiert bis November 2004 …

DTS-Exportmodul

Eingefleischte Mac-User können jedoch mittlerweile den gesamten Produktionsprozess für dieses Format auf Apple-Rechnern einrichten, denn das schon länger angekündigte DTS-Exportmodul für Nuendo von der Firma Steinberg ist endlich verfügbar. Da Nuendo sowieso einer der besten Surround-Editoren am Markt ist, dürfte das eine sinnvolle Investition sein, auch wenn der Encoder nur mit diesem Hostprogramm funktioniert. Eine Alternative kommt von der Firma DTS selbst (www.dtsonline.com), die einen Encoder für PC und Mac anbietet, der nicht von einem einzelnen Host-Programm abhängig ist und ebenfalls knapp 1000 US-$ kostet.

Einen Nuendo-Kurs kann ich natürlich nicht in diesem Buch unterbringen, aber ich möchte Ihnen den korrekten Export im DTS-Format genau erläutern. Ich gehe davon aus, dass Sie zuvor die gesamte Abmischung für 5.1 erstellt und korrekt auf die entsprechende Buskonfiguration geleitet haben.

Schritt für Schritt: DTS-Tonspur in Nuendo erstellen

1. Surround-Ton exportieren

Wählen Sie Datei • Exportieren • Audio-Mixdown…, auch wenn das auf den ersten Blick keine DTS-Ausgabe erwarten lässt. Hier ist die Abmischung der Spuren auf 5.1 und nicht etwa auf Stereo gemeint.

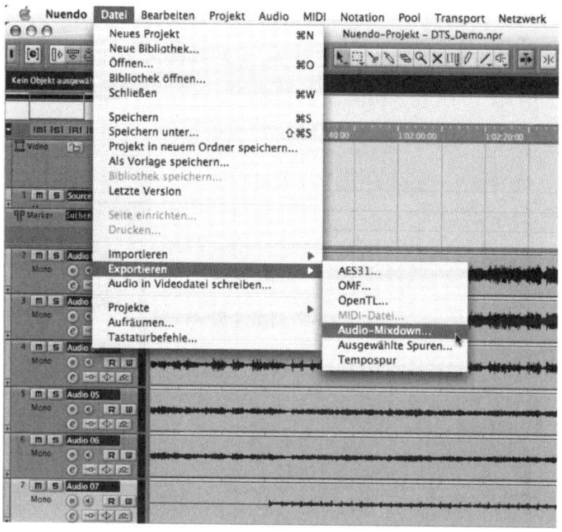

In der nun folgenden Dialogbox SICHERN müssen Sie nicht allein Ort und Name für die DTS-Datei, sondern auch deren genaues Format angeben. Bei FORMAT ❶ muss natürlich DTS-DATEI stehen, SPEICHERN ALS DTS-WAVE-DATEI ❷ dürfen Sie nicht aktivieren, sondern es muss die ERWEITERUNG ».CPT« VERWENDEN ❸ angeklickt sein. Als SAMPLERATE ❹ reichen 48 kHz; die Bit-Tiefe wird hier nicht angezeigt, sollte aber möglichst 24 Bit betragen. Die AUSGÄNGE ❺ müssen nicht immer 5.1 sein, denn auch DTS kann von Mono bis Surround verschiedene Kanalzahlen kodieren. Die fortlaufende Aktualisierung der ANZEIGE ❻ kostet nur Zeit, lassen Sie die besser ausgeschaltet.

2. Dateiformat festlegen

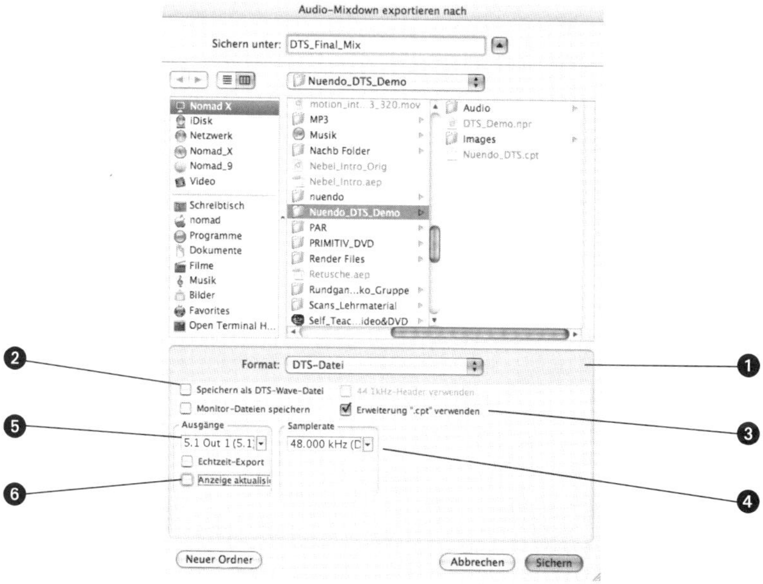

3. Encoder konfigurieren In der nun folgenden Dialogbox des DTS-Encoders gibt es weniger Einstellungen als bei Dolby Digital (das lernen Sie weiter unten kennen). Beim AUDIO CODING MODE ❶ stellen Sie die Kanalkonfiguration ohne den LFE ein, bei SAMPLING FREQ. ❷ die Abtastrate. Bei DATA RATE ❸ gibt es nur zwei Möglichkeiten: Der höhere Wert von gut 1,5 MBit/s reizt die Qualität von DTS auch bei Surround voll aus, braucht aber viel Patz. Bei Stereo genügt auch die halbe Datenrate für exzellenten Klang. Bei ❹ aktivieren Sie den LFE-Kanal (soweit vorhanden). Ein Klick auf OK startet das relativ zeitaufwändige Encoding – DTS ist ein anspruchsvolles Verfahren.

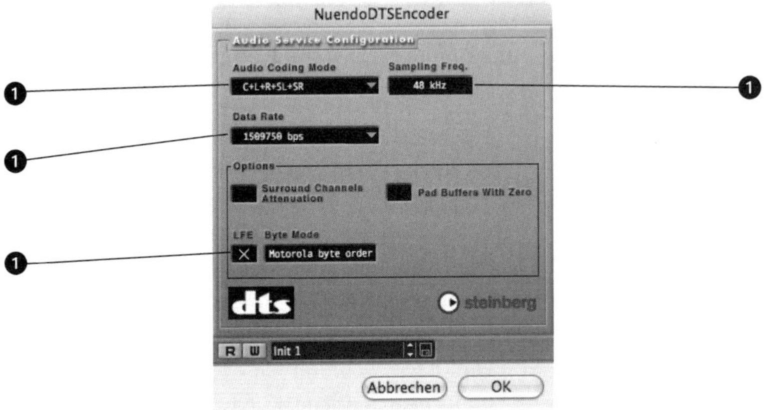

4. Import in DVD Studio Pro Das Ergebnis lässt sich dann in DVD Studio Pro importieren und in eine (zusätzliche!) Tonspur legen. Benutzen Sie nicht das Verfahren mit einer in WAV eingebetteten DTS-Datei, die wird von DVD Studio Pro als PCM betrachtet und erzeugt bei der Wiedergabe ein höllisches, digitales Rauschen. ■

Ein leichtes Handicap ist derzeit noch, dass Sie – anders als bei Dolby Digital – eine solche Tonspur nicht unmittelbar im Authoring-Programm abhören können (Apple hat wohl auch hier vorläufig die zusätzlichen Lizenzen gescheut). Sie müssen zum Prüfen der DTS-Spur erst einmal Ihre DVD auf Festplatte »fertig stellen«. Falls Sie schon stolzer Besitzer eines der aktuellen G5-Macs sind, brauchen Sie nur das Signal des digitalen Tonausgangs mit einem DTS-Decoder zu verbinden. In den Voreinstellungen des DVD Players leiten Sie dann die Audioausgabe auf den digitalen Ausgang, und schon spielt der Mac auch DTS ab.

Ältere G4-Macs haben keinen serienmäßigen Digitalausgang, es gibt aber recht preisgünstige Lösungen für dieses Problem. Schon mit einem einfachen USB-Adapter wie dem Transit von M-Audio (www.m-audio.

de) lässt sich bei der Wiedergabe mit dem Software Player von Apple das Signal ebenfalls an einen externen Decoder oder DTS-fähigen Verstärker weiterleiten.

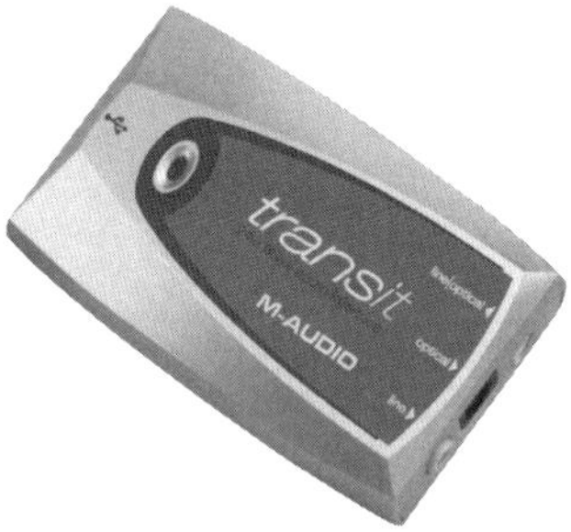

◀ **Abbildung 11.19**
Das USB-Interface Transit von M-Audio ergänzt nicht nur den fehlenden optischen Anschluss bei älteren Macs, sondern bietet auch hochwertige analoge Stereoanschlüsse mit bis zu 24 Bit und 96 kHz.

Beim Transit USB beispielsweise gehen Sie dazu folgendermaßen vor.

Schritt für Schritt: DTS-Wiedergabe

1. Treiber für Transit installieren

Installieren Sie den Treiber für das Interface. Achten Sie für Digitalton auf eine aktuelle Version des Treibers, die Sie bei M-Audio herunterladen können, da ältere Versionen DTS noch nicht korrekt durchleiten.

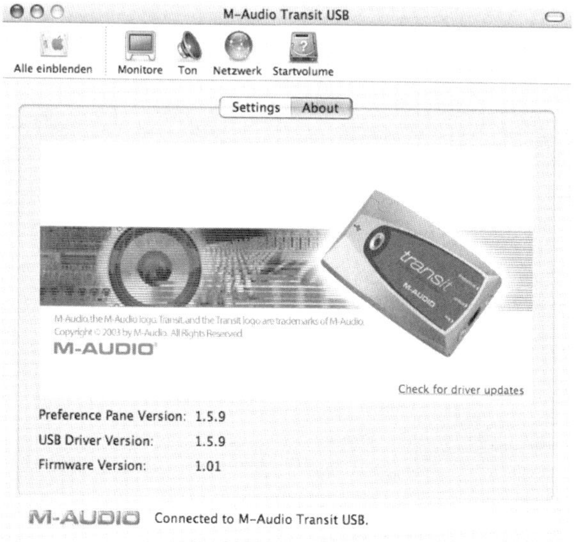

2. Systemeinstellungen vornehmen

Gehen Sie in die Systemeinstellungen Ihres Macs, Sie finden dort den Treiber unter SONSTIGE mit seinem Namen und einem Bild der Hardware als Icon. Klicken Sie darauf.

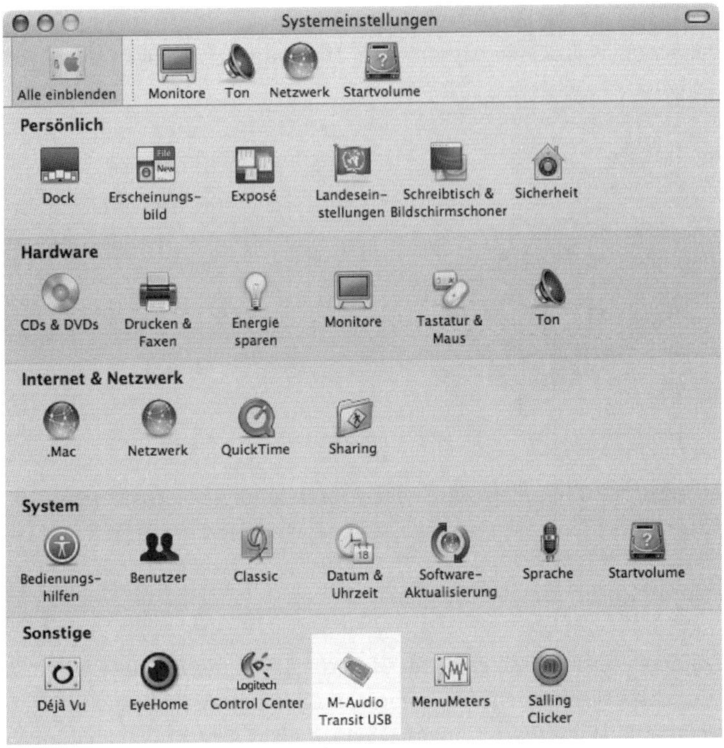

3. Digitalausgabe setzen

Stellen Sie das Ausklappmenü bei ACTIVE CHANNELS auf OUTPUT AC-3. Das mag Sie wundern, da wir doch DTS hören wollen, aber diese Einstellung bedeutet einfach nur, dass jedes digitale Audiosignal unverändert durchgereicht wird. Der Decoder sollte dann erkennen, um welches Format es sich handelt.

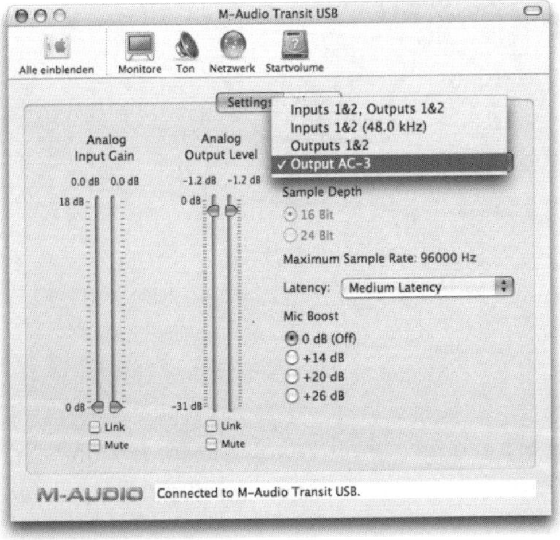

Starten Sie Apples DVD-Player, dort sollte bei den Voreinstellungen unter DVD-Einstellungen bei Audioausgabe nun neben der des Systems auch die vom Transit auftauchen. Aktivieren Sie diese.

4. DVD-Player einstellen

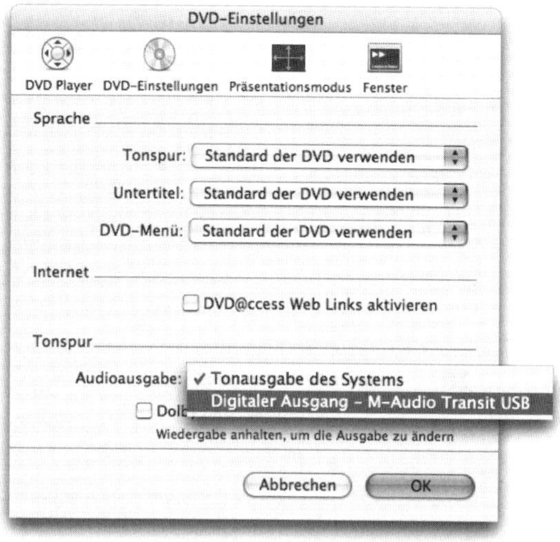

■

Erledigt: Sie sollten nun über Ihren Verstärker den DTS-Surround-Ton in voller Pracht genießen können. Wenn Ihnen die genannte Zusatzhardware nicht zur Verfügung steht, bleibt nur das Brennen einer DVD (vorzugsweise RW) und die Wiedergabe auf einem DTS-fähigen Player bzw. Receiver. Die Wiedergabe von DTS mit dem integrierten Simulator ist leider auch per Zusatzhardware derzeit nicht möglich, so dass immer erst einmal ein Multiplex-Vorgang nötig wird (Fertig stellen im Apple-Jargon). Hier sollte Apple bald noch einmal nachbessern.

11.9 Audiokompression mit A.Pack

Dolby Digital

Wie bereits im Abschnitt zur Audiokompression dargestellt, ist Dolby Digital – oft auch **AC-3** genannt – mit seiner großen Verbreitung meist das sinnvollste Tonformat für die Video-DVD. Apple trägt dem Rechnung, denn mit DVD Studio Pro wird ein Encoder ausgeliefert, der bei guter Qualität auch noch leicht zu bedienen ist, dem Profi aber trotzdem alle wesentlichen Korrekturmöglichkeiten bietet. In Anbetracht der Tatsache, dass dieser Encoder von der Firma Dolby zertifiziert ist, ist das eine ganz wesentliche Ergänzung von DVD Studio Pro, denn andere vollwertige AC-3-Encoder kosten allein schon mehr als DVD Studio Pro insgesamt.

Dolby Digital ist nicht nur ein Kompressionsverfahren: Mit Hilfe von so genannten Meta-Daten – das sind praktisch Anweisungen an die Abspielgeräte, wie der Ton wiedergegeben werden soll – sind recht weitgehende Anpassungen an spezielle Produktions- und Abhörbedingungen möglich. Wie immer, wenn ein Gerät oder Programm viel kann, muss man auch eine ganze Menge davon verstehen, wenn man Veränderungen vornehmen will – dabei will ich Ihnen helfen. Vergessen Sie aber nicht, dass auch der Nutzer an seinem 5.1-Decoder diverse Einstellungen selbst vornehmen und dabei auch viel falsch machen kann – ähnlich wie beim Bild gibt es hier keine totale Kontrolle (siehe dazu »Widescreen«).

Ein Encoder für MPEG-Audio wird zwar nicht mitgeliefert, aber DVD Studio Pro akzeptiert extern vorbereitetes MPEG-1, Layer 2-Audio (den Standard für DVD), während MPEG-2-Audio und damit MP3 nicht unterstützt werden. Unkomprimierte Audiodaten mit 48- oder 96-kHz-Abtastrate und 16- oder 24-Bit-Auflösung werden in mehreren gängigen Dateiformaten akzeptiert (WAVE, PCM und AIFF), sind aber aus Platzgründen zusammen mit anspruchsvollem Videomaterial nicht zu empfehlen.

Ihr Audiomaterial muss für DVD Studio Pro getrennt vom Bildmaterial vorliegen. Derzeit empfiehlt es sich, den Ton in Form getrennter AIFF-Dateien (bei Stereo genügt eine kombinierte Datei) direkt aus Final Cut Pro auszugeben, da einige Kollegen bei einer Ausgabe über den Compressor Abweichungen in der Synchronisation beobachten konnten. Für die AC-3-Kompression der so gespeicherten AIFF-Dateien sind Sie selbst verantwortlich, denn A.Pack ist ein völlig eigenständiges Programm, das in keiner Weise in das Authoring-Programm eingebunden wurde.

Formate

A.Pack akzeptiert das unkomprimierte Material in den Formaten WAVE, AIFF, QuickTime und Sound Designer II, einige dieser Formate können – je nach Tonprogramm – auch mehr als zwei Kanäle enthalten. Für DVD muss die Abtastrate bei AC-3 48 kHz betragen, bei der Auflösung werden 16 und 24 Bit akzeptiert, Letzteres wird intern auf 20 Bit umgerechnet. Mit einer hochwertigen Abmischung in 24 Bit dürfen Sie von A.Pack bessere Ergebnisse bei weniger Platzbedarf erwarten als von unkomprimiertem PCM-Ton in 48 kHz und 16 Bit.

Bedienungshinweise

Die Dauer separater Dateien sollte für alle Surround-Kanäle identisch sein. Bei Abweichungen richtet sich A.Pack nach der längsten Datei und ergänzt die andere Kanäle mit Stille – in aller Stille. Bei falschen Dateilängen können so unbemerkt Asynchronitäten einzelner Kanäle entstehen, falls Sie mehrere Tondateien in der Timeline hintereinander legen wollen. Sicherer ist es, mit mehrkanalfähigen Formaten wie QuickTime zu arbeiten, wenn Ihr Tonprogramm sie schreiben kann. Lassen Sie sich aber von geringfügigen Abweichungen der Länge Ihrer Tonspur vom Bild nicht irritieren, wenn Sie sehr weit in die Spuranzeige hineingezoomt haben: Die Samples beim Ton enden nicht notwendigerweise genau auf einem Einzelbild.

Neben der manuellen Zuweisung einzelner Tonspuren per Drag and Drop kann A.Pack sich nach den Endungen separater Tondateien richten, wenn Sie alle gemeinsam auf das Programmfenster ziehen. Aber mehr brauche ich Ihnen zur reinen Bedienung von A.Pack eigentlich nicht zu erklären, denn das Handbuch ist in dieser Hinsicht recht ausführlich. Ich möchte mich hier darauf konzentrieren, Ihnen all das zu näher zu erläutern, was nicht im Handbuch steht.

Bugs in A.Pack

Beim Importieren von SETTINGS werden die vorher gewählte Kanalzahl und die Datenrate trotz gegenteiliger Angaben auf der rechten Seite intern nicht korrekt eingestellt – machen Sie es besser von Hand.

Abstürze mit Doppel-CPU?

Die gelegentlichen Abstürze auf Dual-CPUs dagegen wurden nach meiner Erfahrung in der aktuellen Version behoben – lassen Sie es mich wissen, wenn Sie so etwas noch feststellen. Vorsichtshalber will ich hier die seinerzeit gegebenen Abhilfevorschläge wiederholen:

- WAVE statt AIFF als Quellformat
- Namen für die Ausgabedatei nach einem Crash verändern
- Keine doppelte Endung wie xxx.wav.ac3, sondern nur xxx.ac3
- Keine anderen Programme gleichzeitig laufen lassen
- Voreinstellungen löschen unter USER • LIBRARY • PREFERENCES • A.PACK PREFERENCES
- Unter dem dritten Reiter bei PREPROCESSING alle Optionen abschalten (die sind meistens sowieso unnötig)

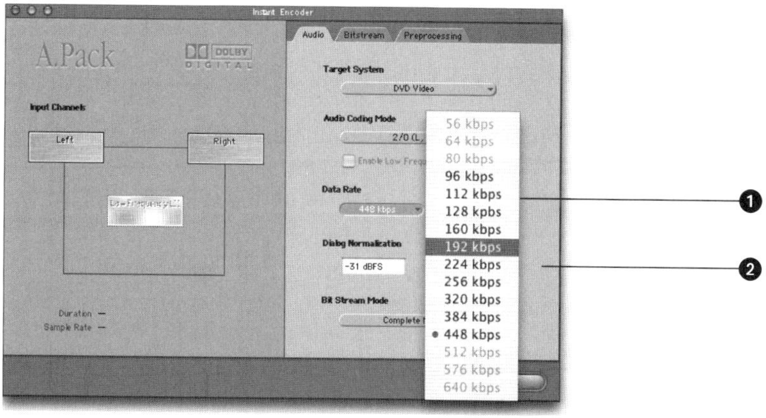

◂ **Abbildung 11.20**
Die Bitrate wird in A.Pack nicht automatisch der Kanalzahl angepasst.

Die verfügbaren Datenraten im Ausklappmenü DATA RATE ❶ richten sich nach der Anzahl der Kanäle. Allerdings wird die Vorgabe hierfür nicht automatisch angepasst, sondern bleibt immer auf dem maximalen Wert von 448 kbps, der nur bei Nutzung aller Surround-Kanäle sinnvoll ist. Für eine gute Stereoqualität beispielsweise können Sie den Wert auf 192 oder 224 kbps reduzieren (AC-3 arbeitet immer mit konstanter Datenrate), selbst bei 5.1 reichen 384 kbps oft aus.

Datenrate nicht zu hoch

Wenige ältere DVD-Player verarbeiten AC-3-Ton nur bis 384 Kbit/s – wenn Sie auf der sicheren Seite liegen wollen, sollten Sie nicht höher gehen. Wo die Tonqualität wichtiger ist als die Kompatibilität mit raren Geräten, sind 448 kbps natürlich besser. Bei Stereo sollten Sie nicht über 224 kbps gehen.

Den Wert für die DIALOG NORMALIZATION ❷ – das ist die relative Lautstärke der Dialoge – sollten Sie bei üblichem DV-Kameraton auf –31 dBFS stellen, denn nur dann wird Ihr Material in der Lautstärke nicht verändert. Apple empfiehlt das zwar ebenfalls im Handbuch, hat aber den Vorgabewert leider auf –27 dBFS gesetzt. Es handelt sich wohl um eine Anforderung der Firma Dolby, denn bei anderen AC-3-Encodern ist das auch so. Auch unter dem dritten Reiter PREPROCESSING gibt es eine solche in etlichen Fällen ungeeignete Vorgabe: Die Kompression steht auf FILM STANDARD COMPRESSION, sollte aber von Unerfahrenen meist besser auf NONE gestellt werden.

Die Firma Dolby geht davon aus, dass der Ton für die meisten DVD-Produktionen ursprünglich für Kinofilme abgemischt wurde. Dort herrscht eine völlig andere Wiedergabesituation mit stark dämpfenden Materialien im Raum und (meist) guter Isolation nach außen sowie relativ wenigen Nebengeräuschen, wenn der Nachbar nicht zu laut mit dem Popcorn raschelt. Dadurch ist ein viel höherer Dynamikumfang möglich, der bei dieser Einstellung automatisch auf Heimniveau geschrumpft wird. Wobei das natürlich auch relativ ist: Ihr Nutzer könnte eine exzellente Surround-Anlage in einem gut isolierten Filmkeller besitzen – aber auch ein Fernsehgerät mit eingebauten Lautsprechern in einer Wohnung mit dünnen Wänden.

Wenn Ihr Tonmaterial bereits für das Heim passend abgemischt und dabei, soweit nötig, auch schon in der Dynamik angepasst wurde, ist die Unterbindung jeglicher Dynamikveränderung mit NONE sinnvoll. Nichts anderes bedeutet nämlich **Kompression** hier, der Eintrag hat nichts mit der Datenreduktion zu tun. Wenn sich das aber bei einer Prüfung unter verschiedenen Abhörbedingungen nicht bestätigt, dann ist eine genauere Beschäftigung mit dem Thema unvermeidbar. Übrigens: Auch wenn Sie selbst eine gute Abhöranlage besitzen, sollten Sie Ihren Ton immer zusätzlich unter problematischen Bedingungen wie eingebauten Lautsprechern in einem Billig-TV prüfen!

Was bedeutet Dialog Normalization?

Das Thema Dialog Normalization ist komplex und erfordert einige Erläuterungen. Warum sollte ausgerechnet ein relativ niedriger Wert wie –31 dB hier richtig sein? Nun, das Ganze funktioniert andersherum, als auf den ersten Blick zu vermuten ist. Denken Sie an ein paar verschiedene Tonereignisse, die Ihnen Fernsehgerät und Stereoanlage typischerweise bieten:

- Ein Dialog im Fernsehen wirkt normalerweise recht laut, er könnte z. B. bei –15 dB unter der erträglichen Zimmerlautstärke (entsprechend 0 dB) liegen. Da »erträglich« ein relativer Begriff ist, sind auch unsere Werte hier relativ.
- Ein Dialog in einem Spielfilm ist meist recht leise und wird vielleicht bei –27 dB liegen.
- Ein Rockkonzert ist richtig laut, nehmen wir als Durchschnitt –8 dB an.
- Pianissimo-Passagen einer Symphonie dagegen liegen vielleicht bei –25 dB.

Wenn Sie nun die Lautstärke für das Fernsehprogramm erträglich eingestellt haben, werden die Dialoge von der DVD sehr leise und damit schwer zu verstehen sein. Sie stellen also die Lautstärke höher, sehen sich den Film eine Weile an, finden ihn aber langweilig und legen eine CD mit Rockmusik ein. Eingangswähler umschalten – und die Gläser fallen fast aus dem Regal!

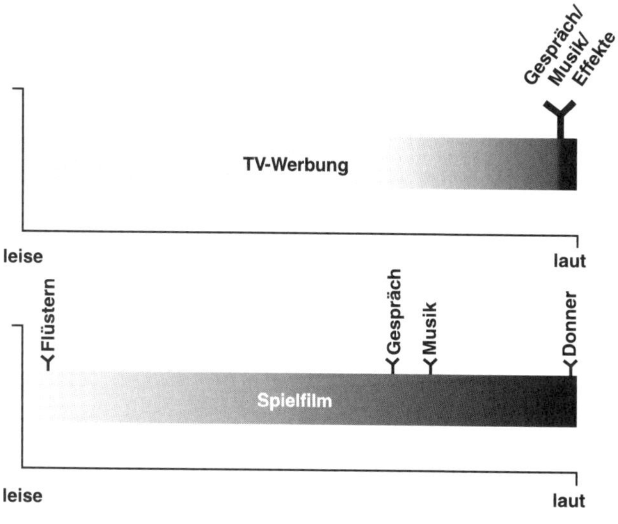

◂ **Abbildung 11.21**
Ein Spielfilm hat eine recht hohe Dynamik, während zum Beispiel in der Fernsehwerbung alle Tonanteile sich in einem recht engen Lautstärkebereich abspielen – hier ohne Lautstärkeanpassung.

Nun, gegen die Lautstärke des analogen TV oder einer beliebigen Heavy-Metal-CD kann die Firma Dolby nichts ausrichten, aber zumindest für die DVD wollte man einheitliche Lautstärkeverhältnisse schaffen, damit der Nutzer nicht ständig zur Fernbedienung greifen muss. Warum der Bezug auf den Dialog? Ganz einfach: Einerseits trägt der nun einmal beim üblichen Tonfilm wesentlich zum Verständnis der Handlung bei und sollte daher einwandfrei verständlich sein. Zum anderen ist er aber auch das Tonereignis, das wir aus dem täglichen Leben am besten kennen und bei dem wir daher eine falsche Lautstärke am leichtesten feststellen. Die wirkliche Lautstärke einer Explosion dagegen kennen die meisten Menschen glücklicherweise nicht – und niemand möchte sie ernsthaft kennen lernen. Wenn Sie nämlich auf einer Surround-Anlage reproduzierbar wäre, würden Sie sofort bleibende Gehörschäden davontragen.

Die Abhörlautstärke

Die Werte sind eher willkürlich angenommen, aber das Problem dürfte klar sein. Wenn Tonleute einen Film abmischen, achten sie daher auf eine vorher festgelegte Abhörlautstärke ihrer Anlage. So wird alles mit gleicher relativer Lautstärke aufgenommen – natürlich ist ein erregter Streit im Dialog lauter als zärtliches Flüstern. Benutzt wird der statistische Mittelwert über einen längeren Zeitraum. Der anerkannte Standardwert in Tonstudios für den Dialog in Spielfilmen liegt bei –27 dB, der Bezugswert ist aber –31 dB. Der Dolby-Surround-Decoder gleicht die Wiedergabelautstärke in Bezug auf den minimalen Wert –31 dB an: Um gleich laut zu erscheinen, müsste unsere TV-Werbung also um 16 dB abgeschwächt werden, der Spielfilm um 4, das Rockkonzert um 23 und die Sinfonie um 6. Das Schema ist einfach: Die Abschwächung ist die Differenz zwischen dem Bezugswert –31 dB und dem Schallereignis.

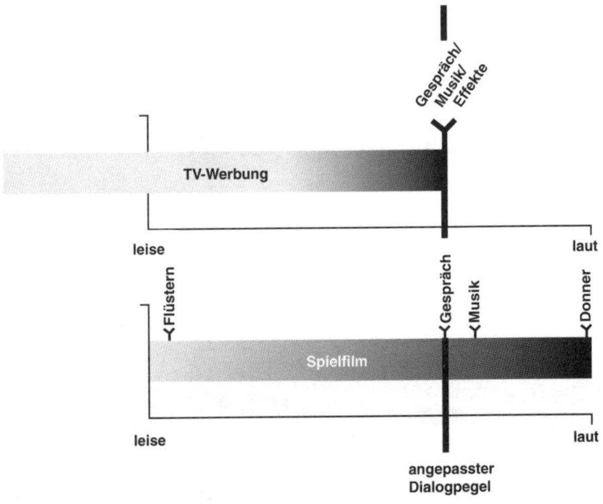

Abbildung 11.22 ▶ Hier wurde die Lautstärke der obigen Tonmischungen auf gleich laute Dialoge angepasst: Genau das versteht man unter »Dialog Normalization«.

Wenn wir also einen Film für –31 dB Abhörlautstärke gemischt haben und wir geben diesen Wert unter DIALOG NORMALIZATION ein, dann wird die Lautstärke des Dialogs im Decoder überhaupt nicht verändert. In der Praxis wird der volle Abstand zu den –31 dB im Dynamikumfang selbst bei Spielfilmen nur gelegentlich ausgeschöpft – denken Sie an den Schluss, wenn das Haus, Schloss oder Raumschiff der Bösen in die Luft fliegt ... Unterhalb des Dialoglevels können sich natürlich auch noch Tonereignisse abspielen, wie zum Beispiel Blätterrascheln, Grillenzirpen, Atemgeräusche und Ähnliches an der unteren Grenze des Hörbaren.

Wenn Ihr Material keinen so extremen Dynamikumfang hat, könnten Sie auf einen höheren Wert abmischen, wenn Sie aber dann Ihre auf –31 dB standardisierte DVD mit einer Hollywood-Produktion vergleichen, wird sie vergleichbar laut klingen (und damit ebenfalls leiser als der Fernsehton). Mit Originaltönen von einer DV-Kamera liegen Sie auch bei –31 dB richtig, soweit diese nicht nachträglich in der Dynamik verändert wurden. Typisches Fernsehmaterial liegt bei –15 bis –20 dB, aber machen Sie einfach selbst ein paar Versuche. Für mehrfache Encodierungen zu Vergleichszwecken ist natürlich der Batch-Mode in A.Pack sehr nützlich.

Übrigens: Am kodierten Tonmaterial ändert sich dabei nichts, der eingegebene Wert ist nur ein Befehl an den Dolby-Digital-Decoder, die Lautstärke anzupassen. Letztlich geht es darum, unabhängig vom Quellmaterial zumindest alle Tonspuren auf einer DVD gleich laut erscheinen zu lassen. Es könnte ja sein, dass der Nutzer mitten im Film die Sprachversion wechseln möchte oder auch nur auf den Kommentar des Regisseurs umschaltet. Außerdem wird von einer eventuell aktivierten Dynamikkompression (siehe unten) nur der Bereich um –31 dB herum nicht beeinflusst, und gerade bei Sprache klingt eine solche Kompression besonders störend.

Bezugswerte ermitteln

Das Verhältnis der Dialoge zu allem übrigen Tonmaterial in der Mischung bestimmen natürlich Sie (bzw. der Kollege oder die Kollegin im Tonstudio), nicht etwa der AC-3-Encoder. Wenn so gemischt wurde, dass Ihr Tonmaterial eher einer typischen Fernsehsendung entspricht, müssten Sie zuerst einmal bestimmen, wo Ihre charakteristische Dialoglautstärke liegt. Aber wie stellen Sie das fest? Als Besitzer von Final Cut Pro haben Sie auch das Tonprogramm Peak DV erhalten, das eine recht gute Anzeige besitzt. Natürlich können Sie auch mit der Anzeige in Final Cut Pro oder Soundtrack arbeiten, aber die in **Peak DV** ist etwas genauer. Spielen Sie einen typischen Dialog solo ab (oder eine Passage ohne nennenswerte Zusatzgeräusche), und beobachten Sie die Anzeige. Die wird natürlich nicht konstant sein, aber Sie werden mit etwas Übung so etwas wie einen Durchschnittswert über die Zeit sehen können. Der liegt übrigens nicht etwa in der Mitte der angezeigten Werte, sondern meist nahe am unteren

Wert, da Lautstärkespitzen in Sprachaufnahmen eher kurz sind. Dieser Wert ist Ihr Wert für die Dialog Normalization! Diesen Wert müssen Sie also unter dem Reiter Audio eingeben.

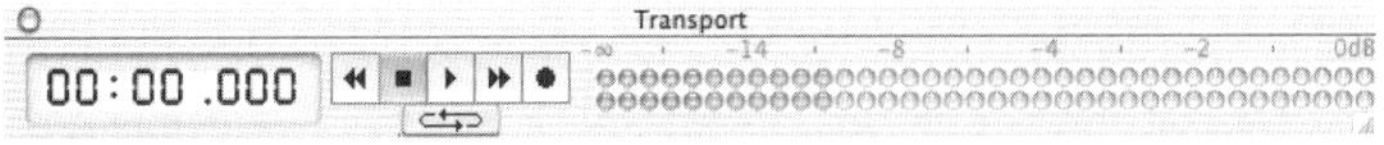

Abbildung 11.23 ▶ Die Aussteuerungsanzeige in Peak DV kann zur Ermittlung der Dialog-Lautstärke ganz hilfreich sein.

Und wie ermitteln Sie den richtigen Wert für ein reines Musikstück? Recht einfach: Legen Sie eine Hilfsspur mit einem Ersatzdialog an – notfalls sprechen Sie eben selbst ins Mikrofon. Dann regeln Sie die Dialogspur so, dass die Lautstärke gut zur Musik passt. Nun schalten Sie die Musik aus und ermitteln wieder den Level der Sprachspur und somit Ihren Bezugswert. Wenn Sie sich nicht ganz sicher sind: Legen Sie eine Batchliste mit leicht variierten Werten an, und hören Sie sich die Ergebnisse mit dem AC-3-Monitor in A.Pack an. Um es noch einmal ganz klar zu sagen: Bei dem Wert –31 dB wird Ihr Tonmaterial nicht in der Lautstärke geändert. Je höher der Wert liegt, desto mehr wird sie bei der Wiedergabe heruntergeregelt.

Wenn Sie noch wenig Tonerfahrung besitzen: Legen Sie einfach eine gute Hollywood-DVD ein, und hören Sie eine Weile verschiedenartigen Szenen zu. Dann wechseln Sie auf eine eigene Test-DVD, ohne die Lautstärkeregelung zu berühren, und vergleichen Sie. Alle korrekt gemischten Spielfilme sind in ihrer AC-3-Spur für eine Dialog Normalization von –27 dB definiert und werden somit um 4 dB leiser wiedergegeben.

Bei DTS ist das übrigens nicht der Fall, so dass eine DTS-Spur zuerst einmal 4 dB lauter abgespielt wird. Ähnlich wie bei manchen HiFi-Vorführungen kann das den unerfahrenen Zuhörer leicht dazu verleiten, den DTS-Ton sofort für besser zu halten, selbst wenn er einfach nur lauter ist. Für einen realistischen Vergleich sollte der Pegel bei DTS unbedingt um 4 dB abgesenkt werden.

Natürlich müssen Sie sich auch mit dem Kunden einig sein, ob Ihre DVD mehr wie ein Hollywood-Film oder wie eine Fernsehsendung klingen soll, im letzteren Fall also durchschnittlich lauter, aber auch ärmer an Dynamik. So etwas wäre typisch für den Einsatz in lauter Umgebung, wie z. B. auf einer Messe.

Und wieder: Dynamikkompression

Die Einstellung der Dialog Normalization ist eng verzahnt mit der Benutzung der Compression Presets unter dem Reiter Preprocessing. Was Dynamikkompression bedeutet, habe ich ja schon weiter vorne erklärt. Übertriebene Kompression hört sich so an, als würde jemand ständig schnell am Lautstärkeregler drehen – man nennt den Effekt auch »Pumpen«. Die Profile für die auf mehrere Frequenzbereiche aufgeteilte Dynamikkompression in A.Pack sind von der Firma Dolby fest vorgegeben – Sie können nur eines auswählen. Vorgegeben ist Film Standard Compression, und das ist aus den bereits erwähnten Gründen eine recht kräftige Kompression. Wenn Sie Ihren Dialog-Normalization-Wert sorgfältig gewählt haben, können Sie auch mit dieser Kompression arbeiten.

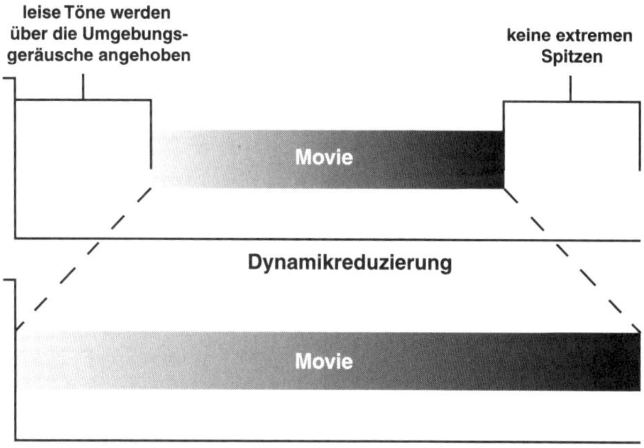

◂ **Abbildung 11.24**
So greift die Dynamikkorrektur in Abhängigkeit von der gewählten Kompression ein.

Die Kompression wird sich auf die Dialoge gar nicht auswirken, aber laute Tonereignisse werden bei aktivierter Kompression (die kann der Nutzer bei manchen Decodern auch abschalten) im Wiedergabegerät so abgeschwächt, dass Sie den Nachbarn nicht erschrecken. Sehr leise Tonereignisse wie unsere zirpenden Grillen werden so angehoben, dass sie noch über dem Grundgeräusch unserer normalen Wohnumgebung liegen (Kühlschrankbrummen, Verkehrsgeräusche etc.). Wenn Sie keinerlei Lautstärkeänderung gegenüber dem Original wünschen, schalten Sie einfach auf None. Keine Kompression ist besser als eine falsch angewandte.

Und wenn Sie nicht wissen, für welche Vorführbedingungen Ihr Tonmaterial abgemischt wurde? Vergleichen Sie einfach die maximal in wuchtigen Toneffekten oder Fortissimo-Partien der Musik erreichten Pegel mit dem zuvor ermittelten Dialoglevel. Wenn der Abstand so bei 20–30 dB liegt, dann ist das eher eine filmtypische Abmischung. Wenn er eher zwischen 6 und 20 dB liegt, haben Sie es wohl mehr mit einem Musikvideo zu tun. Voilà: Da haben Sie Ihre korrekte Kompressionseinstellung! Wenn Sie im Ergebnis nach der AC-3-Kodierung noch »Pumpen« hören, sollten Sie eine leichtere Kompressionsstufe wählen, es gibt zu beiden Bereichen eine »Light«-Version. Wenn Ihr Audio professionell gemischt und der Wert für die Dialog Normalization korrekt gewählt wurde, ist der Einfluss der Kompressionseinstellung nicht sehr drastisch.

Lautstärkeschwankungen

Wenn Sie merkwürdige Lautstärkeschwankungen in Ihrem AC-3-kodierten Ton feststellen, die im Original nicht vorhanden waren, dann sollten Sie eine Einstellung in A.Pack gegenüber den Vorgabewerten ändern: Setzen Sie die COMPRESSION auf NONE.

Steuerungsinformationen

Viele Einträge in A.Pack verändern nicht direkt den Ton, sondern sind Steuerungsinformationen, die vom Wiedergabegerät genutzt werden können. Auf der ersten Seite gehören hierzu auch die BIT STREAM MODES.

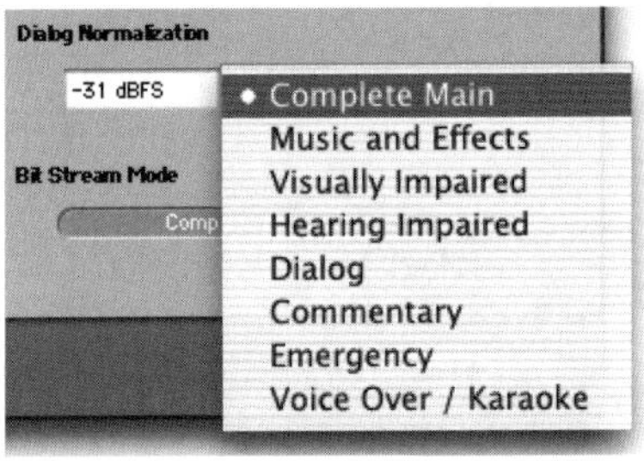

Abbildung 11.25 ▶ Diese Eintragungen unter BIT STREAM MODE ändern Steuerinformationen für manche speziellen Wiedergabedecoder.

Diese sind von eher akademischem Interesse, weil die wenigsten DVD-Player damit etwas anfangen können. Ich erkläre das hier nur für Neugierige. Diese Informationen dienen der Mischung mehrerer Tonspuren. Grundsätzlich wäre es hiermit möglich, z. B. eine Spur nur mit Musik und Geräuschen zu versehen (hier MUSIC AND EFFECTS) und mehrere Spuren (bis zu sieben) mit Dialogen oder Kommentaren in verschiedenen Sprachen vorzusehen. So könnten verschiedene Sprachversionen direkt bei der Wiedergabe gemischt werden. In der Praxis wird das bei uns kaum gemacht, weil gut produzierte Synchronversionen viel mehr Sorgfalt verlangen und diese deshalb separat erstellt werden. Am wahrscheinlichsten wäre sicherlich noch die Karaoke-Anwendung, und manche Fernost-Player können das vermutlich auch verarbeiten. Da Sie sich dessen aber hierzulande nicht sicher sein können, sollten Sie diese Einstellung immer auf COMPLETE MAIN belassen.

Auch die nächste Seite unter dem Reiter BITSTREAM enthält Steuerinformationen, die auf den Wiedergabedecoder wirken, aber nicht das komprimierte Tonsignal selbst verändern.

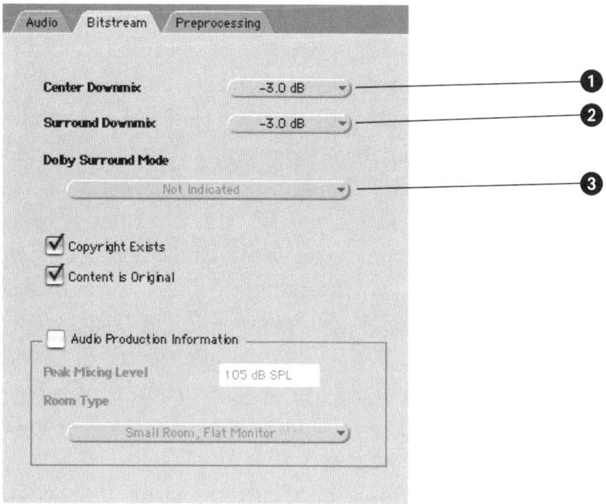

◀ **Abbildung 11.26**
Hier bestimmen Sie vor allem, wie eine Surround-Aufnahme auf einer Stereoanlage wiedergegeben wird.

Diese Einstellungen sind insbesondere für die automatische Abmischung eines 5.1-Signals für eine Stereoanlage wichtig, den so genannten Downmix (siehe weiter vorne). Dabei addieren sich die Signale in gewissem Umfang, und deshalb müssen die hinzugemischten Anteile abgeschwächt werden.

- Center Downmix ❶ bestimmt bei Mehrkanalmaterial die relative Lautstärke, mit der das Center-Signal den vorderen Stereokanälen beigemischt werden soll. Da sie nun aus zwei Lautsprechern kommen, würden die Dialoge sonst zu laut klingen. Der Vorgabewert von –3 dB ist meist ausreichend. Wenn die Dialoge aber im Stereotest noch zu laut klingen, können Sie sie hier weiter absenken.
- Surround Downmix ❷ bestimmt bei Mehrkanalmaterial die relative Lautstärke, mit der die Informationen der hinteren Kanäle den Stereokanälen beigemischt werden. Auch hier ist der Vorgabewert meist in Ordnung. Sie können die Surround-Kanäle aber in diesem Fall auch völlig unterdrücken (Wert auf –∞), wenn dort keine wichtigen Zusatzinformationen enthalten sind, sondern nur reine Umgebungsgeräusche. Anderenfalls könnte Ihrem Stereo-Mix die Transparenz fehlen.

Wundern Sie sich, dass es hier keinen Eintrag für den **LFE** gibt? Nun, wie gesagt, der ist schon bei 5.1 optional und taucht hier überhaupt nicht auf. Wenn Sie bis hierher aufmerksam gelesen haben, sollten zumindest Ihre vorderen Stereokanäle von vornherein genügend Tieftoninformationen enthalten – denken Sie an die Dinos. An der Quelle sollten bei AC-3 alle Kanäle die volle Bandbreite enthalten, denn es ist eine Aufgabe der Wiedergabeanlage, bei fehlendem Bassbereich der übrigen Lautsprecher den LFE-Lautsprecher auch als Subwoofer zu nutzen, Bassmanagement genannt. Auch eine Stereoanlage kann einen Subwoofer einsetzen, das ist dann aber nicht identisch mit einem LFE, den gibt es bei Stereo schlichtweg nicht. Prüfen Sie unbedingt Ihren Surround-Ton auch auf einer Stereoanlage, selbst wenn Sie eine separate Stereoversion gemischt haben. Sie wissen nie, wie gut der Nutzer mit seinen Geräten zurechtkommt, und Beschwerden landen immer zuerst bei Ihnen!

Unter DOLBY SURROUND MODE ❸ können Sie (nur bei einer zweikanaligen Tonversion!) angeben, ob der Ton analoge Raumanteile für einen Dolby Pro-Logic-Decoder enthält, entsprechend analogen Fernsehsendungen oder Videokassetten. A.Pack selbst kann keine Pro-Logic-Matrizierung vornehmen, das muss Ihr Tonbearbeitungsprogramm tun (wie z. B. Nuendo, siehe oben). Aktivieren Sie also diese Funktion nur bei entsprechend vorbereitetem Material. Alle Dolby-Digital-Decoder können auch das ältere Dolby Surround dekodieren.

Der Rest auf dieser Seite ist im Apple-Handbuch hinreichend deutlich. Wenn Ihnen eine dieser Eintragungen unklar ist, fragen Sie Ihren Toningenieur, oder lassen Sie ruhig alles auf den Vorgabewerten.

Audio-Vorfilterung

Im Gegensatz zu den vorigen Einstellungen beeinflussen die Filter auf dieser Seite tatsächlich Ihr Tonmaterial vor der Encodierung; so erklärt sich der Name. Zu den COMPRESSION PRESETS habe ich genug gesagt.

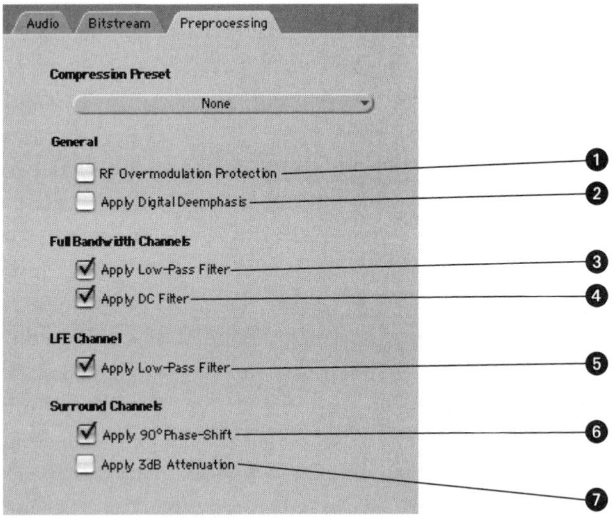

Abbildung 11.27 ► Die letzte Seite mit der Bezeichnung PREPROCESSING bezieht sich auf Dynamikkompression und Audiofilter, die vor der Encodierung auf die Tonsignale angewandt werden.

Die übrigen Filter sollten Sie auf den Vorgabeeinstellungen lassen, wenn Sie sich über deren Wirkung nicht ganz im Klaren sind. Wenn Sie das folgende verstehen, ist es dagegen besser, jeden unnötigen Filter abzuschalten, da Klangveränderungen nie ganz auszuschließen sind.

- RF OVERMODULATION PROTECTION ❶ verhindert Übersteuerungen des modulierten Signals, wenn das Material über ein Antennenkabel von einem Decoder übertragen wird. Bei DVD-Playern wird das fast nie benutzt, da brauchen Sie diesen Filter nicht.
- APPLY DIGITAL DEEMPHASIS ❷ sollten Sie nur aktivieren, wenn Ihr Quellmaterial mit einer entsprechenden Vorverzerrung versehen ist. Sie wird heute nur noch selten benutzt.
- APPLY LOW PASS FILTER ❸ bewirkt ein Beschneiden der hohen Frequenzen an der Grenze des für AC-3 zulässigen Bereichs für die Kanäle mit vollem Frequenzumfang. Wenn Sie nur mit 48-kHz-Abtastrate arbeiten oder Ihr Quellmaterial schon korrekt gefiltert wurde, dürfen Sie diese Funktion ausschalten, denn eine doppelte Filterung könnte die höchsten Tonfrequenzen unnötig beeinflussen. Die Grenzfrequenz bei AC-3 hängt dann von der gewählten Zahl der Kanäle und der Bitrate ab und wird automatisch angepasst. Wenn Ihr Material ungewöhnlich hohe Frequenzen enthalten kann, sollten Sie den Filter besser aktiv lassen.
- APPLY DC FILTER ❹ filtert unerwünschte Gleichstromreste aus. Bei korrekt bearbeitetem Tonmaterial sollte das kaum vorkommen. Wenn Sie sich aber nicht sicher sein können, kann dieser Filter verhindern, dass wertvolle Bits auf die Kodierung nicht hörbarer Strukturen verschwendet werden. Sie können einen solchen DV-Versatz sehen: Die Tonkurve in einer Anzeige der Wellenform liegt dann nicht symmetrisch auf der Grundlinie.
- APPLY LOW PASS FILTER (LFE) ❺ bewirkt dasselbe wie 3, nur diesmal für den Effektkanal. Da dieser streng auf die unteren Oktaven beschränkt ist, würden höhere Frequenzen hier auffällige Tonstörungen verursachen. Lassen Sie diesen Filter besser eingeschaltet, wenn Sie sich nicht ganz sicher sind, dass Ihr Quellmaterial keine höheren Töne enthält. Sie können dann sogar die Brutalmethode anwenden und einfach eine ungefilterte Tonspur auf den LFE-Kanal legen.
- APPLY 90° PHASE-SHIFT ❻ macht das Stereosignal aus dem DVD-Player für einen der älteren Dolby Pro-Logic-Decoder eindrucksvoller. Das Problem: Wenn diese Version als Downmix auf einer normalen Stereoanlage abgespielt wird, können durch Auslöschungen und Verstärkungen recht störende Nebenwirkungen entstehen. Wenn Sie keine echte Stereospur auf Ihrer DVD als Alternative anbieten, würde ich von dieser Funktion eher abraten.
- APPLY 3dB ATTENUATION ❼ reduziert die höhere Lautstärke der hinteren Kanäle, wie sie für Kinoabmischungen typisch ist – dort wird schließlich für einen großen Raum mit hoher Dämpfung gemischt. Diese Einstellung ist unabhängig davon, ob die Wiedergabe auf 5.1 oder Stereo erfolgt. Wenn Ihr Quellmaterial schon für ein Wohnzimmer passend produziert wurde, schalten Sie diese Funktion nicht ein.

Ich habe nicht behauptet, dass die Arbeit am Ton einfach ist. Abgesehen von den −31 dB und der Abschaltung der Dynamikkompression sollten Sie all diese Einstellungen nur verändern, wenn Sie genug von Tontechnik verstehen oder Ihr Tonmeister bzw. Ihre -meisterin es Ihnen gesagt hat. Sie können die von Ihnen bevorzugten Einstellungen mit EXPORT SETTINGS im FILE-Menü abspeichern, achten Sie aber auf die bereits erwähnten Bugs.

Stereoquellen als Pseudo-Surround

Und wenn Sie gar keine Surround-Abmischung besitzen? Beim Ton haben Sie letztlich völlige Freiheit, was Sie in die einzelnen Kanäle packen. Aus einem normalen Stereosignal können Sie eine Art von Pseudo-Raumklang machen:

- Mischen Sie in Ihrem Schnitt- oder Tonbearbeitungsprogramm dem linken Kanal den rechten Kanal leise hinzu, nehmen Sie per Equalizer ein paar Höhen weg, und verzögern Sie das Ganze ein wenig (ca. 20–50 Millisekunden je nach gewünschter Raumgröße). Diese Version packen Sie auf den hinteren linken Kanal.
- Wiederholen Sie das Ganze spiegelbildlich für den rechten hinteren Kanal.
- Falls Dialoge eine große Rolle spielen, legen Sie auf den Center-Kanal eine Mono-Abmischung der beiden Kanäle, bei der Sie per Equalizer nur den Sprachbereich hervorheben. Hier müssen Sie aber ausprobieren, ob das wirklich gut klingt, da Phasenauslöschungen auftreten können (Klangverfälschungen) – ggf. lassen Sie den Center-Kanal leer.
- Packen Sie in den LFE-Kanal eine Mono-Version beider Kanäle, und aktivieren Sie den Tiefpass-Filter.

Prüfen Sie aber solche »Schweinereien« unbedingt auf Stereokompatibilität!

Ausgabe und Abhören

Nun dürfen Sie endlich die **Encode**-Taste klicken – und eine angenehme Überraschung genießen, denn schon auf einem 400-MHz-G4-Prozessor läuft das ganze mit sämtlichen Surround-Kanälen schneller als in Realtime ab. Modernere Rechner schaffen es – ganz anders als bei MPEG – in einem Bruchteil der Laufzeit Ihres Tons.

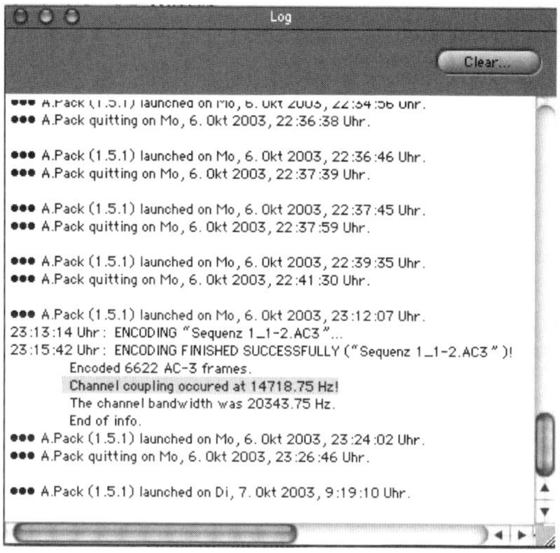

◄ **Abbildung 11.28**
Lassen Sie sich nicht von dieser Angabe im Logfile erschrecken: Trotz des Ausrufezeichens ist das CHANNEL COUPLING eine völlig reguläre Erscheinung.

Abhören in A.Pack

Sie können sich das Ergebnis auch mit A.Pack anhören, dafür gibt es das kleine Tool AC-3 Monitor, das Sie im Menü WINDOW finden. Die eingebaute Hardware vieler älterer Macs unterstützte allerdings nur Stereo; A.Pack mischt den Ton daher automatisch auf zwei Kanäle herunter, so wie ein Dolby-Digital-Decoder an einer Stereoanlage. Das gilt derzeit auch noch für die neuen Rechner mit Digitalausgang. Sie können daher die Ergebnisse aus A.Pack nur im aktuellen DVD-Player mit allen Surround-Kanälen abhören, nicht im AC-3-Monitor. Das funktioniert dann genauso wie oben für DTS beschrieben, an älteren Rechnern brauchen Sie dazu natürlich auch die Zusatzhardware von M-Audio oder ein vergleichbares Interface.

Der AC-3 Monitor erlaubt aber zumindest mit DECODE AS ... die Extraktion und Abspeicherung des Tonmaterials in unkomprimiertem Format wahlweise als Stereoabmischung oder als separierte Kanäle. Auch wenn man die erneute Verwendung bereits komprimierter Daten grundsätzlich vermeiden sollte: Es gibt doch immer wieder den speziellen Kunden, der seine früher irgendwo produzierte DVD überarbeiten lassen will und natürlich keine unkomprimierten Originaldateien mehr zur Hand hat. Da kann man sich natürlich mit – auf die Copyright-Situation überprüftem – Rippen helfen und den Auftrag doch annehmen. Ein Hinweis auf eventuell zu erwartende Qualitätsnachteile wäre aber angebracht.

Dekomprimierte Tondaten

Dekomprimierte AC-3-Quellen sollten eher zu Testzwecken und nur im Notfall weiteren Produktionsschritten dienen, denn mehrfache Kompressions- und Dekompressionsvorgänge setzen die Qualität unnötig herab.

---

1 2 3 4 5 6 7 8 9 10 **11** 12 13 14 15 16 17 18 19 20 21 22 A B C

12 Grafik und Text

Für das Look and Feel einer DVD sind in erster Linie die Grafiken verantwortlich. In diesem Bereich hat Adobe Photoshop überragende Bedeutung. Trotz etlicher eigener Grafikfähigkeiten unterstützt DVD Studio Pro aus gutem Grund Photoshop-Ebenen. In diesem Kapitel erfahren Sie in Photoshop-Workshops, wie Grafiken für eine DVD aussehen sollten.

Was wird gestaltet?

Ein Grafiker hat bei einer DVD-Produktion neben üblichen Print-Entwürfen für das Cover und das Booklet noch einiges mehr zu gestalten:

- Menü-Hintergründe
- Überlagerungsbilder (Subpictures)
- Standbilder (für Diashows)
- Formen (eine Besonderheit in DVD Studio Pro)
- Titelgrafik und -animation
- Jacket Pictures (nicht für alle Player nutzbar)

Adobe Photoshop

Wie keine andere proprietäre Anwendung im Grafikbereich hat es das Programm Photoshop von Adobe geschafft, zum anerkannten Standard zu werden. Zwar gibt es Konkurrenzprodukte, die einen ähnlichen Funktionsumfang bieten. Doch wer die Vorteile der Ebenentechnik (Layer) bei der Erstellung von Vorlagen für DVD Studio Pro nutzen möchte, ist zumindest auf das **Photoshop-Format** angewiesen. Diese PSD-Dateien können auch von einigen anderen Programmen erzeugt werden (z. B. Painter).

Selbst für die Videobearbeitung wird teilweise Photoshop eingesetzt. Zum Beispiel unterstützen einige Compositing- und Editing-Programme – insbesondere natürlich das Adobe-Programm After Effects – die breite Palette an Photoshop-Effekten. Viele andere können mit Photoshop-Ebenen umgehen, beispielsweise Final Cut Pro von Apple.

Photoshops Videofunktionen

Adobe geht im aktuellen Photoshop CS wesentlich besser auf die Bedürfnisse der Videografik ein, indem zum Beispiel die nicht quadratischen Pixel der gängigen Videoformate in Echtzeit entzerrt und dargestellt werden, so dass die weiter unten beschriebenen Skalierungsvorgänge entfallen können. Ebenen lassen sich jetzt direkt als Datei exportieren, was ebenfalls den Workflow im Videobereich verbessert, und der Aktions- und Titelbereich wird bei den Videoformaten mit Hilfslinien angezeigt.

Wünschenswert bliebe noch die direkte Videoausgabe über FireWire, wie sie in After Effects schon realisiert wurde.

Photoshop Elements

Für professionelle Grafiker, die an einer DVD-Produktion beteiligt sind, ist Photoshop wohl eine Selbstverständlichkeit. Für die reine DVD-Gestaltung ohne gedrucktes Material reicht auch die Light-Version von Photoshop, Photoshop Elements, die eine weitgehend identische Oberfläche zu bieten hat. Vor allem die Fähigkeit von Elements, auch mit Ebenen umgehen zu können, macht es für DVD-Grafiker interessant. Eine Einschränkung ist allerdings, dass Sie keine Photoshop-Aktionen und damit Automatisierungen anlegen können, die gleichförmige Arbeiten an mehreren Bildern doch sehr erleichtern.

Grafiktypen

Weil in DVD Studio Pro vielseitig einsetzbare Grafikvorlagen enthalten sind, deren Einsatz in Apples Übungsbeispielen auch umfassend vermittelt wird, konzentriere ich mich hier auf die eigene Gestaltung von Bildelementen. Diese können Sie dann in DVD Studio Pro als eigene Vorlagen einbinden oder direkt verwenden. Dabei gibt es drei unterschiedliche Typen von Grafiken, die in diesem Authoring-Programm eine wichtige Rolle spielen, nämlich:

- Vollbilder für Menü-Hintergründe und Dias
- Überlagerungen (in der Fachsprache: Subpictures)
- Formen

12.1 Vollbilder

Probleme

Für Grafiker, die bisher in erster Linie mit den Printmedien oder Internet-Design zu tun hatten, gibt es bei der Gestaltung für Video einige ungewohnte Einschränkungen. Das Medium Fernsehen hat eine lange technische Entwicklung hinter sich und trägt einige Handicaps mit sich herum, die uns noch die nächsten paar Jahre begleiten werden. Manche davon, wie Interlace-Formate oder der andersartige Farbraum, werden selbst in der HDTV-Ära noch existieren. Die nun folgenden Regeln stellen somit auch eine Art Pflichtenheft dar, falls Sie als DVD-Autoren mit einem Grafiker oder einer Grafikerin zusammenarbeiten, die bisher keine Erfahrung mit TV-Design haben. Ein Teil dieser Regeln darf dann ignoriert werden, wenn Ihre DVD ausschließlich für die Computerdarstellung vorgesehen ist; darauf werde ich jeweils hinweisen. Wenn eine DVD dagegen auch für Nutzer von herkömmlichen Fernsehgeräten mit Videoanschluss vorgesehen ist, müssen sie unbedingt eingehalten werden, sonst kann das als Produktmangel gelten. Auch ein Flachbildschirm oder ein Projektor mit Chips wie LCD oder DLP verhält sich in dieser Hinsicht ähnlich, wenn er über Videosignale gespeist wird. Nur bei rein digitaler Ansteuerung ähneln die Verhältnisse denen am Computer.

Bildgrößen

nicht quadratische Pixel

Auch wenn Photoshop CS die speziellen Formate für Digitalvideo unterstützt, dürfte es viele Nutzer geben, die mit älteren Versionen oder mit anderen Programmen arbeiten. Deshalb möchte ich zuerst einmal erläutern, wie Sie mit dem Problem der nicht quadratischen Pixel auf der DVD umgehen. DVD Studio Pro ist bei Benutzung präziser Vorgaben in der Lage, die notwendige nicht proportionale Skalierung automatisch vorzunehmen. Sie müssen sich nur an folgende Bildgrößen halten, die für diesen Zweck im Entwurf optimal sind:

- PAL 4:3 gestalten Sie mit 768 × 576 Pixel,
- PAL 16:9 mit 1024 × 576 Pixel,
- NTSC 4:3 mit 720 × 540 Pixel
- und NTSC 16:9 mit 854 × 480 Pixel.

Das steht zwar für NTSC auf Seite 88 anders im Handbuch Ihrer Software, und auch Adobe setzt in Photoshop CS auf die Werte 720 × 534, aber Sie dürfen gern den Taschenrechner zücken und nachrechnen: Das Verhältnis ist 4:3. Nach meinem Eindruck ist außerdem die Neigung zu leichten Treppenkanten an kritischen Konturen bei meinen Werten für NTSC etwas geringer. Grundsätzlich könnten Sie auch andere Kombinationen wählen, solange diese das Verhältnis 4:3 bzw. 16:9 einhalten. Doch die oben angegebenen Werte sind sinnvoll, weil das Bild in keiner Dimension vergrößert werden muss, sondern immer nur herunterskaliert wird. So werden Unschärfen durch »Aufblasen« vermieden.

Es bedeutet aber auch, dass je nach Format in einer Dimension Details verkleinert werden – bei PAL ist es immer die Horizontale. Insbesondere für 16:9 sollten Sie deshalb keine zu feinen Linien oder andere zarte Details in der Senkrechten bei der Gestaltung verwenden, weil diese bei der Skalierung verschwinden könnten. Bei PAL müssen Sie die Skalierung nicht unbedingt selbst vornehmen, da geschieht es mit den angegebenen Werten in DVD Studio Pro automatisch. Aber die Skalierungsalgorithmen in Photoshop sind etwas besser. In Photoshop CS dagegen arbeiten Sie gleich im Zielformat, die Anzeige simuliert die Entzerrung, wie sie bei der DVD-Wiedergabe auch erfolgen würde.

Sondergröße bei NTSC

Bei NTSC gibt es leider noch ein anderes Format, das durchaus »amtlich« ist, aber von DVD Studio Pro bei direktem Import falsch skaliert wird: das D1-Format mit 720 × 486 Pixel. Hier sollten Sie in jedem Fall die Skalierung auf 720 × 480 vorher in Photoshop vornehmen und auch Ihre Hervorhebungen für diese skalierte Größe entwerfen, sonst passt das alles nicht zusammen.

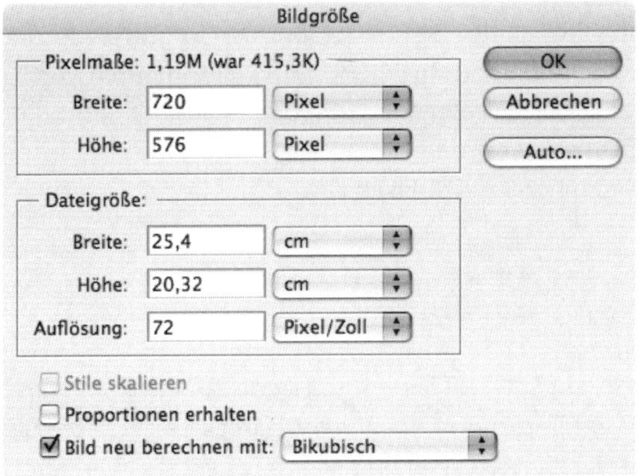

Abbildung 12.1 ▶ Der Bildgröße-Dialog in Photoshop: Achten Sie beim Skalieren auf die Zielgröße für Digitalvideo darauf, dass die Funktion PROPORTIONEN ERHALTEN nicht aktiv ist. Die Auflösung sollte auf 72 Pixel/Zoll stehen.

Skalierung in Photoshop

Da DVD Studio Pro bereits skalierte Bilder erkennt und unverändert verwendet, können Sie die Skalierung nach dem Entwurf auch selbst in Photoshop vornehmen, um Ihre Bilder auf solche Detailverluste hin zu überprüfen. Dort müssen Sie dann unbedingt das Häkchen neben PROPORTIONEN ERHALTEN wegklicken, denn sonst würde sich das Bild immer in beiden Dimensionen ändern. Achten Sie auch darauf, dass die Datei auf 72 Pixel/Zoll gestellt ist, obwohl das eigentlich bei Videobildern völlig unwichtig sein sollte. Ich habe aber schon die merkwürdigsten Störungen bei den Ergebnissen gesehen, wenn hier andere Werte standen. Das kann Ihnen insbesondere bei Scans oder Fotos aus Digitalkameras passieren. Wenn Sie nur diesen Auflösungswert ändern wollen, muss BILD NEU BERECHNEN ausgeschaltet sein. Tragen Sie einfach den neuen Wert bei Pixel/Zoll ein, und speichern Sie das Bild.

Diese Formate gelten auch für DVDs zur Betrachtung am Computer, da sie vom DVD-Standard vorgegeben sind. Es ist Aufgabe des jeweiligen Software-Players, das Bild wieder auf das korrekte Seitenverhältnis zu entzerren.

Feiner Text und zarte Linien

Auch horizontale Strukturen dürfen in Ihrer Grafik nicht zu fein angelegt sein. Linien mit nur einem Pixel Höhe würden auf Fernsehgeräten extrem flimmern, da sie immer nur in einem der beiden Halbbilder zu sehen sind (siehe auch Kapitel 6, »Bewegte Bilder«); das Minimum sind zwei Pixel Höhe. Wenn Sie Bilder für 16:9 gestalten, die ebenfalls auf einem 4:3-Fernsehgerät im Letterbox-Format gezeigt werden sollen, müssen diese Linien mindestens drei Pixel haben, da das Bild ja dort noch weiter verkleinert wird.

Flimmern

Insgesamt gilt aber auch einfach, dass sehr scharfe Konturen überhaupt zum Flimmern neigen, und die können auch bei Scans und hoch auflösenden Fotos auftreten. Abhilfe schafft ein leichter Unschärfefilter: Da das Flimmern in erster Linie bei horizontalen Strukturen auftritt, sollte dieser richtungsabhängig arbeiten, sonst bekommen Sie mehr Weichzeichnung als nötig. In Photoshop eignet sich dafür der Filter BEWEGUNGSUNSCHÄRFE, der im Grunde einfach nur einer allgemeinen Unschärfe in einer bestimmten Richtung entspricht.

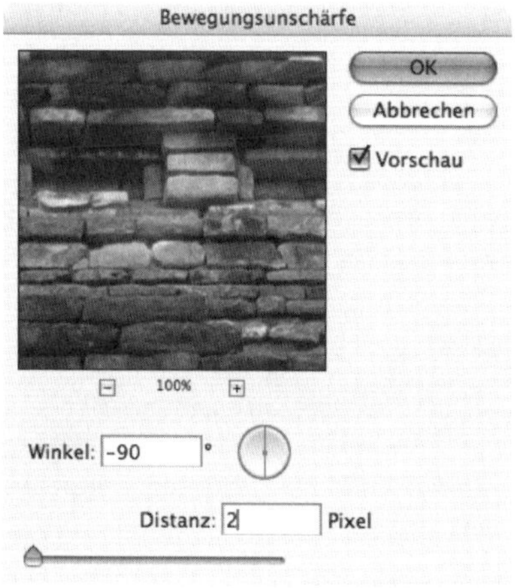

◂ **Abbildung 12.2**
Der Filter BEWEGUNGSUNSCHÄRFE muss auf eine senkrechte Position gestellt und sollte dann mit 2–3 Pixel angewandt werden.

Flimmern überprüfen

Das Problem ist aber: Wie können Sie sehen, ob Ihre Entwürfe auf einem TV-Schirm flimmern werden? Während Programme wie Final Cut Pro oder After Effects über FireWire die unmittelbare Ausgabe auf Video unterstützen, können Bildbearbeitungsprogramme das meist nur über spezielle Grafikkarten oder recht teure Hilfsprogramme wie EchoFire. Auf einem PowerBook oder einem der neueren iMacs geht es allerdings auch über den S-Video-Anschluss. DVD Studio Pro bietet leider keine direkte Videoanzeige. Entweder Sie prüfen Ihre Menüs in einem der Videoprogramme auf Flimmern, oder Sie müssen einen Test auf einer wieder verwendbaren DVD-RW mit einem kompatiblen DVD-Player machen. Falls Sie Adobes After Effects sowieso einsetzen, ist es damit einfacher, auch Standbilder zu korrigieren. Außerdem hat der Filter RICHTUNGSUNSCHÄRFE in diesem Programm den Vorteil, dass Sie ihn feiner dosieren und damit gerade so viel Unschärfe erzeugen können, dass das Flimmern aufhört (Wert 0,4–0,8).

Textvorlagen

Auch wenn Apple im Handbuch auf die Problematik hinweist, ist man dort nicht sehr konsequent. So taucht bei den Stilvorlagen für Text in DVD Studio Pro ausgerechnet als erste Schrift die »Baskerville« auf, die mit ihren horizontalen Serifen eindeutig nicht zu den empfehlenswerten Fonts gehört!

Text Bei Text sollten Sie wegen des Flimmerns **Serifenschriften** und solche mit sehr zarten Linien vermeiden. Serifen sind an sich dazu da, den Blick des Lesers in einer Zeile zu halten. Bei einer fernsehgerechten Schriftgröße ist das jedoch nicht notwendig, denn Sie müssen auch mit erheblich größeren Schriften als den am Computer lesbaren arbeiten: Ein Fernsehbildschirm ist kein Nahsehbildschirm und hat im Vergleich zu Computermonitoren eine recht bescheidene Auflösung. Die **Schriftgröße** sollte mindestens 24 Pixel betragen – es sei denn, sie setzen Text, der sowieso keinen interessiert. Etwa 40–50 Zeichen für die sichtbare Bildschirmbreite sind ein guter Anhaltspunkt.

Text bearbeiten

In der Palette SCHRIFTEN EINBLENDEN können Sie sich per EXTRAS • VORSCHAU EINBLENDEN das Erscheinungsbild von Schriften anzeigen lassen. Außerdem können Sie im Menüfenster mehrere Texte gleichzeitig ändern, wenn Sie [⌘] festhalten und die Texte per Maus einrahmen.

In PAL-Video erscheinen Computergrafiken knapp 7% breiter, benutzen Sie hier also eher schmale **Schriftschnitte**. Bei NTSC-Video gilt das Gegenteil: Dort erscheinen Computergrafiken 12,5% schmaler! Falls Sie helle Schriften auf dunklem Hintergrund verwenden, sollten Sie in der Regel die Option **Fett** (bold) wählen, da diese zum Zulaufen neigen. Wenn Sie gemeinsame Menüs für 16:9 und 4:3 entwerfen, brauchen Sie auf dem Hintergrund besonders große, gut lesbare Schriften, da diese bei der Letterbox-Anzeige erheblich verkleinert werden. Also bringen Sie besser keine Romane auf den Videoteil der DVD!

Größen für den Computer

Das Problem des Zeilenflimmerns haben Sie auf Computern zwar nicht, aber die Schriftgröße sollten Sie für den Videoteil einer DVD auch nicht wesentlich kleiner wählen, da schon die Kompression und die vom DVD-Standard vorgeschriebene Auflösung die Lesbarkeit einschränken. Im Datenteil einer Hybrid-DVD können Sie natürlich alles ablegen, was auf einem Computer darstellbar ist.

Der sichtbare Bildausschnitt

Anders als beim Computer ist das Fernsehbild auf einem haushaltsüblichen Bildschirm nicht vollständig sichtbar. Selbst Videoprojektoren können – entgegen oft geäußerter Vermutungen – das Bild erheblich beschneiden. Deshalb bieten alle Videoprogramme und auch DVD Studio Pro die Anzeige des zuverlässig sichtbaren Bereichs und des für Titel geeigneten Bereichs. Der sichtbare Bereich ist etwa 5% von allen Bildrändern entfernt, der Titelbereich etwa 10%. Warum gibt es da einen Unterschied? Nun, einerseits sind Bildröhren im schlechtesten Fall nach wie vor an den Rändern stärker gekrümmt und verzerren dort mehr, was bei Schriften besonders stört. Zudem ist der Beschnitt keineswegs auf allen Fernsehgeräten an allen Seiten gleich weit vom Rand entfernt, was durch unschöne Asymmetrien auffällt, wenn eine zentrierte Schrift oder Buttons zu nah am Rand sitzen.

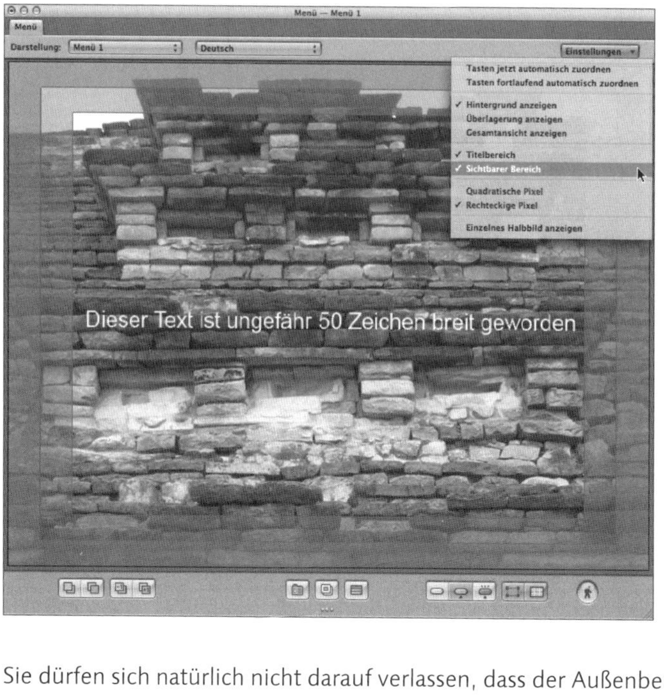

◄ **Abbildung 12.3**
DVD Studio Pro stellt den sichtbaren und den für Titel geeigneten Bereich durch zwei unterschiedlich schattierte Rahmen dar, wenn diese Anzeigen aktiviert sind.

Sie dürfen sich natürlich nicht darauf verlassen, dass der Außenbereich nie sichtbar ist. Wie gesagt, Fernsehgeräte beschneiden sehr ungleichmäßig, davon können Sie sich in jedem größeren Technik-Kaufhaus überzeugen. Sie müssen also den Hintergrund bis zum Rand sinnvoll gestalten. Andere als die oben angegebenen Bildformate sollten Sie deshalb nicht verwenden, denn DVD Studio Pro fügt solche Bilder ohne Änderung am Seitenverhältnis ein – verbleibende Ränder werden dann in der Farbe des Menü-Hintergrundes dargestellt und können störend in die Randbereiche auf dem TV hereinragen.

Na klar: Wenn Ihre DVD ausschließlich für die Wiedergabe auf Computern vorgesehen ist, dürfen Sie davon ausgehen, dass ohne Beschnitt alles angezeigt wird.

Zulässige Farben

Dass die Videotechnik nur einen Kontrastumfang von etwa 16–235 in RGB-Werten zulässt, habe ich bereits erläutert – Photoshop bietet hierfür die gleichen Tonwertkorrekturen wie After Effects (siehe Kapitel 8, »Film-Look«). Wenn Sie weißen Text auf schwarzem Grund benutzen (eine der kritischsten Kombinationen im Videosektor), sollten Sie das Weiß trotzdem von sich aus etwas mehr zurücknehmen und eher auf ein helles Grau (200–210 in RGB-Werten) hin verändern.

kritische Farbtöne

Auf ein paar besonders kritische Farbtöne möchte ich hier aber speziell eingehen. Am problematischsten bei der Videodarstellung sind hoch gesättigte, **reine Farben**, also Töne, die im Wesentlichen nur eine oder zwei Farbkomponenten enthalten. Hier dürfen Sie nicht einmal den Bereich bis 235 voll ausschöpfen, da der für Video benutzte YUV-Farbraum nicht die gleichen Farbtöne wie RGB darstellen kann. Apples Handbuch geht zwar bei der Menügestaltung auf videogerechte Farben kurz ein (auf Seite 86 und 102), jedoch ohne präzise Angaben zu machen. Bei den Farben überlässt Apple offensichtlich die Verantwortung ganz dem Anwender, im Gegensatz zum Umgang des Compressors mit der Helligkeit.

Anders als bei den Helligkeitswerten gilt hier: Reines **Rot, Grün** und **Blau** sollte maximal mit dem Wert 185 ihrer Eigenfarbe erzeugt werden. Rot – die wohl kritischste Farbe im Video überhaupt – hätte also die RGB-Werte 185, 0, 0. Scharf konturierte rote Flächen machen auf DVD mehr Ärger als jede andere Farbe, weil da auch noch ein gängiger Fehler in der Player-Elektronik besonders zum Tragen kommt: Der **Chroma Upscale Error** (kurz CUE), von dem Sie vielleicht in Heimkino-Magazinen schon gelesen haben.

Kaum weniger problematisch sind die gesättigten Farben aus zwei Komponenten, also **Gelb, Cyan** und **Magenta**: Das intensivste Gelb wäre demnach 185, 185, 0 – das sieht auf dem Computer eher wie ein Senfton aus. Alle diese Töne werden auf dem Computerbildschirm also schon etwas stumpf wirken, aber auf dem TV fangen sie wieder an zu leuchten. Wenn Sie nicht glauben wollen, dass dies die Maximalwerte der Farben sind, prüfen Sie es mit dem Vectorscope in Final Cut Pro nach, sie liegen dort zum Teil schon an der oberen Grenze!

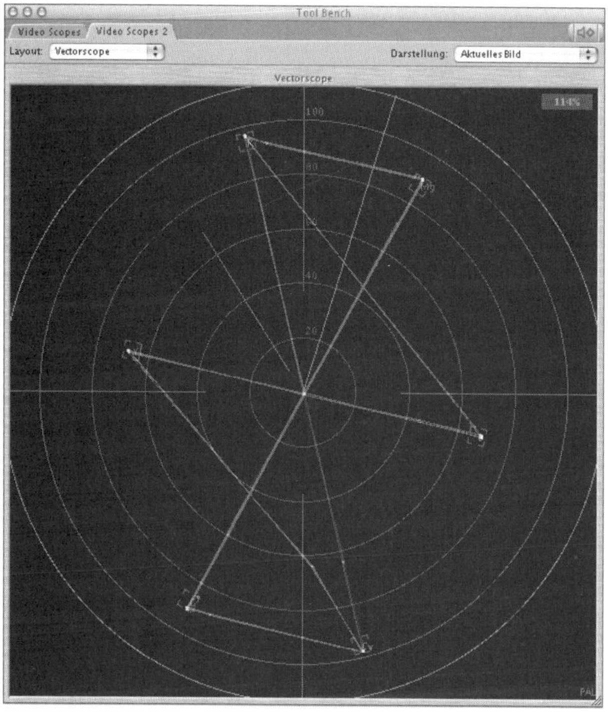

◄ **Abbildung 12.4**
Im Vectorscope können Sie prüfen, ob reine Farben den Normwerten entsprechen. Das Ende der Linien sollte innerhalb des kleinen Quadrats für die jeweilige Farbe liegen.

Farben aufhellen

Wenn Sie eine Farbe mit einem Anteil der anderen Komponenten aufhellen, also z. B. bei Rot gleiche Teile Blau und Grün hinzumischen, dürfen Sie auch mit dem roten Ton etwas höher gehen. Beim Wert von jeweils 16 in der (oder den) Gegenfarben darf die Hauptfarbe bei 205 liegen, das Rot also zum Beispiel bei 205, 16, 16. Damit erreichen Sie etwas frischere Farbtöne, die trotzdem im Vectorscope richtig liegen. Je weniger Sättigung eine Farbe hat, desto mehr nähert sie sich dann irgendwann einem Hellgrau oder Weiß an, das wiederum dem erwähnten Kontrastbereich bis 235 entsprechen sollte. Letztlich werden nämlich bei Video der Helligkeitsanteil Y und die beiden Farbkomponenten Cb (Chroma Blue) und Cr (Chroma Red) getrennt behandelt. Dies sind die Bezeichnungen bei Digitalvideo, in der analogen Technik werden die Farbkomponenten U und V genannt.

Mir ist klar, dass das für jemanden, der bisher in erster Linie mit der RGB-Darstellung zu tun hatte, einigermaßen verwirrend ist. Aber schauen Sie sich doch am besten selbst einmal die Farben, die Sie für Ihre Grafiken anmischen, in der Vectorscope-Darstellung an, falls Sie Final Cut Pro besitzen. Sie bekommen dann schnell eine Vorstellung davon, welche Farben über das jeweilige Ziel hinausschießen und deshalb zurückgenommen werden sollten.

DVD am Rechner: Farben

Diese Angaben gelten weitgehend auch für DVDs, die am Computer betrachtet werden. Viele Software-Player gehen nämlich davon aus, mit Video-DVDs gefüttert zu werden, die diese Limits brav einhalten. Für den Computerbildschirm werden dann oft automatisch der Kontrast und die Sättigung wieder entsprechend erhöht (auch Apples DVD Player kompensiert). Darauf verlassen können Sie sich andererseits auch nicht, besonders auf dem PC mit seinem andersartigen Gammawert und der Flut an Software-Playern. Wenn Kontraste, Helligkeit oder Farben bei einer Anwendung für eine bestimmte Plattform kritisch sind, zum Beispiel für Messen oder die Ausstattung von Firmenvertretungen, kommen Sie um Tests und entsprechende Konfigurationsabsprachen nicht herum.

Leider geht es nicht automatisch

Filter

Sie könnten nun auf den Gedanken kommen, dass es ja in manchen Programmen einen Filter gibt, der zu intensive Farben in Ordnung bringen soll. Doch der eingebaute Filter in Photoshop unter VIDEO • NTSC-FARBEN kann übersättigte Farben nicht richtig korrigieren. Reines Rot und Gelb nimmt er noch einigermaßen korrekt zurück, Grün bleibt viel zu intensiv, und Blau lässt er sogar unangetastet. Bei Cyan übertreibt er die Entsättigung etwas, während Magenta wieder zu intensiv bleibt. Der Filter SENDEFÄHIGE FARBEN in After Effects kommt bei der Einstellung auf SÄTTIGUNG REDUZIEREN fast auf das gleiche Ergebnis – er kommt ja auch aus dem gleichen Hause. Bei LUMINANZ REDUZIEREN dagegen werden Rot, Gelb und Cyan viel zu dunkel, während Blau wieder weit jenseits der erlaubten Werte leuchtet. Es hilft also nichts: Sie müssen Ihre Farbtöne selbst in Ordnung bringen. In After Effects können Sie aber ganz anständige Werte bekommen, wenn Sie eine Einstellungsebene für sämtliche Grafiken mit vollem RGB-Farbumfang verwenden, welche die Helligkeitswerte auf 16–235 und die Farbsättigung auf 92 Prozent reduziert.

Weicher machen

Wie bereits bei den Kompressionsverfahren dargestellt, sind DV-PAL und MPEG (die ja bei der Einzelbildkompression und dem Farbraum viel gemeinsam haben) auf natürliche Bilder von einer Kamera optimiert. Nehmen Sie einmal eine perfekt gedruckte Grafik mit einer Kamera vom Stativ auf, und sehen Sie sich das Ergebnis im Video-Einzelbild genau an. Sie werden feststellen, dass allein die Eigenschaften des optischen Systems dafür sorgen, dass keine Kontur superscharf aussieht. Alle Konturen weisen in natürlichen Bildern einen weichen Übergang auf, wenn Sie keine starke Konturenschärfung in der Kamera eingestellt haben (siehe auch Kapitel 8, »Film-Look«). Deshalb hier ein ganz simpler Tipp zur Verbesserung der Darstellungseigenschaften von computergenerierten Grafiken mit ihrer extremen Konturenschärfe: Jagen Sie über das Ganze in Photoshop einen gaußschen Blur mit 0,3.

◄ **Abbildung 12.5**
Ein leichter Weichzeichner kann bei allzu konturenscharfen Grafiken vom Computer ein angenehmeres Videobild bewirken.

Texte oder Logos

Bei Texten oder Logos, die über ein Videobild oder ein Foto gelegt werden, ist es auch ganz vorteilhaft, diese nicht völlig deckend einzustellen. Mit etwa 90 % Deckkraft integrieren sie sich besser ins Bild, und bei statischen Bildern fällt das nicht störend auf. Text oder Grafikelemente mit intensiven Farben und hohem Kontrast zum Hintergrund sollten Sie zudem mit einer dünnen, 1 Pixel breiten, mittelgrauen Kontur umgeben. So fallen die Nebenwirkungen der eingeschränkten Farbauflösung weniger auf.

Rauschen hilft

Und zuletzt möchte ich Sie noch an den Tipp erinnern, den ich am Schluss von Kapitel 7, »Das Videomaterial«, gegeben habe: Ein ganz leichtes Rauschen kann das Encoding von größeren Farbverläufen in künstlich generierten Bildern verbessern. Der für Grafiken sehr gut geeignete BitVice-Encoder (siehe Kapitel 10, »Kompressionspraxis«) bietet das mit der Einstellung ADD DITHERING NOISE gleich mit an. Letztlich werden Vollbilder für die DVD immer als MPEG encodiert, auch wenn es sich um statische Bilder handelt. Deshalb gelten diese Ratschläge für alle Bilder auf DVD, soweit diese im Videoteil (und nicht im Datenteil einer Hybrid-DVD) enthalten sind.

12.2 Subpictures

Eine Besonderheit bei der DVD-Video sind die **Subpictures**, von Apple in der deutschen Version »Überlagerungen« genannt. Wörtlich übersetzt wären es »Unterbilder«; sie bestehen aus 2-Bit-Grafiken in der jeweiligen

DVD-Auflösung (PAL 720 × 576 oder NTSC 720 × 480). Subpictures sind lauflängenkodiert (Run Length Coding, RLC; siehe Kapitel 9, »Videokodierung«) und verbrauchen wegen ihrer zwei Bit pro Pixel nur sehr wenig Speicherplatz. Diese geringe Größe ist auch notwendig, denn bis zu 32 Subpicture-Ströme können laut DVD-Spezifikation parallel zu Video- und Audioströmen übertragen werden. Ihre Darstellung lässt sich beliebig an- und ausschalten, angezeigt werden kann aber bei der Wiedergabe nur jeweils einer.

Einsatzzweck

Subpictures können für verschiedene Zwecke eingesetzt werden, die beiden ersten sind aber mit Abstand die häufigsten:

- Untertitel
- Button-Highlights
- Logos bzw. Signets
- Grafische Hervorhebungen im Video
- Subpicture-Animationen

Eine DVD kann im Prinzip ganz ohne Subpictures funktionieren, denn die beiden gängigen Aufgaben könnten anders gelöst werden (wenn auch nicht so elegant): **Untertitel** können bereits ins Video eingebrannt sein (damit ist natürlich nur eine Sprache möglich), und **Zustände von Buttons** können als einzelne Grafiken definiert werden (siehe unten: »Echtfarbenmenüs«).

Farben

Doch Subpictures sind am vielseitigsten und dem DVD-Standard besonders gut angepasst. Sie können aus bis zu vier verschiedenen Farben, basierend auf den 2-Bit-Zuständen 00, 01, 10, 11 in jedem Pixel, bestehen. Sie sind innerhalb der DVD-Spezifikation so selbstverständlich (und für manche Player erforderlich), dass DVD Studio Pro automatisch ein leeres (weißes) Subpicture ohne sichtbare Bereiche für jedes Menü definiert, dem Sie selbst kein Subpicture zugewiesen haben. Ein ganz normales Foto oder Videobild verändert sich natürlich erheblich, wenn es auf nur noch vier Farbtöne (bzw. Graustufen) reduziert wird.

▶ **Abbildung 12.6**
So sieht ein Schwarz-Weiß-Foto aus, nachdem es auf die vier Graustufen einer 2-Bit-Darstellung reduziert wurde (als Gruß an meinen alten Coautor Thomas Köke).

Fehlfarben

Zum Verständnis von Subpictures muss man sich einen Punkt ganz klar machen: Diese Bildinformationen werden in der Regel vom DVD-Player nicht in ihren Originalfarben dargestellt. Die vier möglichen Zustände eines Pixels werden erst beim Authoring definiert und mit Farbanweisungen belegt, diese Farbtöne werden dann im Player bei der Wiedergabe dem Videosignal hinzugefügt. Damit ist es an sich ziemlich egal, wie die Subpictures ursprünglich aussehen, wichtig ist, dass man die Pixeltypen nach ihrer Funktion unterscheiden kann.

Üblich sind zwei Verfahren, die in DVD Studio Pro beide unterstützt werden: vier verschiedene Graustufen oder vier festgelegte Farben (Apple nennt das »Chroma«). Die Graustufen sind gleichmäßig zwischen Schwarz und Weiß angesiedelt (also 33% Hellgrau und 66% Dunkelgrau), als Farben werden reines Schwarz, Rot, Blau und Weiß verwendet. Dieses Format ist mit gängigen Profi-Authoring-Systemen kompatibel, so dass Sie Subpictures aus deren Projekten übernehmen können. Bei Ihren eigenen Entwürfen ist es aber meist am praktischsten, mit Graustufen zu arbeiten.

Pixeltypen

Von den vier möglichen Pixeltypen eines Subpictures wird einer, üblicherweise dargestellt durch die Farbe Weiß, meist als **transparenter** Hintergrund-Pixeltyp definiert. Nur so sind unregelmäßige Konturen in der Darstellung möglich, denn der zu einem Button gehörende Hotspot-Bereich ist immer rechteckig. Den anderen drei Pixeltypen können einzelne Farbtöne aus einer Palette von 16 verschiedenen – für jeweils ein Menü frei einstellbaren – Farbnuancen zugewiesen werden. Da außerdem 16 verschiedene Stufen der Deckkraft dieser Farbtöne einstellbar sind, ist damit gestalterisch mehr möglich, als Sie anfangs vielleicht vermuten werden.

Palettenlupe

Wenn Sie Farben in den DVD Studio Pro-Paletten neu belegen wollen, ist die Lupenfunktion sehr nützlich, die eigentlich der Pipette aus Photoshop entspricht. Sie können damit Farbtöne aus einem beliebigen Fenster des Desktops für Ihre Subpictures entnehmen.

DVD Studio Pro kann für die Nutzung als Subpicture im Graustufen-Verfahren jede QuickTime-kompatible Grafik intern in eine 2-Bit-Grafik umwandeln, wobei es sich einzig nach den Luminanzwerten (Helligkeit) richtet und diese automatisch in vier gleiche Bereiche aufteilt. Sie brauchen Ihre Subpictures also nicht vorab im Grafikprogramm wie für manche anderen Authoring-Systeme aufzubereiten. Beim Chroma-Verfahren dagegen sollten Sie sich an die definierten vier Farben halten, denn sonst versucht der Computer, die nächstgelegene zulässige Farbe zu wählen, was zu recht überraschenden Ergebnissen führen kann.

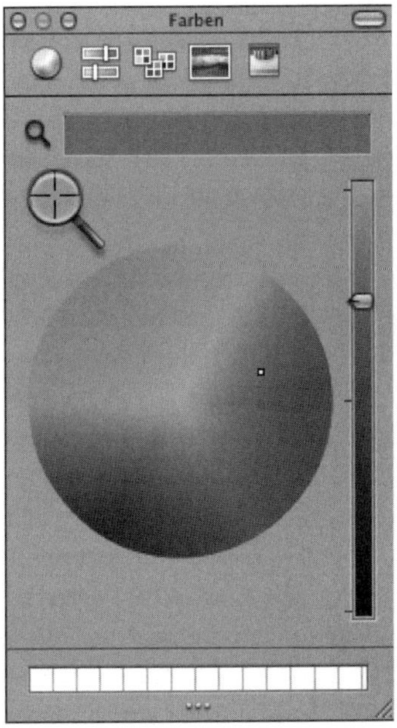

Abbildung 12.7 ▶
Mit der Lupe können Sie bei der Farbzuweisung eine Farbe aus einer beliebigen Fläche des Desktops entnehmen, also auch aus Photoshop-Dokumenten.

Pseudo-3D-Effekte mit Subpictures

Hervorhebungen

Mit den Ebeneneffekten in Photoshop lassen sich einige recht nette Hervorhebungen gestalten. In Abbildung 12.8 habe ich ein simples schwarzes Rechteck mit den Effekten SCHEIN NACH AUSSEN sowie ABGEFLACHTE KANTE UND RELIEF versehen. Vor der Verwendung in DVD Studio Pro müssen Sie die Ebeneneffekte durch Reduktion auf die Hintergrundebene berechnen lassen (oder auf eine Hilfsebene, wenn Sie mehrere Ebenen benötigen).

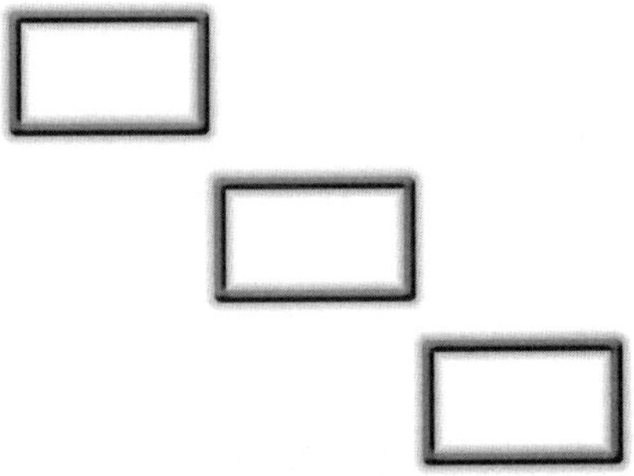

Abbildung 12.8 ▶
Pseudo-3D-Effekte aus Photoshop eignen sich durchaus für Subpictures.

◀ **Abbildung 12.9**
In DVD Studio Pro ergibt das recht nette metallische Rahmen, wenn Sie geeignete Farben und Transparenzen einstellen – Anti-Aliasing ist dann allerdings nicht mehr drin.

12.3 Menüs

Die Möglichkeiten, ein Menü zu gestalten, sind potenziell unbegrenzt. Aufgabe eines Menüs ist es, möglichst einfach durch die Inhalte einer DVD zu leiten. Dass es dabei auch noch gut aussehen soll, ist eine wichtige, aber sekundäre Aufgabe.

Planung

Allen Menüs gemeinsam ist nur die Tatsache, dass dem Nutzer mindestens ein Button angeboten wird, den er betätigen kann (und selbst davon gibt es Ausnahmen). Der DVD-Gestalter oder die -Gestalterin muss alle weiteren Entscheidungen treffen:

- Wie viele Buttons sollen pro Menü zu sehen sein? Die DVD-Spezifikation erlaubt bis zu 36 Buttons, diese Zahl halbiert sich bei Menüs für zwei Darstellungsformate (16:9 und 4:3).
- Wie sollen angewählte Buttons optisch hervorgehoben (neudeutsch: »gehighlightet«) werden?
- Sind animierte oder statische Menüs gewünscht?
- Soll es eine Tonuntermalung geben?
- Sollen animierte Übergänge (»Transitions«) zwischen den Menüs und den Programmteilen eingebunden werden?

Menü-Aufbau

Menüs sind in ihrer technischen Funktion als Schichten aufgebaut: Auf einem **Menü-Hintergrund** liegt (zumindest bei den gängigen Überlagerungsmenüs) ein **Subpicture**, das alle Button-Zustände für die gesamte Fläche beschreiben kann. Für die einzelnen Buttons werden jeweils rechteckige Bereiche, so genannte **Hotspots**, definiert, die einem bestimmten Zielobjekt zugewiesen werden. Apple nennt das im deutschen Handbuch »Hervorhebungsbereich« (Ich werde den Eindruck nicht ganz los, dass sich die Übersetzer hier auf subtile Weise über das Deutsch von Verwaltungsbeamten lustig gemacht haben).

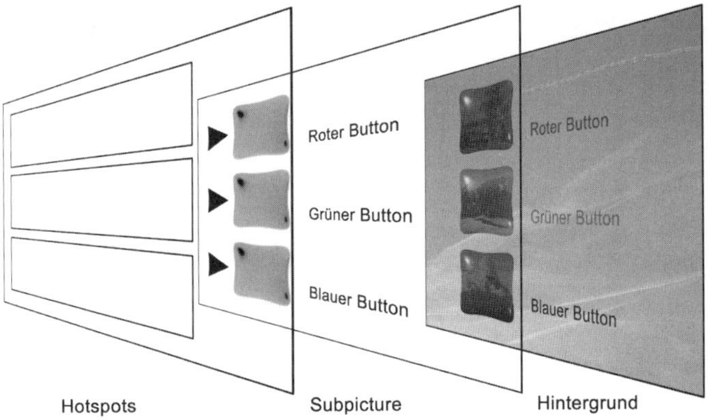

Abbildung 12.10 ▶ Menüs auf der DVD sind aus drei funktionellen Schichten aufgebaut: dem vollfarbigen Hintergrund, dem Subpicture zur Hervorhebung der Buttons und deren unsichtbaren sensitiven Bereichen (siehe auch die Farbtafel).

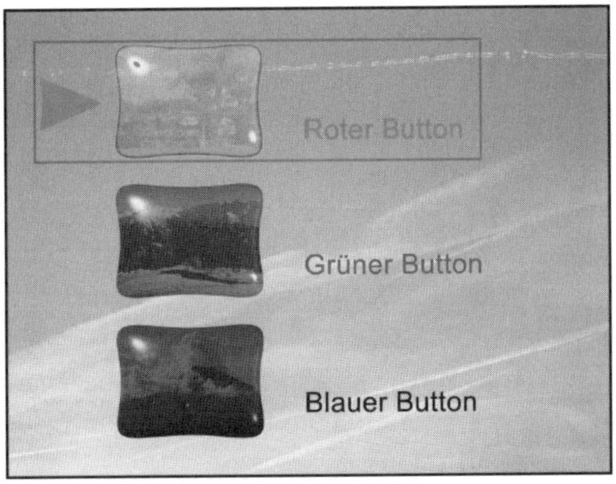

Abbildung 12.11 ▶ Und so wirken sie zusammen: Der rote Button ist aktiviert, damit wird das Subpicture mit unterschiedlichen Transparenzstufen einer gelben Hervorhebung sichtbar. Das Dreieck existiert hier nur im Subpicture und ist dadurch besonders auffällig (siehe auch die Farbtafel).

Hotspot Das Hotspot-Rechteck bestimmt den Bereich eines Subpictures, der beim Drücken der Navigationstasten der Fernbedienung sichtbar hervorgehoben wird – abgesehen von der als transparent definierten Farbe im Subpicture. Bei Software-DVD-Playern definiert der Hotspot den Bereich des Roll-over-Effekts, also der Aktivierung, wenn der Mauszeiger dorthin bewegt wird.

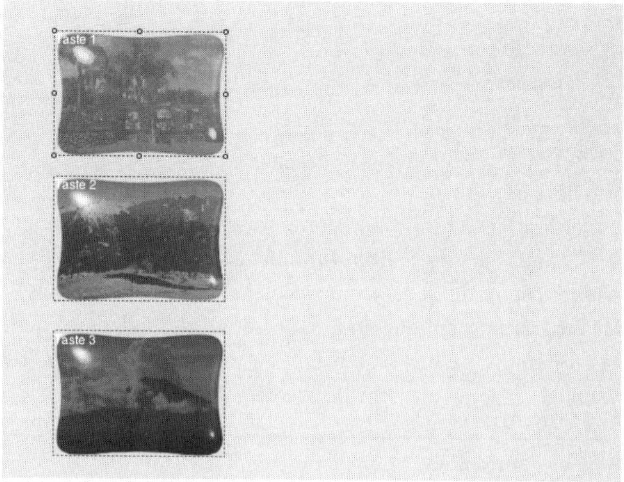

◂ **Abbildung 12.12**
Gestrichelte Rechtecke bezeichnen die Hotspot-Bereiche in DVD Studio Pro. Der obere Button ist angewählt und wird mit einem gelb getönten Subpicture hervorgehoben.

Hervorhebungen

Wie schon erwähnt, können bei einer DVD Hervorhebungen in Menüs auf zwei unterschiedliche Arten gelöst werden:

- mit Subpictures (Highlight-Menüs) und
- mit Einzelgrafiken (Echtfarben-Menüs, auch »Force-activated Menus« genannt).

Apple nennt die zweite Methode »Menüs mit Ebenen« – und im Grunde existiert sie im DVD-Standard gar nicht. Intern werden dabei vom Programm lauter einzelne Menüs erzeugt (für jeden Button eines), zwischen denen durch die Knöpfe auf der Fernbedienung umgeschaltet wird. Für den Einsteiger in die DVD-Gestaltung sind diese beiden unterschiedlichen Methoden und der Umgang mit den Farben und Transparenzen nicht ganz leicht zu durchschauen. Ich stelle auf den nächsten Seiten beide Techniken mit ihren Vor- und Nachteilen vor.

Hintergrund

Der Hintergrund eines Menüs darf nicht verwechselt werden mit dem Hintergrund in einer Photoshop-Datei. Diese beiden Hintergründe können den gleichen Bildinhalt haben, müssen es aber nicht. Unter **Menü-Hintergrund** verstehen wir eine Grafik, die als Hintergrund für die Subpictures dient und völlig ohne Ebenen auskommen kann, sich aber auch direkt in DVD Studio Pro aus mehreren Photoshop-Ebenen zusammenstellen lässt. In einer Photoshop-Datei dagegen ist der Hintergrund die unterste Ebene einer Grafik, die gegenüber den anderen Ebenen spezielle Merkmale aufweist.

Buttons

Zustände Buttons, also die »Schaltflächen«, können drei unterschiedliche Zustände annehmen:

- Normal
- Ausgewählt
- Aktiviert

Zustand normal Der normale Zustand eines Buttons muss nicht mit einem Subpicture dargestellt werden. Üblich und am sinnvollsten ist es, wenn die Buttons in diesem Zustand Teil des Hintergrundbildes in voller 24-Bit-Pracht sind. Eine beliebte Methode ist es, kleine Miniaturbilder (Thumbnails) oder gar Clips des Programms, auf die ein Button verweisen soll, anwählen zu können. Das unterstützt DVD Studio Pro mit den weiter hinten ausführlich beschriebenen Formen auf sehr bequeme Weise.

Abdeckung von Buttons

Falls Sie mehrere Buttons animiert haben, aber im Normalzustand nur einen davon sichtbar machen wollen, so ist das durchaus möglich. Sie können die Übrigen bei uniformem Hintergrund mit einem für den Normalzustand sichtbar gemachten Subpicture gleicher Farbe abdecken. Bei aktiviertem Zustand würden Sie dann das Subpicture durchscheinend oder unsichtbar einstellen.

Allerdings werden dann bei jeder Betätigung eines Buttons und bei der Wiederholung des animierten Menüs alle Buttons kurz aufflackern. Wenn das nicht akzeptabel ist, lässt sich ein solches Verfahren leider nicht anwenden. Stattdessen müssten Sie eine sehr aufwändige Kombination mehrerer animierter Menüs entwickeln.

Zustand ausgewählt Der ausgewählte Zustand eines Buttons zeigt an, dass durch Drücken der **Enter-/OK**-Taste auf der Fernbedienung das zugehörige Programm gestartet werden kann. Er kann beliebig lange bestehen bleiben, die Hervorhebung wird aber bei einer Schleifenwiederholung in einem animierten Menü ebenfalls kurz aufflackern. Bei einer automatisch aktivierten Taste wird dieser Zustand nicht angezeigt.

Zustand aktiviert Zwischen dem Drücken der **Enter-/OK**-Taste und dem Starten des Programms (oder einem Menüwechsel) vergeht je nach Player etwas Zeit. Das ist der Moment des aktivierten Zustands eines Buttons. Er soll dem Nutzer optisches Feedback darüber geben, dass die Tastenbetätigung erkannt wurde. Eine akustische Bestätigung wie in zahlreichen interaktiven Computeranwendungen ist im DVD-Standard nicht vorgesehen.

Bei einem Stand-alone-Player ist der aktivierte Zustand deutlich erkennbar, bei der Wiedergabe auf einem schnellen Computer taucht er nur sehr kurz auf. Die Formen des ausgewählten und des aktivierten

Zustands werden über dasselbe Subpicture definiert, aber die Farben und deren Transparenz können sich unterscheiden.

Button-Highlights

Betrachten wir Subpictures in der Funktion als Button-Highlights. Ein DVD-Nutzer hat an seinem Stand-alone-Player keine Maus, deren Cursor er über den Bildschirm bewegen könnte. Button-Highlights werden deshalb bei DVD-Menüs dazu verwendet, um hervorzuheben, bei welcher Funktion man sich gerade auf dem Bildschirm befindet.

- Bei Still Menus ist das zugewiesene Subpicture so lange präsent wie das Menü, kann also über die Zeit nicht verändert werden – es sei denn, man konvertiert das Still Menu zu einem Video.
- Bei Motion Menus (also Menüs mit Video oder Animationen) sowie in der Funktion als Untertitel werden die Subpictures parallel zu den Video- und Audioströmen ständig erneuert. Bei Motion Menus können daher Button-Highlights auch erst zu einem definierten Zeitpunkt aktiviert werden (in DVD Studio Pro mit der Loop-Punkt-Funktion). Beim schnellen »Vor- oder Zurückspulen« sind sie allerdings nicht sichtbar, diese Tastenfunktionen auf der Fernbedienung sollten Sie daher bei animierten Menüs unterdrücken.
- Sogar animierte Subpictures sind möglich, aber in DVD Studio Pro können Sie diese nur für eine Videospur, nicht für ein Motion Menu anlegen. In einer Step-by-Step-Anleitung erfahren Sie weiter hinten, wie Sie diese Funktion mit Hilfe von TFDVDEdit realisieren.

Easter Eggs

Auch wenn FF- oder REW-Tasten nicht angerührt werden, sind Subpictures nicht immer gleich erkennbar: Außer für die beiden üblichen Anwendungen finden Subpictures häufig für die Anwahl von so genannten »Easter Eggs« (dt.: Ostereier) Verwendung. Das sind versteckte Inhalte auf einer DVD, die nicht über die im Hintergrund offensichtlichen Menübuttons angewählt werden können, sondern beim Herumprobieren mit den Pfeiltasten eher unerwartet als Überlagerung auftauchen. Dieses Suchspiel macht offenbar viel Freude: Bei Hollywood-Produktionen sind sie mittlerweile weit verbreitet und werden fast schon erwartet (in unser Beispielprojekt auf der DVD habe ich auch eins gelegt ...).

Echtfarben-Menüs

DVD Studio Pro ist zurzeit eines der wenigen Programme auf dem Markt, das neben den branchenüblichen Highlight-Menüs eine technisch als »Force-activated Menus« bezeichnete Alternativmethode zur Menüerstellung anbietet (Apple nennt sie Ebenen-Menüs). Die Programme erstellen in diesem Fall aus den Ebenen intern für jeden ausgewählten und jeden aktivierten Button-Zustand jedes Menüs eine separate Bilddatei, was natürlich mehr Platz beansprucht als ein Subpicture (dennoch sind die Dateien gegenüber dem Platzbedarf der Audio- und vor allem der Videoströme recht klein).

Diese Menüs werden nicht über die oben ausführlich erklärte Art der Button-Steuerung bedient, sondern auf jedem einzelnen Menübild liegen bis zu fünf Buttons, von denen nur der mittlere sichtbar ist. Er entspricht dem angewählten Button und ist sozusagen die »Parkposition«. Die übrigen sind auf AUTOMATISCHE AKTIVIERUNG gestellt. Bei Benutzung einer Pfeiltaste wird sofort zum nächsten Einzelmenü weitergeschaltet, bei der Taste **OK** zum Menü mit dem einzelnen hervorgehobenen Button und so weiter.

Vorteil

Der einzige Vorteil von Echtfarben-Menüs gegenüber der Highlight-Methode liegt in der **vollen Farbtiefe** und damit in uneingeschränkter Gestaltungsfreiheit für die angewählten oder aktivierten Zustände der Buttons. Aber bei jeder Anwahl eines Buttons muss ein neues Menü aufgerufen werden. Das verlangsamt die Navigation deutlich. Zudem gibt es insbesondere bei manchen Software-Playern Probleme mit der Darstellung. Auch ist damit auf Computern die von Hollywood-DVDs und dem Internet gewohnte Roll-over-Bedienung mit der Maus nicht möglich.

Kein Ton und keine Bewegung

Apple weist zwar im Handbuch selbst darauf hin, aber es kann nicht oft genug gesagt werden: Bei der Benutzung von Menüs mit Ebenen – also mit Buttons in voller Farbenpracht – sind keine Vertonung und keine Animation möglich!

Grübeln Sie nicht über Umgehungsmöglichkeiten nach, denn das ist keine Schwäche von DVD Studio Pro, sondern der DVD-Standard lässt es nicht anders zu.

Echtfarben-Menüs sind eine echte Besonderheit von DVD Studio Pro. Viele andere Authoring-Programme bieten diese Möglichkeit – wohl wegen der beschriebenen Probleme – gar nicht erst an. Ich rate davon ab, wenn Sie oder Ihr Kunde nicht unbedingt auf diese Darstellungsform Wert legen. Mit etwas gestalterischer Fantasie ist auf dem Wege der Überlagerungsfarben allerhand möglich, wenn Sie den Normalzustand der Buttons bereits auf den Hintergrund legen.

Konturenglättung in Hervorhebungen

Der Nutzer erwartet meist, dass ihn Buttons in einem Menü auch per Text darüber aufklären, wohin sie führen. Bei der Anwahl eines Buttons können Sie den Text im Subpicture natürlich mit einer Unterstreichung, Umrahmung oder mit grafischen Symbolen hervorheben, wie Apple sie Ihnen bei den Stilvorlagen für Tasten in großer Auswahl zur Verfügung stellt. Schon bei manchen grafischen Zeichen werden Sie mit der Darstellung in 2 Bit nicht ganz zufrieden sein. Wenn Sie auch den Text solcher Beschriftungen per Subpicture zum Aufleuchten bringen wollen, müssen Sie sich einem speziellen Thema stellen: der Konturenglättung, in der Fachsprache **Anti-Aliasing** genannt.

Viele Apple-Benutzer mit modernen Betriebssystemversionen sind sich dieser Problematik auf Computern gar nicht mehr so recht bewusst, denn seit einigen Jahren sorgen einigermaßen schnelle Rechner für eine automatische Kantenglättung. Auch Photoshop ist bei der Generierung von Texten in der Standardeinstellung auf Anti-Aliasing eingerichtet. Wenn Sie diese aber einmal abschalten und stark heranzoomen, wird das Problem klar erkennbar: Bei einer Rundung oder Diagonalen kann der Computer immer nur das nächstliegende Quadrat im Pixelraster mit der gewünschten Farbe füllen. Dadurch entstehen die Treppenkanten, für die Computergrafik lange Zeit – je nach ästhetischen Vorlieben – berühmt oder berüchtigt war.

◂ **Abbildung 12.13**
Eine Schrift mit 24 Pixel Höhe sieht bei starker Vergrößerung ohne Kantenglättung ziemlich scheußlich aus.

Alias heißt »anderswo«, und das eben ist das Problem: Die Pixel liegen nicht auf der Ideallinie der perfekten Kontur, sondern anderswo! Das vermag der Computer bei einem festen Pixelraster nicht zu ändern, aber er kann zusätzliche Pixel an den Konturen so einfärben, dass sie einen Übergang zur Umgebungsfarbe bilden. Im Grunde wird der Text bei diesem Anti-Aliasing also mit einer gezielten Unschärfe umgeben. Bei hinreichend feinem Pixelraster und normaler Darstellungsgröße sieht das menschliche Auge dann eine scheinbar untadelige Kontur. Auch digital fotografierter Text sieht in der Vergrößerung nicht wesentlich anders aus.

◂ **Abbildung 12.14**
Durch die Ergänzung von Pixeln mit Zwischentönen aus Text- und Umgebungsfarbe erreicht man die Kantenglättung auf Computern.

Allerdings stehen Photoshop dafür in meinem Beispiel 215 verschiedene Graustufen zur Verfügung (und nicht etwa 254, wenn Sie den Video-Kontrastbereich respektieren!). Bei einem Subpicture bleiben davon nur noch zwei übrig, wenn Sie sich in DVD Studio Pro für erweiterte Überlagerungsfarben entscheiden (bei der Einstellung auf EINFACH bekommen Sie in jedem Fall Treppenkanten).

Abbildung 12.15 ▶
Bei den 2 Bit eines Subpictures wird das Anti-Aliasing zwar etwas gröber, aber das ist immer noch besser als nichts!

Wenn Ihr Menü-Hintergrund in der Umgebung der Textelemente keine hohen Kontraste oder unruhige Farbgebung aufweist, ist damit bei geschickter Wahl der Hervorhebungsfarbe und der Deckkraft durchaus eine befriedigende Konturenglättung für Text oder grafische Elemente möglich. Ihre gestalterische Sorgfalt und Kreativität ist hier also besonders gefragt. Da pro Menü drei Farbreihen zur Verfügung stehen, müssen Sie dafür noch nicht einmal auf grafische Effekte bei anderen Buttons verzichten. Nur der Button, der mit dem Text in Verbindung steht, wird natürlich die gleiche Hervorhebung bekommen. Innerhalb eines Hotspots steht nur eine Farbreihe zur Verfügung – und mehr als ein Hotspot ist nie gleichzeitig aktivierbar.

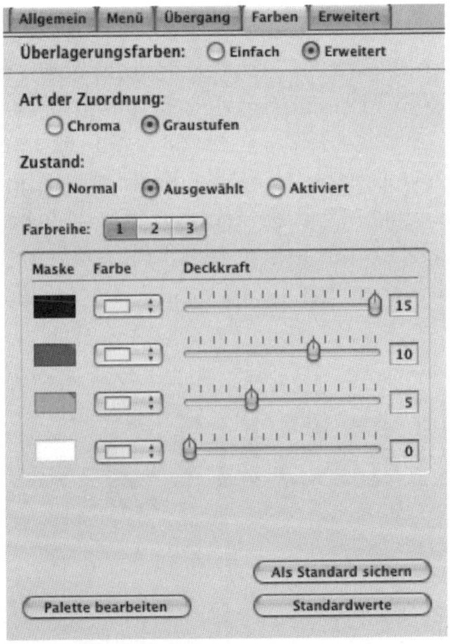

Abbildung 12.16 ▶
Die Einstellungen in DVD Studio Pro zur Kantenglättung bei einem weißen Text auf dunklem Hintergrund

In diesem Beispiel würde der eigentliche Inhalt des Subpictures etwa so aussehen wie in der Abbildung 12.15; die auf der DVD sichtbare Hervorhebung dagegen soll mit heller Schrift auf dunklem Grund erfolgen. Dazu brauchen Sie folgende Einstellungen:

1. Stellen Sie Überlagerungsfarben auf ERWEITERT.
2. Setzen Sie ART DER ZUORDNUNG auf GRAUSTUFEN.
3. Legen Sie eine FARBREIHE für derartige Texte und Grafiken fest.
4. Stellen Sie den Schwarzwert unter MASKE auf weiße Farbe und die DECKKRAFT auf 15.
5. Stellen Sie das dunklere Grau ebenfalls auf Weiß und die DECKKRAFT auf 10.
6. Stellen Sie das hellere Grau auf Weiß und die DECKKRAFT auf 5.
7. Weiß ist unser Hintergrund, die Farbe ist unwichtig, die DECKKRAFT sollte auf 0 stehen.

Natürlich können Sie andere Farben für die Hervorhebung wählen, wenn der Hintergrund dazu passt. Sie können auch alle Werte für die Deckkraft gleichmäßig verringern, wenn die Hervorhebung zarter ausfallen soll – umso besser funktioniert die Kantenglättung mit nur 2 Bit! Natürlich befinden Sie sich damit in einem Zwiespalt, denn wenn Sie die Deckkraft hoch setzen, ist die Hervorhebung auffälliger, aber die Kantenglättung unbefriedigender – und umgekehrt. Grundsätzlich sollten Sie sich bei der Gestaltung des Menü-Hintergrundes in Farbgebung und Kontrasten eher zurückhalten, dann sind auch zartere Button-Highlights gut zu erkennen.

Leichter Glow um Texte im Hintergrund

Wenn Sie Ihre Text- oder Grafikelemente für den Hintergrund mit einem ganz schmalen Schein (engl.: Glow) in einer zur Hervorhebung passenden Farbe versehen, funktioniert das Anti-Aliasing besser. Sie finden die Funktion bei den Ebeneneffekten in Photoshop, aber beachten Sie bitte die Hinweise zum Einrechnen dieser Effekte im Handbuch von DVD Studio.

Das Glättungsverfahren funktioniert umso besser, je homogener der Hintergrund in größeren Partien des Menüs ist; es ist also stark von Ihrer Gestaltung abhängig. Dann kann ein für **mehrere Buttons** gültiges Mischverhältnis von Hervorhebungs- zu Hintergrundfarbe bestimmt werden – schließlich haben Sie nur drei Farbsätze zur Verfügung. Ist der Hintergrund nicht einheitlich gefärbt, können Sie ersatzweise ein Grau verwenden, dessen Helligkeit näherungsweise dem Luminanzanteil des Hintergrunds entspricht, aber ein sehr unruhiger Hintergrund macht das Anti-Aliasing grundsätzlich schwieriger und lenkt letztlich auch von den wesentlichen Funktionen eines Menüs ab. Gängige Methoden zur optischen Zurücknahme von Menü-Hintergründen sind die Reduktion von Kontrast und Farbsättigung sowie eine leichte Weichzeichnung. Das Ergebnis können Sie dann noch – je nach Gestaltung der Buttons – leicht abdunkeln oder aufhellen, um die Aufmerksamkeit auf die eigentlichen Bedienungselemente zu richten.

12.4 Untertitel

Konturenglättung für Untertitel

Da Untertitel auch nichts anderes als Subpictures sind, stellt sich das gleiche Problem auch hier. Obwohl das neue Untertitelungsverfahren seit DVD Studio Pro 2 gegenüber der Vorgängerversion gründlich verbessert wurde, beherrscht es leider bei der höchst bequemen direkten Texteingabe kein Anti-Aliasing nach dem hier dargestellten Verfahren. Sie könnten zwar auf die Idee kommen, bei einem Untertitel die Farbwerte für Kontur 1 und Kontur 2 ähnlich wie in Abbildung 12.17 für die Hervorhebungen einzustellen. Leider führt das nur zu fetteren Schriften mit verwaschenen Konturen, aber nicht zu einer brauchbaren Kantenglättung.

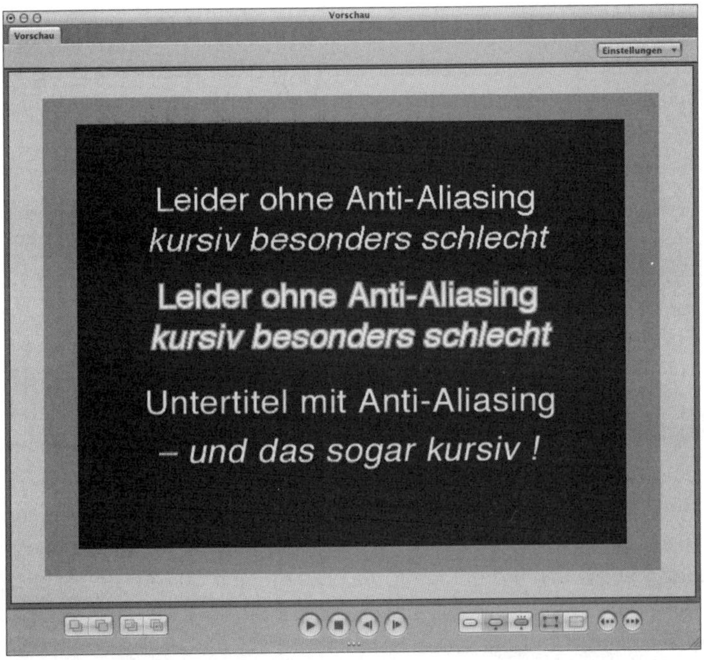

Abbildung 12.17 ▶ Hier habe ich alle drei Möglichkeiten gegenübergestellt: oben die internen Untertitel, in der Mitte mit weichen Konturen und unten importiert als Photoshop-Grafik mit den gleichen Einstellungen wie bei der mittleren Version.

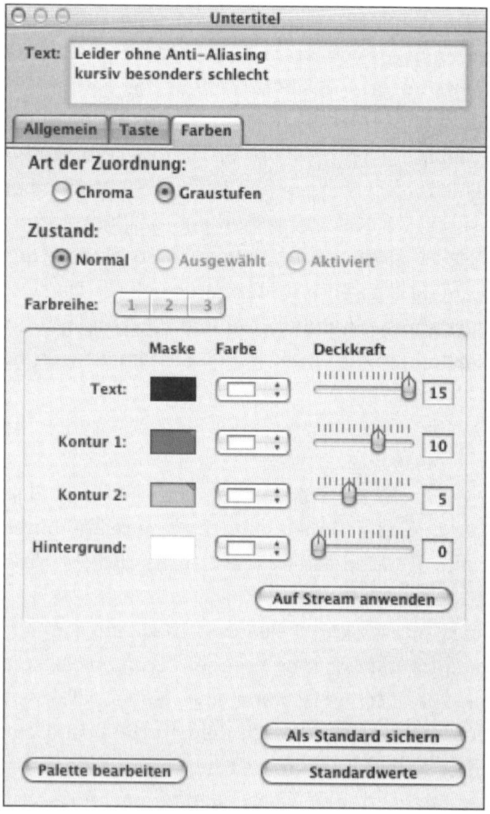

◀ **Abbildung 12.18**
Die Einstellungen entsprechen denen für das Anti-Aliasing bei Hervorhebungen, nur heißen die beiden mittleren Graustufen hier KONTUR 1 und KONTUR 2.

Perfekte Untertitel sind zwar möglich, aber nur mit einigem Aufwand: DVD Studio Pro erlaubt nämlich auch den Import von Grafikdateien für Untertitel. Wenn Sie die Texte in Photoshop erstellen, können Sie dort natürlich das Anti-Aliasing benutzen und dann mit den gleichen Werten arbeiten wie bei den Hervorhebungen, auch wenn diese Werte bei Untertiteln andere Namen tragen. In der Abbildung 12.17 können Sie gut erkennen, wie groß der Qualitätsvorteil ausfällt. Insbesondere bei Kursivschriften, die Sie in Untertiteln oft für die Kennzeichnung verschiedener Ebenen wie Dialog und Kommentar oder Zitat benötigen, ist der Unterschied eklatant.

Doch auch hier werden Sie sich oft in einem Dilemma befinden: Da Sie bei Untertiteln den Hintergrund nicht selbst gestalten, sondern ständig wechselnde Filmbilder dahinter ablaufen, ist eine andersfarbige Kontur bei Untertiteln oft notwendig. Anderenfalls kann ein dunkler Titel auf dunklem Untergrund oder ein heller auf hellen Filmbildern fast verschwinden. Sie könnten jetzt sagen: »Gut, dann mache ich die importierten Grafiken so klein, dass sie nur noch eine rechteckige Fläche um die Schrift bilden, und die mache ich dann als zartgraue Fläche sichtbar.«

Da muss ich Ihnen leider antworten: »Hervorragend aufgepasst und mitgedacht, Sie haben die Subpictures verstanden! Leider aber spielt DVD Studio Pro bei der Idee nicht mit und macht trotzdem das ganze Bild grau.« Das liegt vermutlich daran, dass Sie Grafiken und direkt eingetippten Text auch kombinieren können, so dass das Programm immer den ganzen Hintergrund als geschlossene Fläche behandelt. Leider stehen bei normalen Untertiteln auch nicht die drei Farbreihen wie bei Buttons zur Verfügung, mit denen Sie die einzelnen Titel einigermaßen flexibel der dahinter ablaufenden Filmszene anpassen könnten. Nur bei der Darstellung von 16:9-Material im Letterbox-Format auf einem 4:3-Display sind Sie gut dran: In diesem Fall kann man die Untertitel einfach im schwarzen Balken unterbringen.

Und es geht doch!

Es gibt aber auch noch die Möglichkeit, Buttons wie Untertitel auf eine Videospur zu legen. Apple beschreibt sie im Handbuch ab Seite 498 unter dem Thema »Erstellen interaktiver Videotasten« recht ausführlich, so dass ich es hier nicht wiederholen muss.

Abgesehen von den höchst interessanten Features, die sich dadurch insbesondere für Lehr- oder Informationsfilme ergeben, können Sie solche Tasten natürlich auch als Untertitel »missbrauchen«. Nun steht Ihnen mit dem Hotspot doch noch ein einfärbbares Umfeld für den Titel zur Verfügung, und auch die drei Farbreihen können genutzt werden. Sie dürfen das aber nur mit dem Tastenzustand »ausgewählt« machen, sonst färben Sie doch den Hintergrund mit ein – die normalen Untertitel nämlich benutzen die Farbdefinitionen für »normal«. Sie können solche Tasten auch funktionslos lassen; DVD Studio Pro wird zwar im Protokoll entsprechende Warnhinweise geben, aber das Projekt trotzdem fertig stellen. Der Aufwand für derart perfektionierte Untertitel ist allerdings nicht unerheblich, und man muss seine Auftraggeber sicher erst von den Mehrkosten überzeugen. Auf der DVD als Eigendemo bewirken ein paar sauber geglättete Untertitel andererseits bei Kennern einen recht netten »Wow«-Effekt!

◀ **Abbildung 12.19**
Als Pseudo-Taste lässt sich auch ein Untertitel mit einem Hotspot versehen – und so mit einem rechteckigen Umfeld.

Untertitel-Sprachversionen
Sicher ist es eine der herausragenden Funktionen der DVD, bis zu 32 Untertitelspuren nutzen zu können. Gerade bei Special-Interest-DVDs, für die der Markt eines einzigen Sprachraums vielleicht zu klein wäre, mag sich der Aufwand lohnen, mehrere Sprachen in Untertiteln anzubieten. Der Nutzer kann an seinem DVD-Player oder auch über Ihre Bildschirmmenüs festlegen, welche er zu sehen bekommt. Allein die Einbindung und perfekte Darstellung kann schon viel Arbeit bereiten, wie Sie an obigen Ratschlägen sehen können.

Aufgaben

Doch hochwertige Untertitel zu erstellen, bedeutet noch viel mehr Arbeit, die Sie nicht unterschätzen sollten:

- Übersetzung
- Texteingabe und -formatierung in einem Grafikprogramm
- Ermittlung der exakten Timecode-Positionen des Untertitels
- Einbindung in das Authoring-Programm

Auftragsarbeit

Hinzu kommt noch ausführliches Testen, ob die Timecode-Positionen richtig sind und ob keine Rechtschreibfehler vorliegen. Das ist natürlich sehr schwierig bis unmöglich, wenn Sie die entsprechende Sprache nicht sprechen. Sie sollten deshalb erwägen, eine solche Aufgabe Spezialisten zu überlassen, die nicht nur eine Gewähr dafür übernehmen, dass die Untertitel korrekt übersetzt sind. Zusätzlich bieten sie oft auch an, Subpicture-Grafiken wie zum Beispiel Logos mit einzubinden. Untertitel können in spezialisierten Programmen erstellt werden, ohne ein Authoring-System installiert zu haben. DVD Studio Pro unterstützt alle im Profibereich gängigen Verfahren zur Anlieferung von Untertitel-Dateien, seien es textbasierte Verfahren wie das Spruce-STL-Format oder Grafikdaten wie bei Sonic oder Daiken.

Das STL-Format haben Sie ja schon kennen gelernt, beim Scenarist-Format von Sonic bekommen Sie eine Reihe von Grafikdateien und eine Skriptdatei mit der Endung .sst, die von DVD Studio Pro ebenfalls unterstützt werden sollte. Manchmal weigert sich das Programm, die einzulesen, wenn sie von einem PC stammt (was meist der Fall ist). Wenn Sie die Endung auf .son ändern, klappt es wieder. Außerdem öffnen Sie diese Art von Dateien in einem Texteditor, und löschen Sie im ersten Teil den Befehl:

```
Display_Area 0 2 719 574 (bzw. 0 2 719 479 bei NTSC)
```

Diese Information ist für DVD Studio Pro überflüssig und eventuell sogar störend, sie führt in einem kleinen Teil der Player zu Anzeigeproblemen bei den Untertiteln.

Regeln

Wenn Sie die Arbeit bei entsprechenden Fremdsprachenkenntnissen selber machen wollen, hier noch ein paar Regeln:

- **Nicht mehr als zwei Zeilen:** Der Nutzer will in erster Linie einen Film sehen und nicht Untertitel lesen. Wenn große Textmengen angeboten werden, verdecken sie zu viel Bild und geben darüber hinaus dem Nutzer weniger Zeit, auf die Bildhandlung zu achten. Die obere Zeile sollte kürzer sein als die untere. So werden bildwichtige Inhalte weniger verdeckt, und dem Auge wird mitgeteilt, dass es noch eine zweite Zeile gibt.
- **Nicht zu kurz und nicht zu lang:** Wenn Untertitel kürzer als eine Sekunde stehen, können sie nicht ausreichend wahrgenommen werden. Stehen sie länger als sieben Sekunden, beginnen sie zu stören, weil sich der Nutzer wieder auf das Bild konzentrieren will.
- **Sprecherwechsel mit Anführungszeichen einleiten:** So werden Dialoge besser erfasst.
- **An Schnitten platzieren:** Untertitel sollten an Schnitten erscheinen, nicht mitten in der Szene. Das erlaubt eine höhere Standdauer, insbesondere bei schnellen Dialogen. Außerdem wird in einer Einstellung der Blick nicht durch plötzlich auftauchende Untertitel vom Bildinhalt weg nach unten gezogen.

Eine technische Einschränkung gibt es auch noch: Untertitel können eine Kapitelmarke nicht »überqueren«. Sie müssen nötigenfalls danach wiederholt werden, was allerdings zu einem unvermeidbaren Aufflackern führt. Besser ist es, Kapitelanfänge so einzuplanen, dass sie auch mit einem neuen Untertitel beginnen können.

Untertitel in Excel formatieren

Mit seinen Makro-Fähigkeiten eignet sich das Programm Excel ganz gut zur Erfassung oder automatisierten Erstellung von langen Untertiteldateien. Wenn Sie dann den Inhalt im CSV-Format mit Trennzeichen exportieren, sind die Timecode-Angaben und der Text jeweils durch ein Semikolon getrennt. Öffnen Sie diese Datei in TextEdit, ersetzen Sie im ganzen Dokument das Semikolon durch die Folge Leerzeichen-Komma-Leerzeichen, und sichern Sie das Ergebnis als NUR TEXT mit der Endung .stl: Dann kann DVD Studio Pro diese Datei einlesen.

12.5 Formen mit Photoshop – ein Praxisbeispiel

Einen Menü-Hintergrund aus einem Clip oder Standbild, Formen, Buttons und Textelementen können Sie komplett in DVD Studio Pro montieren und arrangieren. Das sollte Ihnen eigentlich mit den Tutorials von Apple und den Erläuterungen im Handbuch keine großen Schwierigkeiten bereiten. Mit meinen Erläuterungen in diesem Kapitel sollte Ihnen ebenso die Gestaltung einer Überlagerung für die gesamte Menüfläche zur Hervorhebung der Buttons gelingen.

Ziel

Eines der interessantesten neuen Konzepte in DVD Studio Pro, die so genannten »Formen«, kommt dagegen in der Dokumentation etwas knapp weg. Diese Formen eignen sich sowohl zur Nutzung als dekorative Elemente auf Menü-Hintergründen (Apple nennt sie »Drop-Zones«) als auch zur Erzeugung von Buttons. Am nützlichsten an ihnen ist, dass Sie sich Formen vorab zusammenstellen können und sie erst bei der Verwendung auf die gewünschte Größe bringen und mit einem Standbild oder sogar einem Filmclip belegen.

Weil sie so nützlich, aber nicht ganz leicht zu durchschauen sind, möchte ich Ihnen die Erstellung an einem Beispiel vorführen. Wie es bei mächtigen Werkzeugen meist der Fall ist, führt nicht nur ein Weg zum Ziel. Photoshop-Gurus fallen sicher noch viele andere Wege ein, die zu ähnlichen Ergebnissen führen. Für manche ist der hier abgedruckte Workshops bestimmt zu ausführlich, während er für andere genau das ist, was ihnen weiterhilft.

Taste, Knopf oder Button?

Um eine Verwechslung mit Tasten der Fernbedienung zu vermeiden, benutze ich hier weiterhin das englische Wort Button für Tasten auf dem Bildschirm und das deutsche Wort Taste für diejenigen auf der Fernbedienung. Apple spricht im Handbuch und im Programm auch bei grafischen Elementen von Tasten.

Schritt für Schritt: Formen

1. Neues Dokument anlegen

Erzeugen Sie in Photoshop ein neues leeres Dokument mit transparentem Hintergrund ❶. Die Größe sollte so angelegt sein, dass Sie die Form bei der späteren Nutzung nur verkleinern, aber nie vergrößern müssen. Die hier gezeigte Größe von 400 × 300 Pixel ❷ ist für Buttons sicher reichlich, da würden oft auch 240 × 180 Pixel schon genügen. Die Auflösung sollte auf 72 Pixel/Zoll stehen ❸.

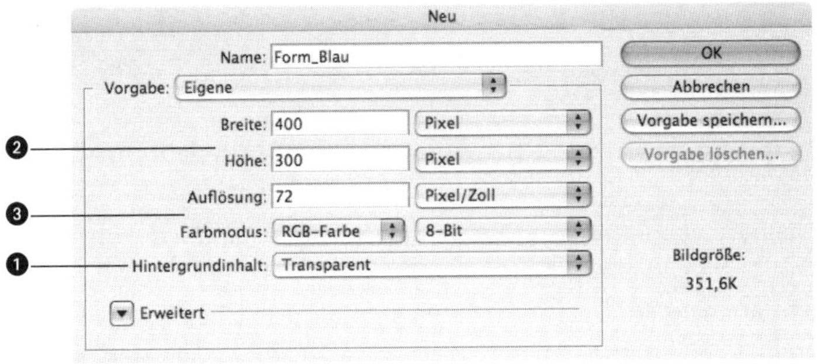

2. Öffnen des Entwurfs

Auf der Buch-DVD finden Sie im Ordner MENÜGRAFIK das Bild Blauer_Button.pct. Nach dem Öffnen werden Sie feststellen, dass ich mich auch einmal im »Gummibärchen-Design« versuchen wollte. Die Beispiele sind übrigens in demselben Programm entstanden, in dem auch viele Bestandteile der Benutzeroberfläche von Mac OS X gestaltet wurden: Cinema 4D. Wie in vielen 3D-Programmen üblich, ist das Bild auch hier schon mit einem Alphakanal versehen.

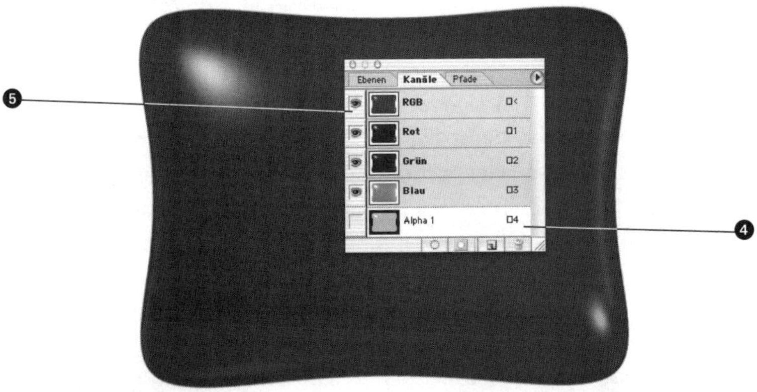

3. Alphakanal anzeigen

Wenn Sie in der Palette KANÄLE von Photoshop den Alphakanal sichtbar machen ❹ und die RGB-Darstellung mit Klick auf das oberste Auge ❺ abschalten, sehen Sie die Maske, die das 3D-Programm automatisch generiert hat. Bei von Hand in Photoshop erstellten Entwürfen müssten Sie eine entsprechende Maske für Ihre Form selbst erstellen.

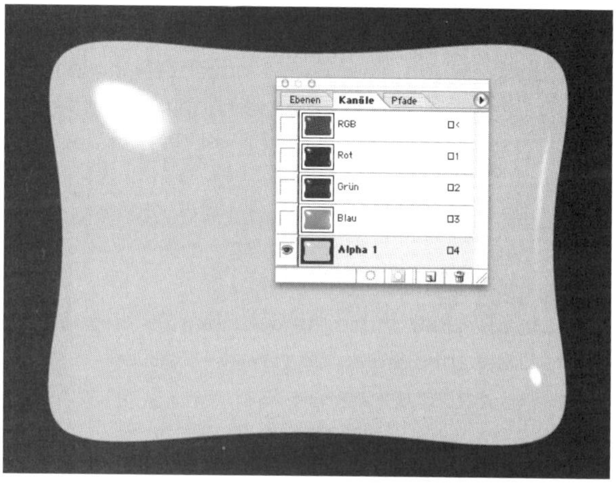

4. Alphakanal kopieren

Nun wählen Sie mit den Tasten [⌘] + [A] die gesamte Maske aus und kopieren sie mit [⌘] + [C]. Wechseln Sie zu Ihrem leeren Dokument, und fügen Sie die Kopie mit [⌘] + [V] ein.

5. Alphakanal verstärken

In meinem Beispiel hat der innere Bereich des Alphakanals noch graue Bereiche, da das 3D-Objekt durchscheinend angelegt war – ist halt ein Gummibärchen! Stellen Sie das Bild unter BILD • ANPASSEN • TONWERTKORREKTUR (kurz [⌘] + [L]) mit dem rechten oberen Dreieck so ein, dass der innere Bereich der Maske gerade eben reinweiß wird, ohne dass die Konturen schon Treppenkanten aufweisen.

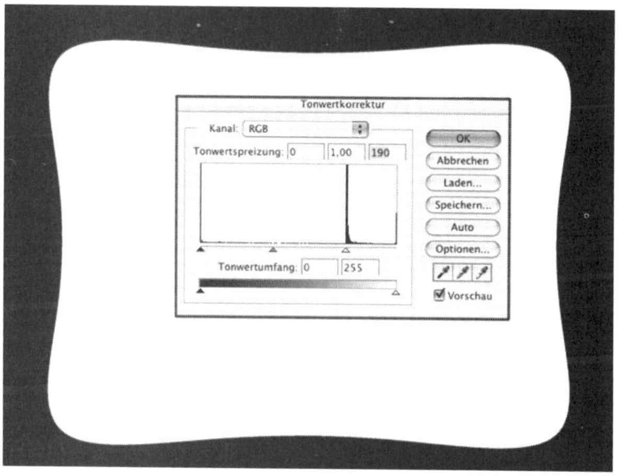

1 2 3 4 5 6 7 8 9 10 11 12 13 14 15 16 17 18 19 20 21 22 A B C

6. Hintergrundwissen

Diese Maske steuert später die Größe und die Sichtbarkeit der Standbilder oder Filme, die Sie auf einen Button oder eine Drop-Zone legen. Das Bild wird dabei nicht im Seitenverhältnis geändert, sondern so skaliert, dass es den weißen Teil der Maske völlig ausfüllt. Wenn das Seitenverhältnis der weißen Form in der Maske stark vom Bild abweicht, wird das Bild also erheblich beschnitten sein. Die Maske kann auch im inneren Bereich schwarze Flächen besitzen, wo das Bild dementsprechend nicht sichtbar ist. Die Einfügung unregelmäßiger Formen wie Signets oder Logos ist also kein Problem. Graustufen erzeugen eine durchscheinende Mischung mit dem Hintergrund des Menüs, denn diese Ebene ist eine vollwertige 8-Bit-Maske.

7. Button auswählen

Wechseln Sie zum Bild Blauer_Button.pct, und stellen Sie die Anzeige der Kanäle wieder auf RGB. Gehen Sie auf AUSWAHL • AUSWAHL LADEN, und bestätigen Sie die Benutzung des Kanals ALPHA 1. Damit wird die Information aus dem Alphakanal als Auswahl für den blauen Button geladen.

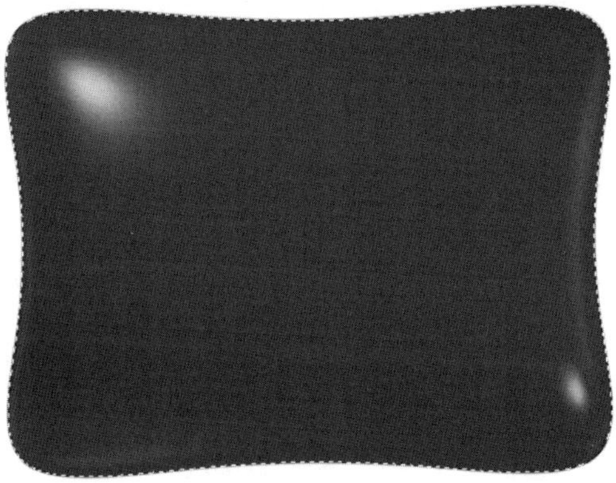

8. Blauen Button kopieren und verschieben

Kopieren Sie den Button, und deaktivieren Sie die Auswahl mit [⌘] + [D]. Wechseln Sie zu Ihrem Form-Dokument, und fügen Sie die Kopie dort wieder mit ein. Es entsteht automatisch eine neue Ebene, die Sie sehen können, wenn Sie in der Palette wieder von Kanälen auf Ebenen umschalten. Diese Ebene wird später das Erscheinungsbild des Buttons bzw. der Drop-Zone in DVD Studio Pro bestimmen.

Durch unsere vorherigen Manipulationen und die Art der Beleuchtung im 3D-Programm deckt sich der Button nicht ganz mit der aufgehellten Maske. Halten Sie die Taste [V] fest (Verschiebewerkzeug), und schieben Sie die blaue Fläche mit den Pfeiltasten um ein Pixel nach rechts und nach unten, dann sollte sie wieder auf Deckung sein.

9. Blauen Button vergrößern

Um keine unsaubere Kante zu behalten, vergrößern wir den blauen Button ganz minimal. Gehen Sie auf BEARBEITEN • TRANSFORMIEREN • SKALIEREN, und vergrößern Sie in Breite und Höhe auf 100,5 %. Bestätigen Sie mit der Eingabetaste oder mit Klick auf das Häkchen oben rechts.

10. Hintergrundwissen

Gegenwärtig ist dieser Button leicht durchscheinend, da seine Alphamaske nicht überall ein reines Weiß enthielt. Diese Darstellung behält er auch bei der Benutzung in DVD Studio Pro bei. Wenn Sie allerdings die Deckkraft über die entsprechende Ebeneneinstellung noch anpassen wollen, lässt sich das nicht so ohne weiteres in DVD Studio Pro nutzen. Da sich die Wirkung mit der Maskenebene allein kaum einschätzen lässt, testen wir die Durchsichtigkeit mit einem Hilfsbild, das etwa unseren späteren Filmbildern entsprechen sollte. Gleichzeitig gewinnen wir dadurch ein Piktogramm für die Form.

Farbraum beachten

Bitte beachten Sie auch noch, dass ich das Ausgangsbild Blauer_Button bereits auf den Video-Farbraum eingestellt habe. Soweit Teile dieser Ebene (in meinem Fall z. B. die Highlights) in voller Intensität sichtbar werden sollen, müssen sie natürlich den weiter vorne gegebenen Hinweisen zur Videodarstellung gerecht werden. Bei den anderen Ebenen ist das nicht notwendig, da sie nie direkt in das endgültige Menü übernommen werden.

---

11. Bild öffnen

Öffnen Sie das Bild Landschaft.pct im Ordner Menügrafik, wählen Sie es mit [⌘] + [A] aus und kopieren das Bild. Wechseln Sie zu Ihrem Dokument Form_Blau, aktivieren Sie die unterste Ebene, und fügen Sie die Kopie mit [⌘] + [V] ein. Sie sollte jetzt über der Maskenebene liegen und durch den blauen Button scheinen.

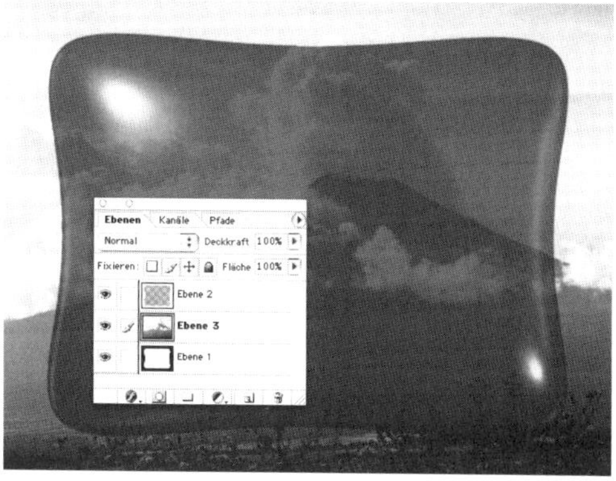

12. *Ebene maskieren* Das entspricht natürlich noch nicht dem späteren Aussehen, da die Landschaft nicht maskiert ist. Wechseln Sie zur unteren Ebene, wählen Sie diese aus und kopieren sie. Nun deaktivieren Sie die Auswahl mit [⌘] + [D]. Aktivieren Sie die Ebene 3 (die Landschaft), und fügen Sie mit dem zweiten Icon unten links ❶ eine Ebenenmaske hinzu. Klicken Sie mit gehaltener Taste [⌥] auf diese Maske, Sie erhalten dann ein weißes Bild. Nun fügen Sie mit [⌘] + [V] die Maske ein. Klicken Sie auf die Ebenenminiatur ❷, um das Ergebnis zu sehen.

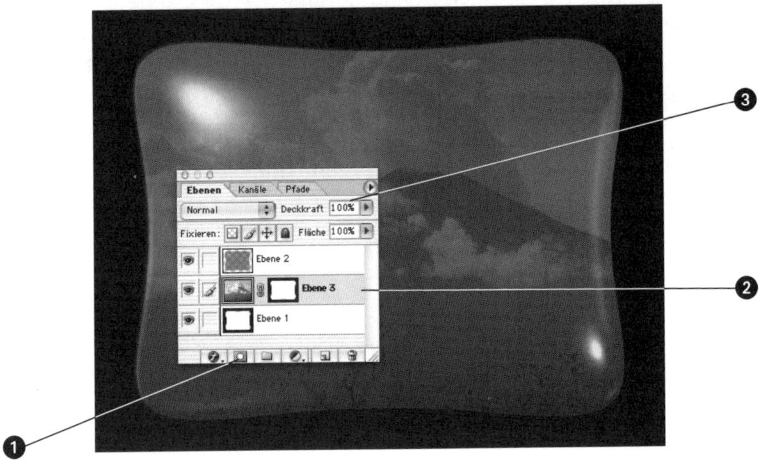

13. *Piktogramm erzeugen* Wechseln Sie zur obersten Ebene, und regulieren Sie die Deckkraft ❸, bis Ihnen die Transparenz des Buttons gefällt. Nun sollten Sie dieses Bild einmal im Photoshop-Format abspeichern, da wir es später wieder brauchen. Das jetzige Aussehen eignet sich als Piktogramm für die Form, aber die Maske sollten wir noch mit Klick auf das Auge unsichtbar machen. Nun reduzieren Sie mit [⇧] + [⌘] + [E] die sichtbaren Teile auf eine Ebene. Wählen Sie alles aus, und machen Sie eine Kopie (mit [⌘] + [C]).

14. *Piktogramm hinzufügen* Laden Sie wieder das Original, oder wählen Sie DATEI • ZURÜCK ZUR LETZTEN VERSION. Wählen Sie die oberste Ebene, und fügen Sie mit [⌘] + [V] das Piktogramm ein. Optisch hat sich jetzt nichts geändert, aber in der obersten Ebene liegt eine Darstellung des Buttons mit eingefügtem Landschaftsbild als Voranzeige für die Form im Browser. Deshalb können Sie jetzt die Ebene mit der Landschaft durch Aktivieren und einen Klick auf den Papierkorb wieder löschen.

15. Deckkraft einrechnen

Die Deckkraft-Einstellung einer Photoshop-Ebene wird, so wie auch alle anderen Ebeneneffekte, von DVD Studio Pro ignoriert. Sie müssen diese erst einmal durch die Verbindung mit einer Hilfsebene permanent einrechnen. Vorher sollten Sie das Bild einmal unter anderem Namen sichern, falls Sie später noch Feinkorrekturen vornehmen wollen.

Aktivieren Sie die unterste Ebene, und wählen Sie EBENE • NEU • EBENE oder den entsprechenden Befehl im Ausklappmenü der Ebenenpalette. Nun sollte sich unter der Ebene mit dem durchscheinenden Button eine leere Ebene befinden. Aktivieren Sie die Button-Ebene darüber, und geben Sie ⌘ + E ein, das entspricht dem Menübefehl MIT DARUNTER LIEGENDER AUF EINE EBENE REDUZIEREN. In der Abbildung sehen Sie den Zustand vor der Anwendung des Befehls zum Einrechnen der Transparenz.

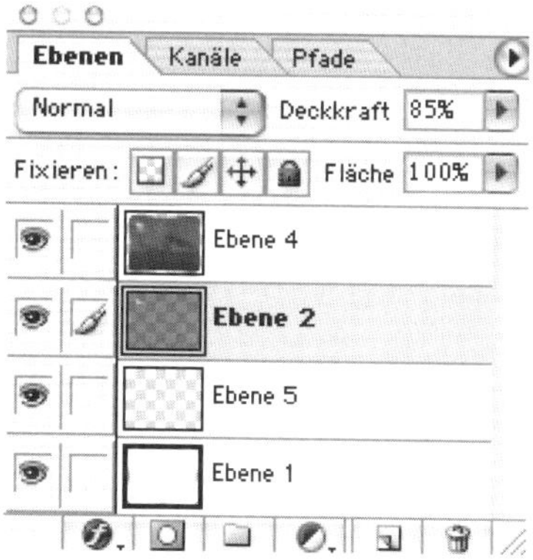

16. Alphakanal einstellen

Öffnen Sie noch einmal das Originalbild Blauer_Button.pct, und machen Sie allein den Alphakanal sichtbar. Diese Information soll uns bei der Verwendung als Button auch für die Überlagerung dienen, wie Apple die

Subpictures nennt. Justieren Sie das Bild bei Bedarf noch mit [⌘] + [L] (der Tonwertkorrektur), denn dies werden Ihre vier Graustufen für das Subpicture. Benutzen Sie aber nur den mittleren Regler, denn Schwarz und Weiß sollten erhalten bleiben. Ein kräftiger Weichzeichnungsfilter kann auch nicht schaden, um etwas Anti-Aliasing zu ermöglichen. Benutzen Sie FILTER • WEICHZEICHNUNGSFILTER • GAUSS'SCHER WEICHZEICHNER mit einem Radius von etwa 2–3 Pixel.

Anders verstanden

Im Gegensatz zu der simplen Überlagerung wird hier durchsichtig, was schwarz ist; Weiß wird der kräftigste Wert.

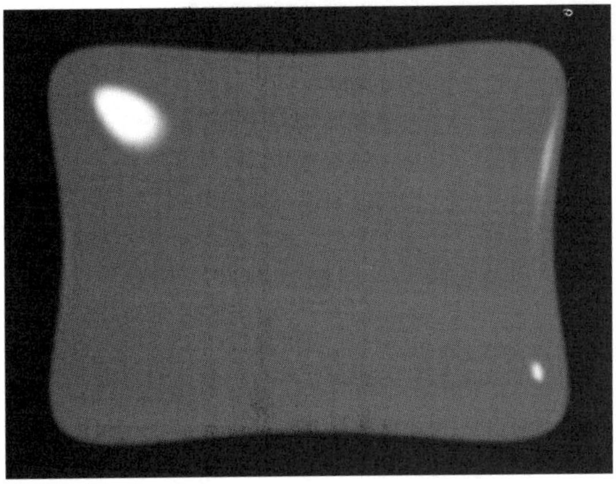

17. Alphabild kopieren

Aktivieren Sie wieder die RGB-Kanäle, wählen Sie AUSWAHL • AUSWAHL LADEN, und bestätigen Sie mit OK wie bei Schritt 6. Kopieren Sie mit [⌘] + [C], und wechseln Sie zu Form_Blau (speichern Sie die Änderungen in BLAUER _ BUTTON.PCT nicht, falls Sie den noch brauchen). Aktivieren Sie die Button-Ebene, und geben Sie [⌘] + [V] ein. Wenn Sie sich die neue Ebene einmal per [⌥]-Klick auf das Auge einzeln ansehen, schaut sie etwas merkwürdig aus. Mit dem Befehl BILD • ANPASSEN • SÄTTIGUNG VERRINGERN wird sie schwarz-weiß, das hilft der Vorstellungskraft.

18. Hintergrundwissen

Es ist nicht der Inhalt dieser Ebene, der das Subpicture bestimmt, sondern ihre Transparenzinformation. Das ist im Originalhandbuch etwas schwer verständlich, weil dort immer vom Alphakanal dieser Ebene die Rede ist. Das stimmt zwar rein technisch gesehen, aber per Anwahl in der Kanäle-Palette können Sie den gar nicht sehen. Der Bildinhalt dieser Ebene ist letztlich egal, Sie können die Wirkung als Überlagerung letztlich nur über die hier gezeigte Methode oder über die Ebenenmaske gestalten. Wenn Sie hier mit Zwischenstufen, zum Beispiel zur Konturenglättung, arbeiten wollen, müssen Sie die Überlagerung auf Graustufen einstellen. Bei der Benutzung als Drop-Zone hat diese Ebene keine Funktion.

19. Ebenen benennen und sichern

Es wäre an der Zeit, den Ebenen sinnvolle Namen zu geben. Durch `Ctrl`-Klick bzw. die rechte Maustaste oder über das Ausklappmenü kommen Sie an den Befehl EBENENEIGENSCHAFTEN. Dort können Sie jeweils einen der Funktion entsprechenden Namen vergeben und unsere neue Form dann abschließend sichern.

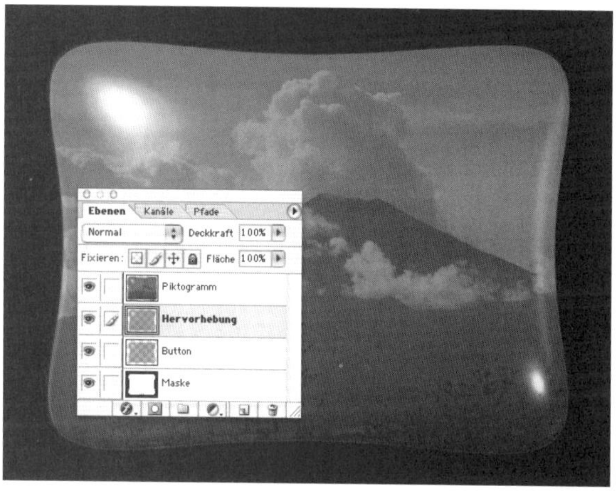

20. Importieren in DVD Studio Pro

Wechseln Sie in DVD Studio Pro zur Palette FORMEN, und klicken Sie auf EIGENE. Nach Klick auf IMPORTIEREN können Sie Ihre neue Form auswählen. Sie wird mit dem Piktogramm der vierten Ebene dargestellt, aber ist natürlich im Bildinhalt noch nicht festgelegt.

In der Abbildung sehen Sie die neue Form in DVD Studio Pro. Die Abbildung haben wir auch auf der Farbtafel für Sie bereit gelegt.

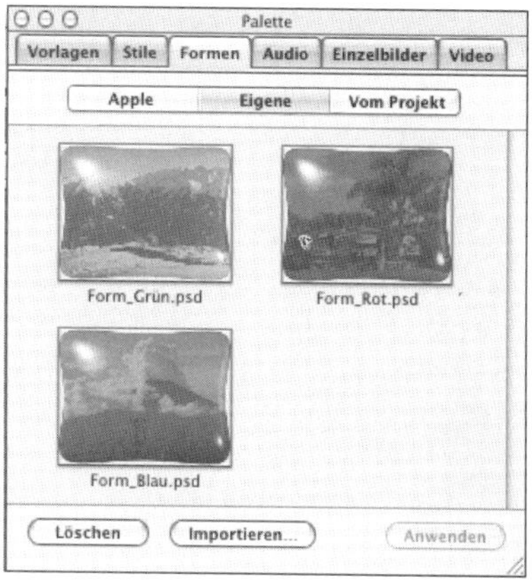

Kein Update von Formen

Bitte beachten Sie: Anders als bei den importierten Standbildern werden Formen bei späteren Änderungen per Photoshop nicht automatisch aufgefrischt. Sie müssen geänderte Formen durch den Kontextbefehl IMPORTIEREN explizit ersetzen. Das ist auch sinnvoll, da diese sich daraufhin in allen Menüs ändern, in denen sie verwendet wurden. Vorsicht: Wenn die Form in der Palette EIGENE liegt und nicht unter VOM PROJEKT, können solche Änderungen auch andere Projekte betreffen.

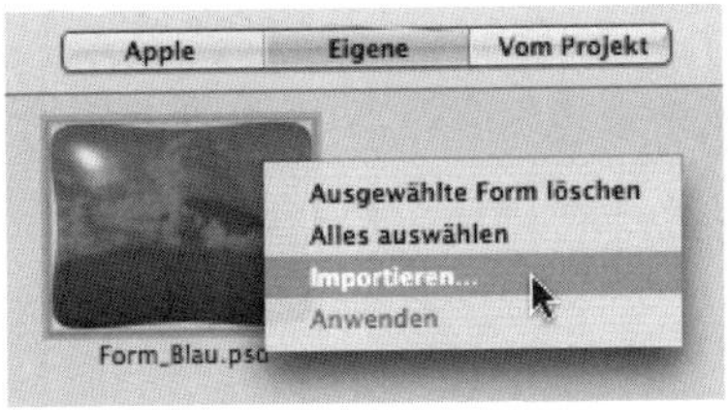

21. Benutzung im Menü Erst beim Drag and Drop in einem Menü legen Sie mit Hilfe des Kontextmenüs in DVD Studio Pro fest, ob die Form als Drop-Zone oder als Button benutzt wird. Der einzige Unterschied ist, dass Drop-Zones nur zur Gestaltung des Hintergrundes dienen und die Ebene für die Hervorhebungen ignoriert wird.

22. Mit Bild oder Filmclip belegen Im Menü legen Sie dann per Drag and Drop fest, welcher Clip oder welches Standbild in der Form sichtbar wird. Gleichzeitig können Sie schon Verknüpfungen zu Spuren und Kapitelmenüs definieren.

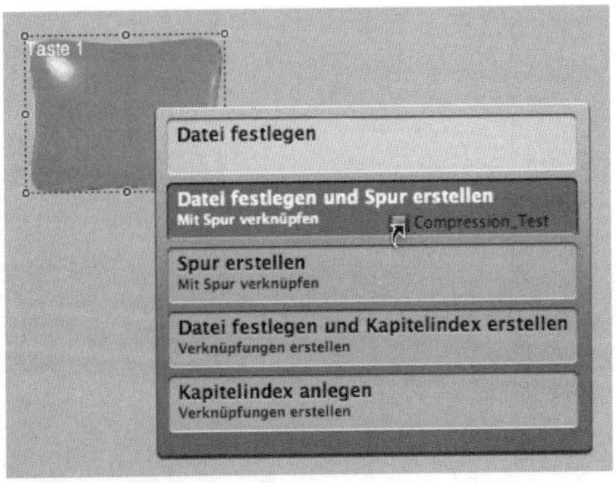

■

Bilder auswählen und vorbereiten

Verwenden Sie für solche Miniaturen keine allzu detailreichen Totalen, sondern einfache übersichtliche Motive oder Naheinstellungen. Auf dem Fernsehmonitor sind ansonsten nur noch Farbkleckse zu erkennen. Aus Video gewonnene Standbilder müssen oft noch mit dem Filter DEINTERLACE (in Photoshop unter VIDEOFILTER) behandelt werden, damit keine hässlichen Zeilenstrukturen sichtbar werden. Außerdem hat Videomaterial oft dunkle Ränder. Sie müssen von Ihnen zunächst beschnitten (»gecroppt«) werden. Bei Stills machen Sie das natürlich in Photoshop, bei Clips können Sie es in Compressor erledigen (siehe »Kompressionspraxis«).

12.6 Motion Menus – Menüs mit Bewegung

Motion Menus sind der Platz auf der DVD, wo die Grafikdesigner sich austoben dürfen. Sogar Hollywood lässt sie oft lokal produzieren, und hier versucht jeder, seine volle Kreativität auszuspielen. Menüs mit bewegten Bildern sind im Grunde einfach kurze Filme, also ganz normale Videodateien. Das heißt auch, dass sie in einem Programm zur Bearbeitung von Video erstellt werden müssen, wie z. B. **Final Cut Pro** oder **After Effects**, ganz aktuell natürlich Apples Motion, auch das mit Final Cut Pro 4 gelieferte **LiveType** kann hier schon eine Menge bieten. An sich ist jedes Programm dafür geeignet, das mehrere Videobilder in der Größe verändern, mit Text versehen und miteinander kombinieren kann.

After Effects

Doch After Effects von Adobe ist ein herausragender Vertreter dieser Art von Programmen und geht – zumindest in der Pro-Variante – doch deutlich über die Fähigkeiten von Final Cut Pro auf diesem Gebiet hinaus. Es bietet nicht nur eine Fülle von Animationsmöglichkeiten und Effekten bei exzellenter Renderqualität, sondern auch eine vorbildliche Integration mit anderen Programmen wie Photoshop (na klar!) und Cinema 4D. Das ist sehr hilfreich, denn oft werden Sie für eine DVD statische und bewegte Varianten des gleichen Bildmaterials kombinieren wollen. Cinema 4D von Maxon, dessen Ergebnisse Sie ja oben schon kennen gelernt haben, kann 3D-Informationen und separierte Ebenen an After Effects übergeben; und mit diesem Gespann stehen Ihnen Gestaltungsmöglichkeiten offen, die Sie auch bei deutlich teurerer Software vergeblich suchen würden. Motion ist dagegen preisgünstiger und sehr intuitiv in der Bedienung, erfordert aber aktuelle Hardware, während After Effects auch auf etwas älteren Macs (oder PCs) vernünftig läuft. Zu After Effects und Cinema 4D gibt es Demo-Versionen beim Hersteller und hervorragende Bücher von meinen Kollegen im gleichen Verlag ...

Motion Menus können grundsätzlich nur mit Highlight-Buttons (Subpictures) verwendet werden (wie ich oben vorgestellt habe), wenn Sie alle Möglichkeiten ausschöpfen wollen. An Gestaltungsmöglichkeiten steht Ihnen hier alles offen: ein statischer Hintergrund mit verkleinerten Filmschleifen als Buttons, ein bewegter Hintergrund mit statischen Buttons oder sogar Buttons und Hintergrund in Bewegung. Die wichtigste Designüberlegung ist eine geschickte Schleifenbildung: Wenn Sie nicht zu viel DVD-Platz mit Motion Menus verschwenden wollen, sollten alle bewegten Elemente als unauffällig wiederholbare **Endlos-Schleifen** angelegt sein. Dazu dürfen sie nicht zu kurz sein, sonst fällt die Wiederholung gleich auf; und das letzte Bild muss zum ersten passen. Dafür gibt es einen Trick: Gestalten Sie am Beginn ein bis zwei Sekunden zusätzlicher Bilder, schneiden Sie diese heraus und fügen diese am Ende wieder ein. Nun können Sie dort einen weichen Übergang erstellen, und die Schleife funktioniert.

Ein kurzes Einfrieren des Bildes und Aufflackern der Hervorhebung am Wiederholungspunkt ist aber technisch nicht zu vermeiden – gerade in DVD Studio Pro mit seinem komplexen Abstraction Layer (siehe TFDVD-Edit) fällt das deutlich auf. Deshalb wirkt es noch eleganter, wenn sich die Animation weich in Bewegung setzt und am Ende wieder abbremst. Ähnliches gilt natürlich für den Ton, der wird nämlich beim Rücksprung ebenfalls kurz unterbrochen. Die Tonebene für Motion Menus sollten Sie daher etwas leiser als bei den Filmen und eher in Richtung »Ambience«, also Untermalung, gestalten. Auch das abrupte Ende des Tons nach der Aktivierung eines Buttons fällt sonst zu sehr auf – Sie haben ja als Designer keinen Einfluss darauf, wann der Benutzer die Animation durch Auslösen einer Funktion verlässt. Beachten Sie ebenfalls, dass der Ton gleich lang oder etwas kürzer sein sollte, sonst bleibt die Animation stehen, bis der Ton abgespielt ist.

Ein automatisches Weiterschalten nach einer gewissen Anzahl von Wiederholungen können Sie per Skript erreichen. Wenn Sie über genügend Platz auf der DVD verfügen, können Sie die Schleife auch schon im Videoprogramm mehrfach wiederholen (besonders leicht geht das in LiveType). So bekommt der Nutzer die kleine Pause nur zu sehen, wenn er besonders lange überlegt, bevor er einen Button betätigt.

Ein recht clever gestaltetes Beispiel sehen Sie auf der ersten DVD zu »Tomb Raider«, wo als Hauptmenü die komplizierte 3D-Animation einer Planetenuhr – ein zentrales Motiv der Filmhandlung – kurz zum logisch sinnvollen Stillstand kommt, ehe die Schleife wiederholt wird.

Motion Menus mit geschlossenen GOPs

Sie sollten Motion Menus immer mit geschlossenen GOPs (siehe »Kompressionspraxis«) kodieren, da dann der Rücksprung bei der Schleifenbildung etwas schneller erfolgt.

Erstellung

Der Grafiker muss für Motion Menus zwei Dinge entwerfen: zum einen das Subpicture, zum anderen eine Grafik in einem Format, das in ein Editing-Programm eingebunden werden kann. Dabei muss jener Teil des Menüs, der Videomaterial enthalten soll, im Editing-Programm als **transparent** erkennbar sein. Hierfür gibt es im Wesentlichen drei Möglichkeiten:

- Alphakanäle
- Photoshop-Ebenen
- Keying

Dabei sind Alphakanäle für alle auf dem Computer generierten Standbilder oder Videosequenzen die übliche Methode. Sie werden zum Beispiel von LiveType und Motion genauso wie von After Effects und Final Cut Pro voll unterstützt. Wenn Sie einen Film mit Alphakanal in Final Cut Pro über eine andere Videospur legen, werden beide ganz automatisch kombiniert.

Für die Erstellung von Motion Menus ist statt eines Bildes mit Alphakanal auch ein Bild mit **Photoshop-Ebenen** geeignet, wie es sogar das preiswerte Photoshop Elements erstellen kann, denn Final Cut Pro oder After Effects können Ebenen separat behandeln. Da Ebenen – abgesehen von der Hintergrundebene – wie mit einer Maske freigestellt wirken, können Sie den Hintergrund einfach durch Ihr Video ersetzen.

Keying ist die am wenigsten empfehlenswerte Methode, da sich nur mit Mühe eine vergleichbare Qualität in der Bildkombination wie bei Alphakanälen oder Ebenen erreichen lässt. Außerdem ist das DV-Format mit seinem reduzierten Farbraum für Chroma-Keying wenig geeignet.

Was sind Alphakanäle?

Alphakanäle stellen die Transparenz eines Bildes in 256 Stufen (8 Bit) als Graustufenbild dar. Die Bereiche des zu integrierenden Videomaterials werden im Alphakanal meist schwarz dargestellt, der Alphakanal verdeckt dann also den weißen Bereich und lässt das Video im schwarzen Bereich hindurchscheinen. Sie kennen das Verfahren schon aus obigem Step-by-Step-Workshop. Jedes professionelle 3D-Animationsprogramm versieht seine Bilder dort mit einem Alphakanal, wo sich keine Objekte im Hintergrund befinden. Auch LifeType hält das so, wenn Sie das Hintergrundbild nicht ausdrücklich zum exportierten Film hinzufügen. Dazu ist es notwendig, dass der gewählte QuickTime-Codec diesen zusätzlichen Kanal (neben den Farbkanälen) unterstützt. Gegenwärtig trifft das nur auf den Codec »Animation« (oder völlig unkomprimiertes Material) zu, den Sie für die QuickTime-Ausgabe auf ÜBER 16 MILLIONEN FARBEN einstellen können – diese etwas irreführende Angabe entspricht der Abspeicherung eines integrierten Alphakanals. Falls Sie Videomaterial von anderen Plattformen bekommen, die kein QuickTime unterstützen, kann der Alphakanal auch als separate Videodatei oder Einzelbildserie übernommen werden.

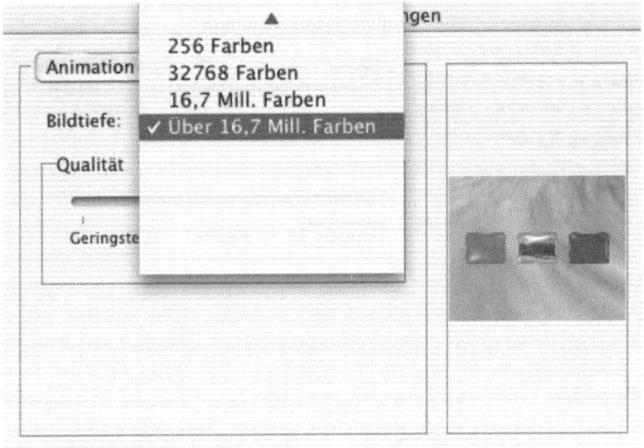

Abbildung 12.20 ▶ Auf diese Angabe muss der Animation-Codec bei der Ausgabe eingestellt sein, wenn Sie einen Alphakanal übergeben wollen.

Beispiel für das Übungsprojekt

Sie finden auf der Buch-DVD auch ein Beispiel für ein Motion Menu, das mit Live Type, Cinema 4D und Final Cut Pro erstellt wurde. Hier einige Standbilder, die den Aufbau verdeutlichen sollen.

Abbildung 12.21 ▶ So sehen die animierten Schriften aus LiveType ohne Hintergrund aus.

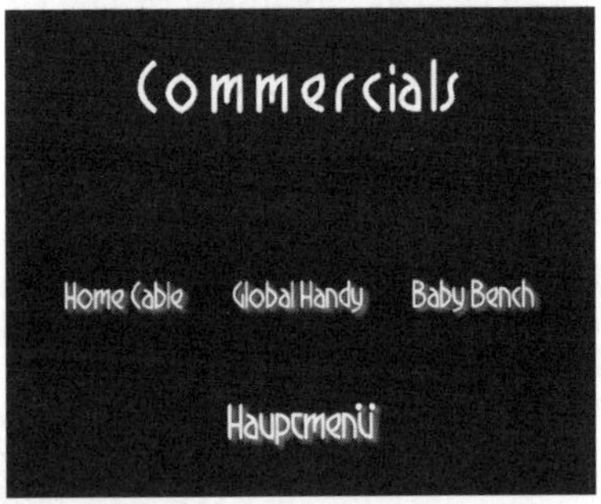

Abbildung 12.22 ▶ Der Alphakanal zu den Schriften in der QuickTime-Datei: Den Schatten der Schrift kann man hier gut erkennen. Das Negativ dieses Kanals verwende ich auch für die Hervorhebungen.

◀ **Abbildung 12.23**
Die animierten Buttons aus Cinema 4D in der Endposition

◀ **Abbildung 12.24**
Der Alphakanal meiner Buttons

Loop-Punkt

Und warum erkläre ich Ihnen das alles? Man kann doch so leicht in DVD Studio Pro ein Menü – auch mit bewegten Bildern – per Drag and Drop zusammenstellen! Wenn Sie beim ersten Hinzufügen einer Form, eines Textes oder einer Drop-Zone zu einem bewegten Hintergrund das Info-Fenster beobachten, werden Sie bemerken, dass eine recht nützliche Funktion im neuen Authoring-System dabei verloren geht. Das Setzen eines **Loop-Punkts** für ein animiertes Menü ist dann nicht mehr verfügbar!

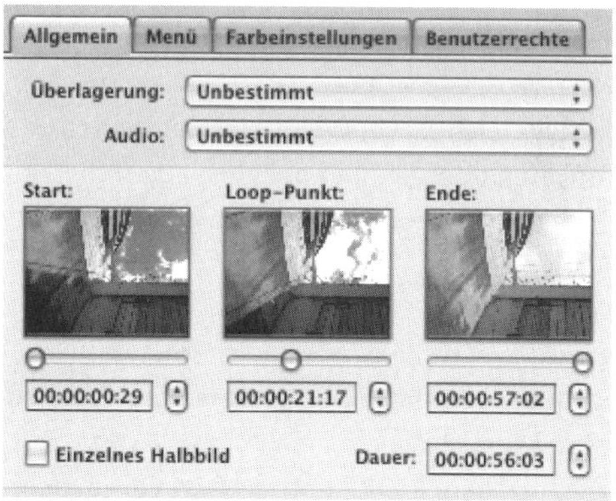

◀ **Abbildung 12.25**
Der Loop-Punkt in Motion Menus stellt eine sehr nützliche Neuerung seit DVD Studio Pro 2 dar, aber er ist auf selbst gebaute Hintergründe mit vollständigem Subpicture angewiesen.

Gerade diese Funktion erlaubt es Ihnen, bewegte Menüs besonders elegant anzulegen: Beim ersten Öffnen des Menüs können Ihre Buttons per Animation schwungvoll die Plätze einnehmen, dann erscheinen die Hervorhebungen, und bei der Wiederholung der Schleife wird zu diesem Punkt zurückgesprungen. Dementsprechend werden die Funktionen der Buttons erst zu diesem Zeitpunkt aktiviert. Diese höchst sinnvollen Möglichkeiten sind aber nur verfügbar, wenn Sie Ihre Motion Menus mit allen Buttons, Texten und passenden Subpictures in einem der oben genannten

Programme extern gestalten (Näheres dazu im Apple-Handbuch auf Seite 299). Ein weiterer Grund, seine Motion Menus in einem anderen Programm zu gestalten, ist die relativ schlechte Skalierungsqualität in DVD Studio Pro.

Abbildung 12.26 ▶ Und so sieht das Motion Menu aus, nachdem es in Final Cut Pro zusammengesetzt wurde (auch der Hintergrund stammt aus LiveType) (siehe auch die Farbtafel für einen Farbeindruck).

Gestaltungsregeln

Da man Motion Menus häufiger anschaut und weil Grafik und Text oft auch kritischer in der Kompression sind, sollten Sie hier besonders viel Wert auf untadelige Videoqualität legen:

- Kodieren Sie kritisches Material mit hoher konstanter Datenrate. Bei den kurzen Laufzeiten üblicher Menüs fällt der höhere Platzbedarf kaum ins Gewicht.
- Um das Flimmern feiner Linien zu unterbinden, benutzen Sie in After Effects die Funktion EFFEKTE • VIDEO • HALBBILDFLIMMERN REDUZIEREN. In anderen Programmen hilft ein leichter vertikaler Unschärfefilter.
- Bewegte Schriften oder Grafiken sollten Sie bei der Ausgabe mit Halbbildern berechnen lassen, wenn Ihre DVD in erster Linie auf Fernsehgeräten betrachtet wird.
- Kodieren Sie mit geschlossenen GOPs.
- Benutzen Sie nicht den DV-Codec zum Zwischenspeichern.
- Nutzen Sie bei unbefriedigender Qualität einen alternativen Encoder (siehe Kapitel 10, »Kompressionspraxis«).

  Bitte beachten Sie auch die übrigen Richtlinien weiter vorne beim Thema »Vollbilder« und die Aufhellung durch Compressor und Main Concept Encoder.

Standbilder und Filme können unterschiedlich aussehen

Obwohl gemäß DVD-Standard auch alle Standbilder auf einer DVD im MPEG-2-Format kodiert werden, behandelt DVD Studio Pro sie manchmal unterschiedlich. Während Videomaterial, wie im Kapitel 10, »Kompressionspraxis«, erläutert, vom Compressor aufgehellt wird, geschieht das bei Standbildern offensichtlich nicht ganz im gleichen Maße.

Dadurch sehen Sie zwischen einem animiertem Übergang und einem Standbild aus dem gleichen Quellmaterial gelegentlich einen Helligkeitssprung. Um den zu vermeiden, sollten Sie in solchen Fällen auch das Standbild wie Videomaterial behandeln, also aus Final Cut Pro oder dem QuickTime Player als einzelnes Bild in MPEG-2 exportieren. Alternative: für beides einen Encoder wie BitVice benutzen, der die Helligkeitswerte unangetastet lässt.

Korrekte Kontraste

Ein Problem, mit dem wir uns bei der DVD immer wieder herumschlagen müssen, ist die mangelnde Konsistenz von Helligkeit und Farbe. Die unterschiedliche Wiedergabe auf Computermonitoren und TV-Bildschirmen – also bei der Hardware – habe ich ja weiter oben schon erwähnt. Doch selbst auf verschiedenen Computersystemen ist die Darstellung nicht konsistent. Der Mac benutzt in der Standardeinstellung einen niedrigeren **Gammawert** von 1,8, der für grafische Arbeiten eigentlich gut geeignet ist. Ein PC hat aber normalerweise ein Gamma von 2,2 und ist damit dem Gammawert eines Fernsehgerätes recht ähnlich. Wenn Sie Grafik für eine DVD entwerfen und keinen Fernsehschirm zur Kontrolle anschließen können, ist es unter Umständen sinnvoll, den Mac dafür zeitweise umzustellen. Sie finden die Gamma-Einstellung unter SYSTEMEINSTELLUNGEN • MONITORE • FARBEN • KALIBRIEREN. Der dort anzutreffende KALIBRIERUNGS-ASSISTENT erklärt den Schritt zur Umstellung recht gut. Vergessen Sie aber nicht, für andere grafische Arbeiten den Wert wieder zurückzustellen. Natürlich können Sie so trotzdem nicht feststellen, ob Ihre Entwürfe am Fernsehschirm flimmern würden oder zu grelle Farben haben.

VideoLAN-Client

Benutzen Sie nicht die MPEG-Wiedergabe im QuickTime Player, wenn Sie Helligkeit und Kontrast Ihres Materials beurteilen wollen, da der die Korrekturen von Compressor für den Computerbildschirm kompensiert. Der frei verfügbare VideoLAN-Client eignet sich besser für die Beurteilung, da er keine Verschiebungen von Kontrast oder Farbe verursacht (www.videolan.org/vlc). Zusammen mit der Umstellung des Gamma-Wertes sollte Ihnen dieser Software-Player einen recht guten Eindruck davon geben, wie Ihre Kontraste auf einem PC oder TV aussehen.

12.7 Animierte Übergänge in DVD Studio Pro

Grundsätzlich konnte jeder kreative Anwender, der sich gut mit After Effects oder Final Cut auskannte, elegante Übergänge zwischen seinen Menüs und Spuren schon bisher gestalten. Nun erweitert Apple die Auswahl geeigneter Programme mit dem eigenen Animationsprogramm »Motion«. DVD Studio Pro unterstützt solche Arbeiten zusätzlich mit vorgefertigten Effekten und Filmen und erleichtert die Einbindung extern erzeugter Übergänge erheblich, sowohl für gesamte Menüs oder Spuren als auch für einzelnen Tasten. Die mitgelieferten Effekte lassen sich in zwei Gruppen einteilen:

1. klassische Blenden, wie man sie ähnlich auch aus Videoprogrammen kennt,
2. so genannte Alpha-Übergänge.

Abbildung 12.27 ► Die erste Gruppe der Übergänge in DVD Studio Pro ähnelt gängigen Videoeffekten, die Alpha-Blenden verdecken das Bild zeitweise mit einer Maske, und bei VIDEOÜBERGANG können Sie einen eigenen Clip wählen.

Blende vs. Alpha-Übergang

Der visuelle Unterschied ist beträchtlich: Bei den einfachen **Blenden** wird ein Übergang vom Vorgängerbild zum Anschlussbild ausschließlich über einen Effekt geschaffen, wie z. B. eine Wischblende, eine Überblendung, einen drehenden 3D-Würfel oder Ähnliches. Die Übergänge mit einem Alphakanal dagegen enthalten ein kurzes Stück bewegter Bilder (das können Videoaufnahmen oder Animationen sein), die für kurze Zeit den gesamten Bildinhalt verdecken. Dabei bewegt sich irgendeine Form (wie ein Tuch oder grafische Elemente) in die Bildfläche hinein und wieder heraus. Diese Form ist mit einem Alphakanal versehen (also einer Zusatzinformation über die Transparenz des Bildes), und so wird dabei das erste Bild allmählich verdeckt und das neue freigegeben – ein Beispiel kennen Sie aus unserem Übungsprojekt. Ein solcher Alphakanal kann bei Videoaufnahmen in einer Bluebox mit der Key-Funktion eines Videoprogramms erzeugt werden, bei 3D-Animationen lässt er sich automatisch generieren (siehe oben).

Bei beiden Verfahren wird nur mit einem Standbild gearbeitet, auch wenn es sich um Menüs oder Spuren mit Bewegung handelt – das entsprechende Bild wird also für den Übergang »eingefroren«. Sie können alternativ auch ein von Ihnen vorbereitetes Stück Video einbinden, so dass sich alles bewegt, dann sind Sie jedoch für die korrekten Laufzeiten und passenden Anschlüsse selbst verantwortlich. Vertonen lassen sich diese Übergänge bisher nicht, in solchen Fällen müssen Sie weiterhin »zu Fuß« arbeiten.

Positionen

Typische Positionen für Übergänge wären:

1. Bei Beginn der DVD, wenn das Hauptmenü erscheinen soll
2. Beim Wechsel von einem Menü zum nächsten
3. Wenn ein Button in einem Menü betätigt wurde

Apple nennt Übergänge vor einem Menü oder einem Film **»Einführungsclips«** und solche zwischen Buttons und Spuren **»Übergangsclips«**.

Einführungsclips

Lassen Sie uns mit den Intros beginnen. Es gibt drei Methoden, die hierfür gängig sind:

- Mit einem separaten Intro-Menü zu einem Menü
- Mit einer Videospur zu einem Menü
- Ein einzelnes Menü mit einem Loop-Punkt

Separates Intro-Menü

Eine der besten Optionen ist immer noch die erste Version, die Benutzung zweier animierter Menüs. Das erste Menü enthält dabei die Animation bis zu dem Punkt, wo die Buttons aktiviert werden sollen. Sobald dieses Menü – mit einem einzelnen, funktionslosen und nicht sichtbaren Button – abgespielt wurde, schickt ein Sprungbefehl die Navigation automatisch zum zweiten Menü. Das enthält dann die eigentlichen Buttons und erlaubt die weitere Navigation durch den Nutzer. Gestalten lässt sich so etwas sehr leicht in der Timeline von Final Cut Pro, wo Sie Teilstücke bildgenau markieren und separat als MPEG-2 exportieren können.

▲ **Abbildung 12.28**
Sie können Abschnitte einer zusammenhängenden Animation in der Timeline von Final Cut Pro markieren und separat exportieren.

Die Vorteile dieser Lösung:

- Das Überspringen der Intro bei einer Wiederholung lässt sich per Skript steuern.
- Auch den Tasten Menu oder Top auf der Fernbedienung können Sie das eigentliche Menü als Sprungziel zuweisen.
- Menüs liegen in der Struktur einer DVD physikalisch dichter zusammen als Videospuren, und die Sprungzeiten sind kürzer.

Der einzige Nachteil dieser Methode ist eine ganz kurze Pause beim Wechsel zwischen den Menüs.

Mit einer Videospur zu einem Menü

Bei der zweiten Methode, die ansonsten entsprechend der ersten funktioniert, ist diese Pause etwas länger, da der Laser im Abspielgerät einen weiteren Weg zurücklegen muss.

Einzelnes Menü mit einem Loop-Punkt

Kommen wir zur dritten Methode, die Sie aus dem Übungsprojekt kennen. Ihr Vorteil ist, dass es beim Loop-Punkt keinerlei Unterbrechung von Bild oder Ton gibt, da das Menü aus einer einzigen, zusammenhängenden Animationssequenz besteht. In diesem Fall würden wir das Bildbeispiel aus der Timeline in einer einzigen Videospur exportieren. Der Nachteil: Wenn der Nutzer aus einem Film oder einem anderen Menü hierher zurückkehrt, muss er sich immer wieder die Intro-Animation ansehen. DVD Studio Pro bietet auch in der Version 3 noch keine Möglichkeit, den Loop-Punkt gezielt von anderen Elementen her anzuspringen, er wird nur bei Wiederholungen innerhalb des gleichen Menüs verwendet. Das Problem lässt sich aber mit dem Programm TFDVDEdit beheben, das lernen Sie im Kapitel 17, »Umprogrammieren«.

Übergangsclips

Schauen wir, was die neuen Übergänge aus Version 3 für uns tun können. Im Info-Fenster für Menüs erscheint ein zusätzlicher Tab Übergang, dessen Funktionen ich Ihnen näher erläutern möchte. Sie sehen hier drei kleine Vorschaufenster, die das Anfangsbild, den Übergang und das Endbild repräsentieren. Solange noch kein einzelnes Zielobjekt verknüpft und kein Button angewählt wurde, sehen Sie unter Ende eine kleine Mondscheinszene als Platzhalter.

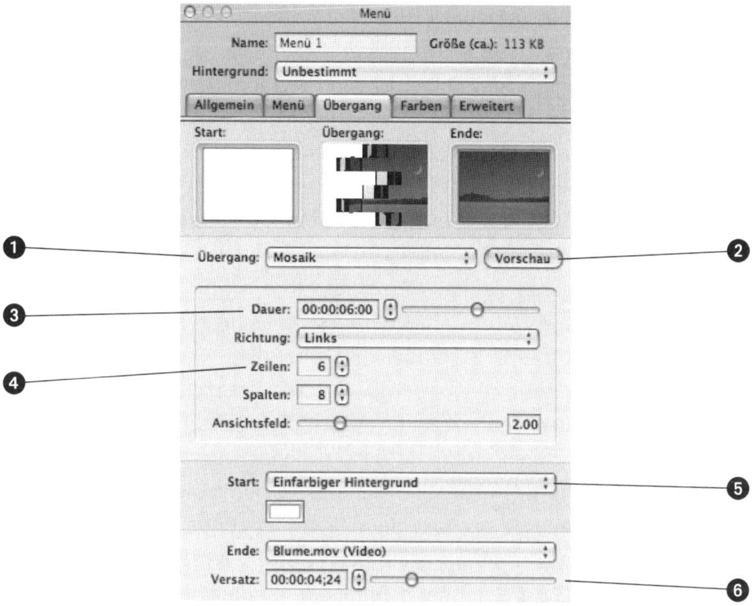

◂ **Abbildung 12.29**
Die Übergänge, die DVD Studio Pro seit Version 3 anbietet, vereinfachen die Gestaltung raffinierter Menüverbindungen erheblich.

Wenn Sie einen Übergang für das gesamte Menü definieren, wird er von allen Buttons dieses Menüs benutzt, aber dabei wird natürlich als Endbild das jeweilige Zielobjekt herangezogen. Sobald Sie mit dem Ausklappmenü ÜBERGANG ❶ eine Variante gewählt haben, können Sie mit dem Button ❷ eine miniaturisierte Echtzeit-Vorschau abrufen, die im mittleren Feld abläuft. Im oberen Bereich der Liste finden Sie die einfachen Übergänge, im unteren Teil die Alpha-Versionen. Probieren Sie einfach ein paar Varianten aus, und Sie werden die Erklärungen am Anfang dieses Abschnitts schnell verstehen.

Im nächsten Bereich des Info-Fensters können Sie die Dauer ❸ des Übergangs und – je nach Effekt – noch einige weitere Parameter verändern, so z. B. die Richtung der Bewegung und im Beispiel die Aufteilung des Mosaiks ❹. Testen Sie die Möglichkeiten selbst in der VORSCHAU, dann bekommen Sie schnell ein Gefühl für den passenden Übergang. Bei Alpha-Übergängen beschränken sich diese Einstellungsmöglichkeiten auf die Laufzeit, da diese auf vorgefertigten Videoclips beruhen.

Solange Sie die Vorgaben nicht ändern, wird das erste Bild Ihres Menüs eingefroren und für den Übergang verwendet, sinngemäß gilt das auch für das Zielobjekt. Bei bewegten Menüs kann das einigermaßen unsinnig sein, da das erste Bild ja oft völlig anders aussieht als der Zustand beim Anklicken der Buttons. Übrigens: Wenn ein Skript als Zielobjekt gewählt wurde, ist das Bild schwarz. Für den START ❺ und das ENDE können Sie auch eine Farbe oder einen eigenen Videoclip wählen, bei Letzterem lässt sich mit VERSATZ ❻ noch einstellen, welcher Zeitpunkt im Clip benutzt werden soll. Doch auch dabei wird das betreffende Bild immer als Standbild benutzt. Wenn Sie eine Überblendung mit bewegtem Hintergrund wünschen, müssen Sie das selbst in einem Videoprogramm zusammenbauen.

Das mag Ihnen als arges Versäumnis seitens der Firma Apple erscheinen. Bedenken Sie aber, dass Sie den Zeitpunkt, zu dem der Nutzer einen Button betätigt, sowieso nicht bestimmen können. Bei intensiven Bewegungen würde es also praktisch immer einen auffälligen Ruck bei Beginn des Übergangs geben – legen Sie Ihre Hintergrundanimationen besser entsprechend dezent an, oder lassen Sie sie zum Stillstand kommen. Wichtig ist diese Einstellmöglichkeit bei dem wiederholten Sprung auf ein bewegtes Menü mit LOOP-PUNKT, zum Beispiel bei der Rückkehr aus einer Story. Hier würde man im Allgemeinen als Zielbild den Beginn der Schleife bevorzugen, aber stattdessen benutzt der Übergang bei der Standardeinstellung das erste Bild der Intro-Animation. Hier sollten Sie also stattdessen unter VIDEO das dem Menü zugrunde liegende Original auswählen und dann den Versatz auf den Loop-Punkt setzen – im Beispiel von der Buch-DVD wäre der beim Timecode 00:00:07:00.

Gezielte Verbindungen

Wenn Sie einen einzelnen Button anwählen, der auch schon mit einem Zielobjekt verknüpft wurde, ändert sich die Darstellung. Nun sehen Sie das erste Bild des Zielobjekts im rechten Miniaturfenster, und auch die Vorschau benutzt dieses Bild, um Ihnen so das tatsächliche Aussehen Ihres Übergangs zu zeigen. Hier können Sie jedem einzelnen Button seinen eigenen Übergangseffekt zuweisen (falls Sie das passend finden) oder mit WIE BEIM MENÜ die Einstellungen des jeweiligen Menüs übernehmen.

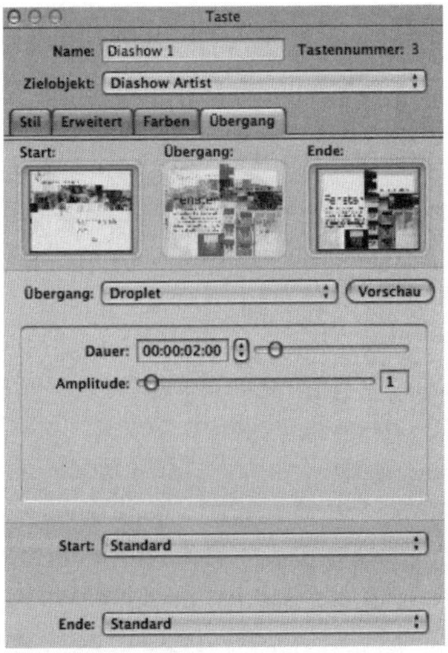

Abbildung 12.30 ▶ Sie können jedem einzelnen Button gezielt einen Übergang zuweisen.

Wenn Sie einen Übergang wünschen, in dem sich auch das jeweilige Hintergrundbild in Bewegung befindet, müssen Sie das Videomaterial hierfür zwar weiterhin selbst erzeugen. DVD Studio Pro vereinfacht aber zumindest die Einbindung solcher Übergänge, die Sie ganz unten in der Ausklappliste wählen können. Statt ein zusätzliches Menü oder eine zusätzliche Videospur (weniger empfehlenswert, siehe oben) anzulegen und an beiden Enden zu verknüpfen, wählen Sie hier einfach nur das passende Asset aus. DVD Studio Pro kümmert sich um den Rest.

Ein praktisches Beispiel: Bei unserem »Commercial«-Menü haben sich anfangs alle Buttons an ihren Platz bewegt. Nehmen wir an, Sie möchten nach der Aktivierung eines Buttons nur diesen wieder aus dem Bild fliegen lassen, bevor der entsprechende Clip beginnt. Das können die vorgefertigten Übergänge so nicht leisten. Wenn Sie aber für jeden der Buttons eine passende kleine Animation vorbereiten, können Sie diese mit wenigen Mausklicks im Tab ÜBERGANG präsentationsreif einbinden.

Seit Version 3 ist es wesentlich einfacher geworden, einer DVD diese kleinen grafischen Extras hinzuzufügen, die zwar nicht wirklich notwendig sind, aber doch sehr zu einem eleganten Gesamteindruck beitragen. Denken Sie aber daran, dass solche Übergänge auch Platz auf der DVD beanspruchen und in ungünstigen Fällen den Bedarf über die gerade noch verfügbare Größe hinaustreiben können.

Eigene Übergänge mit Alphakanal

Neben den von Apple mitgelieferten Übergängen mit einem Alphakanal, an denen sich – so schön sie auch sein mögen – die DVD-Gemeinde wahrscheinlich bald satt gesehen haben wird, können Sie auch eigene Übergänge kreieren und der Liste hinzufügen. Im Folgenden möchte ich Ihnen zeigen, wie Sie dabei vorgehen sollten.

Pre-Multiplied Alpha

Sie benötigen dafür zwei oder drei QuickTime-Filme, je nachdem, ob Sie einen dieser Streifen im Erstellungsprogramm mit einem so genannten »Pre-Multiplied Alpha« versehen können oder nicht. Anwender von After Effects zum Beispiel können das, manche anderen Programme bieten diese Möglichkeit nicht. Ich beschreibe Ihnen daher das universell anwendbare Verfahren mit drei Clips, und zwar am Beispiel von Final Cut (es eignen sich sowohl Pro als auch Express). In meinem Beispiel sollen die drei Buchstaben »DVD« auf den Betrachter zukommen. Dabei soll der Bildinhalt der vorhergehenden Szene außen zunehmend verdeckt werden, während innerhalb der Buchstabenkontur das Anschlussbild freigegeben wird.

Schritt für Schritt: Alpha-Übergänge gestalten

1. Hochauflösende Grafik gestalten

Gestalten Sie Ihre Grafik als Grundlage für die Animation in Photoshop mit dem Schriftzug »DVD«, da sich in Final Cut nur Schriftgrößen bis 200 einstellen lassen. Wir wollen hier aber so weit in die Schrift hineinzoomen, dass der Innenbereich des »V« in der Mitte am Ende das gesamte Bild ausfüllt (und damit das neue Bild freigibt). After Effects-Kenner werden sofort einwenden, dass solche Arbeiten dort mit Vektorschriften oder Vektorgrafik aus Adobe Illustrator wesentlich besser erledigt werden können – das stimmt natürlich, aber Final Cut verarbeitet keine Vektordateien. Ich habe für das Beispiel eine Auflösung von 3000 × 4000 Pixel benutzt.

2. Schriftzug mit Farbverlauf

Die oberste Ebene enthält die Kontur der Buchstaben, die ich im Beispiel mit einem Blauverlauf eingefärbt und relativ fett ausgelegt habe. Dies wird der einzige Teil des Bildinhalts, der unmittelbar sichtbar gemacht wird. Das merkwürdige »V« brauchen wir, um in der Mitte einen geschlossenen Umriss für den Wechsel der beiden Bildinhalte zu bekommen. Siehe hierzu auch unsere Farbtafel.

3. Textmaske anlegen

Die zweite Ebene ist die Maske für diese Kontur, sie ist nur im Bereich der sichtbaren Partien weiß, der Rest muss schwarz sein (diese Information könnte auch in einem Alphakanal der ersten Ebene enthalten sein). Achtung: Bei den Maskenkanälen gelten die reinen Farben Schwarz und Weiß, nicht die reduzierten Farben für Video.

4. Übergangsmaske anlegen

Die letzte Ebene ist die Maske für den Wechsel der Bildinhalte, sie muss dort weiß sein, wo der Inhalt der ersten Szene gezeigt werden soll. Schwarze Bereiche, hier also der Innenraum der Buchstaben, entsprechen der folgenden Szene. Der Bereich der Kontur ist hier nicht von Bedeutung, da er sowieso verdeckt wird. Speichern Sie die Datei in Photoshop.

5. Importieren in Final Cut

Importieren Sie die Grafikdatei in Final Cut. Dort erscheint sie automatisch als Sequenz in voller Auflösung (weshalb das auch ein bisschen dauern kann) mit separaten Video-Ebenen, und wir können diese einzeln sichtbar machen oder ausschalten.

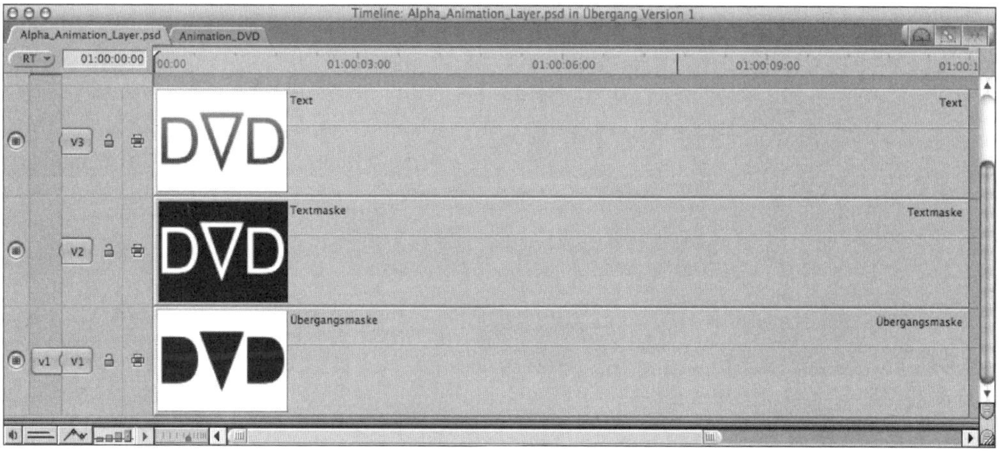

6. Weitere Sequenz anlegen

Erzeugen Sie eine weitere Sequenz mit normaler DV-Auflösung (720 × 576 für PAL), und stellen Sie den Codec hierfür auf Foto-JPEG mit 75% (siehe Kapitel 10, »Kompressionspraxis«). Ob Sie dabei Halbbilder berechnen lassen oder nicht, hängt von Ihrem übrigen Material auf der DVD und natürlich den überwiegend verwendeten Wiedergabegeräten ab.

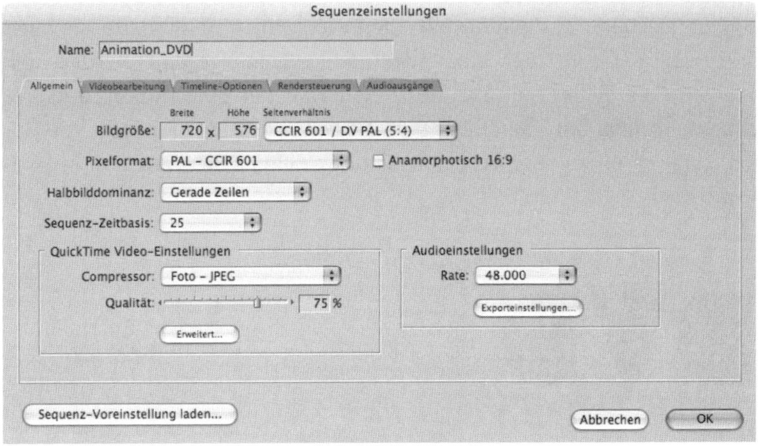

7. Hintergrund anlegen und Grafiksequenz kopieren

Legen Sie in diese Sequenz ein weißes Rechteck in voller PAL-Größe als Hintergrund, erzeugen Sie eine zweite Spur, und ziehen Sie die Grafiksequenz in diese obere Spur. Auf diese Weise ist es sehr einfach, die gewünschte Animation anzulegen, da alle Versionen gemeinsam gezoomt oder in der Position verändert werden können. In meinem Beispiel habe ich herangezoomt, bis die Mitte des »V« das gesamte Bild ausfüllt.

Kürzen Sie die Dauer auf die gewünschte Länge, in meinem Fall drei Sekunden. Laden Sie die obere Spur durch Doppelklick bei gehaltener Taste [⌥] in den Viewer.

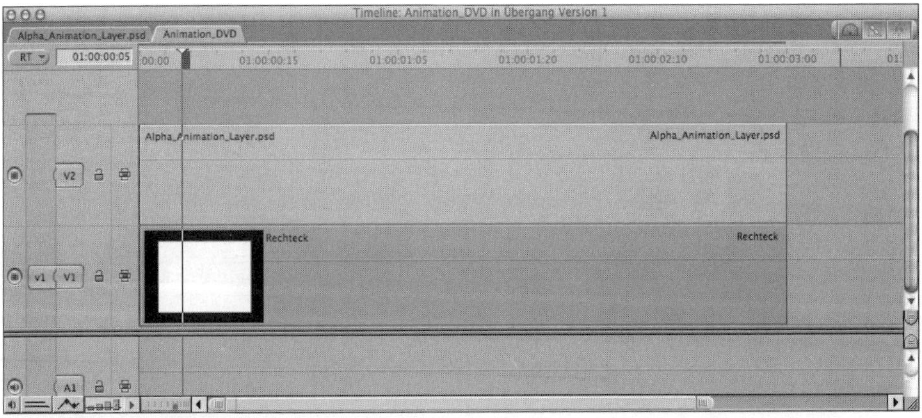

Stellen Sie unter dem Tab Bewegung die Größe am Beginn der Sequenz auf den Wert 0, setzen Sie ein Keyframe, und gehen Sie auf das Ende der Sequenz. Dort stellen Sie die Größe auf 290, und dann ändern Sie beide Keyframes auf Bézier. Stellen Sie die Steigung der Kurve so ein, dass eine gefällige Animation entsteht.

8. Animation festlegen

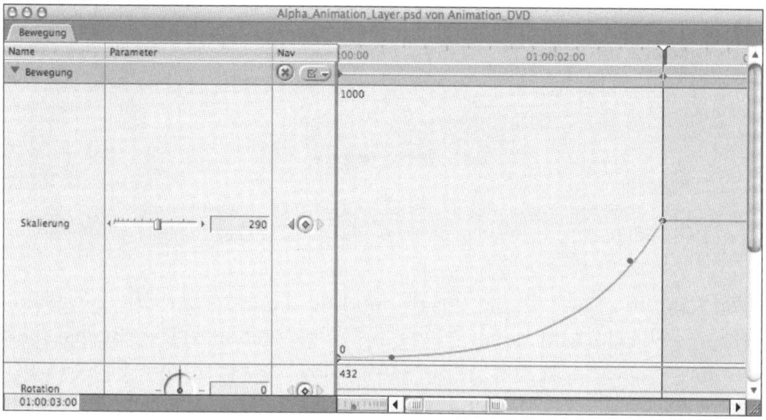

Schalten Sie in der Ebenen-Sequenz nacheinander die einzelnen Ebenen sichtbar, rendern Sie jeweils die animierte Sequenz, und exportieren Sie die drei Versionen als Logo.mov (die sichtbaren Buchstaben), Logo-matte.mov (die Textmaske) und Logo-backgroundMatte.mov (die Übergangsmaske). Beim Berechnen der animierten Textmaske müssen Sie das weiße Rechteck im Hintergrund der Animationssequenz unsichtbar machen, weil dafür ein schwarzer Hintergrund benötigt wird. Die Namensgebung müssen Sie sinngemäß auch für eigene Projekte einhalten.

9. Ausgabe

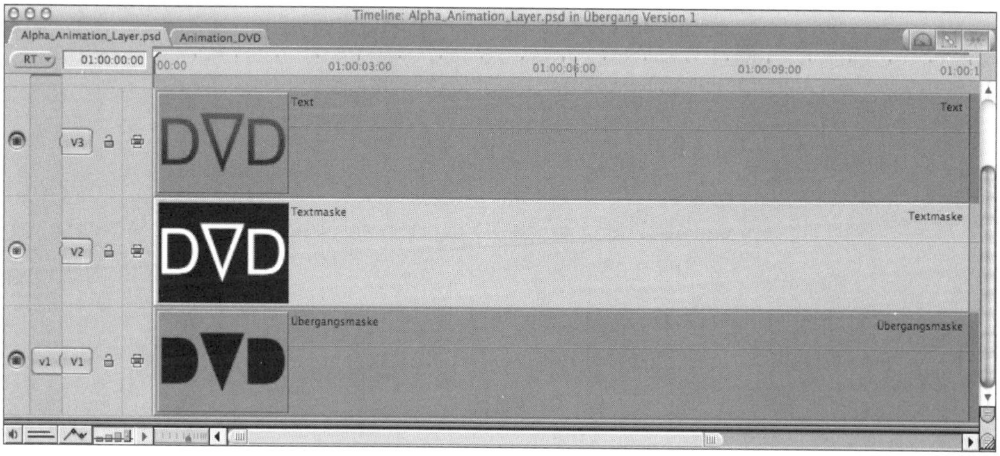

10. Dateien ablegen Suchen Sie auf Ihrem Computer im Ordner Library den Ordner Application Support und dort DVD Studio Pro. Erzeugen Sie dort einen neuen Ordner namens »Transitions« (falls es den noch nicht gibt) und darin einen Unterordner mit dem Namen des gewünschten Übergangs, in unserem Fall also »Logo«. In diesen Ordner legen Sie die drei Clips.

11. Wieder in DVD Studio Pro Wenn Sie nun DVD Studio Pro öffnen und die Liste der Übergänge ansehen, sollte dort Ihr neuer Übergang aufgelistet sein. Den Buchstaben »Alpha« müssen Sie, falls gewünscht, selbst davor setzen. Er ist in der Zeichenpalette unter den griechischen Buchstaben zu finden, aber nicht in jedem Zeichensatz verfügbar. Der neue Übergang lässt sich übrigens, wie alle anderen, in der Dauer anpassen. Da hierbei aber keine neuen Einzelbilder erzeugt werden, kann das zu Ruckeln in der Bewegung führen. Sie finden die Abbildung in Farbe auch auf unserer Farbtafel.

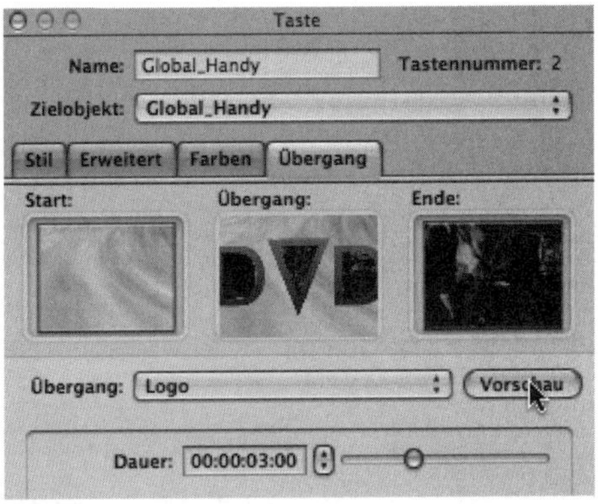

In der Abbildung sehen Sie den fertigen Übergang in der Vorschau von DVD Studio Pro und darunter im Simulator.

Übergänge aus Fotos

Natürlich lassen sich solche Übergänge auch aus Realbildern generieren, wenn sie zum Beispiel in einem Studio vor farbigem Hintergrund aufgenommen wurden oder andere Parameter des Bildes für die Erstellung einer Maske genutzt werden können. Falls Sie sich die eigene Gestaltung von Alpha-Übergängen nicht zutrauen: Ich vermute, dass pfiffige Anbieter bald in die Lücke springen und entsprechende Sammlungen für Apples Authoring-Programm anbieten werden.

12.8 Und wieder: Widescreen

Obwohl Breitwandfilme im Kino ja ein alter Hut sind, wird das breite Bild bei TV und DVD erst durch zunehmend preisgünstigere 16:9-Fernsehgeräte und nun sogar durch Projektoren mit echten 16:9-Chips auch für den Heimbereich immer populärer. Nicht allein Spielfilme, sondern selbst auf Video produzierte Fernsehdokumentationen tauchen immer häufiger auf einem »klassischen« Fernsehgerät mit schwarzen Balken auf und verlocken zum Umstieg auf ein neues Wiedergabegerät. Doch die beiden Fernsehformate werden sicherlich, gerade in Zeiten knappen Geldes, noch auf Jahre hinaus nebeneinander bestehen. Deshalb kann eine DVD nur dann jedem Nutzer das volle Vergnügen bieten, wenn sie unter Berücksichtigung beider Bildformate gestaltet wurde. Auf einer DVD können die Formate 16:9 und 4:3 – anders als PAL und NTSC – koexistieren. Hollywood macht es genauso, wenn der Hauptfilm im Breitwandformat vorliegt, das »Making of ...« aber nur in 4:3. Leider gibt es trotzdem einige Fallstricke, und das sowohl im DVD-Standard selbst als auch bei den Wiedergabegeräten.

Immerhin macht DVD Studio Pro Ihnen die Gestaltung der üblichen Menüs für mehrere Display-Formate wesentlich leichter als der Vorgänger. Auf Kosten der vollen Zahl an Buttons – Sie können statt 36 nur noch 18 pro Menü verwenden – sorgt das Programm intern für die Generierung zweier passender Versionen. Sie müssen nur noch festlegen, ob 16:9-Menüs auf 4:3-Displays als Letterbox oder im Pan-and-Scan-Verfahren angezeigt werden sollen (Näheres zu den Formaten im Kapitel 6, »Bewegte Bilder«, unter »Widescreen auf der DVD«). Aber Moment mal! Wenn Sie bisher gut aufgepasst haben, werden Sie sagen: »Das Bild auf der DVD ist doch eigentlich immer gleich groß! Wieso also zwei passende Varianten bei den Menüs?«

Problem Nun, an dieser Stelle weist die DVD-Spezifikation leider eine lästige Schwachstelle auf: Während Videobilder und Menü-Hintergründe vom DVD-Player korrekt skaliert werden, legt er die Subpictures ohne Skalierung darüber! Das heißt also, dass Hervorhebungen, die für die Darstellung auf einem 16:9-Gerät korrekt angelegt wurden, auf einem 4:3-Bildschirm nicht mehr mit den dazugehörigen Buttons zur Deckung kommen – und umgekehrt. Eigentlich müssten Sie also verschiedene Subpictures gestalten und per Abfrage der Player-Einstellungen zur jeweils richtigen Version verzweigen. Diese lästige Arbeit nimmt Ihnen jetzt DVD Studio Pro sowohl bei statischen als auch bei Motion Menus ab. Bei Subpictures für Spuren, also Betitelung, grafischen Hervorhebungen oder Buttons über regulärem Video, müssen Sie sich weiterhin selbst darum kümmern.

Die MPEG-2-Kompression von 16:9-Bildern unterscheidet sich im Grunde nicht von der Bearbeitung des 4:3-Materials. Ein simpler Software-Schalter (ein so genanntes »Flag«) im kodierten Material teilt dem DVD-Player mit, dass die Bilder seitlich stärker auseinander gezogen werden müssen. Wenn Sie noch einen Encoder haben, der kein 16:9 kennt (wie z. B. die Digital Media Press-Karte), oder bei Compressor schlichtweg vergessen haben, diese Funktion zu aktivieren: Kein Problem, Sie müssen nicht noch einmal von vorne anfangen. Mit dem kleinen Programm FORCE ANAMORPHIC von John Brisbin (siehe »Kleine Helfer«) lässt sich dies auch nachträglich korrigieren – es fügt diese Information hinzu.

Videospuren

Nun gibt es neben diesen Flags im Videomaterial noch die Einstellungen, die der Nutzer am Player vornehmen kann. Bei jeder einzelnen Spur haben Sie dann wiederum mehrere Wahlmöglichkeiten, wie das Material angezeigt werden soll (innerhalb einer Spur können Sie aber nicht mischen!):

- **4:3**
  (wenn es sich aber tatsächlich um 16:9 handelt, wird der Film seitlich gequetscht)
- **Letterbox**
  (auf 4:3-Bildschirmen wird das Bild mit schwarzen Balken gezeigt)
- **Pan Scan**
  (auf 4:3 wird immer nur die Mitte des Bildes gezeigt, wenn kein Pan-and-Scan-Vektor existiert)

- **Letterbox & Pan Scan**
  (der Nutzer hat die Wahl)

16:9-Material auf einem 4:3-Bildschirm

Bei 16:9-Material auf einem 4:3-Bildschirm gibt es folglich nur zwei sinnvolle Darstellungsmöglichkeiten: Entweder das Bild wird vollständig gezeigt und oben/unten bleiben schwarze Ränder (Letterbox), oder das Bild wird formatfüllend gezeigt, aber an den Seiten fehlt dann eine ganze Menge (Pan and Scan). Letzteres ist nur in den seltensten Fällen nutzbar, denn Sie brauchen dazu Material, das beim Encoding mit den notwendigen Vektoren versehen wurde. Compressor kann das nicht, aber angeliefertes MPEG-2-Material mit diesen Steuerungsinformationen kann DVD Studio Pro benutzen.

Einfluss auf das Ergebnis

Sie müssen sich also für eine der angebotenen Kombinationen entscheiden – nur welche? Das Handbuch hilft da wenig weiter. Es gibt nämlich drei Faktoren, die das Ergebnis beeinflussen können:

- Die Settings
- Das Flag im Video
- Das Player-Setup beim Anwender

Glücklicherweise gibt es, wie in jeder gut organisierten Entscheidungsstruktur, dabei eine klare Hierarchie: Die Einstellung im Authoring-System hat oberste Priorität, denn sie regiert über den Player und die Flags. Wenn Sie hier mehrere Möglichkeiten offen lassen (Letterbox & Pan Scan), regiert der Player. Die Flags im Video kommen erst zuletzt zum Tragen.

In der Praxis bleiben Ihnen damit nur zwei Möglichkeiten:

1. Sie vertrauen darauf, dass Ihre Nutzer mit dem Setup-Menü des Players umgehen können. In diesem Fall stellen Sie Ihre DVD auf Letterbox & Pan Scan, also auf den untersten Eintrag, und überlassen ihnen die Entscheidung.
   Doch können Sie sich darauf verlassen, dass der Nutzer weiß, was er will? Das ist nicht sehr wahrscheinlich, wenn man den Untersuchungen trauen darf, nach denen schon die Mehrzahl aller Besitzer von Videorekordern die Aufnahme in Abwesenheit nicht zuverlässig im Griff hat. Insbesondere Billig-Player zeichnen sich ja oft durch nicht oder nur unzureichend eingedeutschte Menüs und Handbücher statt durch Verständlichkeit aus. Ich empfehle daher die zweite Möglichkeit:
2. Stellen Sie auf Letterbox! So bekommt der Anwender Ihrer DVD in jedem Fall das ganze Bild zu sehen, unabhängig von der Einstellung des Players.
   Weniger Einfluss auf die Darstellung beim Nutzer haben Sie bei echten 16:9-Displays. Wenn der Anwender mit dem Player-Setup nicht umgehen kann, wird es vermutlich noch auf der Standardvorgabe für 4:3-Geräte stehen und damit ein Letterbox-Bild zeigen. Der Käufer

eines teuren Plasma-Fernsehers oder eines 16:9-Projektors drückt dann frohgemut auf die Zoom-Taste – und wird Ihren Film niemals in voller Schönheit zu sehen bekommen! Denn so liefert der Player bereits ein Bild mit reduzierter Vertikalschärfe, das vom Display nur digital vergrößert wird. Wenn Sie wollen, können Sie auch das testen – diesmal aber noch nicht per Scripting!

Abfragemenü für 16:9-Displays

Bereiten Sie ein Stück 16:9-Video mit fest vorgegebener Pan-and-Scan-Darstellung vor. In den auf 4:3 abgeschnittenen Seitenbereichen bringen Sie Ihr Firmenlogo oder etwas Ähnliches unter, in der Mitte einen Text: »Wenn Sie ein 16:9-Gerät besitzen und neben diesem Text unser Logo nicht sehen können, ist Ihr DVD-Player falsch eingestellt! Bitte stellen Sie im Player-Setup auf 16:9 um.« (Mit Skripten geht das noch eleganter.)

Menüs für Widescreen

In DVD Studio Pro können Sie für die gesamte Disk festlegen, wie 16:9-Menüs auf einem 4:3-Gerät wiederzugeben sind: entweder in der Letterbox-Version oder im Pan-Scan-Verfahren. Hier haben Sie die Gestaltung und die gewünschte Darstellung selbst in der Hand, der Player wird nur auf das Vorhandensein eines 16:9-Displays abgefragt. Nichts hindert Sie daran, Ihre Menüs so zu entwerfen, dass sich alle wichtigen Informationen und die Buttons im Mittelteil des Bildes befinden und nur schmückendes Beiwerk den 16:9-Bereich ausfüllt. Auf diese Weise wäre die Pan-and-Scan-Darstellung dann ästhetisch durchaus zu verantworten.

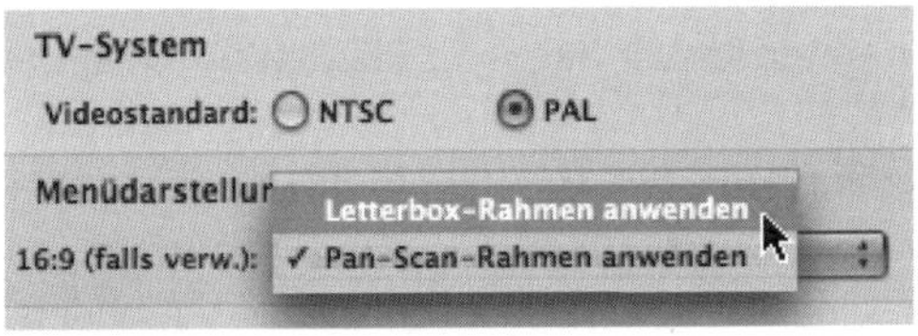

Abbildung 12.31 ▶ DVD Studio Pro kann Standbild-Menüs für beide Darstellungsformen automatisch erstellen, Sie müssen nur wählen. Eine Wahlmöglichkeit für den Nutzer gibt es hier nicht.

Vermutlich werden Sie aber zu einem Film in Widescreen, der auf 4:3 im Letterbox-Format gezeigt wird, auch die Menüdarstellung lieber auf Letterbox stellen. Dann können Sie natürlich auch die gesamte Fläche für Buttons und Text nutzen (abgesehen von den allgemeinen Einschränkungen auf TV-Geräten).

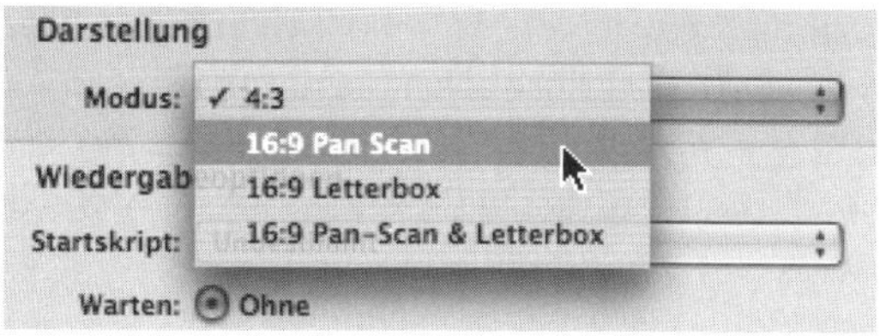

◂ **Abbildung 12.32**
Bei jeder einzelnen Videospur haben Sie die Möglichkeit, die Darstellung separat selbst zu definieren oder dem Nutzer per Player-Einstellung zu überlassen.

Wenn Sie aber zum Perfektionismus neigen oder bei kürzeren Projekten zwei Versionen der Filme in 4:3 und 16:9 auf die gleiche DVD bringen können, wollen Sie vielleicht auch beiden Nutzergruppen angepasste Menüs bieten. Da lässt Apples Handbuch Sie etwas im Regen stehen, denn viel mehr als den Hinweis auf Seite 57, wie so etwas ungefähr gehen könnte, finden Sie dort nicht. So etwas lässt sich nämlich trotz der Automatiken in DVD Studio Pro realisieren: mit Buttons auf Videospuren. Doch bei Spuren müssen Sie selbst für angepasste Overlays sorgen, und deshalb möchte ich hier einspringen und das Verfahren ganz genau erklären. Diese Methode brauchen Sie auch für angepasste Grafik-Overlays oder Subpicture-Animationen bei 16:9.

Subpictures für Widescreen

Schritt für Schritt: Angepasste Subpictures selbst erstellen

1. Entwurfsgrundlage für Letterbox erstellen

Exportieren Sie als Entwurfsgrundlage ein charakteristisches Standbild aus dem dafür vorgesehenen Filmabschnitt (der natürlich schon per Final Cut Pro integrierte Buttons im Normalzustand enthalten kann). Bringen Sie es für PAL auf 1024 × 576 Pixel oder für NTSC auf 854 × 480.

Wenn das Menü für 16:9-Displays und für die Letterbox-Darstellung auf 4:3-Geräten geeignet sein soll, können Sie die gesamte Fläche für Ihre Buttons nutzen – wieder abzüglich der Ränder von etwa 10 % der Bildgröße, die dem Titelbereich entsprechen. Denken Sie aber daran, dass sich die vertikale Auflösung in der Letterbox-Darstellung erheblich verringert. Die Randbereiche sind hier durch die schwarzen Winkel angedeutet.

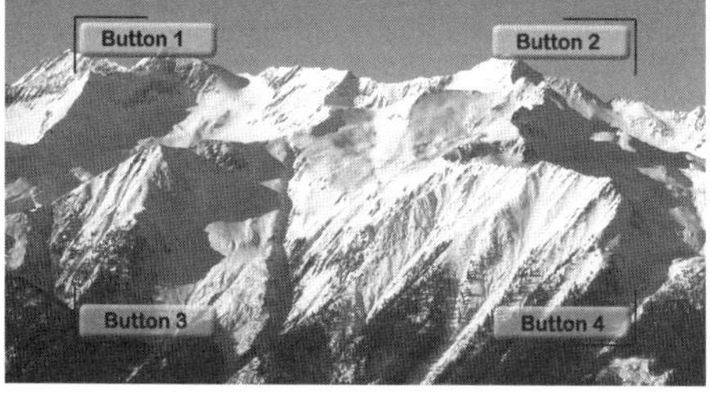

2. Subpicture für 16:9 entwerfen

Das Subpicture – also die grafischen Elemente für die Hervorhebung der verschiedenen Zustände der Buttons – entwerfen Sie auf einer eigenen Photoshop-Ebene passend zur 16:9-Vollbilddarstellung. Benutzen Sie auch hier keine allzu feinen Strukturen, da die Passgenauigkeit unter der Skalierung etwas leiden kann, soften Sie die grafischen Elemente eher noch etwas mit einem leichten Weichzeichner. Nun kopieren Sie das Overlay einmal als separate Darstellung auf weißem Hintergrund (bzw. mit abgeschalteter Hintergrundebene) und speichern diese Rohversion. Für die echte Widescreen-Version auf 16:9-Geräten skalieren Sie dieses Subpicture auf eine Größe von 720 × 576 Pixel.

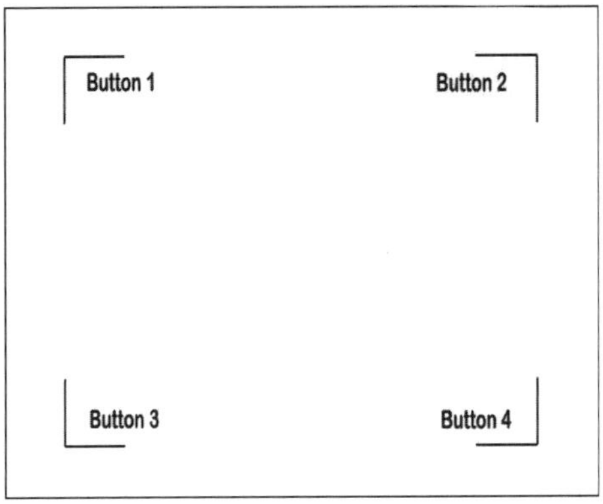

3. Subpicture für Letterbox-Anzeige auf 4:3

Öffnen Sie noch einmal die unskalierte Rohversion, und skalieren Sie diesmal **proportional** auf eine Breite von 768. Die Höhe muss dabei automatisch auf 432 kommen (entspricht 16:9 bei quadratischen Pixeln). Nun ergänzen Sie die Arbeitsfläche auf eine Höhe von 576, die Hintergrundfarbe sollte dabei weiß sein, und Ihr Bild muss in der Mitte positioniert sein. Das Ergebnis skalieren Sie auf eine Breite von 720 Pixel (die Höhe muss jetzt konstant bleiben).

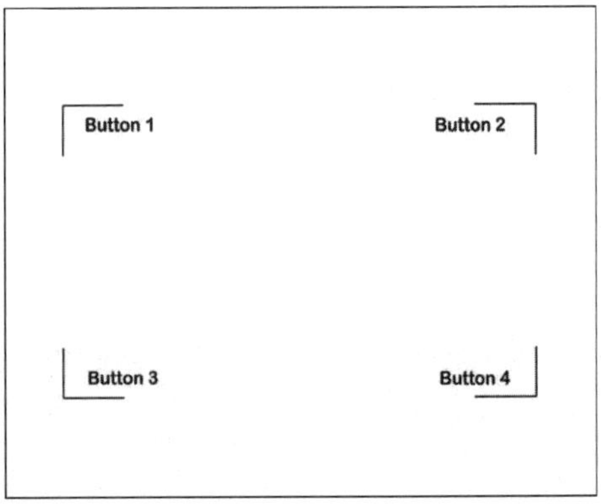

■

Schritt für Schritt: Entwurfsgrundlage für Pan and Scan erstellen

Eigentlich sehen bei uns in Europa echte Filmfreunde die Breitwandfilme sowieso lieber im Letterbox-Format als mit abgeschnittenen Seiten. Falls Sie aber einen Film mit interaktiven Buttons für 16:9 und Pan and Scan erstellen wollen (oder müssen), will ich Ihnen die geeignete Arbeitsweise nicht vorenthalten.

1. Buttons für den mittleren Bildausschnitt

Diesmal müssen Sie von vornherein Ihre Buttons auf den mittleren Bildausschnitt beschränken, da diese sonst auf 4:3-Geräten unzugänglich würden, auch wenn das Hintergrundmotiv den 16:9-Bereich ausfüllt. Legen Sie dafür in Photoshop vertikale Hilfslinien bei 128 und bei 896 Pixeln an. Von denen müssen Sie natürlich auch wieder den Sicherheitsabstand für Ihre Buttons und Texte einhalten.

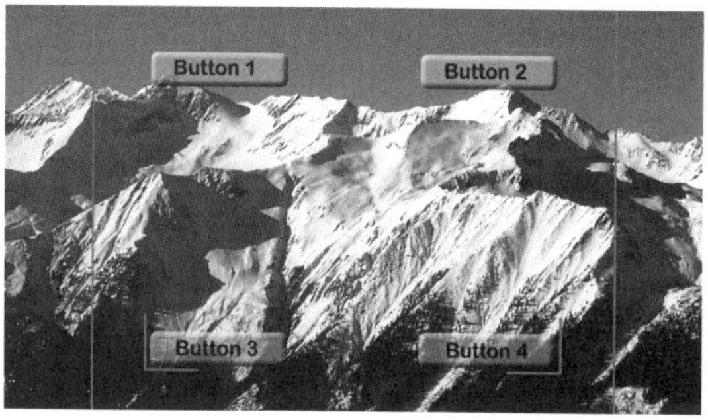

2. Subpicture für 16:9-Displays

Nun entwerfen Sie ein dazu passendes Subpicture und machen wieder eine Zwischenspeicherung im Originalformat (1024 × 576 Pixel). Auch diesmal dürfen Ihre Schriftschnitte und Grafikelemente nicht zu schlank sein, um bei der horizontalen Skalierung nicht zu zart zu werden. Dann skalieren Sie eine Version auf 720 × 576 Pixel, diese dient als Hervorhebung für die 16:9-Variante.

3. Subpicture für Pan and Scan

Öffnen Sie das Original noch einmal, und beschneiden Sie die Arbeitsfläche symmetrisch auf 768 Pixel in der Horizontalen. Dann erst skalieren Sie auf 720 Pixel (die Höhe bleibt immer bei 576 Pixeln) und speichern mit einem passenden Namen wie Overlay_Pan and Scan.

Für NTSC gilt grundsätzlich die gleiche Vorgehensweise bei angepassten Werten.

Die Abbildung zeigt die korrekt skalierte Variante für das Subpicture zum zweiten Entwurf bei Pan and Scan auf einem 4:3-Gerät.

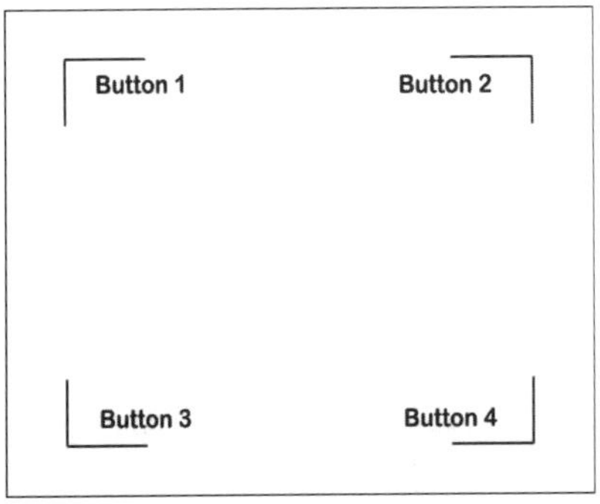

Und wie bekommen Sie DVD Studio Pro nun dazu, die richtige Variante für den jeweiligen Player zu wählen? Das erfahren Sie Schritt für Schritt im Kapitel zur Skripterstellung.

Untertitel

Bei Untertiteln stellt sich die Sache etwas anders dar: Hier ist es sogar erwünscht, sie im 4:3-Modus zu belassen, wenn 16:9-Videos auf einem 4:3-Display im Letterbox-Modus gezeigt werden. So wird weniger Bildinhalt verdeckt, und ein großer Teil der Untertitel rutscht in den unteren schwarzen Balken. Die Untertitel sollten Sie also auf jeden Fall in der üblichen Auflösung von 720 × 576 (NTSC 720 × 480) erstellen. Und wenn Sie eher »schlanke« Schriften verwenden, sind Untertitel auch im Widescreen-Modus auf 16:9-Bildschirmen noch gut lesbar. Wenn Sie zudem noch mit gleichen Positionen wie bei meinen Beispielen auf der DVD arbeiten, befindet sich der Rand des unteren schwarzen Balkens in der Mitte zwischen den Zeilen.

Jacket Pictures

Wörtlich übersetzt wären Jacket Pictures »Umschlagbilder«. Gemeint ist aber nicht etwa die Hülle der DVD, sondern Bilder, die statt des Herstellerlogos im Stoppzustand von einem Player gezeigt werden. Jacket Pictures sind an sich ein selten genutztes Feature. Sie werden in erster Linie von DVD-Wechslern angezeigt, um eine Information über die gerade gewählte DVD zu bieten. Unter den normalen Playern sind es fast nur einige Geräte der Firma Sony, die diese Bilder zeigen; viele andere ignorieren sie völlig. Trotzdem wird so etwas immer wieder auch vom Kunden gewünscht, und bisher war es recht umständlich, mit externen Hilfsprogrammen diese Bilder vorzubereiten. Die aufwändige Step-by-Step-Anleitung aus meinen früheren Büchern kann ich mir aber jetzt schenken, denn inzwischen erledigt DVD Studio Pro das ganz allein. Seit Version 3 werden sie mit der gleichen Selbstverständlichkeit wie Menü-Hintergründe unterstützt, und der Simulator zeigt sie, wenn »Stopp« gedrückt wurde. Sie brauchen die Bilder auch nicht mehr in drei verschiedenen Größen herzustellen, ein Vollbild reicht, und unser Authoring-Programm erstellt die beiden kleineren Versionen und den entsprechenden Ordner auf der DVD (siehe technische Grundlagen) ganz automatisch. Wählen Sie das gewünschte Bild einfach im Info-Fenster der DVD ganz unten bei ERWEITERT aus.

13 Navigationsdesign

Die Video-DVD ist ein noch junges Medium und erreicht immer mehr Nutzer, die kaum Erfahrung mit interaktiven Medien haben. Viele fanden selbst die Bedienung eines Videorekorders schon schwer verständlich – oft zu Recht! Wir als DVD-Autoren sollten alles daran setzen, den Gebrauch einer DVD so genussvoll wie möglich zu machen.

13.1 Die Fernbedienung

Navigation und Interaktivität

Jedes technische Medium, das seine Informationen nicht hintereinander – wie auf einem Band – sondern nebeneinander aufreiht, erlaubt schnelle Sprünge zu verschiedenen Abschnitten. Dabei kann die Information natürlich auch auf einer sich drehenden Scheibe angeordnet sein. So galt schon für die klassische Schallplatte, dass sich ein Musikstück viel schneller gezielt anspielen lässt als auf einem Tonbandgerät. Auf einem digitalen Medium kann dieses Springen sogar automatisiert werden: Auf einer Audio-CD z. B. lassen sich beliebige Musikstücke in frei wählbarer Reihenfolge abspielen. Viel weiter ging die Interaktivität auch auf der Video-CD nicht, obwohl in dem Medium viel mehr steckt. Erst bei der DVD wurden zusammen mit der hervorragenden Bildqualität auch wesentlich weitergehende Möglichkeiten der Interaktion verwirklicht.

Einheitliche Bedienung

Eine Mindestanforderung sind einheitliche und wieder erkennbare Bedienungselemente. Heute kann jeder, der einen Führerschein hat, auch mit (fast) jedem Auto umgehen. Das »Navigationsdesign« von Autos ist zwar nicht frei von Sünden – wer hat nicht schon einmal in einem fremden Wagen verzweifelt nach dem Scheibenwischerhebel gesucht und dabei eine Lightshow veranstaltet –, aber zumindest Bremse, Gas, Kupplung und die wichtigsten Gänge sind meist am selben Platz. So oder besser sollte es auch bei DVDs sein. Wer die Herausforderung sucht, kann sich ja immer noch einen PC zulegen ...

1 2 3 4 5 6 7 8 9 10 11 12 13 14 15 16 17 18 19 20 21 22 A B C

Das Kernproblem bestand dabei in der Standardisierung dieser Eingriffsmöglichkeiten, schließlich sollte jede DVD auf jedem Abspielgerät uneingeschränkt lauffähig sein. Außerdem wollte man dem Benutzer eine relativ einfache und überschaubare **Fernbedienung** in die Hand geben und nicht etwa eine komplexe Tastatur plus Maus. Das Ergebnis war ein recht leistungsfähiger, aber gegenüber einer Computeranwendung doch deutlich eingeschränkter Umfang an Steuerungsmöglichkeiten.

Auf der DVD-Fernbedienung existieren neben den Tasten, die sinngemäß auch vom Videorekorder bekannt sind, einige spezialisierte Funktionen wie der Sprung in die Bedienungsmenüs und ein Satz Cursortasten. Sie erlauben üblicherweise nur die Bewegung in die vier Richtungen: auf und ab bzw. links und rechts. Bestätigt wird eine Auswahl schließlich durch die Taste `Enter` bzw. `OK`.

Harte und weiche »Knöppe«

Zur Verdeutlichung nenne ich hier (im Gegensatz zu Apples deutscher Programmversion) mechanische Knöpfe auf Player oder Fernbedienung **Tasten**, die simulierten Knöpfe auf dem Bildschirm dagegen **Buttons**.

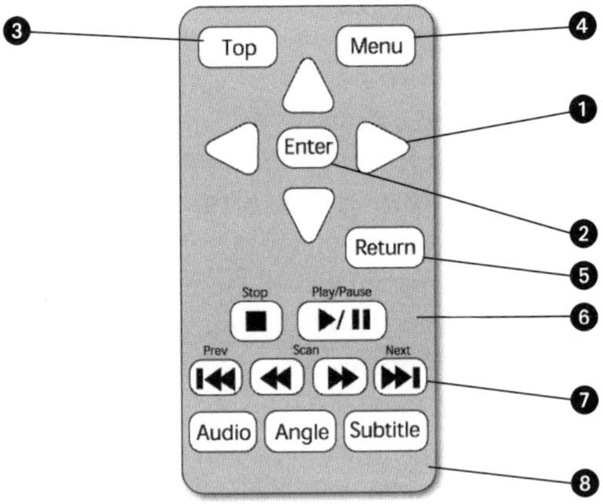

Abbildung 13.1 ▶ Die Minimalversion einer DVD-Player-Fernbedienung – die Anordnung und die Beschriftung können stark variieren.

Die im DVD-Standard als Minimum vorgegebenen Tasten:

❶ **Pfeiltasten** dienen der Navigation zu den Buttons auf dem Bildschirm.

❷ Die Taste **Enter** (oft auch **OK** oder **Select**) bestätigt die Auswahl.

❸ **Top** (manchmal auch **Title**, **Main** oder **Top Menu**) führt zum Hauptmenü.

❹ **Menu** zum jeweils logisch sinnvollsten übergeordneten Menü oder zurück in die gespielte Spur (Resume).

❺ **Return** führt genau einen Schritt zurück, etwa so wie der Button ZURÜCK bei einem Internet-Browser.

❻ Die nächste Gruppe von Tasten entspricht in Funktion und Beschriftung etwa einem Audio **CD-Player**.
❼ **Next** und **Previous** springen zum nächsten bzw. vorangehenden Filmabschnitt (Kapitelmarkierung).
❽ Die Tasten **Audio**, **Angle** und **Subtitle** wechseln zyklisch zu alternativen Sprachspuren, Kamerawinkeln und Untertiteln, soweit diese auf der DVD angelegt wurden.

Die meisten gängigen Fernbedienungen besitzen zusätzlich Zahlentasten, eine Auswurftaste und Einzelschritttasten. Letztere führen aber nicht zum nächsten Einzelbild, wie bei einem Bandgerät, sondern zum nächsten I-Frame (siehe Kapitel 9, »Videokodierung«). Die Zahlentasten erlauben meist eine direkte Kapitelauswahl nach Nummer, manchmal auch den gezielten Sprung zu einem Zeitpunkt im Film. Simulierte Fernbedienungen bei Software-Playern auf Computern halten leider oft nicht einmal diese Konventionen ein.

Eher selten findet sich auch eine weitere Gruppe von Menütasten mit den Bezeichnungen AUDIO, ANGLE, SUBTITLE und CHAPTER. Im Gegensatz zu den in ihrer Funktion auf einen zyklischen Wechsel dieser Optionen festgelegten Standardtasten erlauben diese den Sprung zu einem beim Authoring festgelegten Auswahlmenü.

Häufige Missachtung der Standards

Leider hält sich schon die Geräteindustrie nicht an die gemeinsam verabschiedeten Standards. Da wird zum Beispiel die Taste, die eigentlich »Title« heißen müsste, als »Top Menu« oder einfach nur »Top« beschriftet. Title ist zwar durchaus missverständlich (damit könnte ja auch der Filmtitel gemeint sein), aber laut offiziellem Standard eindeutig definiert als der Sprung ins Hauptmenü der gesamten DVD, also: »Bring mich zum Inhaltsverzeichnis!« Vermutlich genau wegen solcher Unklarheiten bei den Geräteherstellern hat eine der größten Hollywood-Firmen auf Hunderten von DVDs völlig auf diese Funktion verzichtet: Die Taste führt überall auf diesen DVDs schlichtweg zur Einblendung der Anzeige, dass die Funktion gerade nicht unterstützt werde (also je nach Player beispielsweise zu der wie ein Verbotsschild durchgestrichenen DVD). Ein ganz extremer Fall sind einige DVD-Player, bei denen man die Tasten **Title** und **Menu** nacheinander drücken muss, um ins Hauptmenü zu kommen.

Etwas besser ist es bei Apples Software-Player, aber auch dort sind wichtige Tasten hinter einer simulierten Abdeckung versteckt. Wer sie »aufgeschoben« hat, findet eine Reihe zum Teil schwer verständlicher Icons – hier wird die Firma ihrem bedienerfreundlichen Ruf nicht ganz gerecht.

Abbildung 13.2 ▶
Nicht einmal jedes der kleinen Icons in der »Schublade« bei Apples Software-Player erschließt sich intuitiv.

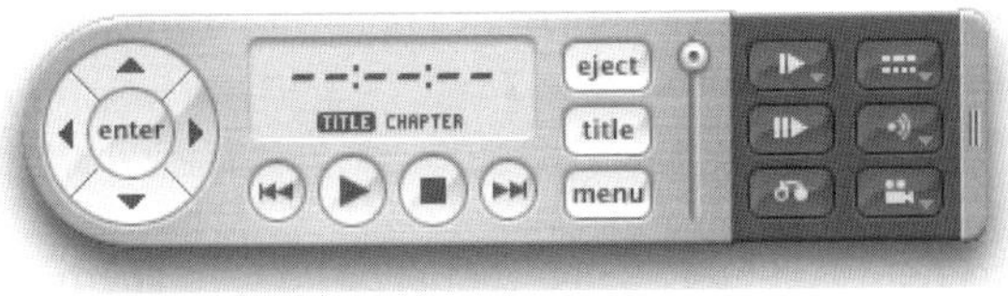

Bei vielen Playern gibt es nicht einmal die wichtigsten Navigationstasten auch noch einmal am Gerät – sehr ärgerlich für Leute, die öfter vergeblich ihre Fernbedienung suchen (auf diesem Gebiet ist auch der Autor oft »Verleger«).

13.2 Die nutzerfreundliche DVD – Technik und Design

Sorgfältige Planung

Die Hardware-Hersteller werden wohl in erster Linie die Käufer beeinflussen können, aber DVD-Gestalter können zumindest darauf achten, nicht alles noch komplizierter zu machen. Der Nutzer muss dabei im Vordergrund stehen, aber gängige technische Eigenheiten von Playern müssen ebenso berücksichtigt werden. Navigation ist eine der schwierigsten Aufgaben, wenn man es richtig machen will. Es ist nicht leicht, bei unterschiedlichen DVDs die Balance zu halten zwischen Kreativität, spielerischem Reiz und einfacher Handhabung. Äußerst hilfreich ist dabei ein Ablaufplan (englisch: Flow-Chart), wie er im Übungsmaterial von Apple vorgestellt wird.

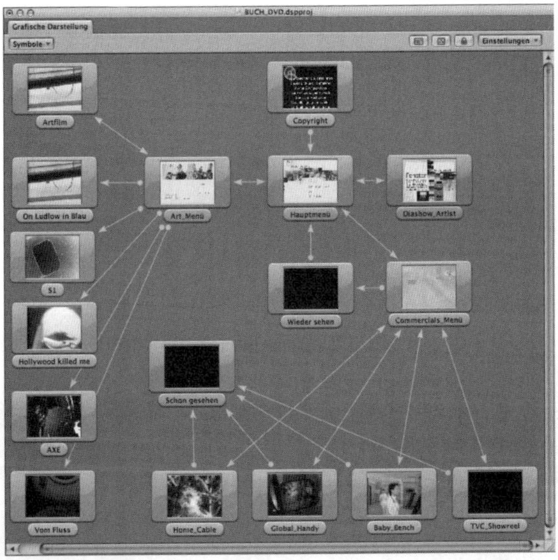

Abbildung 13.3 ▶
Die grafische Darstellung in DVD Studio Pro kommt einem Flow-Chart schon recht nahe.

Zur Erstellung des Ablaufplans ist natürlich auch ein Ausdruck der – vorher übersichtlich arrangierten – grafischen Darstellung aus DVD Studio Pro sehr hilfreich. Drucken Sie möglichst groß, und benennen Sie von Hand das Ziel von wichtigen Tasten und Buttons in jedem Menü. Stellen Sie deutlich dar, wohin der Nutzer gelangt, wenn er eine der Fernbedienungstasten drückt, denn fast alle diese Tasten können Sie selbst belegen (oder außer Funktion setzen).

Irgendwo muss man anfangen

Vergessen Sie nicht, Ihrer DVD eine Startaktion zuzuweisen. Anders als bei einem Videoband gibt es ja keinen eindeutigen Anfang. Die DVD kann prinzipiell mit einem beliebigen Videotrack oder Menü beginnen, aber wenn Sie nichts angeben, bekommen sie nur eine unauffällige Fehlermeldung im Protokollfenster und einen fürs Bierglas kaum brauchbaren Untersetzer.

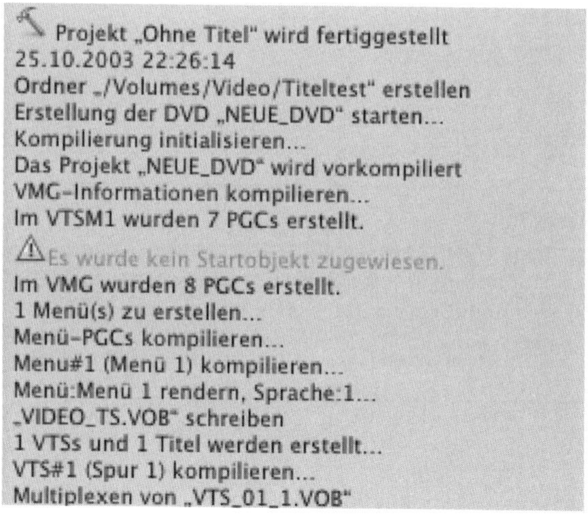

◀ **Abbildung 13.4**
Mehr sagt DVD Studio Pro nicht dazu, der Befehl FERTIG STELLEN wird trotzdem ausgeführt. Werfen Sie ruhig vor dem Brennen einen Blick ins Protokollfenster!

Startobjekt

Aus Gründen der Zuverlässigkeit sollten Sie als Startobjekt ein kurzes Stück Video inklusive Ton zuweisen. Manche Player brauchen das, um ihre Datenpuffer einzurichten, ehe es zu den Menüs geht. Sonst kann es sogar passieren, dass der Player »hängt«, wenn der Nutzer gleich im ersten Menü aus irgendeinem Grund auf die Menütaste drückt. Bei Hollywood kann sich die Geräteindustrie ja auch darauf verlassen, dass wir als Erstes mit FBI-Warnungen, animierten Firmenlogos und oft auch noch Werbung beglückt werden, ehe wir endlich zum Menü dürfen. Wenn Sie das auf Ihrer DVD gar nicht wollen, benutzen Sie einfach 1–2 Sekunden ein Schwarzbild und eine stumme (aber nicht leere!) Tonspur gleicher Länge. Beide können dann natürlich mit sehr geringer Datenrate kodiert sein.

Diese Spur sollte im Fenster LISTE bei DVD Studio Pro ganz oben liegen, damit sie auch physikalisch an den Anfang der DVD kommt.

Abbildung 13.5 ▶
Ihre Startspur sollte ganz oben im Fenster LISTE liegen, gleich unter den Menüs, damit der Player nicht lange suchen muss.

Stopp-Taste bei DVD-Playern

Manche DVD-Player scheinen trotz zweifachem Drücken der Taste **Stopp** immer noch Informationen im Resume-Speicher zu behalten. Das führt dazu, dass sie bei erneutem Druck auf die Taste **Play** das oberste Objekt in der Liste abspielen – ein weiterer Grund, den Intro-Track hierher zu legen.

Buttons und Menüs

In der Praxis eignet sich diese Konstruktion im Wesentlichen zur Ansteuerung und Auslösung einer begrenzten Menge vorgegebener Wahlmöglichkeiten – also einer Menüsteuerung. Komplexere Funktionen wie Zahlen- oder gar Texteingaben sind möglich, aber umständlich (siehe »Zahlenschloss« im Kapitel »Skripte«). Wohl in erster Linie wegen der begrenzten Auflösung eines Fernsehgeräts wurde die Anzahl einzelner Felder zur Auslösung von Funktionen – also »Buttons« – auf **36 pro Menü** begrenzt.

Bei Material, das für mehrere Bildformate ausgelegt ist, verringert sich die Anzahl pro Menü: bei einer Version für 16:9 und Letterbox oder Pan-and-Scan auf 18 Buttons, wenn alle drei Möglichkeiten abgedeckt werden sollen, sogar auf je 12. Das liegt daran, dass die Subpictures gemäß DVD-Standard nicht mitskaliert werden, so dass bis zu drei Versionen generiert werden müssen. DVD Studio Pro lässt allerdings in regulären Menüs nur eine der 4:3-Versionen gleichzeitig mit 16:9 zu, reduziert also die Zahl nur auf 18.

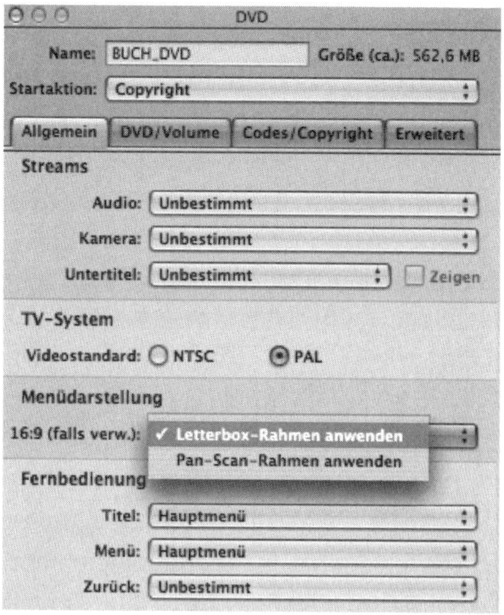

◀ **Abbildung 13.6**
In DVD Studio Pro können Sie nur eine der beiden Möglichkeiten auswählen, 16:9-Menüs auf 4:3-Displays zu zeigen, deshalb bleiben Ihnen immerhin 18 Buttons pro Menü.

Die technisch mögliche Höchstzahl von 36 Buttons pro Menü werden Sie in der Praxis sowieso kaum nutzen (eine Ausnahme können unsichtbare Buttons in Spielen sein). Schon von der Gestaltung her wäre ein so voll gestopftes Einzelmenü nicht leicht in den Griff zu bekommen, daher ist selbstverständlich mehr als ein Menü zulässig. So können weitere benötigte Funktionen nach Themenbereichen geordnet und in Untermenüs verlagert werden. Die Gesamtzahl an Menüs auf einer DVD ist nahezu unbegrenzt – na ja, ehrlich gesagt sind es nur knapp 10 000. DVD Studio Pro begrenzt Menüs pro Format auf 1 GB, bei 16:9- und 4:3-Menüs auf einer DVD könnten Sie demnach immerhin 2 GB allein mit Menüs belegen. Sie haben also sehr viel Platz, auch wenn Sie z. B. für eine Lernanwendung mit Multiple-Choice-Abfragen wirklich viele Menüs benötigen.

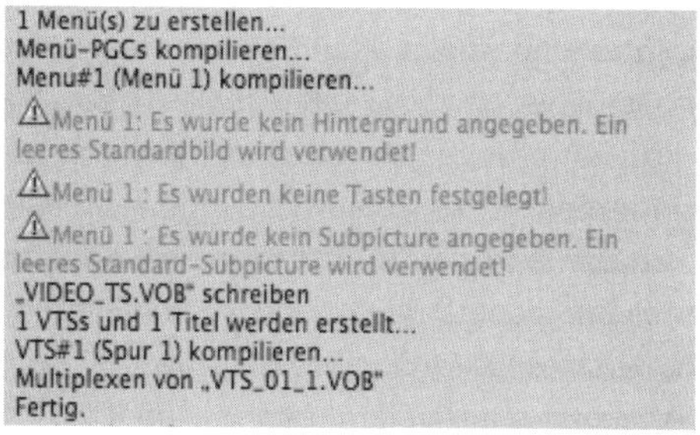

◀ **Abbildung 13.7**
Wenn Sie gar kein Menü angelegt haben, mäkelt DVD Studio Pro kurz und erzeugt ein leeres Menü, das aber nicht gezeigt wird.

Eine Untergrenze gibt es nicht: Eine DVD muss kein Menü aufweisen, Sie können rein automatisch ablaufende DVDs ohne Eingriffsmöglichkeiten

1 2 3 4 5 6 7 8 9 10 11 12 **13** 14 15 16 17 18 19 20 21 22 A B C

z. B. für Messen oder Ausstellungen entwerfen. DVD Studio Pro wird in diesem Fall aus technischen Gründen ein leeres, funktionsloses Menü anlegen, das der Nutzer aber nie zu Gesicht bekommt.

Anders als Videospuren können reguläre Menüs nur eine Tonspur und dazu je ein Subpicture pro Bildformat haben. Für mehrere Sprachversionen im Ton müssen Sie also separate Menüs entwerfen – was Sie ja vermutlich wegen der jeweiligen Beschriftungen sowieso machen würden.

Reguläre Menüs

Wenn ich hier den Begriff »reguläre Menüs« benutze, sind damit die Menüs gemeint, die auch in DVD Studio Pro so bezeichnet werden. Da auf einer DVD jede Videospur auch interaktive Buttons tragen darf, kann sie letztlich mit einigem Aufwand auch wie ein Menü eingesetzt werden.

Motion-Menüs

Menüs dürfen mit Bewegtbild und Ton versehen sein, aber das kann dann schon erhebliche Ansprüche an die Gestaltung stellen. Aus Platzgründen werden Sie meist ein Menü nicht mit extremen Laufzeiten gestalten wollen, deshalb müssen Ton und Bild so angelegt sein, dass sie sich unauffällig als Schleife wiederholen können. Leider kann der Laser bei der DVD aus mechanischen Gründen nicht so schnell zurückspringen, dass dabei nicht ein kurzes Stocken des Bildes und Aussetzen des Tons wahrnehmbar wird. Bei der Wiederholung der Schleife flackern außerdem die Hervorhebungen der Buttons kurz auf, was je nach Player mehr oder weniger deutlich sichtbar wird.

Ruhepunkte

Wenn Sie bei einem Motion-Menü den Betrachter nicht mit ständigen Schleifen langweilen wollen, aber einfach nicht mehr interessantes Material oder genügend Platz auf der DVD zur Verfügung haben, können Sie es durch Zählung der durchlaufenen Wiederholungen per Skript zu einem identisch gestalteten Standbild-Menü verzweigen lassen. So kommt das Menü praktisch »zur Ruhe« und kann Zeit zum Lesen oder Überlegen geben, ohne den Nutzer optisch und akustisch ständig zum Reagieren aufzufordern.

Da der Anwender durch Anwahl einer Funktion jederzeit so ein Menü verlassen kann, bricht in diesem Moment natürlich eine Bewegung im Bild bzw. der Ton schlagartig ab. Sie sollten also ihre Tonuntermalung nicht zu dramatisch gestalten und beim Bild auf geeignete Anschlussbilder achten, also beispielsweise durch eine Schwarzphase extreme Motivwechsel vermeiden. Wenn Sie es besonders gut machen wollen, können Sie erst mit dem Auslösen eines Buttons eine passende Animation zur Überleitung anschließen lassen, die dann zum gewünschten Filmteil oder anderen Menüs wechselt – DVD Studio Pro bietet ja einige solcher Übergänge an. Doch hier ist vor allem Kreativität gefragt, und Sie können von der aufmerksamen Betrachtung guter Spielfilm-DVDs viel lernen. Vielleicht erkennt das Finanzamt ja bei Ihnen die Leihmieten für Videotheken-DVDs als berufliche Weiterbildung an?

13.3 Tasten programmieren

Taste Menu

Die Funktion der Taste Menu ist vom DVD-Standard teilweise vorgegeben. Während der Nutzer sich in einer Spur befindet, kann sie zu einem Objekt führen, das Sie beim Authoring frei definieren (also Menü, Spur oder Skript). Mehreren Filmabschnitten auf einer DVD können also separate Menüs zugeordnet werden, die von der Taste Menu aufgerufen werden, wenn man sie im entsprechenden Filmteil betätigt.

Wenn der Nutzer sich aber in einem regulären Menü befindet, ist die Menütaste fest definiert: Sie führt zurück in die zuletzt gespielte Spur und an die gleiche Position des Films. Die Taste bekommt also hier die Funktion Resume (Fortsetzen). Intuitiv würde man diese – an sich recht praktische – Funktion eher von der Taste Return (Zurück) erwarten. Nicht alle Nutzer wissen das, und je nach Inhalt der DVD könnte der Nutzer von einem erneuten Druck auf diese Taste auch den Wechsel in ein übergeordnetes Menü erwarten. Wenn Sie Irritationen vermeiden wollen, haben Sie nur eine simple Möglichkeit: Schalten Sie die Taste innerhalb von Menüs bei den Zugriffsrechten für Benutzer einfach ab.

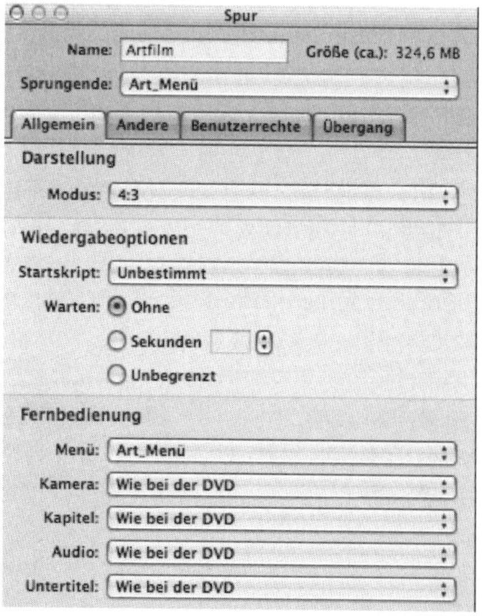

◄ **Abbildung 13.8**
In jeder Spur können Sie der Taste Menü ein sinnvolles Zielobjekt – wie das logisch übergeordnete Menü – unabhängig zuweisen.

Wenn Sie die volle Kontrolle über die Taste Menu gewinnen wollen, können Sie auch sämtliche Menüs in eine Videospur mit Buttons verlegen. Die können zwar als Menü dienen, gelten aber technisch weiter als Videospur und können daher als weiteren Vorzug sogar umschaltbare Tonspuren haben. Allerdings gibt es da ein Handicap: In einer solchen Videospur erlaubt Ihnen DVD Studio Pro keine gezielte Vorwahl des passenden Buttons. Das lässt sich mit TFDVDEdit ändern (siehe weiter hinten), erfordert aber je nach Komplexität der DVD einigen Programmieraufwand – letztlich müssen Sie da abwägen zwischen perfektem Design und Ökonomie ...

Wenn keine DVD eingelegt ist oder diese sich im Stoppzustand befindet, führt die Menütaste der Fernbedienung meist in ein Menü für Voreinstellungen des Players.

Taste Resume – zurück in den Film

Bei Menüs wie der Auswahl von Sprachversion oder Untertiteln sollte die Taste Menu besser aktiviert bleiben, da ist die Funktion Resume ja recht sinnvoll. Logischerweise dürfen Sie solchen Menüs dann keine animierten Übergänge per Videospur verpassen, denn RESUME würde natürlich nur dorthin zurückspringen. Legen Sie daher Übergänge einfach als weiteres Motion-Menü mit einem unsichtbaren und funktionslosen Button an, denn Menüs werden bei RESUME ignoriert.

Auch beim Hauptmenü haben Sie ein Dilemma: Wenn Sie die Taste aktiv lassen, führt ihre Betätigung beim ersten Besuch des Menüs immer zurück ins Intro. Wenn Sie sie abschalten, kommt ein Nutzer, der mit ihrer Funktion vertraut ist, nicht zurück in den Film. Die Lösung: Sie duplizieren das Hauptmenü, deaktivierten die Taste bei einem Exemplar und benutzen diese geschützte Version nur unmittelbar nach dem Start. Das kostet zwar bei einem Motion-Menü ein bisschen Platz, aber das sollte Ihnen der zusätzliche Komfort für den Nutzer wert sein. Mit TFDVDEdit können Sie übrigens auch das eleganter – ohne Platzverschwendung – lösen.

Alternativ könnten Sie in DVD Studio Pro die Taste Return per Skript mit der Funktion RESUME belegen (siehe unten) oder sogar einen Button »Film fortsetzen« in das Design der zweiten Menüversion integrieren (DVD Studio Pro bietet die Funktion »Fortsetzen« unter den Zielobjekten an).

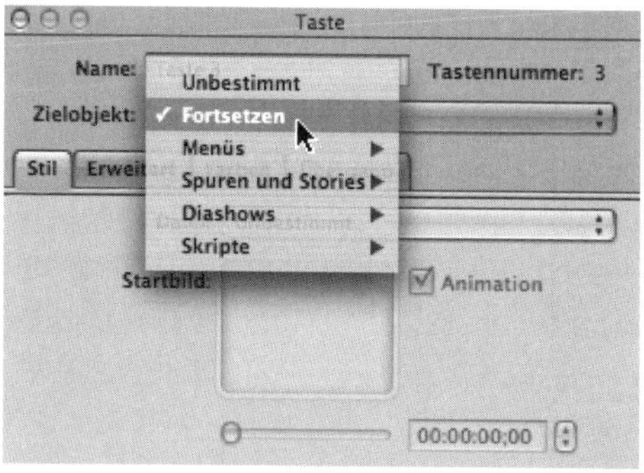

◂ **Abbildung 13.9**
Ein spezielles Zielobjekt ist Fortsetzen: Das entspricht der DVD-Funktion RESUME, also der Fortsetzung der zuletzt verlassenen Videospur am gleichen Punkt.

Taste Title

Die Taste Title/Top (Menu) führt immer zu einem einzigen Objekt, egal wo sich der Nutzer auf der DVD gerade befindet. Grundsätzlich können Sie dieses Objekt frei definieren, aber natürlich sollte diese Taste zum übergeordneten Hauptmenü der gesamten DVD führen. Die Zuweisung erfolgt in DVD Studio Pro ebenfalls an zentraler Stelle: im Info-Fenster der DVD.

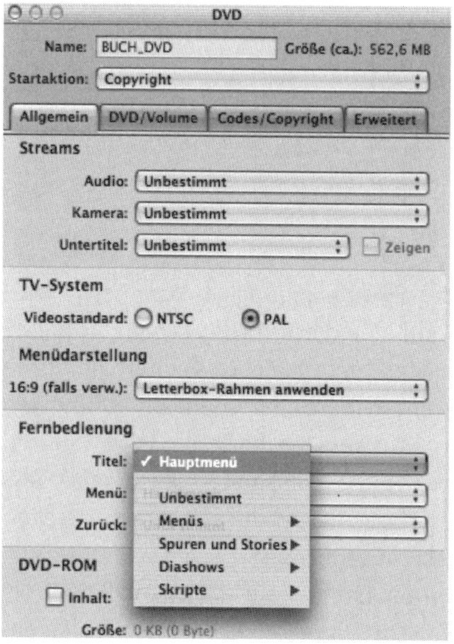

◂ **Abbildung 13.10**
Bei der Zuweisung eines Ziels für die Taste TITEL haben Sie völlige Freiheit, aber sie sollte natürlich dem Überblick des Nutzers dienlich sein.

Taste Return

Die Taste Return (Zurück) sollte den Nutzer dorthin zurückbringen, wo er mit der letzten Tastenbetätigung hergekommen ist. Leider funktioniert das bei DVD Studio Pro nur in Menüs, in Spuren ist diese Taste außer Funktion. Diesmal ist aber die DVD-Spezifikation nicht schuld daran, sondern Apple. Mit TFDVDEdit gewinnen Sie die Kontrolle zurück, und dort gibt es auch eine Step-by-Step-Anleitung, wie Sie diese Taste in einer Videospur nutzen können. In Menüs können Sie diese Taste schon mit DVD Studio Pro sinnvoll einsetzen und zum Beispiel per Skript mit der Funktion Resume versehen, der Rückkehr in den zuletzt gesehenen Film. Allerdings müsste dieses Skript dann mit einer Variablen noch prüfen, ob der Nutzer tatsächlich gerade aus einem Film gekommen ist, sonst springt der Player womöglich zurück ins Intro.

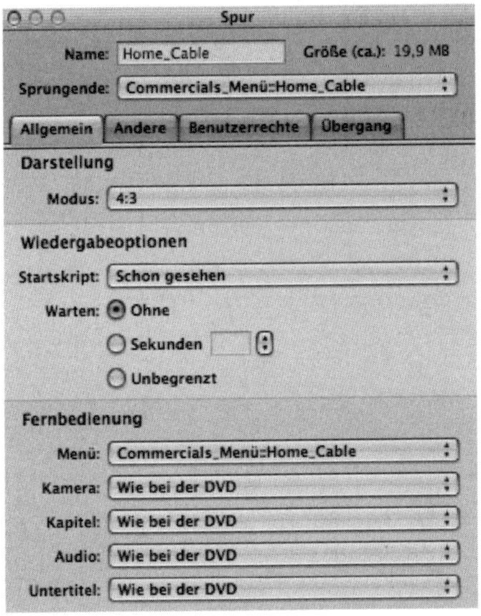

Abbildung 13.11 ▶
In einer Spur bietet Ihnen DVD Studio Pro die Belegung der Taste Zurück leider gar nicht an – da muss TFDVD-Edit in Aktion treten.

Tasten Audio, Subtitle und Angle

Diese Tasten – so wie sie auf jeder Fernbedienung vorkommen – sind nicht programmierbar. Jeder Druck auf eine dieser Tasten schaltet um eine Sprache bzw. um eine Videospur weiter, um schließlich wieder von vorne anzufangen. Da mit diesen Wechseln, insbesondere dem der Untertitel, immer etwas Wartezeit verbunden ist, kann das bei zahlreichen Spuren recht lästig sein. Bei einer Wahl der Audiospur kann es auch sein, dass gerade kein Dialog vorhanden ist und der Nutzer nicht gleich feststellen kann, ob die gewünschte Sprache schon erreicht ist.

Sie können hier beim Authoring nur Einfluss auf die anfängliche Vorgabe nehmen, indem Sie die gewünschte Sprache des Nutzers abfragen, wenn Sie sich nicht auf dessen korrekte Voreinstellung des Players verlassen wollen. Beim Kapitel »Skripte« finden Sie ein Beispielprojekt zur Sprachwahl. Nur sehr wenige Fernbedienungen besitzen einen zweiten, in DVD Studio Pro frei belegbaren Satz an Fernbedienungstasten zu diesen Funktionen, der zum Menüblock gehört. Sehen Sie daher immer auch einen Button auf dem Bildschirm vor, der zu Menüs für die direkte Auswahl von Tonspur, Untertiteln oder alternativen Videospuren führt. Auch die Taste Chapter kommt selten vor: wenn überhaupt, dann meist mit den zuletzt genannten. Sie sollte direkt in ein Menü zur Kapitelauswahl führen.

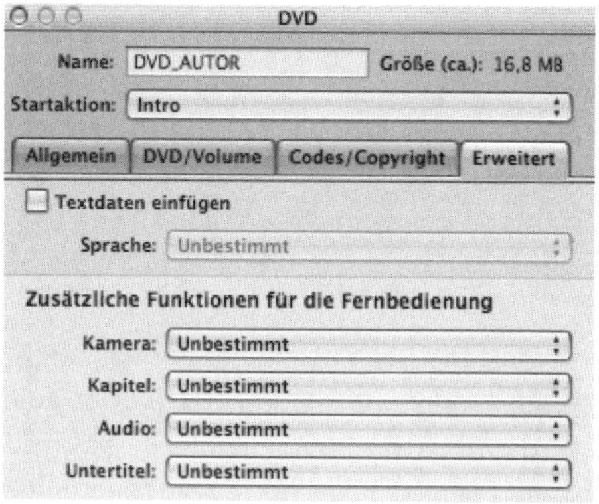

◀ **Abbildung 13.12**
Auf den meisten Fernbedienungen sind die hier unter »Zusätzliche Funktionen ...« angegebenen Tasten gar nicht vorhanden.

13.4 Die »Tasten« im Bild

Gestalten Sie ganz allgemein mit Buttons auf dem Bildschirm immer eine Alternative zu den Fernbedienungstasten, weil so viele Hersteller und Programmierer sich nicht an die Standards halten. Eine gute Hilfe dabei ist die Vorstellung, der Betrachter hätte nur die Pfeiltasten plus `Enter` oder eine Maus – eins davon gibt's immer. Stellen Sie sicher, dass Buttons mit dem Namen »Zurück« oder »Hauptmenü« oder ähnlich dem Nutzer ermöglichen, durch alle Menüs zu navigieren, ohne auf irgendwelche anderen Tasten zu vertrauen. Sie tun Ihren Abnehmern einen großen Gefallen, wenn Sie alle wesentlichen Funktionen, wie Sprach- und Kapitelwahl, auch über eingängig gestaltete Menüs verfügbar machen. Letztlich muss dann der Nutzer nur noch die vier Richtungstasten und die Eingabetaste bedienen können.

hierarchische Struktur

Wenn Sie mehrere Menüs haben, benutzen Sie eine hierarchische Struktur, die der Nutzer intuitiv verstehen kann. Wenn Sie feststellen, dass Sie mehr als drei Ebenen in der Hierarchie benutzen, versuchen Sie, die Struktur flacher zu gestalten. Abgesehen vom Wechsel der Ton- und Multi-Angle-Spuren sind alle Sprünge auf der DVD langsam und keineswegs zu vergleichen mit der blitzschnellen Reaktion eines modernen Computers bei der Benutzung einer Festplatte. Das liegt an der mechanisch aufwändigen Repositionierung des Lasers (und an Apples Abstraction Layer, aber dazu kommen wir später).

Wenn Sie Ihre Nutzer nicht durch Wartezeiten frustrieren wollen, sollten Sie häufig genutzte Verzweigungen so kurz wie möglich halten und nicht mehrfache Untermenüs hintereinander schalten. Machen Sie es genauso leicht, zurück durch die Menüs zu navigieren wie in die einzelnen Untermenüs.

Die DVD-Spezifikation schreibt Ihnen nicht vor, wie Sie Menüs und Untermenüs organisieren. Sie sind selbst dafür verantwortlich, sie in eine logische und für den Anwender durchschaubare Struktur zu bringen. Technisch hindert Sie nichts daran, sogar Sackgassen zu produzieren, aus denen man nicht mehr zurückkommt – Ihre Nutzer werden daran sicher wenig Gefallen finden (Spiele könnten eine Ausnahme sein).

Buttons

Zustände

Üblicherweise besitzen Bildschirmtasten drei Zustände: **inaktiv**, **angewählt** und **ausgelöst** (siehe Kapitel »Grafik und Text«). Letzterer ist eine Art visuelle Rückmeldung, dass die Taste **Enter/Select/OK** gedrückt wurde. Er wird nur kurz sichtbar, bis der Bildschirminhalt durch die gewählte Funktion geändert wird. Sie können aber für spezielle Aufgaben einen Button auch sofort bei der Anwahl auslösen, z. B. bei kleinen Spielen auf der DVD. In DVD Studio Pro heißt diese Funktion »Automatische Aktivierung». Unsichtbar können Sie einen Button natürlich auch machen, aber das kennen Sie ja schon vom »Easter Egg« im Übungsprojekt. Mit der Hilfe von TFDVDEdit sind dann noch viel wildere Spielchen mit Buttons möglich ...

Hotspots

Wenn der Anwender in ein Menü wechselt, ist immer schon ein Button vorgewählt. Welcher das sein soll, können Sie selbst festlegen. Das geht zum Teil direkt bei der Menüerstellung, in manchen Fällen (so bei Storys, siehe unten) müssen Sie hierfür aber auch zu Skripten greifen. Bei einem Button müssen Sie einen Unterschied machen zwischen der optischen Gestaltung des Buttons, die Ihnen im Rahmen der bereits beschriebenen Möglichkeiten völlig frei steht, und seiner Funktionsfläche (englisch »Hotspot«). Diese ist bei der DVD immer rechteckig und definiert den Bereich des Bildschirms, der bei seiner Anwahl das Aussehen ändern kann. Wenn eine DVD auf einem Computer abgespielt wird, ist dies auch der Bereich, in den zur Anwahl mit dem Mauszeiger geklickt werden kann.

Hotspots nicht übereinander legen

Die rechteckigen Auswahlflächen der Buttons (Hotspots) sollten einander auf keinen Fall überlappen. Schon auf manchen Stand-alone-Playern kann es damit Probleme geben, und viele Software-Player auf Computern werden davon völlig durcheinander gebracht.

Wenn Sie für Ihre Hotspots andere Formen benötigen, müssen diese mühsam aus Rechtecken zusammengesetzt und jeweils mit der gleichen

Funktion belegt werden. Doch es gilt die Beschränkung auf maximal 36 solcher Flächen (siehe oben), und Sie können auch nicht mehrere dieser Flächen gleichzeitig mit optischen Hervorhebungen versehen (= selektieren). Grundsätzlich können Sie Buttons über jeden beliebigen Teil Ihres Videomaterials legen, um Eingriffsmöglichkeiten für den Benutzer anzubieten. Denken Sie aber auch hier an den Beschnitt der Bildränder durch TV-Geräte.

Zahlentasten zur Buttonwahl

Fast jeder Player lässt die schnelle Auswahl eines Buttons über die Zahlentasten auf der Fernbedienung zu (soweit vorhanden). DVD Studio Pro unterstützt diese Möglichkeit sehr gut, Sie müssen sich nur darüber im Klaren sein, dass Sie die Nummer eines Buttons nicht direkt ändern können. Sie wird bei der Definition von Buttons in der Reihenfolge vergeben, in der Sie die Buttons erzeugen. Doch Sie können die Nummer mit den Funktionen ändern, die im Kontextmenü eines Buttons die Verschiebung seiner Ebene bewirken, wie SCHRITTWEISE VORWÄRTS bzw. SCHRITTWEISE RÜCKWÄRTS. Alternativ geht das auch mit den entsprechenden Tasten links unten im Menü-Editor.

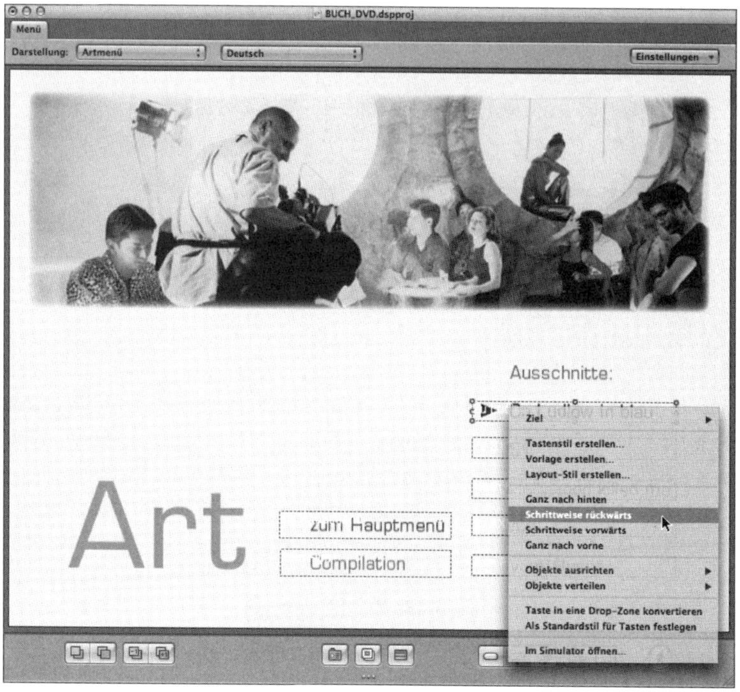

◄ **Abbildung 13.13**
Mit diesen Funktionen im Kontextmenü ändern Sie nicht allein die Ebene eines Buttons, sondern auch seine Nummer.

Wenn Sie die Auswahl über Zahleneingabe nutzen wollen, sollten Ihre Buttons natürlich so angeordnet sein, dass ihre Nummer eindeutig aus der

Position hervorgeht. Anderenfalls müssten Sie die Nummer irgendwo mit bei der Gestaltung unterbringen. DVD Studio Pro bietet Ihnen mit der Funktion ZAHLENBLOCK ❶ zudem die Möglichkeit, nur einen Teil der Buttons über ihre Nummer zugänglich zu machen. Bei TASTENVERSATZ ❷ können Sie (zum Beispiel für Kapitelmenüs) einen Wert eingeben, um den der Zahlenbereich der Buttons verschoben werden soll (Näheres im Handbuch auf Seite 257).

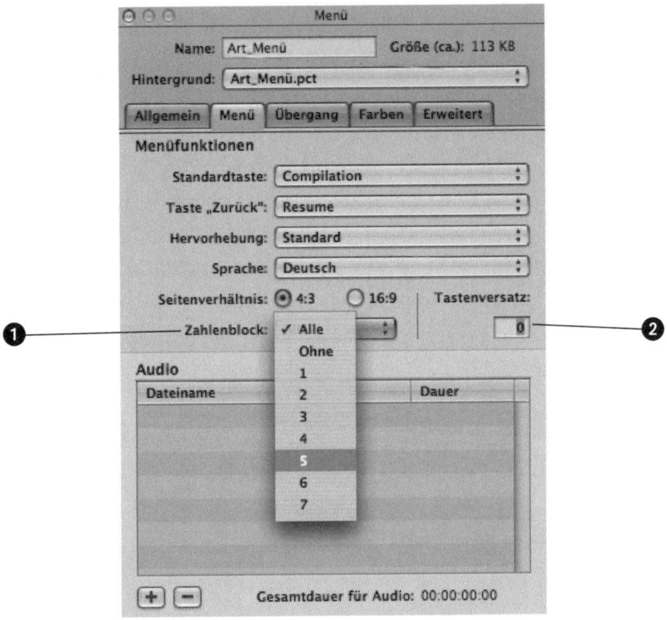

Abbildung 13.14 ▶ Im Info-Fenster eines Menüs können Sie die Ansteuerung von Buttons über eine Nummer sehr detailliert festlegen.

13.5 Bilder und Töne

Videospuren Kommen wir zu dem Bereich, der Sie (und natürlich den Nutzer) in erster Linie an der DVD interessieren dürfte: Video und Ton. In DVD Studio Pro können Sie bis zu 99 Spuren anlegen (Diashows zählen mit), die das Programm in so genannten Video Title Sets (kurz VTS) abspeichert. Auf die technische Seite komme ich später bei TFDVDEdit ausführlich zurück. Wenn Sie mehr kurze Filmabschnitte brauchen, können Sie jede Spur wiederum in bis zu 99 Kapitel aufteilen (siehe unten).

Tonspuren Zu jeder Videospur können mehrere Tonspuren gehören. Neben fremdsprachlichen Synchronversionen kommen dafür unterschiedliche Kommentare oder die Auswahl von Stereo und Surround-Version, jeweils in Dolby Digital und DTS, in Betracht. Bis zu acht Tonspuren sind erlaubt, und jede dieser Spuren kann in einem mehrkanalfähigen Format kodiert sein. Selbstverständlich spielt da der Platzbedarf selbst auf DVD-9 schon eine ganz erhebliche Rolle, und sorgfältiges Bit-Budgeting ist gefragt. Viele Tonspuren in hoher Qualität schmälern natürlich auch die Datenrate, die für das Bild zur Verfügung steht. Der geeignete Kompromiss hängt letztlich stark vom Inhalt ab, das kann von einem anspruchsvollen Film mit reduzierten Tonspuren bis hin zu einer mit Standbildern unterlegten Konzertaufnahme in höchstmöglicher Surround-Qualität reichen.

Blenden bei Standbildern

Wenn Sie für eine hochwertige Konzertaufnahme nur Standbilder verwenden, aber die Übergänge mit Blenden verschönern wollen, denken Sie auch an die Arbeitsweise der MPEG-Kompression. Während Schiebeblenden aller Art leicht zu kodieren sind, wird die Qualität von weichen Überblendungen oder Auf- und Abblenden bei niedrigen Datenraten unbefriedigend ausfallen.

Die Umschaltung auf eine gewünschte Sprachversion kann im Setup-Menü des Abspielgerätes vorgegeben, aber auch per Button in einem Menü angeboten werden. Es empfiehlt sich immer, auch ein Menü zur Auswahl der Tonspuren zu gestalten – woher wollen Sie wissen, dass der jeweilige Nutzer die gleiche Sprache spricht wie der Besitzer des Geräts? Unbedingt notwendig ist das, wenn eine alternative Tonspur nicht mit einer weiteren Sprachversion, sondern z. B. mit einem Kommentar belegt ist. Dann wäre die Auswahl per Player-Setup unverständlich, da dort nur verschiedene Sprachen angeboten werden. Viele Billig-Player bieten nicht einmal alle Sprachen des DVD-Standards an (es sind aber auch sehr viele!), bei Fernost-Playern aus Grauimporten kann sogar Deutsch fehlen. Wie man das besonders elegant löst, erfahren Sie im Kapitel »Skripte«.

Untertitel und Subpictures

Bis zu **32 verschiedene Untertitelversionen**, z. B. für seltenere Fremdsprachen, sind eine weitere Besonderheit der DVD. Während ein Untertitel auf Film oder Video quasi eingebrannt und zu einem Teil des Bildes geworden ist, können die Untertitel bei DVD beliebig an- und abgeschaltet oder gewechselt werden. Sie werden nämlich dem Bild erst während der Wiedergabe überlagert und liegen als getrennte Information vor (als Subpictures, siehe Kapitel 12, »Grafik und Text«). Diese Flexibilität in der Untertitelung entspricht natürlich in erster Linie den Interessen Hollywoods, da man so auf DVD nicht mehr lauter einzelne fremdsprachige Versionen eines Films produzieren muss.

Abgesehen davon, dass dies ein nettes Hilfsmittel zum Sprachenlernen sein kann, gehen die Einsatzmöglichkeiten mit etwas Kreativität weit darüber hinaus. Für die Subpictures sind zwar nur wenige Farben und

Transparenzstufen zulässig, aber ansonsten besteht völlige Gestaltungsfreiheit in der gesamten Bildfläche. Sie können z. B. auf diese Weise bei einem Lehrfilm dem Videobild frei wählbare **Grafiken zur Erläuterung** überlagern, die sogar in gewissem Umfang animierbar sind. Bei großflächigen Animationen steigt der sonst mit etwa 10 KBit/s praktisch zu vernachlässigende Platzbedarf der Subpictures deutlich an, sie sollten dafür beim Bit-Budgeting nicht zu knapp kalkulieren. Bei Videospuren können Sie Animationen schon in DVD Studio Pro erzeugen, das Programm bietet recht gute Möglichkeiten zum Import von schnell wechselnden Grafiken in die Untertitelspuren. Wie Sie das machen, erfahren Sie im ersten Teil des Step-by-Step-Workshops »Animierte Buttons«. Dort lernen Sie auch, wie man sogar Button-Hervorhebungen animiert – das kann DVD Studio Pro nicht ohne fremde Hilfe ...

Multi-Angle

Ein weiteres Glanzlicht der DVD sind mehrfache **Bildspuren,** zwischen denen ohne Stocken gewechselt werden kann. Die Bezeichnung Multi-Angle geht zwar davon aus, dass auf diese Weise mehrere Kamerablickwinkel zur Auswahl geboten werden. Bisher wird die Möglichkeit auch meist so genutzt – in erster Linie beim Sport, vom grünen Rasen bis zur Matratze ...

Aber da es den Geräten natürlich egal ist, was Sie tatsächlich aufgenommen haben, gehen die Möglichkeiten weit darüber hinaus. In interaktiven Spielfilmen könnten so alternative Handlungsstränge verfolgt oder das Geschehen aus der Perspektive verschiedener Darsteller gezeigt werden. Was hätte ein Meister wie der japanische Regisseur Akira Kurosawa wohl damit angefangen? Er ließ in seinem berühmten Klassiker »Rashomon« einen Mord von vier Anwesenden völlig unterschiedlich schildern – damals natürlich noch nacheinander.

Mixed-Angle

In einem Lehrfilm über räumlich komplexe Montagearbeiten dagegen – denken Sie an die beengten Platzverhältnisse in Autos oder Flugzeugen – wären tatsächlich mehrere Blickwinkel sinnvoll. Bei einem Musikvideo andererseits könnte sich jeder seinen Lieblingsmusiker groß ins Bild holen. Die Möglichkeiten sind nur durch Ihre Vorstellungskraft begrenzt. Natürlich ist eine solche Produktion aufwändiger, da mehr Material gedreht werden muss. Immerhin macht Final Cut Pro mit seiner unbegrenzten Zahl an Bildspuren es relativ einfach, mehrere parallele Schnittvarianten zu erstellen und separat zu exportieren. DVD Studio Pro unterstützt außerdem – eine Besonderheit in dieser Preisklasse – die Möglichkeit der »Mixed-Angle»-Tracks, bei denen auch nur ein Teil der Gesamtlänge einer Videospur mehrere Blickwinkel aufweisen kann. Damit lässt sich der zusätzliche Platzbedarf mehrerer paralleler Videospuren auf die wirklich notwendigen Filmteile beschränken.

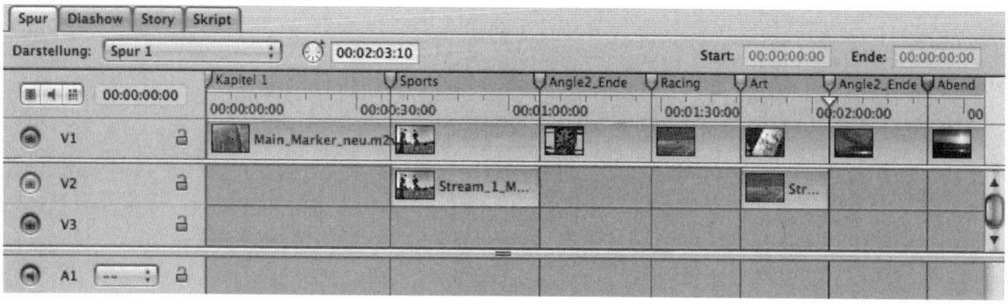

▲ **Abbildung 13.15**
Die Mixed-Angle-Technik in DVD Studio Pro erlaubt alternative Filmversionen ohne Platzverschwendung.

Spuren mit Mixed-Angle-Video müssen für alle Partien mit mehreren Bildversionen gleich lange und gleich viele alternative Bildspuren aufweisen. Die Umschaltung zwischen den Spuren findet per Angle-Taste auf der Fernbedienung für die ganze Spur statt: Wenn Sie zum Beispiel die zweite Spur wählen, wird Spur 1 gezeigt, solange nur diese existiert. Sobald ein Abschnitt mit Mixed-Angles erreicht wird, schaltet die Navigation automatisch auf die Spur 2 um. Natürlich kann der Nutzer auch weiterhin wechseln, aber eine Reaktion auf die Tastendrücke findet dann immer erst in einem Abschnitt statt, der auch mit mehreren Spuren versehen ist. Da dieses Feature noch nicht sehr gängig ist, sollten Sie Ihre Nutzer über diese Besonderheiten informieren.

Der Standard lässt bis zu **neun Bildspuren** zu, sogar ohne dabei die Datenrate und damit die Qualität zu sehr einzuschränken. Die Angles werden nämlich ebenfalls im Multiplexverfahren (siehe »Technische Grundlagen«) in kleinen Häppchen hintereinander geschachtelt. Leichte Einschränkungen sind notwendig, damit ein störungsfreier Wechsel zwischen den Spuren gesichert bleibt: Bei zwei bis fünf Spuren darf jede maximal 8 Mbit/s aufweisen, bei sechs bis acht 7,5 und bei neun noch 7 – bei einem guten MPEG-2-Encoder kein Problem.

Alle Spuren müssen exakt dieselbe Länge, dasselbe Bildformat und dieselbe Zahl an Bildern pro Sekunde aufweisen. Außerdem muss die Struktur der GOPs (**Group of Pictures**) in den Spuren identisch sein, und es darf sich nur um geschlossene GOPs handeln. Achten Sie hier darauf, dass Sie bei Ihrem Encoder die Übernahme zusätzlicher Markierungen für I-Frames bei Schnitten aus Final Cut Pro ausschalten (Näheres im Kapitel »Kompressionspraxis«). Natürlich erhöht sich der gesamte Speicherbedarf, so dass Ihr Film insgesamt nicht so lang werden kann.

Kapitel

Der schnelle Zugriff auf der DVD erlaubt dem Betrachter das Springen zu einzelnen Filmsequenzen. Dazu legen Sie in der Videospur Markierungen an (Marker), die Sie nahezu frei bestimmen können, sie werden allerdings vom System auf das jeweils nächstliegende I-Frame gesetzt, wenn sie nicht schon aus Final Cut Pro übernommen wurden. Diese Marker entsprechen einem Chapter (= Kapitel), das der Betrachter per Fernbedienung oder Menü unmittelbar abspielen kann. Für diesen Zweck müssen Sie Ihren Film also nicht schon in mehreren Teilen auf der DVD abgelegt haben, sondern Sie können ein langes Video nachträglich beim Authoring unterteilen. Allerdings sind solche vom Nutzer ausgelösten Sprünge nicht völlig störungsfrei, ein kurzes Stehenbleiben des Filmbildes wird sichtbar.

Präzise Kapitelsprünge

Wenn Sie Markierungen exakt auf ein bestimmtes Bild setzen wollen, sollten Sie diese schon in Final Cut Pro anlegen, so dass der Compressor bei jedem Kapitel ein I-Frame erzeugt. Wenn Sie mit einem anderen Schnittprogramm arbeiten, aber nicht allzu viele Markierungen brauchen, können Sie Ihren Film auch in einzelnen Partien kodieren und dann in DVD Studio Pro in einer Spur zusammenfügen.

Kapitelsprünge

Kapitelsprünge mit den Tasten Next und Previous auf der Fernbedienung sollten normgemäß eigentlich nur innerhalb eines Tracks erfolgen. Leider halten sich viele Player nicht daran, so dass Ihre Nutzer auch gleich in den nächsten Film springen können. Wenn das nicht erwünscht ist, wie z. B. bei Lehrmaterial oder Spielen mit zu lösenden Aufgaben, sollten Sie bei der jeweils letzten (bzw. auch der ersten!) Kapitelmarke die entsprechenden Fernbedienungstasten außer Kraft setzen. Falls nötig, hängen Sie dazu ein kleines Stück Schwarzbild an die Szene an und geben diesem eine eigene Markierung. Sie können die ZUGRIFFSRECHTE FÜR BENUTZER auch für einzelne Markierungen setzen, wenn Sie unten im Info-Fenster WIE BEI SPUR deaktivieren.

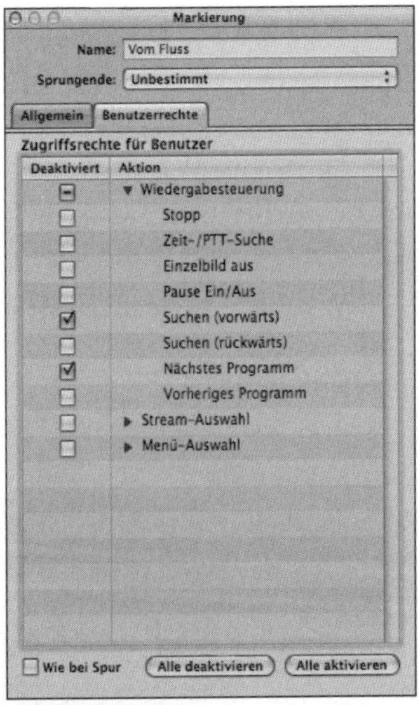

Abbildung 13.16 ▶
Wenn Sie Ihre Nutzer am wilden Umherspringen auf der DVD hindern wollen, können Sie Zugriffsrechte auch für einzelne Kapitel gezielt sperren.

Inhalte schützen

Sie können sogar ein kurzes Stück Schwarzfilm mit deaktivierten Tasten als »Schild« für schützenswerte Inhalte wie Lösungshilfen, Easter Eggs oder Ähnliches vorsehen, das nach Ablauf ins Hauptmenü oder an einen anderen sinnvollen Platz führt. Spuren werden physikalisch in der Reihenfolge auf die DVD gebracht werden, die sie im Listenfenster links oben einnehmen. Sie können also mit einem solchen Schild verhindern, dass ein pfiffiger Nutzer die DVD auf einem der vielen nicht ganz normgemäßen Player einfach mit der Taste **Next** durchscannt. Ein perfekter Schutz ist das aber nicht, da man auf dem Computer mit dem QuickTime Player an alle Inhalte herankommt (außer bei CSS).

Subpictures können verschwinden

Wenn Betrachter Abspielfunktionen auf der Fernbedienung wie den Schnelllauf bzw. andere Geschwindigkeiten außer dem normalen Vorwärtslauf betätigen, verschwinden die Subpictures und damit Buttons oder Untertitel auf Video (bei Standbild-Menüs sind diese Funktionen inaktiv). Das ist gemäß DVD-Spezifikation normal, kann aber irritierend sein. Auch wenn man zurück auf PLAY schaltet, wird erst das nächste Subpicture wieder angezeigt. Bei Spielfilmen werden sich die Nutzer daran gewöhnen müssen, schließlich wechseln Untertitel ja auch recht häufig. Wenn dagegen diese Anzeigen für die Navigation wesentlich sind, sollten Sie entweder kurz hintereinander mehrere Marker mit Kopien der Buttons anlegen oder diese Fernbedienungsfunktionen temporär ausschalten.

Physikalische Reihenfolge des Materials

Sie können durch sinnvolles Anlegen der Tracks in der Listenansicht auch erreichen, dass Sprünge zwischen häufig gewechselten Tracks etwas schneller erfolgen. Wenn diese auch physikalisch dicht beieinander liegen, muss der Laser des DVD-Players keine so weiten Wege zurücklegen. So sollte zum Beispiel ein animierter Übergang direkt vor der zugehörigen Spur liegen. Die Reihenfolge der Objekte kann – je nach Player – einen nicht unerheblichen Einfluss auf das flüssige Reagieren Ihrer DVD haben.

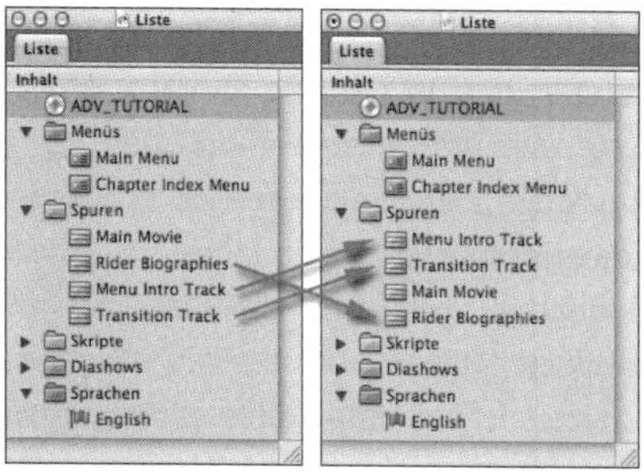

◂ **Abbildung 13.17**
Dieses Beispiel aus Apples Übungen lässt sich noch optimieren: Die MENU INTRO gehört an den Anfang, und der TRANSITION TRACK natürlich vor sein Zielobjekt, das MAIN MOVIE.

1 2 3 4 5 6 7 8 9 10 11 12 13 14 15 16 17 18 19 20 21 22 A B C

Das hilft allerdings nicht beim Wechsel zu den Menüs, die werden immer gemeinsam in einem eigenen VOB angelegt (deshalb sind sie auch pro Format auf 1 GB begrenzt). Die Sprünge zu den Menüs (und zwischen diesen) können Sie nur mit TFDVDEdit geschickter anordnen und damit schneller machen.

Wenn wir eine aufwändige Lern-DVD mit Wissensfragen gestalten, kommen für die Darstellung zahlreicher Ergebnisvarianten Diashows als Alternative zu Menüs in den Sinn. Machen Sie sich in diesem Fall klar, dass Menüs am Anfang der DVD liegen, Diashows dagegen ganz am Ende. Auch Skripte sind intern Menüs und liegen vorne. Es ist daher wenig sinnvoll, ständig hin und her zu springen, besonders bei einer DVD-9, wo Sie auch noch die Schicht wechseln würden. Diashows sollten in erster Linie so eingesetzt werden, wie es der Name nahe legt: zur Darstellung einer festgelegten Reihe von Inhalten in statischen Bildern.

Storys – virtuelle Schnitte

Zwischen den Kapiteln des Videomaterials auf einer DVD können Sie Sprünge ermöglichen, um sie in eine neue Reihenfolge zu bringen. Auf diese Weise kann ein Film quasi neu geschnitten werden. Dazu werden Filmabschnitte mit Kapitelmarkierungen als Liste in den so genannten »Storys« für beliebige Abfolgen aneinander gereiht, umgestellt oder Filmszenen weggelassen. Storys enden automatisch bei der ersten Kapitelmarke, die nicht mehr in der Liste enthalten ist.

Zugriffsrechte bei Storys einschränken

Da Storys aus Kapiteln zusammengesetzt sind, gilt auch hier das oben Gesagte: Viele Player erlauben es – in Missachtung der DVD-Spezifikation – mit den Kapiteltasten aus einer Story herauszuspringen. Dabei kann Ihre gesamte Navigation durcheinander kommen. Unterbinden Sie also in Storys die Benutzung dieser Tasten.

So kann auf der Grundlage desselben Materials wahlweise die Kinofassung mit Happy End nach den Maßgaben der Marketingabteilung oder ein Director's Cut in der vom Regisseur beabsichtigten Schnittfassung gezeigt werden. Ein anderes Beispiel wären internationale Versionen, in denen eine einzelne Szene – zum Beispiel ein Brief in Großaufnahme – in verschiedenen Sprachfassungen ausgetauscht werden soll (bei identischer Länge ginge das auch mit Mixed-Angles). Storys können dem Jugendschutz dienen, indem entschärfte Versionen des gleichen Films als Schnittfassung angelegt und durch den Mechanismus des »Parental Locking« altersgemäß zugänglich gemacht werden. Dabei gibt es zwei Einschränkungen: Storys sind grundsätzlich nur innerhalb einer Filmspur möglich, und in DVD Studio Pro können Sie nicht in einer völlig nahtlos abspielbaren Form erzeugt werden.

▲ **Abbildung 13.18**
Storys kennen Sie schon aus dem Übungsprojekt. In diesem Fenster werden ihnen einzelne Kapitel aus der Spur per Drag and Drop zugeordnet.

Storys statt Kapitel

Wenn ein Filmabschnitt per Kapitelmarke angesprungen wird, endet die Wiedergabe nicht automatisch bei der nächsten Marke – der Film wird einfach linear weiter abgespielt. Wenn Sie also möchten, dass der Nutzer nach dem Abspielen eines Kapitels ins Menü zurückgebracht wird, legen Sie die Kapitel jeweils als Story mit nur einem Eintrag an.

Seamless Branching

Vielleicht haben Sie auch schon einmal von dem Feature des Seamless Branching gehört. Eine Story in DVD Studio Pro ist leider nicht ganz dasselbe: Der Ablauf funktioniert, aber ein kurzes Stocken des Films bei den Sprüngen ist erkennbar. Im Gegenteil, Storys machen den Ablauf sogar etwas langsamer als eine simple Aneinanderreihung von Spuren, aber dafür sparen sie Platz bei mehreren Versionen des gleichen Materials auf einer DVD. Perfekt ging so etwas bisher nur mit sündhaft teuren, hausinternen High-End-Programmen der Filmindustrie, aber auch dort nicht über beliebige Abstände.

TFDVDEdit

Doch seit kurzem beherrscht auch das Programm TFDVDEdit in Zusammenarbeit mit DVD Studio Pro das Seamless Branching. Dazu legen Sie die einzelnen Schnittfassungen in DVD Studio Pro als ganz normale Storys an, auch deren Navigation kann bereits in DVD Studio Pro gestaltet werden. Somit können Sie den gesamten Ablauf der verschiedenen Varianten – mit den üblichen kleinen Unterbrechungen – vorab im Authoring-Programm testen. Später werden die Storys in TFDVDEdit in einem speziellen Multiplexverfahren so ineinander geschachtelt, dass ein Überspringen oder Einfügen einzelner Kapitel möglich wird, ohne dass der Film stockt oder der Ton aussetzt.

Funktionsweise

Seamless Branching funktioniert ähnlich wie Multi-Angle (siehe oben) und erfordert ebenfalls leicht verringerte Bitraten. Andere der dort beschriebenen Restriktionen, wie identische Länge und GOP-Struktur der einzelnen Teile, fallen fort. Natürlich kann Seamless Branching nicht die

Grenzen der Physik sprengen: Beliebige Zusammenstellungen über beliebige Distanzen sind auch damit nicht möglich – kein normgerechter Player könnte solche Datenmengen in seinem Puffer halten. Was möglich ist und was nicht, kann ich Ihnen in Zeiten oder Prozentsätzen noch gar nicht genau sagen, dazu ist die Methode noch zu neu. Aber zumindest die bei Spielfilmen üblichen Variantenbildungen sind damit auch Ihnen möglich, denn selbst Hollywood muss die gleichen Spezifikationen einhalten. Weiter hinten wird das Verfahren im Detail vorgestellt.

Abspielsicherheit und Geschwindigkeit

DVD Studio Pro lässt es nicht zu, dass eine DVD gar keine **Videospur** enthält, die Fertigstellung wird dann mit einer eindeutigen Fehlermeldung abgebrochen. Das ist auch gut so, denn es wäre nicht normgerecht. Wenn Sie aus irgendeinem Grund in erster Linie Standbilder und Menüs auf Ihre DVD legen wollen, reicht aber ein Stückchen Schwarzfilm, das nie gezeigt wird.

Bei manchen Playern und bei vielen DVD-Abspielprogrammen auf Computern sind die Reaktionsgeschwindigkeit und die Betriebssicherheit besser, wenn alle Elemente auch eine **Audiospur** besitzen – offensichtlich sucht die Software danach. Es empfiehlt sich also, möglichst jedem Videopart ein entsprechendes Stück Audio zuzuordnen, das dann natürlich auch einfach Stille enthalten darf (»Dummy-Audio«). Bei statischen Menüs können Sie sich das aber schenken, wenn der Platz knapp ist.

Stilles Audio

Sie werden »Dummy«-Audiospuren sicher platzsparend anlegen wollen, indem Sie sie mit niedrigster Datenrate und nur einem Kanal kodieren – schließlich klingt digitale Stille immer gut. Im Bereich der Menüs müssen aber alle Audioinformationen identische Parameter aufweisen (siehe Kapitel 11, »Der Ton zum Bild«).

13.6 Weitere Designüberlegungen

Autostart und Übergänge

Alle Video-DVDs (mit der Ausnahme von reinen Selbstläufern) sollten zumindest ein minimales Hauptmenü besitzen, das vor dem Start des eigentlichen Films erscheint. Trotzdem sollte automatisch nach einer längeren Wartezeit von etwa 45–90 Sekunden die wahrscheinlichste Wahl – meist der Hauptfilm – starten, so dass völlig unkundige Betrachter nicht enttäuscht werden und auch die »Verleger« den Film noch sehen können. Bei Spielfilmen ist es zwar üblich, bis zum Hauptmenü die Steuerung durch die Tasten auf der Fernbedienung abzuschalten, so dass bei deren Betätigung nur das »DVD-Verbotsschild« erscheint. Soweit Hinweise wie das Copyright unbedingt gelesen werden sollen, können Sie das ebenso halten, doch schon beim Logo oder Firmenvorspann kann man die Tasten wieder aktivieren. Selbst ein noch so eindrucksvoll animierter Vorspann wird dem Betrachter bei wiederholter Zwangsvorführung eher lästig.

Das gilt nicht unbedingt für einen Übergang, den Sie für Menüs gestaltet haben. Wenn er sehr kurz ist, wie z. B. eine sanfte Einblendung, kann das angenehmer wirken als das plötzliche Auftauchen eines Menüs. Entsprechendes gilt für eine Ausblende des Menüs, bevor der Film beginnt. Etwas anderes ist es mit aufwändig gestalteten Intro-Animationen, bei denen die Buttons erst einmal an ihren Platz wandern, ehe man überhaupt eine Wahl treffen kann. Auch wenn Sie noch so stolz darauf sind: beim x-ten Ansehen nervt so etwas ...

Intros sollten bei häufigerer Benutzung des gleichen Menüs, zum Beispiel bei Kapitelauswahl oder zahlreichen Bonus-Tracks, nach der direkten Rückkehr ins gleiche Menü übersprungen werden. Durch Skripte können Sie prüfen, ob eine Animation schon ein- oder zweimal durchlaufen wurde, und sie bei wiederholtem Anwählen umgehen. Leider bietet DVD Studio Pro trotz der Definitionsmöglichkeit eines Loop-Punkts keine völlig befriedigende Lösung für dieses Problem, da Sie den Loop-Punkt nicht zum Sprungziel machen können. Mit TFDVDEdit lässt sich das aber perfekt lösen, deshalb finden Sie dort einen Step-by-Step-Workshop zum Überspringen von Intros.

Tastenbelegung

Taste Title (Top/Top Menu)

Abgesehen von manchen Spiel- und Lernanwendungen gibt es kaum einen triftigen Grund, Betrachter von den interaktiven Funktionen der DVD auszuschließen. Vor allem die Taste Title (bzw. Top/Top Menu) sollte immer verfügbar bleiben und den Nutzer zur obersten Navigationsebene bringen, also normalerweise direkt zum Hauptmenü ohne Wiederholung des Intros.

Taste Menu

Die Taste Menu sollte den Nutzer immer zur logisch nächstliegenden Navigationsauswahl zurückbringen. Bei einfachen DVDs kann das ebenfalls das Hauptmenü sein, aber oft wird es sich um das passende Untermenü handeln. Das ist dann oft gar nicht so einfach, da der Nutzer auf verschiedenen Wegen zu dem gerade beendeten Filmabschnitt gekommen sein kann. Wer zum Beispiel beim Abspielen eines einzelnen Kapitels auf die Taste Menu drückt, möchte vermutlich in die Kapitelauswahl zurück. Wer aber im gleichen Filmabschnitt beim Betrachten des gesamten Films auf diese Taste drückt, will wohl eher in das Hauptmenü.

Einfache Fälle können Sie in DVD Studio Pro direkt lösen, so lässt sich zum Beispiel in Storys der Menütaste eine andere Funktion als in der dazugehörigen Spur zuweisen. In komplizierteren Fällen kommen Sie aber um ein paar Skripte nicht herum, mit denen Sie registrieren, wo der Nutzer vorher war. Dann können Sie die Menütaste ebenfalls mit einem Skript verbinden und über den Inhalt einer Variablen die richtige Wahl steuern.

Button-Vorwahl

Bei der Rückkehr in ein Menü – ob per Taste oder nach dem Abspielen – sollten Sie es sich auch nicht so einfach machen, immer den gleichen Standardbutton als Auswahl vorzugeben. Der selektierte Button kann für den Nutzer ein wichtiges Indiz dafür sein, was er oder sie vorher gesehen hat. Meist ist es sinnvoll, den zuletzt betätigten Button wieder zu selektieren. Nur dann, wenn der Nutzer möglichst eine bestimmte Reihenfolge einhalten sollte, können Sie auch gleich den nächsten Button vorwählen, so dass die Taste `Enter` zum Start genügt. In dem Fall wäre aber auch ein Menü mit einem einzelnen Button und der Funktion »Weiter« denkbar (was sich auch als Kapitel mit der Funktion »Warten« lösen ließe).

Standardtaste nicht belegen

Da eine feste Vorgabe eventuell mit Ihrem Vorgehen bei der Button-Vorwahl in Widerspruch stehen kann, sollten Sie die Funktion STANDARDTASTE in solchen Menüs besser auf UNBESTIMMT lassen.

In vielen Fällen können Sie auch diese Anforderung in DVD Studio Pro unmittelbar lösen, da sich einzelne Buttons in Menüs als Sprungziele vorgeben lassen. Sie werden dadurch nicht etwa aktiviert, sondern nur selektiert. Manchmal werden Sie aber auch hierfür nicht um ein Skript herumkommen. In meinem Beispiel »Zahlenschloss« lernen Sie, wie das im Detail funktioniert. In Menüs für die Audio- oder Untertitelwahl können Sie durch Vorwahl des entsprechenden Buttons die aktuelle Einstellung des Players auf den ersten Blick sichtbar machen. Auch das ist ein »Dienst am Kunden«, der sich durch ein Skript lösen lässt (siehe Skriptbeispiel »Sprachauswahl«). Es ist frustrierend, sich erst einmal die Eingangssequenz eines Films anzusehen, um dann zu merken, dass man die falsche Sprache gewählt hat ...

Bildschirm-Navigation

Richtungstasten

Wenn man sich in einem Menü befindet, sollten alle Richtungstasten eine möglichst intuitive Funktion haben. Selbst ein Button am Ende einer Liste kann durch die Abwärts-Taste zum obersten Menüeintrag verweisen und umgekehrt. In der Horizontalen wird das meist nur bei mehreren Einträgen in einer Reihe verständlich, bei nur zwei oder drei Einträgen kann die waagerechte Weiterschaltung zum Bildrand wahlweise auch ohne Funktion bleiben. Bei diagonalen Positionen ist es oft sinnvoll, beide in Frage kommenden Pfeiltasten auf den gleichen Button zu richten – Diagonaltasten gibt es bei DVD-Fernbedienungen schließlich nicht. Apple beschreibt die **Tastennavigation** im Handbuch ab Seite 281 sehr ausführlich.

Die Tasten Next und Previous führen immer zum jeweils vorherigen und nächsten Kapitel und sind nicht zum »Umblättern« von mehreren Menüseiten zu gebrauchen – dafür sind entsprechende Buttons auf dem Bildschirm zuständig. Bei Menüs, die nicht auf eine Seite passen, wäre auch je ein automatisch aktivierter Button am Anfang und Ende der Reihe denkbar, der umblättert.

Automatische Aktivierung

Ansonsten sollten Sie mit der Funktion Automatische Aktivierung – abgesehen von Spielen – sehr vorsichtig sein. Da sie einen Button sofort startet, wenn er angewählt wird, können Sie den Betrachter sehr leicht damit verunsichern oder sogar von dem Erreichen weiterer Buttons ausschließen. Benutzen Sie diese Funktion nur, wenn sie wirklich notwendig ist und die Rückkehr ebenfalls sichergestellt ist. Sie können sonst sehr leicht eine Schleife erzeugen, aus der man nicht mehr herauskommt!

Außerdem wird diese Funktion von manchen Software-Playern auf Computern außer Funktion gesetzt, weil sonst schon das Berühren solcher Buttons mit der Maus zu deren Auslösung führt. Das kann bedeuten, dass Ihre DVD auf dem Computer völlig anders reagiert als auf einem Standalone-Player (wir gestalten nicht allein für den Apple DVD Player, es soll ja noch eine Menge Leute mit PCs geben).

In den nächsten Jahren bis zur weitgehenden Durchdringung des Massenmarkts werden wir es immer wieder mit »DVD-Anfängern« zu tun haben. Es ist sicher eine gute Idee, darüber hinaus eine **Hilfefunktion** im Hauptmenü vorzusehen, die nach einer gewissen Wartezeit auch automatisch angeboten wird. Ebenso sollte der Text auf der DVD-Hülle die wesentlichen Bedienungshinweise enthalten. Falls Sie Hilfen für ein Menü akustisch geben wollen: Denken Sie daran, dass Filme auch von Gehörlosen betrachtet werden!

Machen Sie es dem Nutzer leicht, aus einer versehentlich gewählten Funktion wieder zurückzukehren, zum Beispiel durch farbliche Unterscheidung der Buttons nach Funktionsgruppen (es gibt ja mehrere Farbreihen für Hervorhebungen). Erleichtern Sie Entscheidungen durch Informationen: bei Bonusmaterial zu einem Spielfilm zum Beispiel mit einer knappen Inhaltsangabe und der Spieldauer.

Kreatives Geschichtenerzählen

Storys, Multi-Angles und Mixed-Angles bieten schon in DVD Studio Pro ein erstaunliches kreatives Potenzial. Mit TFDVDEdit kommt nun auch noch Seamless-Branching hinzu, und damit ist viel mehr möglich, als bisher in gängigen DVD-Produktionen ausgelotet wurde. Bei der Weiterentwicklung dieses noch jungen Mediums ist eindeutig die Kreativität erfahrener Autoren gefragt, letztlich müssen Sie dem Kunden erst einmal vermitteln, was alles in unserem Medium steckt.

In einem interaktiven Film zum Beispiel können diese Verfahren dazu dienen, auf der Grundlage von Entscheidungen des Betrachters die Handlung anders ablaufen zu lassen, ohne sämtliche Varianten in vollem Umfang vorproduzieren zu müssen. Der Mechanismus der Storys könnte mit buttongesteuerten Wechseln von Multi-Angle-Spuren kombiniert werden, um solche Variantenbildungen zu unterstützen.

Natürlich gibt es hier technische Grenzen, denn eine flüssige Wiedergabe ohne Stocken ist nur bei vorab im Authoring festgelegten Abfolgen möglich und auch nur im gleichen Track auf der DVD. Außerdem ist eine schnelle Reaktion von der Datenrate des Videomaterials abhängig – es empfiehlt sich, für solche Zwecke auch bei DVDs für die Massenkopie nicht über 6 MBit/s zu gehen und geschlossene GOPs zu verwenden.

III High-End-Praxis

14 Internationale Projekte

Selbst die DVD hat es nicht geschafft, die Welt auf einen einzigen Videostandard einzuschwören – es gibt immer noch PAL und NTSC. Aber wenn Sie mindestens 80–90 Prozent aller Nutzer auf unserer Kugel mit einer DVD erreichen wollen, gibt es einen Weg.

Die Weltlage

Während das Kino seit Beginn der Tonfilmzeit zumindest beim Bild einem einheitlichen Standard folgt – 24 Bilder pro Sekunde auf einem 35 mm breiten Streifen –, kennt das Fernsehen selbst in der digitalen Ära noch keinen globalen Standard, aber doch einige Fortschritte. Auf analogen Medien gibt es im Wesentlichen drei Fernsehnormen: NTSC (z. B. USA und Japan), PAL (viele Länder Europas, Australien, Teile Afrikas und Asiens) sowie SECAM (Frankreich, Teile Afrikas und Osteuropas). Dazu kommen viele Mischformen, wie PAL-M in Brasilien oder unterschiedliche SECAM-Varianten in West- und Osteuropa.

In der digitalen Aufzeichnung auf DV und DVD blieben davon nur noch zwei Varianten: die amerikanisch-japanische mit 60 Halbbildern pro Sekunde und einem Format von 720 × 480 Pixel und die europäische mit 50 Halbbildern und 720 × 576 Pixel bei insgesamt identischer Datenrate. Verschiedene Farbnormen wie PAL oder SECAM werden erst bei der Wiedergabe von den Chips der Player-Elektronik generiert. Hiesige DVD-Player gehen sogar noch einen Schritt weiter, denn praktisch alle 50-Hz-Geräte können auch NTSC abspielen, indem sie die Farbe nach PAL- oder SECAM-Norm analog ausgeben, aber die Bildfrequenz und Zeilenzahl des Originals beibehalten. Das ist zwar nicht ganz normgerecht, aber fast alle modernen Fernsehgeräte kommen damit zurecht, Computer sowieso, dazu alle mir bekannten Plasma-Displays und Chip-Projektoren. Das umgekehrte – also europäische DVDs auf amerikanischen Playern – funktioniert nur ganz selten.

Ein traurigeres Kapitel ist HD – da gibt es dann wieder einen ganzen Zoo von möglichen Formaten …

14.1 Formatwandlung

Eine echte Normwandlung ist in beiden Richtungen sehr aufwändig, wenn hohe Qualität gewünscht wird. Sie sollte möglichst bei spezialisierten Dienstleistern in Auftrag gegeben werden, die allerdings für ihre teure Echtzeit-Hardware angemessen bezahlt werden möchten. Trotzdem werden die jeweiligen Fremdformate bei schnellen Bewegungen manchmal merkwürdig aussehen, da Bilder fehlen bzw. künstlich ergänzt werden müssen. Die Wandlung von NTSC auf PAL erreicht zudem nicht die gewohnte Auflösung feiner Details, da das Quellformat weniger Pixel besitzt. Billige VHS-Rekorder mit Normwandlern finden sich kaum noch auf dem Markt, und ihre Qualität wird professionellen Ansprüchen sowieso nicht gerecht.

G-Converter

Software wie After Effects oder Final Cut Pro schafft es für weniger Geld auch ganz brauchbar, rechnet dafür aber recht lange. Ein exzellentes Plug-in für Final Cut Pro zur Normwandlung, das sich zudem auch noch leicht bedienen lässt, kommt für 100 US-$ von Graeme Nattress unter dem Namen »G-Converter« (www.nattress.com). Es erreicht eine Qualität, die sich nur noch bei sehr genauem Hinsehen von den Ergebnissen teurer Hardware-Konverter unterscheidet, dafür braucht es allerdings etwa das Fünffache der Filmlaufzeit zur Berechnung auf einem Dual-2GHz/G5.

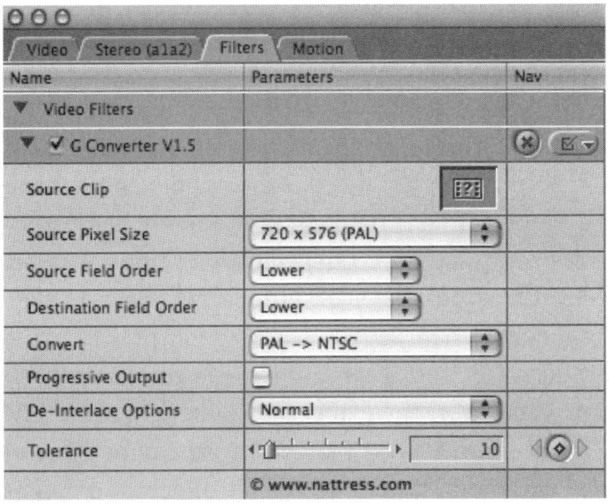

Abbildung 14.1 ▶ Der G-Converter von Graeme Nattress ist ein leicht zu bedienendes Plug-in für Final Cut Pro, mit dem Sie recht gute Normwandlungen in Software vornehmen können.

Perfektion in der Normwandlung zwischen beliebigen Videoformaten mit unterschiedlichen Bildfrequenzen (auch in HD) verspricht nur ein sehr aufwändiges Verfahren. Der Nachteil der oben genannten Programme ist nämlich, dass die Geschwindigkeitsveränderung durch Einzelbild-Überblendung (Frame-Blending) erreicht wird. Dabei entstehen in schnellen Bewegungen Doppelkonturen, die bisweilen störend auffallen (die können Sie auch im Übungsprojekt bei den Commercials bemerken). Von der gleichen Firma, die das bereits erwähnte FieldsKit herstellt (siehe »Film-Look«), kommt das Plug-in Twixtor.

Twixtor

Twixtor ermittelt Bewegungsvektoren aus Videobildern (ähnlich wie ein MPEG-Encoder), berechnet daraus aber künstliche Zwischenpositionen und auf Wunsch sogar Bewegungsunschärfen in Einzelbildern. Bei geeigneten Motiven kann Twixtor sogar eine überzeugende Zeitlupe aus Videobildern berechnen. Der Prozess läuft folgendermaßen ab:

1. Sie deinterlacen das Quellmaterial mit FieldsKit (siehe »Film-Look«) und erzeugen dabei die doppelte Anzahl von Bildern (so hat Twixtor mehr Informationen zur Analyse).
2. Sie passen die Bildzahl mit Twixtor an (also zum Beispiel von 60 auf 25 Bilder pro Sekunde oder auch von 30 auf 50).
3. Für Displays mit Interlace können Sie als letzten Schritt noch ein Re-Interlacing vornehmen, das nötige Werkzeug gehört zum FieldsKit.

Damit erreichen Sie die Qualität der besten Hardware-Konverter, allerdings auf Kosten enormer Rechenzeiten.

Multinorm heißt nicht Wandlung

So genannte Multinorm-Geräte haben meist keine Wandler, sondern geben nur ein angepasstes Farbsignal aus. Das lässt sich zwar auf modernen Fernsehern zeigen, aber nicht auf Geräte des jeweils anderen Standards kopieren.

Wie viele Bilder sollen's sein?

Für internationale Produktionen empfiehlt sich in erster Linie immer noch der Film, heute aber auch zunehmend die neuen HD-Formate. Im Low-Budget-Bereich sind PAL-Kameras der bessere Kompromiss. Warum das so ist, können Sie aus den Informationen im Technikteil zur DVD und den bewegten Bildern ableiten: PAL hat die bessere Bildauflösung und liegt nahe an der Bildfrequenz des Films. DVDs, deren Inhalte von Filmaufnahmen stammen, sehen auf allen progressiven Displays wie Computern, Plasma- und Chip-Projektoren besser aus, weil sie keine Interlace-Artefakte kennen. Sie kennen das Problem von Apples DVD Player, der die Zeilenstruktur unangenehm auffallen lässt. Es gibt zwar Software-Player, die das unterdrücken können, aber darunter leidet dann die Bildschärfe. Sie können das recht gut vergleichen, wenn bei einem Spielfilm das »Making of ...« oder die Interviews von einer Videoaufzeichnung stammen.

Telecine-Pull-down

Es ist also eine gute Idee, mit Vollbildern zu arbeiten, und so macht es Hollywood auch für die NTSC-Märkte. Erinnern Sie sich? Auf der DVD hat das bei analogen Videokassetten verwendete »Telecine-Pull-down« zwei Nachteile:

- Es erzeugt unnötigerweise Interlace-Artefakte – den »Lattenzaun«-Effekt –, wo vorher keine waren, und die stören bei der Wiedergabe auf einem Computer.
- Es verschwendet Bandbreite durch redundante Informationen, denn hier werden 20 % zusätzlicher Pixel ohne wirklich neue Information erzeugt. Eine unnötig hohe Datenmenge aber geht bei der MPEG2-Kompression immer zu Lasten der Bildqualität.

Die Lösung ist bei DVD eingebaut: Da moderne Chips das 3:2-Verfahren mit Leichtigkeit in Echtzeit nachbilden können, wurde die originale Filmversion als 24P für den NTSC-Bereich in der DVD-Norm berücksichtigt. Jeder DVD-Player kann mit 24 Filmbildern umgehen, ein zusätzliches Flag (eine Schaltinformation im Datenstrom) teilt der Elektronik von NTSC-Playern mit, dass ein 3:2-Pull-down generiert werden soll. Computer ignorieren das einfach und zeigen 24 Vollbilder pro Sekunde, und DVD-Player mit progressivem Ausgang können beide Versionen liefern.

Für den PAL- und SECAM-Markt dagegen werden Filme mit 25 Vollbildern überspielt und laufen damit einfach etwas schneller als im Kino. Hier werden keine elektronischen Tricks benötigt, denn die Ausgabeelektronik erzeugt nach wie vor 50 Halbbilder pro Sekunde. Diese beziehen ihre Information jeweils von einem gemeinsamen Filmbild, so dass Interlace-Effekte nicht auftreten sollten – es sei denn, bei der Filmabtastung wurden die Halbbilder falsch synchronisiert.

Wenn Sie sich eine Produktion auf Film und die Herstellung zweier DVD-Auflagen in PAL und NTSC mit jeweils angepasstem Grafikdesign nicht leisten können, bietet sich somit eine interessante Alternative an: Drehen Sie den Spieß einfach um! Ich nenne es:

14.2 Das 25 auf 24p-Verfahren

Es funktioniert genau umgekehrt wie die Übertragung von Kinofilmen auf PAL-Video. Wir rechnen unser PAL-Video in die NTSC-Bildgröße um, lassen es einfach etwas langsamer laufen und sagen dem MPEG-2-Encoder, dass es sich um 24p-Material handelt. Die Vorteile:

- Weltweit auf jedem DVD-Player und jedem Computer abspielbar
- Keine Interlace-Artefakte
- Bessere Ausnutzung der Datenrate
- Kinoästhetik durch Film-Look bei entsprechender Produktionsqualität
- Nur eine Gestaltungsversion

Die Nachteile sollen nicht verschwiegen werden:

- Nicht von allen älteren PAL-Fernsehgeräten darstellbar
- Etwas geringere Bildauflösung als bei PAL

Sie müssen also Ihre Abnehmer über diese Punkte genau aufklären und die Kostenvorteile sorgfältig analysieren. Das Verfahren wird sich in erster Linie für Low-Budget-Produktionen bei relativ geringen Stückzahlen lohnen, wo sich ein Dreh auf Film oder HD und der Aufwand zweier Gestaltungsformen und getrennter Vervielfältigung im Presswerk nicht amortisieren lässt. Es ist damit sicherlich interessant für den **internationalen Marktzugang** kleinerer Produktionen wie Videokunst, Lehrmaterial, Imagefilme, Tourismus- oder Messe- und Event-Videos. Es wird immer interessanter werden, je mehr sich progressive Displays und Multi-Norm-TVs verbreiten. Einige ältere Geräte und Billigprodukte werden allerdings mit einem verzerrten, schwarz-weißen oder fehlenden Bild darauf reagieren. Sie sollten daher bei einer solchen Produktion Ihre Auftraggeber und die Nutzer der DVD auf diese Einschränkung hinweisen und eine entsprechende Rücknahmevereinbarung anbieten.

Und noch etwas: Die notwendige Geschwindigkeitsänderung ist für den Videoteil unterhalb des Bemerkbaren. Andersherum wird dies ja schon seit Jahrzehnten praktiziert, denn Spielfilme laufen bei uns für die Sendeausstrahlung im Fernsehen gut vier Prozent schneller. Manche Leute sollen sich allerdings beschwert haben, dass der Film »Titanic« auf PAL-Video acht Minuten kürzer war. Nun ja, bei unserer Methode werden sie denken, sie hätten den Director's Cut einer hiesigen Fernsehsendung ...

Auf der Audioseite sind die Probleme deutlicher: Wenn man ein analoges Audioband um 4% verlangsamt, klingt das Material etwa einen Halbton tiefer. Dieses Problem kann man heute mit digitaler Bearbeitung lösen, denn viele Tonbearbeitungsprogramme können Geschwindigkeitsänderungen ohne Tonhöhenverschiebung berechnen. Die Verlangsamung jedoch bleibt in jedem Fall vorhanden. Deshalb ist dieses Verfahren für anspruchsvolle Musiktitel auch weniger geeignet: Eine Taktänderung von beispielsweise 100 zu 96 können erfahrene Musiker (und Musikliebhaber) durchaus hören. Eine Produktion auf HD-Kameras kann diesen Nachteil vermeiden, denn da gibt es mehrere Modelle, die auch in 24p aufnehmen können.

Der Produktionsablauf

Wenn Sie sich von Anfang an für diesen Weg der DVD-Produktion entschieden haben, sollte die Videoaufnahme natürlich im Vollbildverfahren erfolgen. Da gelten dann alle Hinweise – insbesondere zur Kameraführung und Belichtungszeit – aus dem Kapitel zum »Film-Look«. Auf diese Weise vermeiden Sie das zeitaufwändige Deinterlacing und die damit verbundenen Qualitätsverluste. Halbbilder können wir nämlich bei der hier geplanten Skalierung auf die NTSC-Bildgröße nicht gebrauchen, das würde bei dem krummen Zahlenverhältnis von 576 auf 480 Zeilen zu extremen Kammstrukturen führen. Das gilt auch für HD-Formate mit Interlace wie 1080i – auch hier muss vor der Skalierung auf SD-Größe ein Deinterlacing erfolgen. Wenn eine parallele Auswertung im Fernsehen für PAL vorgesehen ist, müssen Sie sich auch über eventuelle Nachteile dieser Arbeitsweise Gedanken machen. Immerhin ist die zeitliche Auflösung von Video doppelt so hoch wie bei Film, so dass schnelle Bewegungen in Vollbildaufzeichnung weniger flüssig wirken.

Deinterlacing

Wenn Sie keinen Einfluss auf die Dreharbeiten haben und das Material bereits als Interlace-Video vorliegt, müssen Sie die Halbbilder herausrechnen (nur bei Material, das von Film überspielt wurde, ist das natürlich unnötig). Dafür eignen sich alle im Kapitel zum »Film-Look« vorgestellten Verfahren. Wenn das Material wenig Bewegungsunschärfe aufweist (kurze Belichtungszeiten), rate ich in erster Linie zu den »Blend«-Versionen. Dieses Deinterlacing lässt sich in Final Cut Pro durchführen – entweder mit einem Plug-in wie dem hochwertigen FieldsKit oder dem schnellen Field Blender oder auch mit Bordmitteln. Da Final Cut Pro mit vielen unterschiedlichen Bildformaten umgehen kann, lässt sich der nächste Schritt in einem Rutsch erledigen.

Größenänderung

Legen Sie in Final Cut Pro eine Sequenz für die NTSC-Bildgröße 720 × 480 an, aber mit den 25 Bildern pro Sekunde des Originalformats. Wir wollen nämlich nicht, dass schon Final Cut Pro die Geschwindigkeitsänderung von 25 auf 24 Bilder pro Sekunde vornimmt. Das Programm würde dabei nämlich einfach regelmäßig Bilder auslassen, um die Laufzeit konstant zu halten. Das führt entweder zu auffälligem Ruckeln oder zu extremen Rechenzeiten, wenn bei aktivierter Bildüberblendung (unter den Sequenzeinstellungen bei Rendersteuerung) einzelbildweise weiche Überblendungen berechnet werden. Die Bildgröße passt Final Cut Pro automatisch an. Zur Übergabe an Compressor – die in diesem Fall nicht direkt aus Final Cut Pro erfolgen kann – sollten Sie die Sequenz nicht im DV-Format, sondern besser mit dem Codec Foto-JPEG bei 75% oder bei sehr hochwertigem Quellmaterial (wie Digi-Beta oder Film) sogar unkomprimiert ausgeben. Lassen Sie die Tonspur für die einfachste Arbeitsweise in 48 kHz mit in den QuickTime-Film ausgeben (nur bei Stereo).

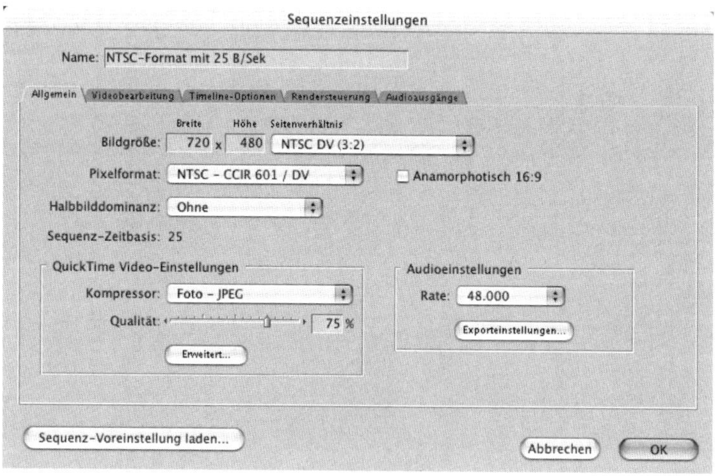

◀ **Abbildung 14.2**
Die geeigneten Sequenzeinstellungen für die Umrechnung auf die NTSC-Bildgröße, aber noch bei 25 Bildern pro Sekunde.

Geschwindigkeitsänderung

Cinema Tools

Zur Änderung der Laufgeschwindigkeit von 25 auf 24 Bilder pro Sekunde benutzen wir das mit Final Cut Pro 4 gelieferte Programm Cinema Tools. Es wird Sie nach dem Start erst einmal nach einer Cinema Tools-Datenbasis fragen, aber dieses Fenster schließen Sie einfach mit CANCEL. Stattdessen wählen Sie unter FILE • OPEN CLIP den von Final Cut Pro berechneten Film aus, er wird daraufhin in einem eigenen Fenster dargestellt. Klicken Sie auf CONFORM, und es öffnet sich ein kleines Einstellfenster. Wählen Sie dort aus dem Menü neben CONFORM TO: die Einstellung 23,98, das ist nämlich genau die Bildfrequenz, die wir brauchen.

Nicht in anderen Programmen offen lassen

Diese Datei darf beim CONFORM nicht gleichzeitig von einem anderen Programm geöffnet sein.

Streng genommen entspricht das amerikanische NTSC-System nicht exakt einer Geschwindigkeit von 30 Bildern pro Sekunde, sondern nur 29,97. Daraus leitet sich für unsere Methode (inklusive 3:2-Pull-down im Player) bei ganz präziser Berechnung ebenfalls ein leicht von 24 Bildern abweichender Wert von 23,976 ab (er wird hier gerundet angezeigt, ist aber intern genauer). Klicken Sie rechts unten auf CONFORM, und der Film wird sofort umgestellt. Sie brauchen nicht erneut zu sichern, sondern können die Cinema Tools gleich wieder verlassen.

Abbildung 14.3 ▶
Öffnen Sie Ihren Film in Cinema Tools, und klicken Sie auf CONFORM.

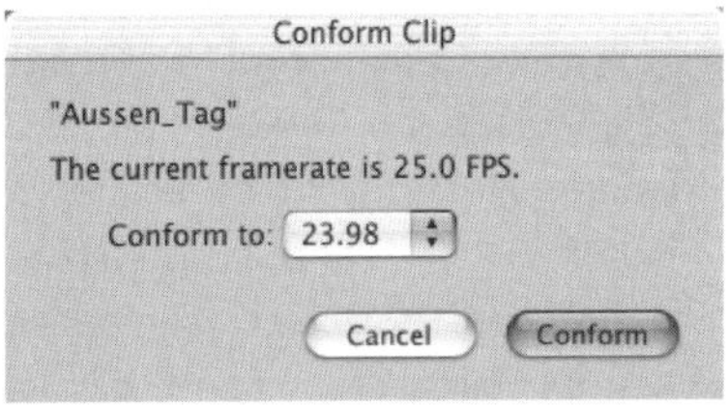

Abbildung 14.4 ▶
Hier lässt sich die Bildwechselfrequenz auf 23,98 (eigentlich 23,976) Bilder pro Sekunde umstellen.

Dabei wurde der Ton auch gleich mit geändert, allerdings mit der einfachen Methode, bei der sich eine leichte Tonhöhenverschiebung ergibt. In unserem Fall wird der Ton etwas tiefer. Wenn Sie das nicht stört, können Sie ihn gleich per QuickTime Player als Wave-Datei exportieren und an A.Pack übergeben (Wave-Dateien funktionieren nach meiner Erfahrung mit A.Pack zuverlässiger).

Ton asynchron

Die aktuelle Version der Cinema Tools 2.2 erzeugt – möglicherweise auch nur mit QuickTime 6.5.1 – bei diesem vereinfachten Vorgehen Abweichungen in der Laufzeit des Tons, die vorher nicht auftraten. Wenn Ihnen eine ältere Version nicht mehr zur Verfügung steht, ist der »Frame Rerater« von John Brisbin eine gute Alternative. Sie können das Programm zusammen mit dem DVD Film Transformer erwerben (siehe Seite 405).

Sollten Sie bereits mit einer neueren Version der Cinema Tools arbeiten, überprüfen Sie bitte sorgfältig, ob das Problem noch besteht. Auch eine Aktualisierung von QuickTime könnte helfen.

Ton für Perfektionisten

Wenn Sie mit einer Tonauflösung von 24 Bit arbeiten wollen, mehr als zwei Spuren haben oder die Tonhöhe konstant halten wollen, ist dieser Weg nicht geeignet. In diesem Fall müssen Sie den Ton getrennt aus Final Cut Pro exportieren und in einem professionellen Tonprogramm bearbeiten. Da sich auf diesem Weg viel leichter Synchronabweichungen einschleichen können, ist ein professioneller Vorspann mit Tonmarke dringend angeraten. Final Cut Pro bietet die notwendigen Einstellungen an. Da Final Cut Pro praktisch beliebig viele Tonspuren zulässt, können Sie hier selbstverständlich gleich mehrere Sprachversionen anlegen und durch Aktivieren der jeweils benötigten Spuren in separate Dateien exportieren.

Bei einer Zielgeschwindigkeit von 23,976 wäre der genaue Verlängerungsfaktor theoretisch 104,271 Prozent. Selbst kleinste Abweichungen können sich bei einem eineinhalbstündigen Spielfilm mit seinen über 130 000 Einzelbildern als Auseinanderlaufen von Bild und Ton bemerkbar machen. Erst bei drei Nachkommastellen bleibt der Fehler unter einem Bild! Allerdings sind die beteiligten Programme durchaus zu Rundungsfehlern in der Lage, und außerdem wird das Videomaterial natürlich auf das nächstliegende volle Bild gerechnet. Sie benutzen also besser den Wert für die Laufzeit des verlangsamten Videomaterials, wie ihn Final Cut Pro anzeigt (der QuickTime Player ist da nicht genau genug). Rechnen Sie die Laufzeit in Sekunden um, und geben Sie das Ergebnis als Zielvorgabe ein.

Welche Programme eignen sich für diese Änderung? Als Käufer älterer Versionen von Final Cut Pro werden Sie vielleicht sagen: »Ich habe doch mit Peak DV schon ein passendes Programm!« Stimmt, dieser Editor bietet Ihnen auch in der abgemagerten DV-Version im Menü DSP unter CHANGE DURATION eine Funktion, die das offensichtlich erledigen kann. Peak DV lässt hier zwar sehr genaue Eingaben zu, hält sich aber leider nicht ganz daran. Das Ergebnis, das Sie nach längerer Rechenzeit erhalten, ist in der Klangqualität recht sauber. Doch es produziert leider bei langen Filmen Abweichungen von 1–2 Sekunden, das ist natürlich inakzeptabel. Sie können zwar durch Aufteilen in mehrere Abschnitte das Ergebnis verbessern, aber perfekt ist das nicht.

Der auch zur Surround-Bearbeitung hervorragend geeignete, aber nicht gerade billige Soundeditor Nuendo (siehe »Der Ton zum Bild«) kann das erheblich besser. Die Berechnung braucht zwar auch recht lange, aber weicht vom eingegebenen Zielwert bei der Einstellung auf einen hohen Wert für GENAUIGKEIT nur um etwa eine Fünfzigstelsekunde ab – das ist nicht mehr wahrnehmbar. Benutzen Sie aber nicht den im Handbuch als besonders hochwertig angepriesenen MPEX Algorithmus, denn der rechnet nicht nur unglaublich lange, sondern liefert auch erhebliche

Abweichungen von der gewünschten Länge. Die Einstellung Erweiterter Modus soll zwar besonders gut klingen und ist auch präzise, rechnet aber ebenfalls sehr lange. Da es mir – zumindest bei Material mit 16 Bit und 48 kHz – schwer fiel, einen Unterschied zu hören, scheint mir auch der Modus 2 geeignet, der deutlich weniger als die Laufzeit der Tonspur für die Berechnung braucht.

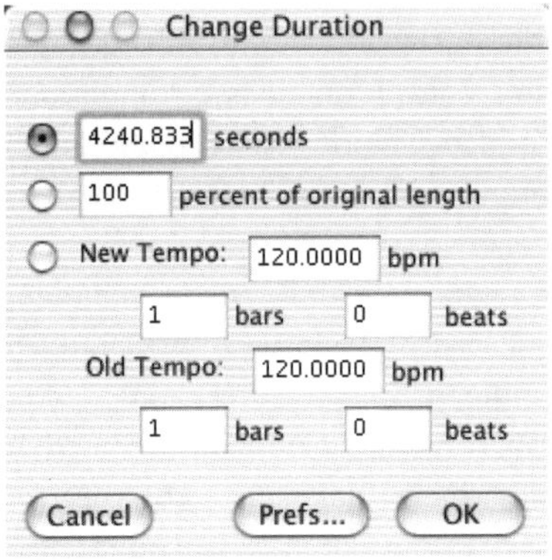

Abbildung 14.5 ▶
Peak DV lässt zwar bei der Laufzeitänderung sehr genaue Eingaben zu, hält sich aber leider selbst nicht so recht daran …

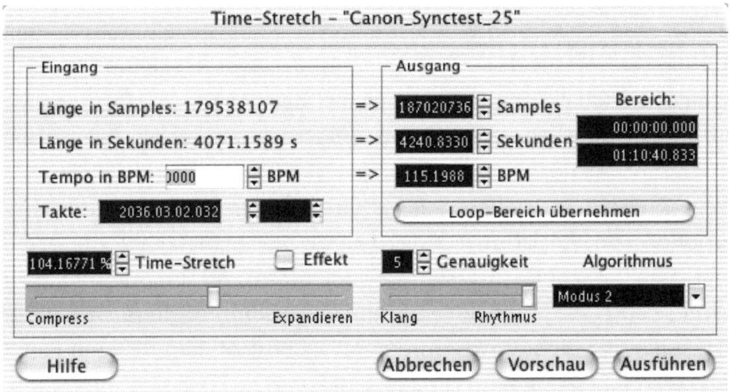

Abbildung 14.6 ▶
Die Einstellung Modus 2 in der Time-Stretch-Funktion von Nuendo liefert relativ schnell präzise Ergebnisse.

Wenn Sie mit anderen Programmen bei langen Filmen immer noch Abweichungen zwischen Bild und Ton feststellen, kann das trotz aller Sorgfalt an Rundungsfehlern der beteiligten Software liegen. In diesem Fall müssen Sie von den oben genannten theoretischen Werten leicht abweichen und es erneut mit einem entsprechend angepassten Wert versuchen. Es kann dann auch helfen, den Film in kleinere Abschnitte mit eigenen Synchronmarken zu unterteilen und separat anzupassen. In DVD Studio Pro ist es ja kein Problem, mehrere Filmabschnitte in einer Spur wieder zusammenzufügen.

MPEG-2-Kodierung

Compressor beherrscht auch die Kodierung im 24p-Format, Sie müssen nur die entsprechende Einstellung im Bereich Videoformat auswählen. Auch hier handelt es sich tatsächlich um 23,976 B/sec, wie Sie unter ZUSAMMENFASSUNG feststellen können (weitere Informationen unter »Kompressionspraxis«). Um das Ergebnis der Kodierung zu benutzen, müssen Sie in DVD Studio Pro das DVD-Format unbedingt auf NTSC einstellen – 24p in PAL-Auflösung gibt es nicht.

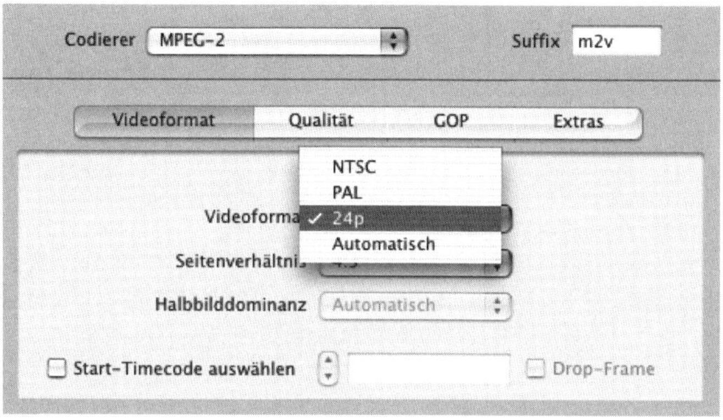

◂ **Abbildung 14.7**
Apples Compressor kennt auch das 24p-Format.

Amerikanisches Filmmaterial auf Video

Wenn Sie für ein solches Projekt Filme bekommen, die im NTSC-Format auf Video überspielt wurden, müssen Sie erst einmal das 3:2-Pull-down entfernen, diese Funktion nennt man auch »Inverse Telecine». Eine solche Funktion findet sich zwar auch in den Cinema Tools, aber ich hatte damit bei einer Quelle mit unbekannter Pull-down-Sequenz wenig Erfolg. Ich empfehle Ihnen daher für diesen Zweck ein hervorragendes kleines Plug-in für den QuickTime Player Pro von John Brisbin, das er »DVD Film Transformer« nennt. Es kann die Pull-down-Sequenz automatisch ermitteln und bietet zusätzlich mehrere sinnvolle Korrekturoptionen für die Aufbereitung von Filmquellen für DVD. Außerdem berechnet es bei Bedarf die Skalierung zwischen PAL und NTSC mit Hilfe der Altivec-Technik des G4 oder G5 schnell und sauber (fast doppelt so schnell wie Final Cut Pro). Weil es so nützlich und vielseitig ist, gefiel mir das Programm so sehr, dass ich das Handbuch übersetzt habe. Sie finden eine 7-Tage-Demo unter: http://homepage.mac.com/DVD_SP_Helper/, das Programm kostet 79 US-$.

15 Mit Skripten arbeiten

Glauben Sie auch, Sie brauchen ein Informatikstudium zur Nutzung der Skripte in DVD Studio Pro? Nicht nötig! Logisches Denken reicht – und das brauchen Sie als DVD-Autoren in jedem Fall.

15.1 Einführung

Anwendung

Erst Skripte erlauben die volle Nutzung des interaktiven Potenzials der DVD, und DVD Studio Pro ist das einzige Programm dieser Preisklasse (und weit darüber hinaus!), das Ihnen diese Möglichkeit zugänglich macht. Auch wenn Skripte im Rahmen des heutigen DVD-Standards bei weitem nicht dem Potenzial von Anwendungen für die CD-ROM oder das Internet (wie z.B. Director oder Flash) entsprechen, sollten Sie dieses Werkzeug ernst nehmen. Von mehr oder weniger unauffälligen Verbesserungen in der Benutzerführung, einfachen Spielen oder Lernanwendungen bis hin zu ganz neuen Gestaltungsformen wie Spielfilmen mit Eingriffen der Zuschauer in den Handlungsablauf können Sie damit eine ganze Menge anstellen.

Variablen in DVD Studio Pro

Gemäß Standard stellt ein DVD-Player 16 Speicherstellen zur Verfügung, in die beim Ablauf einer DVD Zahlenwerte geschrieben werden können. Einen solchen Speicher nennt man auch Register, und so heißen diese Speicherstellen in der Fachsprache **GPRMs** (General Purpose Register Memory). DVD Studio Pro benutzt acht davon für eigene Zwecke, so dass acht für unsere Skripte übrig bleiben. Da fällt es an sich schon nicht schwer, den Überblick zu behalten, trotzdem können Sie diesen Speicherstellen im Info-Fenster der DVD unter ERWEITERT eigene Namen geben. Diese Namensvergabe wird Ihnen auch bei der Generierung des ersten Skripts eines DVD-Projekts automatisch angeboten. Die Namen und die Inhalte der Variablen gelten für sämtliche Skripte einer DVD, so dass alle Skripte ihren Inhalt lesen und ändern und so Informationen miteinander austauschen können. Programmierer würden von »globalen Variablen« sprechen, aber wir skripten ja nur ...

Folglich müssen Sie natürlich selbst aufpassen, dass ein Wert nicht von einem Skript geändert wird, solange ein anderes Skript ihn noch benötigt. Das macht eine gute Planung erforderlich, um mit der geringen Zahl an Variablen auszukommen. Sie können den Weg des Betrachters durch Ihre DVD aber so geschickt anlegen, dass einige Skripte ohne Neustart der gesamten DVD nicht mehr durchlaufen werden. Deren Variablen können dann in später besuchten Abschnitten neue Verwendung finden.

Beim Einlegen einer neuen DVD werden alle Variablen zurückgesetzt, so dass sie den Wert null enthalten. Das bedeutet leider auch, dass keine Werte in ihnen bestehen bleiben, wenn die DVD wieder entnommen wird. Wenn Sie Aufzeichnungen benötigen, zum Beispiel von Testergebnissen in Lernanwendungen oder bei Nutzerbefragungen, brauchen Sie einen der professionellen DVD-Player von Pioneer oder Philips. Deren Informationen können über die serielle Schnittstelle von einem Computer abgefragt und gespeichert werden. Die frühere Unterstützung der zusätzlichen, nicht automatisch gelöschten Register im Philips Pro-Player (NVRAM) hat Apple leider schon in DVD Studio Pro 2 aufgegeben.

Benutzerrechte einschränken

Die Benutzung der Taste Stopp auf der Fernbedienung löscht alle Variablen, doch davon können Sie den Nutzer durch Einschränkung der Benutzerrechte abhalten.

Abbildung 15.1 ►
Einstellungsmöglichkeiten im Reiter BENUTZERRECHTE

Jede Variable kann einen 16-Bit-Wert enthalten, dezimal ausgedrückt sind das die positiven, ganzen Zahlen von 0 bis 65535. Negative Werte sind nicht möglich, stattdessen fängt die Zählung von oben wieder an. Wenn Sie zum Beispiel von einer Variablen mit dem Wert 12 die Zahl 17 abziehen, bekommen Sie statt –5 den Wert 65535–5, also 65530. Ebenso führt beispielsweise die Addition von 7 zu 65530 zum Wert 2. Wenn Sie mit Hexadezimalzahlen gut umgehen können, lässt sich die Anzeige durch Anklicken von HEX-WERTE über dem Skriptfenster ändern.

Variablen können einen Inhalt von Ihren Skripten zugewiesen bekommen, durch Rechenoperationen erhalten oder per Kopie eines **SPRM**s. Das heißt System Parameter Register Memory, und es handelt sich dabei um 24 Variablen, die gemäß DVD-Standard eine fest zugewiesene Aufgabe haben (eine vollständige Liste finden Sie im Apple-Handbuch ab Seite 531). Lesen dürfen Sie die alle in Ihren Skripten, ändern nur ganz wenige, wie zum Beispiel die aktuellen Untertitel oder die Audiospur, und auch das geschieht indirekt durch Befehle. Manche, so die gewünschte Sprache, Altersfreigabe oder das Display-Format, kann der Nutzer festlegen. Wieder andere kann nur der Player beeinflussen, zum Beispiel die Nummer der gerade gespielten Spur.

Auslösung von Skripten

Es gibt mehrere Möglichkeiten, ein Skript aufzurufen: als automatisches **Startskript** vor dem »Betreten« eines anderen Objektes wie eines Menüs oder einer Spur, durch Sprungende, durch Menü-Buttons und sogar durch Tasten der Fernbedienung. Im ersten Fall brauchen Sie sich nicht darum zu kümmern, von welchem Ausgangspunkt der Betrachter gekommen ist. In allen übrigen Fällen müssen Sie diesen Sprung natürlich explizit einbauen. Ein Skript darf – wie alle anderen Objekte – von mehreren Objekten aus angesprungen werden und seinerseits alle anderen Objekte anspringen.

Syntax

Skripte werden Zeile für Zeile abgearbeitet. Wenn ein JUMP oder EXIT in einer Zeile erreicht wird, werden alle weiteren Zeilen ignoriert, da diese sofort befolgt werden. Es ist allerdings auch möglich, mit dem Befehl GO TO innerhalb eines Skripts in eine andere Zeile zu springen.

Während Sie im Vorgängerprogramm noch die Wahl hatten zwischen der Auswahl von Skriptbestandteilen aus Menüs und dem Eintippen von Hand, will Apple das Skripten seit Version 2 nun ganz einfach machen. Sie wählen alle Skriptbestandteile nur noch in Menüs aus. Das ist möglich, weil der Befehlsvorrat der Skriptsprache sehr eingeschränkt ist und in jeder einzelnen Konstellation auch nur wenige sinnvolle Möglichkeiten zur Verfügung stehen. Einerseits gehört damit zwar die lästige Meldung »Syntaxfehler« gänzlich der Vergangenheit an, aber andererseits ist das Erstellen komplexerer Skripte doch eine ziemlich anstrengende Mauserei.

Zwar können Sie Skripte sichern und laden, so dass sie sich in einem externen Editor bearbeiten lassen, aber das ist ebenfalls umständlich. Es handelt sich übrigens um XML-Dateien. Ich würde mir wünschen, sie wahlweise auch wie im Vorgängerprogramm direkt eintippen zu können. Zumindest ist seit Version 3 auch Kopieren und Einfügen möglich, so dass Sie ähnliche Skriptzeilen schnell abändern können.

Ein- und Ausgabe

Anders als bei den meisten üblichen Programmiersprachen können Skripte auf der DVD nicht direkt mit dem Nutzer kommunizieren, das heißt, sie können beim Ablauf der DVD keine Meldungen direkt auf dem Bildschirm ausgeben oder direkte Zahleneingaben erhalten. Gemäß DVD-Spezifikation sind dafür ausschließlich Menüs und Buttons zuständig. Wenn eins Ihrer Skripte also dem Nutzer etwas mitteilen soll, müssen Sie dafür ein Menü oder einen anderen Inhalt auf der DVD vorsehen – das kann sogar Sprache auf einer Audiospur sein. Bedenken Sie aber dabei die relativ langsamen Reaktionen eines DVD-Players.

Startskripte

Ein Startskript ist insofern etwas Besonderes, als es immer vor ein anderes Objekt (wie ein Menü oder eine Spur) gehängt wird. Sie wählen es daher im Info-Fenster des Zielobjekts aus. Es wird zwangsläufig ausgeführt, wenn Sie dieses Objekt anspringen, sie sollten das Startskript nicht direkt anspringen. Eine weitere Einschränkung in diesem Zusammenhang: Ein Startskript sollte möglichst nicht die Variable ändern, auf deren Grundlage zu eben diesem Skript gesprungen wurde. Zumindest in der Vorgängerversion war sonst gelegentlich unzuverlässiges Verhalten der Skripte die Folge, und ich kann nicht völlig ausschließen, dass es auch jetzt noch so ist. Das heißt zum Beispiel, wenn ein Vergleich mit dem Inhalt des GPRM 1 zum Sprung in ein Startskript führt, sollte dieses Skript GPRM 1 nicht verändern.

Außerdem sollten Sie Startskripte bei Spuren nur einsetzen, wenn Sie das – vom DVD-Standard nicht vorgesehene – Wechseln von Spuren mit der Taste Next oder Previous auf der Fernbedienung unterbunden haben. Viele Player lassen das in Missachtung des Standards zu, aber die Startskripte werden dann nicht ausgeführt, und Ihr Konzept kommt durcheinander (Näheres im Kapitel »Navigationsdesign«). Auch das Anspringen einer Markierung in einer Spur umgeht das Startskript. Des Weiteren werden Startskripte umgangen, wenn der User die Taste Menü auf der Fernbedienung in einem Menü benutzt (Resume). Sie können dieses Verhalten also nicht mit einem Startskript abfangen – aber mit TFDVDEdit!

Wenn Sie sich damit nicht befassen wollen (siehe nächstes Kapitel), dann sollten Sie in solchen Fällen die Taste Menü innerhalb von Menüs stilllegen, das geht auch in DVD Studio Pro.

Für viele einfache Aufgaben sind die von Apple so genannten Darstellungsbedingungen eine praktische Alternative zu Startskripten. Beachten Sie dazu bitte die Hinweise im Apple-Handbuch auf Seite 519.

15.2 Skriptbeispiel Menüformat

Umschaltung von Widescreen-Subpictures

Aber springen wir doch mitten hinein in das Skripten mit einem praktischen Beispiel: Ich hatte Ihnen ja versprochen, dass wir uns mit der Wahl passender Subpictures für Grafik oder Buttons bei 16:9 noch einmal befassen. Dabei mute ich Ihnen nicht mehr zu als Apple bei den Beispielskripten für Einsteiger im Handbuch, die sollten Sie also ruhig schon einmal durchgearbeitet haben.

Gestalten Sie zuerst zwei Menüvarianten mit Overlays wie am Ende von Kapitel 12, »Grafik und Text« beschrieben, eine für die Darstellung auf einem echten 16:9-Display und eine für ein 3:4-Fernsehgerät in Pan and Scan (Sie können natürlich auch das Beispielmaterial auf der CD im Ordner Menügrafik benutzen). Eins der Menüs nennen Sie bitte »16zu9_Menü«, das andere »P&S_Menü«. Es kann sich dabei nur um Spuren mit Hervorhebungen und Buttons handeln, nicht um Menüs im engeren Sinne, denn da möchte ja DVD Studio Pro die Kontrolle übernehmen.

Schritt für Schritt: Formatskript

1. GPRM benennen

Benennen Sie im Info-Fenster der DVD unter ERWEITERT die erste Variable mit »Wie_breit«.

2. Skript erzeugen

Erzeugen Sie ein Skript mit SKRIPT HINZUFÜGEN, und nennen Sie es »Formatwahl«. Sie sehen einen ersten Befehl, der NOP (tu nichts) lautet. Klicken Sie auf diesen Befehl, und das Fenster SKRIPT-BEFEHL öffnet sich.

3. Ersten Befehl auswählen

Klicken Sie dort auf NOP, und ändern Sie den Befehl auf SET GPRM. Wir wollen diese Variable mit dem Wert aus einem SPRM belegen, da sich direkt auf ein SPRM keine Befehle anwenden lassen. Die passende Operation ist schon mit MOV (Bewegen, Kopieren) ausgewählt.

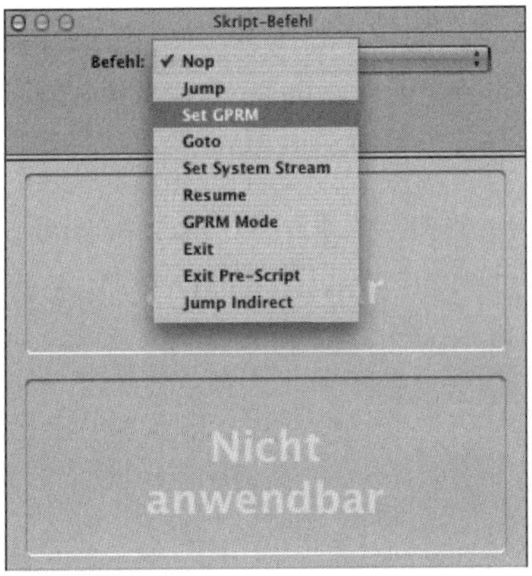

4. SPRM 14 als Quelle auswählen

Wählen Sie beim Quelltyp SPRM und beim Quellwert SPRM 14. Diese Variable enthält die vom Nutzer (hoffentlich zutreffend) gewählte Konfiguration des Players für die Art des angeschlossenen Display und die gewünschte 4:3-Darstellung von 16:9-Inhalten. Als Zielobjekt ist »Wie_breit« (als erstes GPRM) schon ausgewählt.

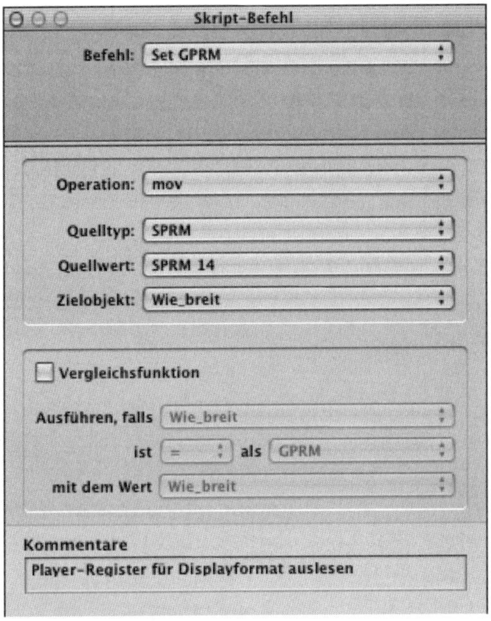

5. Kommentar eingeben

Lassen Sie die Vergleichsfunktion ungenutzt, aber geben Sie unten noch einen Kommentar ein. Es ist für spätere Änderungen höchst hilfreich, wenn man nicht lange nachdenken muss, was man sich bei einem Skript so gedacht hat. (Auch wenn ich hier im Beispiel vielleicht übertreibe.)

Kommentare können Sie verwenden, so viel Sie wollen. Sie benötigen keinen Speicherplatz auf der DVD, sondern werden nur in der Projektdatei von DVD Studio Pro gespeichert. Die erste Befehlszeile ist jetzt komplett, denn außer einer eventuellen Vergleichsoperation kann man dort keine weiteren Befehle unterbringen. Die Anzahl der Befehle in einem Skript ist übrigens auf 128 beschränkt, wobei DVD Studio Pro sich manchmal verrechnet, da es komplexe Skriptbefehle intern aus mehreren einfacheren zusammensetzt.

Es hindert Sie jedoch nichts daran, mehrere Skripte per Sprungbefehl hintereinander zu hängen. Ein Skript kann auch zu weiteren Skripten verweisen, die dann aber aus Geschwindigkeitsgründen im Fenster LISTE zusammen angeordnet werden sollten. Die nächste Befehlszeile erzeugen Sie durch einen Klick auf das Pluszeichen über der Befehlsliste. Die Information, die wir hier brauchen, steckt nur in wenigen Bits des Registers, das wir kopiert haben. Die filtern wir jetzt mit zwei Rechenoperationen heraus.

6. GPRM-Inhalt durch 256 teilen

Als Erstes teilen wir den Inhalt des Registers durch 256. Dazu wählen Sie als Befehl wieder SET GPRM, als Operation DIV (die Division) und als Quelltyp IMMEDIATE. Das erlaubt uns eine direkte Zahleneingabe im Feld QUELLWERT. Das Zielobjekt bleibt unsere Variable »Wie_breit« (Näheres im Kommentar).

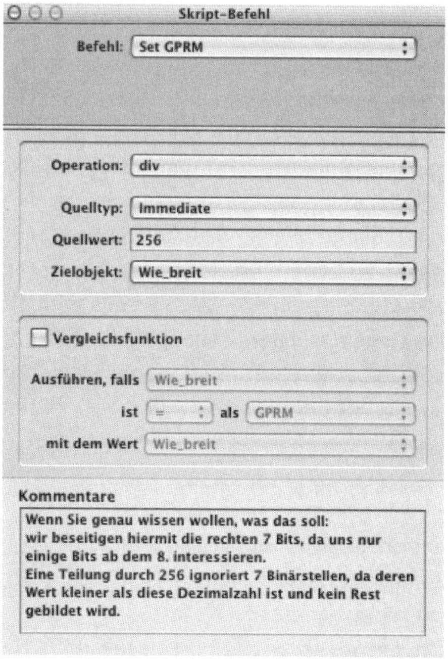

7. Benötigte Bits herausfiltern Erzeugen Sie eine weitere Befehlszeile, und wählen Sie als Befehl wieder SET GPRM und als Operation AND. Das ist eine binäre Operation, bei der wir unsere Variable mit einem Bitmuster filtern, um die gewünschte Information in einfachster Form zu erhalten. Das Bitmuster geben wir allerdings dezimal ein, nämlich wieder per IMMEDIATE mit dem Wert 15. Das Ziel ist wieder unsere Variable.

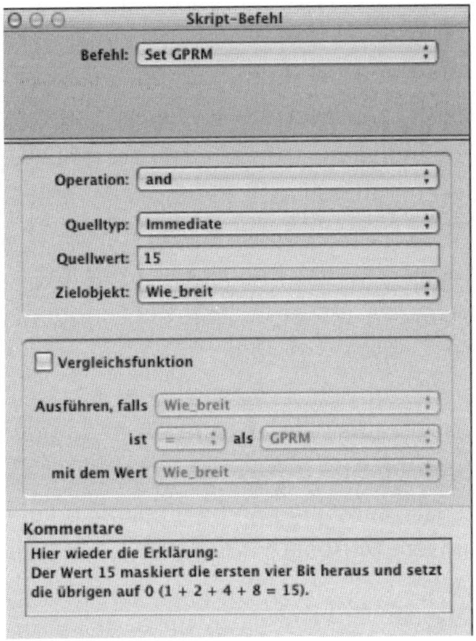

■

Wenn Ihnen diese Operation höchst exotisch vorkommt, haben Sie die Übungen im Handbuch von Apple noch nicht einmal gelesen ... Schade! Bei dem Beispiel zur Altersfreigabe auf Seite 555 wird nämlich genau das Gleiche gemacht und auch erklärt. Genaue und mathematisch korrekte Erläuterungen zu bitweisen Operationen finden Sie dann auf Seite 544. Es lohnt sich, diese Verfahren verstehen zu lernen. Einerseits stecken oft die benötigten Werte in nur wenigen Bits eines SPRM, andererseits werden Sie auch selbst bei komplexen Skripten so arbeiten wollen, da die Zahl der verfügbaren Register so klein ist. Eine simple Information wie »Ja« oder »Nein« lässt sich schließlich in einem Bit unterbringen – und auf diesem Wege dort auch wiederfinden!

Verständnisfrage

Mit welcher bitweisen UND-Operation hätte ich die gleichen Bits in einem Schritt maskieren können? (Damit haben Sie jetzt gar nicht mehr gerechnet, stimmt's?)

Antwort: Bitweises UND mit dem Wert 3840, das sind nämlich ebenfalls die Bits 8, 9, 10 und 11. Allerdings wäre das Ergebnis unhandlicher.

Des Pudels Kern

Nach diesen Rechenschritten steht ein Wert in unserer Variablen »Wie_breit«, der die gewünschte Information liefern kann. Leider verhalten sich hier die von mir getesteten Player nicht einheitlich: Viele Player liefern drei verschiedene Werte, und zwar die 1, wenn die Ausgabe für ein 4:3-Gerät im Vollbildmodus (entspricht Pan and Scan) eingestellt ist, die 2 für ein 4:3-Gerät im Letterboxmodus und die 12 für ein echtes 16:9-Display. Dieses Verhalten fand sich bei älteren Pioneer-Playern genauso wie bei aktuellen Panasonics oder einem Billig-Player. Alle von mir getesteten Sony-Player und ein neuerer Pioneer dagegen liefern entweder die 0 bei einem 4:3-Gerät oder die 12 bei der Einstellung für 16:9-Ausgabe. Das heißt: Bei ihnen steht nur bei 16:9 im SPRM 14 in den Bits 8 und 9 eine 0 und in 10 und 11 eine 1, sonst ist alles auf 0. Dann gibt es auch noch Philips-Geräte, die in Bit 10 und 11 nur bei 16:9 eine 1 schreiben, aber die Bits 8 und 9 gleichzeitig wie die weiter oben angegebenen Modelle belegen.

Wir können also gar nicht zuverlässig bei allen Playern feststellen, ob der Nutzer unserer DVD auf einem 4:3-Display das Letterbox-Format oder die beschnittene Vollbildversion eines Breitwandfilms bevorzugt. Auf dieses Problem ist vermutlich auch Apple gestoßen, da man dort nur die beiden Bits 10 und 11 prüft, nicht aber 8 und 9, wie im Beispiel auf Seite 544 nachzulesen ist.

Glücklicherweise sind Sie aber in der Lage, diese Einstellungen einfach zu ignorieren, da die Einstellungen im Authoring-System ja Vorrang haben (siehe »Motion Menus und Widescreen«). Sie können dem Nutzer Ihre Version der Darstellung auf 4:3-Geräten aufzwingen oder eine Menüoption zur manuellen Wahl zwischen Menüs im Letterbox-Format und solchen im Vollbildformat anbieten. Letzteres sollten Sie aber nur tun, wenn Sie auch einen für das Pan-and-Scan-Verfahren aufbereiteten Hauptfilm haben, sonst macht das ständige Umspringen im Darstellungsformat wenig Freude.

Wir brauchen also unsere Variable nur auf den Wert 12 (oder größer, wie bei Philips!) zu prüfen, der auf ein echtes 16:9-Gerät hinweist, und können daraufhin zum 16:9-Menü springen. Wenn die 12 nicht vorhanden ist, springen wir zu der jeweils gewünschten anderen Variante, im Beispiel also zum Pan-and-Scan-Menü.

Schritt für Schritt: Auf 16:9 prüfen

Wählen Sie in der neuen Befehlszeile den Befehl JUMP, und geben Sie als Sprungziel »16zu9_Menü« an. Aktivieren Sie die Vergleichsfunktion. Setzen Sie die Ausführungsbedingung auf »Wie_breit« >= 12 wie in der Abbildung.

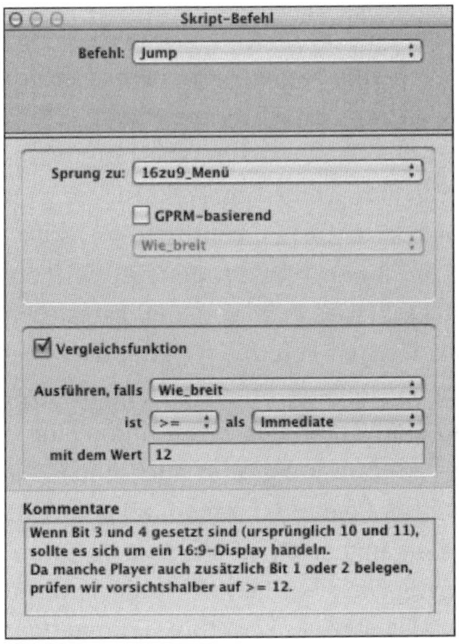

1. Wenn nicht, dann Pan and Scan

In einer letzten Befehlszeile geben Sie nun einen unbedingten Sprung auf das andere Menü ein, und unsere Menü-Automatik ist komplett.

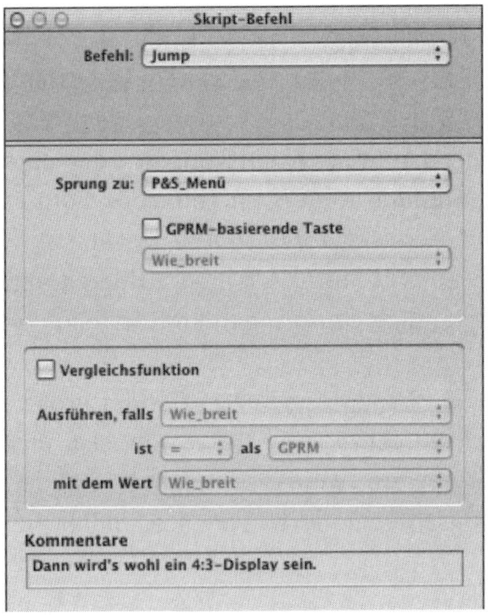

Ohne eine weitergehende Untersuchung der ersten beiden Bits ist das Skript so schon vollständig.

Sie könnten hier natürlich noch prüfen, ob der jeweilige Player doch eine sinnvolle Information über die vom Nutzer gewünschte Darstellung auf 4:3-Geräten liefert, indem Sie die Variable auf den Wert 1 oder 2 untersuchen. Im Fall der 0 könnten Sie dann zu einem Menü zur Formatwahl springen.

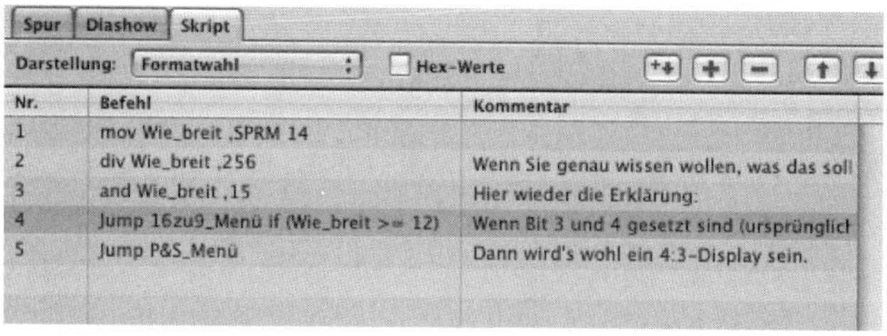

Übrigens: Wenn Sie dieses Skript dann im Simulator laufen lassen, schalten Sie vor dessen Start links unten auf das Protokollfenster um. Dort können Sie nämlich beobachten, wie Ihre Befehle durchlaufen werden. Abhängig davon, was Sie bei den Voreinstellungen für den Simulator unter VERHÄLTNIS eingegeben haben, steht am Beginn des Protokoll bei »SPRM 14 (Player-Konfiguration) Einträge wurden geändert:« der jeweilige Dezimalwert. Tatsächlich verhält sich der Simulator wie die meisten Player und setzt das Bit 1 bei Pan and Scan, das Bit 2 bei Letterbox und die Bits 3 und 4 bei der Einstellung auf 16:9. Nach Klick auf den Info-Button im Simulator (die Taste mit dem »i«) bekommen Sie übrigens ein weiteres nützliches Fenster, wo Ihnen beim Betrieb ständig der aktuelle Inhalt aller GPRMs und SPRMs angezeigt wird.

Simulator

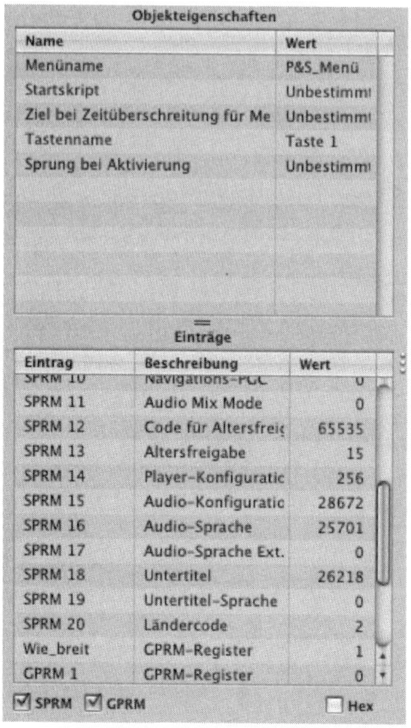

◄ **Abbildung 15.2**
Das Info-Fenster des Simulators zeigt Ihnen auf Wunsch den aktuellen Inhalt sämtlicher Register beim Ablauf der Simulation an.

Sie können also dieses Skript durchaus im Simulator, aber nicht in Apples DVD Player prüfen (der zeigt 16:9 immer als solches an). Sie müssen letztlich eine DVD-R(W) erzeugen und in einem echten Player testen. Bei mir klappt es jedenfalls – und löst das 16:9-Problem für die angepassten Hervorhebungen bei Buttons auf Tracks, denn dort können Sie einen passenden Subpicture-Stream anwählen.

Ab Seite 531 erläutert Apple im Handbuch die Funktionen sämtlicher SPRMs, am Beginn steht allerdings korrekterweise, dass keineswegs alle Bits dieser Register erläutert werden. Eins der Bücher im Anhang, nämlich »DVD Authoring and Production« von Ralph LaBarge, enthält umfassende Angaben auf Englisch.

15.3 Skriptbeispiel Sprachauswahl

Die Problemstellung

Beim Lesen des Handbuchs (ab Seite 377) haben Sie ja vermutlich schon festgestellt, dass die Unterstützung mehrsprachiger Menüs mit alternativen Hintergründen, Hervorhebungen und sogar Audiomaterial an sich in DVD Studio Pro automatisch erfolgt. Das wird dort ausführlich erklärt und funktioniert auch sehr gut – unter zwei Voraussetzungen: Die Hotspots müssen am gleichen Platz sitzen, und im Setup des jeweiligen Players muss die gewünschte Sprache gewählt sein.

Laufrichtung

Nun gibt es aber Sprachen, die von rechts nach links laufen (wie Arabisch und Hebräisch) oder von oben nach unten (wie Chinesisch). Da kommen Sie bei einer grafisch ansprechenden Menügestaltung mit identisch platzierten Hotspots nur schwer zurecht.

Zwar kann man einen DVD-Player im Setup auf seine bevorzugte Sprache einstellen, und das meist sogar getrennt für die Menüs, die Tonspur und eventuelle Untertitel. Aber woher wollen Sie wissen, dass der Besitzer damit wirklich zurechtkommt? Außerdem gibt es viele Player, deren Setup-Menü bei weitem nicht alle Sprachen des Standards anbietet. Und dann gibt es auch noch Nutzer, die eine DVD nicht auf ihrem eigenen Player betrachten und das Setup des Players nicht ändern wollen oder können. Denken Sie zum Beispiel an Messeanwendungen.

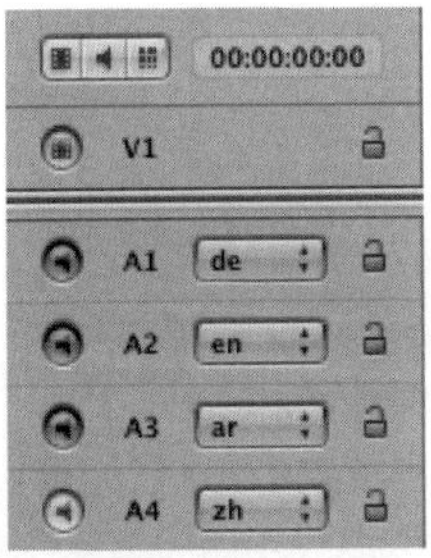

Abbildung 15.3 ▶
So etwa könnten Ihre Sprachspuren für dieses Projekt aussehen.

Um hier optimale Vorführbedingungen zu schaffen, kommen Sie um Skripte nicht herum. Nehmen wir einmal an, Sie sollen eine DVD für eine Messe in Asien mit den Sprachen Deutsch, Englisch, Arabisch und Chinesisch entwickeln und Sie wissen noch nicht einmal, wo die Player hergestellt wurden. Hier brauchen Sie nicht nur mehrere passend gestaltete Menüversionen, Tonspuren oder Untertitel, sondern auch ein mehrsprachiges Hauptmenü, in dem der Betrachter seine Sprache wählen kann. Für unsere Übung müssen Sie mindestens ein mehrsprachiges Sprachauswahlmenü, vier Hauptmenüs mit Film- und Kapitelwahl in den einzelnen Sprachen, einen Film mit Kapitelmarken sowie vier Ton- und Untertitelspuren vorbereiten. Natürlich dürfen es Platzhalter sein ...

Schritt für Schritt: Sprachwahl

1. Abfrage der Player-Einstellung

Als Erstes sollten wir trotz unserer freien Sprachwahl die auf dem Player eingestellte Sprache ermitteln, um zur Bequemlichkeit des Nutzers schon einen Menü-Button im Hauptmenü vorwählen zu können. Die Informationen für die gewünschte Menüsprache stecken in SPRM 0, die für die Tonspur in SPRM 16, und die gewählten Untertitel finden Sie in SPRM 18. Das dürfen Sie nicht verwechseln mit der gerade gespielten Ton- oder Untertitelspur (SPRM 1 und 2), denn die könnte der Nutzer ja durch Tastendruck geändert haben.

In diesen Registern findet sich nicht etwa die Sprache im Klartext, sondern eine fünfstellige Dezimalzahl. Die könnten wir zwar per Skript analysieren (auf Seite 541 im Apple-Handbuch steht, wie sie zusammengesetzt ist), aber es ist viel einfacher, den entsprechenden Zahlenwert aus der Tabelle auf Seite 504 herauszusuchen. Für unser Beispiel: Deutsch entspricht 25701, Englisch 25966, Arabisch 24946 und Chinesisch 31336.

2. Variablen benennen

Erzeugen Sie ein Skript, und benennen Sie drei Variablen wie in der Abbildung gezeigt. Diesmal bin ich großzügig, aber bei der Nutzung einzelner Bits als Speicherplatz kann man erheblich weniger verschwenderisch arbeiten.

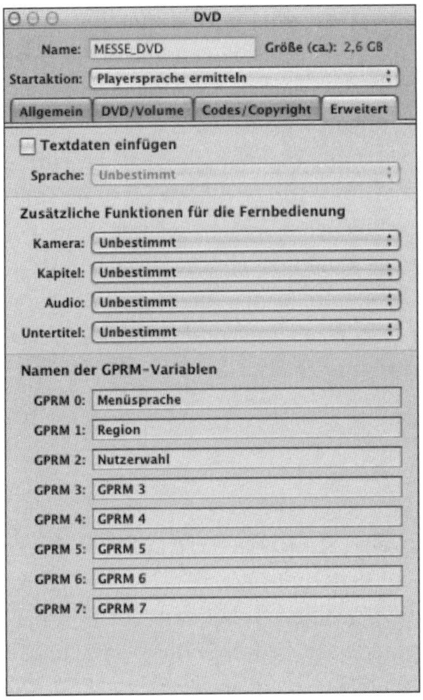

2. Register kopieren Kopieren Sie die Werte der beiden Register 0 und 20 mit den bereits bekannten Befehlen in die GPRMs. Wir lesen hier auch den Inhalt des Registers 20 mit dem Regionencode aus.

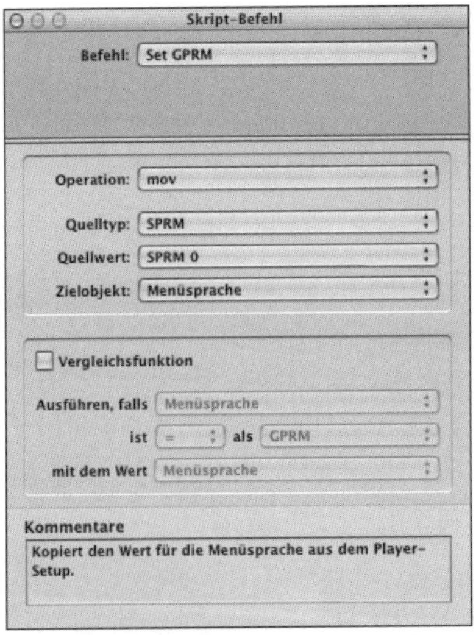

Der Regionencode kann uns einen Anhaltspunkt für die anzubietende Sprache geben, wenn die Sprache aus dem Sprachregister nicht zutrifft.

Die Information liegt im Binärsystem vor, das heißt, der Wert 1 entspricht der Region 1, 2 der 2, 4 der 3, 8 der 4 und so fort. Die Auswertung dürfen Sie sich als Hausaufgabe selbst ausdenken ;-)

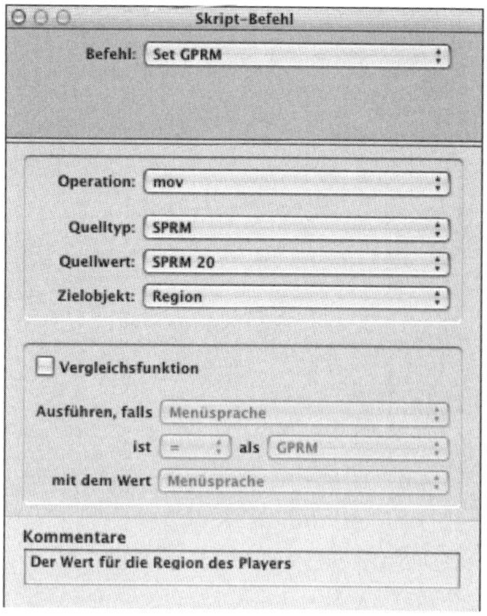

3. Ersten Button eintragen

Erzeugen Sie einen weiteren Befehl, und wählen Sie JUMP aus. Wählen Sie bei SPRUNG ZU das Menü für die Sprachauswahl und den Button für Deutsch. Die Auswahl eines Buttons bei einem Sprung veranlasst nicht etwa dessen Auslösung, sondern nur die Selektion.

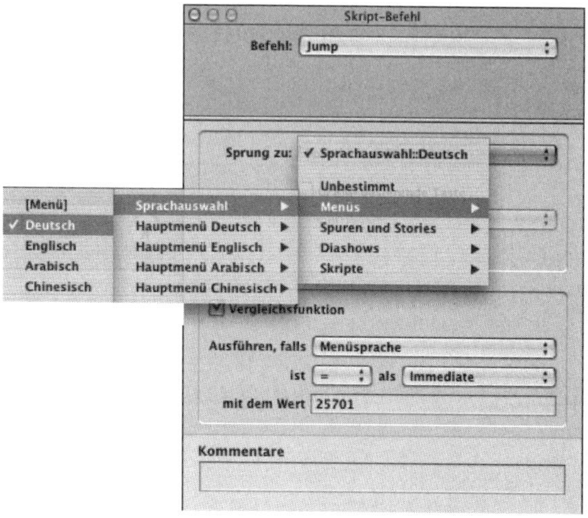

4. Vergleich bestimmen

Aktivieren Sie die Vergleichsfunktion, stellen Sie AUSFÜHREN FALLS auf die Variable »Menüsprache«, wählen Sie IST = ALS IMMEDIATE, und tragen Sie den Vergleichswert 25701 für Deutsch ein.

Der Rest ist einfach, denn im neuen Skripteditor können Sie per Duplizieren oder Kopieren und Einsetzen schnell die drei weiteren Vergleiche erzeugen und die Werte für Englisch, Arabisch und Chinesisch eintragen.

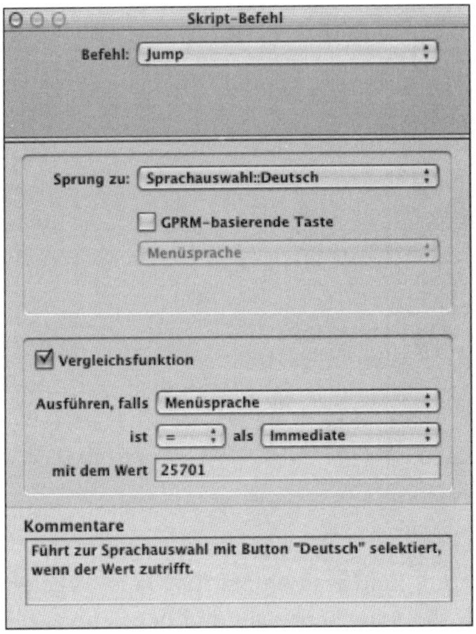

5. Alternativen Sprung eintragen

Als letzte Zeile sollten Sie unbedingt noch einen Sprungbefehl eintragen, der wirksam wird, wenn keine der Bedingungen zutrifft. Sonst bleibt Ihr Skript »in der Luft hängen«, und die DVD läuft nicht weiter.

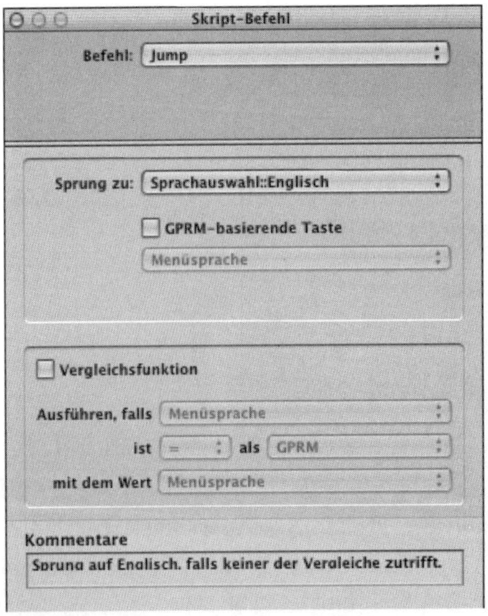

■

Immer einen abschließenden Befehl geben

Sie sollten es sich zur Gewohnheit machen, ein Skript mit bedingten Sprüngen immer mit einem unbedingten Sprung abzuschließen. Anders als gängige Programmiersprachen kennen Skripte in DVD Studio Pro kein »If ... then ... else«, sondern bei nicht zutreffender Bedingung wird die nächste Zeile bearbeitet. Wenn es keine nächste Zeile gibt, bleibt die DVD stehen!

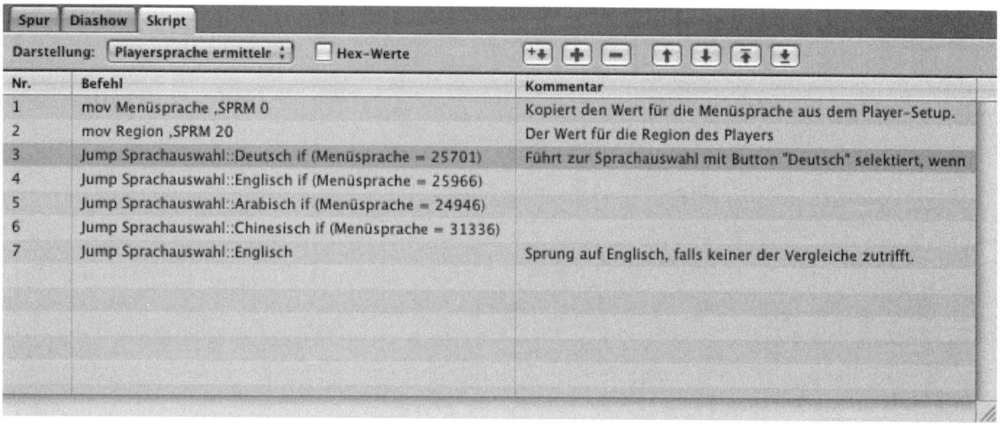

Spur | Diashow | Skript

Darstellung: Playersprache ermitteln | Hex-Werte

Nr.	Befehl	Kommentar
1	mov Menüsprache ,SPRM 0	Kopiert den Wert für die Menüsprache aus dem Player-Setup.
2	mov Region ,SPRM 20	Der Wert für die Region des Players
3	Jump Sprachauswahl::Deutsch if (Menüsprache = 25701)	Führt zur Sprachauswahl mit Button "Deutsch" selektiert, wenn
4	Jump Sprachauswahl::Englisch if (Menüsprache = 25966)	
5	Jump Sprachauswahl::Arabisch if (Menüsprache = 24946)	
6	Jump Sprachauswahl::Chinesisch if (Menüsprache = 31336)	
7	Jump Sprachauswahl::Englisch	Sprung auf Englisch, falls keiner der Vergleiche zutrifft.

▲ **Abbildung 15.4**
So viel Aufwand für ein bisschen Bequemlichkeit des Nutzers? Es sind auch diese Feinheiten, die zur Eleganz einer DVD beitragen!

Das nächste Skript dient dazu, die Wahl des Nutzers festzuhalten und die Audio- oder Untertitelspuren entsprechend zu wählen, denn die im Player gewählte Sprache wird ja nun eventuell umgangen, so dass die automatische Sprachwahl nicht mehr funktioniert. Bei den Untertiteln können Sie hier auch deren Sichtbarkeit vorgeben oder sie vorläufig noch unsichtbar lassen. Leider können Sie hier nicht die Sprachzuweisung der Spuren sehen, sondern nur deren Nummer. Halten Sie sich deshalb innerhalb eines Projektes an eine einheitliche Reihenfolge der Spuren, sonst kommen Ihnen die Sprachen schnell durcheinander.

Dieses Skript muss vom jeweiligen Button angesprungen werden und führt seinerseits zu einem Menü in der gewünschten Sprache des Nutzers mit dem Filmstart und der Kapitelauswahl.

Schritt für Schritt: Skript zur Nutzerwahl

Erzeugen Sie ein neues Skript, und nennen Sie es »Deutsch gewählt«. In der ersten Zeile setzen wir die Variable »Nutzerwahl« auf den Wert 1. In der nächsten Zeile wählen Sie den Befehl Set System Stream. Er erlaubt uns, die Tonspur und die Untertitel zu bestimmen (die Player-Sprache wird ja nun eventuell umgangen).

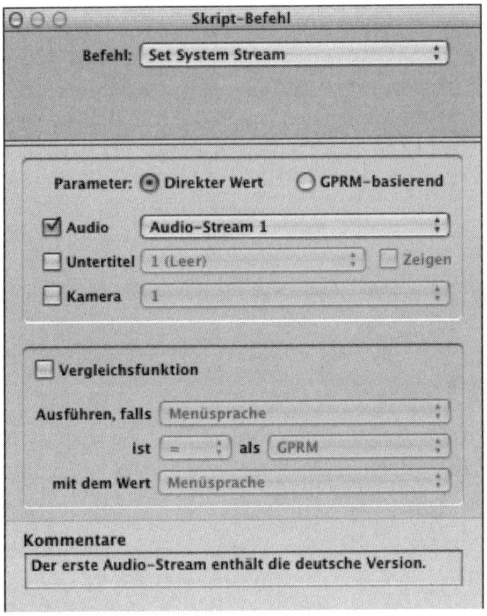

1. Weitere Sprachskripte erzeugen

Diese Arbeit müssen Sie nun für die übrigen drei Sprachen wiederholen, der Variablen »Nutzerwahl« werden dabei aufsteigende Werte zugeordnet. Am übersichtlichsten ist es, wenn diese den Spurzahlen entsprechen. Ganze Skripte können Sie in der Inhaltsliste links oben mit [⌘] + [D] kopieren und dann abändern.

2. Variable zurücksetzen bei Filmende

Jetzt kommen Ihre Nutzer also zum entsprechenden, individuell gestalteten Sprachmenü und damit auch zu ihrer Filmversion in der passenden Sprache. Aber wie kommen sie wieder zurück? Wenn man einmal mit den Skripten anfängt, hört das nicht gleich wieder auf ... Jedenfalls dann, wenn Sie das Verlassen von Kapiteln auch noch berücksichtigen wollen. Der Gebrauch der Menütaste innerhalb einer Sprachversion kann natürlich in das jeweilige Sprachmenü zurückführen. Dort sollte dann allerdings auch ein Button zur übergeordneten Sprachauswahl führen, sonst steckt der nächste Nutzer in einer Sprache fest.

In diesem Fall sollten Sie zudem bedenken, dass es sich um eine Messeanwendung handelt. Wenn es ein Spielfilm wäre, würden Sie natürlich immer zum jeweiligen Hauptmenü zurückkehren. Hier dagegen sollten Sie bei Filmende in die Sprachwahl springen und die Variable »Nutzerwahl« wieder auf null setzen. Damit wird ein eventueller Autostart per Time-out mit der Standardsprache des Players möglich. Das lässt sich aber recht gut in das erste Skript einfügen. Fügen Sie vor dem ersten Sprungbefehl mit Hilfe der Pfeiltaste mit dem Pluszeichen eine zusätzliche Zeile ein. Hier erteilen Sie den Befehl, mit der Funktion MOV und IMMEDIATE eine 0 in die Variable »Nutzerwahl« zu setzen.

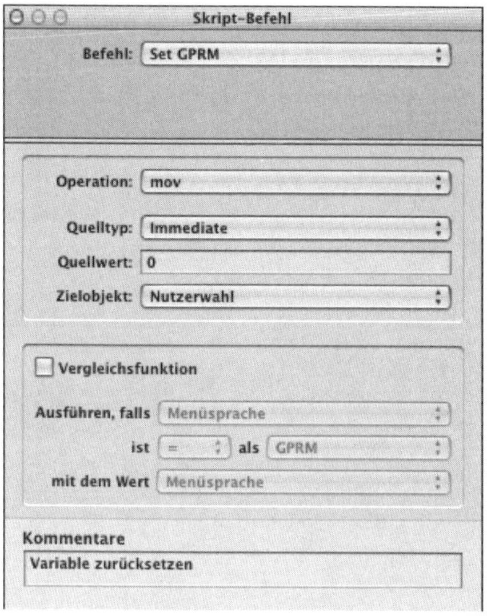

Das soll für dieses Thema als Einstieg reichen. Sie müssten jetzt genug von Skripten verstehen, um zusätzliche Skripte zum Rücksprung in die Sprachmenüs oder zur Vorwahl von Kapitel-Buttons selbst zu bauen. Übrigens: Diese Skripte lassen sich hervorragend im Simulator testen, da man dort – anders als im DVD Player – jede Sprache vorwählen kann.

15.4 Codeabfrage Zahlenschloss

Als drittes Beispiel möchte ich Ihnen noch zeigen, wie Sie für Ihre DVD eine Codeabfrage per Skript bauen können. Denken Sie aber daran, was ich im Kapitel »Navigationsdesign« gesagt habe: Für einen Ripper mit einem Computer ist das kein ernsthaftes Hindernis. Sicherlich genügt es aber für Lernzwecke oder Präsentationen, bei denen nur autorisierte Personen an einzelne Inhalte herankommen sollen. Bei meinem Beispiel soll ein vierstelliger Zahlencode eingegeben werden, und es wird nur ein Fehlversuch zugelassen. Beides lässt sich leicht abändern, aber Sie können sowieso niemanden hindern, die DVD auszuwerfen und es erneut zu versuchen.

Als Erstes brauchen wir ein Eingabemenü und zwei Menüs, die über den zweiten Versuch oder dessen Scheitern aufklären. Alle diese Rohmaterialien finden Sie auf der DVD, ebenso ein Menü mit Erfolgsmeldung, das natürlich genauso gut durch Ihre geschützten Inhalte ersetzt werden kann.

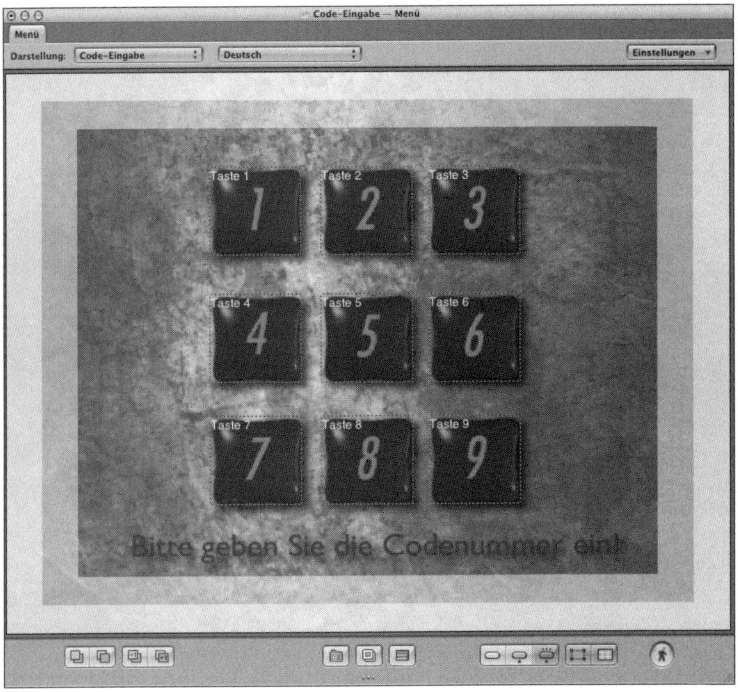

Abbildung 15.5 ▶ So etwa kann Ihr Menü zur Zahleneingabe aussehen. Die Null habe ich hier weggelassen, da das mein Skript vereinfacht.

Bei diesem Menü sollten Sie natürlich die Eingabe auch mit den Zifferntasten auf der Fernbedienung zulassen, so wie es bei Apple auf Seite 257 beschrieben ist. Dazu müssen die Tastennummern im Menü mit deren Aufschrift übereinstimmen.

Schritt für Schritt: Codeeingabe

1. Variablen festlegen und Skripte generieren

Legen Sie die Namen der vier GPRMs wie hier gezeigt an (später werde ich Ihnen zeigen, wie man noch sparsamer sein kann), und erzeugen Sie zwei Skripte mit den Namen »Auswertung« und »Zum letzten Button«.

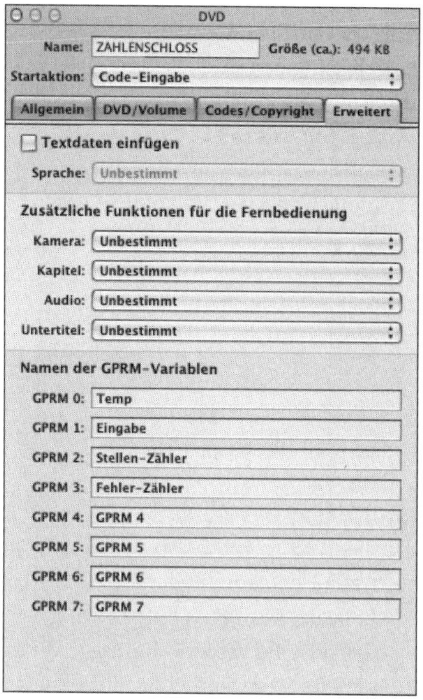

Das Register SPRM 8 enthält die Nummer des zuletzt gedrückten Buttons (bzw. der Fernbedienungstaste), allerdings multipliziert mit 1024. Das heißt, 1024 ist der erste Button, 2048 der zweite und so weiter (die Information steckt also in den Speicherstellen ab dem zehnten Bit). Um unser Skript übersichtlicher zu machen, dividieren wir erst durch 1024, so dass wir die Nummer des Buttons im Klartext erhalten. Da wir nicht direkt in einer SPRM rechnen können, benutzen wir eine temporäre Variable, die ich »Temp« genannt habe.

2. SPRM 8 auswerten

Lassen Sie den Inhalt von SPRM 8 mit dem Befehl mov in die Variable »Temp« kopieren. Mit dem zweiten Befehl dividieren Sie deren Inhalt durch 1024.

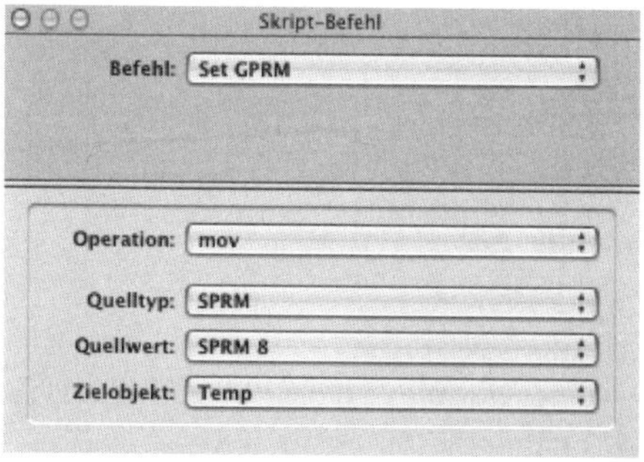

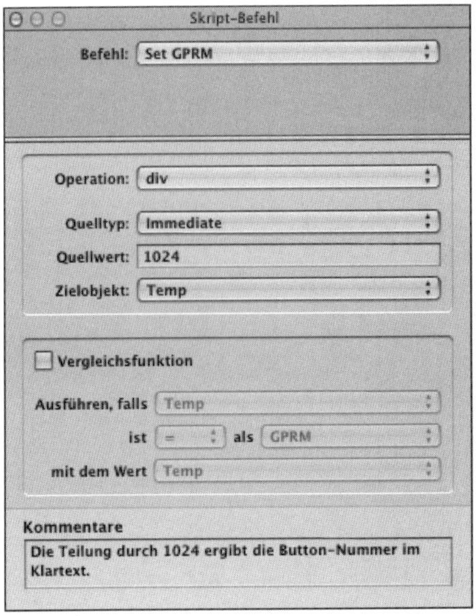

3. Stellenzähler einrichten Addieren Sie die Zahl 1 zu der Variablen »Stellenzähler«. Bei Beginn der DVD ist diese noch auf dem Wert 0 wie alle Variablen. Wir zählen in jedem Durchlauf um eins weiter, um festzustellen, wie viele Zahlen der Nutzer eingegeben hat.

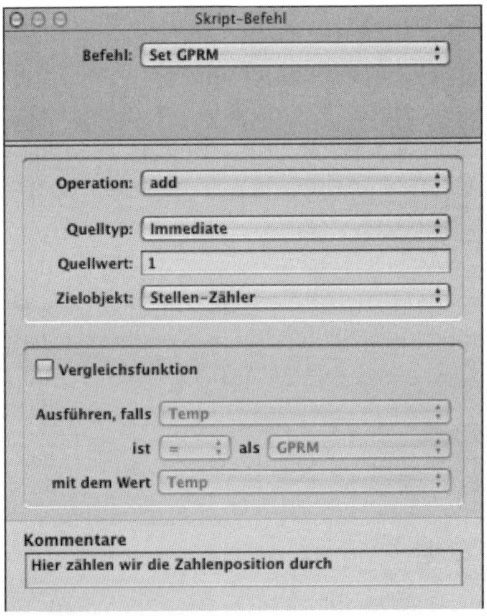

4. Erste Stelle festlegen Mit dem nächsten Befehl multiplizieren wir die Nummer des Buttons in »Temp« mit dem Wert 1000, allerdings nur unter der Bedingung, dass es sich um die erste Stelle (von links) handelt.

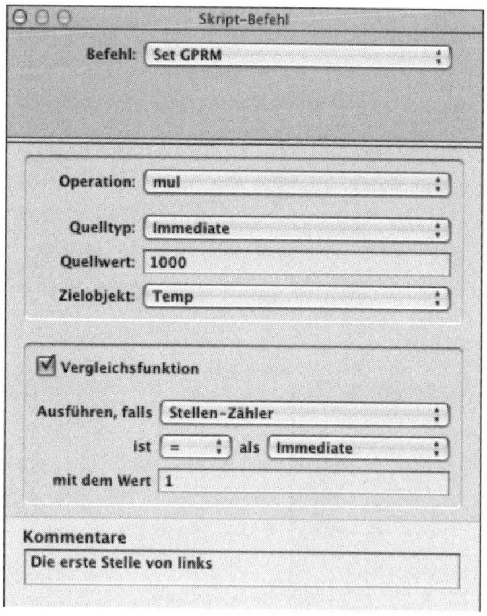

Den neuen Wert aus »Temp«, nämlich die Tausenderstelle, übernehmen wir in die Variable »Eingabe«; wieder unter der Voraussetzung, dass es sich um die erste Zahl handelt.

5. In den Wert »Eingabe« übernehmen

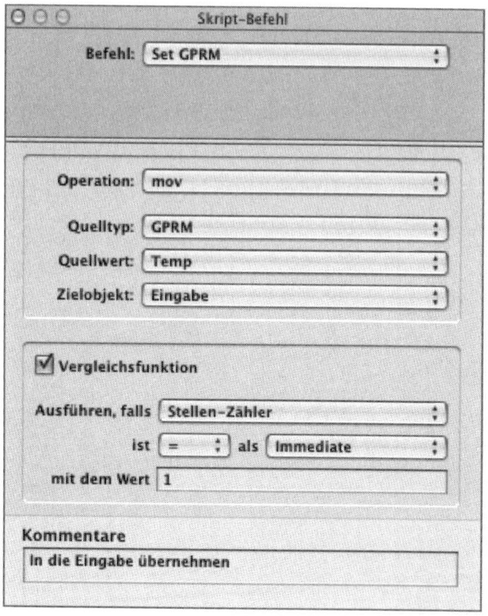

Für die erste Stelle ist damit die Eingabe abgeschlossen, aber wenn wir direkt in das Eingabemenü zurückspringen, wäre der letzte Button nicht mehr angewählt. Leider kann man einen solchen Sprung nur von einer GPRM-Variablen steuern lassen, nicht vom Inhalt der SPRM 8, in der ja der richtige Knopf noch steht. Wir brauchen daher ein kleines Skript, das diese Aufgabe erledigt. Das ist praktischer, als jedes Mal die gleichen Befehle schreiben zu müssen. Wechseln Sie also zum Skript »Zum letzten Button«. Man könnte das ebenso gut als Subroutine bezeichnen (später bauen wir die auch in unser anderes Skript ein).

6. SPRM 8 kopieren und dividieren

Die ersten beiden Schritte sollten Ihnen noch vertraut sein, sie entsprechen dem Beginn in unserem anderen Skript. Der Inhalt von SPRM 8 wird hier durch 1024 dividiert und liefert uns den zuletzt betätigten Button im Klartext.

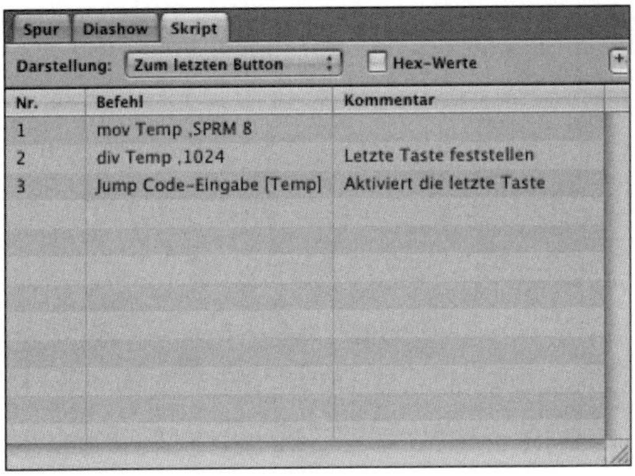

7. Sprung zum Eingabemenü

Auf dieser Grundlage können wir nun zum Eingabemenü zurückspringen. Wenn wir dabei die Funktion GPRM BASIEREND aktivieren und den Inhalt von »Temp« nutzen, ist der zuletzt aktivierte Button weiterhin angewählt. So wird der Nutzer nicht dadurch irritiert, dass nach jeder Eingabe erneut der Button 1 selektiert ist.

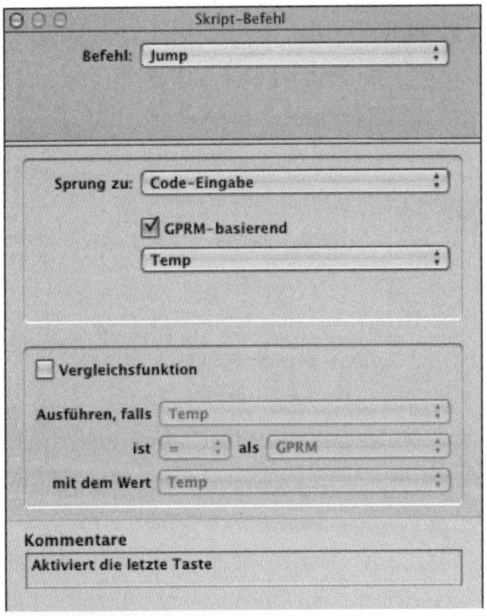

8. Sprung zum Menü einbauen

Wechseln Sie wieder ins Skript »Auswertung«, und fügen Sie einen Sprung zu unserem anderen Skript ein. Er muss aber wie die beiden vorangehenden Befehle von der Bedingung abhängig sein, dass die Variable »Stellenzähler« auf 1 steht.

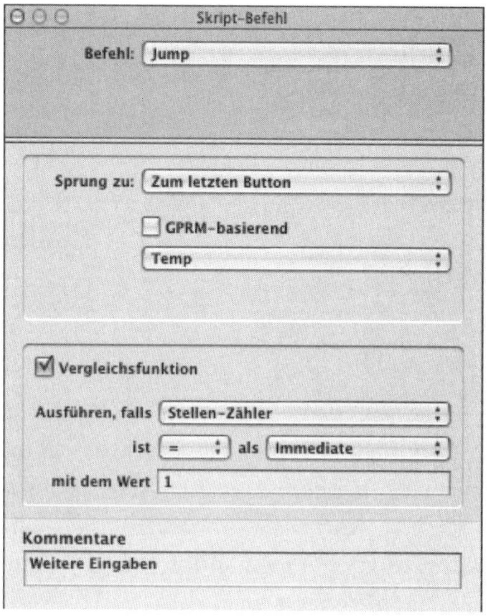

9. Weitere Stellen auswerten

Die Struktur der Befehlszeilen 4 bis 6 (siehe Schritte 4 und 5) wiederholen Sie nun jeweils mit der Multiplikation mit 100 für die zweite Stelle und mit 10 für die dritte. Unser Addierbefehl zählt ja den »Stellenzähler« nach jedem Durchlauf um eins höher, so dass nacheinander die entsprechende Bedingung erfüllt wird.

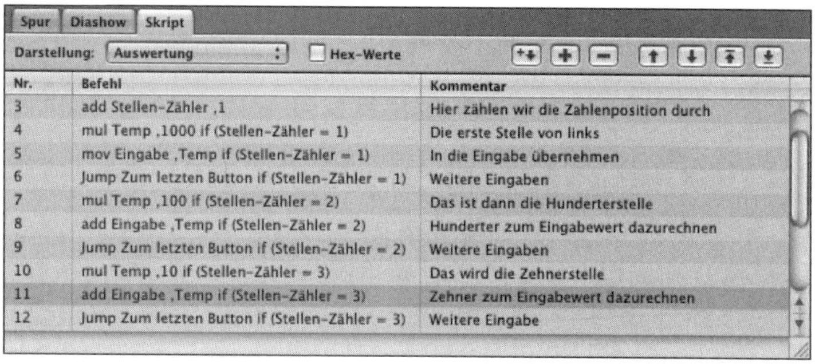

Nr.	Befehl	Kommentar
3	add Stellen-Zähler ,1	Hier zählen wir die Zahlenposition durch
4	mul Temp ,1000 if (Stellen-Zähler = 1)	Die erste Stelle von links
5	mov Eingabe ,Temp if (Stellen-Zähler = 1)	In die Eingabe übernehmen
6	Jump Zum letzten Button if (Stellen-Zähler = 1)	Weitere Eingaben
7	mul Temp ,100 if (Stellen-Zähler = 2)	Das ist dann die Hunderterstelle
8	add Eingabe ,Temp if (Stellen-Zähler = 2)	Hunderter zum Eingabewert dazurechnen
9	Jump Zum letzten Button if (Stellen-Zähler = 2)	Weitere Eingaben
10	mul Temp ,10 if (Stellen-Zähler = 3)	Das wird die Zehnerstelle
11	add Eingabe ,Temp if (Stellen-Zähler = 3)	Zehner zum Eingabewert dazurechnen
12	Jump Zum letzten Button if (Stellen-Zähler = 3)	Weitere Eingabe

10. Einerstelle hinzurechnen

Wenn die vierte Stelle erreicht ist, brauchen wir nur noch die Einerstelle zur Variablen »Eingabe« hinzuzufügen. Sicher sehen Sie jetzt auch, warum es sinnvoll war, auf die Null zu verzichten. Wenn Sie einen Code mit mehr (oder weniger) Stellen wünschen, ist es recht einfach, dieses Skript zu modifizieren.

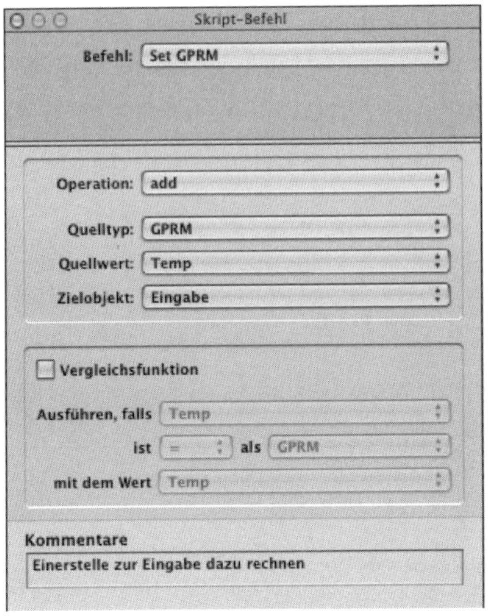

11. Vergleich mit dem Code Die nächste Befehlszeile enthält den von Ihnen gewünschten Code und vergleicht die Eingabe damit. Wenn beide identisch sind, erfolgt der Sprung zum Menü CODE AKZEPTIERT. Natürlich können Sie hier auch gleich zu Ihrer geschützten Filmspur springen. Einen anderen Code brauchen Sie nur an dieser einen Stelle einzutragen.

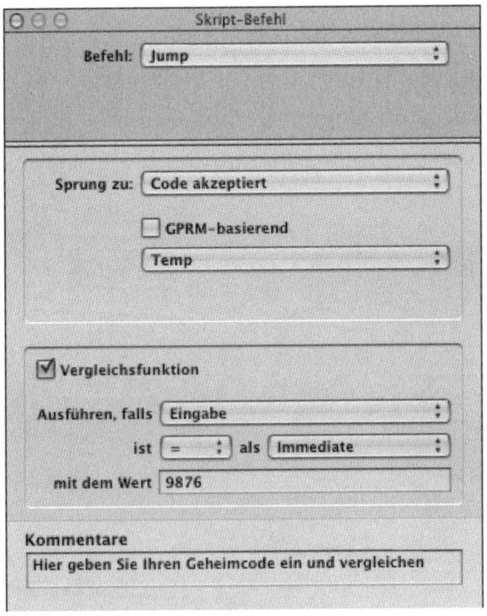

12. Stellenzähler zurücksetzen Für eine zweite Chance müssen wir den Stellenzähler zurück auf 0 setzen.

13. Fehlerzähler auf 1 Hier addieren wir jetzt die 1 zu dem Fehlerzähler, der vorher noch auf 0 stand. So können wir weitere Eingabeversuche unterbinden.

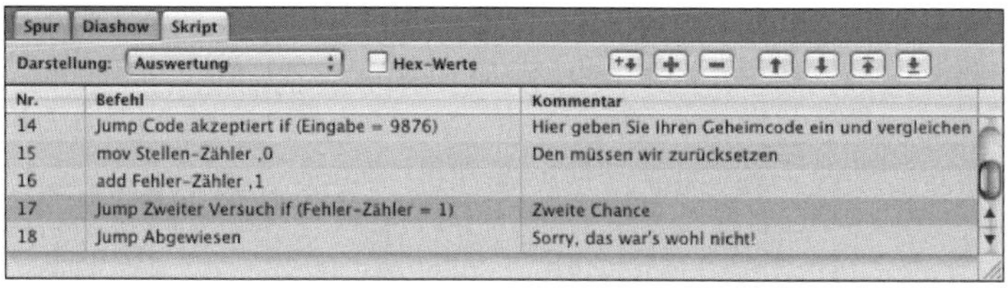

In der nächsten Zeile springen wir zum Menü »Zweiter Versuch«, wenn der Fehlerzähler die 1 noch nicht überschritten hat. Dieses Menü zeigt einen entsprechenden Hinweis für fünf Sekunden an und springt dann durch die aktivierte ZEITÜBERSCHREITUNG zum Eingabemenü zurück.

14. Zweite Chance

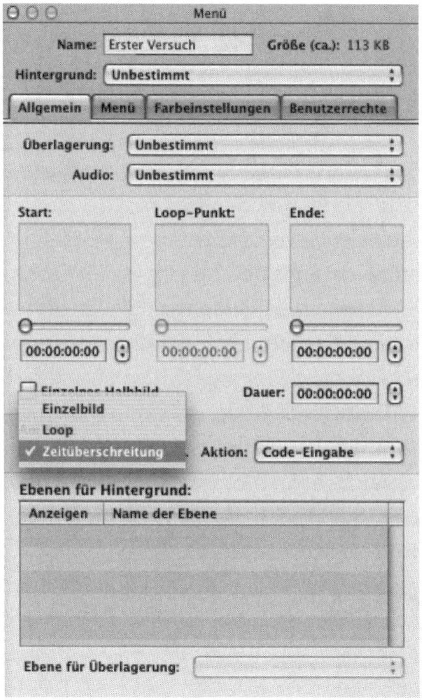

Wenn diese Zeile erreicht wurde, war der zweite Versuch auch schon vorbei, und wir können bedingungslos zum letzten Menü ABGEWIESEN springen. Wenn Sie mehr Versuche zulassen wollen, genügt ein Vergleich per KLEINER ALS in der vorletzten Zeile.

15. Abgewiesen

Das Menü ABGEWIESEN ist so angelegt, wie man das sonst auf einer DVD nie machen sollte: ohne Ausgang und ohne Zeitüberschreitung. Die DVD bleibt dort einfach stehen, so dass der Nutzer (oder ist es diesmal ein Unnutzer?) sie nur noch auswerfen kann. ■

Aber lassen Sie uns diese Aufgabe noch ein wenig eleganter lösen, denn eigentlich ist das zweite Skript unnötig. Es ist sogar wünschenswert, überflüssige Skripte zu vermeiden, denn selbst bei Ausnutzung der vollen Zahl an Befehlen wird ein einzelnes Skript deutlich schneller abgearbeitet als mehrere – die DVD läuft flotter. Hinter der letzten Zeile ist unser Skript »Auswertung« großartig abgeschirmt, da man regulär hier nie ankommen würde. Bringen Sie daher einfach die drei Befehlszeilen des Skripts »Zum letzten Button« per Kopieren und Einfügen in die Zeilen nach Zeile 18.

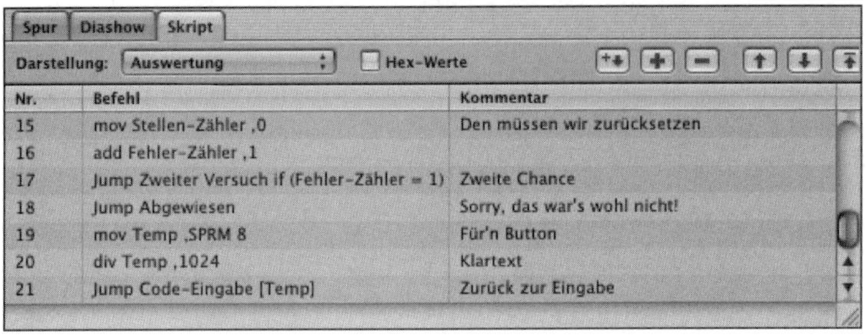

Abbildung 15.6 ▶ So lässt sich das zweite Skript als Subroutine unterbringen.

Um diese Routine nun auch zu nutzen, müssen Sie den Jump-Befehl in den Zeilen 6, 9 und 12 auf den Befehl GOTO mit der Zeile 19 als Ziel abändern. Dies ist nämlich die einzige Möglichkeit, Befehlszeilen in einem Skript zu überspringen. Wenn alles zur Zufriedenheit läuft, können Sie das andere Skript löschen.

Beim Testen im Simulator sollten Sie besser nicht den direkten Mausklick einsetzen, da reagiert der manchmal etwas konfus. Klicken Sie auf die grafisch dargestellte Fernbedienung, oder benutzen Sie die Pfeiltasten und die Eingabetaste Ihres Computers. Im Info-Bereich des Simulators können Sie dann ablesen, was sich so in Ihren Registern abspielt.

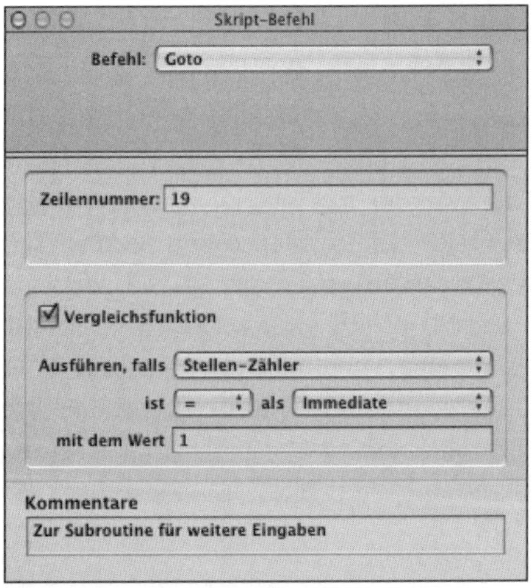

Abbildung 15.7 ▶ Der Befehl GOTO erlaubt das Überspringen von Befehlszeilen in einem Skript.

Die Kür

Nachdem unser Zahlenschloss funktioniert, könnten wir uns bequem zurücklehnen. Aber ein bisschen verschwenderisch war das ja schon, nicht wahr? Zwei wertvolle Variablen für eine Zählung bis vier und eine bis zwei – das müsste sich doch kompakter machen lassen. Wenn Sie mir noch folgen möchten (oder vielleicht sogar Spaß an der Knobelei gefunden haben), hier noch eine Lösung mit binären Methoden. Diesmal benutzen wir die ersten fünf Bits der zusammengefassten Variablen »Zähler« für den Stellenzähler und das sechste für den Fehlerzähler. Wir sparen ein Register komplett, und selbst in diesem bleibt noch mehr als die Hälfte frei!

Schritt für Schritt: Initialisierung

Wir brauchen eine zusätzliche Zeile am Beginn, denn wir müssen die Zählervariable vor der ersten Benutzung für unsere Bit-Schiebereien mit einer 1 belegen. Dies aber nur unter der Bedingung, dass sie vorher auf null stand, sonst gehen die Werte anderer Durchläufe verloren.

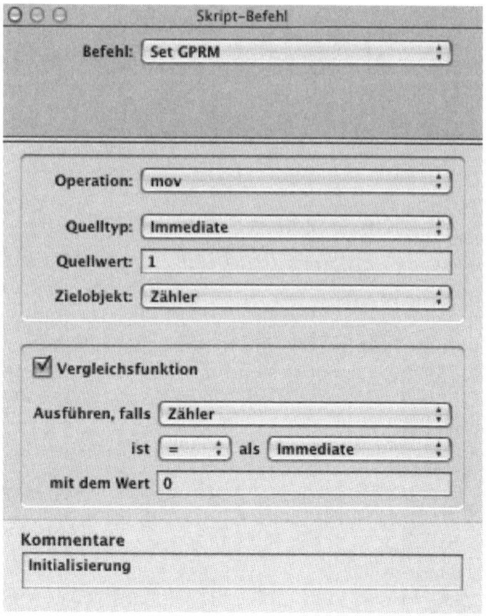

1. Stellenregister hochzählen

Statt des bisherigen Add-Befehls brauchen wir diesmal vier bedingte Befehle, um die ersten paar Bits nacheinander zu setzen. Als Bedingung verwenden wir diesmal den bitweisen And-Vergleich (das Zeichen &), um jeweils zu prüfen, ob ein Bit schon belegt ist. Wenn ja, wird das jeweils nächsthöhere belegt. Da der And-Vergleichsbefehl nur auf ein belegtes Bit prüfen kann, müssen wir mit der 1 anfangen, nicht mit der Null.

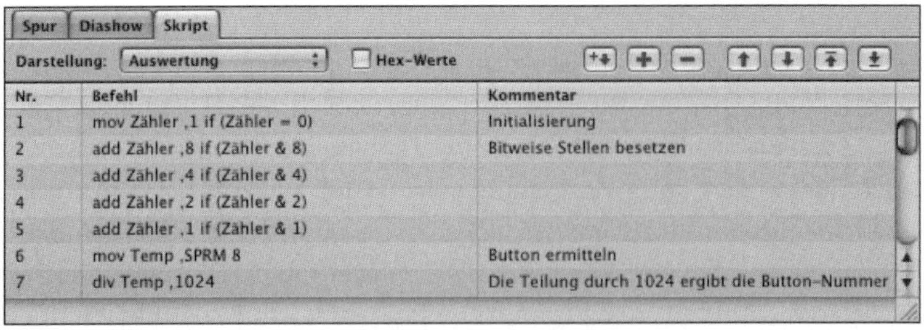

2. Eingabe ermitteln Die Ermittlung der einzelnen Ziffern der Eingabe erfolgt wie bisher, nur ist diesmal die bitweise Prüfung der bereits belegten Zählerstellen deren Ausführungsbedingung.

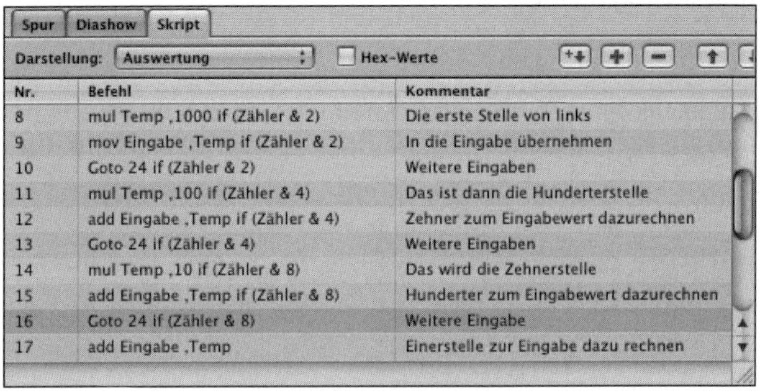

3. Zurücksetzen Nach der Ermittlung der ersten Eingabe setzen wir durch Subtraktion von 15 alle Bits bis auf das erste wieder auf null (wir waren ja durch die letzte Verdoppelung bei 16 angekommen).

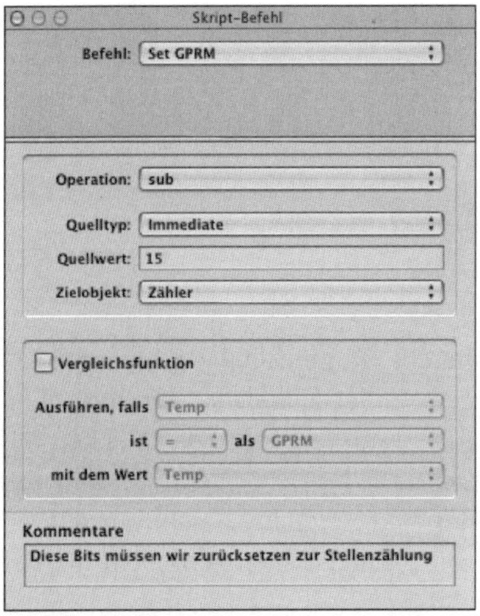

Durch Addieren von 32 wird das sechste Bit gesetzt. Das ist nun unsere Information über den ersten Eingabeversuch. In der nächsten Zeile prüfen wir, ob das schon einmal geschehen ist, denn bei zweifacher Addition ist dieses Bit natürlich wieder leer. Wenn ja, springen wir wieder zum Menü Abgewiesen.

4. Fehlerzählung hinzufügen und prüfen

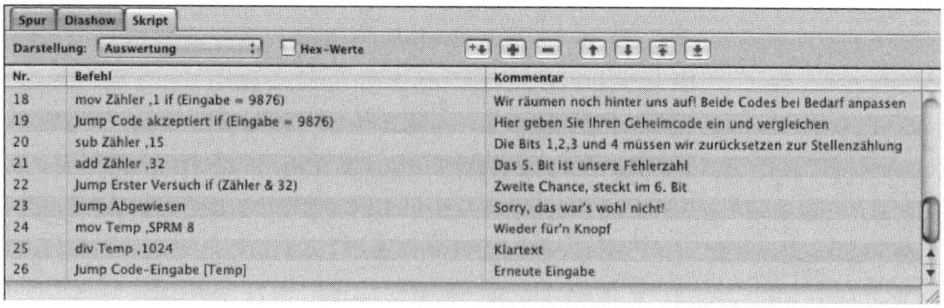

Nr.	Befehl	Kommentar
18	mov Zähler ,1 if (Eingabe = 9876)	Wir räumen noch hinter uns auf! Beide Codes bei Bedarf anpassen
19	Jump Code akzeptiert if (Eingabe = 9876)	Hier geben Sie Ihren Geheimcode ein und vergleichen
20	sub Zähler ,15	Die Bits 1,2,3 und 4 müssen wir zurücksetzen zur Stellenzählung
21	add Zähler ,32	Das 5. Bit ist unsere Fehlerzahl
22	Jump Erster Versuch if (Zähler & 32)	Zweite Chance, steckt im 6. Bit
23	Jump Abgewiesen	Sorry, das war's wohl nicht!
24	mov Temp ,SPRM 8	Wieder für'n Knopf
25	div Temp ,1024	Klartext
26	Jump Code-Eingabe [Temp]	Erneute Eingabe

Dahinter setzen wir wieder unsere Subroutine für den Rücksprung zum Eingabemenü. Diesmal beginnt sie in Zeile 24, so dass alle unsere Goto-Befehle angepasst werden müssen. ■

5. Subroutine

Das war's! Auch diese Version funktioniert, und wir haben durch die Nutzung bitweiser Operationen ein Register für andere Skripte eingespart.

Sie sollten nun eigentlich eine ganze Menge über Skripte gelernt haben. Natürlich ist es so, dass gerade die Arbeit mit Skripten sehr stark vom konkreten Projekt abhängt und auch der eigenen Fantasie bedarf. Andererseits gibt es auch einige andere Leute, die typische, immer wiederkehrende Aufgaben schon gelöst haben. Ein Beispiel wäre die immer wieder gefragte Playlist, also das automatische Abspielen einer Liste von gewählten Titeln, ähnlich einer Musicbox. Die werde ich Ihnen hier nicht mehr vorführen, weil es genug schöne Beispiele im Netz gibt.

Besonders empfehlenswert im deutschsprachigen Bereich ist die informative und mit viel Engagement unterhaltene Website von Norbert Jeger aus der Schweiz mit der Adresse www.dvdstudiopro.ch. Dort finden Sie nicht nur zwei Playlist-Projekte zum kostenlosen Herunterladen, sondern auch ein Beispiel einer Quiz-Auswertung per Skript. Des Weiteren gibt es viel »Stoff« zu den SPRMs und zu Skripten allgemein. Von Pits & Bits gibt es eine gute Lern-CD in deutscher Sprache, die neben einer Einführung in die Grundlagen der DVD-Produktion zwölf praxisnahe Beispiele zum Scripting in DVD Studio Pro bietet (www.pitsundbits.de). Acht mitgelieferte Navigationsvorlagen für gängige Anwendungsfälle können Sie leicht für eigene Anwendungen modifizieren, Ihr eigenes Videomaterial einfügen, und die Arbeit ist erledigt.

Apples Übungsbeispiele

Übrigens: Apples Übungsbeispiele zu Skripten sind nicht in jeder Hinsicht ein Vorbild! Das Tutorial-Projekt für Fortgeschrittene lässt sich in ein paar Punkten durchaus verbessern, wie Trai Forrester gezeigt hat. Er hat die korrigierte Version freundlicherweise für die DVD zum Buch zur Verfügung gestellt (natürlich ohne die Medien, die haben Sie ja schon). Mit zwei zusätzlichen Skripten stellt er sicher, dass der Nutzer immer zu dem Menü zurückgeführt wird, aus dem er gekommen ist, und nicht nur in das Hauptmenü mit fest vorgewähltem Play-Button. Dabei wird automatisch der zuletzt benutzte Button vorgewählt, damit der Nutzer weiß, was er sich gerade angesehen hat. Auf die beiden Skripte werde ich jetzt nicht detailliert eingehen. Mit meinen Kommentaren und den in diesem Kapitel gegebenen Beispielen sollten diese relativ einfachen Skripte zu durchschauen sein. Sie gehören zum Standardrepertoire beim DVD-Authoring, wenn Sie ein sauberes Navigationsdesign sicherstellen wollen.

16 DVD-Editing mit TFDVDEdit

Feinmechanische Arbeiten an der DVD: DVD Studio Pro ist ein Programm, das Ihnen die Tiefen des DVD-Standards vorenthält – im Guten wie im Schlechten. Wenn Sie mehr wollen, als die Programmierer bei Apple Ihnen zugedacht haben, gibt es eine sinnvolle Ergänzung.

Einführung

DVD Studio Pro ist ein sehr leistungsfähiges und gleichzeitig bedienungsfreundliches Programm zur Erstellung von Video-DVDs und steht mit seinen Möglichkeiten in dieser Preisklasse einmalig da – das musste hier noch einmal gesagt werden, ehe ich seine schwache Seite angehe. Das Programm erlaubt es Ihnen, als Autoren nicht direkt auf der Ebene der eigentlichen DVD-Strukturen arbeiten zu müssen und die interne »Sprache« gemäß DVD-Spezifikation gar nicht zu kennen. Vielmehr schiebt DVD Studio Pro eine eigene Steuerungsebene ein (in der Fachsprache »Abstraction Layer» genannt), um Ihnen ein möglichst verständliches und intuitives Authoring der komplexen DVD-Features zu erlauben. Auf dieser Ebene übernimmt das Authoring-System dann die Verantwortung für die Übersetzung in eine funktionsfähige DVD.

Aber wie es nun einmal so ist mit dem Delegieren von Verantwortung: Man verliert damit immer auch ein Stück Kontrolle über das Ergebnis und muss sich völlig auf die Fähigkeiten des »Mitarbeiters« verlassen können. Nun können Sie sich zwar auf die Fähigkeiten von DVD Studio Pro schon wesentlich besser verlassen als auf die der Vorgängerversionen (wie zum Beispiel beim Layer-Break), aber das heißt nicht, dass alles schon perfekt wäre. Ein bekanntes Problem ist die Return-Taste, also die Rückkehr aus einem Track an den Punkt, wo der Nutzer herkam: Deren Belegung ist nach wie vor nicht vollständig implementiert.

Aber ein Zugriff auf die DVD-internen Strukturen muss sich nicht allein auf die Reparatur von Schwächen des Authoring-Programms beschränken. Stellen Sie sich vor, Sie haben eine komplette DVD erstellt und erfolgreich getestet, und im letzten Moment fällt dem Kunden ein, dass er doch ganz gern einen Regionalcode hätte. Natürlich könnten Sie das im Projekt ändern und das Ganze erneut multiplexen, aber das kostet Zeit. Eigentlich ist die Aktivierung oder das Abschalten eines Regionalcodes (und viele ähnliche Funktionen) nur ein einziger, kurzer Eintrag an der richtigen Stelle und wäre in Sekunden zu erledigen.

Aber das Ganze kann noch weiter gehen: Mit dem vollen Zugriff auf die internen Datenstrukturen könnten Sie alles machen, was der DVD-Standard überhaupt zulässt. Und glauben Sie nicht, dass mit DVD Studio Pro das Ende der Fahnenstange erreicht ist. Nein, ich rede hier nicht von den etwas teureren und komplizierteren Profisystemen der Firma Sonic. Es gibt proprietäre Authoring-Systeme (von denen Sie vermutlich noch nie etwas gehört haben) bei den großen Firmen, die für die Filmindustrie produzieren. Die können Sie gar nicht kaufen, und falls doch, müssten Sie Hunderttausende investieren. Haben Sie Lust, denen Konkurrenz zu machen? Sind Sie bereit, eine neue Sprache zu lernen und ein paar Dollar zusätzlich zu investieren? Ganz nebenbei lernen Sie dabei professionelles DVD-Spec-Authoring kennen und werden sich in Zukunft auch an jedem High-End-Authoring-System in kürzester Zeit zurechtfinden. Also: Lesen Sie weiter.

16.1 Das Programm TFDVDEdit

IFOEdit – der Vorläufer

Es gibt schon seit längerer Zeit ein frei verfügbares Programm auf dem PC namens IFOEdit von Derrow, mit dem Sie direkt in den Datenstrukturen einer DVD herumpfuschen können. Das ist aber eher etwas für ambitionierte Ripper und Hardcore-Hacker, denn Sie sind dabei weitgehend auf sich allein gestellt. Allerdings hat selbst dieses Programm in der Vergangenheit schon manchen Autoren mit älteren Versionen von DVD Studio Pro aus der Verlegenheit geholfen, denn sie konnten damit zum Beispiel die früher unnötigerweise beschränkte Farbpalette für Overlays ändern oder den lange Zeit nicht korrekt implementierten Layer-Break für die DVD-9 korrigieren. Und wo konnte man so etwas lernen? Auf der Web-Site von Trai Forrester.

Die Site

Die ist zwar kostenpflichtig (der Mann muss ja auch von etwas leben), aber Treffpunkt von einigen der kompetentesten DVD-Macher dieses Planeten. Oft ist schon ein einziger Tipp, den Sie dort in einer schwierigen Situation kurz vor der Deadline bekommen, viel mehr wert als der Beitrag, den Sie für die Mitgliedschaft zahlen. Falls Sie schon eins meiner früheren Bücher gekauft haben, haben Sie indirekt auch schon davon profitiert, denn ich habe viel von Trai gelernt – und mich mit Übersetzungen einiger meiner Artikel für seine Site bedankt.

Natürlich konnte ich in meinem Buch nicht Arbeiten wie das DVD-9-Verfahren veröffentlichen, das er in unzähligen Stunden mühsamer Kleinarbeit entwickelt und getestet hat: Vergleichbares werden Sie auch in Zukunft nur bei ihm finden. Wenn er sich in einen Fehler in Apples Authoring-Programm verbissen hat, wird er ihm mit unglaublicher Hartnäckigkeit auf den Grund gehen. Unter Kollegen ist Trai ein sehr engagierter und hilfsbereiter DVD-Fachmann der ersten Stunde. Doch er hat sich mit seiner kritischen Haltung nicht nur Freunde gemacht – insbesondere bei den großen Firmen. Sein Lieblings-Hassobjekt ist die Firma Apple, die er genauso hartnäckig für Fehler angeht, wie er DVD Studio Pro als Authoring-Programm empfiehlt.

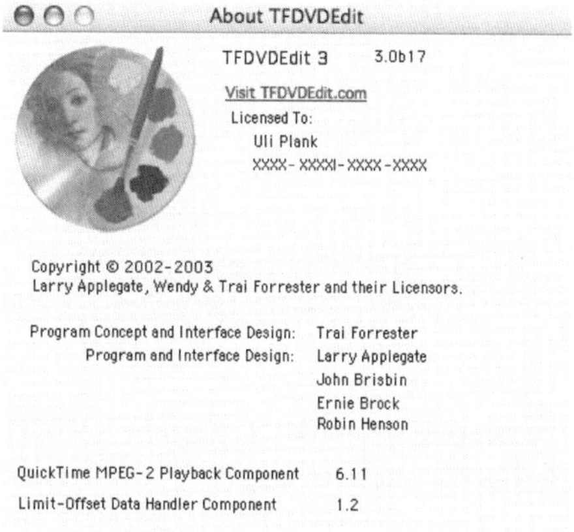

◀ **Abbildung 16.1**
Die Autoren von TFDVDEdit, dem Präzisionswerkzeug für DVD-Strukturen

Das Programm

Als Kenner von IFOEdit wollte er ein Programm entwickeln, das für professionelle DVD-Autoren geeignet ist und außerdem auf Apple-Rechnern läuft. Dazu hat er sich mit einigen hervorragenden Mac-Programmierern zusammen getan: Larry Applegate (nomen est omen) und John Brisbin (von dem Sie hier schon gelesen haben), Ernie Brock und Robin Henson. Herausgekommen ist **TFDVDEdit** für den Mac. Es erlaubt Ihnen, die DVD-Strukturen direkt auf der Ebene der VIDEO_TS-Ordner zu editieren, wie sie von jedem Authoring-Programm erzeugt werden.

Es ist kein vollständiges Authoring-System – kein vernünftiger Mensch würde es sich antun, allein auf diesem Wege eine komplexe DVD zu gestalten – sondern eine Ergänzung zu beliebigen Authoring-Programmen. Es arbeitet auf Grundlage der DVD-Dateistruktur, so wie sie ein professionelles Authoring-Programm vor dem Brennen auf die Festplatte schreibt, also mit dem Inhalt des Ordners VIDEO_TS. Dabei ist es keinesfalls auf die Ergebnisse von DVD Studio Pro beschränkt: Jeglichen normgerechten VIDEO_TS-Ordner, den Sie auf die Festplatte Ihres Mac kopieren (auch von einem PC-Programm), kann TFDVDEdit zur Weiterbearbeitung öffnen.

1 2 3 4 5 6 7 8 9 10 11 12 13 14 15 16 17 18 19 20 21 22 A B C

Ich kann mir durchaus vorstellen, dass Autoren, die gerne mit einem Programm wie Encore von Adobe arbeiten, die dort fehlenden Features wie Scripting mit Hilfe von TFDVDEdit ergänzen. Encore glänzt natürlich mit seiner exzellenten Integration in die übrigen Design-Werkzeuge von Adobe, aber kann eben nicht mit komplexer Programmierung interaktiver Funktionen dienen. Da lässt sich das Scripting vollständig durch die Programmierungsmöglichkeiten dieses Programms ersetzen – nur einen Mac braucht man dann noch ;-)

Fehlerkontrollen

Dabei erlaubt Ihnen TFDVDEdit, jeden einzelnen Befehl oder Eintrag der DVD-Struktur zu bearbeiten, und übersetzt die höchst kryptischen Namen, mit denen Ingenieure und Replikationsfirmen umgehen, immerhin in einigermaßen verständliches Englisch. Des Weiteren werden Ihre Eingaben kontinuierlich auf Einhaltung der DVD-Spezifikation überprüft, und Navigationsbefehle werden in ihren jeweiligen Pull-down-Listen nur dort angeboten, wo die entsprechende Funktion technisch auch zulässig ist. Sie können jederzeit eine Routine zum Test auf Einhaltung der korrekten Navigationsstrukturen aufrufen – in manchen Fällen wurden so schon Fehler gefunden, die spezialisierter Test-Software für 10 000 US-$ entgangen sind!

Etliche Fehler auf Seiten der Authoring-Systeme (ja, die gibt es) werden völlig automatisch korrigiert, TFDVDEdit kümmert sich zum Beispiel um falsche Sektorzuweisungen, Fehler in der Time Map der Video-Streams oder nicht korrekt eingestellte Flags für diskontinuierlichen System Timecode (STC) in den einzelnen Cells. Wenn Sie nicht wissen (wollen), was das alles bedeutet: Macht nichts – wie gesagt, diese Korrekturen laufen automatisch und meist unbemerkt im Hintergrund ab. Es wird Ihnen nur dann auffallen, wenn Sie ein umfangreiches Projekt öffnen und nach sehr kurzen Änderungen gleich wieder speichern. Wenn das etwas länger dauert, liegt es an der gründlichen Kontrolle auf Fehler.

Selbstverständlich sind Sie mit einem solch mächtigen Werkzeug in der Lage, ein DVD-Projekt gründlich durcheinander zu bringen: Arbeiten Sie also immer nur mit einer Kopie. Für die logische Richtigkeit sämtlicher Änderungen sind Sie natürlich selbst verantwortlich, aber auch dabei hilft das Programm mit dem eingebauten »Tracer«. Das ist ein Hilfsmittel, wie es Programmierer in jeder anständigen Programmierumgebung erwarten. Sie können damit Befehle Schritt für Schritt abarbeiten lassen und sich jederzeit den Inhalt aller Register ansehen, um logische Irrtümer schnell zu entdecken (so ein Einzelschrittbetrieb beim Simulator in DVD Studio Pro wäre für Skripte auch recht wünschenswert).

Einsatzgebiete

TFDVDEdit eignet sich kaum für Gelegenheitsautoren, aber wenn Sie DVD-Authoring zu Ihrem Hauptberuf gemacht haben (oder machen wollen), verdient das Programm eine ausdrückliche Empfehlung. Sie können damit vieles realisieren, was in DVD Studio Pro nicht möglich oder zumindest zeitraubender wäre. Einige Beispiele:

- Schnelle **Änderungen** am Regionalcode, an den Farben von Overlays und Untertiteln, an Widescreen-Informationen oder den Steuerungsberechtigungen per Fernbedienung
- Einsetzen der **ISRC-Einträge** (International Standard Recording Codes) – das wird üblicherweise von Plattenfirmen verlangt, wenn man deren Songs auf einer DVD verwenden soll
- Schneller **Austausch** der Video- und Toninhalte auf einer DVD, deren Navigationsstruktur ansonsten beibehalten werden kann
- Die Programmierung von **Timern** für Lernabfragen oder Spiele
- Vollständige Programmierung der **Return-Taste** auf der Fernbedienung
- Animierte Button-Hervorhebungen
- Überspringen von Intro-Animationen bei wiederholtem Ansehen
- **Seamless-Branching** – alternative Filmversionen ohne Unterbrechung

Das Spektrum der Möglichkeiten reicht damit von den typischen Änderungen in letzter Minute über die Vereinfachung standardisierter Produktionen bis hin zur Implementierung von Funktionen, die Ihr Authoring-System gar nicht kennt. Sie können mit den entsprechenden Kenntnissen sogar den gesamten Abstraction Layer beseitigen und durch eigene Steuerungsbefehle ersetzen, um die Navigation schneller zu machen und die DVD insgesamt zu perfektionieren. Wenn Sie mit Skripten in DVD Studio Pro bereits gut umgehen können, ist das gar nicht so schwer zu verstehen. Sie müssen sich nur ein paar grundlegende technische DVD-Begriffe und die Hierarchie der DVD-Datenstruktur aneignen.

Mit etwas Erfahrung werden Sie mit der Hilfe von TFDVDEdit nicht nur schneller sein können als andere oder Kunden bei nachträglichen Änderungen an bereits vorhandenen DVDs aus der Verlegenheit helfen können, falls das Rohmaterial dazu nicht mehr verfügbar ist. Sie werden auch manchen Job an Land ziehen können, den Ihnen sonst Besitzer weit teurerer Software weggeschnappt hätten. Ja, ich wage zu behaupten: Wenn Sie mit DVD Studio Pro und TFDVDEdit wirklich fit sind, werden Sie bei keinem Kundenwunsch mehr mit den Achseln zucken müssen – solange die Wünsche nicht der DVD-Spezifikation widersprechen.

Vertrieb und Support

Das Programm wird im Online-Vertrieb auf der Website www.tfdvdedit.com angeboten. Das ist verknüpft mit einem interessanten Support-

Modell: Mit dem Erwerb des Programms werden Sie für ein Jahr Mitglied dieser Site. Dort können Sie sich in einem geschützten Forum für Mitglieder nicht nur mit Trai, sondern mit den bereits erwähnten hochkarätigen DVD-Spezialisten der internationalen Szene austauschen und deren Lösungen für viele gängige Aufgaben kennen lernen und Fragen stellen (oder gern auch beantworten!). Daneben gibt es detaillierte, bebilderte Tutorials (einiges durfte ich für dieses Buch übersetzen) und Beispielprojekte zum Herunterladen sowie Hintergrundartikel zur DVD-Spezifikation. Wenn Sie vorab wissen wollen, ob das Programm für eine spezifische Aufgabe geeignet ist, können Sie das im öffentlichen Forum der Site fragen und werden meist in kurzer Zeit kompetente Antwort bekommen.

Danach können Sie entscheiden, ob Sie zahlendes Mitglied bleiben oder erst einmal allein mehr Erfahrung sammeln wollen. Wenn Sie dann für kompliziertere Projekte erneut den Austausch mit den Kollegen suchen, können Sie jederzeit wieder einsteigen. Vermutlich werden Sie aber bald feststellen, dass da so interessante Diskussionen rund um die DVD-Produktion ablaufen, dass Sie dauerhaft dabei sein möchten. Meiner Meinung nach ein sinnvolles Support-Konzept zum gegenseitigen Nutzen für eine kleine Firma, die sich nicht wie die großen der Branche ein Support-Center leisten kann (wo Sie dann oft trotz hoher Minutenpreise nur mit schlecht ausgebildeten und wenig kompetenten Telefonberatern verbunden werden).

Alternative?

Es gibt seit kurzem ein Freeware-Programm aus Frankreich für Mac OS X namens myDVDEdit, das ebenfalls einige grundlegende Funktionen zur direkten Editierung von DVDs bietet. Die editierfähige Version war zum Erscheinungstermin dieses Buches zu kurze Zeit verfügbar, als dass ich es für Sie hätte testen können. Ich bezweifle aber, dass es in absehbarer Zeit vergleichbare Möglichkeiten wie TFDVDEdit bieten kann, wie die sehr aufwändige Fehlerprüfung, hochwertige Ausgabemodule und die komplexe Funktion des Partial Interleaving. Sicherlich genügt myDVDEdit aber für einen ersten, tieferen Einblick in die DVD-Strukturen. Sie finden es unter http://www.macetvideo.com/mydvdedit/mydvdedit.html

16.2 Die logische DVD-Struktur

Projekte in TFDVDEdit

Arbeitsweise

TFDVDEdit arbeitet auf Grundlage der bereits im Multiplex-Format vorliegenden Video- und Toninformationen, die in den VOB-Dateien stecken, und der Navigationsstrukturen aus den IFO-Dateien (Dateien mit den

Endung BUP sind bekanntlich nur Backups). Beim Programmstart werden diese Dateien aber nicht einzeln geöffnet, sondern Sie wählen nur den jeweiligen Ordner VIDEO_TS aus, ähnlich wie beim Software DVD Player von Apple. Das funktioniert im Programmdialog OPEN genauso wie durch Ziehen des Ordners VIDEO_TS auf das Programm-Icon. Der Name des jeweils übergeordneten Verzeichnisses wird als Projektname übernommen.

Dateien

TFDVDEdit kann mehrere DVD-Projekte gleichzeitig geöffnet halten, was sowohl beim Vergleich von Original und bearbeiteter Version als auch beim Austausch von Videomaterial oder Befehlen zwischen den Projekten hilfreich ist. Normalerweise sollten die Daten zur Bearbeitung auf einer Festplatte liegen. Das Programm würde auch den Ordner auf einer ungeschützten DVD öffnen, aber natürlich können Sie dort keine Änderungen speichern (es erscheint eine Warnmeldung). Wenn Sie nur Material von dieser Disk in ein anderes Projekt übernehmen wollen, ist das kein Problem.

Sie können mit den sehr vielseitigen Funktionen zum Kopieren und Einfügen in TFDVDEdit nicht nur auf Bild und Ton, sondern auch auf Befehle, Zugriffsrechte, Farben für Hervorhebungen, die Navigation von Buttons und viele weitere Detailinformationen gezielt zugreifen. Diese zahlreichen Kopierfunktionen sollen nicht den DVD-Piraten helfen (die würden auch kaum ein Programm wie TFDVDEdit kaufen), sondern sie erleichtern die Zusammenstellung komplexer DVDs. Ein Beispiel: Manche billigen Authoring-Systeme erlauben nur ein VIDEO TITLE SET (VTS) und damit keine Unterstützung der beiden Bildformate 4:3 und 16:9 auf einer einzelnen DVD. Da baut man einfach sein Projekt aus zwei separaten Versionen zusammen. Doch auch wer als Besitzer von DVD Studio Pro solche Beschränkungen nicht kennt, kann das gut gebrauchen, wenn Varianten einer DVD mit vielen gleich bleibenden Elementen zusammengestellt werden müssen – wiederholtes Multiplexing sämtlicher Elemente kostet viel Zeit.

Darstellung in TFDVDEdit

Das Programm stellt die DVD-Struktur eher wie ein High-End-Authoring-System dar, ohne dabei sämtliche kryptischen Datentabellen der DVD-Spezifikation zu zeigen, die ohnehin nur Ingenieure oder Replikationsfirmen brauchen. Wenn Sie sich das Protokollfenster von DVD Studio Pro nach der Ausgabe einmal genauer ansehen, werden Sie hier vieles wiedererkennen – die Abbildung zeigt das Protokoll der Buch-DVD und die geöffnete Struktur in TFDVDEdit. Anhand dieser DVD, die Sie ja aus dem Anfangskapitel genau kennen, will ich Ihnen die logischen Strukturen der DVD-Spezifikation näher bringen.

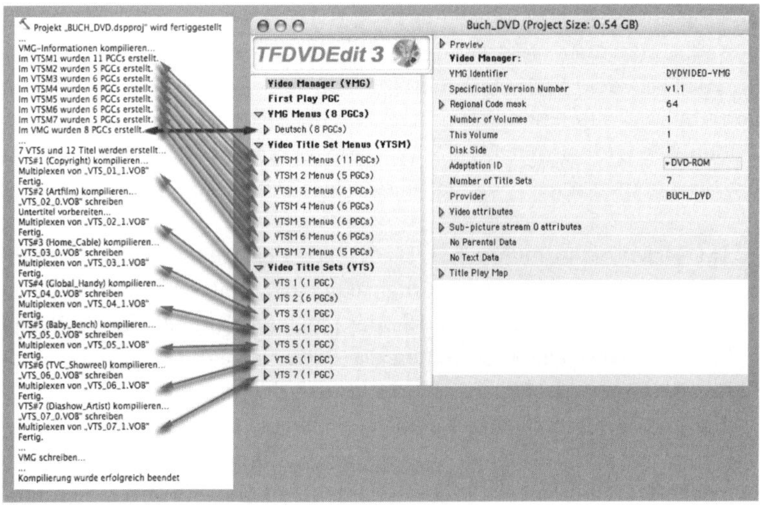

Abbildung 16.2 ▶ Die Struktur der Buch-DVD als Ergebnis des Befehls FERTIG STELLEN im Protokollfenster von DVD Studio Pro und geöffnet in TFDVDEdit

In der linken Spalte seines Fensters zeigt das Editierprogramm die wesentlichen logischen Objekte der DVD-Spezifikation in hierarchischer Anordnung. Mit den kleinen, hellblauen Dreiecken davor können Sie die Hierarchiestruktur weiter öffnen, ähnlich wie Sie es von Ordnerhierarchien im Betriebssystem kennen. Unser Beispiel habe ich erst einmal bis auf die Ebene der einzelnen Menüs geöffnet, wo Sie alle Informationen aus dem Ausgabeprotokoll über die Zahl der PGCs wiederfinden. Auf der rechten Seite können Sie dann alles sehen – und das meiste davon verändern –, was zu dem jeweils auf der linken Seite angeklickten Objekt gehört. Auf der linken Seite können Sie nur Objekte hinzufügen oder entfernen. Aber was genau sind alle diese Objekte?

Logische Objekte auf der DVD

Die logische Struktur einer DVD besteht aus standardisierten Elementen mit einer ganz klaren Hierarchie. Nun ist die offizielle DVD-Spezifikation ein höchst umfangreicher Wälzer auf Englisch, der teuer erworben werden muss. Ich will ganz ehrlich zu Ihnen sein: Auch ich habe diese Spezifikationsbände nicht, denn schon der Preis eines Satzes dieser Bände dürfte die mit diesem Buch zu erzielenden Autoreneinkünfte zumindest weitgehend aufzehren, wenn nicht übersteigen ...

Ich stütze mich hier auf frei zugängliche Quellen im Internet (die Ihnen im Anhang natürlich mitgeteilt werden) und auf die Veröffentlichungen von Trai Forrester, die er freundlicherweise für dieses Buch in meiner Übersetzung freigegeben hat. Sie brauchen für die sinnvolle Nutzung von TFDVDEdit auch keineswegs die gesamte DVD-Spezifikation zu beherrschen, da die Prüfung auf Übereinstimmung mit den Regeln bereits sorgsam in das Programm eingebaut wurde. Ich werde Ihnen nur das erläutern, was Sie für die Nutzung dieses (und ähnlicher) Programme tatsächlich wissen und verstehen müssen.

Da es keine fest vereinbarten deutschen Übersetzungen gibt, werde ich im Folgenden durchgängig die englischen Begriffe und Abkürzungen verwenden. Einzig den Begriff »Domain« werde ich hier mit »Bereich« übersetzen, da er in seiner englischen Form auch für Internet-Auftritte sehr gebräuchlich ist, hier aber eine spezielle Bedeutung erhält. Im Grunde könnte man ihn fast wörtlich mit »Domäne« im Sinne von Herrschaftsbereich übersetzen, denn es geht um den Bereich, über den jeweils eine logische Kontrollstruktur »herrscht«. Aber hier ständig von einer Domäne zu sprechen, würde doch etwas geschraubt klingen …

Topmanager

Die oberste Hierarchieebene einer Video-DVD ist der Video Manager, kurz **VMG**. Wenn Sie ein solches Element in der linken Spalte einmal anklicken, zeigt TFDVDEdit rechts alle dazugehörigen Parameter an. Einige davon sind der Übersichtlichkeit halber gruppiert und lassen sich noch weiter öffnen. Der VMG enthält in erster Linie Attribute, die mit der gesamten DVD in Zusammenhang stehen, wie den Regionalcode ❶, Informationen zum Videoformat und dessen Darstellung ❷ sowie zu den Subpictures ❸. Zu seinem Bereich gehören eigene Menüs, die VMG Menus. In unserem Fall hat DVD Studio Pro dort ein Menü für die einzige auf dieser DVD definierte Sprache, nämlich für Deutsch, angelegt, das seinerseits acht PGCs enthält. Wenn Sie mehrere Sprachen in DVD Studio Pro definieren, werden Sie deren Menüs aber nicht im VMG, sondern in VTSM 1 finden.

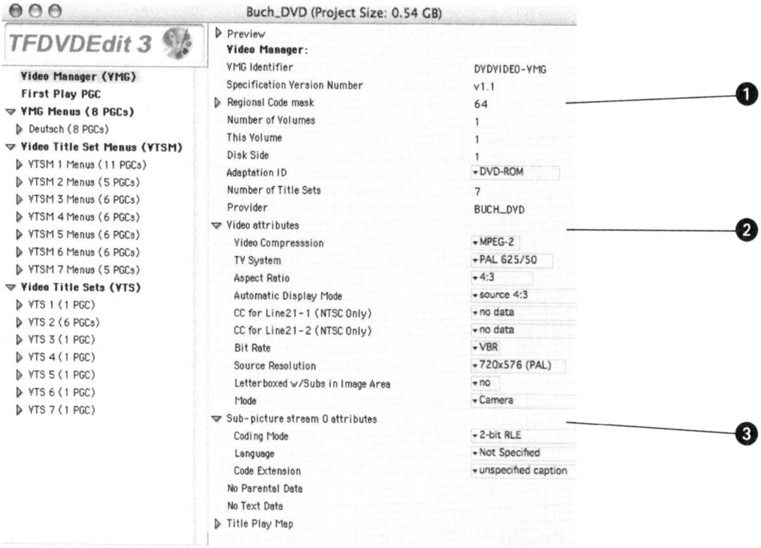

◂ **Abbildung 16.3**
Der Video Manager, kurz VMG, stellt die höchste Ebene der DVD-Hierarchie dar.

Was hängt an einer Programmkette?

Die **PGC**, das heißt PROGRAM CHAIN, ist das gängigste logische Element einer DVD. Sie verweist normalerweise auf Abschnitte von Video und Ton, enthält aber häufig auch noch eine Reihe von Befehlen. Es ist im Menübereich durchaus zulässig, dass eine PGC nur Befehle und kein darstellbares Material enthält, dann bezeichnet man sie auch als **Dummy-PGC** (übrigens werde ich den Plural von »Dummy« hier eingedeutscht als »Dummys« schreiben, auch wenn das im Englischen nicht korrekt ist). Die PGCs im VMG enthalten bei DVD Studio Pro kein Bild- oder Tonmaterial, sind also sämtlich Dummys. Das muss aber keineswegs immer so sein: Beim Re-Authoring werden Sie auch lernen, wie man diese PGCs »besiedelt«.

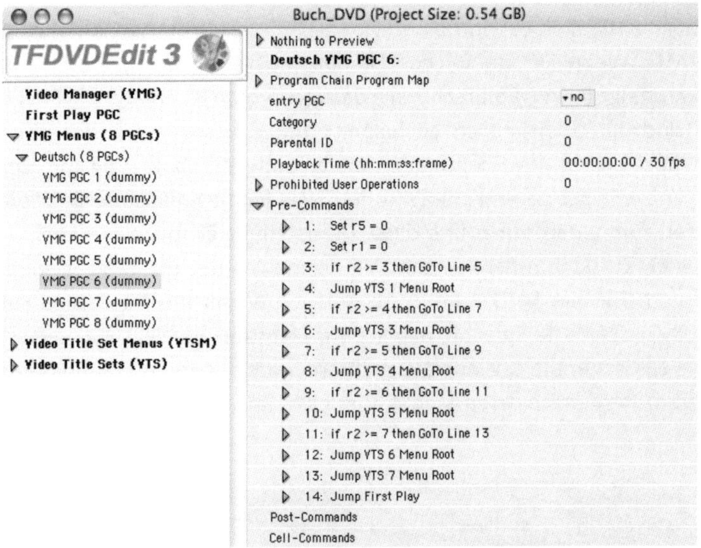

Abbildung 16.4 ▶ Eine DUMMY-PGC enthält nur Befehle und hat kein dazugehöriges Bild- und Tonmaterial. Im VMG finden sich bei DVD Studio Pro nur Dummy-PGCs.

Dummy-PGCs sind eines der wichtigsten Hilfsmittel beim DVD-Authoring und können an den unterschiedlichsten Stellen eingefügt werden. Außer ein paar Einschränkungen seitens der DVD-Spezifikation betreffs der Sprünge und Verbindungen zwischen PGCs in verschiedenen Bereichen gibt es keine festen Regeln dafür, wie Sie dieses sehr flexible Konstrukt einsetzen. Ein typisches Beispiel sind Buttons, die selbst im Wesentlichen nur einen Befehl tragen können. Meist wollen Sie als Autor(in) aber einige Voreinstellungen, wie Sprach- und Untertitelwahl, in Abhängigkeit von vorherigen Nutzereingaben vornehmen oder in Variablen Informationen über die aktuelle Wahl ablegen, bevor Sie den jeweiligen Film starten. Dazu bedarf es oft einer ganzen Reihe von Registerabfragen und Befehlen, so dass Sie fast immer von einem Button zu einer Dummy-PGC springen, die Platz für diese Befehle bietet und dann ihrerseits den Film startet.

Wo wird kommandiert?

Jede PGC hat einen Bereich für PRE-COMMANDS und einen für POST-COMMANDS. Erstere werden vor dem Abspielen eventuell vorhandenen Videomaterials bearbeitet, Letztere danach. Insgesamt dürfen hier 128 Befehlszeilen stehen. Wenn Sie links eine dieser PGCs, wie in der Abbildung 16.4 die PGC 6, anklicken, werden Ihnen rechts eventuell vorhandene Befehle angezeigt – diese hier hat DVD Studio Pro für seinen Abstraction Layer erzeugt.

Eine spezielle PGC ist die FIRST PLAY PGC, denn sie informiert den Player darüber, mit welchen Informationen die Navigation der DVD beginnen soll. Mit den Befehlen in dieser PGC werden oft Informationen über die Player-Einstellung abgefragt und wichtige Voreinstellungen festgelegt. Sie existiert logischerweise nur einmal auf der DVD. Bei DVD Studio Pro ist diese PGC übrigens immer ein Dummy, auch wenn Sie beim Authoring ein Intro-Video wie auf unserer Buch-DVD definiert haben – das legt Apples Programm im ersten VTS ab.

Titelinhaber

Die VIDEO TITLE SETS, kurz **VTS**, liegen hierarchisch unterhalb des VMG und enthalten die wesentlichen Bild- und Toninhalte einer DVD. Sie entsprechen jeweils einer Spur in der Begriffswelt von DVD Studio Pro und werden beim »Fertigstellen« dort auch im Protokoll mit ihrer jeweiligen Nummer aufgelistet. Zu jedem der maximal 99 VTS gehören ein VIDEO TITLE SET MENU (VTSM), ein zugeordneter Menübereich, der ebenfalls zahlreiche PGCs enthalten kann (siehe Abbildung 16.3).

Küchenchef

Jedes **VTSM** kann ausschließlich den Inhalt des entsprechenden VTS steuern, es handelt sich bei dem jeweiligen VTS mit seinem VTSM quasi um autarke Einheiten, die von den »Nachbarn« nichts wissen. Man könnte fast sagen, dass jedes VTS eine eigene kleine Unter-DVD darstellt. VTSM 1 darf also nur Inhalte von VTS 1 direkt anspringen, nicht dagegen von VTS 2 oder anderen. Die Navigation zu einem anderen VTSM muss immer über die oberste Hierarchieebene, also über den VMG gehen.

Teilzeitkräfte

Hierarchisch unterhalb des VTS befinden sich bis zu 99 TITLE TRACKS, kurz **TT** ❶ (die aber nicht mit Spuren aus DVD Studio Pro identisch sind), und deren **PTT**s (PART OF TITLE) ❷, die den Kapiteln entsprechen (ebenfalls maximal 99). Selbst der VMG muss sich den strengen Hierarchieregeln unterwerfen: Er kann einen PTT nicht direkt ansteuern, sondern nur ganze TTs und einige definierte PGCs in einem VTSM. In den Menübereichen ❸ gibt es keine TTs und PTTs, nur PROGRAMS (zusammenhängendes Videomaterial) ❹.

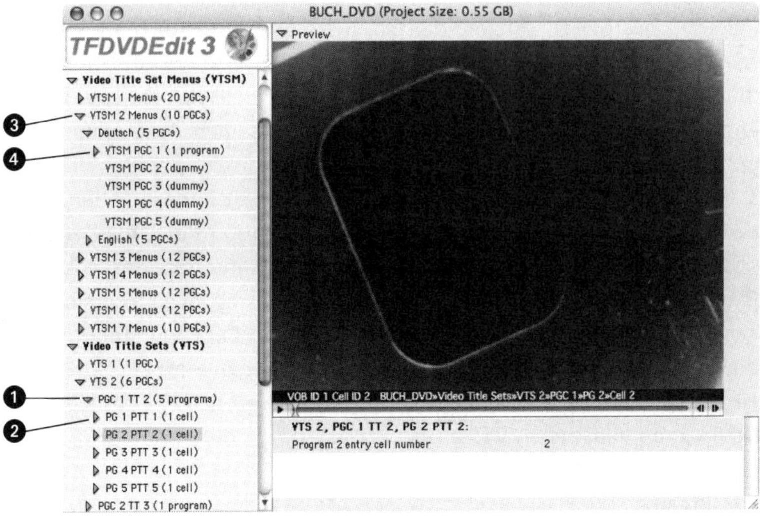

Abbildung 16.5 ▶ Nur in den VIDEO TITLE SETS gibt es den TITLE TRACK (TT) und den PART OF TITLE (PTT) als logische Einheiten – dies sind die Videos und ihre Kapitel.

Auch hier können Sie PGCs hinzufügen und sogar für Programmierung »missbrauchen«, aber sie müssen entweder als neuer TT oder als PTT eingeordnet werden und gemäß Spezifikation zumindest eine CELL (siehe unten) zugewiesen bekommen, auch wenn diese gar nicht gezeigt werden soll. Sie tragen somit zur Gesamtzahl an TTs oder PTTs bei, während im Menübereich selbst tausend PGCs noch keine Probleme bereiten. Da zudem die Verbindungsmöglichkeiten zu solchen PGCs strengeren Einschränkungen unterworfen sind und in ihnen zum Beispiel kein RESUME (Wiedergabe ab zuletzt gespieltem Punkt) verfügbar ist, bringen Sie PGCs zu Navigationszwecken besser in den Menübereichen unter.

Portier

Auch eine ENTRY PGC (Eintritts-PGC) hat eine spezielle Aufgabe, denn sie ist mit bestimmten Tasten der Fernbedienung fest verknüpft. Wenn eine PGC in einem der Menübereiche als ENTRY von Typ ROOT definiert ist, führt im Fall des VMG die Taste TITLE (oft auch als TOP MENU beschriftet) von überall dorthin, bei einem VTSM die Taste MENU (nur aus dem gleichen Bereich). Sie könnten solche Entry-PGCs in den VTSMs auch mit SUB-PICTURE, AUDIO, ANGLE und so weiter belegen, dann würden die entsprechenden Menütasten auf der Fernbedienung zu diesen PGCs führen.

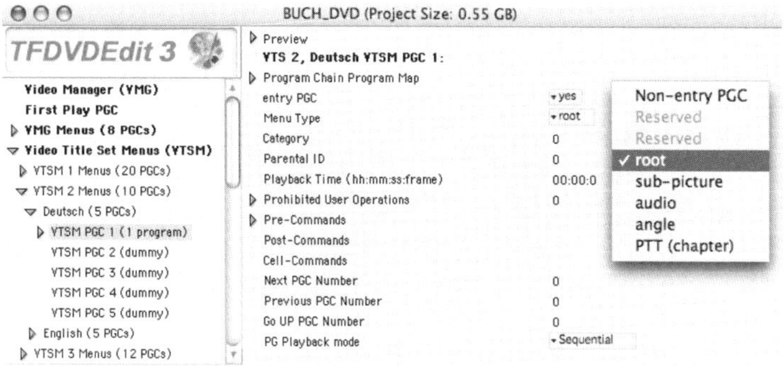

◄ **Abbildung 16.6**
Eine ENTRY PGC wird normalerweise mit speziellen Tasten der Fernbedienung angesprochen.

Allerdings gibt es diese speziellen Menütasten sehr selten auf den Fernbedienungen der Player, wie ich schon im Kapitel »Navigationsdesign« erwähnt habe (es handelt sich dabei nicht um die Tasten zum zyklischen Wechsel der Untertitel, Kamerawinkel etc). Sie können daher diese PGCs recht gut als Anlaufpunkte für eigene Navigationsbefehle nutzen, wenn Sie die entsprechenden Tasten auf der Fernbedienung unter den Nutzerberechtigungen stilllegen (falls sie doch einmal vorkommen sollten). Natürlich darf pro Bereich – also für den VMG und für jedes VTSM – nur eine PGC als ENTRY jeweils eines Typs gewählt werden.

Notausgang

Ein Sonderfall ist auch die Taste RETURN: Mit dem Eintrag bei GO UP PGC NUMBER lege ich für jede PGC mit Videomaterial fest, zu welcher PGC im gleichen VTS diese Taste führen soll. Diese Funktion ist in DVD Studio Pro (wie bereits erwähnt) nicht vollständig implementiert, kann aber leicht nachträglich in TFDVDEdit programmiert werden. Wir werden das später an einem Beispiel üben.

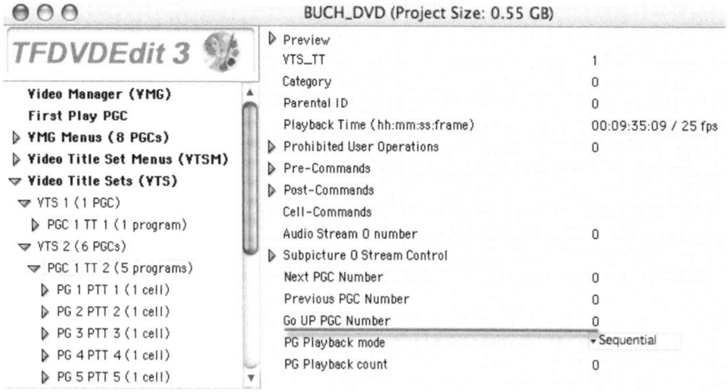

◄ **Abbildung 16.7**
Mit GO UP PGC NUMBER bestimmen Sie, wohin die Taste RETURN führen soll.

Programmvielfalt

Sowohl Menüs als auch Videospuren werden gesteuert durch PGCs. Verwechseln Sie aber eine PGC nicht mit einem VOB (Video Object), denn das sind die eigentlichen Daten einer Multiplex-Datei aus Bild, Ton und Subpictures. Zu jeder VTS-Nummer gehört ein VOB für das VTSM und eins für das VTS, wie VTS_01_0.VOB und VTS_01_1.VOB, und VIDEO_TS.VOB ist das VOB des VMG. Jedes dieser VOBs kann von mehreren PGCs angesteuert werden. Eine der Stärken der Video-DVD ist schließlich, dass das gleiche Material in unterschiedlicher Abfolge dargestellt werden kann, zum Beispiel mit einer Story, ohne dass es mehrfach vorhanden sein muss. Die PGC entspricht dabei sozusagen der Wegbeschreibung, die entsprechenden Abschnitte eines VOBs sind der zurückzulegende Weg. Die zahlreichen PGCs in VTS 2 bei unserer Buch-DVD entsprechen dem gesamten »Artfilm« (mit fünf fortlaufend nacheinander abgespielten Kapiteln) und den fünf einzelnen Storys.

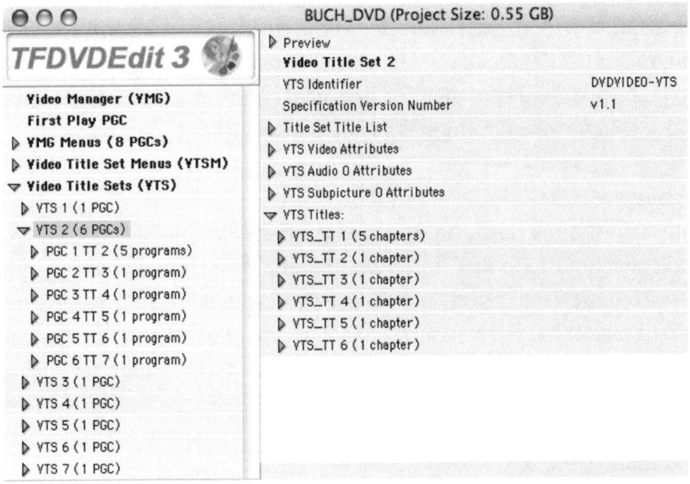

Abbildung 16.8 ▶ Bei VTS 2 unserer DVD (das ist die Spur »Artfilm«) greifen mehrere PGCs auf das gleiche VOB zu. PGC 1 ist der gesamte Film, die PGCs 2 bis 6 sind die Storys.

Die DVD-Spezifikation und TFDVDEdit lassen Ihnen – anders als DVD Studio Pro – viel Freiheit bei der Entscheidung, wie Sie Ihr Videomaterial arrangieren. Ob Sie wenige große VOBs in einer Hand voll VTS anlegen und Abschnitte durch PTTs gezielt zugänglich machen oder ob Sie Hunderte von kurzen Filmen in zahlreichen VTSs und TTs ablegen (bis zu 999), bleibt Ihnen überlassen. Diese Entscheidung hängt beim Re-Authoring in TFDVDEdit weniger von technischen Faktoren als von Ihrer Navigationsstruktur und der erwarteten Interaktionshäufigkeit ab. Eine Spielfilm-DVD wird auch bei umfangreichem Bonusmaterial viel weniger Sprünge erfordern als ein Quiz oder eine interaktive Lernanwendung.

Keine Anzeige bei Multi-PGCs

Mehrere PGCs in einem einzelnen Title Track (Multi-PGC) erlauben es dem Player nicht, Zeit- und Kapitelinformationen in seiner Anzeige oder auf dem Bildschirm korrekt darzustellen, bieten dafür aber sehr viele Freiheiten. Wenn eine korrekte Anzeige wichtiger ist, dürfen Sie nur eine PGC pro TT verwenden (One-Sequential PGC).

Zellen

Unterhalb der Program Chain gibt es noch die Cell, das ist der Abschnitt zwischen zwei Markern, wie zum Beispiel Kapitelmarkierungen. Sie muss mindestens eine GOP (Group of Pictures) enthalten, gängigerweise also etwa eine halbe Sekunde, könnte aber im Prinzip auch der vollen Länge eines Films entsprechen. Ein Kapitel, das jeweils bis zur nächsten Kapitelmarkierung gilt, trägt das Kürzel PTT (Part of Title Track).

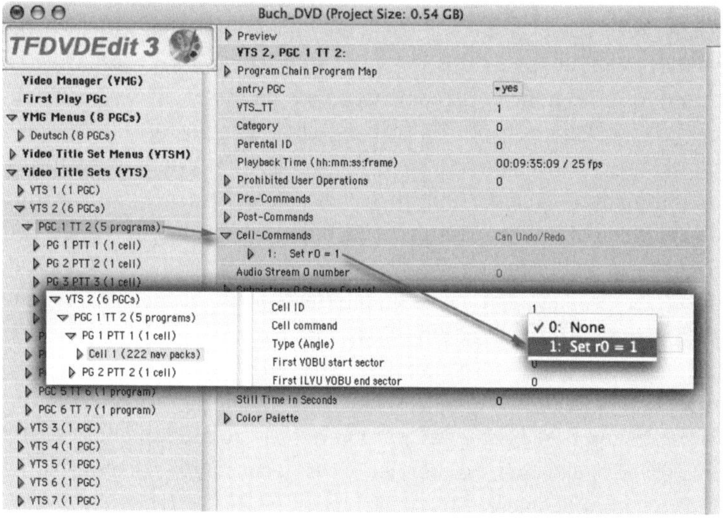

◂ Abbildung 16.9
Cell-Commands müssen in der übergeordneten PGC definiert werden, dann kann aus dieser Liste jeweils ein Befehl pro Cell zugewiesen werden.

Auch auf der Ebene von Cells gibt es Navigationsbefehle, aber mit einer Besonderheit: Sie müssen auf der Ebene der übergeordneten PGC in einer Liste definiert und dann der einzelnen Cell aus dieser Liste zugewiesen werden. Es gibt nur einen Befehl pro Cell, und außerdem ist dessen Einflussbereich wesentlich reduzierter als der von Befehlen in PGCs, da sich Cells auf einer niedrigeren Hierarchieebene befinden. Üblich ist die Nutzung für Schleifen im Videomaterial. Nebenbei schützt das Programm Sie auch hier vor groben Fehlern, indem je nach Funktion oder Position der jeweiligen Cell manche Editiermöglichkeiten grau (und damit unveränderbar) bleiben.

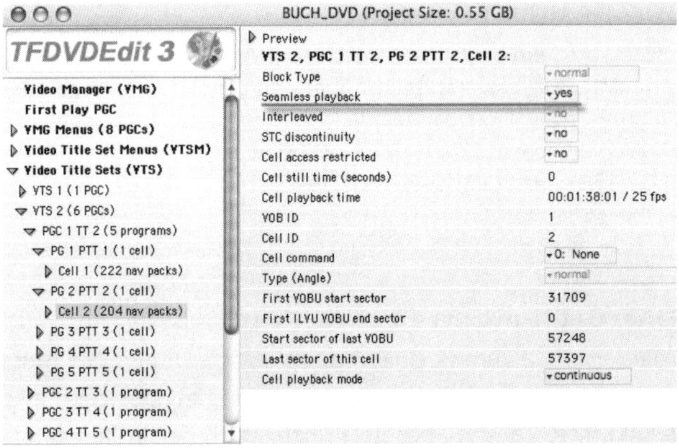

Abbildung 16.10 ▶ Die nahtlose Wiedergabe von Cells – SEAMLESS PLAYBACK – ist nur möglich, wenn diese physikalisch direkt aufeinander folgen und keine Cell-Befehle und auch keinen Layer-Break tragen.

Mehrere Cells können innerhalb einer PGC in beliebiger Reihenfolge gezeigt werden. Eine nahtlose Wiedergabe (SEAMLESS PLAYBACK) ohne kurzes Stocken von Bild und Ton – wie bei dem kompletten Film in PGC 1 von VTS 2 – ist allerdings nur bei Cells möglich, die auch physikalisch direkt aufeinander folgen und keine Cell-Befehle tragen. TFDVDEdit achtet darauf und kennzeichnet Cells, die nicht mehr flüssig durchgespielt werden können, automatisch als NON SEAMLESS, um Wiedergabestörungen zu vermeiden. Auch die Cell am Schichtwechsel einer DVD-9, also am LAYER-BREAK, erlaubt kein Seamless Playback – das hat Apple lange Zeit falsch gemacht.

Nicht alle Cells müssen einem Kapitel entsprechen: Jede Markierung aus DVD Studio Pro erzeugt eine Cell, aber Sie können im Info-Fenster auch alle Funktionen einer solchen Cell deaktivieren (die Markierung wird dann grün angezeigt). Eine solche Cell ist trotzdem für TFDVDEdit verfügbar und kann dort bearbeitet werden, um sie zum Beispiel mit einem Befehl zu versehen, doch Sie können Cells genauso gut nachträglich im Editierprogramm definieren.

Das Pack in den Zellen

Die kleinste logische Einheit ist das NAV PACK (Navigation Packet), es entspricht einer GOP. Da die Einzelbilder des Videomaterials ja erst bei der Wiedergabe vom Player rekonstruiert werden, ist dies die kleinste logische Einheit, der eigene Navigationsstrukturen zugeordnet werden können. So kann zum Beispiel ein Subpicture (und damit auch ein Button!) minimal für die Dauer eines Nav Packs existieren oder seine Darstellungseigenschaften und Tastenzuordnung ändern.

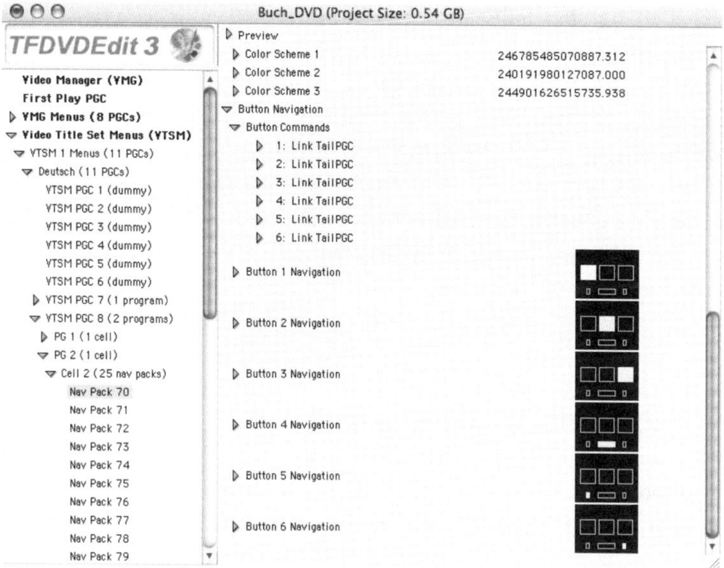

◄ **Abbildung 16.11**
In den Cells auf der Ebene der Nav Packs finden sich auch Buttons mit ihren Hotspots, Farbzuordnungen und Befehlen, wenn es sich bei der PGC um ein Menü handelt.

Sie können nach Herzenslust mit diesen Möglichkeiten herumspielen: So könnten zum Beispiel Buttons nur für wenige Nav Packs existieren, oder ihre Navigation mit den Pfeiltasten kann sich nach einigen Nav Packs verändern – interessante Variationen der beliebten »Easter Eggs« Doch dabei müssen Sie etwas Wichtiges beachten: Wenn Sie dafür ein Menü in DVD Studio Pro erstellen, um diese kleinen Tricks später in TFDVDEdit einzubauen, funktioniert das nicht. Die DVD-Spezifikation lässt es nämlich nicht zu, dass ein Highlight (eine Hervorhebung) über eine Cell hinaus existiert oder innerhalb einer Cell wechselt. Änderungen an Buttons auf der Ebene der Nav Packs sind aber an einen Wechsel des Subpictures gebunden! Selbst in einem Motion-Menü aus DVD Studio Pro existiert nur ein durchgehendes Subpicture, zumindest ab dem Loop-Punkt – wir können in Menüs keine zusätzlichen Markierungen setzen. Das lässt sich nachträglich in TFDVDEdit nicht ändern, da die Subpictures beim Multiplexing eingebunden werden (im Handbuch zu TFDVDEdit wird entsprechend davor gewarnt). Keine Chance?

Doch! Legen Sie für solche Zwecke immer eine separate Videospur mit Buttons, Cell-Markierungen und passenden Highlights pro Cell an (anders lässt DVD Studio Pro es auch gar nicht zu), deren sichtbarer Inhalt natürlich bei Bedarf gleich bleiben kann. Eine solche Spur können Sie dann mit TFDVDEdit in den Menübereich versetzen und dann für jede Cell fiese, neue Navigationsbedingungen einbauen – ein bisschen Planung für das richtige Timing ist natürlich nötig. Wir probieren das später noch aus.

Der Bildinhalt des Subpicture-Streams dagegen kann sogar einzelbildweise wechseln, da Subpictures ja nicht mit Interframe-Kompression versehen sind – mehr dazu im Praxisbeispiel zu animierten Hervorhebungen. Die Farbpalette wiederum, aus der Farben für Subpictures zugeordnet werden können, gehört jeweils zu einem PGC, so dass pro PGC nicht mehr als 16 Farben verfügbar sind. Das bedeutet andererseits, dass Sie ein VOB mit den gleichen Subpictures von verschiedenen PGCs mit unterschiedlichen Farben abspielen lassen können – designerisch auch nicht gerade uninteressant ...

16.3 Kurzanleitung zu TFDVDEdit

Installation

Eine spezielle Installation braucht das Programm nicht, nach dem Herunterladen und Entpacken ist es sofort betriebsbereit. Beim ersten Start werden Sie nach Ihrer Seriennummer gefragt, die Sie natürlich erwerben müssen. Danach prüft das Programm, ob das QuickTime-Modul zum Abspielen von MPEG-2 auf Ihrem Computer installiert ist. Als Besitzer von DVD Studio Pro haben Sie das bereits, und es wird keine Fehlermeldung erscheinen. Wenn Sie ein anderes Authoring-Programm benutzen, sollten Sie den Kauf dieses preiswerten Moduls bei Apple in Erwägung ziehen. TFDVDEdit funktioniert auch ohne das Wiedergabemodul, aber Sie werden keine Vorschau der Bilddaten bekommen.

Voreinstellungen

Die Voreinstellungen des Programms sind in drei Bereiche eingeteilt. Unter GENERAL sollten Sie erst einmal alles wie hier im Bild lassen, nichts davon kann schaden. Der dritte Eintrag ❶ erlaubt es, die Werte in Befehlssequenzen als Hexadezimalzahlen einzugeben, wenn Ihnen das besser liegt. Bei MASTERING können Sie oben einstellen, wie ausführlich die Logs ausfallen sollen. Die Logs ❷ für die DLT CONTROL FILES, eventuell für die ISO BRIDGE, eher aber die UDF BRIDGE, können recht nützlich sein bei der Verständigung mit dem Kopierwerk. Die Logs für SCSI CALLS brauchen Sie nicht, wenn bei Ihnen alles einwandfrei funktioniert, aber sie helfen bei der Suche nach Hardwareproblemen mit der SCSI-Karte oder dem DLT-Laufwerk. Schließlich können Sie noch Standardvorgaben aktivieren, mit denen DVD-ROM Daten vom Mac und das Joliet-Verzeichnisformat mit auf die DVD gebracht werden.

Die voreingestellten Sektorzahlen für verschiedene DVD-Größen ❸ sollten Sie nur ändern, wenn Ihnen das von Ihrem Kopierwerk so gesagt wurde – sonst haut man Ihnen eventuell Ihre DLT-Kassetten um die Ohren!

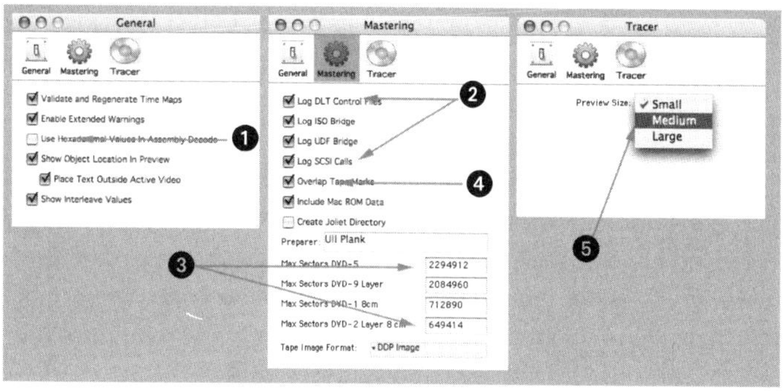

◀ **Abbildung 16.12**
Drei Tabs gibt es in den Voreinstellungen von TFDVDEdit: GENERAL, MASTERING und TRACER.

OVERLAP TAPE MARKS ❹ ermöglicht schnelleres Schreiben auf DLT und kann bei einem völlig intakten Laufwerk immer aktiviert sein. Auf die anderen Einträge komme ich beim Thema Ausgabe noch zurück. Ganz unten legen Sie fest, welches Format Sie von einem DLT-Band lesen möchten – die Voreinstellung gilt für die Mehrzahl aller Authoring-Systeme, nur Bänder vom Sonic Scenarist sind anders. Beim TRACER ❺ können Sie in den Voreinstellungen nur die anfängliche Darstellungsgröße verändern.

Die Praxis

Wie bereits weiter vorne beschrieben, nehmen Sie Änderungen an Werten, Befehlen oder sonstigen Einträgen auf der rechten Seite vor, während Sie links nur Objekte importieren, neue Objekte hinzufügen oder vorhandene entfernen. Alle Änderungen auf der rechten Seite behält das Programm vorläufig im Speicher; geänderte Bereiche werden hellrot unterlegt. TFDVDEdit hat nicht für jeden einzelnen Parameter eine Undo-Funktion im klassischen Sinn – das würde auch schnell unübersichtlich. Stattdessen können Sie mit REVERT jederzeit zur letzten Version zurückkehren. Wenn Sie einmal auf SAVE geklickt haben, werden die Änderungen im betreffenden Ordner VIDEO_TS permanent, und die hellroten Markierungen verschwinden wieder.

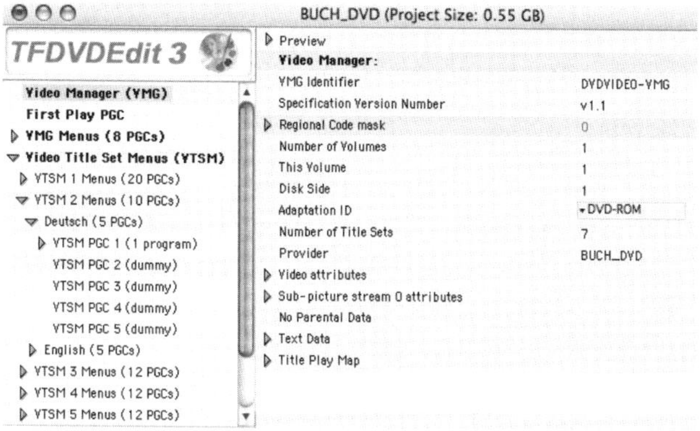

◀ **Abbildung 16.13**
Änderungen an einzelnen Einstellungen – wie hier am Regionalcode und in PGC 2 von VTSM 2 – werden hellrot markiert und lassen sich bis zum nächsten SAVE noch rückgängig machen.

Für Befehlszeilen dagegen wurde ein leistungsfähiges UNDO/REDO auf der Basis jeder einzelnen PGC implementiert, das auch nach einem SAVE erhalten bleibt und durch den roten Schriftzug CAN UNDO/REDO neben dem jeweiligen Bereich angezeigt wird. Sie müssen dann erst die gewünschte PGC und dazu einen Bereich wie Pre-Commands, Post-Commands oder Cell-Commands wählen, dann werden die beiden Befehle oben im Edit-Menü verfügbar. Allerdings wirken sie sich immer auf sämtliche Befehle des Bereichs aus, nicht auf eine einzelne Zeile. Die Inhalte dieses Undo-Speichers gehen nur beim Schließen eines Projektes verloren.

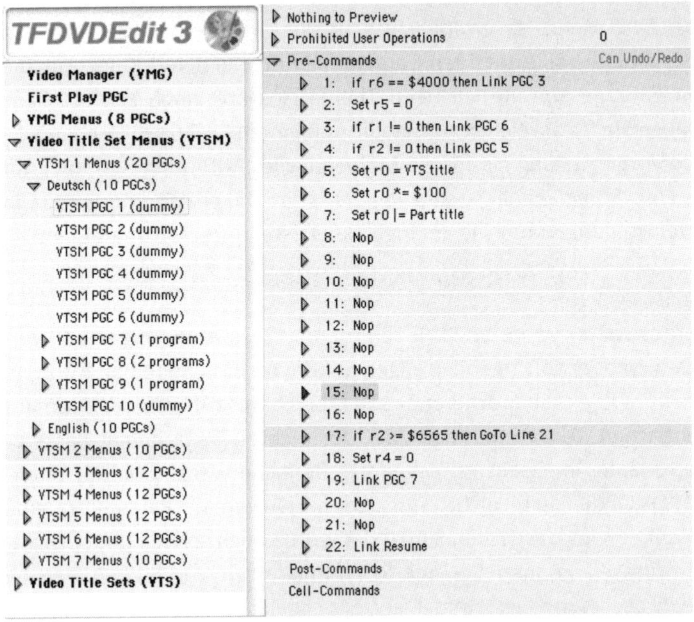

Abbildung 16.14 ▶ Für Programmbefehle sind UNDO und REDO für jeden Befehlsbereich auf der Basis einzelner PGCs unbegrenzt verfügbar, solange das Projekt geöffnet bleibt.

Bei größeren Operationen wie dem Import eines VOB oder der Änderung eines VTS wird alles gespeichert, aber das Programm weist Sie darauf hin. Wenn Sie sich bei Änderungen über deren Folgen nicht ganz im Klaren sind, sollten Sie also mit einer (weiteren) Kopie arbeiten, denn ein »Save as ...« gibt es hier nicht.

Preview

Das skalierbare PREVIEW-Fenster in TFDVDEdit kann jedes Element, das überhaupt Video enthält, darstellen – bis hinunter zum Inhalt eines einzelnen Nav Packs. Der Ton wird aber dabei (genau wie im QuickTime Player) derzeit nicht wiedergegeben, auch Subpictures werden nicht gezeigt. Mit CSS verschlüsselte Videoinhalte können natürlich nicht abgespielt werden, allerdings lassen sich mit dem Programm trotzdem deren Befehle anzeigen oder andere Einträge bearbeiten. Die Videoelemente werden in einem solchen Fall in der linken Liste als ENCRYPTED angezeigt. Sie können übrigens jederzeit das Bild aus dem Previewfenster auf den Desktop ziehen: Bei einzelnen Nav Packs wird ein MPEG-Still dort abgelegt, wenn Sie den Anfang eines VTS hinübergezogen haben, der gesamte Film. Bitte beachten Sie aber, dass der QuickTime Player die Anzeige skaliert (jedoch nicht die zugrunde liegende Datei).

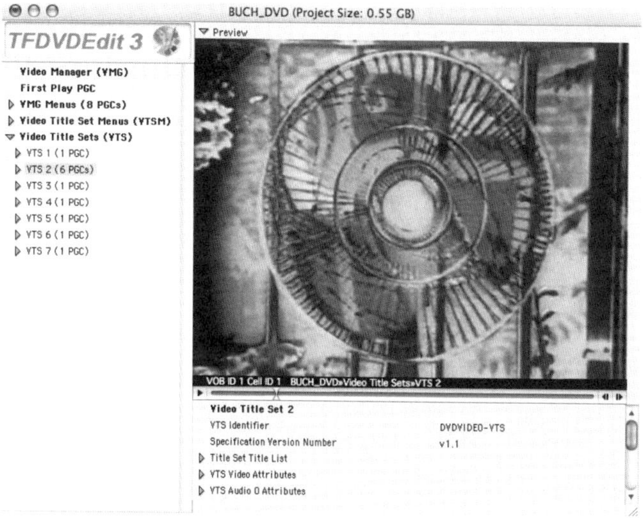

◀ **Abbildung 16.15**
Das Fenster PREVIEW in TFDVDEdit kann den Videoinhalt jedes Elements darstellen, aber keinen Ton und keine Subpictures wiedergeben.

Dummy-PGCs erzeugen

Hier ist in erster Linie nach linker und rechter Spalte zu unterscheiden. Links können Sie logische Konstrukte des DVD-Standards wie Cells, Programme, Kapitel und PGCs erzeugen oder entfernen. Video- und Toninhalte (VOBs) für Menüs und ganze Video Title Sets lassen sich ebenfalls hinzufügen, duplizieren, bei vorhandenen Elementen austauschen oder vollständig löschen. Dabei ist das Einfügen neuer Elemente wie Dummy-PGCs abhängig von dem zuvor ausgewählten Objekt:

- Wenn ein Menü (also der VMG oder ein VTSM) oder eine von deren PGCs angewählt war, wird die neue PGC als letzte in der Liste hinzugefügt und bekommt die nächste fortlaufende Nummer.
- Wenn ein VTS angewählt war, wird die neue PGC als TT definiert und bekommt die nächste freie TT-Nummer nach allen vorhandenen TTs, TTs werden also nicht innerhalb des VTS fortlaufend nummeriert.
- Wenn ein vorhandener TT angewählt war, bekommt die neue PGC die Nummer des gewählten TT. Es wird also erwartet, dass diese als PTT verwendet werden soll.

In den letzten beiden Fällen sollten Sie der Dummy-PGC zumindest eine Cell zuordnen. Wie macht man das?

Die Program Map

TFDVDEdit bietet mit seiner PROGRAM MAP eine sehr einfache Möglichkeit, Cells in einer PGC anzuordnen – sie werden einfach mit der Maus von rechts in diese Liste gezogen, oder ihre Reihenfolge wird durch Ziehen geändert. Auf der linken Seite zeigt Ihnen die Program Map ❶ die Anordnung und Identifikationsdaten der von einer PGC benutzten Cells, auf der rechten Seite unter AVAILABLE CELLS ❷ die verfügbaren Cells aus dem jeweiligen VOB. Zu einem VTS (oder Menü) gehört immer genau ein VOB, und nur dessen Cells sind verfügbar. Übrigens: Per Doppelklick auf eine der Cells in der Program Map können Sie deren Inhalt im Preview ansehen, egal auf welcher Seite der Liste sie sich gerade befindet.

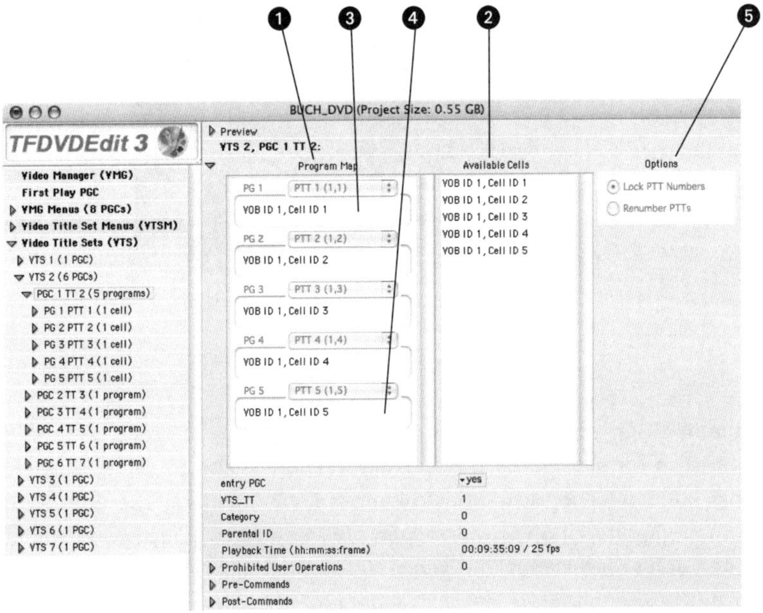

Abbildung 16.16 ▸ In der PROGRAM MAP für eine PGC können Sie durch Ziehen mit der Maus Cells hinzufügen, entfernen oder deren Reihenfolge ändern.

Wenn bereits ein Programm mit mindestens einer Cell existiert und Sie eine Cell in dessen kleinen Kasten ❸ ziehen, wird sie diesem Programm zugeordnet. Wenn Sie eine neue Cell stattdessen in den weißen Leerbereich darunter ❹ ziehen, entsteht ein neues Programm mit dieser Cell. Bei OPTIONS ❺ legen Sie fest, ob die Kapitelnummern beibehalten oder bei Änderungen neu durchnummeriert werden sollen.

Nichts hindert Sie daran, Cells mehrfach und in beliebiger Reihenfolge zu verwenden. Mit diesen Funktionen können Sie also nachträglich Storys anlegen, da sich neue Cells in TFDVDEdit definieren lassen (natürlich nur auf vorhandenen I-Frames). Storys aus DVD Studio sind nichts anderes als eine beliebige Reihe von Cells, deren Abfolge in einer PGC festgelegt wird. Es kann vorkommen, dass Sie eine völlig identische PGC mit mehreren Cells erstellen, weil ein Exemplar mit Cell-Befehlen versehen, die andere Variante dagegen nahtlos abgespielt werden soll. Wenn Sie eine Cell wieder aus der Liste entfernen wollen, ziehen Sie diese einfach zurück nach rechts.

Cells hinzufügen

Um eine neue Cell oder eine Kapitelmarkierung zu definieren, müssen Sie die jeweilige PGC links bis auf die Ebene der Nav Packs aufklappen, das gewünschte Nav Pack anwählen und im Kontextmenü den entsprechenden Befehl aufrufen. Ein Nachteil dieser Methode ist jedoch, dass Sie in TFDVDEdit zwar das Bild, aber nicht den Ton überprüfen können. Es ist meist sinnvoller, bereits in DVD Studio Pro zusätzliche Markierungen anzulegen, weil Sie dort auch hören können, wo die Markierung den Ton unterbricht oder einsetzen lässt.

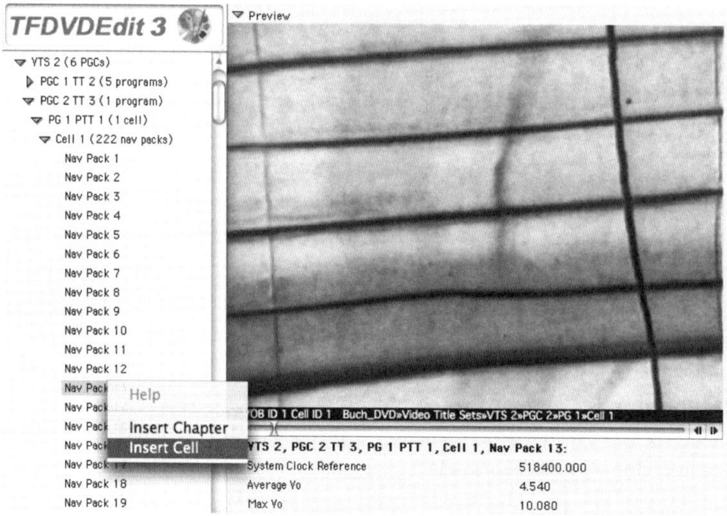

◀ **Abbildung 16.17**
Cells oder Kapitel lassen sich auf vorhandenen I-Frames – also auf jedem Nav Pack – auch nachträglich definieren.

Da vorhandenes Videomaterial bereits aus mindestens einer Cell besteht – DVD Studio Pro platziert am Beginn eines Tracks immer eine Kapitelmarkierung –, müssen Sie sich den Vorgang in TFDVDEdit wie ein Aufteilen einer vorhandenen Cell beim jeweils angewählten Nav Pack vorstellen. In einem Menü sollten Sie keine neuen Cells definieren, da eine Cell gemäß Spezifikation ein vorhandenes Subpicture nicht aufteilen darf (siehe vorne bei »Cells«). Ein Menü hat normalerweise entweder ein durchgängiges Subpicture für die Button-Hervorhebungen oder ist bereits in zwei Cells aufgeteilt, wenn es sich um ein Bewegtbildmenü mit Intro handelt.

Vorsicht bei vorhandenen Subpictures
Auch wenn Sie eine Cell im VTS mitten in einem vorhandenen Subpicture – ob Untertitel oder Button-Hervorhebungen – definieren, verstößt das gegen die DVD-Spezifikation. Dies ist einer der ganz wenigen Fehler, vor denen Sie das Programm derzeit nicht warnen kann! Da Sie Subpictures im Preview nicht sehen können, sollten Sie alle benötigten Cells besser vorab in DVD Studio Pro anlegen, denn dort gibt es Warnhinweise bei solchen Fehlern.

Eine Cell ist die Grundlage von Kapiteln und Programmen, aber auf der Ebene des einzelnen Nav Packs wird nur die Cell als solche definiert. Ihre Bestimmung als Kapitel und/oder Programm erhält sie in der jeweiligen PGC. Das heißt aber auch: Die gleiche Cell kann einmal als Kapitel dienen und ein andermal allein für einen Cell-Befehl oder als Sprungziel benutzt werden, da man sie ja mehrfach zuweisen kann. Während Sie eine Cell nur in der linken Spalte definieren können, kann deren Zuweisung als Kapitel oder Programm auch rechts in der Program Map erfolgen.

Eine Cell, die nicht als Kapitel oder Programm definiert ist, kann vom Nutzer nicht mit den Tasten **Next** oder **Previous** erreicht werden – in manchen Fällen könnte es genau das sein, was Sie wollen. Sie dürfen zum Beispiel in einer Spur in DVD Studio Pro bis zu 255 Cells markieren und können diese für Buttons im Video benutzen, während es nur 99 Kapitel pro Spur geben darf. Wenn sie nur als reine Cells markiert sind, kann der Nutzer sie nicht gezielt anspringen, sondern muss sich alles ansehen, bevor er oder sie eine Wahl trifft …

Cells entfernen

Eine echte Funktion zum Entfernen von Cells wäre eigentlich eher ein Zusammenfügen der Nav Packs vor und nach der Cell-Markierung, um den Zustand vor der Definition einer neuen Cell wieder zu erreichen. Diese Möglichkeit bietet TFDVDEdit derzeit nicht – auch das ist ein Grund, warum das Erzeugen von neuen Cells vorläufig eine der (ganz seltenen) Funktionen von geringem praktischen Nutzen ist. Schließlich lässt sich in DVD Studio Pro eine Markierung jederzeit löschen.

Sie werden zwar dem Befehl Remove Cell begegnen, aber der entfernt den Inhalt der Cell nur aus der betreffenden PGC, und das ließe sich genauso gut in der Program Map erledigen. Diese Cell wird nun beim Abspielen übersprungen, existiert aber weiter bei Available Cells ❶. Links werden Sie jetzt eine Lücke bei den Nummern der Nav Packs sehen ❷, rechts ist eine Cell verfügbar, die nicht im PGC liegt. Wirklich entfernen könnten Sie den Inhalt einer Cell in TFDVDEdit sowieso nicht, da dieser Teil einer Multiplex-Datei ist. Ähnlich verhält sich daher auch der Befehl Delete Program bei Anwahl einer PTT und Aufruf des Kontextmenüs links: Nicht der Inhalt wird gelöscht, sondern der Abschnitt wird aus der Program Map entfernt. Beide Befehle wirken sich zudem immer nur auf die aktuelle PGC aus, dieselbe Cell oder dasselbe Programm in einer anderen PGC bleiben unberührt.

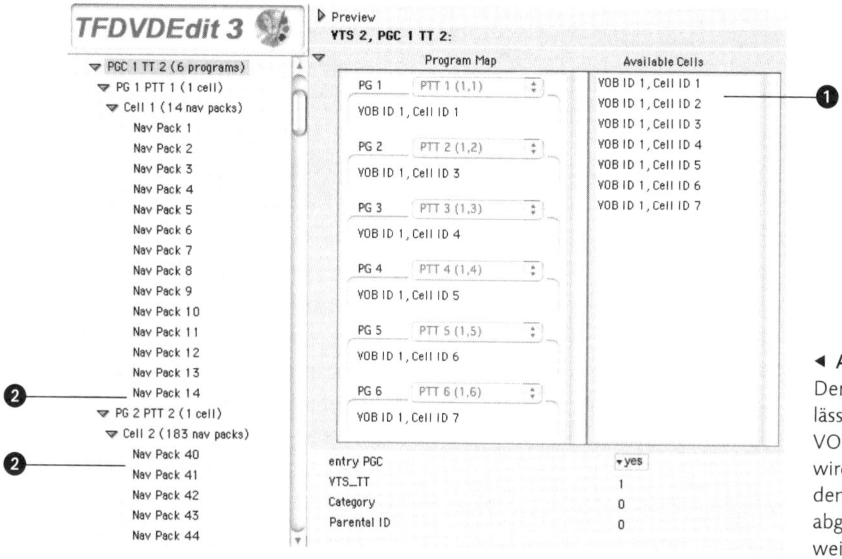

◀ **Abbildung 16.18**
Der Inhalt einer Cell lässt sich nicht aus dem VOB entfernen – sie wird von der betreffenden PGC nicht mehr abgespielt, steht aber weiter zur Verfügung.

Nummerierung beachten
Das Entfernen von Cells oder Programmen aus einer PGC führt zu einer neuen Nummerierung der verbleibenden Teile – Sie müssen also eventuell einige Navigationsbefehle anpassen.

Cells bei Multi-Angle-Video

Multi-Angle-Video kann auch durch Cells aufgeteilt sein, aber diese werden notwendigerweise als Blöcke behandelt, da sie INTERLEAVED sind – sie wurden vom Authoring-Programm ineinander geschachtelt, sonst wäre kein flüssiger Wechsel zwischen den Ansichten möglich. Bei drei Angles beispielsweise würden Cell 1, 2 und 3 zu einem Block gehören, Cell 4, 5 und 6 zum nächsten und so weiter. TFDVDEdit zeigt Ihnen das in der linken Spalte mit den Bezeichnungen CELL ANGLE BLK (Cell Angle Block) und ANGLE UNIT übersichtlich an, auch die Program Map berücksichtigt Angles. Alle in diesem Abschnitt beschriebenen Funktionen wirken sich immer auf den gesamten Block aus, nicht auf eine einzelne Cell. Außerdem kann nur die erste Cell eines Blocks hier ein Sprungziel darstellen, im Beispiel also 1, 4, 7 und so fort. Der Wechsel zu einem anderen Angle muss mit dem Befehl SET STREAM erfolgen.

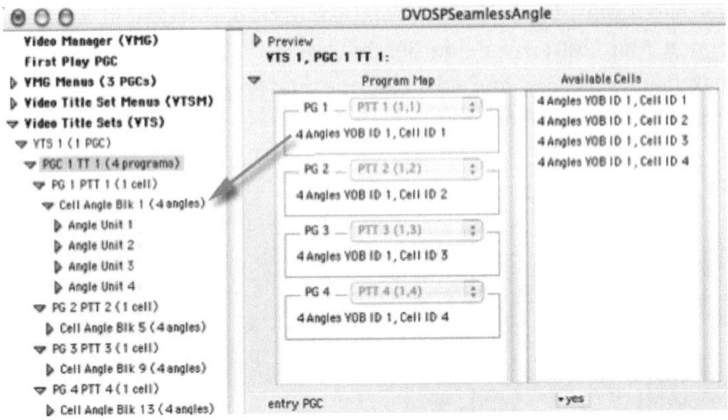

Abbildung 16.19 ▶
Cells in Multi-Angle-Sequenzen werden immer als Blöcke behandelt, sie können nur gemeinsam bearbeitet werden.

Auf der rechten Seite dagegen erlaubt Ihnen TFDVDEdit überall dort auch den Zugriff auf einzelne Parameter der Cell Angles, wo dies nach DVD-Spezifikation zulässig ist. So können einzelne Angles verschiedene Cell-Befehle tragen – eine für interaktive Filme höchst interessante Möglichkeit.

Variables Geschichtenerzählen

Die Freiheiten, die Ihnen die Program Map bietet, sind selbst bei High-End-Authoring-Systemen keine Selbstverständlichkeit. Da die mehrfache Verwendung von Cells in verschiedenen PGCs so gut wie keinen zusätzlichen Platz auf der DVD benötigt, können Sie damit interessante Möglichkeiten des interaktiven Geschichtenerzählens ausloten, indem Sie eine Story abhängig von Nutzerentscheidungen in den unterschiedlichsten Varianten präsentieren (Multi-Story). Bei der Gestaltung von Bild und Ton müssen Sie allerdings darauf Rücksicht nehmen, denn ganz flüssig werden die Varianten nicht abgespielt; abgesehen vom Seamless Branching – dazu komme ich später.

Wenn Sie eine PGC one sequential machen wollen, damit Laufzeit und Kapitelnummer vom Player angezeigt werden können, dürfen Sie in einem einzelnen TT nur eine PGC anlegen. Dann können Sie den VMG anwählen, dort die Title Play Map öffnen und die betreffende PGC entsprechend einstellen. Dabei macht TFDVDEdit automatisch alle Cells in dieser PGC zu Kapiteln (PTTs) und nummeriert sie passend durch, da die Spezifikation das so erfordert – bei Multi-PGCs sind die Regeln erheblich lockerer.

Einschränkung bei One sequential PGCs

Für ein Nav Pack in einer One sequential PGC wird Ihnen im Kontextmenü zur Definition von Cells die Option Insert Program nicht angeboten. Dort muss laut Spezifikation eine Cell immer auch als PTT, also als Chapter, definiert werden.

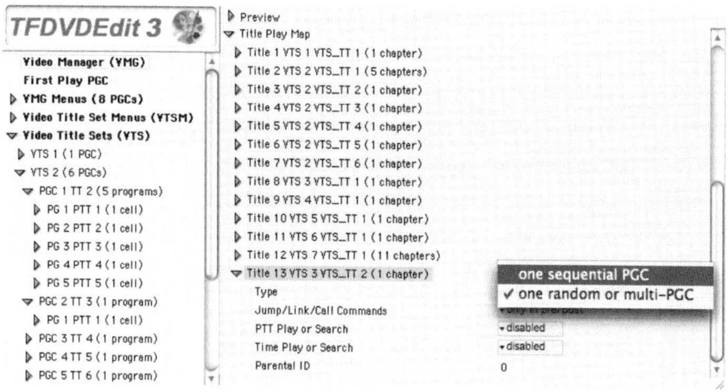

◄ **Abbildung 16.20**
One sequential PGCs unterliegen strengeren Regeln, aber nur bei diesen kann der Player Laufzeit und Kapitel auf seinem Display anzeigen.

Wie bereits erwähnt, kümmert sich TFDVDEdit um Cells, die nicht mehr in der richtigen Reihenfolge liegen, und markiert sie als Non-seamless, wenn sie vom Player nicht mehr flüssig abgespielt werden können. Im umgekehrten Fall gilt das nicht: Wenn Sie Cells wieder so angeordnet haben, dass sie flüssig durchgespielt werden könnten, wird das nicht automatisch erkannt. Hierzu müssen Sie im Menü Edit unter Project-wide Edits die Funktion Reset Seamless Playback to Rule aufrufen, dann werden alle dafür geeigneten Cells wieder auf Seamless gesetzt.

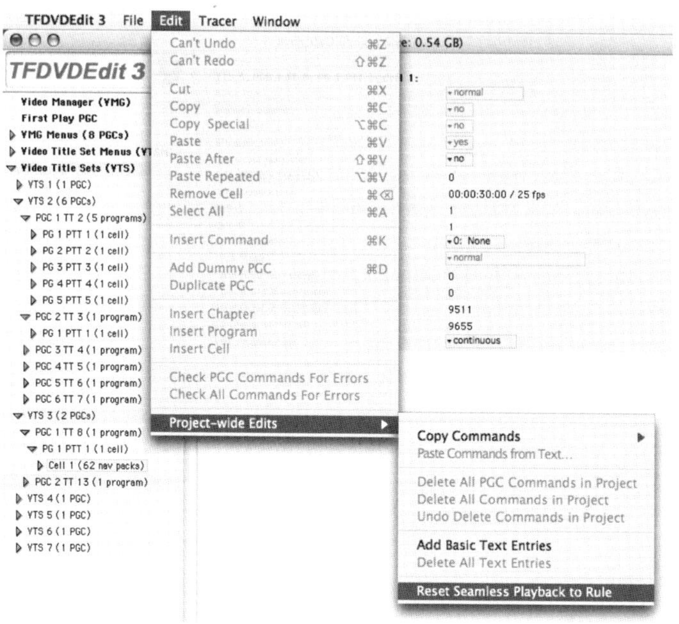

◄ **Abbildung 16.21**
Das Programm kann sämtliche Cells auf Einhaltung der Regeln für unterbrechungsfreies Abspielen überprüfen und entsprechend einstellen.

Die Title List

Ähnlich wie Sie eine PGC wählen und in der Program Map einzelne Cells arrangieren, können Sie links ein VTS anwählen und dann rechts in der

Title List dessen PGCs neu anordnen, ergänzen oder löschen. Dabei werden Ihnen jeweils deren TT-Nummer für das VTS und in Klammern die absolute TT-Nummer angezeigt. Wie weiter oben gesagt, verhält sich eine VTS intern fast wie eine eigene kleine DVD, deshalb werden TTs in einer VTS separat nummeriert und auch bei Sprüngen innerhalb des jeweiligen Bereichs unter diesen Nummern erreicht. Gleichzeitig werden aber aus Sicht des VMG alle TTs im Projekt mit einer absoluten Nummer belegt und müssen dort in Befehlen auch so angegeben werden.

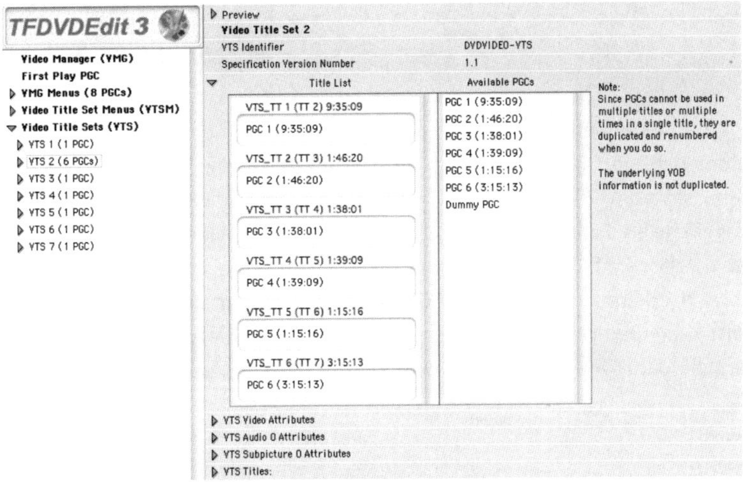

Abbildung 16.22 ▶
In der Title List lassen sich PGCs für ein Video Title Set ordnen, hinzufügen oder entfernen.

Rechts in der Liste steht immer eine Dummy-PGC mit zur Verfügung, so dass Sie durch Ziehen nach links jederzeit eine neue, leere PGC in einem TT erzeugen können. Bitte denken Sie daran, dass Sie dieser auch mindestens eine Cell zuordnen sollten, da wir uns nicht in einem Menübereich befinden (wo Dummys leer bleiben dürfen). Wenn Sie eine PGC zwischen vorhandenen einfügen, ändern sich die absoluten Nummern aller Nachfolger, auch bei den TTs in jedem dahinter liegenden VTS. Bereits vorhandene Navigationsbefehle müssen Sie natürlich entsprechend korrigieren. Es empfiehlt es sich daher, erst sämtliche Objekte zu arrangieren und dann die Link- und Sprungbefehle einzutragen, falls eine DVD von Grund auf verändert werden soll – so vermeiden Sie mühevolle Korrekturarbeiten.

Videomaterial ändern

Wie bereits erwähnt, kann TFDVDEdit nur mit bereits als Multiplex-Datei vorliegendem Bild- und Tonmaterial arbeiten, und eine zusammenhängende Datei (ein VOB) kann nicht zerlegt oder verändert werden. Der Trick besteht darin, bei Bedarf ein passendes VOB für eine Änderung oder Ergänzung im Authoring-Programm separat zu erstellen und in TFDVD-

Edit als zusätzliches VOB zu importieren oder gegen ein vorhandenes auszutauschen. Selbstverständlich kann dieses VOB auch von einer anderen DVD (ohne CSS!) kommen, wenn Sie für einen Kunden Material aus vorhandenen Projekten neu zusammenstellen. Diese Vorgehensweise kann in manchen Fällen wesentlich schneller sein als ein Re-Authoring in DVD Studio Pro.

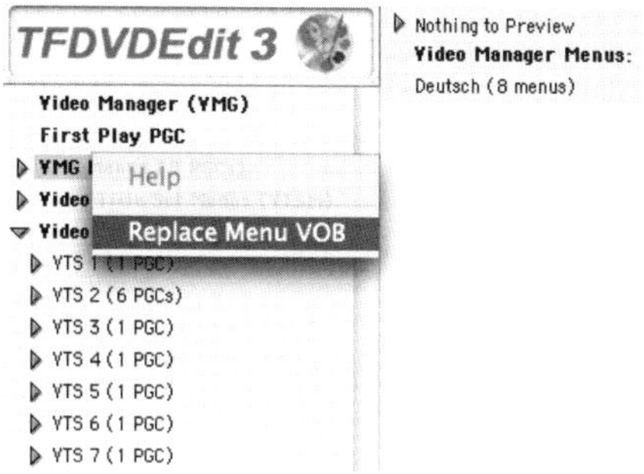

◂ **Abbildung 16.23**
Dieser Befehl tauscht das gesamte Videomaterial (also das VOB) für ein Menü in einem Rutsch aus.

Die Befehle dazu sind in der linken Spalte per Kontextmenü verfügbar. Wenn Sie ein Menü oder VTS mit vorhandenem Material angewählt haben, wird Ihnen dort Replace Menu VOB bzw. Replace Video Title Set angeboten. Falls Sie ein leeres Menü gewählt haben, erscheint Import Menu VOB. Dabei wird immer der gesamte Stream aus Bild, Tonspuren und Subpictures ersetzt. Sämtliche Befehle werden dabei gelöscht, Sie sollten diese also vorher mit Copy PGC Commands unter Project-wide Edits in eine Textdatei gesichert haben, wenn Sie nicht neu programmieren wollen. So können Sie sämtliche Befehle (oder einige davon) nach der Änderung der Bildinformationen – soweit sinnvoll – wieder einsetzen.

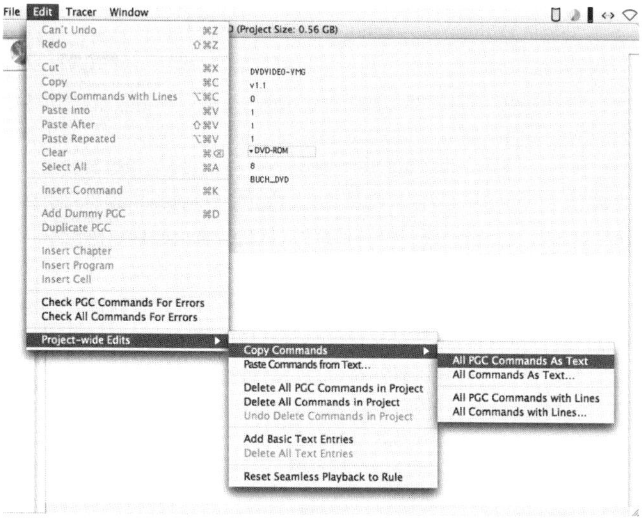

◂ **Abbildung 16.24**
Mit diesem Befehl können Sie sämtliche Befehle in allen PGCs Ihres Projekts kopieren und als Text sichern.

Während der Operation bekommen Sie oben rechts beim PREVIEW einen Fortschrittsbalken, Sie können dort den Vorgang mit CANCEL jederzeit abbrechen – das Projekt wird dann wieder in den alten Zustand versetzt. Ebenso kann man nach Belieben an anderen Teilen weiter arbeiten, einzig der Bereich mit der laufenden Operation bleibt bis zum Abschluss für Editierbefehle gesperrt.

Sie können zwar die Befehle des neuen VOB optional mit importieren, aber diese werden in einem anderen Kontext in den meisten Fällen wenig Sinn ergeben. Besonders bei DVD Studio Pro mit seinem Abstraction Layer ist ein mit importierter, kleiner Ausschnitt aus dem komplexen Befehlsgebäude eher in der Lage, einen Player zum Absturz zu bringen.

Ein neues VOB für einen Menübereich können Sie besonders gut als Spur mit Buttons in DVD Studio Pro erstellen, da Ihnen dort mehr Gestaltungsmöglichkeiten zur Verfügung stehen – VOBs sind zwischen Menüs und VTS's austauschbar. Wir werden das in einem praktischen Beispiel zur Erstellung animierter Buttons ausprobieren.

Video Title Set ändern

Auch ein komplettes VTS können Sie einfügen, ersetzen oder löschen, wobei Sie hier separat bestimmen können, ob nur die Befehle mit importiert werden, das zugehörige Menü (VTSM) oder beides. In diesem Fall ist es besonders wichtig, sämtliche Befehle daraufhin zu überprüfen, ob sie noch einer sinnvollen Aufgabe nachgehen. Insbesondere bei einem VTS von einem Abstraction-Layer-Programm wie DVD Studio Pro dürfen Sie nicht davon ausgehen, dass das importierte VTS auch nur annähernd funktioniert – Re-Authoring ist angesagt. Wenn Sie eine solche Vorgehensweise häufiger benötigen, kann es sogar sinnvoll sein, Video Title Sets zum Import mit einem primitiveren Authoring-Programm vorzubereiten (die Encoding-Qualität sollte natürlich stimmen).

Achten Sie auf genug Plattenplatz für den Import!

Falls Sie sich entscheiden, kein Menü mit zu importieren, wird von TFDVDEdit ein Minimalmenü mit einer Dummy-PGC erzeugt, damit die Taste MENU auf der Fernbedienung des Nutzers ein Ziel hat. Das ist dann auch ein guter Ausgangspunkt für Ihre eigene Programmierung. Beim Ersetzen eines VTS (Replace Video Title Set) dagegen bleibt das vorhandene VTSM erhalten, wenn Sie den Import des dazugehörigen Menüs deaktivieren, beim Löschen eines VTS wird auch das entsprechende VTSM mit gelöscht. In allen diesen Fällen müssen Sie, wie bei Änderungen an VOBs, alle vorhandenen Navigationsbefehle auf fehlende oder geänderte Sprungziele überprüfen und ggf. ändern.

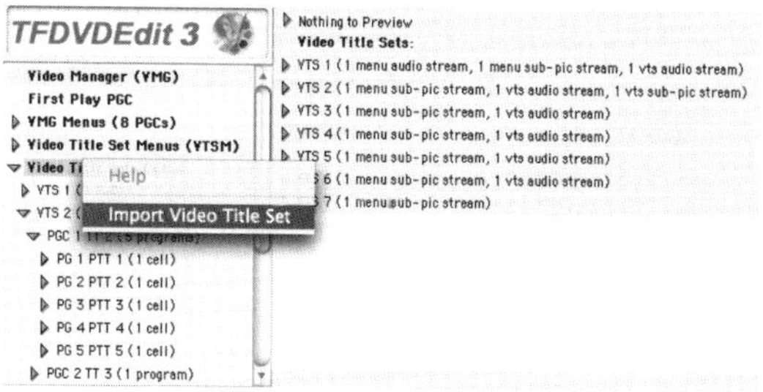

◀ **Abbildung 16.25**
Mit Import Video Title Set können Sie einem Projekt neue Videoinhalte hinzufügen, solange der Platz es erlaubt.

Sprungziele anpassen

Beim Löschen eines VTS werden die nachfolgenden neu nummeriert, Sie müssen also alle Sprungziele anpassen!

Parameter und Befehle editieren

Auf der rechten Seite erlaubt Ihnen TFDVDEdit die Änderung praktisch jeden Parameters, auf den Sie gemäß Spezifikation überhaupt Zugriff bekommen können. Sobald Sie links ein Objekt angewählt haben, werden Ihnen rechts alle spezifischen Informationen zu diesem Objekt angezeigt. An manchen Stellen haben Sie simple Wahlmöglichkeiten per Ausklappmenü, an anderen Stellen können Sie Zahlenwerte oder manchmal auch Text direkt eingeben.

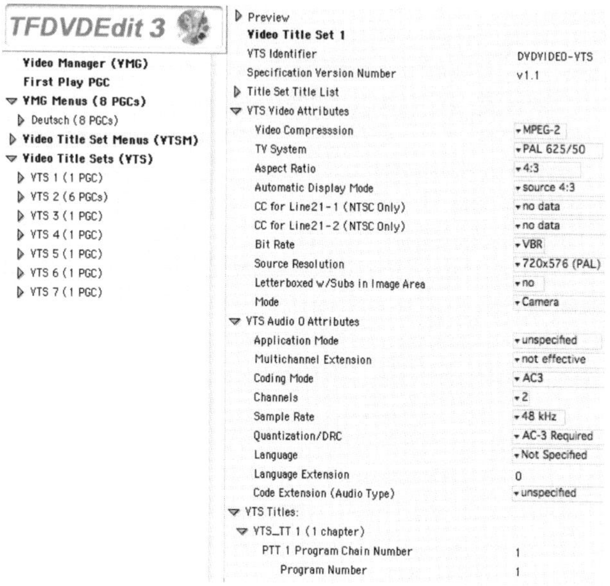

◀ **Abbildung 16.26**
Zu jedem Objekt, das Sie links ausgewählt haben, bietet TFDVD-Edit rechts sämtliche Editiermöglichkeiten an.

Vorbildlich erscheint mir die Methode zur Erstellung von Befehlen: Sie können wahlweise den Befehlstext von Hand eintippen oder völlig frei von Syntaxfehlern mit mehreren Ausklappmenüs zusammenstellen. So etwas würde ich mir auch in DVD Studio Pro wünschen ... (in der ersten Version war das noch so). Dabei berücksichtigt TFDVDEdit automatisch, welche Ziele zum Beispiel für einen LINK- oder JUMP-Befehl aktuell zur Verfügung stehen, und bietet nur diese in der entsprechenden Liste an. Sehr benutzerfreundlich fällt auch die Liste der SPRMs aus: Direkt bei der Auswahl gibt jedes Register in Kurzform seine Funktion kund.

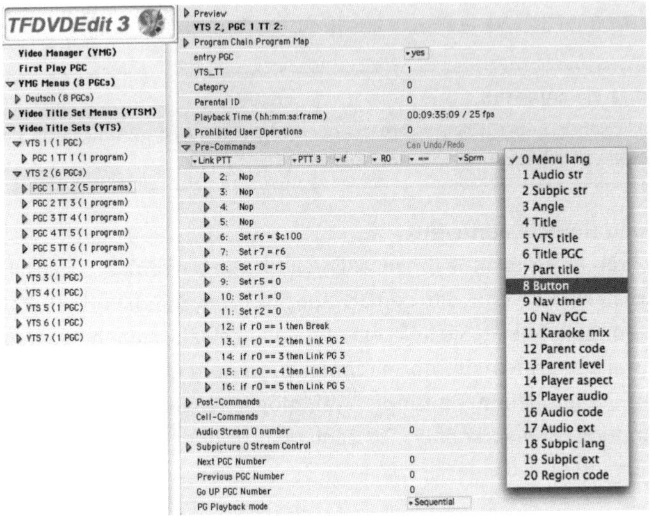

Abbildung 16.27 ▶
Navigationsbefehle können auf sehr nutzerfreundliche Weise mit Hilfe von kontextabhängigen Ausklappmenüs zusammengesetzt werden.

Sogar beim Eintippen bekommen erfahrene Anwender sofortiges Feedback bei Eingabefehlern, wie zum Beispiel der Eingabe eines nicht existenten Sprungziels. Probieren Sie beide Methoden bei den Praxisbeispielen selber aus, und Sie werden mir vermutlich Recht geben: Besser lässt sich so etwas kaum machen! Die Details lernen Sie am einfachsten bei den Praxisbeispielen kennen, hier nur ein paar erste Hinweise:

- Eine Programmzeile wird per Klick auf deren Nummer angewählt, ein Klick in die Zeile selbst aktiviert die Direkteingabe.
- Das »Aufklappen« des graublauen Dreiecks vor einer Programmzeile aktiviert die Zusammensetzung von Befehlen mit Hilfe von Ausklappmenüs.
- Um den Editor zu verlassen, klicken Sie irgendwo in den leeren, grauen Bereich über oder unter der aktuellen Befehlszeile, dann wird der Befehl wieder in Kurzform angezeigt.
- Eingabefehler bei direkter Eingabe werden sofort durch Unterstreichung markiert.

Befehle gibt es neben den PRE- und POST-COMMANDS für PGCs auch auf Cell-Ebene – definiert werden diese aber in der PGC – und schließlich bei den einzelnen Nav Packs auf Button-Ebene. Bitte beachten Sie aber, dass

Button-Hotspots und ihre Subpictures bereits beim Authoring angelegt werden müssen. In TFDVDEdit können Sie dann immerhin deren Funktion, Position, Größe, Navigation und Darstellung ändern. Sie können keine Buttons erzeugen, aber zumindest vorhandene bei Bedarf unsichtbar und wirkungslos machen – sinnvoll bei kleinen Änderungen in letzter Minute.

Kopieren und Einsetzen

Teile des Befehlssatzes, sonstige Parameter oder sämtliche Befehle im Projekt können Sie mit sehr vielseitigen, objektspezifischen Funktionen für COPY und PASTE bearbeiten oder aus anderen Projekten übernehmen. Diese Funktionen variieren je nach dem zuvor ausgewählten Objekt bzw. mehreren Objekten und werden im Menü EDIT entsprechend benannt. Bei der Auswahl zu kopierender oder ersetzender Objekte stehen Ihnen alle Möglichkeiten des Betriebssystems zur Verfügung. Die Auswahl mehrer aufeinander folgender Befehle, Nav Packs etc. erfolgt also durch [⇧] + Klick, die Wahl beliebiger, nicht hintereinander stehender Objekte durch [⌘] + Klick.

Neben dem Kopieren und Einsetzen einzelner Einträge können Sie auch auf eine der Gruppenbezeichnungen, wie PROHIBITED USER OPERATIONS, BUTTON HIGHLIGHTS, COLOR PALETTE, COLOR SCHEMES oder BUTTON NAVIGATION klicken und deren Informationen insgesamt auf eine oder mehrere gleichartige Gruppen übertragen. Logischerweise müssen dazu Typ und Anzahl der Informationen übereinstimmen. Beim Einfügen können Sie (statt der Gruppenbezeichnung) dazu aber auch PGCs oder Nav Packs auf der linken Seite auswählen, und mit PASTE … INTO werden die Informationen in die richtige Gruppe übertragen (… steht hier für COLORS, USER OPS etc.). Das klingt kompliziert, aber bei den praktischen Beispielen werden Sie sehen, wie intuitiv das Ganze abläuft!

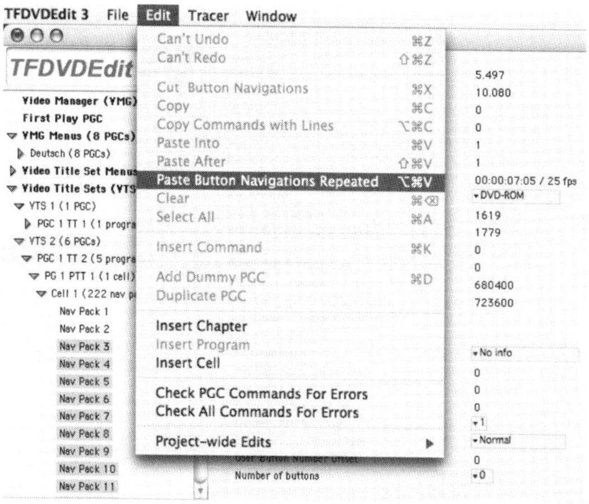

◀ **Abbildung 16.28**
Die kontextsensitiven Funktionen für COPY und PASTE erlauben das Auswechseln zahlreicher Einträge auf einmal.

Die Befehle zum Einfügen sind – neben dem üblichen Paste – mit Paste Over (ersetzen), Paste After (dahinter einfügen) und Paste Repeated (wiederholt einsetzen) nicht minder flexibel. Wenn Sie eine Befehlszeile auswählen, wird diese mit dem Befehl Paste von der ersten einzusetzenden Zeile ersetzt, die übrigen folgen danach. Wenn die gewählte Zeile bestehen bleiben soll, müssen Sie hier also Paste After benutzen. Übrigens: Analog zu Insert Command wird der Befehl Paste After auch dann zum Einfügen von Befehlen benutzt, wenn im betreffenden Bereich noch keine Befehle vorhanden sind. Bei den Praxisbeispielen werde Sie erleben, wie hilfreich es ist, die gleichen Informationen mit Paste Repeated in Hunderte von Nav Packs zu kopieren ...

Ein nicht minder nützliches Feature ist die Tatsache, dass sämtliche Befehle im Klartext in einen Texteditor kopiert, dort bearbeitet und wieder in ein DVD-Projekt eingefügt werden können. Das gilt für eine ausgewählte Liste von Befehlen über sämtliche Befehle einer oder mehrerer PGCs bis hin zu allen Befehlen in einem Projekt. Das Kopieren aller Befehle eines Projekts können Sie auf die PGCs beschränken oder buchstäblich alle Befehle kopieren lassen. Letzteres kann bei Projekten mit zahlreichen Button-Befehlen zu sehr umfangreichen Texten führen, so dass die erste Option meist sinnvoller ist. Umgekehrt können Sie natürlich auch im Texteditor eine Auswahl treffen, um nur einen Teil der Befehle wieder einzufügen.

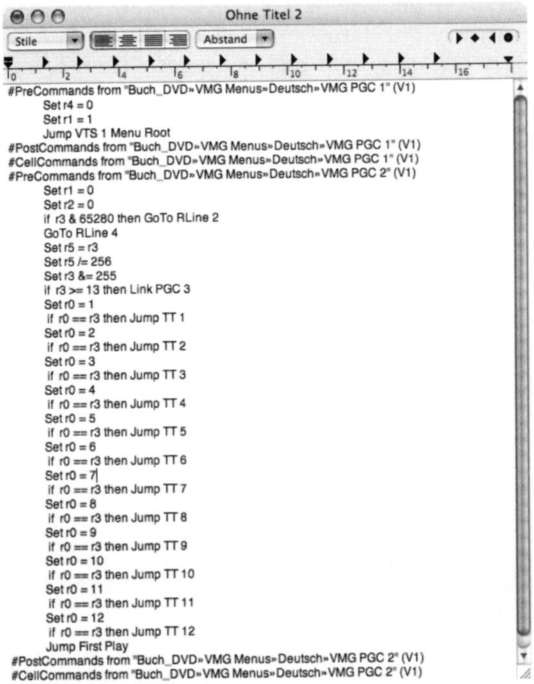

Abbildung 16.29 ▶
Sämtliche Befehlszeilen aus einem Projekt lassen sich im Klartext in einen Texteditor kopieren, dort bearbeiten und wieder ins Projekt übertragen.

Dabei kopiert TFDVDEdit nicht allein den Befehlstext, sondern dazu eine genaue Angabe über den Ort des jeweiligen Objektes als spezielle Kommentarzeile mit dem Nummernsymbol. Sie können solche Textdateien also durchaus sinnvoll nutzen, um Korrekturen vorzunehmen oder sich Ihre eigene Bibliothek an Navigationsprogrammen anzulegen (auf der Website finden Sie ein Beispiel für eine leistungsfähige PLAY-LIST). Beim Einfügen identifiziert das Programm die entsprechenden Bereiche über die Angaben in den Kommentaren, die Sie natürlich ebenfalls abändern können. Eigene Kommentare sollten Sie mit einem doppelten Schrägstrich (//) kennzeichnen, damit das Programm sie nicht mit Zielbereichen verwechselt. Für ein Projekt, bei dem Sie zahlreiche DVDs mit identischer Navigationsstruktur produzieren sollen und sich nur deren Videoinhalt ändert, sind solche Vorlagen sehr hilfreich. Anders als in DVD Studio Pro können Sie dann sogar Videomaterial einsetzen, das schon im Multiplex-Format vorliegt, zum Beispiel aus einem DVD-Rekorder.

Nur zu Informationszwecken

Zu diesen Kopierbefehlen gibt es jeweils eine Variante COMMANDS WITH LINES. Diese nummeriert alle Zeilen (außer Kommentaren) und belässt die absoluten GoTo-Sprünge. Diese Version dient ausschließlich Informationszwecken: Sie können solches Material nicht wieder in ein Projekt einfügen!

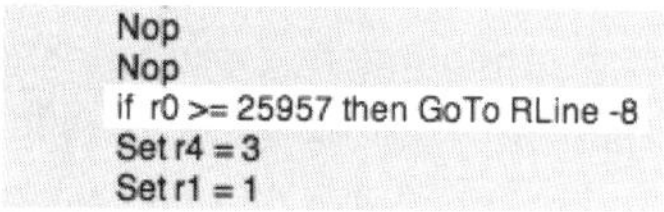

```
Nop
Nop
if r0 >= 25957 then GoTo RLine -8
Set r4 = 3
Set r1 = 1
```

◂ **Abbildung 16.30**
TFDVDEdit erleichtert die Arbeit an den Programmen durch relative Adressierung, die der DVD-Standard an sich nicht kennt.

Falls Sie sich jetzt fragen, wie man damit praktisch arbeiten soll, ohne die Zeilennummern für einen beabsichtigten Sprung im Programm mit GoTo zu kennen: TFDVDEdit hat eine pfiffige Lösung! Sie werden bei den kopierten Befehlen im Texteditor für solche GoTo-Befehle die Abwandlung GoTo RLINE finden. Das bedeutet eine relative Adressierung, die das Programm automatisch aus den Originalbefehlen erzeugt. GoTo RLINE 4 wäre zum Beispiel ein Sprung zur vierten Zeile darunter, während GoTo RLINE –3 zur dritten Zeile darüber zurückgeht. Beim Einfügen passt das Programm die Sprünge automatisch an (auch die in vorhandenen Zeilen). Auf diese Weise brauchen Sie sich während der Programmierung keine Gedanken darüber zu machen, zu welchen absoluten Zeilennummern später gesprungen werden muss, obwohl der DVD-Standard eigentlich gar keine relative Adressierung kennt.

TFDVDEdit kann die Befehle aus jeder DVD lesen und in einen Texteditor kopieren, sogar aus kopiergeschützten Exemplaren. Die maximal zulässige Zahl von 128 Befehlen müssen Sie trotzdem im Auge behalten.

Weil CSS nur die Videodateien schützt, sollte das auch weiterhin legal sein. Solange die EU keine strengen Gesetze zur Software-Patentierung verabschiedet hat, können angehende Autoren auf diesem Wege aus der Programmierung anderer noch einiges lernen.

Nach umfangreichen Änderungen empfiehlt sich ein weiterer Mechanismus zur Fehlervermeidung in TFDVDEdit: der Befehl CHECK PGC COMMANDS FOR ERRORS im Menü EDIT. Er prüft sämtliche Befehlsfolgen auf Verstöße gegen die DVD-Spezifikation und Verknüpfungen mit nicht (mehr) existierenden Zielen. Deshalb ist es höchst sinnvoll, diese Funktion auch zwischendurch nach dem Löschen von PGCs oder einem VTS aufzurufen, um ins Leere laufende Befehle aufzufinden. Eventuelle Fehlermeldungen werden in die Zwischenablage geschrieben; von dort können sie wieder zur Begutachtung in irgendein Textprogramm kopiert werden. Der Befehl CHECK ALL COMMANDS FOR ERRORS prüft auch die Button-Befehle in sämtlichen Nav Packs und kann dafür ein oder zwei Minuten brauchen.

Fernbedienungstasten unterdrücken

Es gibt zahlreiche Gründe, einzelne Funktionen auf der Fernbedienung des Nutzers zeitweise oder auch durchgängig außer Betrieb zu setzen. Seien es die Copyright-Hinweise, die nicht übersprungen werden sollen, oder die Taste MENU in einem Menü, die wir nicht umprogrammieren können (sie führt gemäß Spezifikation immer zurück ins Video). Oder Sie wollen den Nutzer in einem Bewegtbildmenü am schnellen Vor- oder Rückspulen hindern, da sonst die Button-Hervorhebungen verschwinden. Oder Sie wollen ein EASTER EGG oder Quizlösungen vor neugierigen Nutzern mit dem Finger auf der Taste NEXT schützen – Gründe gibt es genug. Zu einem guten Navigationsdesign gehört es geradezu, unsinnige Nutzeraktionen zu verhindern, wenn deren Befolgung nur verwirren würde.

Zwar kann auch DVD Studio Pro an etlichen Stellen Nutzerfunktionen unterbinden, aber TFDVDEdit bietet Ihnen den Zugriff auf jede einzelne Tastenfunktion an jeder Stelle, wo der Standard das überhaupt erlaubt. Der Zugriff wird Ihnen unter PROHIBITED USER OPERATIONS bei jeder PGC und beim einzelnen Nav Pack angeboten. Hierzu müssen Sie sich wieder die Hierarchie klar machen: Bezogen auf einen PGC unterbinden Sie diese UOPs (User Operations), solange die PGC abläuft. Sie könnten also das gleiche Stück Video mit zwei verschiedenen PGCs abspielen und Tastenfunktionen einmal zulassen und das andere Mal unterbinden. Wenn Sie dagegen auf der Ebene der Nav Packs UOPs einstellen, haben diese Änderungen Vorrang, da Sie direkt in die VOB eingreifen.

Das Verfahren ist einfach: Zu jeder Taste, die der Standard kennt (nicht alle davon existieren auf jeder Fernbedienung), gibt es ein Ausklappmenü mit DISABLED (außer Funktion) und OK. An der Zahl hinter PROHIBITED USER OPERATIONS können Sie übrigens ablesen, dass es sich tatsächlich um einzelne Bits einer Binärzahl mit 24 Stellen handelt, wenn Sie einzelne Positionen ausprobieren. Für typische Kombinationen, die Sie häufiger benutzen, können Sie sich einfach diese Zahl notieren und sie direkt eingeben. COPY und PASTE funktionieren natürlich ebenfalls, indem Sie die Worte PROHIBITED USER OPERATIONS anklicken und dann ins Menü EDIT gehen, wobei Sie wieder die UOPs aus einem Objekt in mehrere andere mit PASTE USER OPS REPEATED übertragen können.

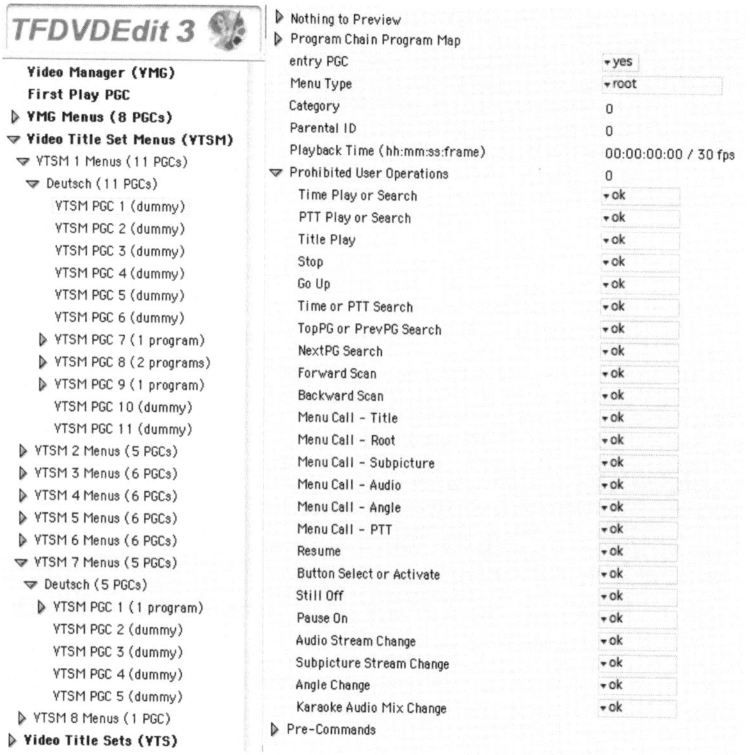

◀ **Abbildung 16.31**
Einzelne Tasten auf der Fernbedienung können Sie mit TFDVDEdit gezielt für jede PGC oder selbst einzelne Nav Packs außer Funktion setzen.

Namensgebung

Nur wenige Authoring-Systeme erlauben es überhaupt, der DVD und ihren Teilbereichen in den dafür vorgesehenen Textdatenfeldern Namen zu geben – DVD Studio Pro gehört immerhin dazu. Ich spreche hier nicht vom Dateinamen, den die gesamte Disk beim Brennen bekommt, sondern von der Funktion TEXT DATA gemäß DVD-Spezifikation. Bei weitem nicht alle Player können die Felder für solche Textdaten auslesen und anzeigen, in erster Linie sind dies DVD-Wechsler, aber auch Player, die intern eine DVD-Sammlung verwalten können, greifen auf diese Namen zurück. Schaden können entsprechende Angaben nicht, und früher oder später kommt der Kunde, der Wert darauf legt.

Die Funktion wurde allerdings auch bei DVD Studio Pro keineswegs vollständig implementiert. Wenn Sie zum Beispiel Eingaben für mehrere Sprachen benötigen (was der Standard durchaus erlauben würde), lässt das Programm Sie im Regen stehen. Wenn Sie in DVD Studio Pro mehr als eine Sprache definiert haben, taucht eine weitere zwar später in den Datenfeldern wieder auf, aber nur die bei Textdaten einfügen definierte Sprache ist auch mit sinnvollen Einträgen versehen.

Abbildung 16.32 ▶ Textdaten aktivieren Sie in DVD Studio Pro bei den allgemeinen Einstellungen der DVD unter Erweitert.

Gehen Sie deshalb folgendermaßen vor: Wählen Sie in der Liste die gesamte DVD aus, dann gehen Sie im Info-Fenster der DVD auf Erweitert, aktivieren das Kreuzchen bei Textdaten einfügen und definieren noch die für Ihre Angaben benutzte Sprache. Wenn Ihre Namen hinreichend international sind, sollten Sie das Feld auf Unbestimmt lassen können – so würden die Informationen unabhängig von der Spracheinstellung des Players angezeigt. Das behauptet zumindest das Handbuch für Version 3 auf Seite 602, aber Sie werden gleich feststellen können, dass das (noch?) nicht funktioniert. Nach dem Multiplexing öffnen Sie das Ergebnis in TFDVDEdit und können überprüfen, welche Eintragungen DVD Studio Pro vorgenommen hat. Da stehen erst einmal bei Language Code zwei Sprachen, auch wenn Sie Unbestimmt gewählt hatten. Unter English sagt Ihnen General_Name unter »ProviderUnique2e (structure)« zumindest, von welcher Firma DVD Studio Pro ursprünglich stammte ...

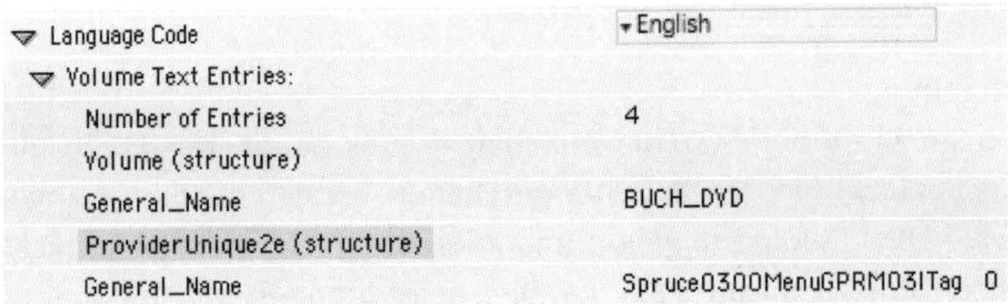

Abbildung 16.33 ▶ Hier gibt es noch ein Überbleibsel der Firma Spruce Technologies, von der Maestro, der Vorgänger von DVD Studio Pro, stammt.

Sinnvolle Einträge finden sich aber in meinem Beispiel nur unter Deutsch. Unter Volume Text Entries steht als General_Name der Name, wie Sie ihn oben im Info-Fenster für die gesamte DVD vergeben haben. Schon hier hat es Vorteile, mit TFDVDEdit eingreifen zu können, da das Eingabefeld in DVD Studio Pro nur Großbuchstaben akzeptiert, Leerzeichen in Unterstriche verwandelt und ansonsten alle Sonderzeichen sowie Umlaute unterdrückt. Das ist für den technischen Namen der DVD auch notwendig (siehe Kapitel »Technischer Hintergrund«). Hier bei den Textdaten dürfen Sie durchaus auch mit Kleinbuchstaben und Leerzeichen arbeiten, um die Lesbarkeit zu verbessern. Vermeiden Sie aber Umlaute und die weniger üblichen Sonderzeichen, weil sicher nicht alle Fernost-Player gut damit umgehen können. Sie sollten den Text auch nicht zu lang machen, obwohl hier keine enge Begrenzung herrscht. Theoretisch sind pro Sprache 64 KB Text zulässig (!), die Grenze wird in der Praxis also eher bei den Displays der Player liegen ... Ich würde nicht über 20 Zeichen gehen.

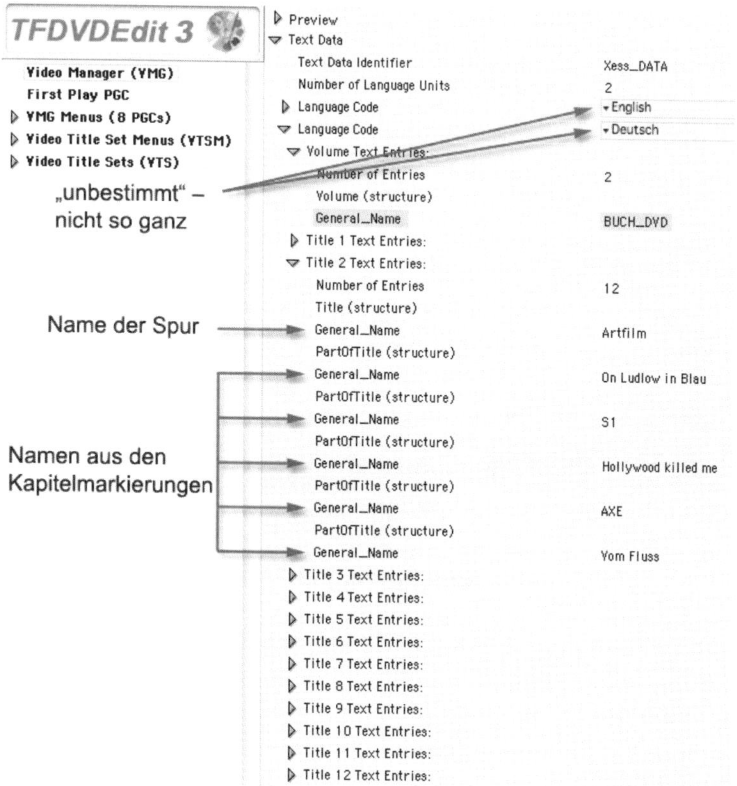

◂ **Abbildung 16.34**
Obwohl ich in DVD Studio Pro bei der Sprache UNBESTIMMT gewählt hatte, wurden zwei Sprachen angelegt – Sinnvolles ist hier aber nur bei DEUTSCH zu finden.

Bei den einzelnen Titeln auf der Disk übernimmt DVD Studio Pro unter TITLE # TEXT ENTRIES bei GENERAL_NAME Ihre Bezeichnung der Spur, wo Sie also gleich beim Authoring einen geeigneten Eintrag machen können. Für Stories trägt DVD Studio Pro ebenfalls deren Namen ein, da sie hier als TITLE erscheinen. Bei »PartOfTitle (structure)« (PTT) wird unter GENERAL_NAME dann der Name der jeweiligen Kapitelmarkierung übernommen, den Sie natürlich mit diesem Wissen im Hinterkopf gleich passend vergeben können. Denken Sie hierbei daran, dass jede Spur eine Kapitelmarkierung am Anfang besitzt, die automatisch mit dem wenig aussagekräftigen Namen »Kapitel 1« versehen wird. TFDVDEdit kann hier neben der Überprüfung der Einträge – die Apples Player nicht anzeigt – auch für kleinere Korrekturen dienlich sein.

Verborgenes Material nicht benennen

Falls Sie eine Spur oder ein Kapitel (zum Beispiel auf einer Quiz-DVD) vom Nutzerzugriff ausschließen, sollten Sie dort gar keinen eigenen Namen vergeben. Der taucht sonst trotzdem in der Liste des Players auf, ohne dass der Nutzer auf das Material Zugriff bekommt – so etwas ist sicher frustrierend ...

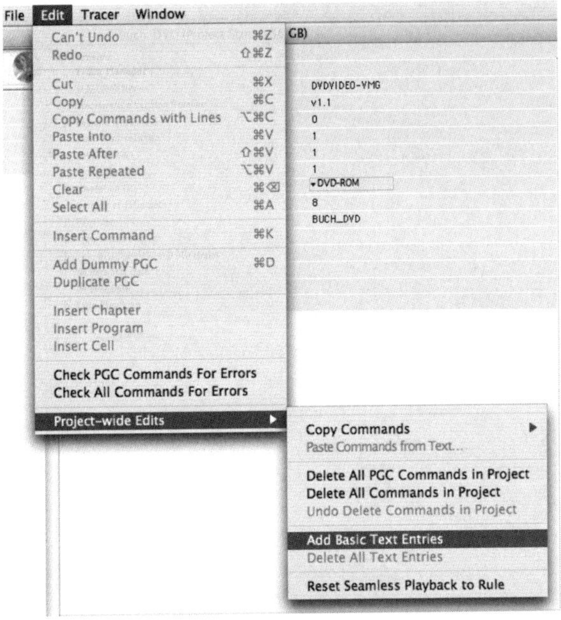

Abbildung 16.35 ▸
Wenn vom Authoring-Programm keine Felder für Textdaten auf der DVD angelegt wurden, kann TFDVDEdit diese auch nachträglich aktivieren.

Falls Ihre DVD nicht aus DVD Studio Pro stammt, die Textdaten dort nicht aktiviert oder vorab mit DELETE ALL TEXT ENTRIES gelöscht wurden, zeigt Ihnen TFDVDEdit anfangs beim VMG rechts über der TITLE PLAY MAP nur NO TEXT DATA an. Dann müssen zuerst die entsprechenden Datenfelder im Menü EDIT unter PROJECT-WIDE EDITS mit ADD BASIC TEXT ENTRIES aktiviert werden, alle werden vorab mit dem Namen des Projektordners belegt, in unserem Fall »BUCH_DVD«.

Nun können Sie bei angewähltem VMG den Eintrag TEXT DATA ❶ aufklappen. Darunter werden Sie den Bereich LANGUAGE CODE ❷ finden, wo aber wieder nur eine Sprache für diese Einträge zur Verfügung steht (das Feld NUMBER OF LANGUAGE UNITS ❸ lässt keine Änderung zu). Sie können hier aber auf NOT SPECIFIED ganz oben in der Liste gehen, dann sollten die Daten unabhängig von der Player-Voreinstellung angezeigt werden.

Darunter sind Felder für die gesamte DVD Volume Text Entries (4) sowie jeden vorhandenen Title Track Title # Text Entries (5) – in meinem Beispiel sind es zwölf Stück.

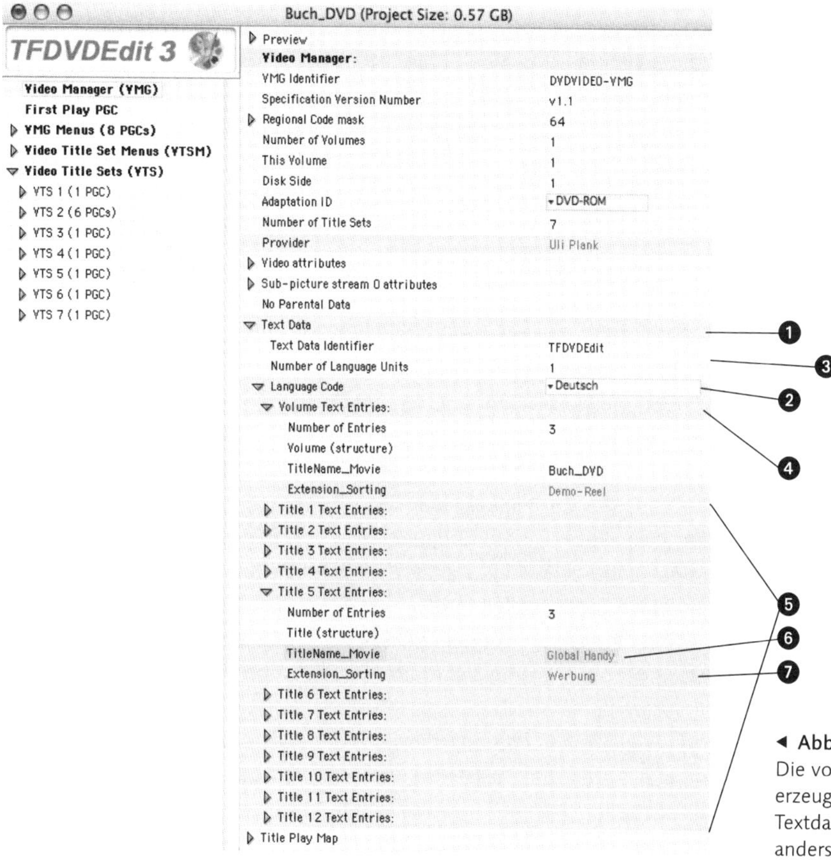

◂ Abbildung 16.36
Die von TFDVDEdit erzeugten Felder für Textdaten sehen etwas anders aus.

Interessanterweise sieht TFDVDEdit hier (anders als DVD Studio Pro) die Felder TitleName_Movie (6) und Extension_Sorting (7) vor, alle vorab mit dem gleichen Namen belegt. Sie sehen also, dass die Funktion bei beiden Programmen noch eher unvollständig implementiert ist – nun ja, in der DVD-Spezifikation nehmen allein die Hinweise zur Nutzung der Möglichkeiten von DVD-Textdaten 35 Seiten ein …

Beim Namen einer DVD, die zu einem Set mehrerer Disks gehört, ist ein identischer Volume Text sinnvoll, der mit einer fortlaufenden Zahl ergänzt wird – so kann ein Wechsler die Disk richtig einordnen. Würde die Nummer im Titel ausgeschrieben, könnte der Player die Disk nicht korrekt sortieren.

Mastering

Das MASTERING einer DVD, also die Erstellung einer Kopiervorlage, ist einer der verantwortungsvollsten Schritte im gesamten Produktionsprozess. Schon die Produktion einer CHECK DISK (einer Anpressung) im Kopierwerk ist nicht umsonst zu haben. Falls aus Zeitgründen auf eine solche verzichtet wird oder Fehler hier unentdeckt bleiben, kann das bei größeren Auflagen eine finanzielle Katastrophe bedeuten. Zudem kann ein Projekt, das mit TFDVDEdit überarbeitet wurde, von DVD Studio Pro nicht mehr unverändert auf Disk oder Band ausgegeben werden. Selbst mit Fremdprogrammen wie Toast ist eine solche Ausgabe nur mit Einschränkungen möglich, dort ist zum Beispiel kein Kopierschutz verfügbar und somit auch kein Regionalcode.

Zumindest in der Vergangenheit haben sich viele Programme beim Mastering außerdem böse Schnitzer erlaubt – man denke an die DVD-9 bei Apple oder auch die Sektorfehler bei Gear Pro. Deshalb hat sich Trai Forresters Team entschlossen, eigene Ausgaberoutinen in das Bearbeitungsprogramm einzubauen und auf das Sorgfältigste in Zusammenarbeit mit renommierten Kopierwerken zu testen. Das Programm erlaubt darüber hinaus das Zurücklesen vom Band und vergleicht dann sicherheitshalber Bit für Bit mit dem Original, auch von Bändern für CSS – das kann kaum ein anderes Produkt. Zusätzlich können Sie sämtliche DLT-Bänder mit DVD Vorlagen, selbst solche von Fremdprogrammen, wieder einlesen und erneut einen Ordner VIDEO_TS daraus erstellen. So können Sie ein älteres Projekt erneut bearbeiten, auch wenn das Quellmaterial nicht mehr verfügbar sein sollte.

Die Details zur Bedienung der Funktionen für das Mastering stelle ich im Kapitel »Ausgabe, Tests und Vervielfältigung« dar, da dort auch die zum Verständnis nötigen Informationen zu den verschiedenen Produktionswegen gegeben werden.

Der Tracer

Die umfangreichen Fehlerkontrollen in TFDVDEdit machen es nahezu unmöglich, Verstöße gegen die DVD-Spezifikation zu begehen oder zu nicht vorhandenen Zielen zu navigieren. Vor logischen Fehlern, die nicht zum gewünschten Verhalten der DVD führen, können sie natürlich nicht schützen. Dafür gibt es den Tracer, den Sie mit [⌘] + [B] aufrufen – was im Englischen zu netten Wortspielen mit »Applebee« verleitet. Programmierer bezeichnen so ein Werkzeug als »Debugger«, das heißt auf Deutsch etwa so viel wie »Entwanzer«. Im Gegensatz zu DVD-Autoren kannten Programmierer solche Hilfsmittel schon seit den Fünfzigerjahren ...

Ich werde Ihnen hier nur das Interface näher erläutern. Wir benutzen später den Tracer bei einem Beispiel, in dem wir eine einfache DVD Schritt für Schritt allein mit TFDVDEdit programmieren, auch RE-AUTHO-

Ring genannt. Das Fenster des Tracers wird bei Aufruf in den Vordergrund gelegt, Sie können aber jederzeit zum Editierfenster wechseln.

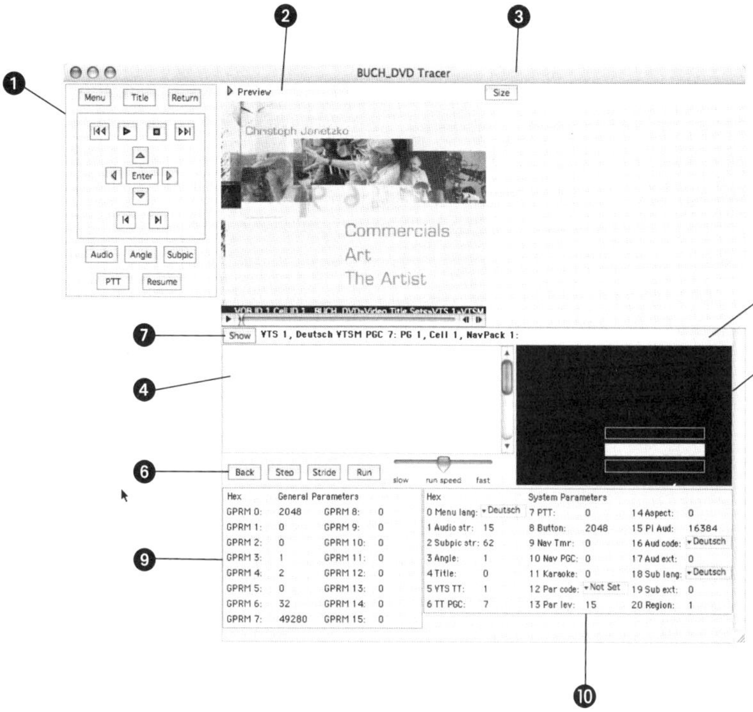

◂ **Abbildung 16.37**
Der Tracer dient zur Einzelschrittsimulation der DVD-Navigation und ist ein hervorragendes Hilfsmittel zum Aufspüren von logischen Fehlern im Programmablauf.

Der Tracer besitzt sechs Teilbereiche. Links oben wird eine einfache DVD-Fernbedienung ❶ simuliert, die an Tasten anbietet, was man als Minimalausstattung voraussetzen darf. Sie wird oft hellgrau dargestellt, da wir uns hier ja meist direkt mit der Programmierung befassen, und ist dann außer Funktion. Die Tasten werden nur bedienbar, wenn im Verlauf der Navigation eine Nutzereingabe erwartet wird oder wenn ein Filmabschnitt abläuft.

Rechts daneben ist ein Preview-Fenster ❷ für den DVD-Inhalt, das dem im Editierprogramm entspricht. Mit dem Knopf Size ❸ daneben können Sie es zyklisch auf drei verschiedene Größen umstellen, meist reicht aber die kleinste Darstellung. Es hat die gleichen Einschränkungen wie im Editierprogramm selbst: kein Ton und keine Subpictures.

Darunter ist das wohl wichtigste Fenster des Tracers: die Einzelschrittdarstellung ❹. Hier sehen Sie sämtliche Befehle des gerade aktiven Navigationsbereichs, bei längeren Befehlsfolgen kann gescrollt werden. Der gerade aktive Befehl wird durch einen Pfeil hervorgehoben, und oben steht die genaue Angabe der aktuellen PGC oder des Buttons ❺.

Mit den Tasten darunter ❻ steuern Sie den Ablauf: STEP (oder Taste [S]) arbeitet jeweils einen Befehl ab, BACK (Taste [B]) geht einen Schritt zurück. Ihre gesamte vorherige Navigation wird gespeichert, so dass Sie unbegrenzt Befehle zurücknehmen können. STRIDE arbeitet alle Befehle in einem Rutsch ab, bis das Programm auf eine PGC mit Video trifft oder eine Eingabe des Nutzers erwartet wird. Mit RUN gehen Sie in einen kontinuierlichen Modus, dessen Tempo Sie mit dem Regler rechts daneben steuern können. Die Taste wechselt ihre Funktion dann auf STOP, um den Ablauf wieder unterbrechen zu können.

Da bei einem komplexen Programm die einzelnen Befehle recht tief in der Hierarchie verschachtelt sein können, besitzt der Tracer mit der Taste SHOW ❼ eine bequeme Möglichkeit, den gerade aktiven Befehl zur Editierung aufzufinden. Ein Klick auf SHOW findet in TFDVDEdit die betreffende Befehlskette oder das zuständige Nav Pack. Der Tracer bleibt dabei im Vordergrund, aber Sie können direkt in die Editierung wechseln und den Befehl korrigieren. Dann gehen Sie im Tracer mit BACK einen Schritt zurück und testen mit STEP, wie sich die Änderung im Player auswirken würde.

Das Fenster rechts in der Mitte wird nur aktiv, wenn eine Menüauswahl ansteht ❽. Es zeigt die vorhandenen Buttons des Menüs – eigentlich ihre Hotspots – als weißen Umriss, der gerade selektierte Button wird weiß gefüllt hervorgehoben. In den meisten Fällen reicht diese Darstellung völlig zur Identifikation des jeweiligen Buttons. Sie hat den Vorteil, dass sogar Buttons angezeigt werden, die für den Nutzer unsichtbar sind, weil ihre Werte für die Deckkraft auf null gestellt wurden.

Im unteren Teil finden Sie schließlich die beiden Fenster zur laufenden Darstellung der Registerinhalte. Links sind die GPRMs ❾, rechts die SPRMs ❿ mit einer (manchmal etwas kryptischen) Bezeichnung der Funktion. Wenn der Inhalt eines GPRM durch den gerade abgelaufenen Befehl verändert wurde, wird der Wert rot hervorgehoben. Anders als bei einem echten Player können Sie im Tracer auch Werte rechts bei den SPRMs durch direkte Eingaben verändern, um deren Wirkung zu testen. Nur für die Spracheinstellungen von Menüs, Audiospur und Untertitel sowie den Jugendschutz (parental code) gibt es hier Aufklappmenüs, in allen anderen Fällen müssen Sie die passenden Zahlenwerte eingeben.

Mit diesen Möglichkeiten ist der Tracer ein exzellentes Hilfsmittel, um bei der Programmierung einer DVD nicht länger im »Blindflug« arbeiten zu müssen; nicht allein bei eigenen Projekten, sondern auch beim Studium vorhandener Projekte. Ausgestattet mit solchen Werkzeugen sollten Sie keine Hemmungen mehr haben, selbst Hand anzulegen und sich an kleinere Reparaturen zu wagen!

17 DVDs umprogrammieren

Im Reich von TFDVDEdit: Wenn Sie das volle Potenzial des DVD-Standards nutzen wollen, führt kein Weg an der Nachbearbeitung mit dem Editierprogramm vorbei. Oft reichen aber schon kleine Änderungen, um Ihren DVDs neue Tricks beizubringen.

So intuitiv und anwenderfreundlich DVD Studio Pro im Vergleich zu einem teuren High-End-Authoring-Programm auch daherkommt, Sie werden in Ihrer beruflichen Praxis irgendwann an seine technischen Grenzen stoßen. Wenn Sie sich an die Regeln für gutes Navigationsdesign halten wollen, wird das sogar sehr bald der Fall sein. Falls Ihnen nach der Einführung in die logischen Konstrukte der DVD-Spezifikation jetzt der Kopf raucht: bitte nicht abschrecken lassen. Am praktischen Beispiel wird das alles viel besser klar, und meine ersten Beispiele werden Sie bestimmt nicht überfordern, wenn Sie sich vorher schon einmal mit Skripten in DVD Studio Pro befasst haben.

Bedienungshinweise

Vorher noch ein paar Tipps zum Umgang mit TFDVDEdit. Das Programm benutzt den übergeordneten Ordner Ihres Projektes (also den, in dem der gewählte Ordner VIDEO_TS liegt) nicht allein für den Namen bei der Bearbeitung. Dieser Name wird auch für Ihre DVD benutzt, wenn Sie mit den Ausgabefunktionen des Programms arbeiten. Außerdem betrachtet das Programm alle übrigen Ordner und Dateien innerhalb dieses Ordners als DVD-ROM-Daten und bringt diese folglich mit auf die DVD. Halten Sie da also etwas Ordnung ;-)

TFDVDedit findet diesen Ordner auch dann wieder, wenn Sie ihn an eine andere Stelle verlegt haben. Das bedeutet aber auch, dass Sie den gleichen Namen nicht mehrfach benutzen sollten, sonst kann das Programm etwas durcheinander kommen. Falls Ihnen das passiert, müssen Sie die dazugehörigen Preferences von TFDVDEdit löschen. Die finden Sie in Ihrem Userbereich unter LIBRARY • PREFERENCES • COM.TFDVD.TFDVDEDIT 3.PROJECT.XXXXXXX.PLIST, dabei steht xxxxxxx für den Namen Ihres Projektes. Löschen Sie aber nicht die Preference-Datei ohne einen Projektnamen (com.tfdvd.TFDVDEdit 3.plist), sonst müssen Sie Ihre Seriennummer und die Voreinstellungen neu eingeben.

Betaversion

Beachten Sie auch, dass ich während der Arbeit an diesem Buch noch mit einer Betaversion von TFDVDEdit 3 gearbeitet habe. Auch wenn die wesentlichen Funktionen des Programms sich nicht mehr ändern werden, kann es doch noch kleinere »Schönheitsreparaturen« geben. Lassen Sie sich also nicht irritieren, wenn manches nicht ganz exakt so wie in meinen Beschreibungen aussieht – ich wollte Ihnen halt ein hochaktuelles Buch bieten.

17.1 Intros überspringen

Zu einer gut gestalteten DVD gehören heute elegante Effekte und Animationen zwischen verschiedenen Menüs – der Nutzer hält das fast schon für selbstverständlich. Auch DVD Studio Pro trägt dem seit Version 3 mit zahlreichen vorgefertigten Übergängen Rechnung, doch deren Einschränkung auf Standbilder haben Sie ja schon kennen gelernt. Wer uneingeschränkte Gestaltungsfreiheit möchte, wird mit Programmen wie Motion, After Effects oder gar per 3D-Animation seine eigenen Highlights schaffen wollen. Doch es gibt da nach wie vor ein kleines Problem: Man kann sie bei häufigerem Besuch des gleichen Menüs nur schwer wieder loswerden ...

Überspringen mit DVD Studio Pro

Innerhalb von DVD Studio Pro haben Sie mit einigem Zusatzaufwand folgende Möglichkeiten:

- Sie erstellen Duplikate aller Menüs, jeweils eine Version mit und eine ohne Intro – per Skript wird gewechselt. Nachteilig ist jedoch der höhere Platzbedarf, der bei zahlreichen Menüs auf Kosten des eigentlichen Inhalts gehen kann.
- Sie legen die Übergänge als separate Videoclips an und benutzen sie – wieder per Skript – nur dann, wenn sie gestalterisch angebracht sind. Der Nachteil ist diesmal, dass Sie keinen ganz flüssigen Übergang vom Intro zum folgenden Videomaterial bekommen werden.
- Sie benutzen Buttons auf einer Videospur. Dann können Sie zwar per Skript nach Bedarf zum Anfang des eigentlichen Menüs springen, aber Sie können keinen Button gezielt vorwählen – doch auch das gehört zu einem sauberen Navigationsdesign.

Allein mit Apples Authoring-Programm gibt es also keine perfekte Lösung. Lassen Sie uns als kleine Aufwärmübung das Problem mit der lästigen Wiederholung von Menü-Intros mit TFDVDEdit angehen. Es ist einfach kein guter Stil, dem Nutzer einer DVD bei einem häufig benutzten Auswahlmenü eine solche Animation immer wieder vorzuspielen, auch wenn sie noch so gelungen sein mag. Gleichzeitig lernen Sie an diesem Beispiel, wie DVD Studio Pro Werte in einer Variablen an TFDVDEdit übergeben kann.

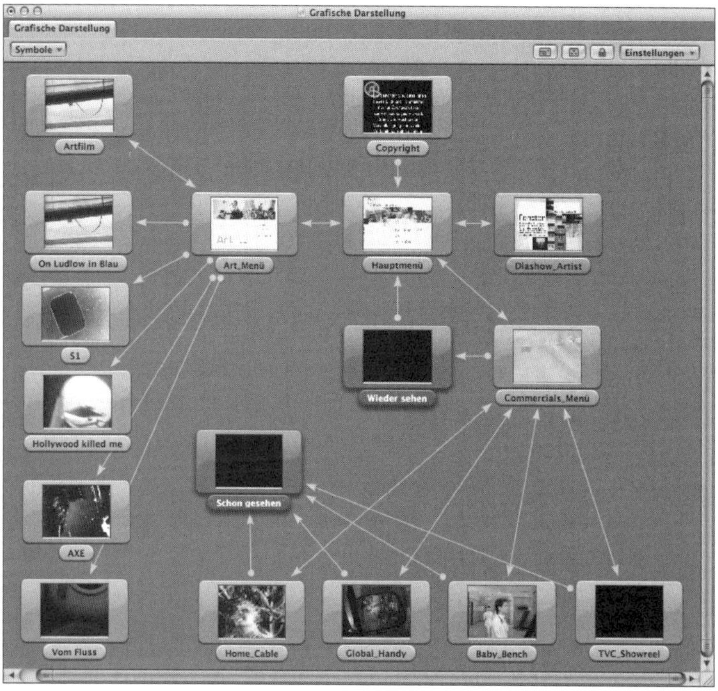

◀ **Abbildung 17.1**
Das Skript »Schon gesehen« im Übungsprojekt setzt eine Variable, wenn einer der Filme im Bewegtbildmenü aufgerufen wird, »Wieder sehen« löscht sie beim Verlassen des Menüs.

Falls es Ihnen noch nicht aufgefallen ist: In einer weiteren Version des Übungsprojekts auf der CD-ROM mit dem Namen BUCH_DVD_INTRO habe ich schon eine entsprechende Variable vorgesehen und mit zwei kleinen Skripten gesetzt. Schließlich beglücken wir auch beim Übungsprojekt unsere Nutzer mit der Intro-Animation im Menü COMMERCIALS immer wieder. GPRM 1 mit dem Namen »Gesehen« wird mit dem kleinen Startskript »Schon gesehen« bei jedem Anspielen eines der Filme aus dem Menü COMMERCIALS auf den Wert 1 gesetzt. Wenn der Nutzer das Menü wieder verlässt, wird vom Skript »Wieder sehen« GPRM 1 zurück auf 0 gesetzt, doch bei meinen Skripten wird innerhalb von DVD Studio Pro diese Variable gar nicht ausgewertet. Natürlich können Sie sich selbst überlegen, für welche Spuren Sie das Startskript zum Setzen der Variablen einbinden und ob Sie diese Variable für einen späteren Besuch des Menüs zurücksetzen und so die Intro erneut zeigen wollen.

Überspringen mit TFDVDEdit

Sicher erinnern Sie sich aus dem Kapitel »Skripte« noch daran, dass DVD Studio Pro uns acht Register vorenthält, die für interne Zwecke im Rahmen des Abstraction Layers gebraucht werden. Die übrigen sind unter der Bezeichnung GPRM 0 bis GPRM 7 für Skripte verfügbar. In der DVD-Spezifikation tragen GPRMs die Kurzbezeichnung r0 bis r15, und tatsächlich sind es r8 bis r15, die Apple für uns übrig gelassen hat. GPRM 0 ist also in der offiziellen Nomenklatur r8, und entsprechend verschieben sich alle Benennungen nach oben – daran muss man sich erst gewöhnen. Sie werden den Inhalt von »Gesehen« folglich in r9 wieder finden.

Schritt für Schritt: Intros überspringen

1. Projekt multiplexen

Öffnen Sie meine Originalversion des Übungsprojektes BUCH_DVD_INTRO, nachdem Sie die Projektdaten erneut auf Ihre Festplatte kopiert haben, und lassen Sie die DVD mit FERTIGSTELLEN multiplexen – Apple nennt das bekanntlich »kompilieren«.

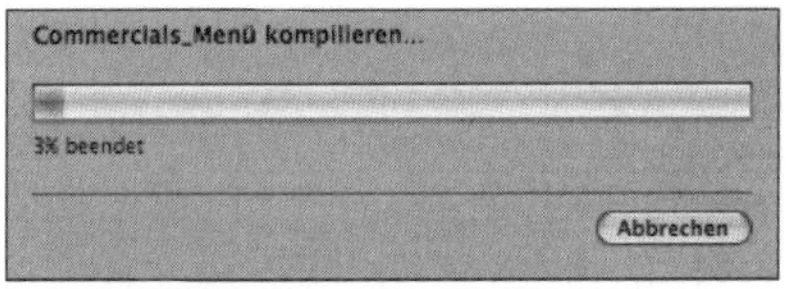

2. Öffnen in TFDVDEdit

Erstellen Sie ein Duplikat des gesamten Folders, und öffnen Sie es mit TFDVDEdit. Wenn Sie VIDEO TITLE SET MENUS ❶, darunter VTSM 1, dann DEUTSCH und schließlich ❷ PGC 8 aufklappen, finden Sie dort zwei Cells. Das Anklicken der zweiten Cell links in der Liste und das Aufklappen von ❸ PREVIEW rechts bestätigen, dass es sich um unser Bewegtbildmenü handelt.

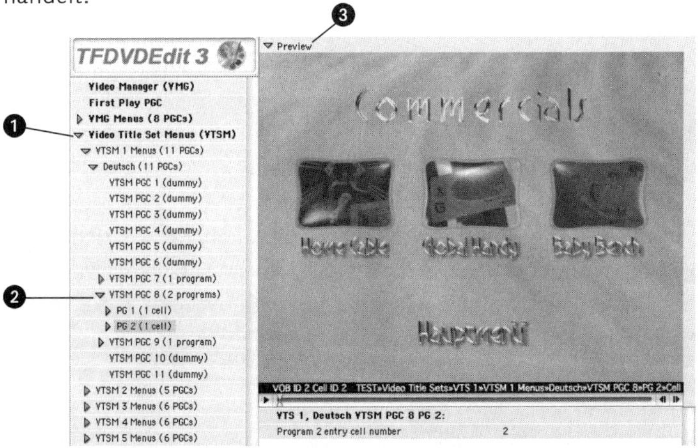

3. Hintergrundwissen

Bei einer PGC in VTSM 1 (oder VTSM 2 für 16:9-Inhalte) mit zwei Cells wird es sich immer um ein Bewegtbildmenü mit einem Loop-Punkt handeln, wenn Ihre DVD von DVD Studio Pro erzeugt wurde. Die zweite Cell ist nämlich der Teil, der beim Loop-Punkt beginnt und wo die Buttons mit ihren Subpictures benutzbar werden. Übrigens entsteht in DVD Studio Pro immer dann eine eigenständige Cell, wenn wir eine Markierung setzen. Das gilt sogar, wenn sämtliche Funktionen für diese Markierung – also Kapitel, Tastenhervorhebung und Wechsel der Schicht bei DVD-9 – abgeschaltet sind. Sie können eine solche Cell trotzdem in TFDVDEdit ansprechen und außerdem viel mehr davon anlegen als Kapitelmarkierungen, nämlich 999!

4. Pre-Command auswählen

Schließen Sie PREVIEW wieder, wählen Sie auf der linken Seite PGC 8 an, und Sie werden rechts nach dem Aufklappen von PRE-COMMANDS eine lange Reihe von Befehlen sehen, die DVD Studio Pro als Teil des Abstraction Layers erzeugt hat. Das letzte Pre-Command trägt in unserem Fall die Nummer 15 und lautet »Set r1 = 0«. Wählen Sie diesen Befehl per Mausklick auf die Ziffer 15 aus.

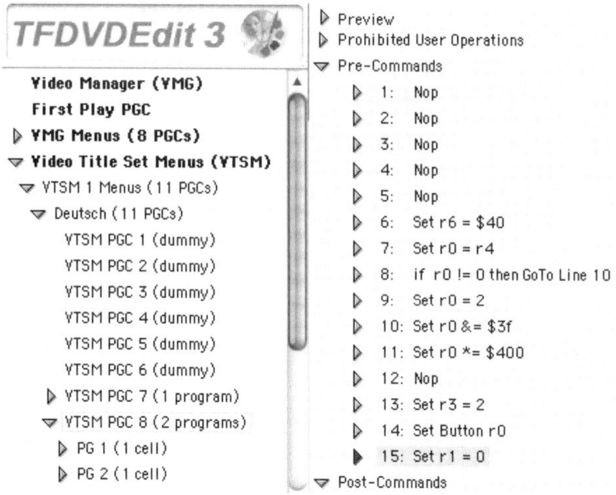

5. Neuen Befehl erzeugen

Öffnen Sie mit Klick per rechter Maustaste oder [CTRL]+Klick auf die Nummer dieses Befehls das Kontextmenü, und erzeugen Sie mit INSERT COMMAND eine weitere Befehlszeile. Sie wird als NOP (No Operation) nach dem gewählten Eintrag unter der Nummer 16 angehängt (die Tastenkombination [⌘] + [K] bewirkt das Gleiche).

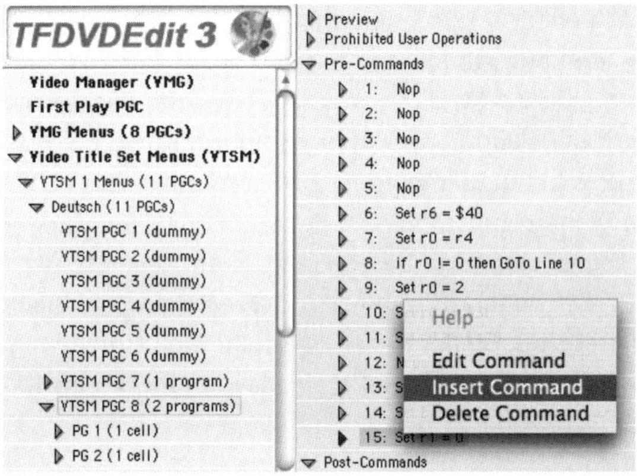

6. Befehl auswählen Klicken Sie auf Nop, und das Dreieck vor dem Befehl wird aufgeklappt. Mit erneutem Anklicken wird die Befehlsauswahl aufgelistet, wählen Sie Link PG.

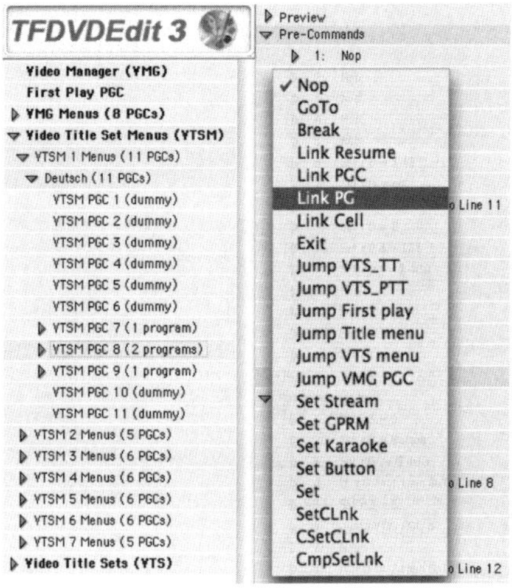

7. Erläuterung Den zusätzlichen Befehl setzen wir ganz an das Ende der Pre-Commands, also der Befehle, die vor dem Abspielen der PGC ausgeführt werden. So können wir sicher sein, dass alle Befehle davor auch ausgeführt werden und wir nicht die komplexe Programmierung des Abstraction Layers durcheinander bringen. Unser Befehl führt als Link-Anweisung nämlich zum sofortigen Verlassen der Pre-Commands, und die nachfolgenden Zeilen werden ignoriert. Wenn es davor schon einen Befehl wie Link oder Jump gäbe, würde zwar unter Umständen unsere eigene Befehlszeile nicht erreicht, aber das ist hier nicht der Fall.

Ändern Sie den Eintrag PG 1 per Ausklappliste auf PG 2 (die einzige andere Wahl), das entspricht der zweiten Cell. Sie werden feststellen, dass Ihnen als nächster Eintrag auch noch die Vorwahl eines Buttons angeboten wird. Das brauchen wir hier nicht, bleiben Sie bei NO BUTTON.

8. Ziel ändern

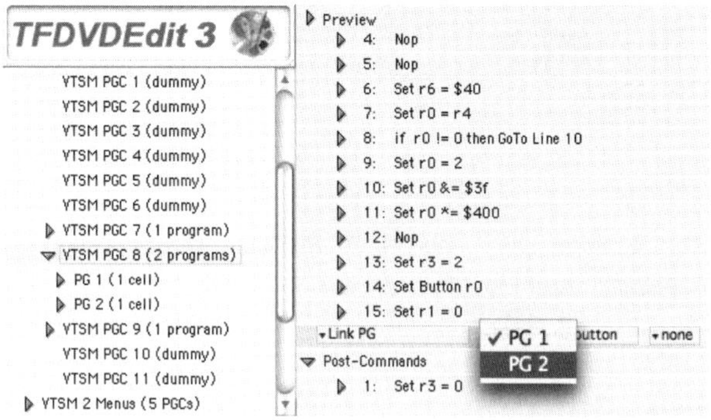

Bisher ist der Befehl noch nicht von einer Bedingung abhängig. Klicken Sie auf den letzten Teil, und ändern Sie NONE auf IF. Nun können Sie aus einer Reihe weiterer Auswahlmöglichkeiten eine bedingte Ausführung des Befehls zusammensetzen.

9. Bedingten Befehl erzeugen

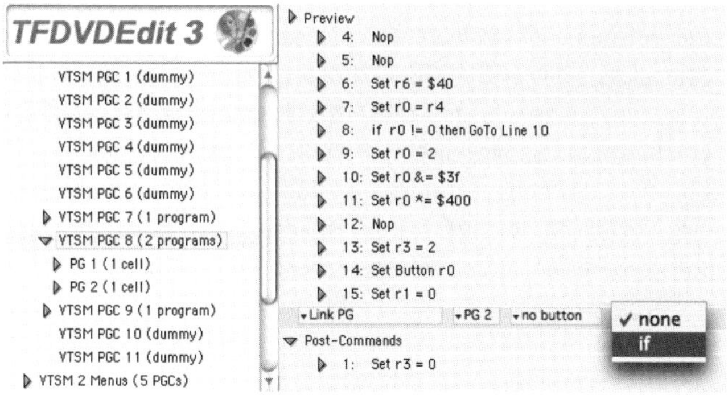

Ändern Sie auf die gleiche Weise die Bedingung auf »r9 == Value 1«. Den Zahlenwert an der letzten Position geben Sie durch Anklicken und unmittelbares Eintippen der Zahl ein. Ein Klick in die leere Fläche über oder unter der Zeile setzt den Befehl zu seiner Kurzform »if r9 == 1 then Link PG 2« zusammen.

10. Bedingung setzen

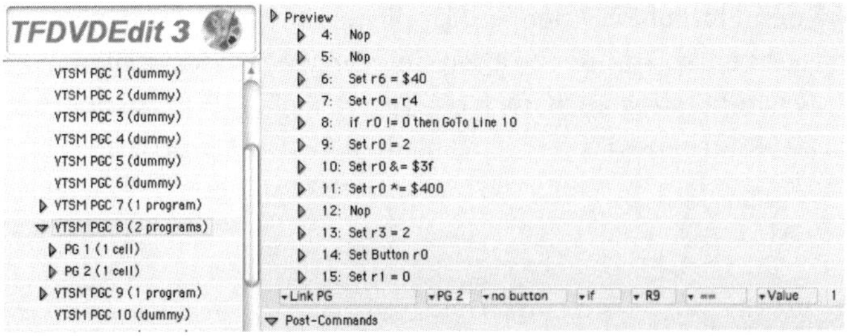

Das war schon alles: Wenn Sie die Änderungen abspeichern und den Ordner VIDEO_TS mit Apples DVD Player abspielen, sollte die Intro nur noch beim Öffnen des Menüs COMMERCIALS vom Hauptmenü aus gezeigt werden. Bei der Rückkehr aus einem der Werbefilme wird sie nicht erneut abgespielt, sondern es wird gleich zum Loop-Punkt gesprungen und damit unmittelbar zur nächsten Auswahl. Da wir die Programmierung des Abstraction Layers nicht angetastet haben, bleiben alle Funktionen aus der ursprünglichen Version erhalten, wie zum Beispiel die Vorwahl des passenden Buttons. Das Überspringen der Intro-Animation funktioniert selbst beim vorzeitigen Verlassen einer Spur mit der Taste MENU auf der Fernbedienung, da die PRE-COMMANDS auch in diesem Fall ausgeführt werden.

Dieses kleine Beispiel sollte zeigen, wie Sie Funktionen, die DVD Studio Pro vermissen lässt, mit TFDVDEdit schnell ergänzen können. Dabei können Sie in vielen Fällen die gesamte Programmierung des Abstraction Layers beibehalten und sogar direkte Befehle mit Skripten aus Apples Programm verbinden. Bei guter Planung funktioniert das Ganze übrigens auch umgekehrt: Sie können in DVD Studio Pro die Auswertung von Variablen per Skript vorbereiten, deren Inhalte erst durch Befehle in TFDVDEdit festgelegt werden.

Weiterentwicklung

Wieder eine kleine Denksportaufgabe:

Wie hätten wir das Zurücksetzen von r9 (bzw. GPRM 1) beim Verlassen des Menüs statt in DVD Studio Pro in TFDVDEdit lösen können?

Wir fügen den POST-COMMANDS von PGC 8 (also unserem Bewegtbildmenü) am Anfang den Befehl »Set r9 = 0« hinzu. Warum diesmal am Anfang? Weil die letzten Zeilen der POST-COMMANDS nicht in allen Fällen abgearbeitet werden, da vorher Link- und Jump-Befehle vorkommen, die zum sofortigen Verlassen der Befehlskette führen. Aber bringen wir damit nicht die zahlreichen GoTo-Einträge durcheinander, die in den folgenden Zeilen stehen?

Merken Sie sich irgendeine der GoTo-Zeilen, klicken Sie den Eintrag POST-COMMANDS (nicht den ersten Befehl) am Kopf der Liste an, und tippen Sie [⌘] + [K], oder rufen Sie im Kontextmenü INSERT COMMAND auf. Sie werden feststellen, dass TFDVDEdit hier sehr hilfreich »mitdenkt«: Alle GoTo-Befehle werden automatisch um eine Position hochgezählt, so dass die Sprungziele wieder stimmen. Bauen Sie den Befehl auf die bekannte Weise zusammen, aber wählen Sie dazu den Befehl SET, nicht SET GPRM.

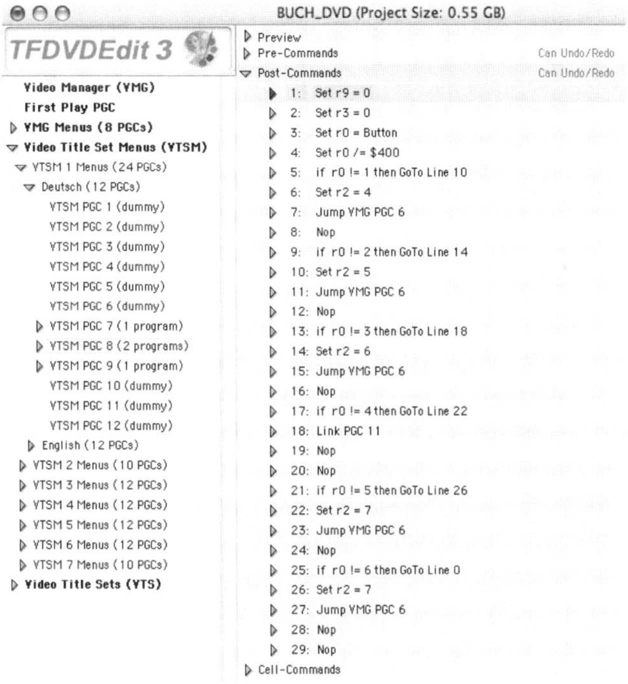

◀ **Abbildung 17.2**
Die zusätzliche Befehlszeile »Set r9 = 0« am Beginn der POST-COMMANDS von PGC 8 macht unser Skript »Wieder sehen« in DVD Studio Pro überflüssig.

Auch wenn Sie die Variable r9 beim Verlassen des Menüs auf diese Weise mit Hilfe von TFDVDEdit zurücksetzen, müssten Sie trotzdem in DVD Studio Pro auf Situationen achten, in denen einer der Filme direkt in ein weiteres Menü führen soll. Dann werden die POST-COMMANDS nicht bearbeitet, und dem nächsten Menü fehlt sein Intro, obwohl der Nutzer es vielleicht noch nicht kennt, weil in r9 noch der Wert 1 steht. Da müssten Sie entweder mit einem weiteren Befehl in TFDVDEdit Abhilfe schaffen oder doch ein Skript in DVD Studio Pro anlegen. Wenn die Variablen in Ihrem Projekt noch nicht zu knapp werden, könnten Sie stattdessen auch verschiedene Register zur Unterdrückung des Intros in verschiedenen Menüs benutzen.

Doch in unserem Übungsprojekt gibt es kein weiteres Intro oder »Hintertürchen« zu anderen Menüs, und so sollte das Menü COMMERCIALS jetzt nach den Regeln guten Navigationsdesigns ablaufen. Öffnen Sie das Original erneut, nehmen Sie das Skript »Wieder sehen« aus der Navigation heraus, und löschen Sie es. Nun kompilieren Sie erneut, und bauen

Sie die beiden zusätzlichen Befehle aus unserer Übung wieder mit TFDVDEdit ein. Ein erneuter Test sollte das gleiche Verhalten erbringen.

Ich werde aber dieses Projekt jetzt noch nicht mit Ihnen im TRACER durchgehen, da wir das schwer zu durchschauende Labyrinth der zahlreichen Befehle aus dem Abstraction Layer hier nicht angetastet haben und wir deshalb lange nach unseren kleinen Ergänzungen suchen würden – Sie können es ja auf eigene Faust probieren, wenn Ihnen der Sinn danach steht.

17.2 International Standard Recording Codes einfügen

Wer mit Musik-DVDs zu tun hat, der trifft früher oder später auf ISRC. Ursprünglich wurden die INTERNATIONAL STANDARD RECORDING CODES für die Audio-CD entwickelt, um ein digitales Musikstück durchgängig mit einer eindeutigen Identifikation zu versehen. Diese Codes sind im so genannten Sub-Code von CDs und DVDs enthalten und können mit spezieller Hardware ausgelesen werden. Sie werden unter anderem benutzt, um Rechte zu verwalten und Nutzungsgebühren zu kassieren. So steht den Rechteinhabern bei jeder Rundfunksendung oder Fernsehausstrahlung eine Gebühr zu, und per ISRC lässt sich der Abrechnungsvorgang automatisieren.

Der Code war an sich auch zur Identifikation von Kopien gedacht, ist aber für diesen Zweck eigentlich – im Vergleich zu raffinierteren Verfahren mit »Wasserzeichen« – zu leicht zu entfernen. Immerhin bleibt er bei einer 1:1-Kopie erhalten und erlaubt die Identifikation des Quellmaterials. Schließlich eignet sich der ISRC noch zur Unterscheidung verschiedener, überwiegend gleich klingender Versionen des gleichen Stücks, indem diesen unterschiedliche Codes erteilt werden. Auf CD ist die Verwendung des ISRC bereits sehr verbreitet, und die Musikindustrie erwartet zunehmend auch bei musikorientierten DVD-Produktionen den Gebrauch von ISRC, ehe sie den Vertrag für ein Projekt erteilt. Die IFPI (International Federation of the Phonographic Industry) als Gremium der Musikindustrie empfiehlt ihren Mitgliedern offiziell den Gebrauch des ISRC.

DVD Studio Pro ist diese Einrichtung völlig unbekannt. Doch mit TFDVDEdit können Sie als DVD-Autor die Codes nachträglich hinzufügen, die man Ihnen gibt, und müssen den Job nicht an andere abgeben. Ihr Kunde muss sich dazu bei der jeweiligen nationalen Organisation registriert haben, die eindeutige Codes vergibt. Aber das muss Sie nicht kümmern, denn diese Registrierung steht sowieso nur dem Rechteinhaber der Musik zu, nicht dem DVD-Autor. Der Kunde wird Ihnen also die Codes für seine Musikstücke respektive -videos geben. Der Code besteht aus einer

Länderkennung mit zwei Buchstaben, einer Kennung für den Erstinhaber der Rechte mit drei Buchstaben, zwei Ziffern für das Jahr und einer fünfstelligen Nummer für das Stück (mehr erfahren Sie unter www.ifpi.de).

Da Sie in der Regel einen einzelnen Code für jedes Stück bekommen, müssen Sie diese natürlich eindeutig identifizieren können. Es ist aber nicht notwendig, jedes Stück in eine eigene Spur und bei DVD Studio Pro damit in ein eigenes VTS zu legen – eine Trennung durch Kapitelmarkierungen reicht. Nun wählen Sie das erste Nav Pack des Stücks in der Cell für das entsprechende Kapitel und klicken auf INTERNATIONAL STANDARD RECORDING CODE über den Button HIGHLIGHTS. Das Feld daneben wird editierbar, und Sie können den jeweiligen Code eintippen oder per COPY und PASTE einfügen. Schließen Sie die Eingabe mit [↵] ab, und der Code sitzt im ersten Nav Pack.

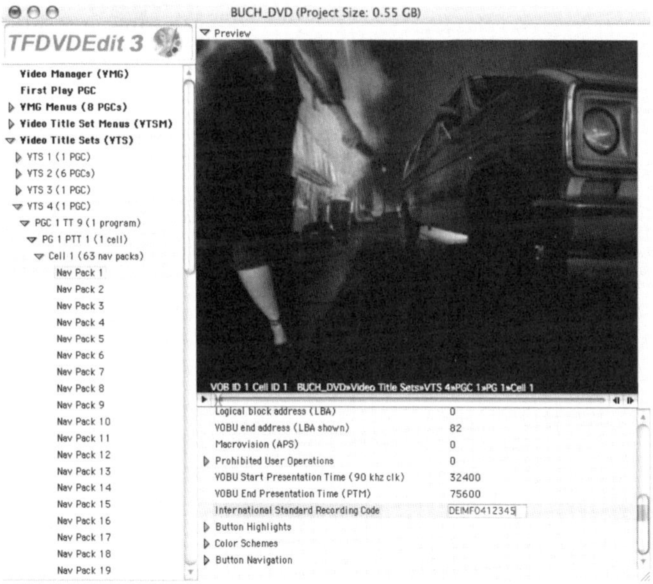

◄ **Abbildung 17.3**
Sie können den INTERNATIONAL STANDARD RECORDING CODE auf der Ebene der Nav Packs eingeben.

Der ISRC soll aber während des ganzen Stücks durchgängig existieren, deshalb müssen Sie ihn in alle anderen Nav Packs übertragen. Dafür bietet das Programm eine elegante Methode: Gehen Sie bei weiterhin angewähltem Nav Pack und ISRC-Feld auf das Menü EDIT, und wählen Sie dort COPY ISRC CODE.

Nun wählen Sie das nächste Nav Pack und dann mit [⇧] + Klick sämtliche Nav Packs bis zum Ende des entsprechenden Musikstücks aus. Notfalls geht das sogar ohne Kapitelmarkierungen, wenn Sie wissen, wie das Bild des letzten Nav Packs aussieht. Sie können jedes einzelne Nav Pack im Preview identifizieren, aber den Ton leider nicht. TFDVDEdit zeigt übrigens bei einer Folge angewählter Nav Packs im Preview automatisch das Bild des zuletzt angeklickten. Nun wählen Sie [⌥] + [⌘] + [V] oder bei Edit den Befehl Paste ISRC Codes Repeated, und das gesamte Stück ist mit den gewünschten Codes präpariert – eine Sache von weniger als einer Minute, wenn Sie mit dem Programm vertraut sind.

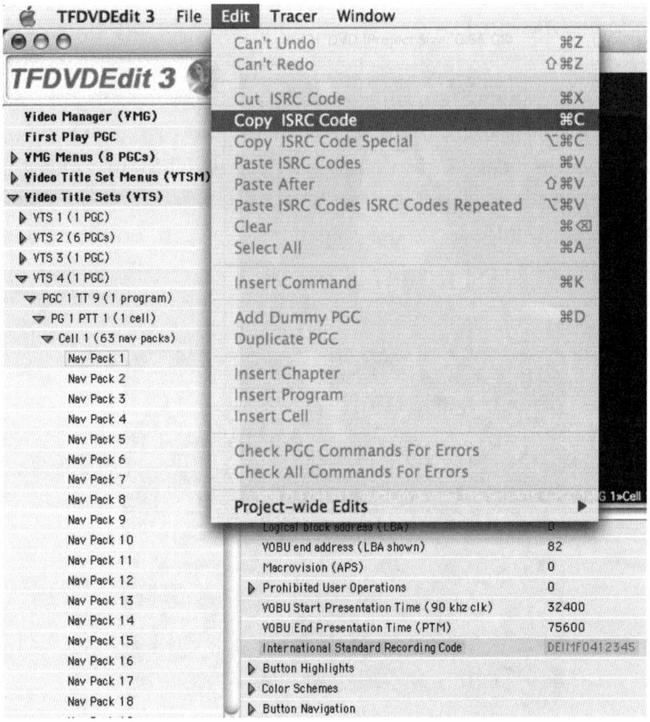

Abbildung 17.4 ▶
Wie viele andere Einträge auf der rechten Seite können Sie auch den ISRC gezielt mit [⌘] + [C] kopieren.

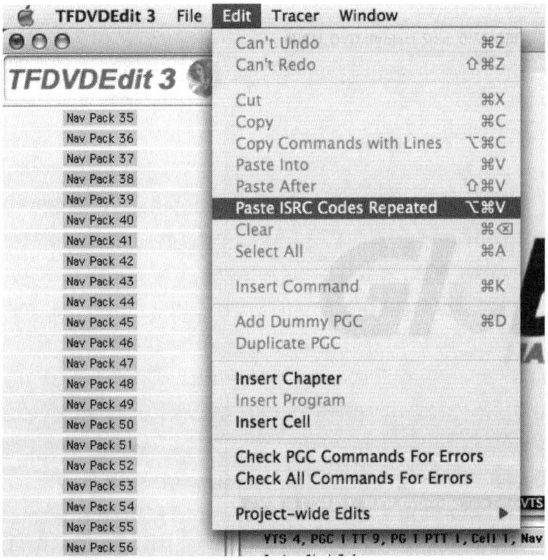

Abbildung 17.5 ▶
Sie brauchen den ISRC keineswegs in jedes einzelne Nav Pack von Hand einzugeben.

17.3 Taste Return programmieren

Das Problem

Die Taste RETURN ist eine der wichtigeren Tasten auf der Fernbedienung eines DVD-Players und sollte bei der Navigation in etwa die gleiche Funktion erfüllen wie der Button ZURÜCK bei einem Web-Browser. Bedauerlicherweise konnten Sie in DVD Studio Pro diese Taste nie sinnvoll nutzen, wenn der Player sich in einer Videospur befand. In der ersten Version war die Programmierung dieser Taste defekt, und seit Version 2 wurde sie für die Spuren gleich ganz entfernt. Sie können die Taste innerhalb von Menüs belegen, aber das ist auch alles. Auf der Ebene der ganzen DVD taucht die Taste ZURÜCK zwar im Info-Fenster auf und lässt sich auch dort belegen, aber sie bleibt innerhalb der Videospuren trotzdem tot. Offensichtlich sind sich die Programmierer bei Apple dieser Tatsache durchaus bewusst, denn diese Taste wird im Simulator hellgrau – also funktionslos –, wenn sich das Projekt in einer Spur befindet. Auch in Apples Software-Player führt die Benutzung dieser Taste in einer Videospur nur zu der Meldung, dass dies nicht erlaubt sei ...

In unserem zweiten Praxisbeispiel möchte ich Ihnen zeigen, wie Sie mit TFDVDEdit auf recht einfache Weise die Taste RETURN zum Leben erwecken können – wieder ohne die hauseigene Programmierung von DVD Studio Pro anzutasten (wir machen uns diese sogar zunutze).

Die Aufgabe der Taste Return

Diese Taste auf der Fernbedienung ist gemäß DVD-Standard eine der quasi »fest verdrahteten«. Sie löst innerhalb eines laufenden Tracks den Befehl GO UP aus, und der sollte den Nutzer dorthin zurückbringen – im Sinne der Hierarchie quasi nach oben –, wo er oder sie hergekommen ist. Bei einer Videospur also zu dem Navigationsobjekt, meist zu einem Menü, das ihn in diesen Videoteil gebracht hat.

DVDs, in denen der Nutzer »viel herumkommt«, können in besonderem Maße von der sinnvollen Belegung dieser Taste profitieren. Das wären vor allem Projekte mit zahlreichen Menüs und Einzelspuren, die nicht in festgelegter Reihenfolge betrachtet werden müssen. Wenn zu erwarten ist, dass man aus verschiedenen Menüs in die einzelne Videospur kommt, sollten wir als Autoren dem Nutzer jede denkbare Möglichkeit eröffnen, seinen Weg selber zu bestimmen und auch wieder zurückzufinden.

Schließlich werden Sie sicher irgendwann auch von einem Kunden gefragt, warum Sie eine Taste, die es doch auf praktisch jeder Fernbedienung gibt, nicht programmieren können wie auf anderen DVDs – ein Schulterzucken reicht da nicht! Und so möchte ich Ihnen als weitere Übung zeigen, wie Sie auch das mit TFDVDEdit lösen können. Wieder verzahnen wir dazu die Programmierung in DVD Studio Pro und die Änderungen im Editierprogramm.

Vorbereitung in DVD Studio Pro

Wir können davon ausgehen, dass der Nutzer innerhalb einer Spur von der Taste RETURN das Gleiche erwartet wie von der Taste MENÜ, nämlich die Rückkehr ins letzte Menü zum zuletzt betätigten Button. Um dann die Return-Taste in TFDVDEdit zu programmieren, benutzen wir den gleichen Satz von Befehlen, der auch von der Menütaste angesprochen wird. Das macht diese Aufgabe sehr einfach.

Wenn Sie also mehr als ein Menü haben, das den Nutzer in das laufende Programm gebracht haben kann, müssen Sie feststellen, woher er oder sie gerade gekommen ist. Dazu können Sie Skripte in DVD Studio Pro benutzen. Sie können an diesem Beispiel wieder erkennen, wie die leicht zu erlernende Handhabung von DVD Studio Pro und die Arbeit in den »Tiefen« der DVD-Struktur mit TFDVDEdit ineinander greifen – gutes Teamwork eben!

Abbildung 17.6 ▶
Ein solches Skript – mit verschiedenen Werten für die Variable Menü – wird als Startskript vor jede Videospur und vor die Diashow gesetzt.

Ich benutze im Beispiel DVD_BUCH_RETURN eine Version des Übungsprojektes, die mit Skripten für die Menütaste ergänzt wurde. Je ein Startskript für die drei Menüs wird vor sämtliche Videospuren, die Storys im Artmenü und die Diashow gesetzt und speichert einen Wert für das Herkunftsmenü in der Variablen Menü und den Wert des zuletzt benutzen Buttons in der Variablen Button. Ein weiteres Skript wird auf der gesamten DVD von der Menütaste angesprungen. Es bringt den Nutzer wieder zum letzten Menü und wählt den zuletzt betätigten Button. Durch die Funktion der GPRM-basierten Tastenwahl ist das recht einfach.

◂ **Abbildung 17.7**
Dieses Skript bringt den Nutzer zurück zum passenden Menü und wählt den richtigen Button aus.

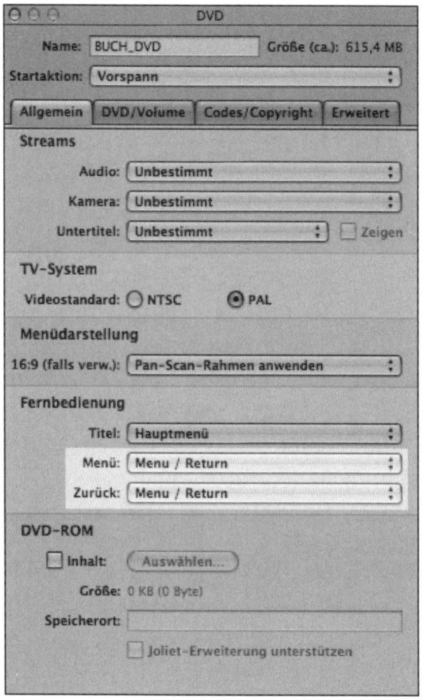

◂ **Abbildung 17.8**
Auf der gesamten DVD löst die Betätigung der Taste Menü dieses Skript aus. Auch die Taste Zurück wird auf dieses Skript geleitet, obwohl das in den Spuren vorerst noch nichts bewirkt.

Umprogrammierung in TFDVDEdit

Öffnen Sie das Projekt nach dem »Fertigstellen« in TFDVDEdit, und sehen Sie sich irgendeine der Filmspuren (die PGCs ab VTS 2) näher an. Sie finden bei jeder PGC einen Eintrag mit der Bezeichnung Go UP PGC Number – das ist die Funktion, die bei Betätigung der Taste Return auf der Fernbedienung im jeweiligen Film ausgelöst wird. Hier können wir uns einklinken, um der Taste eine Funktion zu geben. Dabei leiten wir sie letztlich auf die gleichen Befehle um, die wir in DVD Studio Pro für die Menütaste angelegt haben. Unsere Filme stecken beim Übungsprojekt in VTS 2 bis 7, die von DVD Studio Pro erzeugten Menüs dagegen finden sich in VTSM 1, da dies ein reines 4:3-Projekt ist. VTS 1 ist der Copyright-Vorspann – der ist im Folgenden unwichtig, da hierfür die Benutzung der Return-Taste keinen Sinn ergibt.

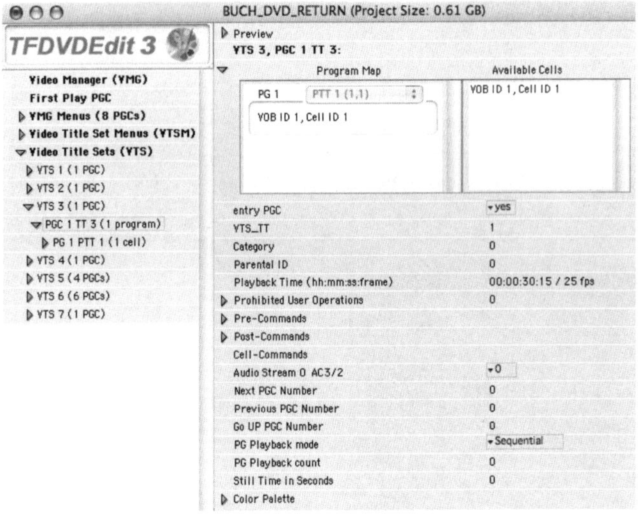

▶ **Abbildung 17.9**
Der Eintrag für Go UP PGC NUMBER bleibt in DVD Studio Pro immer auf dem Wert 0.

Schritt für Schritt: Return-Taste

1. Zusätzlichen Befehl einfügen

Gehen Sie zu VTSM 1, wählen Sie PGC 7, und fügen Sie dort bei den Post-Commands ganz oben einen neuen Befehl hinzu. Sie kennen das schon aus dem letzten Schritt beim Überspringen der Intros. Auch hier hat TF-DVDEdit wieder die Zeilennummern der GoTo-Befehle angepasst.

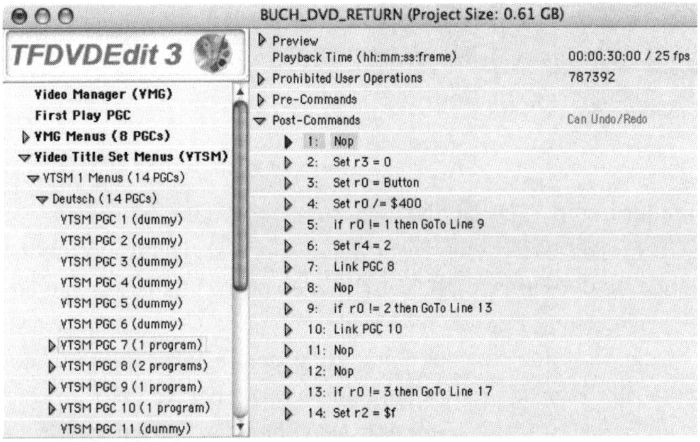

2. Register belegen

Setzen Sie die Befehlsfolge mit den Ausklappmenüs zusammen, so wie in der Abbildung gezeigt. Wir belegen hier ein unbenutztes GPRM, nämlich r15, mit dem Wert 1.

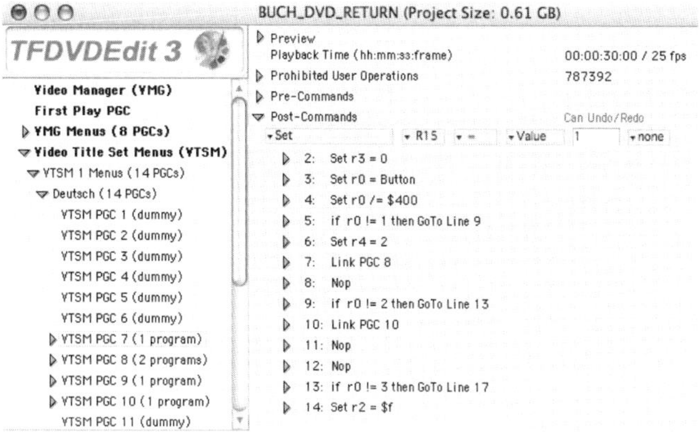

3. Übrige Menüs programmieren

Wiederholen Sie diese beiden Schritte für die PGCs 8 und 9 in VTSM 1, also für alle Menüs. PGC 10 können Sie sich schenken, denn darin steckt nur unser Übergang mit der Alpha-Blende.

4. Erläuterung

DVD Studio Pro benutzt für alle Buttons den Befehl LINK TAILPGC. Dadurch werden bei jeder Menüauswahl die Post-Commands der betreffenden PGC durchlaufen, und unsere zusätzliche Variable wird bei jedem Verlassen eines Menüs auf den Wert 1 gesetzt.

5. Go UP-Befehl setzen

Setzen Sie den Eintrag für Go UP bei allen PGCs im Bereich der VTS 2 bis 7 auf die Nummer der jeweiligen PGC. Das ist in den meisten Fällen die 1, nur in VTS 6 gibt es mehrere PGCs (unsere Storys zum Artfilm), dort müssen Sie den Wert jeweils passend setzen.

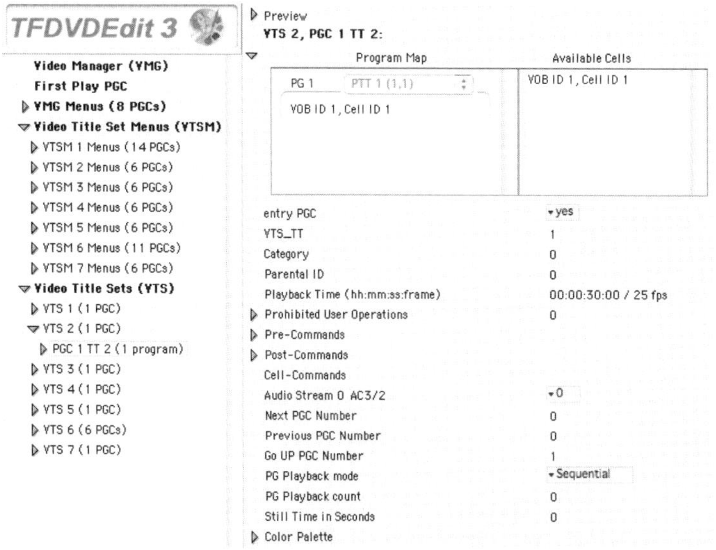

6. Zusätzliche Programmbefehle

Öffnen Sie PGC 1 in VTS 2 (um VTS 1 brauchen wir uns nicht zu kümmern), und ändern Sie die erste Zeile der Pre-Commands durch direkte Eingabe auf »Set r15 += 1«. Auf diese Weise addieren wir 1 zum Inhalt des Registers 15. Sie brauchen hierfür keine Zeilen einzufügen, da die ersten Zeilen sowieso den Befehl NOP (No Operation) enthalten.

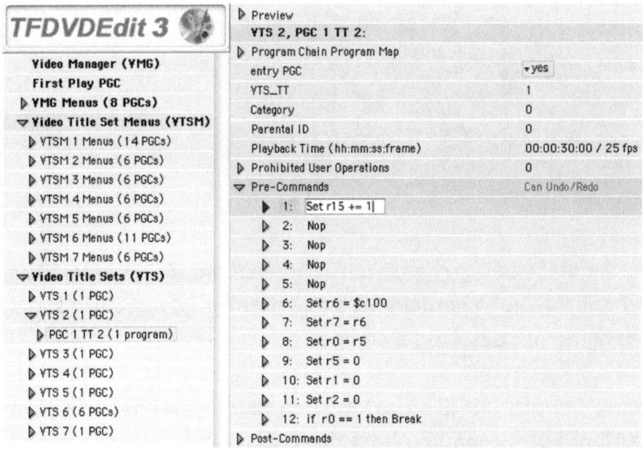

7. Weitere Programmzeilen eingeben

Ändern Sie die nächsten drei Zeilen auf die im Bild gezeigten Befehle. Das können Sie per Ausklappmenü oder durch direktes Eintippen erledigen (keine Angst, es gibt eine ziemlich gute Syntaxprüfung).

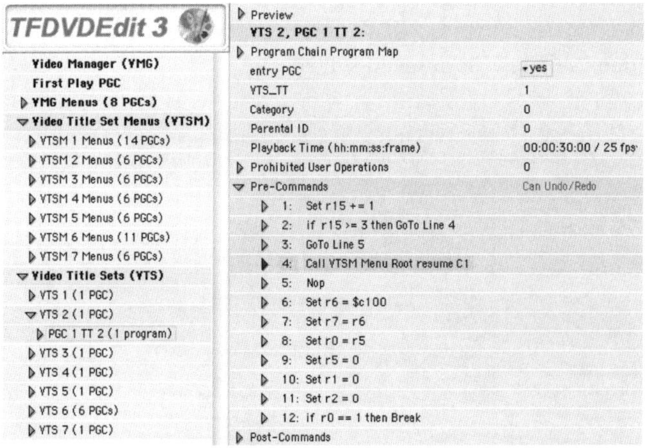

8. Erläuterung

Was bewirken diese vier Zeilen Programmcode? Wenn der Nutzer von einem Menü in die jeweilige PGC geht, steht in der Variablen bereits der Wert 1. Vor dem Abspielen einer PGC werden auf jeden Fall die Pre-Commands durchlaufen, so dass die Variable durch die Addition in Zeile 1 auf den Wert 2 erhöht wird. Damit bleibt aber der Befehl in Zeile 2 vorläufig noch wirkungslos, und die Zeile 3 überspringt die Zeile 4. Denken Sie daran, dass uns bei der DVD das Konstrukt »if ... then ... else« nicht zur Verfügung steht, deshalb brauchen wir diese etwas umständlichere Befehlsfolge – wir haben im Skriptbeispiel zum Zahlenschloss schon ganz ähnlich gearbeitet.

Wenn der Nutzer nun innerhalb der PGC die Taste RETURN betätigt, werden die Pre-Commands erneut durchlaufen. Nun steht in r15 der Wert 3, die Zeile 4 wird angesprungen, und der Befehl dort schickt den Nutzer genau an die gleiche Stelle, zu der ihn die Taste MENU führen würde.

9. Befehle markieren

Da wir diese Befehlsfolge für alle PGCs unserer Filme brauchen, möchten Sie die jetzt sicher nicht überall von Hand eingeben. Markieren Sie in der soeben bearbeiteten PGC 1 von VTS 2 die vier geänderten Programmzeilen durch Anklicken der Zeilennummer 1 und [⇧] + Klick auf die Zeilennummer 4 (klicken Sie nicht auf den Befehlstext!).

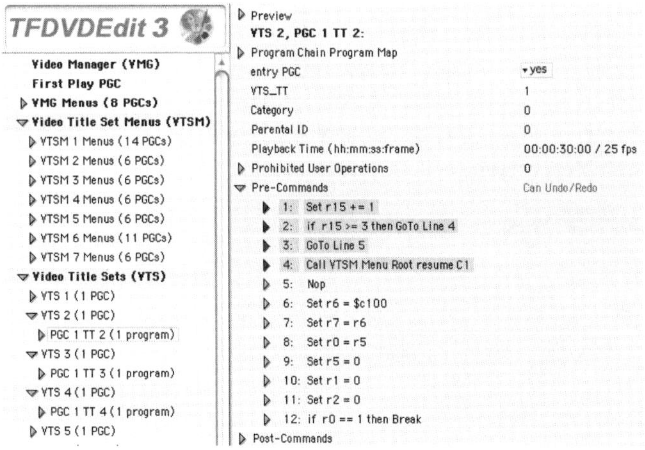

10. Befehle kopieren

Gehen Sie in das Menü EDIT, und wählen Sie den Befehl COPY PRE-COMMAND (keine Sorge, er gilt auch für den Plural!).

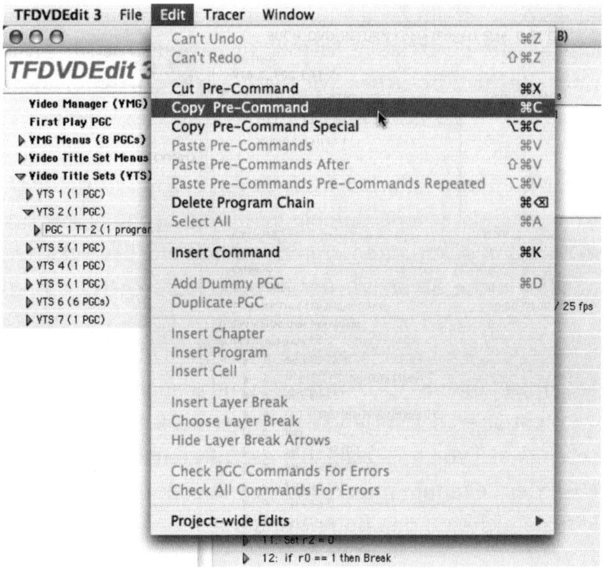

11. Befehle einfügen Wechseln Sie zu VTS 3, wählen Sie dort PGC 1, und markieren Sie die ersten vier Zeilen wie im vorletzten Schritt. Rufen Sie nun im Menü EDIT den Befehl PASTE PRE-COMMANDS auf. Die ersten vier Zeilen werden mit den neuen Befehlen versehen.

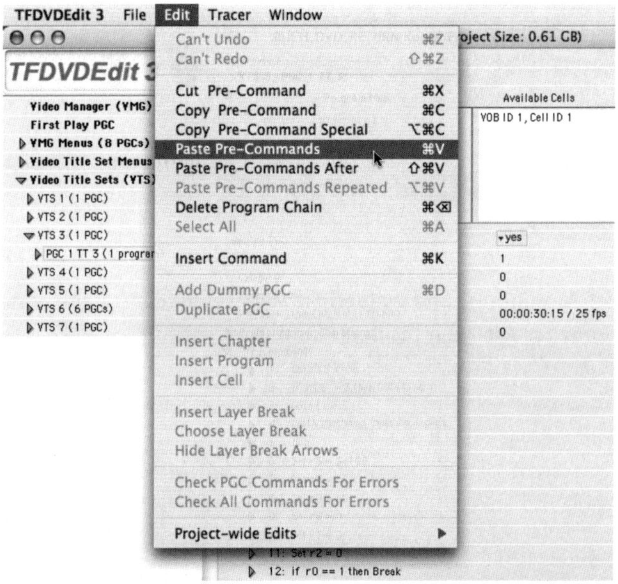

12. Übrige PGCs ändern

Wiederholen Sie diesen Vorgang für alle PGCs, bei denen wir vorher die GO UP PGC NUMBER geändert hatten. Natürlich können Sie statt des Menüs auch einfach die Tastenkombination [⌘] + [V] benutzen.

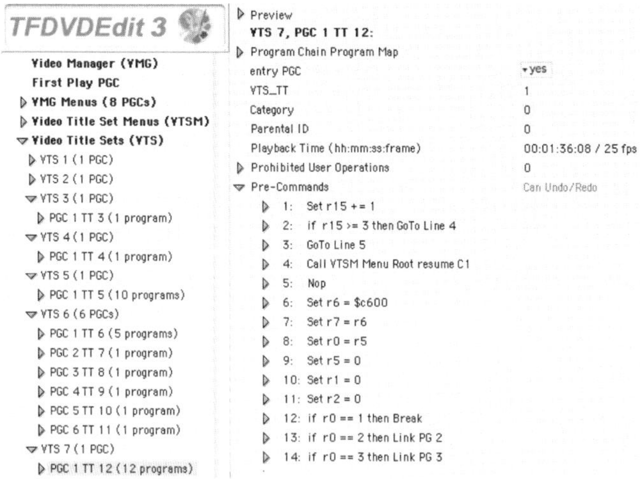

In den Menüs selbst könnten Sie durch weitere Skripte noch festlegen, ob die Taste RETURN den User in das übergeordnete Menü oder per RESUME zurück in den Film bringt, aber das geht alles auch direkt in DVD Studio Pro. Außerdem fehlt in diesem Projekt noch das Überspringen des Intros, aber das beherrschen Sie ja schon.

Wenn Sie dieses Projekt jetzt sichern, auf eine DVD-R(W) brennen und in einem Stand-alone-DVD-Player anschauen, sollte die Taste RETURN in allen Videospuren funktionieren und Sie zurück ins Menü bringen. Leider eignet sich dazu nicht der Software-Player von Apple, denn der unterdrückt die Taste in den Videos und zeigt Ihnen mit »Derzeit nicht erlaubt« die lange Nase. Die Apple-Programmierer werden schon wissen, warum ...

Falls ganz treue Leser unter Ihnen sind (Danke schön!), die auch mein letztes Buch schon gelesen haben, werden die sich vielleicht fragen, warum ich diesmal so viel Aufwand treibe. In dem Buch war doch auch schon ein Beispiel zur Aktivierung der Taste RETURN, und das sah irgendwie einfacher aus. Stimmt! Aber die dort beschriebene Methode hatte den Nachteil, dass der Player die Kapitelnummer und die Laufzeit der Spur nicht mehr richtig anzeigen konnte. Auch ich lerne immer noch dazu ;-)

18 DVD Re-Authoring

Warum sollte es erstrebenswert sein, den von DVD Studio Pro erzeugten Abstraction Layer zu löschen und sich selbst an die Programmierung zu wagen? Zu den wichtigsten Gründen zählen: Reaktionsschnelligkeit, Zuverlässigkeit und Übersichtlichkeit des generierten Codes und die Verfügbarkeit zusätzlicher Register.

Nachteile des Abstraction Layers in DVD Studio Pro

Die Bequemlichkeit, die uns DVD Studio Pro mit seinem Abstraction Layer bietet, wird selbst bei den einfachsten Projekten mit einer ganzen Menge an überflüssigen Programmbefehlen erkauft. Das Authoring-Programm baut sich sozusagen ein aufwändig strukturiertes Gerüst für alle Fälle, das dann nach Bedarf mit den nötigen Details gefüllt wird und sich oft nur am Schluss durch die Prüfung einiger Registerinhalte unterscheidet. Sie können das selbst feststellen, wenn Sie sich ein ganz einfaches Projekt anschauen: Selbst bei einer geringen Anzahl von Menüs und wenigen Filmen erzeugt DVD Studio Pro eine beeindruckende Anzahl von Dummy-PGCs, und die wiederum stecken voller komplexer Befehlsketten.

Schnelligkeit

Ärgerlich ist, dass DVD Studio Pro seit Version 2 die gesamte eigene Menüstruktur nicht mehr wie in den frühen Versionen bis 1.5 in der obersten Hierarchieebene, also im Bereich des Video Managers (VMG), sondern im ersten Video Title Set (VTS) erzeugt. Ärgerlich deshalb, weil praktisch jeder Navigationsvorgang zusätzliche Sprünge des Lasers auf der DVD erfordert, denn gemäß DVD-Spezifikation kann niemals aus einem VTS direkt in ein anderes VTS gesprungen werden. So werden Befehle in Projekten aus DVD Studio Pro 2 und neueren Versionen je nach Player deutlich langsamer ausgeführt, als es bei optimaler Programmierung möglich wäre. Es ist nicht unwahrscheinlich, dass dieses extensive Herumspringen bei einer DVD-R auf besonders kritischen Playern sogar die Zuverlässigkeit noch etwas reduziert.

Abbildung 18.1 ▶ Links sehen Sie die große Zahl von Dummy-PGCs für ein recht simples DVD-Projekt. Rechts die Folge von Pre-Commands aus PGC 8 im VMG.

Selbst in dem sehr einfachen Fall, dass aus einem Menü in VTSM 1 in das Video in VTS 1 gesprungen werden soll – was physikalisch auf der DVD eng beieinander liegt –, arbeitet sich der Abstraction Layer immer erst durch diverse Befehlstabellen, die im VMG am Anfang der Disk angelegt wurden. Diese komplexen Tabellen werden auf jeden Fall erzeugt, ganz egal wie einfach das Projekt tatsächlich ist. Bei einer einfachen Spielfilm-DVD mit wenig Bonusmaterial wird diese Verlangsamung zwar kaum auffallen, bei einer komplexen interaktiven DVD dagegen, zum Beispiel einem Spiel oder einer Lernanwendung, kann sie durchaus stören.

Zootech

Die Tatsache, dass DVD Studio Pro seine 4:3-Menüs alle in VTS 1 und die 16:9-Versionen in VTS 2 anlegt und somit deren Größe auf je 1 GB beschränkt, halte ich persönlich für weniger störend. Wer so komplexe Projekte auf DVD entwickelt, dass dieser Platz schon für Menüs nicht ausreicht, ist sowieso besser beraten, zu einem datenbankbasierten Authoring-System wie DVD-Extra Studio von Zootech zu greifen (www.zootech.com).

Reservierung

Ärgerlicher ist da schon die Reservierung der ersten Hälfte der GPRM-Register von insgesamt nur 16, die uns der DVD-Standard bietet, für interne Zwecke des Abstraction Layers (r0 bis r7). Das ist eine glatte Verschwendung von Variablen, denn all diese Register werden in den seltensten Fällen tatsächlich benötigt. Sie werden sie aber schmerzlich vermissen, wenn Sie komplexe interaktive Projekte – wie Lernanwendungen – mit Skripten in DVD Studio Pro realisieren wollen. Dort bleiben Ihnen dann nur die Register r8 bis r15, die DVD Studio Pro für Skripte als GPRM 0 bis 7 zur Verfügung stellt.

Ein weiterer Grund für die Umgehung des Abstraction Layers kann die Beschränkung auf 99 Kapitel pro Spur sein. Wenn Sie mit TFDVDEdit arbeiten, können Sie mit so genannten non-sequential PGCs diese Grenze sprengen und bis zu 999 Cells pro VTS definieren. Daraus lassen sich dann beliebige PGCs zusammenstellen (und Storys sind letztlich auch nur PGCs).

18.1 Re-Authoring mit TFDVDEdit

Alle diese Einschränkungen können Sie umgehen, indem Sie sämtliche von DVD Studio Pro erzeugten Navigationsstrukturen löschen und die Navigation in TFDVDEdit neu anlegen. Auf den ersten Blick mag Ihnen das etwas verwegen erscheinen, doch es ist, zumindest bei kleineren Projekten, leicht zu erlernen. Mit etwas Erfahrung sind auch aufwändigere Projekte durchaus zu bewältigen, da TFDVDEdit sämtliche Programmbefehle als Textdatei zur Verfügung stellen kann. Das Programm unterstützt Sie zudem mit seiner übersichtlichen Darstellung der DVD-Hierarchie, gründlicher Prüfung auf Regelkonformität und mit dem neuen Tracer in Version 3. Mit dieser Funktion können Sie die Befehle Ihrer DVD Schritt für Schritt abarbeiten lassen und genau beobachten, ob die Programmschritte in der beabsichtigten Weise ausgeführt werden – ein exzellentes Werkzeug für die Suche nach logischen Fehlern.

Übungsprojekt

Das erste kleine Übungsprojekt ist leicht zu durchschauen: Es gibt nur eine kurze Intro-Animation (als Ziel unserer FIRST PLAY PGC), ein Hauptmenü und drei Filme zur Auswahl. Öffnen Sie das Projekt »Primitiv_DVD« in DVD Studio Pro, und sehen Sie sich die Navigationsstruktur an. Es ist so angelegt, dass der Rücksprung aus einem der Filme jeweils den passenden Button selektiert; darüber hinaus gibt es keine Besonderheiten. Allerdings habe ich die Sprache für das Menü mit »Deutsch« definiert, obwohl es gar keine anderen Sprachen im Projekt gibt. So können wir später besser sehen, wo die Sprachversionen angelegt werden. Außerdem habe ich

1 2 3 4 5 6 7 8 9 10 11 12 13 14 15 16 17 18 19 20 21 22 A B C

im ersten Film eine zusätzliche Markierung gesetzt, obwohl diese für die DVD nicht gebraucht wird – sie dient der Erläuterung in TFDVDEdit.

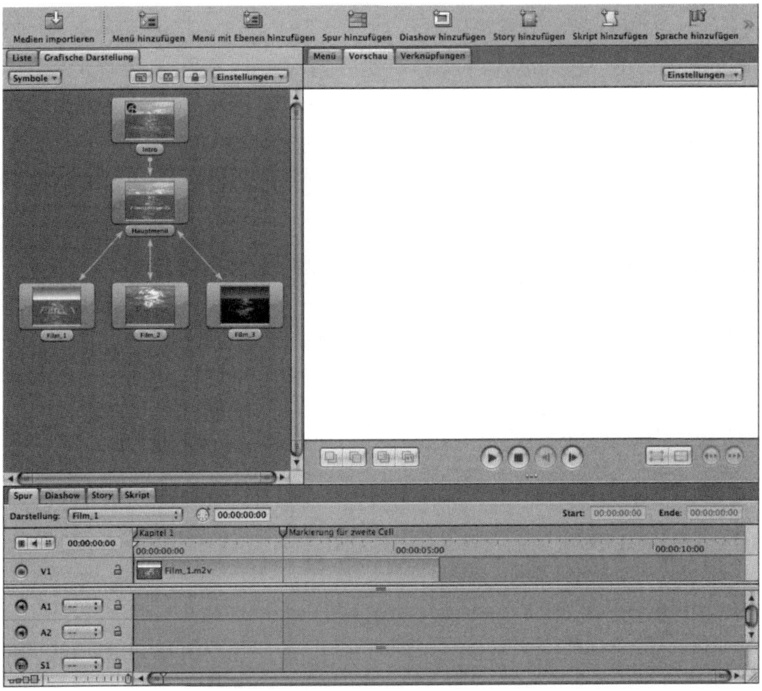

Abbildung 18.2 ►
Das erste Übungsprojekt ist sehr einfach gestrickt: ein Vorspann, ein Hauptmenü und drei Filme.

Schon am Protokoll des Multiplex-Vorgangs können Sie erkennen, dass DVD Studio Pro mehr liefert, als Sie eigentlich bestellt haben: In den vier VTSM werden insgesamt 22 PGCs erzeugt, acht weitere im VMG. Wie wir gleich sehen werden, besteht ein Großteil dieser PGCs aus Dummys für den Abstraction Layer. Die vier von DVD Studio Pro generierten VTS dagegen sind zu erwarten: Sie entsprechen unserem Video-Intro und den drei kurzen Filmen. Bitte beachten Sie noch, dass der für die DVD im Info-Fenster eingetragene Name im Gegensatz zum Projektnamen »DVD_AUTOR« lautet und dass schon in DVD Studio Pro sämtliche Regionen aktiviert wurden.

◂ **Abbildung 18.3**
DVD Studio Pro liefert deutlich mehr PGCs als für unser Projekt unbedingt notwendig wären.

Analyse der Struktur aus DVD Studio Pro

Erstellen Sie nun ein Duplikat des generierten Projekts, und öffnen Sie es in TFDVDEdit, indem Sie den soeben kopierten VIDEO_TS-Ordner auswählen. Arbeiten Sie nie mit dem Original, damit Sie sich bei groben Fehlern einen erneuten Multiplex-Vorgang ersparen. Im Editierprogramm können Sie auf den ersten Blick feststellen, dass auf der linken Seite die bereits aus dem vorigen Kapitel bekannten Elemente der DVD-Hierarchie angezeigt werden. Wählen Sie den VMG, und dementsprechend sehen Sie rechts die dazugehörigen Informationen. Ich werde hier mit Ihnen am konkreten Projekt noch einmal einige Strukturen durchgehen, die im Theorieteil bei den logischen Konstrukten bereits aufgetaucht sind, da dies doch ein recht anspruchsvolles Thema ist und Sie ja eventuell die einfacheren Übungen übersprungen haben ;-)

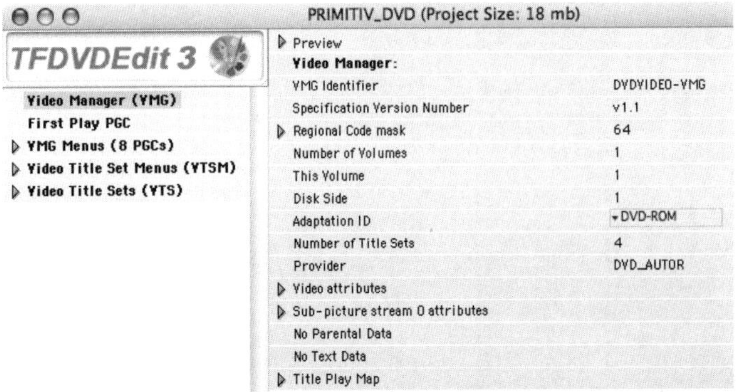

Abbildung 18.4 ▶
Bei angewähltem Video-Manager sehen Sie rechts die wesentlichen Informationen einer Video-DVD.

Unsere Video-DVD weist sich als solche aus im VMG IDENTIFIER ❶ und entspricht der schon länger gültigen Version 1.1 der DVD-Spezifikation ❷. Die erste Überraschung verbirgt das Feld REGIONAL CODE MASK ❸: Dort steht der Wert 64, und wenn Sie das kleine blaugraue Dreieck daneben aufklappen, werden Sie feststellen, dass die Region 7 merkwürdigerweise als DISABLED angezeigt wird, obwohl wir sie in DVD Studio Pro aktiviert hatten.

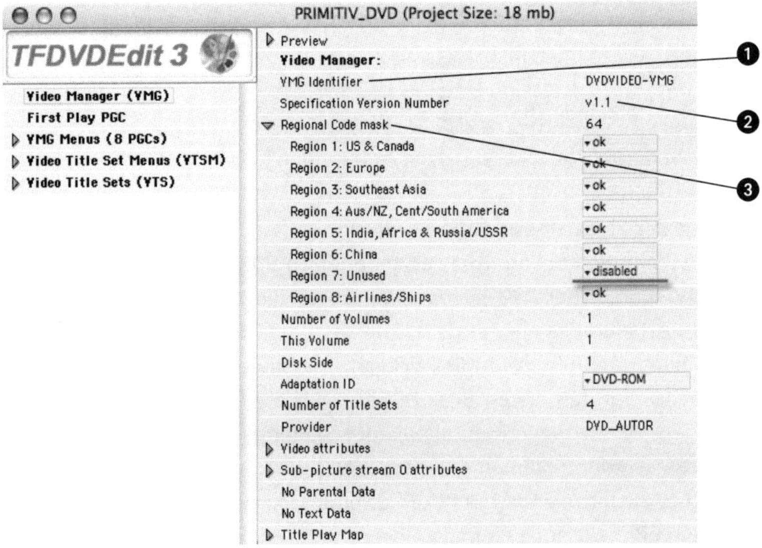

Abbildung 18.5 ▶
Entgegen meiner Einstellung in DVD Studio Pro steht die Region 7 auf DISABLED.

Zumindest ist das bei der Version 3.0.2 immer noch so, die mir für dieses Buch zur Verfügung stand. Sagen Sie jetzt nicht, dass sei doch unwichtig, da es diese Region in der Praxis (noch?) gar nicht gibt. Es ist eindeutig ein Bug! Für eine selbst zu brennende DVD sollten alle Regionen aktiviert sein, um maximale Kompatibilität mit möglichst vielen Playern zu gewährleisten, da jegliche Begrenzung des Regionalcodes nur auf kopiergeschützten DVDs aus dem Presswerk zulässig ist. Ändern Sie also gleich diesen Wert im Ausklappmenü auf OK.

Region 7 verschwunden?

Es kann sein, dass Sie in der finalen Version von TFDVDEdit 3 diesen Eintrag gar nicht mehr finden. Die Region 7 ist derzeit noch als »nicht benutzt« definiert und sollte laut Spezifikation in jedem Fall erlaubt sein. Möglicherweise entscheiden sich die Programmierer noch, diesen Fehler automatisch zu korrigieren.

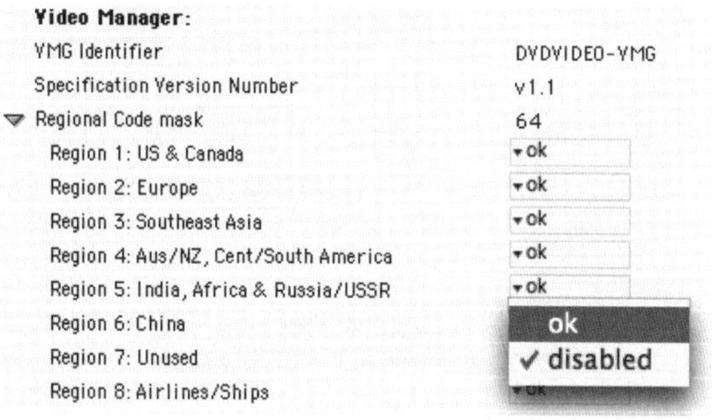

◂ **Abbildung 18.6**
Bei einer DVD, die nicht aus dem Presswerk kommt, sollten immer alle Regionen aktiviert (also zugelassen) sein.

Die Anzeige für **Regional Code Mask** hat sich nun auf den rot hervorgehobenen Wert 0 geändert, und die von uns korrigierten Einträge sind hellrosa unterlegt. Diese Farben kennzeichnen in TFDVDEdit unsere Änderungen. Interessant ist auch das Feld ADAPTATION ID ❹, da wir hier den Player »belügen« und unsere DVD als DVD-ROM ausgeben können. Manche älteren Player scheinen damit eine Selbstgebrannte besser zu akzeptieren, allerdings muss das Brennprogramm das auch unterstützen (siehe Kapitel »Ausgabe, Tests und Vervielfältigung«). Schaden kann es nicht, lassen Sie die Einstellung ruhig so.

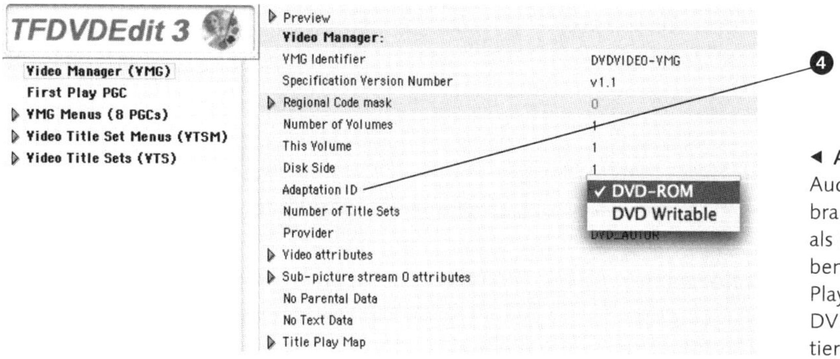

◂ **Abbildung 18.7**
Auch eine selbst gebrannte DVD kann sich als DVD-ROM ausgeben. Manche älteren Player, die noch keine DVD-R kennen, akzeptieren sie dann.

Interessant ist auch das Feld **Provider**, wo DVD Studio Pro nämlich den im Info-Feld eingetragenen Titel verwendet, obwohl hier eigentlich der Erzeuger stehen sollte. Als Titel der DVD, wie ihn manche Player auch anzeigen können, benutzt das Programm in Wirklichkeit den Namen, den Sie beim Brennen vergeben. Hier unter PROVIDER können Sie also den Namen Ihrer Firma eintragen, wenn Sie die Eintragung nach dem Lesen dieser Zeilen nicht schon in DVD Studio Pro passend vorgenommen haben ...

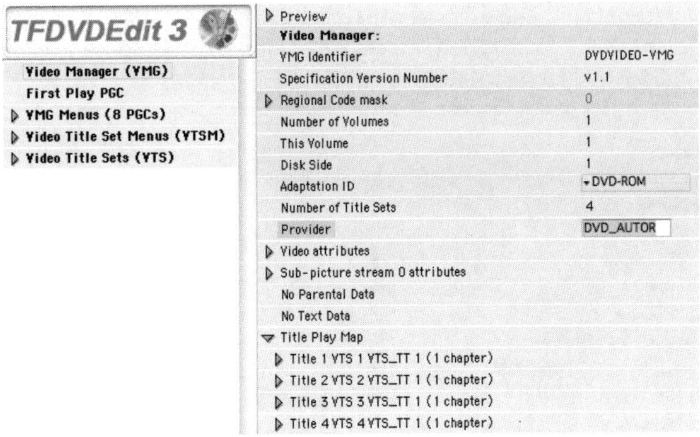

Abbildung 18.8 ► Tragen Sie im Feld PROVIDER ruhig den Namen Ihrer Firma ein, wenn der Kunde sich nicht selbst dort verewigen möchte.

Wechseln Sie links auf FIRST PLAY PGC, und Sie erleben die nächste Überraschung, denn dort steht NOTHING TO PREVIEW ❶. Es gibt hier nichts zu sehen, weil sich hier gar nicht unser Intro-Video befindet, sondern nur ein paar PRE-COMMANDS. Das sind Befehle, die vor dem Ablauf einer PGC ausgeführt werden, und der letzte ❷ lautet JUMP TT 1, springt also zum ersten VTS (siehe TITLE PLAY MAP im VMG).

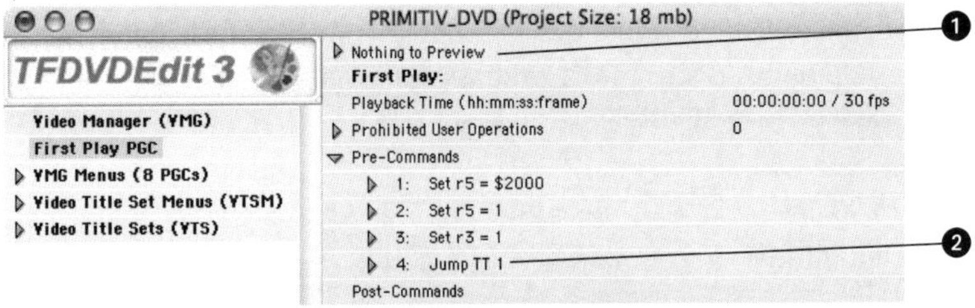

Abbildung 18.9 ► In der FIRST PLAY PGC gibt es nichts zu sehen, und der letzte Befehl in den PRE-COMMANDS verlässt diese PGC auf jeden Fall.

Ein Stück Video in dieser First Play PGC würde also gar nicht erreicht, weil der Player schon vorher an eine andere Stelle dirigiert wird – Sie sehen hier den ersten Dummy-PGC, der nur ein paar Befehle, aber kein abspielbares Material enthält. Wenn Sie einmal probeweise links die VIDEO TITLE SETS und dort VTS 1 aufklappen, können Sie im Preview für PGC 1 tatsächlich unser Intro-Video sehen.

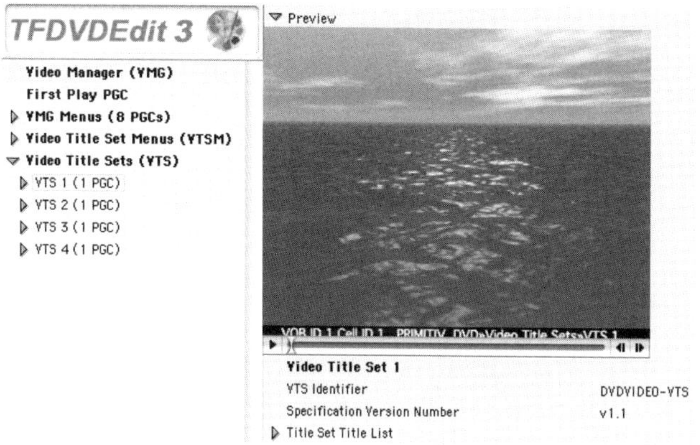

◀ **Abbildung 18.10**
DVD Studio Pro legt einen Vorspann immer in das erste VIDEO TITLE SET (VTS 1).

Vorläufig sollten Sie aber die Video Title Sets wieder zuklappen und sich den Bereich der VMG MENUS ansehen. Dort werden Sie erst einmal feststellen, dass acht PGCs für Deutsch angelegt wurden. DVD Studio Pro macht das für jede Sprache, die im Projekt definiert wird – allein dadurch entsteht schon eine Fülle überwiegend nicht wirklich erforderlicher PGCs. Wenn Sie nämlich das Dreieck bei DEUTSCH aufklappen, finden Sie hier nur Dummy-PGCs, die TFDVDEdit auch als solche ausweist.

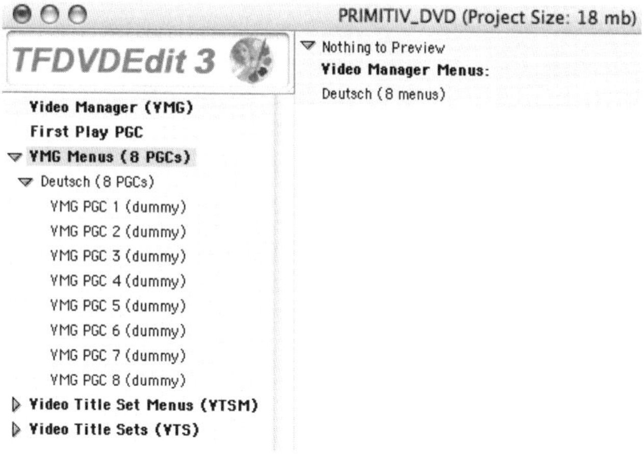

◀ **Abbildung 18.11**
Unter den VMG Menus als zentraler Schaltstelle finden sich bei DVD Studio Pro nur Dummy-PGCs für den Abstraction Layer – je acht Stück pro Sprachversion.

Klicken Sie die einzelnen PGCs einmal nacheinander an, dann können Sie sich ansehen, wie DVD Studio Pro hier das oben erwähnte Gerüst für seinen Abstraction Layer erzeugt hat. Manche PGCs enthalten nur wenige Befehle, manche eine lange Liste und manche gar nichts.

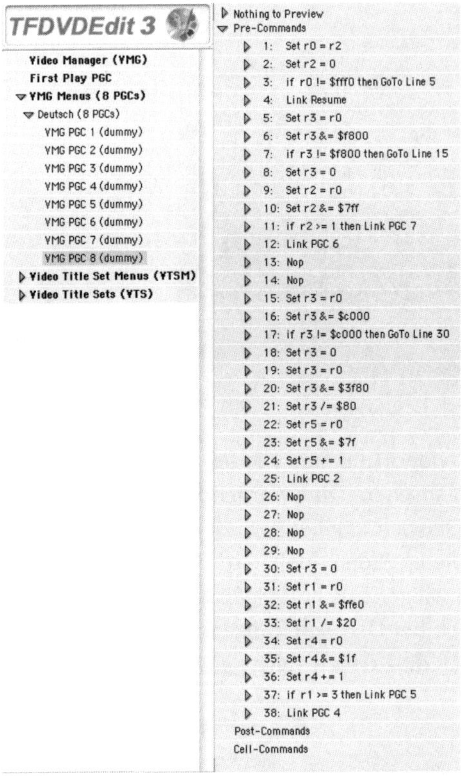

Abbildung 18.12 ▶ Einige der Dummy-PGCs aus DVD Studio Pro enthalten eine beeindruckende Fülle an Befehlen, andere sind einfach leer.

Reverse Engineering?

Ich habe nicht die Absicht, hier meine Zeit mit Reverse Engineering (das ist die Rekonstruktion eines technischen Konzepts vom Produkt her) zu vergeuden und herauszufinden, was Apples Programmierer dabei im Detail getrieben haben. Wenn Sie TFDVDEdit erst einmal gut beherrschen und mit der DVD-Programmierung vertraut sind, können Sie es ja mit Hilfe des Tracers gerne selbst versuchen – sicher eine lehrreiche Übung ;-)

Schließen Sie den VMG-Bereich, und wenden Sie sich den **Video Title Set Menus** zu. Auch hier werden Sie wieder eine Fülle von Dummy-PGCs in jedem einzelnen Set für jede Sprache finden, denn zu jedem VTS wird auch ein VTSM angelegt (in meinem Beispiel nur für eine Sprache). Zum ersten Mal begegnet Ihnen aber auch mit PGC 7 in VTSM 1 eine PGC, die mit PROGRAM ausgewiesen ist – hier nicht im Sinne von Programmierung, sondern von Video. Wenn Sie die anwählen und rechts das Dreieck für PREVIEW aufklappen, sehen Sie endlich wieder etwas Vertrautes: unser Hauptmenü, das von DVD Studio Pro zu einer einzelnen GOP umgewandelt wurde.

◀ **Abbildung 18.13**
Auch ein Standbildmenü wird in MPEG-2 zu mindestens einer GOP hier im Nav Pack 1 – mit Ton wären es mehr.

Bei den übrigen VTSMs werden Sie feststellen, dass dort ebenfalls Dummy-PGCs und je ein PGC mit Video angelegt wurden. Im Beispielprojekt sind diese Dummys alle leer, und das Programm ist auch nicht besonders aufregend: einfach nur Schwarzbild. Wieder wurde mit den Dummys nur ein leeres Gerüst angelegt, und selbst das Schwarzbild wird von DVD Studio Pro erzeugt, ohne dass dies zwingend notwendig wäre. Der Nutzer dieser DVD bekommt es nie zu Gesicht, da es in der Navigation gar nicht erreicht wird.

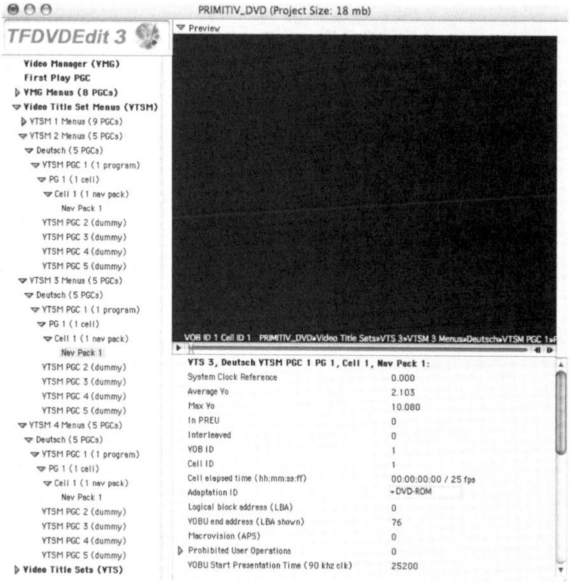

◀ **Abbildung 18.14**
Die Schwarzbilder, die DVD Studio Pro in den übrigen VTSMs erzeugt, sind nur Füllmaterial und werden nie gezeigt.

Wechseln Sie wieder zum ersten der Video Title Sets, öffnen Sie links das Dreieck neben VTS 1, und machen Sie weiter, bis es nichts mehr aufzuklappen gibt. Nun sehen Sie die ganze Familie der logischen Konstrukte auf DVD: Unterhalb der PGC ❶ ist das Program (TT = Title Track), dann der PTT = Part of Title Track, der wiederum aus einer Cell besteht, und die enthält schließlich ein oder mehrere Nav Packs ❷. Im Beispiel gibt es zehn Nav Packs für die fünf Sekunden Gesamtlänge unseres Intro-Videos.

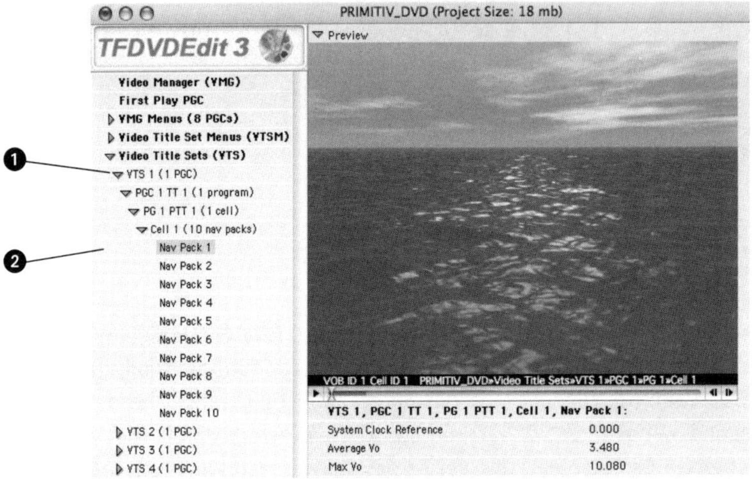

Abbildung 18.15 ▶ Wenn Sie links alles aufgeklappt haben, breitet TFDVDEdit die Familie der »Elementarteilchen« einer Video-DVD vor Ihnen aus.

Schließen Sie das Preview, wählen Sie VTS 2 an, und Sie sehen rechts die Title List. Links befindet sich die für dieses VTS verwendete PGC. Rechts sind die insgesamt verfügbaren, wobei sich das im konkreten Fall auf eine zusätzliche Dummy-PGC beschränkt, die hier immer angeboten wird. Diese Liste erlaubt es, auf der linken Seite PGCs neu zuzuweisen, zu entfernen oder deren Reihenfolge zu ändern. Wenn Sie ganz links PGC 1 wählen, sehen Sie rechts die Program Map, die vergleichbare Funktionen für die verfügbaren Cells rechts (alle aus dem gleichen VTS) bietet.

Solche Korrekturen sind nur deshalb in TFDVDEdit möglich, weil PGs, PTTs und PGCs rein logische Strukturen und völlig unabhängig vom bereits als Multiplex vorhandenen Audio- und Videomaterial sind. Einzig die gewünschten Markierungen sollten bereits in DVD Studio Pro definiert werden, um den Inhalt der Cells festzulegen.

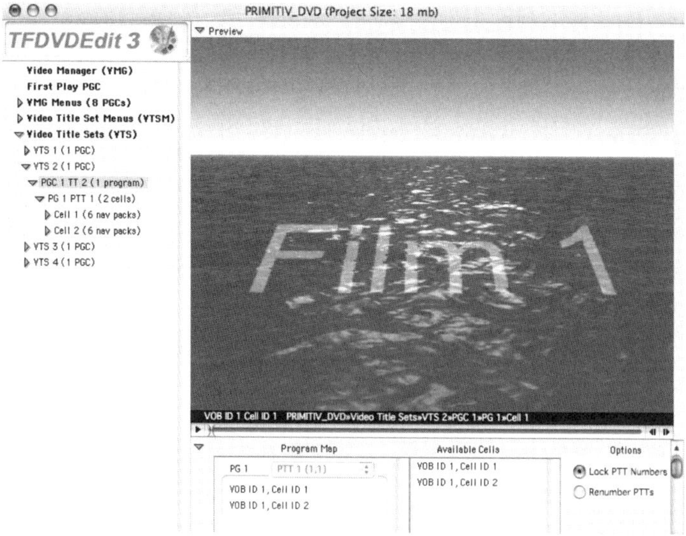

◄ **Abbildung 18.16**
Der erste Film wurde in DVD Studio Pro mit einer Markierung versehen und weist deshalb in der PROGRAM MAP zwei Cells auf.

Beim ersten Film, der jetzt in VTS 2 steckt, gibt es eine solche Markierung. Wenn Sie hier alles aufklappen, finden Sie in PGC 1 zwei PTTs mit zwei Cells: Die erste ist das Videomaterial vor der Markierung, die zweite danach. Beachten Sie bei angewählter Cell 1 die Eintragung rechts bei SEAMLESS PLAYBACK: Die steht auf NO und ist auch nicht veränderbar. Das erste Stück Video in einem neuen VTS kann niemals nahtlos abgespielt werden. Wenn Sie die zweite Cell anwählen, steht dieser Eintrag dagegen auf YES, da sie physikalisch direkt auf die erste folgt. Dies ist der typische Fall für Kapitel in einem Spielfilm, die bekanntlich nahtlos abgespielt werden können.

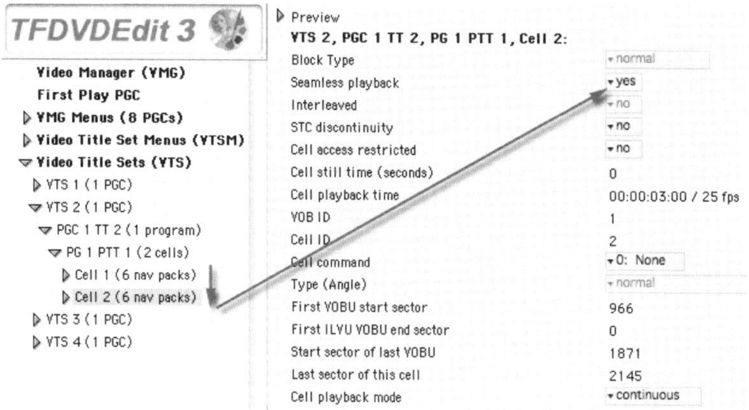

◄ **Abbildung 18.17**
Solange die Kapitel in der richtigen Reihenfolge stehen, sind alle Cells außer der ersten SEAMLESS abspielbar, also ohne Stocken.

Selektieren Sie noch einmal PGC 1 TT 2, und vertauschen Sie probeweise die Reihenfolge der beiden Cells in der PROGRAM MAP durch Ziehen.

1 2 3 4 5 6 7 8 9 10 11 12 13 14 15 16 17 **18** 19 20 21 22 A B C

Wenn Sie jetzt bei den Cells auf den Eintrag für SEAMLESS PLAYBACK schauen, steht der in beiden Fällen auf NO. Weil die Cells nicht mehr in der richtigen Reihenfolge abgespielt werden, muss der Laser auf der DVD neu positioniert werden, und das geht nicht nahtlos. TFDVDEdit berücksichtigt das und ändert die Einstellung entsprechend, damit es auch auf problematischen Playern nicht zu Bildstörungen kommt. Stellen Sie daher zuletzt die Reihenfolge wieder richtig.

Löschen nicht per Taste

Um einen Eintrag aus der Title List oder der Program Map zu entfernen, ziehen Sie ihn einfach aus der linken Liste nach rechts – per Rückschritttaste würden Sie das gesamte, ganz links angewählte Objekt löschen.

Auf der Ebene einer Cell gibt es nicht so viel zu entdecken, das für uns jetzt schon nützlich wäre, umso mehr aber beim einzelnen Nav Pack. Wählen Sie links das einzige Nav Pack aus PGC 7 im VTSM 1 (unser Standbildmenü), und scrollen Sie rechts nach unten. Unter COLOR SCHEMES lassen sich die Zuordnungen einzelner Farbtöne aus der Palette und die Transparenzstufen für Buttons auch nachträglich ändern. Das geht aber nur für die Zustände selektiert und aktiviert, den Normalzustand müssen Sie schon vor dem Multiplexen in DVD Studio Pro festlegen. Aber den benutzt man in der Praxis doch nur selten, und so ist TFDVDEdit auch hier hilfreich bei Feinkorrekturen am (fast) fertigen Werk.

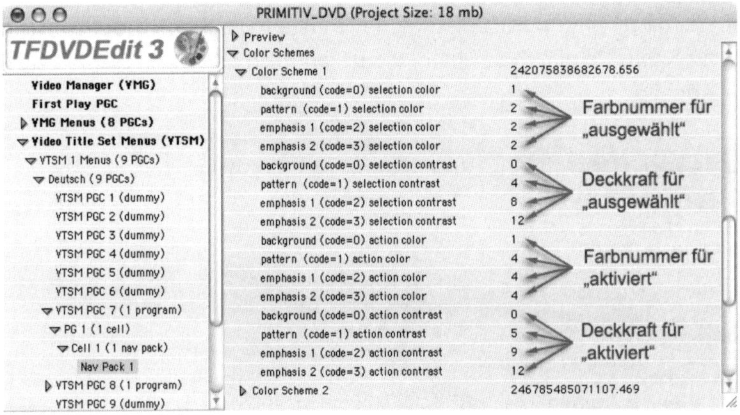

Abbildung 18.18 ▶ Auf der Ebene des NAV PACKS können nur die Deckkraft und die Farbzuordnung geändert werden.

Dazu muss man allerdings die Begriffe der offiziellen DVD-Spezifikation kennen: BACKGROUND ist in DVD Studio Pro der unterste Eintrag, den man normalerweise auf volle Durchsichtigkeit stellt, PATTERN, EMPHASIS 1 und EMPHASIS 2 definieren die übrigen drei Farbstufen von unten nach oben, SELECTION steht für den selektierten Zustand, ACTION für den aktivierten. Natürlich steht COLOR für die Farbe (bzw. die Nummer für deren Paletteneintrag), während CONTRAST der Deckkraft entspricht. Wie in DVD Studio Pro gibt es drei Farbreihen (COLOR SCHEME 1 bis 3), die Sie den einzelnen Buttons frei zuordnen können.

Nun öffnen Sie die Einträge unter BUTTON NAVIGATION ❶ neben der grafischen Darstellung der einzelnen Buttonpositionen. Hier lassen sich praktisch alle Parameter, die einen Button betreffen, nachträglich verändern. Das reicht von der Zuordnung der Farbreihe ❷ (BUTTON COLOR TABLE NUMBER) über die automatische Auslösung ❸ (AUTO ACTION FLAG) und die vier Eckpunkte der aktiven Fläche ❹ bis hin zu der Wirkung der Pfeiltasten ❺. Beachten Sie bitte, dass es eigentlich keine Einstellung einer Pfeilrichtung auf UNBESTIMMT wie in DVD Studio Pro gibt: Wenn eine Pfeiltaste wirkungslos bleiben soll, wird auf den Button selbst verwiesen (hier bei UP, DOWN und LEFT). Sicher können Sie sich vorstellen, wie angenehm es ist, mit wenigen Mausklicks die Korrektur bei einem falsch verbundenen Knopf hier vornehmen zu können, anstatt DVD Studio Pro bemühen zu müssen.

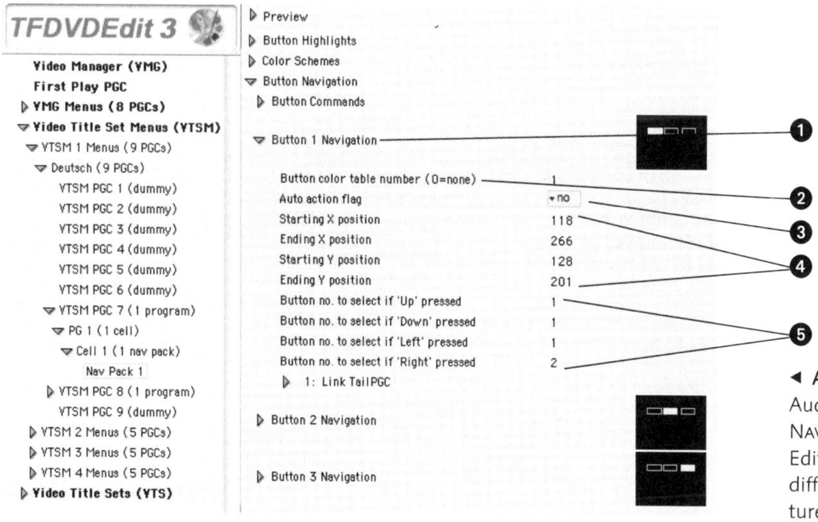

◄ **Abbildung 18.19**
Auch unter BUTTON NAVIGATION erlaubt das Editierprogramm sehr differenzierte Korrekturen.

Nun kennen Sie zwar bei weitem noch nicht alle Möglichkeiten des Editierprogramms, aber können sich vermutlich schon einige Situationen vorstellen, in denen hier schnelle Hilfe wartet. Sind Sie bereit für eine radikalere Operation? Dann lassen Sie uns den Abstraction Layer – einige amerikanische Kollegen lieben das Wortspiel »Obstruction Layer«, das heißt Behinderungsebene – in die Tonne treten!

Schritt für Schritt: Einfaches Projekt

1. Dummys im VMG löschen

Öffnen Sie links den Bereich des VMG, selektieren Sie dort alle acht Dummy-PGCs, und löschen Sie sie per Rückschritttaste oder per Kontextmenü wie im Bild. Sie werden um Bestätigung dieser Aktion gebeten, da sich das nicht zurücknehmen lässt. Klicken Sie OK.

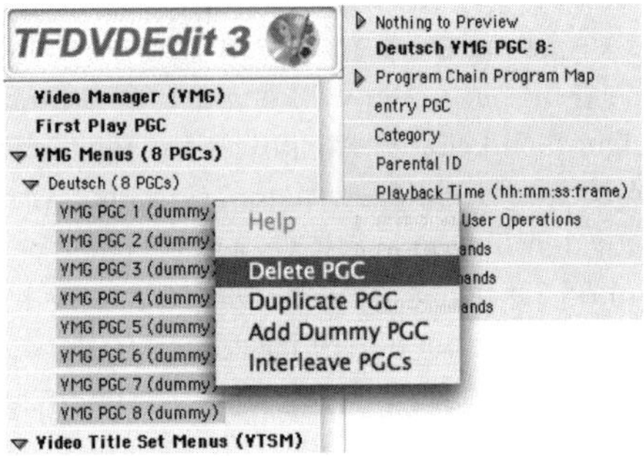

2. Erläuterung

Sie werden sehen, dass TFDVDEdit einen Dummy-PGC übrig lässt, da es nicht zulässig wäre, alle zu löschen. Dieser enthält aber keinerlei Befehle.

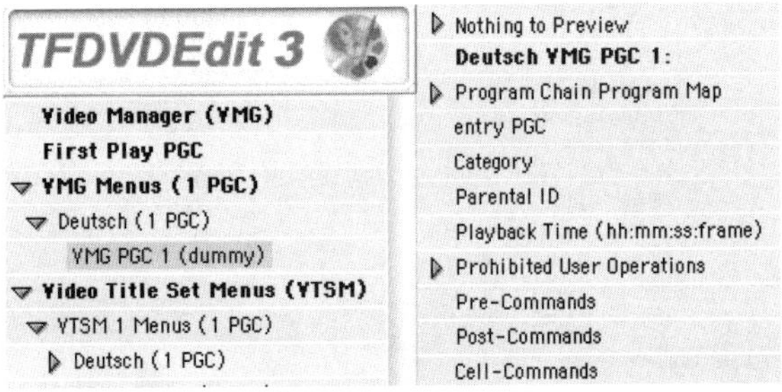

3. Dummys in VTSM 1 löschen

Machen Sie nun dasselbe mit sämtlichen Dummy-PGCs im VTSM 1, aber lassen Sie den letzten übrig, der unser Menü enthält. Er wird automatisch zu PGC 1 umbenannt.

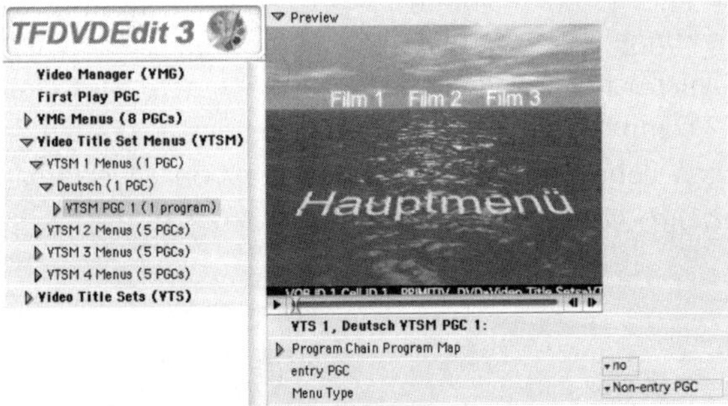

Wiederholen Sie das bei den übrigen VTSMs, so dass überall nur noch ein Dummy-PGC übrig bleibt. Ihre linke Fensterseite sollte am Ende der Abbildung entsprechen.

4. Übrige Dummys löschen

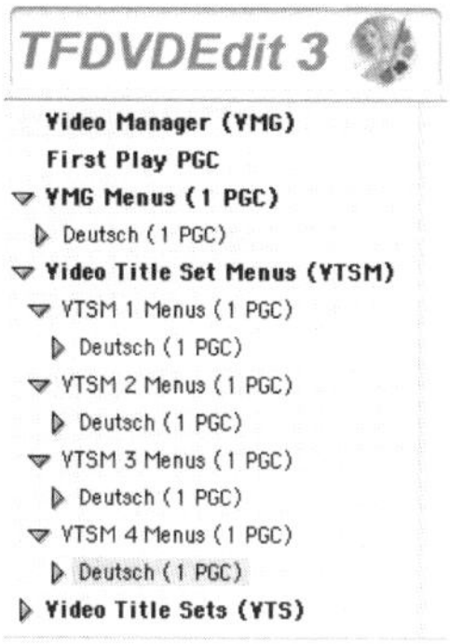

Jetzt löschen wir alle noch verbliebenen Programmbefehle, da diese nun irrelevant geworden sind und keine Ziele mehr haben. Wählen Sie dazu im Menü EDIT ganz unten PROJECT-WIDE EDITS und dort DELETE ALL COMMANDS IN PROJECT. Sie werden darauf hingewiesen, dass dies bei einem größeren Projekt einige Minuten dauern kann – in unserem Fall geht es blitzschnell.

5. Alle Befehle löschen

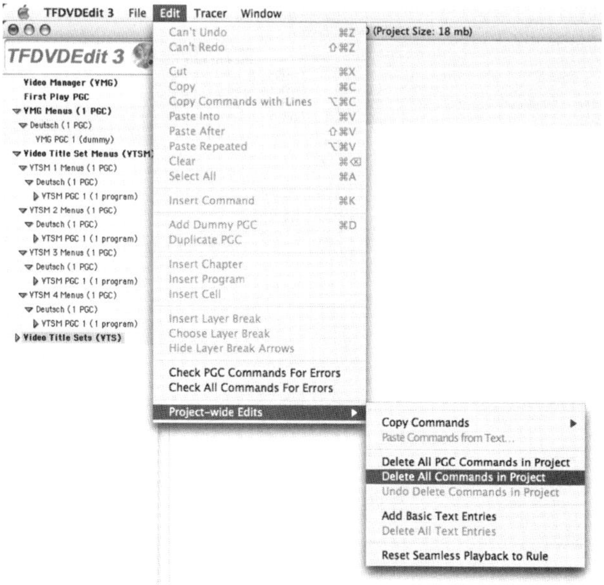

Mit der Variante DELETE ALL PGC COMMANDS IN PROJECT werden alle PGCs von Befehlen befreit, nur die Befehle auf der Ebene einzelner Cells und die von Buttons bleiben erhalten.

6. Erläuterungen

Im nächsten Schritt werden wir die Funktion unseres Menüs im Gesamtkontext der DVD neu definieren. Wir »verdrahten« sozusagen unser Menü fest mit den Tasten MENU und TITLE der Fernbedienung. Auch wenn wir die Funktion dieser Tasten in einem Programm wie DVD Studio Pro anscheinend frei definieren können, ist diese feste Verbindung durchaus in der DVD-Spezifikation vorgesehen. Wenn ein VTSM als ENTRY PGC mit dem Menütyp ROOT definiert wird, springt die Navigation bei Betätigung der Menütaste innerhalb des betreffenden VTS zu diesem Menü.

DVD Studio Pro benutzt hierfür ein Dummy-Menü, um die Navigation mit Pre-Commands auf ihren weiteren Weg zu schicken – wir werden das hier direkt lösen. Entsprechendes gilt für den VMG: Wenn die Title-Taste irgendwo in einer Videospur gedrückt wird, springt die Navigation direkt zu dem PGC, der im VMG als ENTRY PGC definiert wurde. Sehen Sie sich die betreffende PGC im VMG an: Der Eintrag bei ENTRY PGC ist auf YES gesetzt. TFDVDEdit hat das in weiser Voraussicht bereits erledigt.

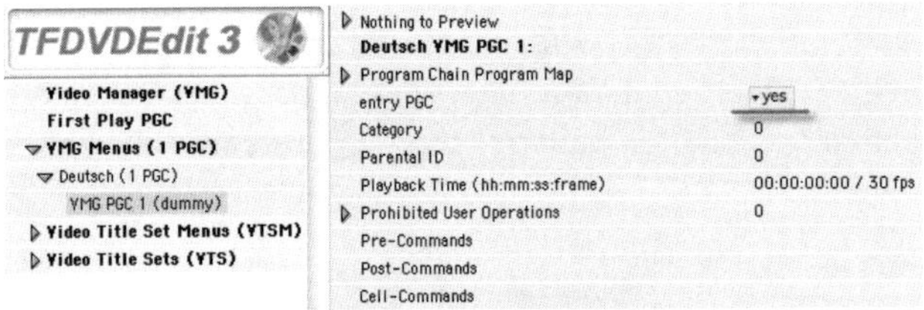

7. Entry PGC für VTSM 1 definieren

Aktivieren Sie die PGC im ersten VTSM, und setzen Sie rechts im Ausklappmenü den Eintrag bei ENTRY PGC auf YES, dazu den bei MENU TYPE auf ROOT. Da dies unser Hauptmenü ist (DVD Studio Pro legt alle 4:3-Menüs in VTSM 1 ab), hat die Videospur in VTS 1 den physikalisch kürzesten Weg zum Hauptmenü und kann besonders schnell angesprungen werden.

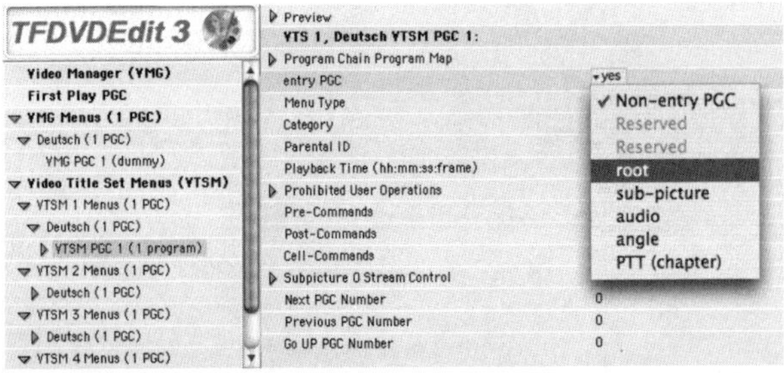

8. Erläuterung

Kontrollieren Sie nun die PGCs in den übrigen VTSMs: Sie werden feststellen, dass diese bereits alle auf YES und ROOT gesetzt sind. In diesen Fällen wurden die Einträge schon von DVD Studio Pro so angelegt.

Nun werden wir unsere eigene Navigation anlegen, dabei heben wir die Button-Befehle als letzten Schritt auf, da noch nicht alle Ziele dafür existieren. Bitte erinnern Sie sich auch an die Grundregel: Die Navigation einer DVD kann niemals von einem VTS direkt in ein anderes springen, sie muss immer über den VMG gehen. Der Chef möchte eben nicht übergangen werden ;-)

Unsere Navigation soll folgendermaßen aussehen: Die First Play PGC soll VTS 1 anspringen (unser Intro-Video), dann das Menü in VTSM 1. Das Hauptmenü hat drei Buttons mit den Zielen VTS 2 bis 4. Nach deren Ablauf muss die Navigation zurück ins Menü führen.

9. Pre-Command in First Play PGC einfügen

Selektieren Sie First Play PGC auf der linken Seite, und fügen Sie rechts ein neues Pre-Command ein. Dazu klicken Sie Pre-Commands an, klicken dann noch einmal mit der rechten Maustaste oder CTRL + Klick auf den gleichen Eintrag und wählen im Kontextmenü Insert Command. Unterhalb von Pre-Commands taucht ein neuer Befehl Nop auf – ganz ähnlich, wie Sie es von Skripten in DVD Studio Pro kennen.

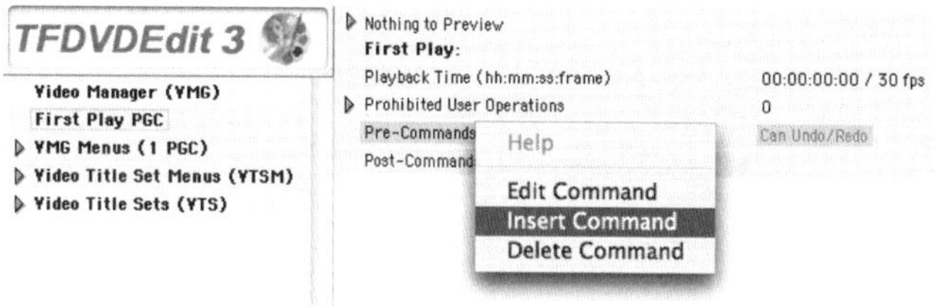

Richtig wählen

Wenn Sie einen nicht selektierten Bereich mit der rechten Maustaste oder CTRL anklicken, erscheint zwar das Kontextmenü, der gewählte Befehl wie zum Beispiel Insert Command bleibt aber wirkungslos. Sie müssen zuerst einen Bereich selektieren (wie Pre-Commands), er wird wie üblich mit der Auswahlfarbe unterlegt.

Dann erst wählen Sie im Kontextmenü die gewünschte Funktion, und es klappt. Übrigens fügt TFDVDEdit einen neuen Befehl mit Insert Command immer hinter der selektierten Position ein: Wenn Sie einen zusätzlichen Befehl vor dem ersten vorhandenen brauchen, müssen Sie statt eines existierenden Befehls den Eintrag Pre-Commands bzw. Post-Commands selbst selektieren.

---

10. Zum Intro springen

Wir wollen an dieser Stelle das Intro-Video in VTS 1 abspielen. Ändern Sie daher den Befehl auf Jump TT 1, indem Sie diesen Befehl aus der Aufklappliste wählen. Der erste TT wird automatisch gewählt; mit der Liste bei TT 1 bietet Ihnen das Programm auch alle anderen verfügbaren Spuren an. Der Jump-Befehl wird immer dann benötigt, wenn Sie den Bereich wechseln, hier also von First Play PGC zu VTS 1.

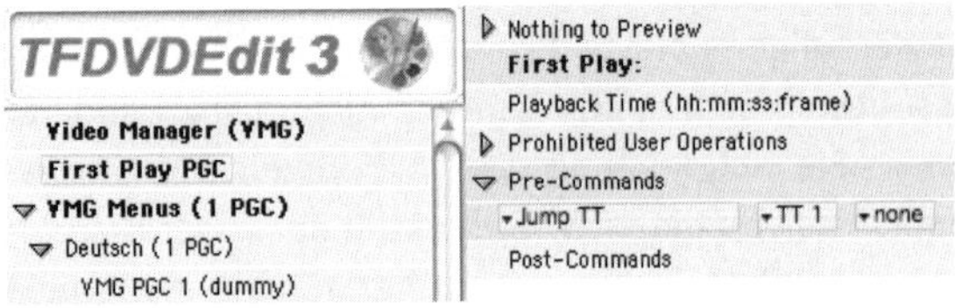

11. Menü aufrufen Nach dem Intro wollen wir zum Menü gehen. Da das Intro in VTS 1 und das Menü in VTSM 1 ist, müssen wir hier nicht über den VMG gehen. Wählen Sie PGC 1 in VTS 1, erzeugen Sie diesmal ein POST-COMMAND per Kontextmenü, und wählen Sie CALL VTS MENU aus der Liste. Es wird von TFDVDEdit automatisch so ergänzt, dass das Root-Menü aufgerufen wird – also genau das, was wir hier brauchen.

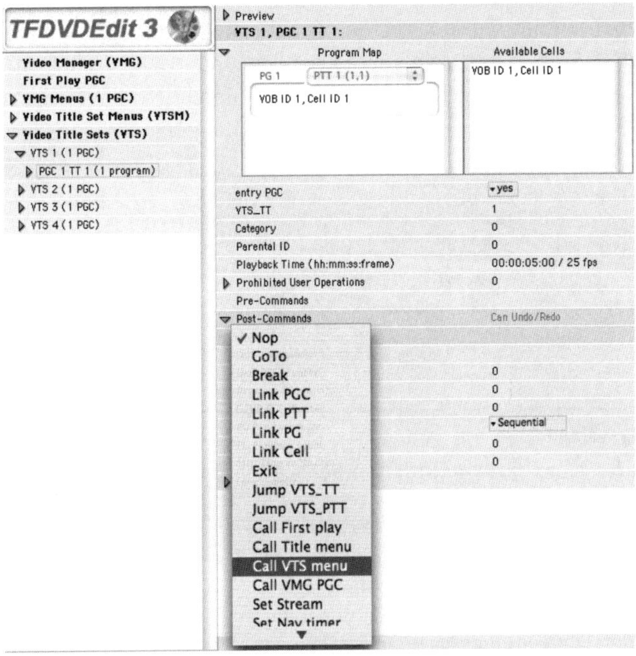

12. VMG programmieren Wenn wir später aus einer der anderen Spuren (VTS 2 bis 4) zurückkehren, wird das nicht so einfach, da wir dann über den VMG gehen müssen. Wechseln Sie daher zu PGC 1 im VMG, und fügen Sie dort als Pre-Command JUMP VTS MENU ein. Auch hier ergänzt das Programm bereits die für uns passenden Werte VTS 1 MENU ROOT.

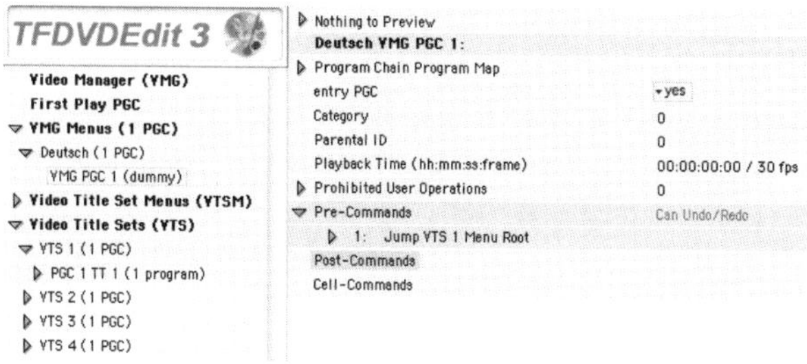

13. Pre-Commands in VTSM 1 einfügen

Für eine saubere Menüführung sollten wir darauf achten, dass bei der Rückkehr aus einer Spur der richtige Button angewählt wird. Das funktioniert auch hier über SPRM 8 ganz ähnlich wie bei Skripten. Fügen Sie dafür zwei Pre-Commands in PGC 1 im VTSM 1 ein.

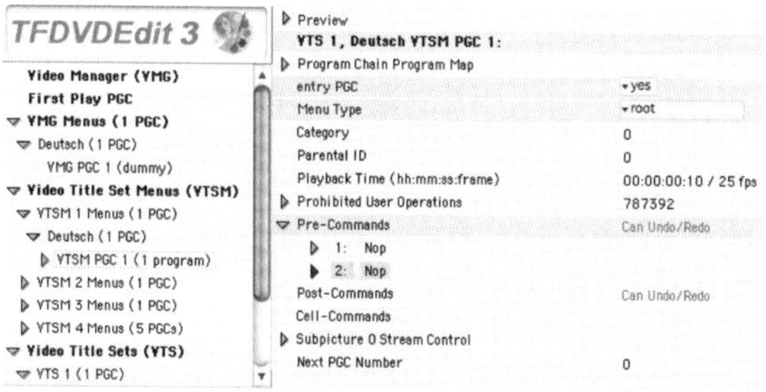

14. Register für Button setzen

Ändern Sie den ersten Befehl auf Set. Das zu setzende Register steht schon auf r0, Sie müssen noch Value auf Sprm ändern und die Nummer auf 8. Als Merkhilfe zeigt uns TFDVDEdit dabei die Funktion der SPRMs in Kurzform an.

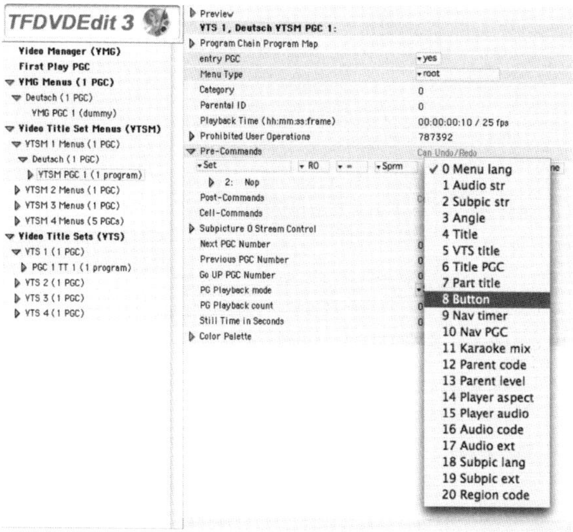

1 2 3 4 5 6 7 8 9 10 11 12 13 14 15 16 17 18 19 20 21 22 A B C

15. Button-Vorwahl setzen

Den zweiten Befehl stellen Sie auf SET BUTTON und stellen auf GPRM und R0. Dieser Befehl benutzt den eben abgelegten Wert und wählt den entsprechenden Button vor. Um die Teilung durch 1024 wie bei Skripten müssen wir uns in diesem Fall nicht kümmern. Ihre Pre-Commands für VTSM 1 sollten jetzt wie im Bild aussehen.

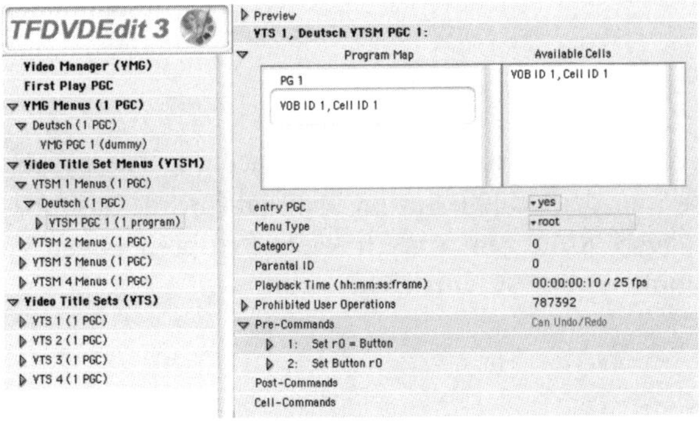

16. Pre-Commands für VTSM 2 bis 4

Wenn der Nutzer in einer der Spuren die Menü-Taste der Fernbedienung benutzt, springt die Navigation zum entsprechenden Root-Menü, also VTSM 2 bis 4. Dort ist aber gar nichts, wir müssen also die Navigation zum VMG umleiten, wo schon alles eingerichtet ist. Fügen Sie bei den PGCs in VTSM 2 bis 4 ein Pre-Command JUMP VMG PGC ein – PGC 1 ist wieder automatisch vorgewählt. Um die Title-Taste brauchen wir uns nicht zu kümmern, die führt automatisch zum VMG.

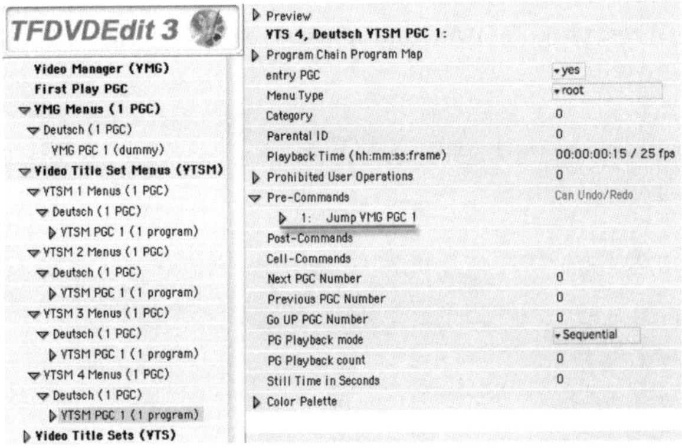

17. Post-Commands für VTS 2 bis 4

Bevor wir uns um die Buttons kümmern, sollten wir noch die Sprünge zum Menü nach Ablauf der einzelnen Spuren regeln. Setzen Sie dafür bei VTS 2 bis 4 jeweils als Post-Command CALL VMG PGC ein – PGC 1 wird wieder automatisch eingesetzt.

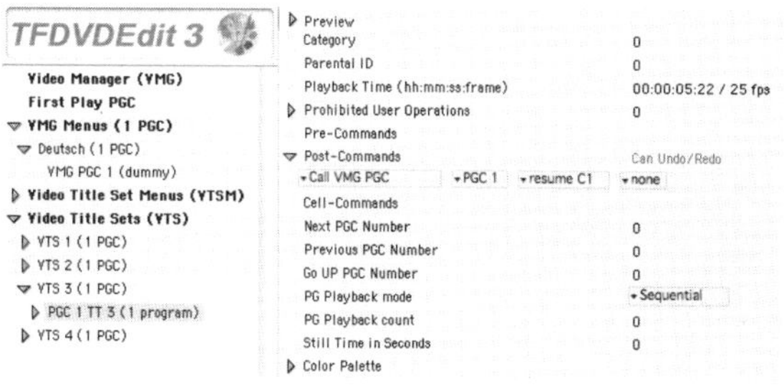

18. Dummy-PGCs zum VMG hinzufügen

Nun müssen wir noch die Buttons im Menü mit ihren Zielen belegen. Da wir nicht direkt aus einem VTS in ein anderes springen können, brauchen wir dazu ein paar Dummy-PGCs im VMG. Wählen Sie PGC 1 unter VMG Menus, und klicken Sie mit der rechten Maustaste oder [CTRL] + Klick darauf. Im Kontextmenü erscheint ADD DUMMY PGC. Wiederholen Sie das zweimal, bis Sie im VMG insgesamt vier PGCs haben. Achten Sie darauf, die neuen Dummys nach der vorhandenen PGC einzufügen.

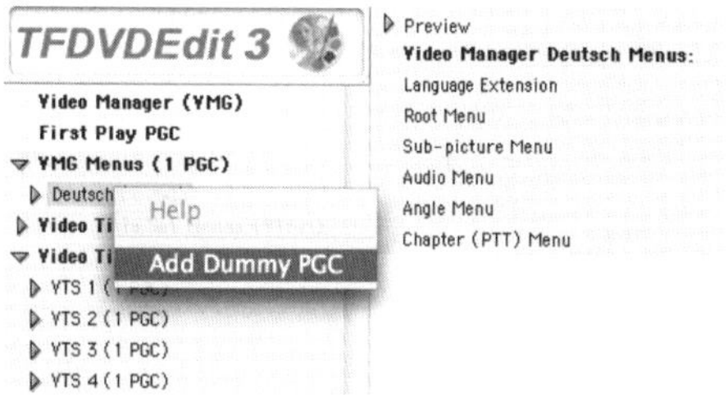

19. Sprünge zu VTS 2 bis 4 definieren

Jedem dieser Dummy-PGCs fügen Sie ein Pre-Command hinzu, das in das entsprechende VTS führt. Bei Dummy PGC 2 also JUMP TT 2 und so weiter wie abgebildet.

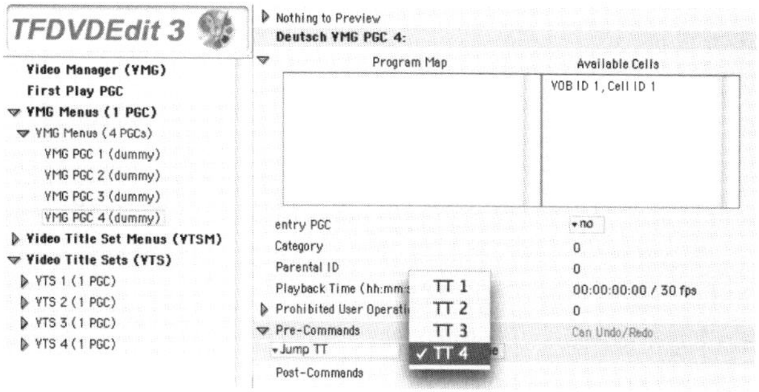

20. Button Commands definieren

Nun haben wir passende Sprungziele für die Buttons. Wechseln Sie zu VTSM 1, und hangeln Sie sich in der Hierarchie bis zu unserem einsamen NAV PACK herunter. Dort finden Sie die drei BUTTON COMMANDS, die noch auf NOP stehen. Ändern Sie alle auf JUMP VMG PGC. Diesmal müs-

1 2 3 4 5 6 7 8 9 10 11 12 13 14 15 16 17 **18** 19 20 21 22 A B C

sen Sie die Nummern der PGCs von Hand auf PGC 2 bis PGC 4 ändern, bis alles der Abbildung entspricht.

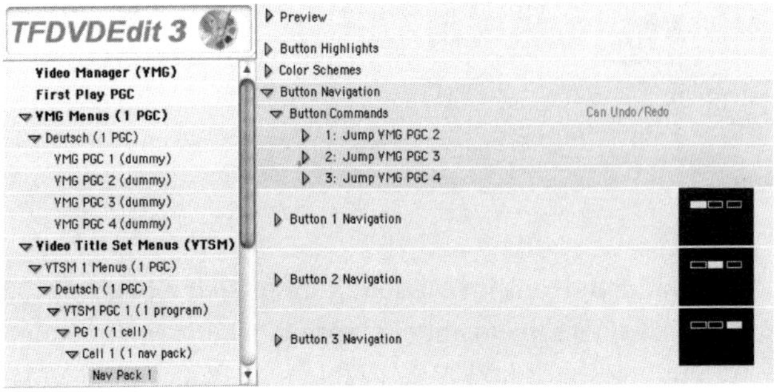

Geschafft! Wenn Sie das Projekt so abspeichern und sich im DVD-Player ansehen, sollte es genau wie die ursprüngliche Version aus DVD Studio Pro funktionieren – und das alles mit wesentlich weniger Befehlen und Dummy-PGCs als vorher. Auf einem trägen DVD-Player sollten Sie jetzt schon feststellen können, dass die Navigation schneller reagiert, auch wenn das bei einem so kleinen Projekt noch nicht sehr auffällig sein wird. Mit etwas Übung wird Ihnen das viel schneller von der Hand gehen, als es sich hier überhaupt beschreiben lässt – das Ganze dauert bei einem so einfachen Projekt zehn bis 15 Minuten.

Einzelschrittprüfung

Bei diesem einfachen Projekt lohnt es sich endlich, auch mit dem Tracer nachzusehen, wie alles abläuft. Ich werde in den Screenshots nicht immer das gesamte Interface abbilden, sondern nur den Teil, wo sich gerade etwas tut.

Schritt für Schritt: Tracer

1. Tracer aufrufen

Achten Sie darauf, dass links der VMG (oder gar nichts) ausgewählt ist, und starten Sie den Tracer mit [⌘] + [B] oder im Menü Tracer mit Start Tracer. Im Befehlsfenster erscheint als Kopfzeile First Play PGC:Pre-Commands (damit wir wissen, wo wir sind) und darunter unser erster Befehl Jump TT 1, markiert mit einem Pfeil.

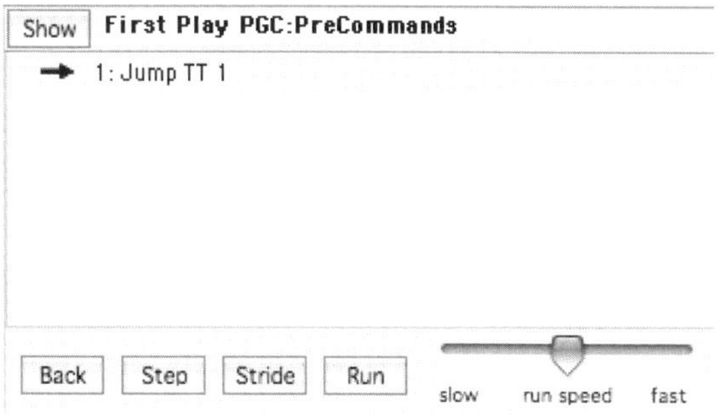

2. Ersten Schritt auslösen

Klicken Sie auf STEP, und es passiert, was wir zu Recht erwarten dürfen: Der Tracer springt zum ersten TITLE TRACK, und PREVIEW zeigt das erste NAV PACK an, wenn es aktiviert wird, während bei den Befehlen nichts zu sehen ist.

3. Intro überspringen

Sie könnten sich jetzt Nav Pack für Nav Pack mit STEP durch das Intro hangeln, aber da dort nichts Aufregendes passiert, klicken Sie gleich auf STRIDE. Sie landen sofort in den PostCommands der PGC 1 von VTS 1 beim Befehl CALL VTSM MENU ROOT RESUME C1.

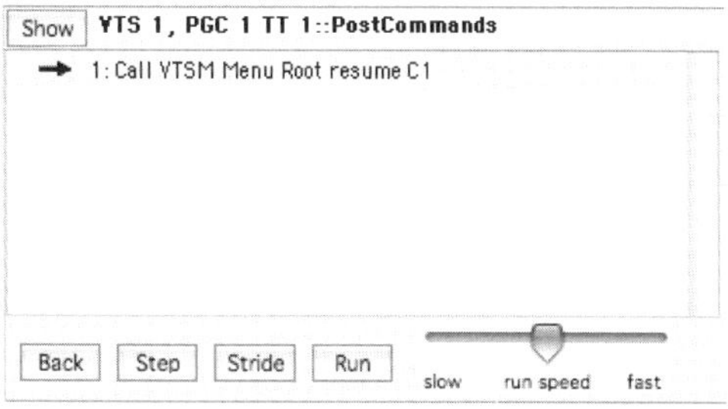

4. Step zu VTSM 1 Der nächste Klick auf STEP bringt uns zu den PreCommands von VTSM 1, wo gleich der aktive Button ermittelt wird.

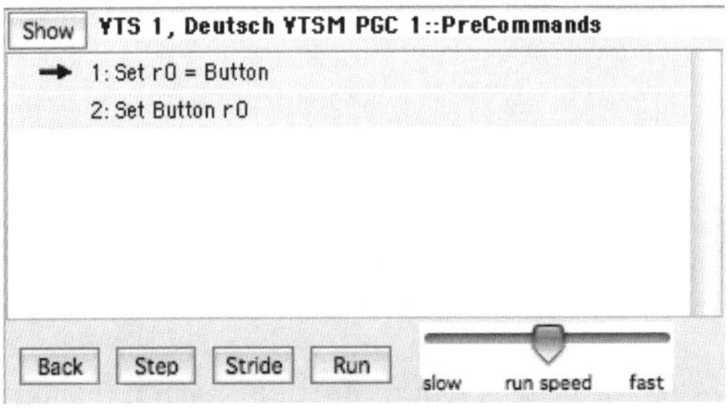

5. Button ermitteln Behalten Sie beim nächsten Step die Tabellen unten im Auge: Da anfangs der erste Button aktiv ist, wird in GPRM 0 der Wert »1024« aus SPRM 8 übernommen und vom Tracer rot hervorgehoben, da er sich gerade geändert hat.

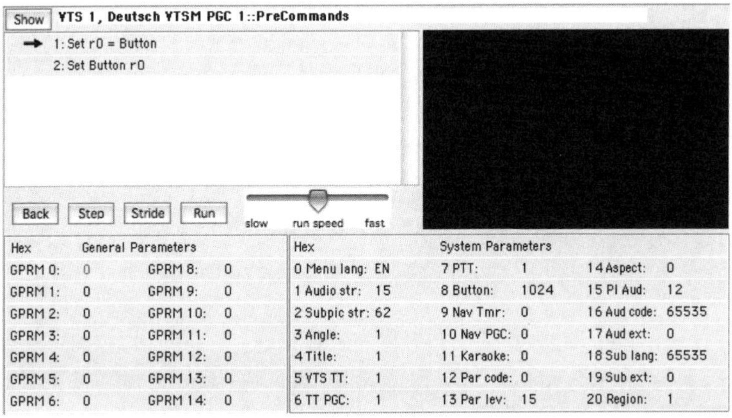

6. Zum Menü gehen Der nächste Step überträgt den Wert aus GPRM 0 wieder auf SPRM 8, was an dieser Stelle noch keine Bedeutung hat. Klicken Sie daher gleich noch einmal, was Sie dann zum ersten Menü bringt. Der Hotspot des ersten Buttons wird hervorgehoben, dieser ist selektiert, und die Fernbedienung links oben wird aktiviert, wartet also auf eine Nutzereingabe.

Bevor Sie jetzt schnell einen der Buttons auslösen, lassen Sie uns ein Experiment machen. Gehen Sie mit Back zwei Schritte zurück, und geben Sie bei SPRM 8 probeweise einmal den Wert »3072« ein – einfach anklicken, eintippen und ↵ drücken. Auch dieser Wert wird rot hervorgehoben, und GPRM 0 wird wieder auf 0 gesetzt.

7. Was wäre, wenn ...?

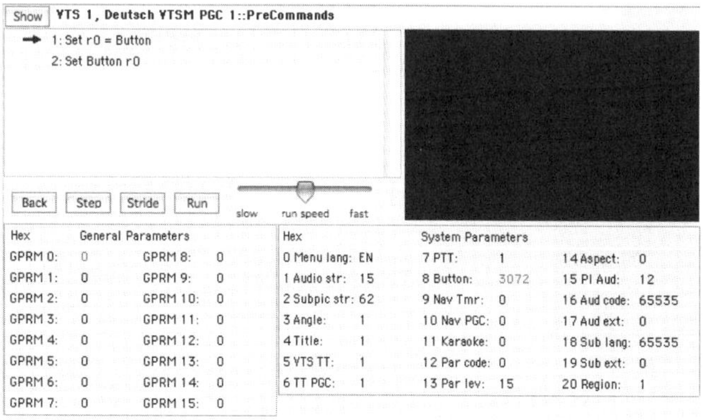

Wenn Sie nun zwei Schritte nach vorne gehen, wird erwartungsgemäß dieser Wert nach GPRM 0 übertragen und dann der dritte Button selektiert. Während Sie bei einem echten DVD-Player an die SPRMs gar nicht direkt herankommen, lässt der simulierte Player im Tracer auch hier Eingaben zu (für deren Gültigkeit Sie verantwortlich sind). Der Tracer eignet sich damit hervorragend zum schnellen Test auf das Verhalten Ihrer Programmierung unter wechselnden Bedingungen.

8. Wieder nach vorne

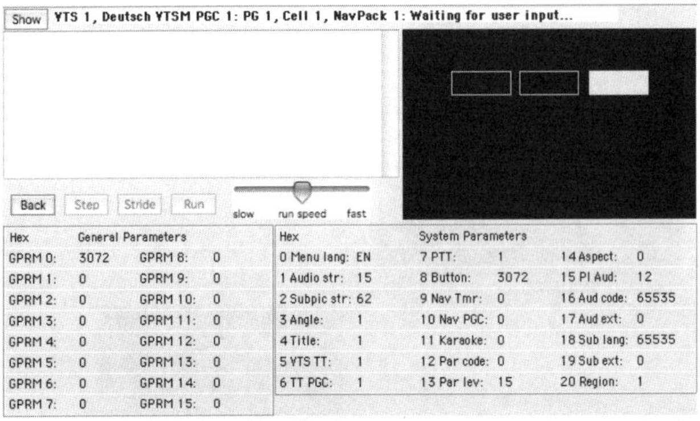

9. ***Fernbedienung benutzen*** Drücken Sie jetzt ENTER auf der Fernbedienung, und Tracer zeigt Ihnen den BUTTON COMMAND, den Sie damit erreichen.

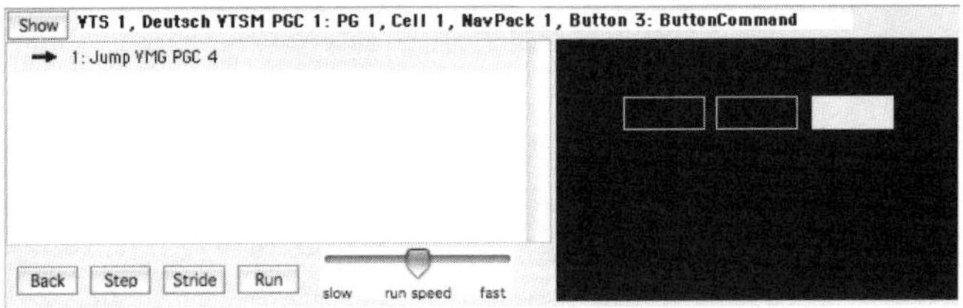

10. ***Weiter bis zum Film*** Der nächste Klick auf STEP arbeitet den Befehl ab und bringt Sie zur PGC 4 des VMG, wo mit Jump TT 4 endlich der Sprung zum Film wartet. Steppen Sie noch ein letztes Mal, und der dritte Film erscheint im Preview. Beachten Sie auch, dass sich gerade wieder etwas bei den SPRMs getan hat ...

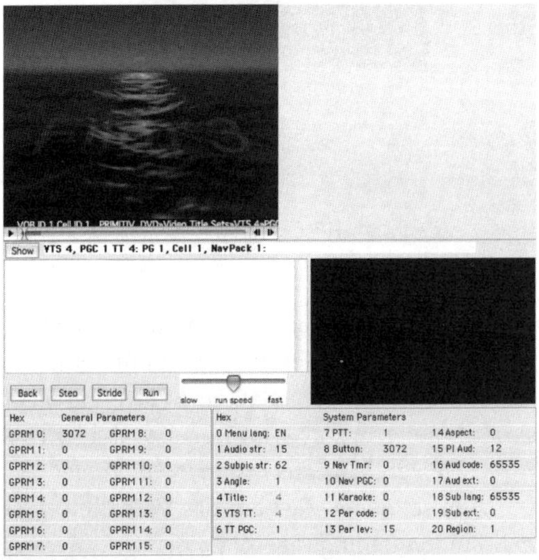

■

An dieser Stelle möchte ich Sie mit dem Tracer allein lassen – sicher ist Ihnen schon klar geworden, was für ein nützliches Hilfsmittel der sein kann. Probieren Sie alles aus, was Ihnen bei Ihrem ersten Re-Authoring einfällt, und versuchen Sie, den Ablauf genau nachzuvollziehen. Ich garantiere Ihnen, dass das wesentlich leichter ist als beim Original aus DVD Studio Pro!

Beispielprojekt Kapitelauswahl

Beim ersten Re-Authoring haben wir zwar schon mächtig aufgeräumt und Variablen eingespart, aber so ganz realitätsnah war das noch nicht. Schon ein Projekt mit einem Untermenü, zum Beispiel einer Kapitelauswahl, erfordert etwas mehr Programmierung, wenn man nutzerfreundlich gestalten möchte. Außerdem ist es effektiver, das Hauptmenü in den VMG zu verlegen, da der die oberste Hierarchieebene darstellt und die Navigation immer wieder über diesen Bereich verläuft. Ein Untermenü dagegen, das nur Inhalte in einem einzelnen VTS anspricht (wie in unserem Beispiel das Kapitelmenü), wird sinnvoll auch in dessen VTSM angesiedelt, um die Wege kurz zu halten.

Das zweite Projekt heißt »Kapitelauswahl_DVD« und besitzt ein Intro, eine Spur mit drei Kapiteln (bei identischem Videomaterial wie im ersten Projekt), ein Hauptmenü und ein Untermenü. Das Untermenü ist ein animiertes Menü mit Loop-Punkt, wo wir das typische Problem aus DVD Studio Pro haben: Der Loop-Punkt lässt sich nicht direkt anspringen, so dass der erste Teil bei der Rückkehr in das Menü ständig wiederholt wird. Für eine nutzerfreundliche Navigation, bei der man immer in das Menü zurückkehrt, aus dem man gekommen ist, bräuchten wir hier schon Skripte. Die Mühe habe ich mir beim Beispielprojekt gar nicht gemacht, da wir das diesmal direkt in TFDVDEdit gestalten werden. Ich habe auch in DVD Studio Pro keine Storys angelegt, wie man es für die Rückkehr ins Untermenü nach dem Abspielen eines Kapitels machen würde.

Lassen Sie das Projekt im DVD Studio Pro fertig stellen, und öffnen Sie es in TFDVDEdit. Wie immer beim Format 4:3 hat DVD Studio Pro alle Menüs in VTS 1 abgelegt. Ein Blick in VTSM 1 enthüllt ein interessantes Detail: Natürlich gibt es diesmal zwei VTSM-PGCs mit Videoinhalt (unsere beiden Menüs), doch das zweite hat zwei Cells. Das liegt am Loop-Punkt, denn die erste Cell ist die einführende Animation, die zweite Cell ist der Teil in der Schleife, also das eigentliche Menü. Da jede Cell in der Navigation separat angesteuert werden kann, werden wir uns das zum Überspringen der Intro bei erneuten Aufrufen des Menüs zunutze machen.

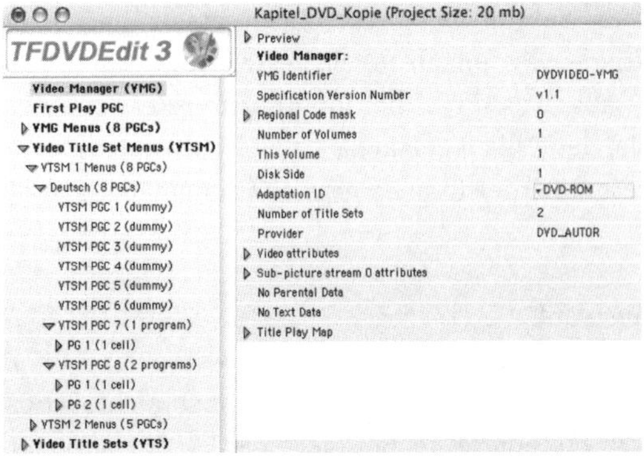

Abbildung 18.20 ▸ Das Projekt

Schritt für Schritt: Kapitelauswahl DVD

1. Abstraction Layer beseitigen

Löschen Sie wie im ersten Beispiel (Step 1 bis 5) alle Dummy-PGCs im VMG und in VTSM 1, sämtliche PGCs in VTSM 2 und alle PGC-Befehle im Projekt. Speichern Sie mit SAVE im Menü FILE oder [⌘] + [S].

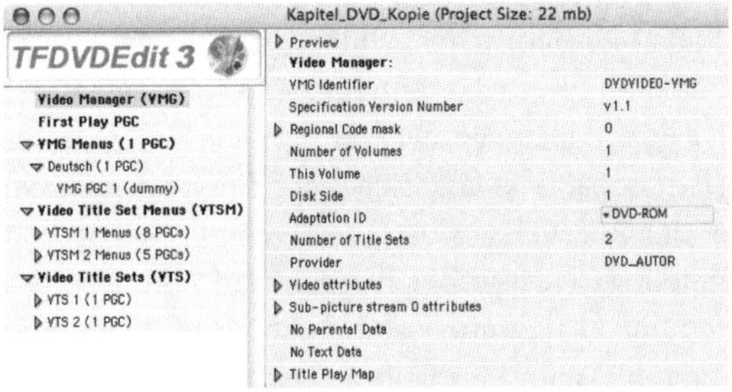

2. Videomaterial in den VMG bringen

Selektieren Sie VMG MENUS links, und klicken Sie mit der rechten Maustaste oder [CTRL] + Klick erneut darauf. Es erscheint ein Kontextmenü mit dem Befehl REPLACE MENU VOB. Mit dieser Funktion können Sie das Videomaterial (inklusive eventuell vorhandenem Audio) in einer PGC ersetzen oder einem Dummy-Menü überhaupt erst hinzufügen.

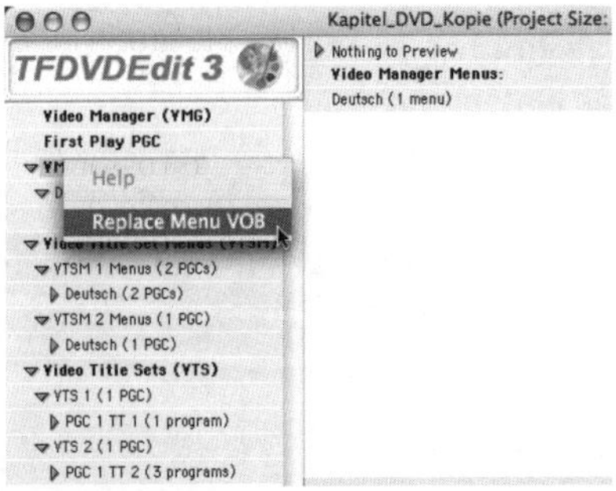

3. Befehle nicht mit importieren

Wählen Sie VTS_01_0.VOB im Folder VIDEO_TS des Originals, wo DVD Studio Pro alle 4:3-Menüs abgelegt hat. Deaktivieren Sie das Ankreuzfeld bei IMPORT COMMANDS WITH VOB, da wir unsere eigenen Befehle anlegen werden.

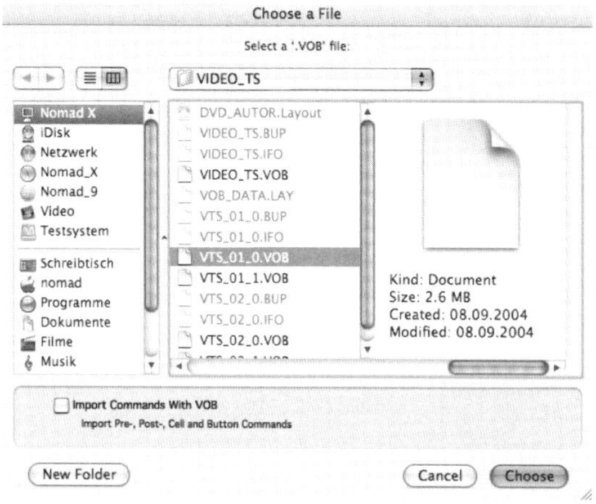

4. Zweite PGC löschen

Unter VMG MENUS tauchen nun zwei PGCs auf. Wenn Sie sich das erste ansehen, werden Sie dort unser Hauptmenü wiederfinden. Die zweite PGC mit zwei Cells ist das Untermenü, die können Sie im VMG per Kontextmenü gleich wieder mit DELETE PGC entfernen. PGC 1 sollte jetzt automatisch als ENTRY PGC aktiviert sein – wenn nicht, schalten Sie bei links aktiviertem VMG PGC 1 rechts auf YES.

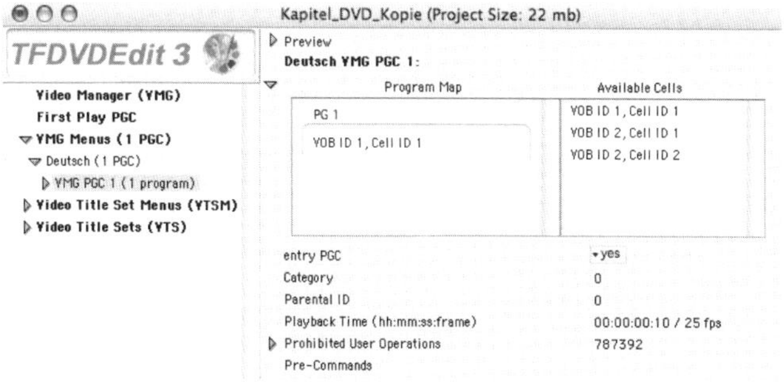

5. Erläuterungen: VOBs und PGCs

Wenn Sie sich die Program Map für die erste PGC im VMG ansehen, tauchen unter AVAILABLE CELLS rechts weiterhin alle Cells auf, auch die mit der VOB ID 2. Beim Import von VOBs werden Daten importiert, die schon im Multiplex vorliegen. Daher können Sie nicht gezielt die Inhalte für eine einzelne PGC importieren, denn TFDVDEdit kann Multiplex-Dateien nicht nachträglich zerlegen. Das ist natürlich bei umfangreichen Videoinhalten ein Nachteil, weil Sie Platz verschwenden, wenn Sie die gleiche VOB mehrfach einsetzen. Auch unser kleines Projekt ist etwas gewachsen, wie Sie in der Kopfzeile sehen können.

Zur Abhilfe könnten Sie sich quasi einen »Baukasten« von häufig benutzten Menüs in separaten VOBs mit Hilfe von kleinen Projekten aus DVD Studio Pro generieren und bei Bedarf in TFDVDEdit importieren.

Grundsätzlich könnten wir beide Menüs im VMG anlegen, da auch dort mehrere PGCs zulässig sind. Es würde unsere Programmierung aber etwas umständlicher machen, da pro Menübereich nur ein Entry PGC existieren kann. Deshalb verlegen wir hier das Untermenü in den VTSM des entsprechenden Films.

6. VOB in VTSM 2 importieren

Importieren Sie VTS_01_0.VOB mit Replace Menu Vob auch in VTSM 2. Wir benötigen dort unser Kapitelmenü, da sich unser Hauptfilm in VTS 2 befindet – VTS 1 enthält ja nur das Intro und benötigt gar kein eigenes Menü. Die benötigte PGC ist die mit zwei Cells, in der Program Map können Sie feststellen, dass diese aus VOB ID 2 stammen.

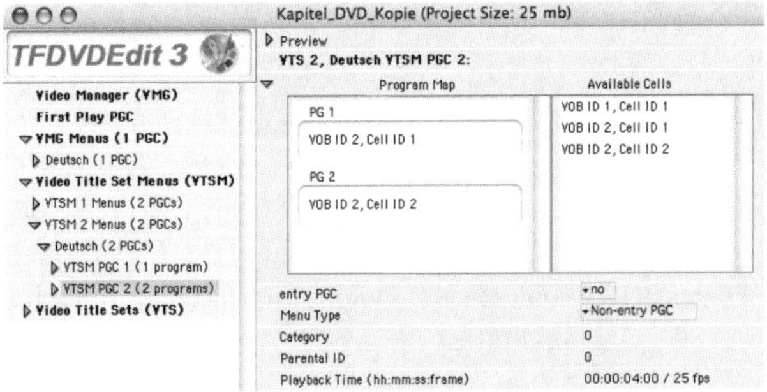

7. Überflüssige PGCs löschen

PGC 1 können Sie in VTSM 2 gleich wieder löschen. Definieren Sie die verbleibende PGC (die mit zwei Programs) als Entry PGC vom Typ Root. Die beiden PGCs in VTSM 1 können Sie nun ebenfalls löschen, da wir das Menü ja komplett an andere Stellen verlegt haben – es bleibt nur eine Dummy-PGC.

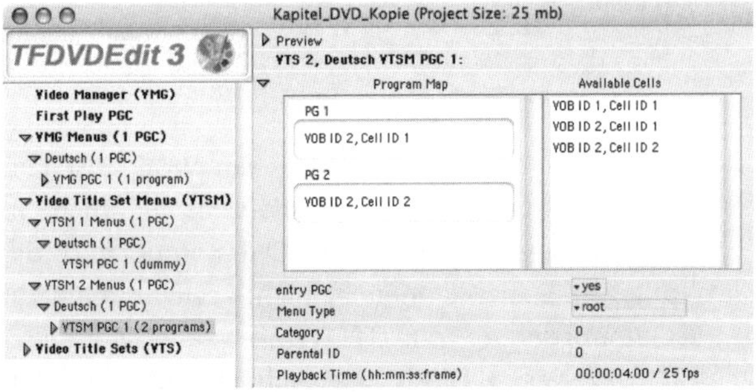

Anders als in DVD Studio Pro können Sie Variablen in TFDVDEdit nicht mit einem erklärenden Namen versehen. Es ist also sinnvoll, sich hierfür ein kleine Liste anzulegen. Im Beispielprojekt brauchen wir nur drei Variablen: r0 soll das jeweilige Herkunftsmenü registrieren, r1 den zuletzt gewählten Button im Untermenü, und r2 gibt an, ob die Intro-Animation im Untermenü schon gezeigt wurde. Der Pre-Command-Bereich der First Play PGC ist gut geeignet, um die Werte von Variablen zu initialisieren. Dabei gibt es verschiedene Versionen des Befehls SET, wir benutzen hier meist die einfachste Version.

8. Erläuterung: Variablen und Register

Fügen Sie als PRE-COMMANDS bei FIRST PLAY den Befehl »Set r0 = 0« – das entspricht den Standardwerten, die Auswahl von »Set« reicht – und ein »Jump TT 1« ein. So kommen wir zum Intro-Video wie im ersten Übungsprojekt. Um die Resume-Funktion zickiger Player zu initialisieren, ist ein Stück Video am Anfang immer sinnvoll.

9. Pre-Commands für First Play

Hängen Sie PGC 1 in VTS 1 als POST-COMMAND wieder ein »Call VMG PGC« an, um zum Hauptmenü zu gelangen, die erste PGC ist als Ziel wieder automatisch vorgewählt. Übrigens: Der Befehl »Jump VMG PGC« ist nur im Menübereich zulässig – er wird deshalb bei den VTS PGCs nicht angeboten, nur bei VTSM PGCs.

10. Sprung zum Hauptmenü

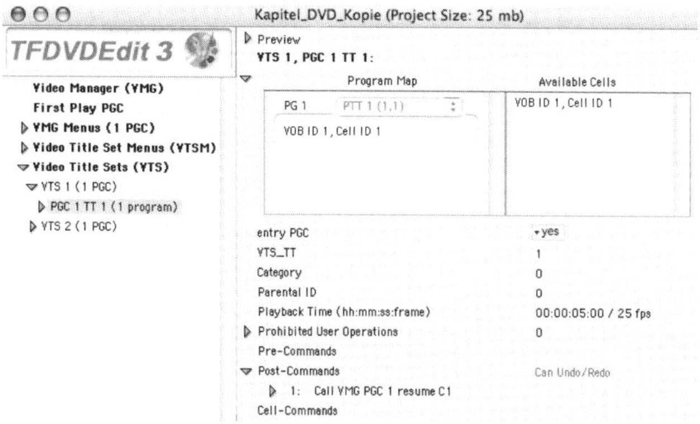

11. Post-Commands für den Hauptfilm

VTS 2 ist hier unser Hauptfilm mit drei Kapiteln, was Sie leicht erkennen können, wenn Sie links bis auf die Cell-Ebene aufklappen. Fügen Sie folgende POST-COMMANDS ein:

if r0 = 1 the GoTo Line 3 (Der Wert 1 für den Vergleich lässt sich direkt eintippen.)

Call VMG PGC 1 resume C1

Call VTSM Menu Root resume C1

12. Erläuterungen: Befehlsstruktur

Dazu müssen Sie zuerst drei Befehle generieren, damit überhaupt eine Zeile 3 existiert. Dann wählen Sie für den ersten »GoTo« mit »L3« und dann die Bedingung (Bedingungen stehen, ähnlich wie in DVD Studio Pro-Skripten, immer hinter dem Befehl). Die erste Zeile prüft also den Inhalt von GPRM 0 (das entspricht r0) und springt zum dritten Befehl, wenn dieser dem Wert 1 entspricht. Wenn das der Fall ist, springt die Zeile drei zum VTSM 1, das ist unser Kapitelmenü. Wenn nicht, wird die zweite Zeile erreicht, die ins Hauptmenü führt. Dies ist eine ganz typische Strategie in der DVD-Programmierung (wie auch in Skripten bei DVD Studio Pro), da eine Struktur wie »if ... then ... else« hier nicht existiert.

Die beiden anderen Befehle kennen Sie schon aus dem ersten Beispiel, am Schluss müssen die POST-COMMANDS wie im Bild aussehen.

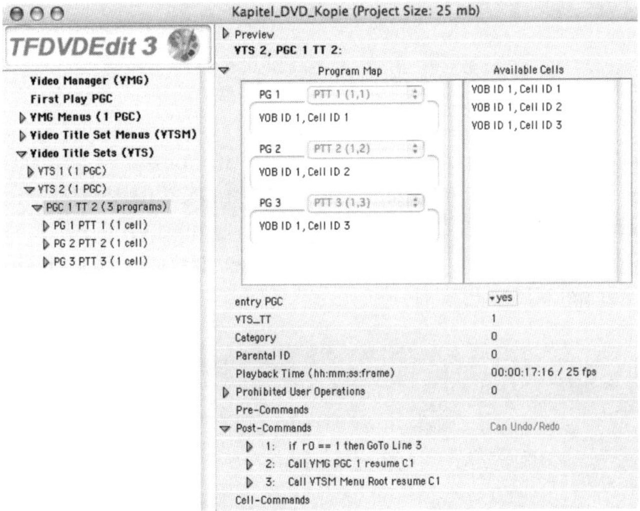

13. Erläuterung: hinter den Kulissen

Wenn Sie VTS 2 auf diese Weise einrichten, vermeiden Sie unnötige Sprünge zwischen den Bereichen. Egal, woher Sie in VTS 2 gekommen sind: Die Navigation wird immer gleich zu einem der Menüs geführt. Sie können natürlich auch mit Pre-Commands arbeiten, wenn die Logik Ihrer DVD das erfordert. Sie müssen aber wissen, dass diese immer ausgeführt werden, auch wenn Sie ein Kapitel (PTT) mit Hilfe des Befehls »Jump VTS_PTT« direkt anspringen. Da passiert gemäß DVD-Spezifikation sogar eine ganze Menge, bevor das Kapitel tatsächlich gespielt wird:

1. Die laufende Präsentation wird gestoppt.
2. Die Resume-Information wird gelöscht, falls sie existiert – das ist die Information zur Fortsetzung des Abspielens am richtigen Punkt beim kurzfristigen Verlassen einer Videospur.
3. SPRM 9 wird mit dem Wert 0 geladen, um den Navigation Timer zu stoppen.
4. SPRM 1 und 2 werden gesetzt (die bestimmen Audio- und Untertitelspur).
5. Die Befehle im Pre-Command-Bereich des PGCs, zu dem das PTT gehört, werden ausgeführt.
6. Der gewählte PTT, also das Kapitel, wird gespielt.

Seien Sie also vorsichtig mit Pre-Commands in solchen Fällen.

14. Pre-Commands für das Hauptmenü

Setzen Sie die Pre-Commands für das Hauptmenü wie im Bild. Auf den ersten Blick mag das etwas umständlich aussehen, aber hier regeln wir, dass der richtige Knopf vorgewählt wird, wenn wir ins Hauptmenü kommen.

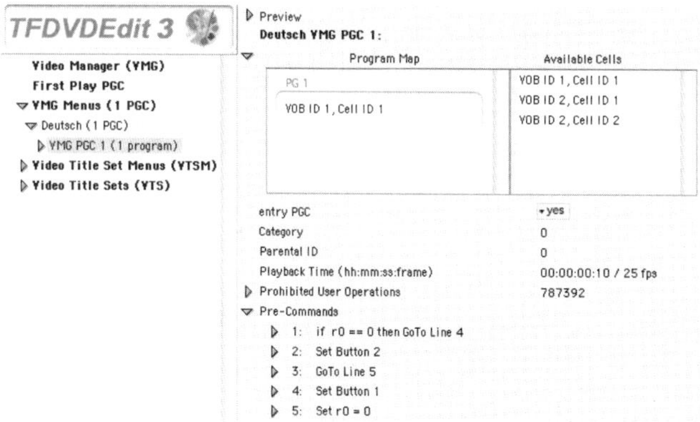

15. Erläuterung: Programmstruktur

Wenn r0 vorher schon auf 0 stand, wird der erste Button (der für den Hauptfilm) vorgewählt, wenn nicht, der für das Kapitelmenü. Zuletzt wird r0 in jedem Fall auf 0 gesetzt, da wir uns ja im Hauptmenü befinden und daher beim nächsten Schritt auch nur von hier gekommen sein können. Diese Form der Programmierung funktioniert auch, wenn der Nutzer die Taste Title oder Menu auf der Fernbedienung benutzt. Sie wird ergänzt durch die Pre-Commands für das Untermenü, die zum Hauptmenü zurückführen, wenn der Nutzer von hier kam, aber im Film (also in VTS 2) die Taste Menu betätigt.

Beachten Sie auch, wie wir mit dem unbedingten Sprung in Zeile 3 vermeiden, dass die Zeile 4 in jedem Fall abgearbeitet wird – dies ist notwendig, da ein bedingter Befehl immer nur auf eine Zeile wirken kann. Selbstverständlich könnten wir stattdessen auch in Zeile 4 auf die gleiche Bedingung wie in Zeile 1 testen.

16. Button-Befehle im Hauptmenü

Die Befehle für die Buttons im Hauptmenü sind recht einfach: »Jump TT 2« und »Link TailPGC«. Der erste Button führt zum Hauptfilm, der keine Pre-Commands besitzt. Der Befehl »Link TailPGC« führt zu den Post-Commands des gegenwärtigen PGC, also PGC 1 im VMG.

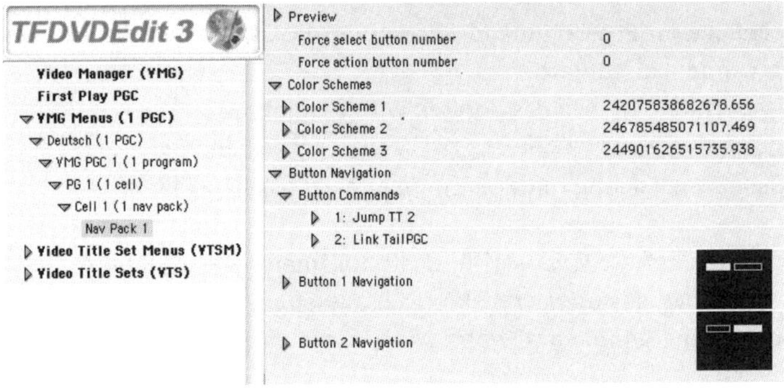

17. Erläuterung: Link statt Dummy-PGCs

Der Befehl LINK TAILPGC ist eine pfiffige Alternative zur Nutzung von Dummy-PGCs, wenn man mehrere Befehle benötigt, denn ein Button kann nur einen Befehl tragen. Sie finden den Befehl unter LINK SUB-INS (Link Sub-Instruction). Dieser Befehlstyp wird oft benutzt, um die Navigation innerhalb einer PGC zu steuern, zum Beispiel zu einer anderen Cell. Ein typischer Fall wäre »Link TopC« (Link Top Cell) bei der Schleife in einem Motion-Menü.

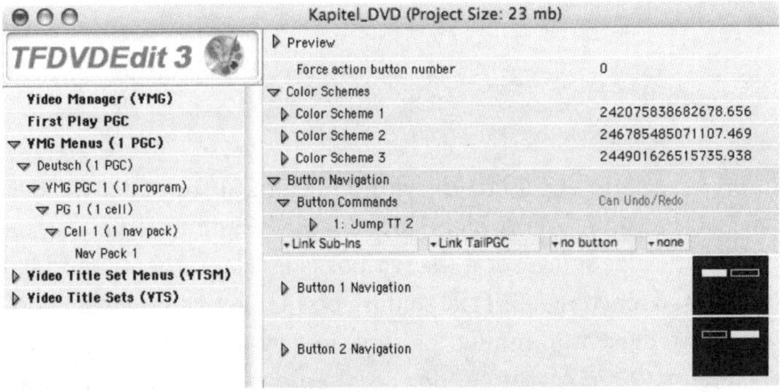

Link-Befehle navigieren übrigens nur im gleichen Bereich, während Jump-Befehle diesen verlassen.

18. Post-Commands für das Menü

Setzen Sie die Befehle für die Post-Commands in PGC 1 im VMG wie im Bild. So bringen wir unser Register r0 für die Menüs von 0 auf 1. Dann wählen wir den ersten Button vor (sonst wäre ja aus dem Hauptmenü noch Button 2 in GPRM 8 vorgewählt) und springen zum Untermenü.

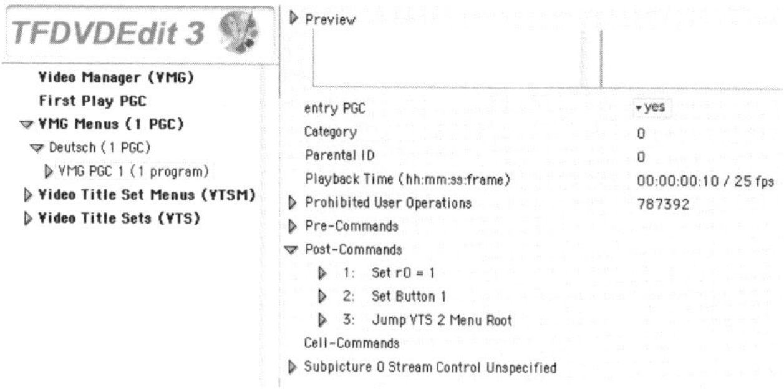

19. Pre-Commands für VTSM 2

Fügen Sie die vier Pre-Commands wie im Bild bei PGC 1 im VTSM 2 ein. Achtung: Um r1 auf »Button« zu setzen, müssen Sie als Quelle SPRM 8 angeben, nicht etwa einen Button. Normalerweise wird die Navigation zur dritten Zeile springen. Nur in einem Fall wird die zweite Zeile erreicht: wenn der Nutzer vom Hauptmenü aus den Film gestartet und mit der Taste Menu abgebrochen hat. In diesem Fall führt diese Zeile sofort zurück ins Hauptmenü. Zeile 3 merkt sich den Wert des zuletzt gewählten Buttons in r1 (GPRM 1), und Zeile 4 wählt diesen Button vor.

20. Pre-Command für die Filme

Wie Sie weiter oben schon erfahren haben, werden Pre-Commands auch bei dem Sprung zu einem PTT abgearbeitet. Dort können wir also r2 setzen, das unser Programm über die bereits gesehene Intro-Animation informiert. Fügen Sie bei den Pre-Commands aller Filme in VTS 2 also »Set r2 = 1« ein.

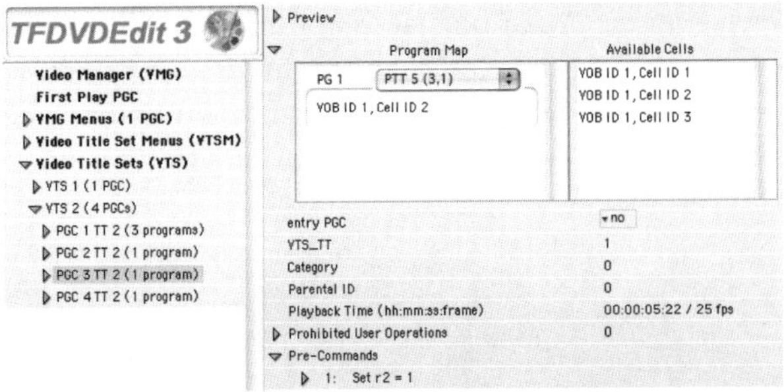

21. Variable zurücksetzen Wenn der Nutzer zurück ins Hauptmenü geht, sollte diese Variable wieder gelöscht werden. Fügen Sie daher PGC 1 im VMG noch als weiteres Pre-Command »Set r2 = 0« hinzu.

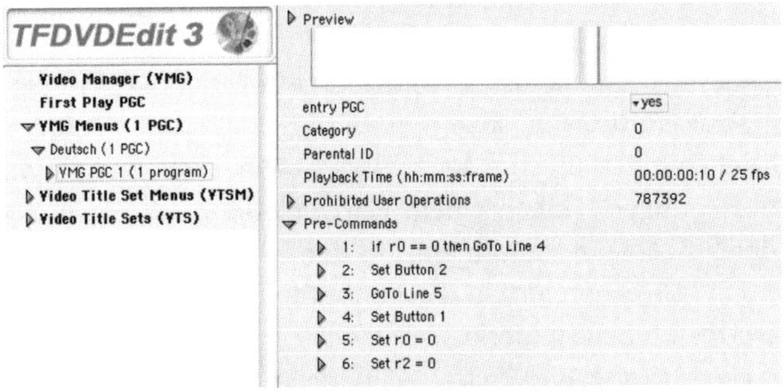

22. Weiteres Pre-Command für VTSM 2 Damit das Intro übersprungen wird, fügen wir den Pre-Commands für das Untermenü noch einen letzten Befehl hinzu: if r2 = 1 then Link PG 2.

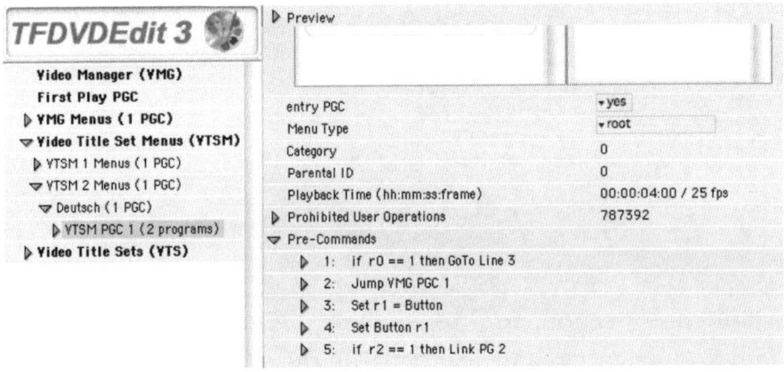

23. Button-Befehle im Untermenü Setzen Sie für die vier Buttons im Untermenü die Befehle gemäß Abbildung. Die ersten drei springen zu den Kapiteln (Part of Title Track = PTT), der letzte führt zurück ins Hauptmenü. Der jeweilige Button des zuletzt gespielten Teils wird hervorgehoben durch die obigen Pre-Commands im Menü.

24. Erläuterung: Einträge kopieren

Sie werden feststellen, dass diese PGC zwei NAV PACKS besitzt, und ein längeres Bewegtbildmenü könnte durchaus noch viele weitere aufweisen. Doch Sie müssen die normalerweise gleich bleibenden Button-Befehle nicht etwa einzeln für jedes Nav Pack setzen. Wie viele andere Parameter lassen sich diese zwischen identischen Objekten kopieren – so zum Beispiel gleich für Hunderte von NAV PACKS auf einmal. Wir werden diese Technik im Projekt mit animierten Buttons noch ausgiebig nutzen.

25. Button-Befehle kopieren

Legen Sie alle Befehle für das erste Nav Pack fest, und selektieren Sie dann BUTTON NAVIGATION. Im Menü EDIT ist jetzt die Funktion COPY BUTTON NAVIGATIONS aktiv – wählen Sie diese an. Nun selektieren Sie das zweite Nav Pack, und wählen Sie im selben Menü PASTE BUTTON NAVIGATIONS INTO – erledigt!

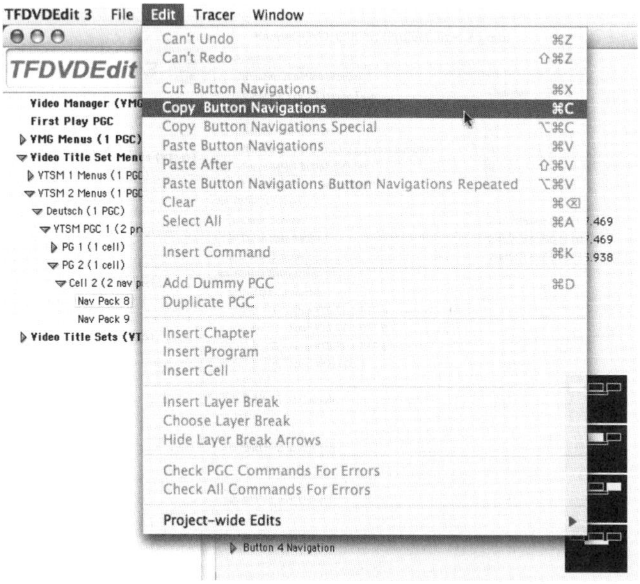

■

Warum der ganze Aufwand?

Die Mehrzahl der Befehle in diesem kleinen Projekt dient der Nutzerfreundlichkeit unserer DVD durch die Rückkehr in das Menü, aus dem man gekommen ist, und die Vorwahl des richtigen Buttons. Natürlich ist das nicht alles zwingend notwendig, sondern einfach nur guter Stil. Wenn Sie zum Beispiel mit fest vorgewählten Buttons arbeiten wollen, finden Sie die notwendige Funktion bei den BUTTON HIGHLIGHTS im einzelnen Nav Pack unten in der Liste unter FORCE SELECT BUTTON NUMBER.

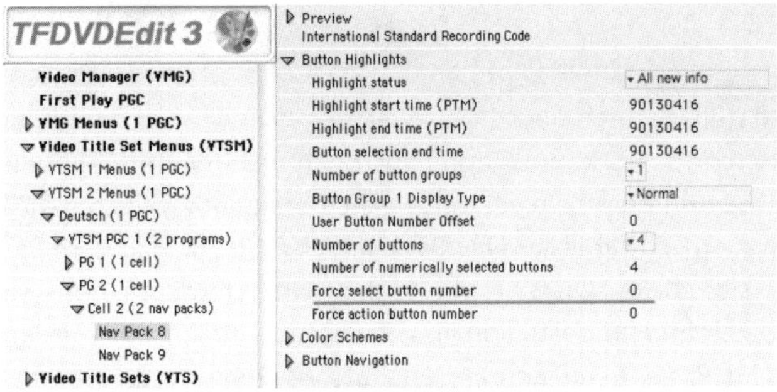

Abbildung 18.21 ▶ Sie können einen Button auch als Standardfunktion fest vorgeben.

Hervorhebung eines Buttons

In DVD Studio Pro entspricht das der Funktion »Standardtaste«, die immer den gleichen Button im jeweiligen Menü hervorhebt, bis der Nutzer dies ändert. Ein Teil meiner Programmierung wäre im Grunde unnötig, wenn jeder Player sich völlig normgerecht verhalten würde. Laut DVD-Spezifikation richtet sich nämlich die Hervorhebung eines Buttons beim Aufruf eines Menüs nach ein paar festen Regeln:

- Wenn es einen FORCE SELECT BUTTON gibt, wird dessen Nummer in SPRM 8 abgelegt.
- Wenn das nicht der Fall ist, dann wird der Wert in SPRM 8 nicht verändert, solange er nicht größer als die höchste Nummer unter den verfügbaren Buttons im aktuellen Menü ist.
- Wenn er höher ist, wird er auf den höchsten verfügbaren gesetzt.

Wenn Sie die logische Abfolge in diesem kleinen Projekt daraufhin durchgehen, wird Ihnen ein Teil meiner Programmierung überflüssig erscheinen. Nach meiner Erfahrung implementiert aber durchaus nicht jeder Billig-Player alle Feinheiten der DVD-Spezifikation einwandfrei. Ich tendiere daher zu einer etwas aufwändigeren Programmierung, die ein gleich bleibendes Verhalten der DVD auf praktisch jedem Gerät sicherstellt. Dass ein Player vorhandene Befehle befolgt, darf man meist voraussetzen – dass er alle Regeln der umfangreichen DVD-Spezifikation sauber beherrscht, nicht unbedingt!

Ausblick

Ich könnte Ihnen jetzt noch viele weitere Programmierungsbeispiele geben, aber irgendwann würden Sie mir möglicherweise Seitenschinderei vorwerfen. Ich hoffe, dass Sie bis hierhin genug gelernt haben, um sich in der direkten Programmierung mit TFDVDEdit »freizuschwimmen« und festzustellen, wie viel schneller jeder Player bei einer solchen von Hand optimierten DVD reagiert. Irgendwann werden Sie – trotz dieses Buches – nicht vermeiden können, in englischer Sprache weiter zu lesen. Auf der Website, zu der Sie mit dem Erwerb von TFDVDEdit Zutritt erhalten, gibt es noch zahlreiche weitere Programmierungsbeispiele, an denen Sie weiter lernen können, und ständig kommen neue hinzu.

Einige davon stammen auch von mir, und soweit es meine Zeit erlaubt, werden es sicher noch mehr. Etwas ganz Besonderes möchte ich Ihnen aber hier noch bieten: die Animation von Button-Hervorhebungen! Sozusagen das Highlight zum Highlight …

1 2 3 4 5 6 7 8 9 10 11 12 13 14 15 16 17 **18** 19 20 21 22 A B C

19 Animierte Buttons

Sie mögen sich vielleicht schon gefragt haben, wie man die jeweilige Hervorhebung eines Buttons auf einer DVD animieren kann. So etwas sieht man zwar auch von Hollywood nicht alle Tage, aber seit der ersten »Spiderman«-DVD kommt es zunehmend in Mode. Ein anderes Beispiel, der Film »Haus der 1000 Leichen«, ist zwar filmisch eher unter der Rubrik »B-Movie« einzuordnen, hat aber recht aufwändig animierte Button-overlays und witzige Menüs.

19.1 Subpicture-Animation

Es ist ein gängiges Missverständnis, dass sich Subpictures nicht gut animieren ließen, weil man Untertitel nur bei einem I-Frame ändern könne (also nicht häufiger als etwa jede halbe Sekunde). Im folgenden Beispiel habe ich das Subpicture bei jedem zweiten Bild verändert, was mit diesem Bildinhalt auf den meisten Playern sehr gut funktioniert. Subpicture-Animationen sind nicht an I-Frames gebunden, sondern könnten im Prinzip sogar auf jedem Einzelbild wechseln. Sie werden nicht mit Interframe-Kompression versehen, während das Hintergrundbild mit dem vollen Farbumfang selbst bei einem Standbild immer mit MPEG-Kompression kodiert ist und mindestens eine GOP umfasst.

Die Grenzen der Player werden nicht direkt von der Bildfrequenz bestimmt, sondern von der Datenmenge, die sich dabei ändert. Wenn sich große Bereiche des Bildes fortlaufend ändern, werden Sie die Bildwechsel auf jedes zweite oder dritte Bild beschränken müssen. Bei einer kleinen animierten Fläche sind selbst Einzelbildanimationen kein Problem (zumindest auf Stand-alone-Playern). Ein Wechsel auf jedem zweiten Bild sollte bei Button-Hervorhebungen kein Problem sein, da diese ja in den seltensten Fällen große Teile des Bildes bedecken.

In gewissen Grenzen unterstützt DVD Studio Pro das sogar, weil Sie Untertitel auch als Grafik importieren können. Dabei kann man nach meiner Erfahrung durchaus bis zu Zweierphasen (also ein Bildwechsel auf zwei Vollbilder) gehen, wenn die DVD überwiegend auf reinen Playern abgespielt wird. Schlampig programmierte Software-Player dagegen machen das selbst auf einem schnellen Computer nicht ganz mit und können in der Darstellung etwas stolpern, aber gemäß DVD-Spezifikation ist es völlig »legal«.

Warum beschreibe ich dann die Animation von Hervorhebungen für Buttons nicht gleich bei den Workshops zu DVD Studio Pro? Weil es mit Apples Authoring-Programm allein nicht geht!

Immerhin können Sie in DVD Studio Pro animierte Subpictures für eine Videospur mit schnell wechselnden grafischen Untertiteln zusammensetzen, und das werde ich Ihnen hier als Erstes erläutern. Unglücklicherweise können Sie einem Bewegtbildmenü aber keine wechselnden Subpictures zuordnen, nur eine einzelne statische Hervorhebung. Aber Sie sind ja an dieser Stelle im Buch schon ein versierter DVD-Autor oder eine -Autorin: Sie möchten es mit Buttons auf einer Videospur versuchen? Schade – geht auch nicht! Sobald wir versuchen, auf einer Spur mit bereits animierten Subpictures Buttons anzulegen, benutzt DVD Studio Pro nur noch das erste Bild als statische Hervorhebung, und alle anderen sind verschwunden.

Das Verfahren

Worin besteht der Trick denn nun? Wie so viele gute Ideen (diese hier kam von Larry Applegate) ist das Prinzip recht simpel: Sie legen in DVD Studio Pro einfach ein Bewegtbildmenü mit den gewünschten Buttons an und eine Spur mit den animierten Subpictures in gleicher Länge, aber ohne Buttons. Dann lassen Sie alles von DVD Studio Pro multiplexen und benutzen TFDVDEdit, um dem bereits funktionierenden Menü die andere Videospur unterzuschieben und so Navigation und Animation zu kombinieren. Die Hilfsspur wird schließlich wieder gelöscht, so dass Sie damit auch keinen Platz auf der DVD verschwenden.

Dabei können Sie gleich wieder eine Menge über die Arbeit mit TFDVDEdit lernen, ohne bei diesem Projekt schon alles selbst programmieren zu müssen. Insbesondere der Austausch von VOBs, den wir hier praktizieren, ist ein sehr nützliches Verfahren. Er hilft genauso bei jedem schnellen Austausch von Videoinhalten, also bei der Überarbeitung von DVDs mit teilweise revidierten Inhalten, neu komprimiertem Material oder Änderungen in letzter Minute.

19.2 Animation der Subpictures in DVD Studio Pro

Das Ausgangsmaterial

Für die Animation verwenden Sie am besten eine Folge von Schwarz-Weiß-Bildern. Diese werden in jedem Fall auf nur vier Helligkeitsstufen reduziert, wie es bei allen Subpictures der Fall ist. Sie können so etwas mit jedem guten 2D-Animationsprogramm erstellen – 3D macht bei der geringen Zahl an Schattierungen wohl in den seltensten Fällen wirklich Sinn. Für mein Beispiel habe ich einige sehr alte Schwarz-Weiß-Fotos benutzt. Es handelt sich um einige der frühesten Versuche zur Aufnahme von Bewegungsabläufen in der Geschichte, fotografiert von Eadweard Muybridge vor etwa 125 Jahren. Es läuft einem schon ein kleines Kribbeln durch die Finger, wenn man dieses Material, das der Autor zu Lebzeiten nie als Film erleben durfte, auf dem modernsten Videomedium zum Leben erweckt ...

Diese Bilder eignen sich besonders gut, weil sie schon aufgrund der frühen Fototechnik sehr harte Kontraste (also eingeschränkte Tonwerte) aufweisen und die Abfolge sowieso niemals vollen 25 Bildern pro Sekunde entsprach. Ich habe sie mit den bereits bekannten statischen Elementen unseres Menüs COMMERCIALS in Adobes After Effects zusammengefügt und als Folge nummerierter PICT-Dateien ausgegeben. Auf die gleiche Weise können Sie auch Bildserien zur Animation beliebiger Subpictures erstellen, zum Beispiel zur grafischen Verdeutlichung von komplizierten Abläufen im darunter liegenden Videomaterial bei Lehrfilmen oder für rein experimentelle Bildwirkungen.

Automatisiertes Einlesen

Um diese Bildfolge in DVD Studio Pro als Untertitel-Dateien für eine Videospur einzulesen, sollten Sie sich eine Befehlsdatei anlegen, anstatt sie mühevoll von Hand zu platzieren. Das Verfahren wird in Apples Handbuch (für Version 3 ab Seite 491) detailliert beschrieben und beruht auf dem STL-Format, das Sie mit einem simplen Texteditor erstellen können (die Befehle dokumentiert Apple ab Seite 494). Sie kennen das Prinzip schon aus unserem ersten Übungsprojekt: Dort wurden die Untertitel als STL-Datei eingelesen.

Die Datei für unsere Animation beginnt so:

```
$SetFilePathToken = <<Image>>
// Teilt dem Programm mit, wann es sich um Bilder statt Text handelt
$ForceDisplay = True
// Macht die Subpictures grundsätzlich sichtbar
$TapeOffset = False
// Setzt die Bilder relativ zum Timecode der Spur ein, nicht zu
// dem des Originalvideos
// Hier kommen die Einzelbilder
00:00:07:00 , 00:00:07:02 , <<Image>>Animated_Overlay_00001.pct
00:00:07:02 , 00:00:07:04 , <<Image>>Animated_Overlay_00002.pct
00:00:07:04 , 00:00:07:06 , <<Image>>Animated_Overlay_00003.pct
```

```
00:00:07:06 , 00:00:07:08 , <<Image>>Animated_Overlay_00004.pct
00:00:07:08 , 00:00:07:10 , <<Image>>Animated_Overlay_00005.pct
00:00:07:10 , 00:00:07:12 , <<Image>>Animated_Overlay_00006.pct
00:00:07:12 , 00:00:07:14 , <<Image>>Animated_Overlay_00007.pct
00:00:07:14 , 00:00:07:16 , <<Image>>Animated_Overlay_00008.pct
00:00:07:16 , 00:00:07:18 , <<Image>>Animated_Overlay_00009.pct
00:00:07:18 , 00:00:07:20 , <<Image>>Animated_Overlay_00010.pct
// und so weiter ...
```

Achten Sie genau auf die Leerzeichen: Vor und nach den Kommata gibt es eins, aber nicht zwischen `<<Image>>` (dem FILE PATH TOKEN) und dem Dateinamen. Das hat mir einiges Kopfzerbrechen verursacht, weil es bei mir nicht gleich funktionieren wollte. Ich hatte nur nicht ganz genau hingesehen – auf Seite 498 im Handbuch ist es eigentlich zu erkennen. Außerdem müssen sich die Timecode-Werte überlappen, wenn die Bilder nicht flackern sollen. Offensichtlich wird ein Subpicture auf dem letzten angegebenen Timecode nicht mehr gezeigt, sondern hier muss bereits das nächste folgen. Wichtig ist auch, dass diese Textdatei sich im gleichen Ordner wie die Grafikdateien befindet. Natürlich macht die Erstellung einer solchen Datei trotz Ausschneiden, Einfügen, Suchen und Ersetzen eine ganze Menge Arbeit. Wenn Sie so etwas häufiger benötigen, ist die Erstellung eines Apple-Scripts oder eines Excel-Spreadsheets sinnvoll.

Das Übungsprojekt

Als vereinfachtes Beispiel soll ein einzelnes Bewegtbildmenü mit Intro dienen, das Sie schon aus dem Übungsprojekt kennen, und drei kurze Clips als Ziele für die animierten Buttons. Kopieren Sie den Ordner »Animierte_Einzelbilder« und das Projekt »Animierte_DVD« von der DVD auf Ihre Festplatte, und öffnen Sie das Projekt in DVD Studio Pro.* Wie im ersten Übungsprojekt steht der Loop-Punkt im Menü auf sieben Sekunden, und es gibt drei Buttons, die zu der jeweiligen Spur führen. Auch die Befehle für SPRUNGENDE bei allen drei Spuren mit Vorwahl des passenden Buttons sind gesetzt, der Button zum Hauptmenü und die »Easter Eggs« wurden hier aber nicht benutzt.

* Anmerkung des Verlags: Leider wurde die Datei nicht auf der DVD abgelegt. Sie können sie unter www.galileo-design.de auf der Website zum Buch unter »Buchupdates« herunterladen.

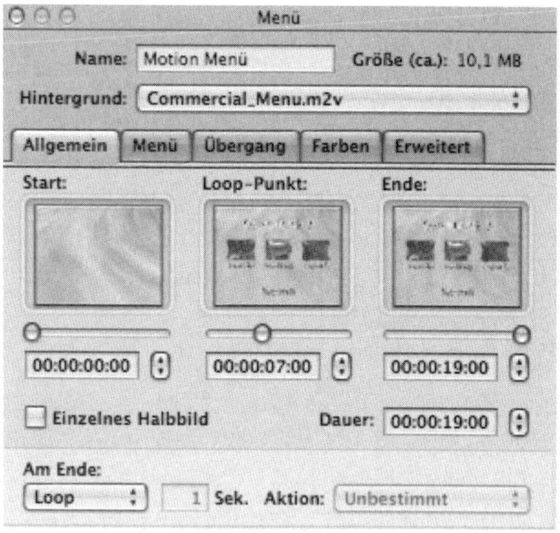

◄ **Abbildung 19.1**
Das vereinfachte Übungsprojekt basiert auf dem Menü COMMERCIALS.

Schritt für Schritt: Animierte Buttons

1. Hilfsspur erzeugen

Erzeugen Sie eine zusätzliche Spur »Animierte Subpictures«, die als temporäre Struktur für die Subpicture-Animation dienen soll. Da wir sie später wieder löschen wollen, sollte sie am Ende der Liste stehen und durch keinerlei Verknüpfungen auf der DVD angesprungen werden.

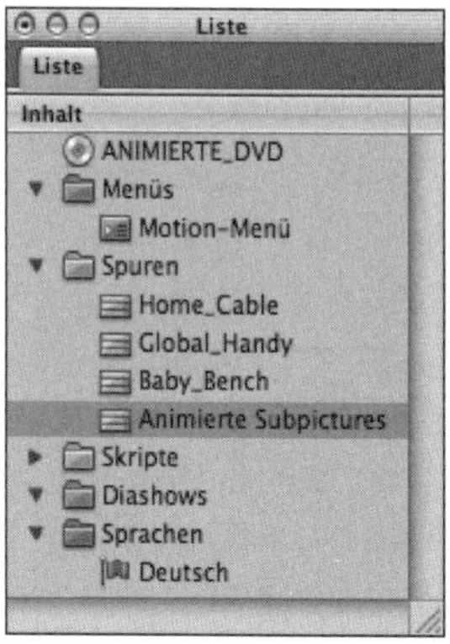

2. Hilfsspur belegen

Belegen Sie diese Spur mit dem gleichen Videomaterial und dem gleichen Ton wie beim Menü. Sie werden feststellen, dass die Videospur schon eine Markierung bei sieben Sekunden mit dem Namen »Schleife« besitzt, die in Final Cut Pro angelegt wurde. Schalten Sie alle Funktionen für diese Markierung im Info-Fenster ab, so dass sie grün angezeigt wird.

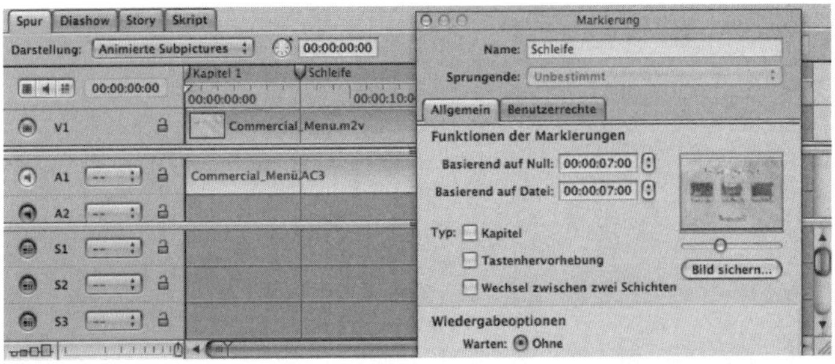

3. Einzelbilder importieren Klicken Sie in die Untertitel-Spur S1 mit der rechten Maustaste oder gehaltener Taste [CTRL], gehen Sie auf DATEI FÜR UNTERTITEL IMPORTIEREN, und wählen Sie die Datei Animation.stl aus dem Ordner Animierte_Einzelbilder.

4. Bilder eingelesen Sie bekommen nach einiger Zeit die Meldung, dass 150 Einzelbilder importiert wurden.

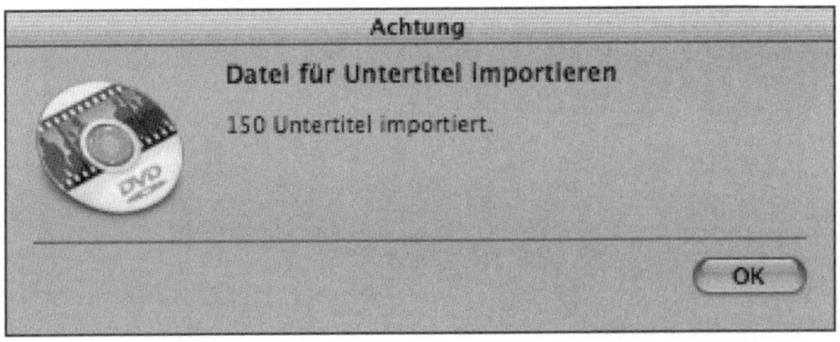

5. Animation prüfen Sie finden die Bilder ab der siebten Sekunde, aber Sie sehen die sehr kurzen Einzeldateien erst, wenn Sie weit in die Spur hineinzoomen. Sie können sich die Spur im Simulator anzeigen lassen, aber nur auf einem sehr schnellen Computer wird die Subpicture-Animation flüssig ablaufen – der Simulator ist für so etwas nicht ausgelegt. Sie sollten zumindest einen rennenden Hund, ein Pferd im Galopp und einen Läufer erkennen können.

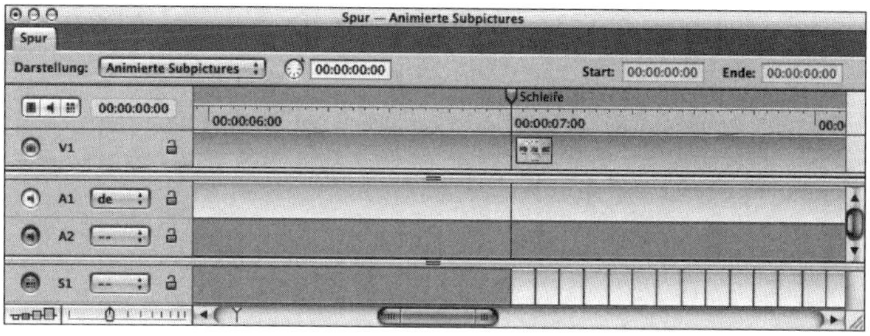

Klicken Sie irgendeines der Subpictures an, stellen Sie im Info-Fenster unter FARBEN die Deckkraft für alle Werte auf 0, und betätigen Sie dann AUF STREAM ANWENDEN. So werden alle Subpictures im Normalzustand unsichtbar. Diese Darstellungsform ist Teil der Multiplex-Information und lässt sich deshalb – anders als der selektierte oder der aktivierte Zustand – nicht nachträglich in TFDVDEdit einstellen.

6. Normalzustand unterdrücken

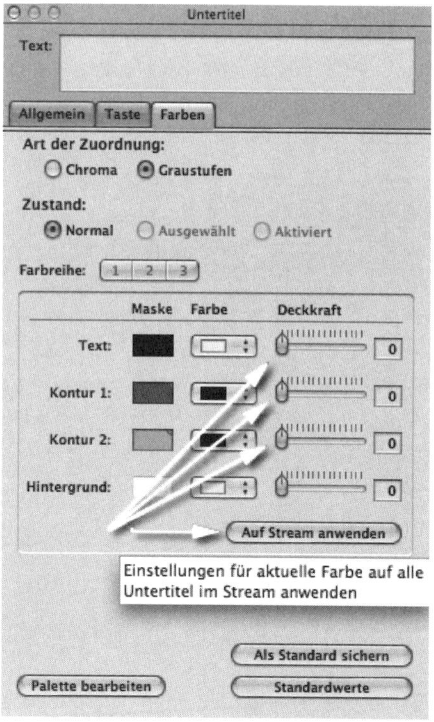

Lassen Sie nun dieses Projekt in DVD Studio Pro fertig stellen, wobei das Programm mit dem letzten Track einige Zeit beschäftigt sein wird.

7. Projekt in DVD Studio Pro fertig stellen

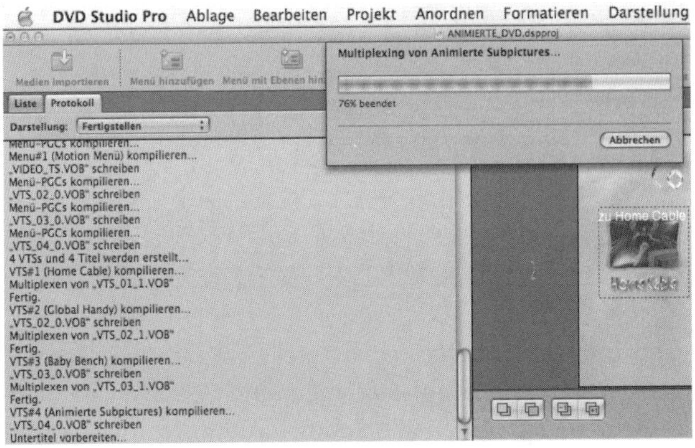

8. Erläuterungen Ansehen können Sie sich die Animation jetzt noch nicht – die Hilfsspur mit der Animation ist schließlich auf einem Player per Navigation regulär gar nicht erreichbar, und unsere Buttons sind auch noch gar keine. Erstellen Sie erst einmal eine Kopie des Projekts. Einerseits ist das sicherer, andererseits macht es später einige Arbeitsschritte einfacher, gleich daneben auch das Original geöffnet zu halten. Öffnen Sie die Kopie in TFDVDEdit, und sehen Sie sich dort das Ergebnis genauer an.

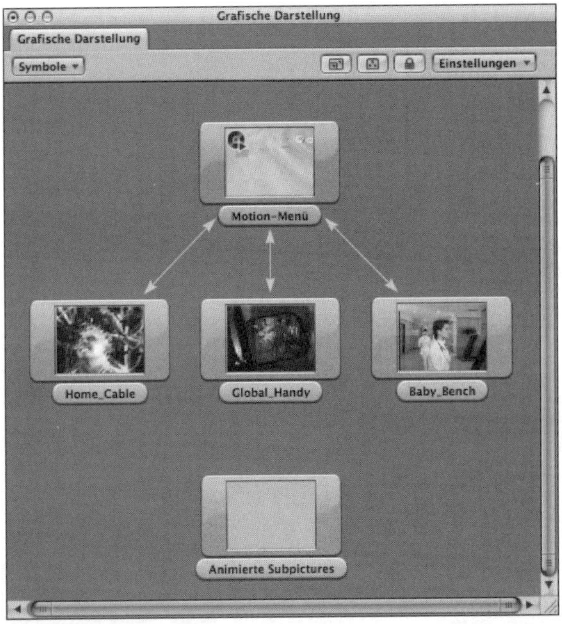

Wenn Sie unter VTSM 1 das Menü DEUTSCH aufklappen, finden Sie erst einmal ein paar Dummy-PGCs mit etlichen Befehlszeilen, die DVD Studio Pro für seinen Abstraction Layer angelegt hat. Erst wenn Sie PGC 7

aufklappen, sehen Sie zwei Cells mit Videomaterial (PG 1 und PG 2). Die erste ist das Intro, die zweite unser Menü mit den Buttons an ihren Plätzen. VTS 1 bis 3 sind die drei kurzen Videoclips, und in VTS 4 ist unsere temporäre Spur mit den animierten Subpictures. Letztere können Sie aber in TFDVDEdit auch noch nicht ansehen.

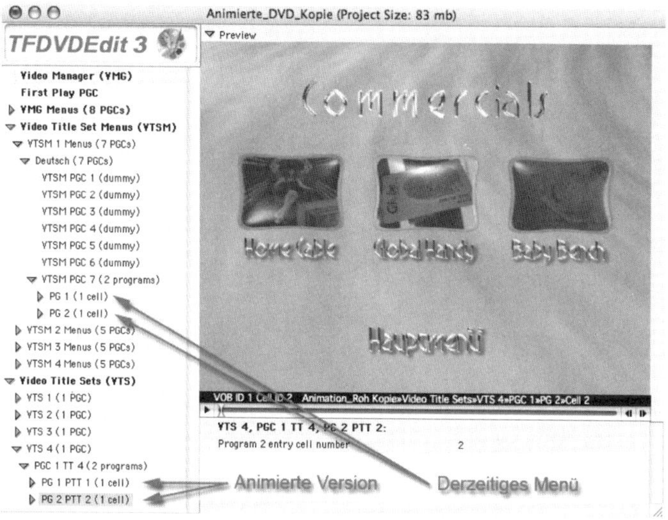

Sie finden hier nach dem Aufklappen ebenfalls eine PGC mit zwei Cells, da wir ja eine Markierung gesetzt hatten (jede Art von Markierung erzeugt eine Cell). Die gesamten Dummy-PGCs dagegen fehlen hier, und damit auch die Befehlsstruktur. Wenn Sie nicht gleich die gesamte Programmierung selbst übernehmen wollen (das wäre eine gute Hausaufgabe), müssen Sie die ursprüngliche Struktur penibel nachbauen. Anderenfalls zerstören Sie das komplexe Geflecht des Abstraction Layers, und die DVD läuft nicht mehr.

9. Sechs Dummy-PGCs erzeugen

Klicken Sie mit der rechten Maustaste oder gehaltener Taste CTRL auf VTS 4, und rufen Sie insgesamt sechsmal den Befehl ADD DUMMY PGC auf, um auf die gleiche Zahl an PGCs wie im Original zu kommen. Diese werden zwar hinter der vorhandenen PGC erzeugt, aber das lässt sich leicht ändern.

10. Cells entfernen Schließen Sie das PREVIEW per Klick auf das Dreieck, und wählen Sie PGC 1 in VTS 4 aus. Sie sehen jetzt rechts die PROGRAM MAP, in der Sie einer PGC einzelne Cells zuweisen oder diese entfernen können. Durch Anklicken der Cells in der linken Hälfte und Ziehen nach rechts auf AVAILABLE CELLS entfernen Sie Cell ID 1 und 2, so dass PGC 1 ebenfalls zu einer Dummy-PGC wird.

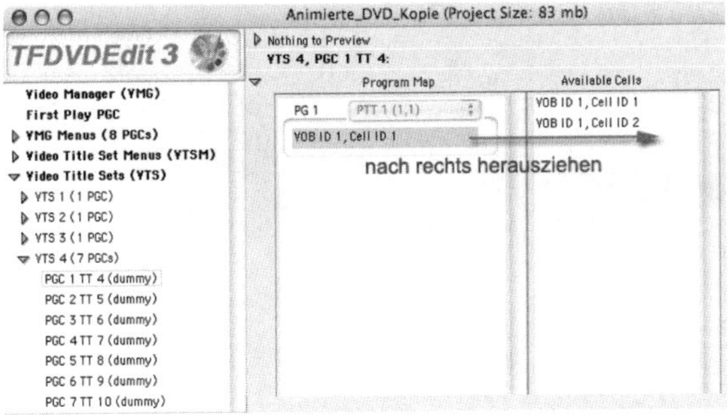

11. Cells hinzufügen Nun wählen Sie die letzte Dummy-PGC aus, und ziehen Sie dort die beiden Cells in der PROGRAM MAP wieder von rechts nach links – in der richtigen Reihenfolge natürlich. Ihre Abfolge von PGCs in VTS 4 sollte nun der in VTSM 1 entsprechen. Speichern Sie diese Version.

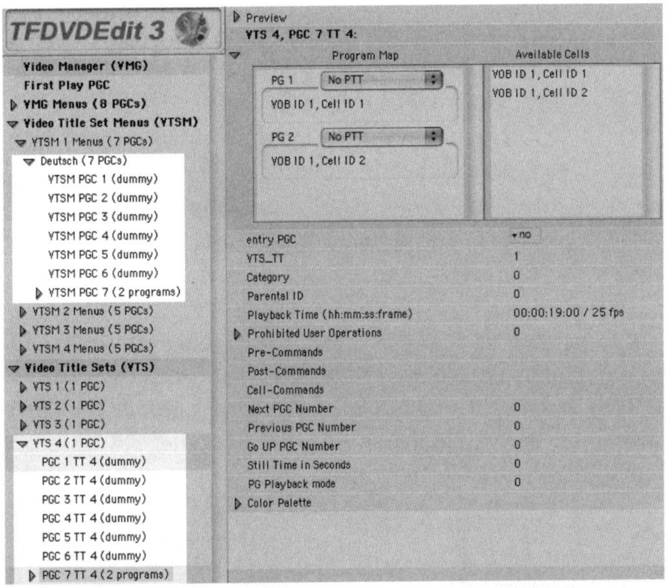

12. Befehle sichern Wenn wir – wie im folgenden Schritt – die VOBs in einem VTS oder VTSM ersetzen wollen, gehen alle Befehle dort verloren. Wir müssen diese also vorher sichern. Dafür bietet TFDVDEdit eine sehr nützliche

Funktion: Wählen Sie unter EDIT den Eintrag PROJECT-WIDE EDITS, dort COPY COMMANDS und schließlich ALL PGC COMMANDS AS TEXT.

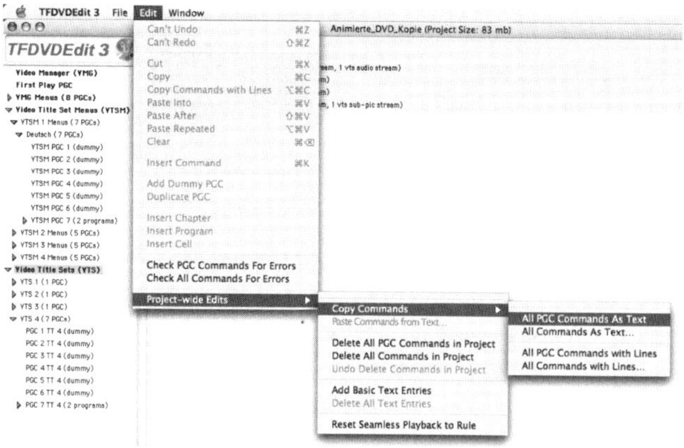

13. Erläuterung

Sämtliche Befehle stehen nun in der Zwischenablage als Text. Zwar könnten wir sie von dort aus gleich wieder einsetzen, aber lassen Sie uns einen näheren Blick darauf werfen. Öffnen Sie ein leeres Dokument in einer beliebigen Textverarbeitung (Apples TEXTEDIT reicht völlig), und lassen Sie den Text dort einfügen. Für das relativ bescheidene Projekt, das wir in Arbeit haben, erscheint ein beeindruckend langer Text – das Programmgerüst des Abstraction Layers. Kommentarzeilen, die mit dem Zeichen »#« beginnen, zeigen jeweils den Anfang eines logischen Programmbereichs an. Wenn dann keine Befehle folgen, war der jeweilige Eintrag leer.

1 2 3 4 5 6 7 8 9 10 11 12 13 14 15 16 17 18 **19** 20 21 22 A B C

In unserem Beispiel finden Sie im Bereich zwischen "#PreCommands from "Animierte_DVD_Kopie»Video Title Sets»VTS 1»VTSM 1 Menus»Deutsch»VTSM PGC 1" (V1)" bis "#PreCommands from "Animierte_DVD_Kopie»Video Title Sets»VTS 1»PGC 1" (V1)" alle Befehle aus dem Menü (VTSM 1). Wenn Sie sich erst einmal gut in TFDVDEdit auskennen, können Sie standardisierte Vorlagen in dieser Textform anlegen und damit ähnliche DVD-Strukturen recht schnell anlegen und mit VOBs füllen.

14. Videomaterial ersetzen Jetzt können Sie endlich die Videospur mit der Animation in das Menü einsetzen. Aktivieren Sie mit der rechten Maustaste oder [CTRL] + Klick das Kontextmenü für VTSM 1, und es erscheint der Befehl REPLACE MENU VOB. Nach Wahl dieses Befehls erscheint die Dateiauswahl, wählen Sie im Ordner VIDEO_TS Ihres Projektes die Datei VTS_04_1.VOB.

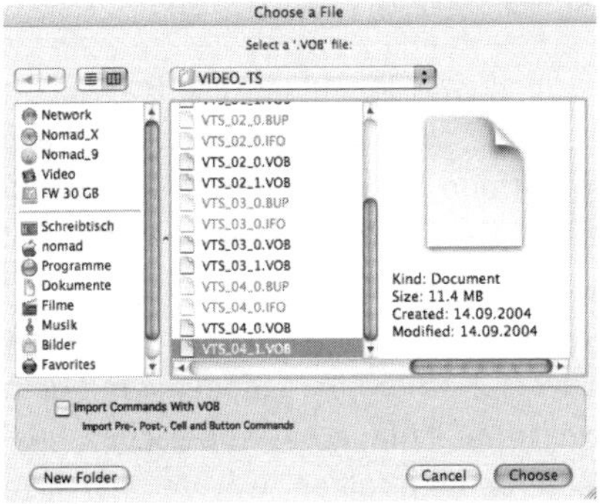

15. Erläuterung Die Befehle (Ankreuzfeld unten im Import-Dialog) brauchen Sie nicht mit zu importieren, aber es schadet auch nichts, da wir sie sowieso ersetzen werden. Wegen der mit enthaltenen Subpictures erscheint nach dem Klick auf CHOOSE noch eine Warnung, dass diese Operation zu einer nicht normgerechten DVD führen würde, falls es sich um Untertitel handelt – die sind nämlich in einem Menü nicht zulässig. Da wir aber Subpictures für Buttons vorbereitet haben, dürfen Sie den Hinweis gefahrlos ignorieren.

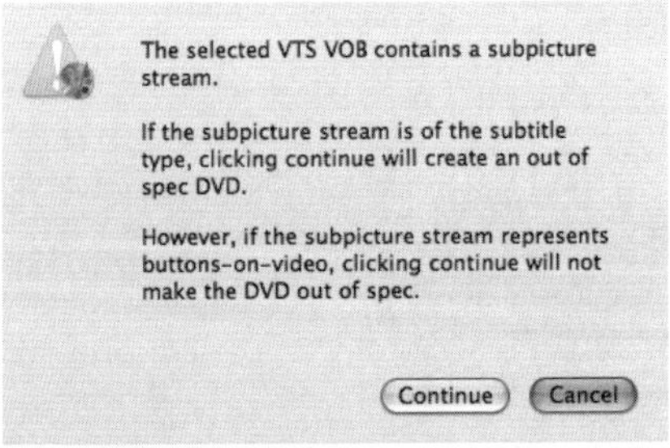

Diashows liegen am Schluss

Falls Sie Diashows in einem Projekt haben, ist die zu importierende VOB nicht die letzte in der Liste, denn DVD Studio Pro legt eine Diashow immer an den Schluss, also hinter unsere Hilfsspur. In so einem Fall sollten Sie den Inhalt mit Hilfe von Preview kontrollieren.

16. Befehle ersetzen

Jetzt müssen wir die Befehle wieder einfügen. Wählen Sie im Texteditor den weiter vorne beschriebenen Bereich für VTSM 1 gemäß Kommentarzeilen aus, und gehen Sie auf Kopieren bzw. [⌘] + [C]. Wechseln Sie zu TFDVDEdit, und wählen Sie im Menü Edit unter Project-wide Edits den Befehl Paste Commands from Text. Dazu muss in TFDVDEdit kein Objekt ausgewählt sein, da die Kommentarzeilen für das richtige Ziel sorgen.

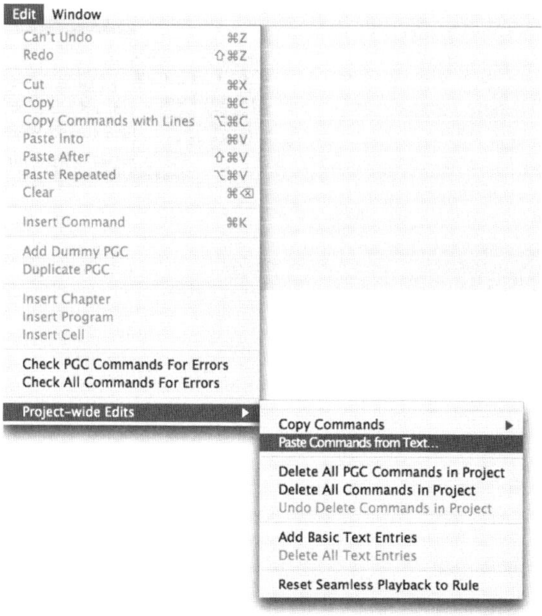

17. Befehle prüfen

Dies ist der richtige Augenblick, um in TFDVDEdit parallel das Original des Ordners VIDEO_TS zu öffnen, wie ihn DVD Studio Pro erzeugt hat – Sie arbeiten doch mit der Kopie, nicht wahr? Legen Sie das Original auf die rechte Seite, die Kopie nach links, und vergleichen Sie, ob in Ihrem neuen VTSM 1 jetzt wieder die gleichen Befehle wie im Original stehen.

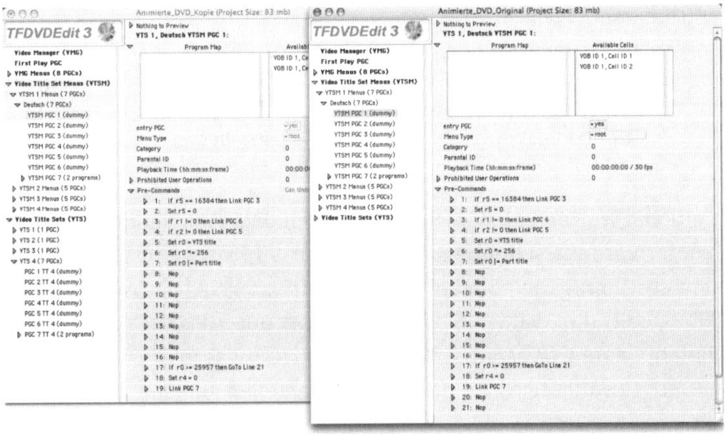

18. Temporäre Spur löschen

Wenn alles stimmt, dürfen Sie die temporäre Spur in VTS 4 nun löschen. Aktivieren Sie das Kontextmenü für VTS 4, und rufen Sie DELETE VIDEO TITLE SET auf. Nach Bestätigung der Warnung (diese Operation lässt sich nicht zurücknehmen!) ist VTS 4 verschwunden und wird auf Ihrer DVD auch keinen Platz mehr verbrauchen (Sie sehen die neue Größe in der Kopfzeile).

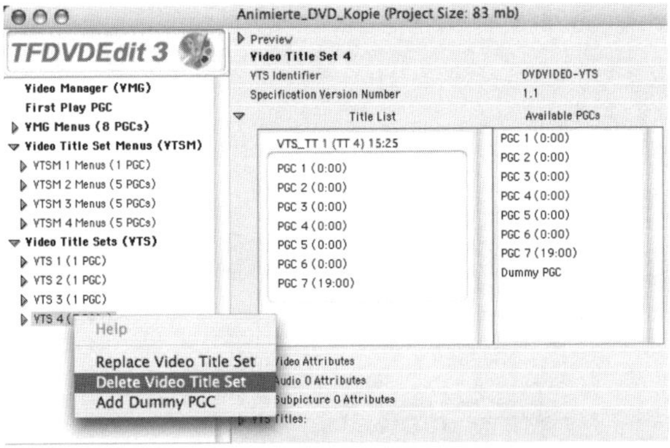

19. Erläuterung

Jetzt müssen wir uns noch mit der Navigation auf dem untersten Level – dem der NAV PACKS – befassen, denn die wurde beim Kopieren nicht mit erfasst. Klappen Sie dazu sowohl in der bearbeiteten Kopie als auch im Original nebeneinander VTSM 1, DEUTSCH, VTSM PGC 1 sowie PG 1 und 2 auf, bis Sie dort die beiden Cells sehen (mit den Angaben zur Zahl der Nav Packs in Klammern). Mit der ersten müssen wir uns nicht befassen, das ist unser Intro-Video ohne Buttons. Das aktive Menü ist in Cell 2, die 25 Nav Packs besitzt. Nav Packs entsprechen einer GOP, und da ich mit einer GOP-Größe von 12 Bildern gearbeitet habe, enthält meine zwölf Sekunden dauernde Menüschleife 25 Nav Packs. Der Pfeil in der Abbildung zeigt das aktive Menü.

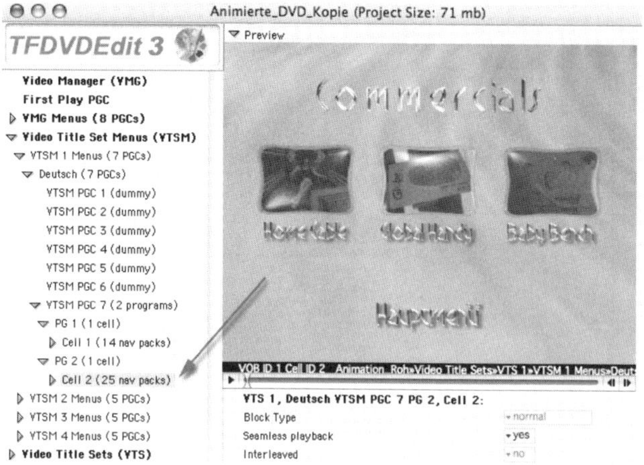

20. *Cell-Befehl setzen*

Wählen Sie Cell 2 (nicht eines der Nav Packs) in der Kopie an, und vergleichen Sie die Einträge auf der rechten Seite mit dem Original. In der Kopie fehlt das Cell-Command Link TopC. Klicken Sie dort auf None, und stellen Sie den Befehl ebenfalls auf Link TopC. Die Unterschiede bei den Sektorzahlen brauchen Sie nicht weiter zu beachten.

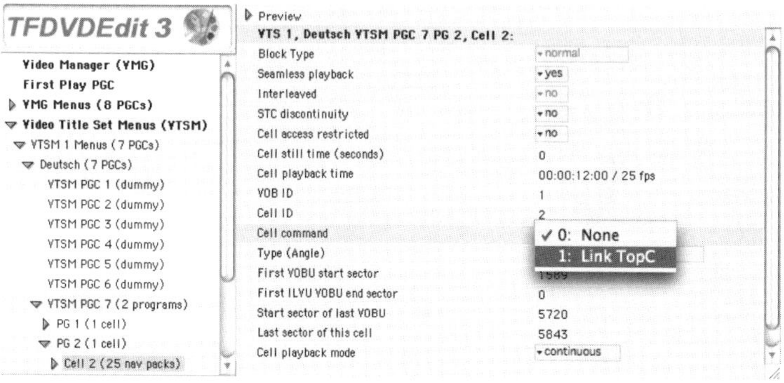

21. *Button Highlights des ersten Nav Packs kopieren*

Wenden Sie sich den einzelnen Nav Packs zu, indem Sie das Dreieck vor Cell 2 aufklappen. Das erste Nav Pack bearbeiten wir separat, da es sich von den übrigen unterscheidet. Klicken Sie rechts im Original Button Highlights an, und wählen Sie im Menü Edit den einzig aktiven Befehl Copy Button Highlights. Wechseln Sie zur Kopie, selektieren Sie dort die Button Highlights des ersten Nav Packs, und gehen Sie unter Edit auf Paste Button Highlight Over.

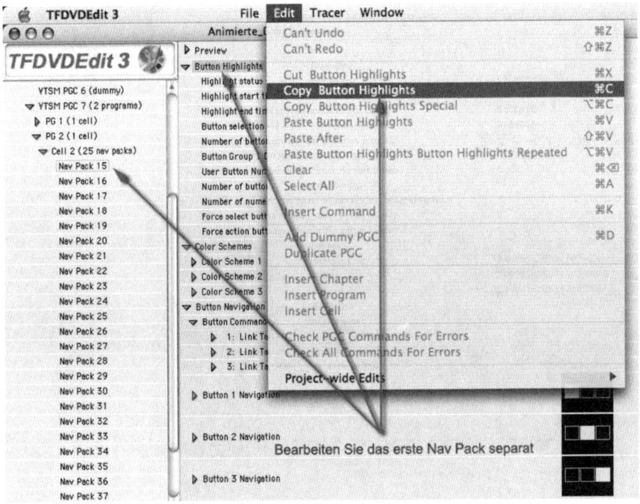

22. Button Highlights der übrigen Nav Packs kopieren Gehen Sie zurück auf das Original, wählen Sie das zweite Nav Pack (Nummer 16) sowie dessen Button Highlights, und kopieren Sie wieder die Highlights mit ⌘ + C. Keine Sorge, wir machen das jetzt nicht etwa für alle Nav Packs separat! Wählen Sie in der Kopie alle Nav Packs außer Nummer 15 per ⇧ + Klick an, und rufen Sie unter EDIT den Befehl PASTE BUTTON HIGHLIGHTS REPEATED auf, oder benutzen Sie ⌥ + ⌘ + V. So kopieren Sie die gleichen Informationen in alle Zielobjekte.

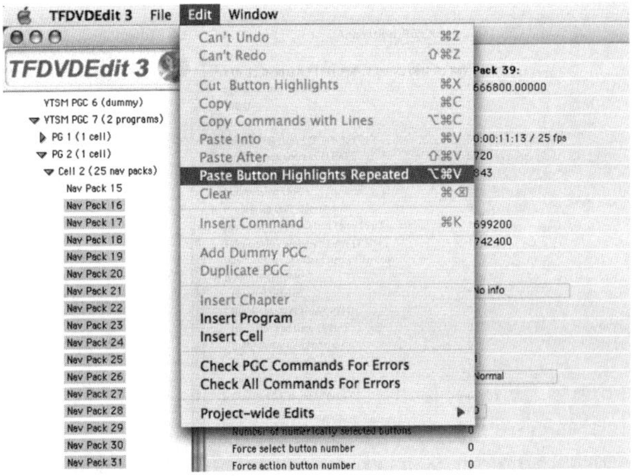

23. Button Navigation kopieren Wählen Sie nun alle Nav Packs von Cell 2 in der Kopie an (inklusive der 15), denn die nächsten beiden Operationen betreffen alle in gleicher Weise. Wechseln Sie zum Original, wählen Sie irgendeins der Nav Packs in Cell 2 an und dort BUTTON NAVIGATION. Kopieren Sie mit ⌘ + C, und wechseln Sie zur Kopie (sicher sehen Sie jetzt, warum es praktisch ist, beide Versionen geöffnet zu haben). Kopieren Sie die Information mit ⌥ + ⌘ + V in alle Nav Packs.

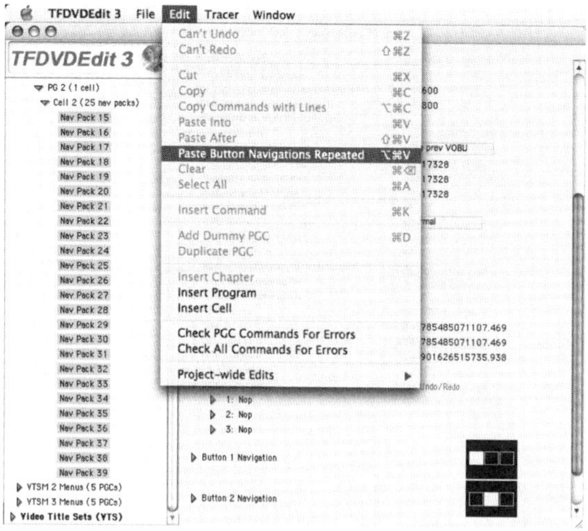

Wiederholen Sie den Kopierprozess ein letztes Mal für die COLOR SCHEMES. Klappen Sie Color Scheme 1 neugierig auf, werden Sie bemerken, dass sie die Einträge enthält, die DVD Studio Pro für die Zustände SELEKTIERT und AKTIVIERT erzeugt. Den Zustand NORMAL dagegen gibt es hier nicht, deshalb mussten wir den schon vor dem Multiplexen festlegen.

24. Farbinformationen kopieren

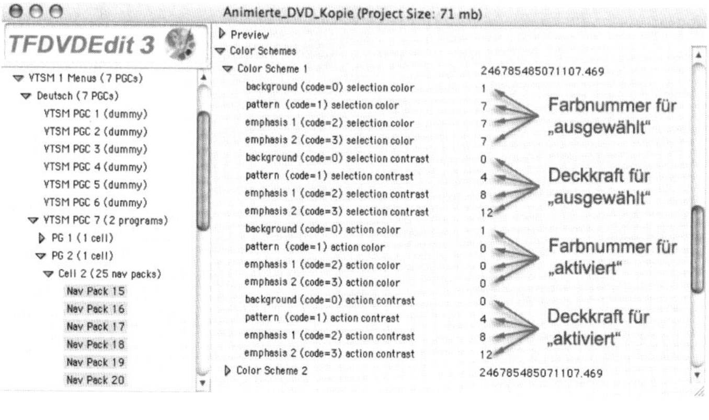

Und warum sehen wir hier nicht die Farbeinstellungen? Die werden immer für die gesamte PGC festgelegt, nicht auf der Ebene des einzelnen Nav Packs. Dort können Sie nur noch eine Farbe von 16 möglichen aus der Palette wählen, dafür stehen die Zahlen hinter der jeweiligen COLOR bei den Color Schemes. Die Farben können Sie nach Wahl der jeweiligen PGC auf der rechten Seite ganz unten auch mit TFDVDEdit noch beliebig ändern. Beim Anklicken des jeweiligen Farbfeldes bekommen Sie die üb-

25. Erläuterung zur Farbpalette

lichen Einstellmöglichkeiten für den Mac – vielleicht wollen Sie ja nach dem nächsten Schritt das Rot für den aktivierten Zustand (Color 0) probeweise etwas dezenter machen.

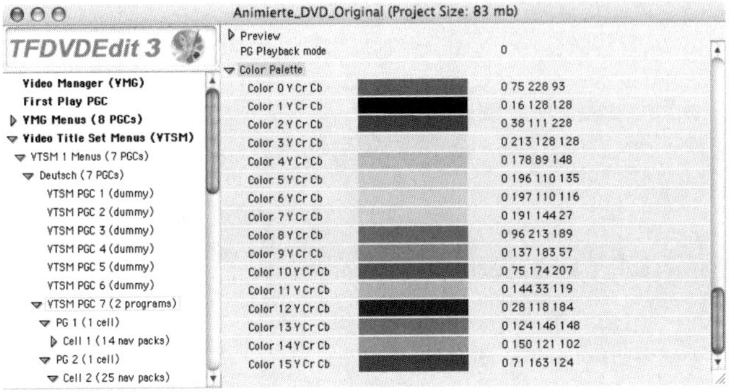

26. Farbpalette kopieren Wählen Sie im Original die COLOR PALETTE von PGC 7 im VTSM 1, und kopieren Sie auch die noch mit ⌘ + C und dann PASTE COLOR OVER unter EDIT in die neue Version herüber.

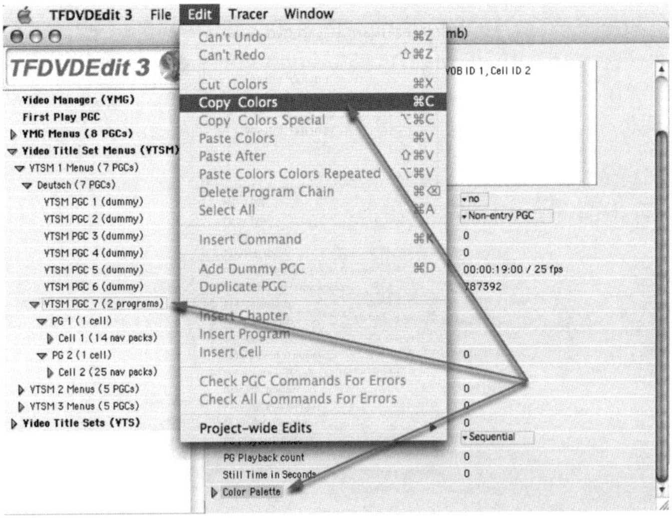

27. Fehler Für die animierten Button-Hervorhebungen ist die Arbeit damit schon getan, aber es gibt noch einen kleinen Fehler im Projekt. Ja, ich gebe zu, den habe ich mit didaktischem Kalkül eingebaut … Aber so etwas passiert auch in der täglichen Praxis gelegentlich.

Wenn Sie bei allen drei Buttons das Dreieck für die Button-Navigation aufklappen, sehen Sie unten die Verknüpfungen für die Pfeiltasten. Anders als in DVD Studio Pro erfolgt die hier nicht über den Namen, sondern die Nummer der einzelnen Buttons. Noch etwas fällt auf: Wenn

Sie sich in DVD Studio Pro entschieden haben, eine Pfeiltaste mit UNBESTIMMT ohne Funktion zu lassen, verweist sie in Wirklichkeit auf den eigenen Button mit der gleichen Nummer zurück.

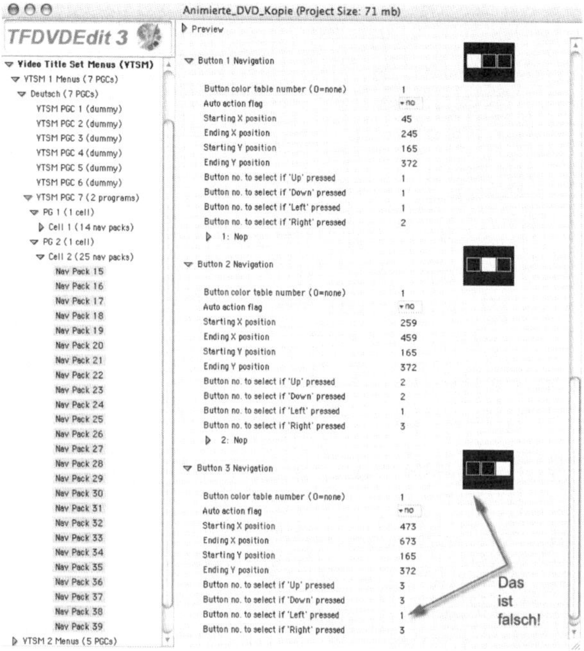

Wie leicht zu erkennen ist, können Sie hier schnell und präzise Korrekturen für Größe oder Position eines Buttons vornehmen, eine andere Farbtabelle zuweisen oder die automatische Aktivierung ein- bzw. ausschalten. Durch Eingabe einer neuen Nummer lässt sich auch mein kleiner Fehler bei der Verbindung für die Pfeiltaste links korrigieren, die vom dritten Button zum ersten führt.

Aktivieren Sie dazu ein beliebiges Nav Pack, klicken Sie die falsch eingetragene Zahl »1« beim dritten Button neben »Button no. to select if ‚Left' pressed«, und übertippen Sie mit »2«. Kopieren Sie diese Werte wie in Schritt 23, selektieren Sie alle übrigen Nav Packs und überschreiben die Werte mit PASTE BUTTON NAVIGATIONS REPEATED. Auch das geht wesentlich schneller als ein erneutes Öffnen in DVD Studio Pro und ein weiterer Kompilierungslauf nach erfolgter Korrektur.

Kopiert wird gemeinsam

Sie müssen bei Schritten wie COPY oder PASTE rechts immer den Eintrag BUTTON NAVIGATION oben für alle Buttons gemeinsam auswählen. Sie können zwar detaillierte Korrekturen für jeden einzelnen Button vornehmen, aber Kopiervorgänge werden immer gemeinsam bearbeitet.

---

28. Abspeichern und Verbesserungen Erledigt! Nur noch abspeichern, und Sie können Ihre DVD mit animierten Button-Hervorhebungen im DVD Player genießen. Wenn Sie die Freude an dieser DVD noch steigern wollen, sollten Sie natürlich wieder die Wiederholungen des Intros bei mehrfachem Besuch des Menüs unterdrücken. Wie man das mit TFDVDEdit macht, haben Sie ja im Praxisteil schon gelernt – bauen Sie die Funktion doch hier zur Übung auf eigene Faust ein. Dabei arbeiten Sie selbstverständlich an PGC 7 und nicht an PGC 8 wie im anderen Beispiel. ■

Auf eins möchte ich aber noch hinweisen: Diese DVD war erheblich vereinfacht, da wir nur ein einzelnes Menü hatten. Üblicherweise hat eine DVD natürlich mehrere Menüs, und die befinden sich dann alle in VTSM 1 und damit in einem einzigen VOB (oder in VTSM 1 und 2, wenn es zusätzlich 16:9-Menüs gibt). Die können Sie dann nicht separat, sondern nur alle gemeinsam austauschen – ein VOB kann TFDVDEdit nicht zerlegen. Für den Fall müssen Sie alle Menüs gemeinsam als Ersatzspur nachbauen und für die gewünschten Partien mit animierten Subpictures versehen.

Beachten Sie bitte, dass ein Standbildmenü ohne Ton die Länge von einem Nav Pack hat, während ein Menü mit Ton die notwendige Anzahl an Nav Packs für die Dauer des Tons bekommt. Sehen Sie sich doch einmal das Übungsprojekt vom Anfang des Buches nach dem Fertigstellen daraufhin in TFDVDEdit an: Während das vertonte Hauptmenü 55 Nav Packs aufweist, hat das stumme Art-Menü nur ein einziges. Diese Struktur müssten Sie in Ihrer Ersatzspur präzise nachbauen, auch wenn nur eins der Menüs animierte Button-Hervorhebungen bekommen soll. Allzu schwierig ist das aber mit DVD Studio Pro und der Funktion für Buttons in Videospuren auch nicht.

Sie wissen nun, wie man kleinere Korrekturen mit TFDVDEdit vornimmt und wie man Funktionen einbaut, die Apples Programm allein nicht bietet, obwohl sie gemäß DVD-Spezifikation zulässig sind. In manchen Fällen haben wir sorgfältig darauf geachtet, den von DVD Studio Pro erstellten Abstraction Layer unangetastet zu lassen. Oft könnten Sie aber – mit einigen guten Gründen – noch viel radikaler zur Sache gehen und DVD Studio Pro zu einem reinen Gestaltungs- und Multiplex-Werkzeug »degradieren«, indem Sie die gesamte Navigation der DVD direkt in TFDVDEdit programmieren. Der Lohn für die zusätzliche Mühe sind DVDs, die so schnell wie die Produkte der besten High-End-Systeme reagieren. Apropos High-End-Systeme: Kommen wir nun wie angekündigt zum »Seamless Branching«.

20 Seamless Branching

Nahtlose Alternativen durch Partial Interleaving: Director's Cut oder Kinoversion? Frei ab 18 oder doch schon ab 16? Deutsch oder Originalversion in Titel und Abspann? Ein Verfahren, das bisher nur auf Systemen der reinen Oberklasse zur Verfügung stand, wird mit TFDVDEdit für kleinere Produktionsfirmen zugänglich.

Technische Voraussetzungen

Auf dieses Thema habe ich Sie ja schon beim Navigationsdesign vorbereitet, doch eigentlich gibt es den Begriff »Seamless Branching» in der DVD-Spezifikation gar nicht. Es findet auch gar keine Verzweigung (Branching) statt, denn die könnte nicht ohne ein kurzes Stocken ablaufen. Echtes Branching wäre ein unvorbereitet stattfindender Wechsel des Videos beim Abspielen, zum Beispiel auf der Grundlage einer Variablen – und das kann eine DVD schon aus physikalischen Gründen nicht ohne kurze »Denkpause«. Das so genannte »Seamless Branching« müsste eigentlich »nahtloses Abspielen alternativer Versionen« heißen, aber das klingt schon etwas umständlich. Ich werde im Folgenden den technisch korrekteren Begriff »**Partial Interleaving**« benutzen. Auf jeden Fall müssen alle beabsichtigten Versionen der Videoabfolge schon beim Authoring angelegt werden – so etwas wie ein virtuelles Schnittstudio für den Nutzer ist damit nicht möglich. Der eigentliche Nutzen ist die mehrfache Verwendung identischer Teile des Videomaterials, um Platz auf der DVD zu sparen.

Im Grunde handelt es sich um eine Art Ineinanderschachteln von in Teilen unterschiedlichen Varianten des gleichen Videomaterials, und das nennt man im Englischen Interleaving. Intern ähnelt die Technik dem Prinzip von Multi-Angle oder Mixed-Angle, wie DVD Studio Pro es auch von Hause aus bietet. Während bei Multi-Angle der Nutzer jederzeit ohne Stocken zwischen den Videoinhalten wechseln kann, wird die Abfolge für Seamless Branching beim Authoring festgelegt. Die technischen Restriktionen dafür sind aber nicht so eng wie bei Multi-Angle. So dürfen die alternativen Versionen unterschiedliche Laufzeiten, Töne und GOP-Strukturen haben, außerdem verringert sich die zulässige Datenrate nicht mit einer größeren Anzahl von Versionen. Die Filmvarianten dürfen sogar eine unterschiedliche Anzahl von Tonspuren, mehrere Untertitel und selbst Buttons besitzen. Beim Abspielen hat man jeweils nur Zugriff auf die Fernbedienungsfunktionen innerhalb der jeweiligen Version, so als wäre diese eine ganz normale Videospur. Das kann ein großer Vorteil des Verfahrens sein: Der Nutzer hat nämlich – anders als bei Stories – nicht mehr die Möglichkeit, mit den Tasten für Kapitelsprünge bei einem nicht ganz normgerechten Player Ihr Navigationskonzept durcheinander zu bringen.

Begrenzte Datenraten

Auch wenn die engen Vorgaben wie beim Multi-Angle nicht gelten, ist Partial Interleaving technisch doch ein höchst anspruchsvoller Prozess. Die maximale Datenrate inklusive aller Audio- und Untertitelspuren ist daher streng auf 8 MBit/s begrenzt. Das sollte eigentlich kein Problem sein, doch unsere Encoder halten sich leider oft nicht an die Anweisungen, die man ihnen gibt, und überschreiten die Datenrate ab und zu für kurze Zeit. Während beim üblichen DVD-Authoring solche kurzen Spitzen in der Datenrate auf den meisten Playern keine Probleme verursachen, führen sie beim Partial Interleaving oft schon in TFDVDEdit zu Fehlermeldungen. Spätestens auf der fertigen Disk gibt es dann an den Übergängen zwischen den alternativen Versionen Blockstrukturen im Bild oder ein kurzes Einfrieren. Es ist also ganz wichtig, dass wir mit durchgängig niedriger Datenrate im Video arbeiten (die des Tons ist ja konstant).

Geradezu berüchtigt für kurze Überschreitungen der maximalen Datenrate ist Apples **Compressor**. Er macht das nicht nur am Anfang und Ende der MPEG-Streams, sondern auch bei zusätzlich eingefügten I-Frames, wie sie bei Kapitel- und Kompressionsmarkierungen aus Final Cut Pro entstehen. Diese sollte man daher für Partial Interleaving nicht benutzen. Da Sie aber gerade für dieses virtuelle »Schneiden« verschiedener Filmversionen ganz präzise platzierte I-Frames benötigen, sollten Sie auf ein alternatives Verfahren zurückgreifen, das sich auch für Videos aus anderen MPEG-Encodern eignet.

Präzise Filmteile

Exportieren Sie alle Filmteile, die Sie zu alternativen Versionen zusammensetzen wollen, separat aus der Timeline in Final Cut Pro. Dabei müssen Sie natürlich sehr präzise vorgehen, falls Bewegungen oder ein durchgehender Ton sauber verbunden werden müssen. Diese Filmabschnitte (die auch als referenzierte Datei vorliegen dürfen) kodieren Sie separat im jeweiligen MPEG-Encoder. Dann kombinieren Sie die Ergebnisse mit dem Programm **MPEG Append** zu einer Filmspur mit durchgängigem Timecode. Eine genauere Beschreibung dieses Programms finden Sie im Kapitel »Kleine Helfer«. MPEG Append erzeugt an allen Schnittstellen Kapitelmarkierungen mit dem jeweiligen Dateinamen, die von DVD Studio Pro erkannt werden. Dadurch wird diese Arbeitsweise gut unterstützt.

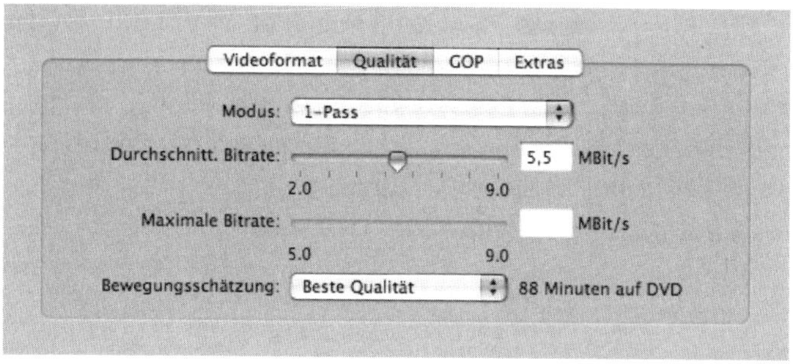

◀ **Abbildung 20.1**
Selbst der Modus 1-PASS im Compressor ist kein echtes CBR – Sie sollten für Partial Interleaving keinesfalls über 5,5 MBit/s gehen.

Bei Compressor gibt es leider kein echtes CBR, und daher bereiten dessen Dateien im Partial Interleaving besonders häufig Probleme. Bleiben Sie auf jeden Fall beim VBR unter 5,5 MBit/s für den Spitzenwert. Auch andere Encoder sind in dieser Hinsicht nicht perfekt, so hält zum Beispiel der Media Concept Encoder die Datenrate erst zuverlässig ein, wenn man ihn auf CBR und etwa 5 MBit/s einstellt – schon ab 5 500 MBit/s zeigt TFDVD-Edit bei der Überprüfung vor dem Interleaving erste Überschreitungen an. Dieser Bereich ist auch bei BitVice zu empfehlen, außerdem sollten Sie dort ebenfalls auf CBR schalten.

Übrigens: Bei jeder Form des Interleavings – also auch bei Multi-Angle – macht CBR weniger Ärger als VBR.

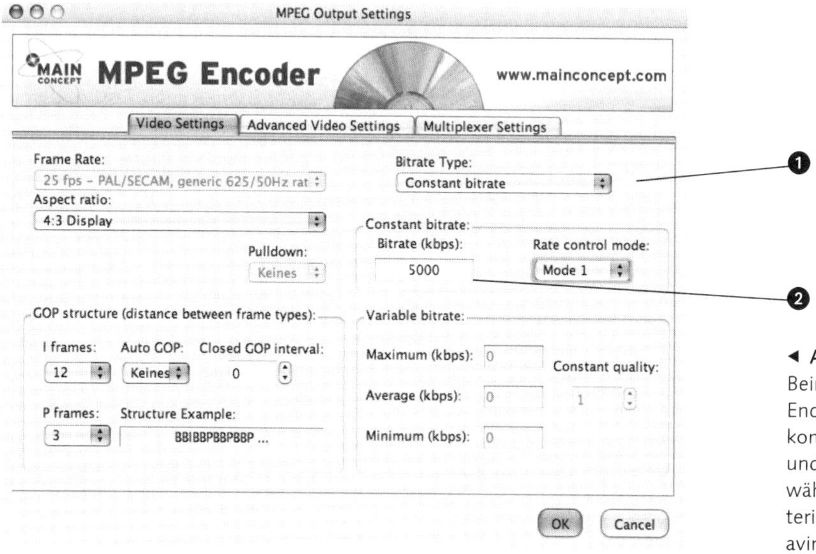

◀ **Abbildung 20.2**
Beim Main Concept Encoder sollten Sie konstante Bitrate ❶ und etwa 5 MBit/s ❷ wählen, wenn Sie Material für Partial Interleaving erstellen.

Alle angegebenen Werte gelten für eine Audiospur mit 192 KBit/s, das entspricht dem gängigen Wert für Stereo in Dolby Digital. Wenn Sie Ton mit höherer Datenrate verwenden, müssen Sie also beim Video weiter reduzieren. TFDVDEdit prüft die Datenraten vor dem eigentlichen Interleaving und gibt Ihnen entsprechende Fehlermeldungen. Wir müssen uns dabei klar machen, dass TFDVDEdit mit der Ausgabe beliebiger MPEG-Encoder zurechtkommen muss. Die Systeme der großen Filmfirmen dagegen benutzen integrierte High-End-Encoder, die speziell für das Interleaving optimierte Einstellungen bieten. Es kann gelegentlich passieren, dass TFDVDEdit zwar keine Überschreitung der Datenrate meldet, aber trotzdem später das Interleaving abbricht – auch in dem Fall lohnt sich ein Versuch mit geringerer Datenrate.

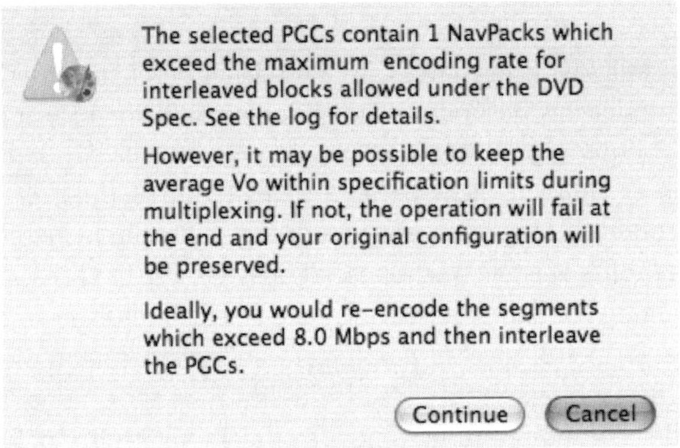

Abbildung 20.3 ▶
TFDVDEdit prüft schon vor dem Interleaving die Datenrate jedes einzelnen Nav Packs ganz genau.

Bei der Ausgabe auf DVD-R ist die Situation noch kritischer: Die geringeren Reflexionswerte der DVD-R strapazieren den Datenpuffer im Player schon durch die Überbrückung von mehrfachen Leseversuchen, da bleiben wenige Reserven für das Einlesen mehrerer Blöcke beim Interleaving. Es kann also leicht dazu kommen, dass eine DVD-R auf einem kritischen Player normalerweise gerade noch funktioniert, aber beim Partial Interleaving versagt. Da bleibt Ihnen nichts anderes übrig, als die Datenraten noch weiter herunterzuschrauben und erst für eine Version aus dem Presswerk wieder auf den normalen Wert zu gehen.

Wenn Sie für ein längeres Projekt unbedingt VBR benötigen, sollten Sie für das Partial Interleaving Werte benutzen, die nicht allein die Spitzen begrenzen, sondern auch die Variationsbreite niedrig halten. Wir hatten bei unseren ausgiebigen Tests recht gute Erfolge mit Durchschnittswerten von bis zu 5,3 MBit/s, einem Maximalwert von 6,2 und einer unteren Grenze von 4,5. Leider lässt Apples Compressor die Eingabe eines unteren Grenzwertes nicht zu, aber sowohl BitVice als auch der Media Concept Coder bieten diese Möglichkeit.

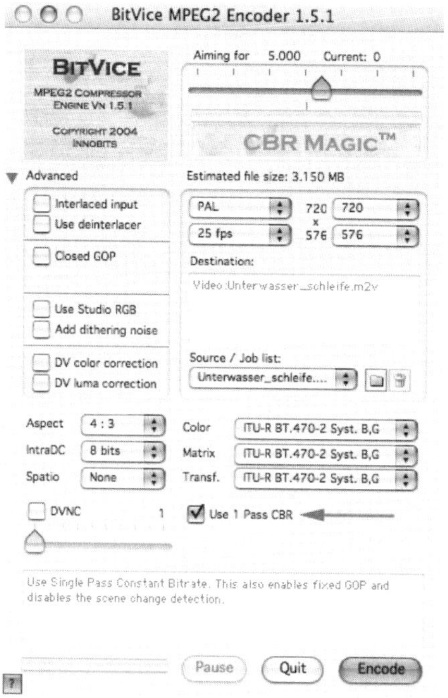

◂ **Abbildung 20.4**
Auch beim Encoder BitVice sollten Sie nicht über 5 MBit/s gehen und dazu möglichst Use 1 Pass CBR aktivieren, dann ist auch die automatische Erzeugung von I-Frames an Schnitten ausgeschaltet.

20.1 Wie funktioniert es?

Sie legen in der jeweiligen Videospur von DVD Studio Pro Kapitelmarkierungen an allen Positionen an, wo ein Überspringen oder Einbeziehen von Filmabschnitten vorgesehen ist. Dann stellen Sie die einzelnen Varianten für diese Spur als Storys zusammen, wie Sie es schon aus dem Übungsprojekt kennen. Hier haben wir zur optischen Verdeutlichung eine rote, eine grüne und eine blaue Variante.

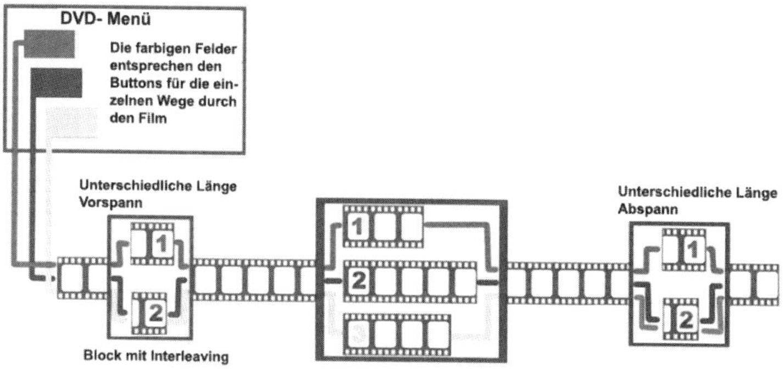

◂ **Abbildung 20.5**
Rein logisch betrachtet handelt es sich bei dem Verfahren um eine Wahl zwischen verschiedenen alternativen Filmsträngen, bei denen Teile parallell zur Verfügung gestellt werden müssen (siehe auch die Farbseiten).

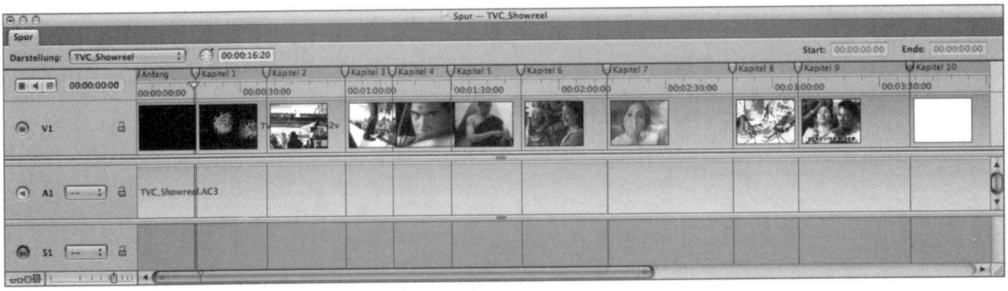

▲ **Abbildung 20.6**
Die Filmabschnitte für das Partial Interleaving werden im Spurfenster von DVD Studio Pro durch Kapitelmarkierungen voneinander getrennt und dabei nacheinander – nicht parallel – angeordnet.

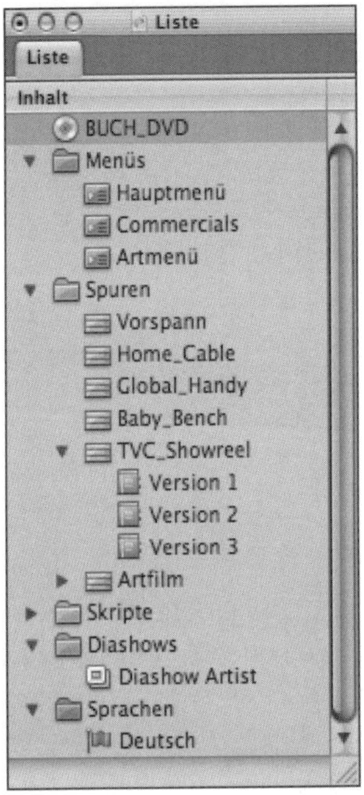

Abbildung 20.7 ▶
Zu dieser Spur legen Sie eine Story für jede Filmvariante an.

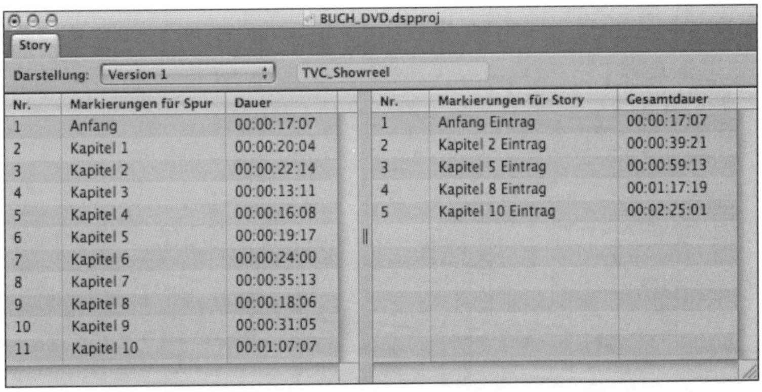

Abbildung 20.8 ▶
Im Story-Fenster stellen Sie die gewünschten Filmabschnitte zusammen. Ein Überspringen ist dabei nur vorwärts möglich.

Storys anlegen in DVD Studio Pro
Beim Authoring für Partial Interleaving kann Ihnen DVD Studio Pro sehr nützlich sein. Sie müssen nämlich einfach nur Storys für die Vorbereitung alternativer Versionen anlegen und können daher den logisch richtigen Ablauf vorher testen, wenn auch mit den üblichen kurzen Unterbrechungen. Natürlich können Sie die PGCs (Storys sind nichts anderes) auch nachträglich in TFDVDEdit zusammenstellen – wie man das macht, habe ich Ihnen ja schon erklärt. Allerdings haben Sie dabei nicht alle Freiheiten, die Sie sonst von den Storys oder PGCs kennen. Sie dürfen die Filmteile in einer Spur nicht rückwärts überspringen, sondern immer nur nach vorne. Außerdem können Sie nicht beliebig große Abschnitte überspringen, das Verfahren stößt dann irgendwann an die technischen Grenzen der DVD-Spezifikation, und TFDVDEdit bombardiert Sie mit Fehlermeldungen.

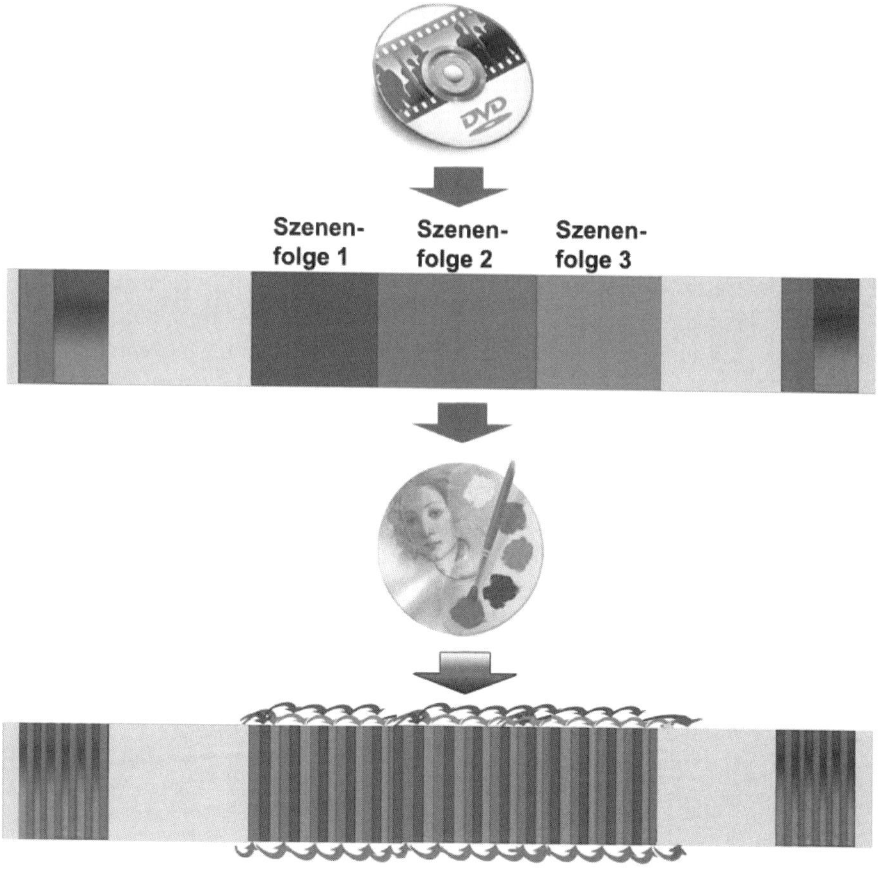

▲ **Abbildung 20.9**
Nach dem Multiplexing in DVD Studio Pro liegen die Abschnitte als große Blöcke vor. TFDVDEdit baut sie beim Interleaving zu ganz kleinen Häppchen zusammen, die der Player gemeinsam auslesen kann.

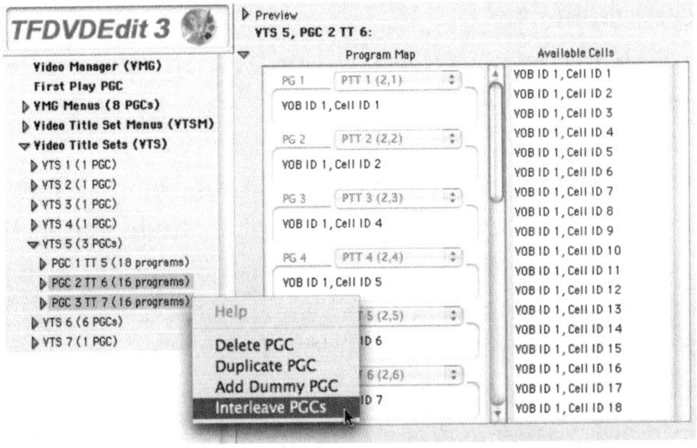

Abbildung 20.10 ► Der Befehl zum Interleaving in TFDVDEdit ist eher unspektakulär: Sie wählen die betreffenden PGCs gemeinsam aus und rufen im Kontextmenü den Befehl INTERLEAVE PGCs auf.

Grenzen und Einsatzgebiete

Es gibt hierfür keine ganz festen Grenzwerte, das müssen Sie immer wieder selbst ausprobieren, weil die Verhältnisse äußerst komplex sind. Letztlich hängt das Partial Interleaving von der Länge und Position jedes einzelnen Filmteils und dem Verhältnis zur Gesamtlänge des Films genauso wie von der Anzahl alternativer Fassungen ab. Als Faustregel kann gelten, dass Sie etwa 10 Prozent der Gesamtlänge verändern können. Das kann sich auf das wechselseitige Überspringen und somit den Austausch kurzer Filmabschnitte beziehen, aber auch auf Auslassungen oder Einfügungen. Im Wesentlichen ist also genau das möglich, was Hollywood auch damit macht: alternative Schnittfassungen eines Films, der zu einem erheblichen Teil aber identisch bleibt; also Aufgaben wie Kinofassung und Director's Cut auf einer DVD oder entschärfte Versionen für die jüngeren Zuschauer. Für das interaktive Geschichtenerzählen dürfte die kreative Nutzung des Mixed-Angle-Verfahrens aussichtsreicher sein, aber Kombinationen sind natürlich vorstellbar.

Partial Interleaving kann durchaus als die »Königsdisziplin« im DVD-Authoring bezeichnet werden. Sammeln Sie erst einmal eigene Erfahrungen, und bieten Sie nicht gleich vollmundig einem Kunden ein aufwändiges Projekt an. Ich habe auf der Buch-DVD unter dem Namen BUCH_DVD_P_I eine Version unseres Übungsprojektes beigelegt, bei der die TVC-Showreel (das »Osterei« zu den Commercials) mit fertigen Storys für das Interleaving angelegt wurde. Sie finden die entsprechenden PGCs 2 und 3 nach dem Multiplexing in VTS 5; die erste PGC ist der gesamte Film und sollte beim Interleaving nicht einbezogen werden. Damit können Sie Ihre Versuche starten und nach einer Übung mit dem Original auch die Storys variieren.

Planen Sie genug Zeit zum Probieren ein, benutzen Sie schnelle Platten und einen möglichst schnellen Rechner für die mehrfachen Testzyklen zwischen dem Multiplexing in DVD Studio Pro und den Interleaving-Versuchen in TFDVDEdit, und Sie werden bald erste Erfolge verzeichnen.

21 Ausgabe, Tests und Vervielfältigung

Vom Unikat bis zur Serie: Selbstverständlich sollte Ihr Werk erst nach gründlichen Fehlerkontrollen den Weg zum Abnehmer finden. Doch die möglichen Wege sind vielfältig, und Sie sollten alle Stolpersteine kennen.

21.1 Testschritte

Sorgfältiges Testen vor der Vervielfältigung einer DVD ist unerlässlich, besonders bei einem Projekt, das ins Presswerk gehen soll. Anderenfalls können Sie nicht nur viel Geld, sondern natürlich auch den Kunden verlieren. Das Testen ist ein dreistufiger Prozess:

- Ausgiebige Nutzung des **Simulators** beim Authoring
- Tests von der Festplatte mit dem **Software-Player**
- Tests mit DVD-R oder -RW auf einem **Stand-alone-Player am TV**

Vorschau in DVD Studio Pro

Das direkte Preview beherrscht jedes ernst zu nehmende Authoring-System, aber Sie müssen damit rechnen, dass bei dieser Darstellung »On the Fly« nicht alles so ruckelfrei und präzise abläuft, wie es später aussehen sollte. Auch die Bild-Ton-Synchronisation erscheint hier unter Umständen noch nicht ganz perfekt, oder ein Ton endet etwas früher als erwartet. Das gilt auch für den **Simulator** in DVD Studio Pro. Insbesondere bei hochwertigen Quellformaten, die noch nicht zu MPEG-2 gewandelt wurden, oder etwas schwächerer Hardware dürfen Sie nicht mit einer flüssigen Wiedergabe rechnen. Übrigens: das Ankreuzfeld ZEIGEN unterhalb der Untertitel-Steuerung zeigt die Untertitel zwangsweise an, unabhängig von der Voreinstellung für deren Sichtbarkeit.

Untertitel im Simulator

Obwohl Untertitel laut DVD-Spezifikation eine Kapitelmarkierung nicht überschreiten dürfen, werden sie im Simulator trotzdem gezeigt. Außerdem werden sie beim Umschalten sofort gewechselt. Das ist auf der DVD nicht so, dort erfolgt der Wechsel erst nach dem Ende eines Titels. Beachten Sie hierzu die aktuellen Informationen von Apple.

Wenn Ihre Hardware unter den geforderten Voraussetzungen liegt, funktioniert DVD Studio Pro trotzdem. Der Simulator greift sich dann allerdings die gesamte verfügbare Leistung, und Sie sehen unter Umständen nur noch den bunten Ball, bis ein Film abgelaufen ist. Auch sonst hat er noch kleinere Ecken und Kanten, und Sie sollten nicht bei jeder Störung im Simulator gleich davon ausgehen, dass mit Ihrem Authoring etwas nicht stimmt. So berichten manche Anwender zum Beispiel von kopfstehenden Bildern bei der Verwendung von Übergängen. Trotzdem können Sie Zeit sparen, wenn Sie hier zumindest den logischen Ablauf Ihrer DVD oder das Aussehen der Menüs schon prüfen. Lassen Sie dabei auch eine nicht mit dem Projekt vertraute Person ans Gerät, und schauen Sie nur über die Schulter ...

Abbildung 21.1 ▶ Der Simulator in DVD Studio Pro erlaubt Ihnen die ersten Testläufe Ihres Projekts – allerdings begrenzt von der Hardwareleistung und kleineren Bugs.

Simulator nicht per Maus bedienen

Auch wenn das grundsätzlich funktioniert, scheint der Simulator sich doch bei der Mausbedienung direkt im Bildfenster leichter zu verschlucken. Klicken Sie besser links auf die grafisch dargestellte Fernbedienung, oder benutzen Sie die Pfeiltasten und die Eingabetaste am Computer.

Wiedergabe von der Festplatte

Der nächste Test kann nach dem **Multiplexing** der Daten (siehe »Technische Grundlagen«) erfolgen, ohne sie schon zu brennen. Im eingedeutschten DVD Studio Pro wird dieser Vorgang »Fertigstellen« genannt, und Apple zeigt Ihnen dabei, wo der Hammer hängt ;-)

Kein Test auf DVD-Spezifikation

Auch wenn DVD Studio Pro Ihnen meldet, dass dieser Vorgang erfolgreich abgeschlossen wurde, ist das kein Beweis für Fehlerfreiheit gemäß DVD-Spezifikation. Software, die das umfassend testet, wie zum Beispiel **Eclipse**, kostet Zigtausende und ist normalerweise nur bei Presswerken im Einsatz. In gewissem Umfang kann das auch TFDVDEdit, doch wenn Sie das nicht benutzen, kommen Ihre ersten Reklamationen eventuell gleich vom Presswerk ...

In diesem Schritt wird die gesamte Datenstruktur auf einer Festplatte so angelegt, wie sie später auch auf der DVD aussehen muss: ein Ordner VIDEO_TS mit allen notwendigen Dateien für Ihre DVD und ein leerer Ordner AUDIO_TS. Allerdings legt DVD Studio Pro den zusätzlichen Ordner mit Computerdateien für eine hybride Produktion hierbei noch nicht an, das erfolgt erst beim »Formatieren«. Der Vorgang läuft auf guter Hardware bei der Ausgabe auf eine separate Festplatte (also nicht die mit den Assets) recht fix, so dass bei Bedarf ein paar Korrekturläufe kein Problem sein sollten. Auch wenn Sie »Fertigstellen/Formatieren« wählen, müssen Sie nicht gleich einen Rohling brennen. Sie können auch eine vollständige Image-Datei auf der Festplatte erzeugen lassen, die dann sämtliche Dateien inklusive eines eventuellen DVD-ROM-Ordners enthält.

Einschränkungen beim Software-Player

Leider lässt sich nicht alles mit Apples DVD Player prüfen: Der Test einer 16:9-Version auf ihre Kompatibilität zu 4:3-Displays ist hier – anders als im Simulator – nicht möglich. Eine eventuelle Kindersicherung kann mit beiden Programmen nicht getestet werden.

Ohne jetzt schon einen DVD-Rohling und wertvolle Zeit zu verschwenden, können Sie stattdessen die DVD-Struktur auf der Festplatte anwählen und so das Projekt abspielen. Dazu wählen Sie in Apples DVD-Player unter ABLAGE die Funktion VIDEO_TS ORDNER ÖFFNEN – eigentlich falsch ausgedrückt, denn der Ordner wird nicht geöffnet, sondern zum Abspielen ausgewählt. Danach müssen Sie noch auf PLAY drücken. Lassen Sie sich davon nicht irritieren, das ist bei diesem Software-Player immer so, auch wenn Ihre fertige DVD den Nutzer automatisch zu dem unter STARTAKTION gewählten Track oder Menü führt.

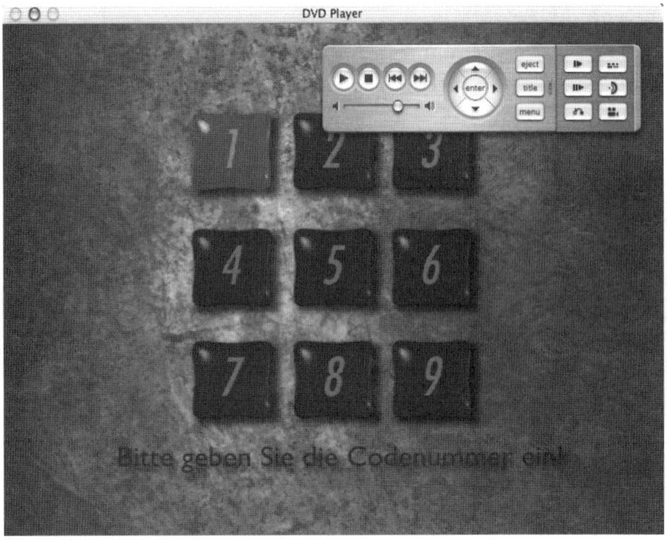

Abbildung 21.2 ▶
Der DVD Player in Mac OS X sollte Bild und Ton ohne Synchronfehler abspielen. Er beherrscht aber nicht alle Voreinstellungen, wie zum Beispiel eine Kindersicherung.

Hier sollte alles so ablaufen, wie es später von der DVD kommt – Sprünge werden sogar deutlich fixer ausgeführt, da der Magnetkopf einer Festplatte wesentlich schneller positioniert werden kann als der Laser eines DVD-Laufwerks. Bei diesen Probeläufen dürfen nun keinerlei Fehler in der Bild-Ton-Synchronisation mehr auftreten, da diese Daten schon miteinander verzahnt sind (anders als beim Simulator). Auch die logische Struktur sollte funktionieren, und alle Buttons und Effekte sollten sich korrekt benehmen. Ein moderner Laptop kann dieses Material bei nicht allzu hohen Datenraten in den Videospuren ebenfalls flüssig abspielen, so dass Sie es anderen Projektbeteiligten zu Kontrollzwecken vorspielen können.

Ihren Abnehmern dagegen sollten Sie das Projekt nur in dieser Form zeigen, wenn es auch für den Computer als Abspielplattform vorgesehen ist. Farben und Kontraste werden hier leider nicht so wie auf einer Fernsehröhre dargestellt, und es können Interlace-Artefakte durch die andersartige Zeilenstruktur auftreten, wenn das Material von Video stammt. Das könnte bei technisch unkundigen Auftraggebern einen falschen Eindruck der Produktionsqualität Ihrer DVD hinterlassen.

Wenn in dieser Phase noch nicht alle Assets verfügbar sind, können Sie natürlich auch mit **Platzhaltern** arbeiten, um die logische Menüstruktur schon zu testen. Wenn Ihre Platzhalter dann durch die finalen Versionen ersetzt werden sollen, müssen diese exakt die gleiche Lauflänge und alle Kapitelmarken – falls vorhanden – an den gleichen Stellen haben. Wenn Sie diese auch am gleichen Platz mit gleichem Namen ablegen, schluckt DVD Studio Pro sie beim erneuten Öffnen klaglos. Wenn die Namen nicht übereinstimmen, müssen diese Dateien nach der Vermisstenmeldung von Hand erneut ausgewählt werden.

Test von DVD-Unikaten

Falls Sie für häufige Tests nicht immer gleich einen DVD-Rohling verbrauchen wollen, kaufen Sie sich eine wieder beschreibbare DVD, in der Regel eine **DVD-RW** oder **DVD+RW** (die DVD-RAM läuft nur in ganz wenigen Playern). Die sind zwar durch die etwas anderen Reflexionswerte nicht ganz so kompatibel wie einmal beschreibbare Rohlinge, aber Sie können sich ja für Ihren eigenen Betrieb einen passenden Player aussuchen. Es ist schon schade genug um die Zeit, die Sie damit verbringen werden, auf der gebrannten DVD die Fehler zu finden, die sich trotz aller Vorsicht eingeschlichen haben. Wenn dann auch noch ständig »verbrannte« Rohlinge dazu kommen, ist jeder Fehler doppelt ärgerlich, und Müllvermeidung ist auch hier sinnvoll. Eine DVD-RW mit zwei Layern gibt es allerdings noch nicht.

Lassen Sie in dieser Phase unbedingt die gesamte **Benutzerführung** von Personen prüfen, die vorher nichts mit dem Projekt zu tun hatten. Es ist immer wieder erstaunlich einfach, Fehler zu übersehen, weil man selber genau weiß, wie etwas gemeint war. Unvorbereitete Testpersonen dagegen werden viel eher bei einer missverständlichen Beschriftung oder einer logisch nicht gut durchdachten Navigationsstruktur hängen bleiben. Setzen Sie sich lieber nicht selbst daneben: Viel zu leicht ist man versucht, Hilfestellung zu geben – manchmal schon durch ein Räuspern oder eine Geste. Lassen Sie lieber Notizen über Unklarheiten und Probleme anfertigen.

Es reicht keineswegs, alle Funktionen nur kurz anzuspielen und mit der Menütaste wieder herauszuhüpfen. Sie – oder besser Ihre Testpersonen – müssen sich das gesamte Bild- und Tonmaterial vollständig anschauen. Das gilt vor allem dann, wenn die Weitergabe als DVD-R erfolgen soll. Fehler beim Encoding oder zu hohe Datenraten werden unter Umständen erst auf einem Stand-alone-Player sichtbar und nicht auf dem Computer. Solche Fehler zeigen sich als Blockbildungen oder »Einfrieren« des Bildes manchmal nur für kurze Zeit – ebenso wie Tonstörungen. Verschiedene Zonen auf einer weitgehend gefüllten DVD sind (je nach Rohling) auch unterschiedlich fehleranfällig. Sie sollten deshalb nur kompetente und zuverlässige Menschen mit den Tests beauftragen, die wirklich aufmerksam hinschauen und hinhören.

Ihren Abnehmern können Sie diese Version natürlich zu gegebener Zeit auch zeigen. Mitgeben sollten Sie ihnen eine selbst gebrannte DVD-R oder -RW aber nur, wenn Sie wissen, dass der DVD-Player beim Kunden kompatibel ist. Weisen Sie auch darauf hin, dass DVDs empfindlicher für Kratzer und Fingerabdrücke sind als die vertraute Audio-CD. Es könnte sonst passieren, dass der Abnehmer Störungen zu sehen bekommt, an denen Sie ausnahmsweise nicht schuld sind …

21.2 Vervielfältigung als DVD-R/+R

Wenn alle Tests abgeschlossen sind, benutzen Sie dazu die Funktion FERTIGSTELLEN/FORMATIEREN in DVD Studio Pro bzw. nur FORMATIEREN, wenn die Daten noch vom letzten Test auf der Festplatte liegen. Legen Sie aber den Rohling erst ein, wenn das Programm Sie dazu auffordert. DVD Studio Pro kann durcheinander kommen, wenn sich das Betriebssystem schon vorher den Rohling zum Beschreiben »unter den Nagel reißt«. Auf neueren Rechnern verbaut Apple Laufwerke, mit denen DVD Studio Pro auch die Ausgabe auf DVD+R und auf die wieder beschreibbaren RW-Formate unterstützt. Manche Fremdlaufwerke werden aber nicht unmittelbar akzeptiert. Wenn Sie Ihr System nicht mit der Freeware »Patch Burn» für Fremdgeräte anpassen wollen, ist die sehr bedienerfreundliche und vielseitige Brennsoftware Toast von Roxio (ab Version 5.2) eine gute Alternative. Toast unterstützt wesentlich mehr Brenner und wird auch schneller auf neue Technologien angepasst, zum Beispiel gab es dort die Unterstützung der Dual-Layer DVD-R deutlich früher als bei Apple. Seit der Betriebssystemversion 10.3.6 unterstützt allerdings auch Apple viele gängige Brenner, ein Versuch mit dem Update lohnt sich.

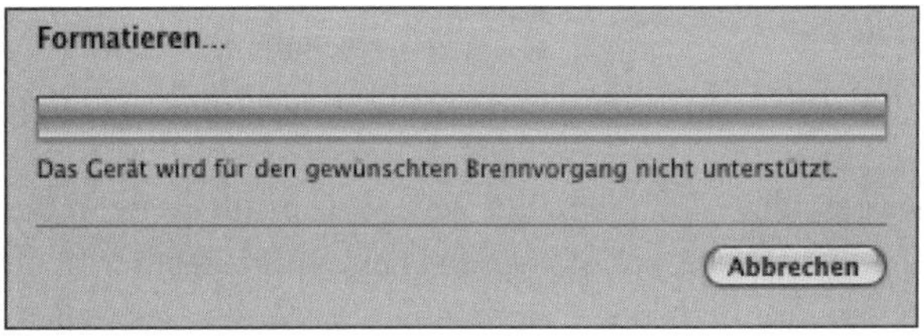

Abbildung 21.3 ▸ Wenn DVD Studio Pro sich so ablehnend verhält, ist es Zeit für einen Toast ...

Auch einmal das Handbuch studieren

Auch wenn ich natürlich stolz wäre, wenn Sie es bis hierher geschafft haben, ohne das Originalhandbuch besonders abzunutzen: Machen Sie sich die Mühe, vor der Ausgabe anspruchsvoller Projekte das Apple-Handbuch ab Seite 585 genau zu studieren. Es klingt zwar kompliziert (das ist es zum Teil auch), aber diese Informationen können Ihnen viel Ärger ersparen.

Brennen mit Toast

Bei Toast 6, das simple DVDs aus Videomaterial selbst erstellen kann, wird der VIDEO-TS-Ordner nicht richtig interpretiert, wenn Sie unter VIDEO einfach nur auf »DVD« gestellt haben. Das Programm versucht seinerseits, alles neu zu komprimieren und eine DVD zu erzeugen, was in dem Fall völlig danebengeht. Achten Sie deshalb darauf, dass Sie in Toast 6 auf VIDEO ❶ und unter ERWEITERT ❷ auf DVD-VIDEO AUS VIDEO_TS ❸ stellen, dann können Sie die Ordner VIDEO_TS und AUDIO_TS in das Fenster legen und Ihrer DVD bei ❹ noch einen Namen geben. Immerhin ist Toast (seit Version 6.0.7) schlau genug, die von DVD Studio Pro zusätzlich erzeugten Dateien mit dem Namensanhang ».Layout« und die Datei VOB_DATA.LAY nicht mit zu brennen (Abbildung 21.3). Eventuelle DVD-ROM-Daten müssen Sie selbst hinzufügen.

Wenn Sie DVD@CCESS nutzen und die hybride DVD auch auf PCs laufen soll, dürfen Sie nicht vergessen, den Installer mit zu brennen (DVD Studio Pro macht das beim Formatieren automatisch). Sie finden den Ordner DVD@CCESS durch Öffnen des Paketinhalts von DVD Studio Pro (Kontextmenü) im Ordner CONTENTS unter RESOURCES. Wenn Ihnen das alles zu umständlich ist, können Sie auch von DVD Studio Pro eine Image-Datei erstellen lassen. Die enthält bereits alles, was das Authoring-Programm auf die DVD geschrieben hätte, und lässt sich dann mit Toast ebenfalls auf einem von DVD Studio Pro nicht unterstützten Laufwerk brennen. Toast 5 kann übrigens auch DLT-Bänder im CMF-Format schreiben, das von Toast jedoch als DDP gemeldet wird (was nicht völlig falsch ist, siehe weiter hinten). Diese Funktion ist aber auf DVD-5 ohne CSS beschränkt, so dass Sie auch unbedingt alle Regionen freigeben müssen.

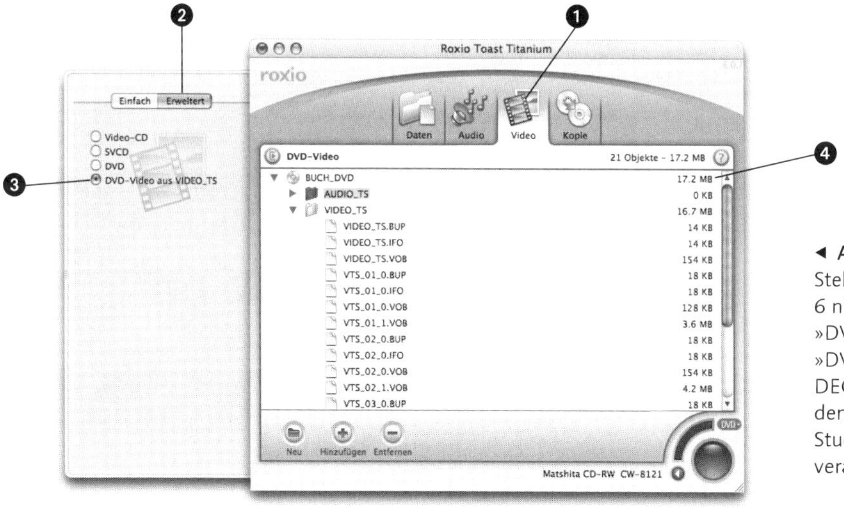

◀ **Abbildung 21.4**
Stellen Sie in Toast 6 nicht einfach auf »DVD«, sondern auf »DVD-Video aus VIDEO_TS« – damit werden Dateien aus DVD Studio Pro einwandfrei verarbeitet.

Energiesparfunktionen deaktivieren

Auch wenn ich sonst viel vom Energiesparen halte: Beim Fertigstellen und Formatieren sollten Sie alle derartigen Einstellungen im System abschalten. Ein Einschlafversuch kann Ihre DVD-R oder eine DLT-Aufnahme ruinieren. Manche externen FireWire-Festplatten neigen sogar zu eigenmächtigem Einschlafen, benutzen Sie dann eins der Freeware-Tools, die das verhindern (z. B. Spindown Fix). Schalten Sie besser auch alle Netzwerkdienste und Bildschirmschoner ab.

Wenn Ihre DVD einen DVD-ROM-Anteil enthalten soll, legt DVD Studio Pro alle Dateien aus dem dafür angegebenen Ordner mit auf der Root-Ebene der DVD ab. Das ist bei sehr zahlreichen Dateien nicht unbedingt zu empfehlen, da manche Player damit Probleme haben können (das war die Ursache für den Rückruf der allerersten »Matrix«-DVD!). Legen Sie besser innerhalb des angegebenen Ordners einen Unterordner mit einem Namen wie »ROM_DATA« an, der alle Daten enthält. Berücksichtigen Sie aber, dass sich dadurch der Pfad für den direkten Dateizugriff mit DVD@CCESS ändert, wie Apple auf Seite 629 erläutert. Nähere Informationen zum Joliet-Format finden Sie bei mir weiter hinten bei der Ausgabe mit TFDVDEdit.

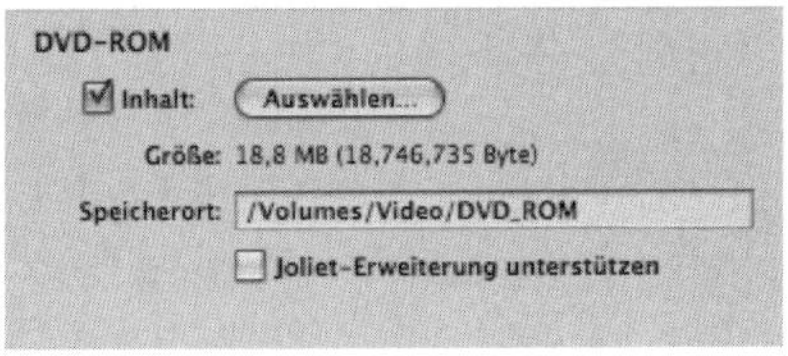

Abbildung 21.5 ▶ Legen Sie besser innerhalb des hier angegebenen Ordners einen Unterordner mit einem Namen wie ROM_DATA an, der die gewünschten Daten enthält.

Icons für DVDs

Wenn Sie für die Darstellung Ihrer DVD auf Computern ein Icon wünschen, dann funktioniert das so:

Auf dem PC brauchen Sie eine Ergänzung der Datei autorun.inf:

```
[autorun]
icon=myicon.ico
```

Unter diesem Namen müssen Sie natürlich auch das Icon bereitstellen.

Auf dem Mac erzeugen Sie einfach eine Image-Datei mit Toast, ersetzen das Icon mit dem gewünschten Bild wie bei Ordnern oder anderen Dateien, dann brennen Sie oder schreiben das Image auf DLT.

DVD-R-Rohlinge

Wenn Ihre DVD als Kleinstauflage per Brenner produziert werden soll, muss sie unbedingt auf den dafür vorgesehenen Playern getestet werden. Für diesen Zweck sollten Sie auf die gleichen Rohlinge brennen, die später auch geliefert werden sollen. Gegenwärtig erleben wir hier leider mit der DVD-R und DVD+R ähnliche Probleme, wie mit der selbst gemachten Audio-CD der Anfangszeit. Erinnern Sie sich noch? Da konnte auch nicht jeder Player mit jedem Rohling!

Da die Hersteller leider manchmal auch unbemerkt ihre Rezepturen bzw. Anbieter ihre Lieferanten ändern, kann es sogar sinnvoll sein, sich gleich mit einer hinreichend großen Charge an Rohlingen einzudecken. Weisen Sie Ihre Abnehmer darauf hin, dass Probleme bei Nachbestellungen nicht auszuschließen sind. Besonders bei den Eigenlabels von Supermarktketten kann es passieren, dass ein Produkt gestern noch in einer Fachzeitschrift gute Testergebnisse bekommen hat, aber schon beim nächsten Einkauf von einem anderen Hersteller stammt.

Am sichersten ist es, wenn Sie Ihre Abnehmer die Hinweise zur Kompatibilität und ggf. zum Nachkauf von Rohlingen bei Auftragserteilung schriftlich bestätigen lassen. Lassen Sie den Kunden wissen, dass Sie bei der Erstellung von **Kleinauflagen per Brenner** beim gegenwärtigen Stand der Technik nicht dafür garantieren können, dass diese auf jedem Abspielgerät lauffähig sind.

◄ **Abbildung 21.6**
Der Kleinroboter »Bravo Disc Publisher« von der Firma Primera nimmt Ihnen das Brennen und Bedrucken bei der Ausgabe auf DVD-R ab.

Wenn sich Ihr Kunde trotzdem darauf einlässt, dann wollen Sie ab einer gewissen Stückzahl sicher nicht den Diskjockey spielen. Gut, warum nicht einen Roboter die Arbeit machen lassen: Es gibt von der Firma Primera den **Bravo Disc Publisher**, der sich ab etwa 100 Stück im Monat rechnen dürfte. Allerdings hat dieses relativ preisgünstige Gerät nicht den allerbesten Ruf im Hinblick auf die Zuverlässigkeit, es gibt – wesentlich teurere – Profigeräte von Rimage oder Otari, die einen solideren Eindruck machen. Insbesondere sinkt die Zuverlässigkeit bei Hitze stark ab, sorgen Sie also für gute Kühlung.

Das Gerät ist eine Kombination aus einem Brenner mit automatischer Zuführung für die Rohlinge und einem Drucker. Die nötige Software gibt es auch für den Mac (allerdings ist die weniger vielseitig), und Sie bekommen mit bedruckbaren Rohlingen professionell aussehende Ergebnisse. Aber benutzen Sie immer die Originaldaten von Ihrer Festplatte zum Brennen, verwenden Sie keine DVD-R als Master, auch wenn die Software das zulässt (siehe »Massenkopien«). Die OEM-Software des Gerätes für den Mac namens Discribe von Charismatic scheint bei den Vorlagen etwas zickig zu sein, direkt vom DVD-Ordner klappt das nicht immer. Am besten arbeiten Sie mit Image-Dateien, die Sie mit COPY DISC IMAGE als Quelle wählen können.

Bessere Kompatibilität mit DVD+R

Auch wenn viele meinen, dass die Kompatibilität einer DVD+R schlechter sei:

Mit einem kleinen Trick kann sie sogar von mehr Playern akzeptiert werden als die DVD-R. Das ist dann der Fall, wenn sich die gebrannte DVD gegenüber dem Player als DVD-ROM ausgibt. Sie brauchen dazu einen Brenner, bei dem sich das so genannte Compatibilty-Bit umstellen lässt, und eine Brennsoftware oder ein kleines Hilfsprogramm für die Umstellung.

Auf dem Mac kenne ich nur das DVDPlusTool von Martijn Plak (www.plak.net/dvdplustool), das aber nur ältere Brenner mit Laufwerken von HP oder Ricoh unterstützt. Eine DVD+RW können Sie damit sogar nachträglich umstellen. Auf dem PC können einige Brennprogramme, wie z. B. Nero, mit dem Befehl CHANGE BOOK TYPE diese Information umstellen. Um herauszufinden, welche Brenner das Verfahren unterstützen, sehen Sie am besten bei www.dvdplusrw.org nach.

Dürfen Sie das DVD-Logo verwenden?

Bei selbst gebrannten DVDs nicht! Auf Ihrer DVD darf nicht das Video-DVD-Logo erscheinen, sondern nur das Logo des Mediums, auf das Sie auch gebrannt haben, wie z. B. DVD-R oder DVD+R. Das dürfte als optischer Hinweis auf die Art des Mediums für den Nutzer auch genügen. Vorlagen sind ohne weiteres im Netz aufzufinden (für Entwurfszwecke finden Sie Adressen im Anhang). Aber der Inhaber der Warenzeichenrechte, die **DVD FLLC**, ist im Hinblick auf deren Verwendung sehr strikt, denn man will dadurch die Kompatibilität gewährleisten. Eine DVD-R ist eben nicht identisch mit einer Video-DVD und leider auch weniger kompatibel. Nur Lizenznehmer, die einen Lizenzvertrag unterzeichnet und sich zur Einhaltung der technischen Spezifikationen verpflichtet haben, dürfen das Logo verwenden. Dazu gehören natürlich alle regulären Kopierwerke.

Das Logo ist also kein übliches Vermarktungssymbol, sondern eine Bestätigung für den Käufer, dass dieses Produkt bestimmte technische Voraussetzungen erfüllt. Auch wenn Ihre DVD-R Videomaterial enthält, ist sie keine Video-DVD im Sinne dieses Warenzeichens! Die Einschränkungen gehen sogar noch weiter: Wenn Sie im Kopierwerk eine 1:1-Vervielfältigung direkt von einer DVD-R erstellen lassen, darf auch dieses Ergebnis nicht das Video-DVD Logo tragen. Das ist keine Schikane des Kopierwerks, denn auch eine solche DVD ist weniger kompatibel als eine von Band oder Platte im DDP- oder CMF-Format erstellte (siehe unten).

Nur eine nach allen Regeln der Kunst produzierte Video-DVD aus dem Kopierwerk darf auch das entsprechende Logo tragen. Nehmen Sie diese Hinweise ernst: Schon die Kosten einer Abmahnung können den Ertrag einer Kleinserienproduktion übersteigen.

Sie dürfen das Logo auch nicht auf Visitenkarten, Websites oder anderen allgemeinen Drucksachen verwenden, das darf nicht einmal das Kopierwerk. Nur in Anzeigen, die sich direkt auf ein formatgerechtes Produkt beziehen, also eine korrekt vervielfältigte Video-DVD, darf das Logo auch auftauchen.

21.3 Ausgabe für Massenkopien

Garantiert auf jedem intakten Player lauffähig sind Produkte der großen Kopierwerke, die normgerechte DVDs vom **Glasmaster** in Massenauflagen erstellen (korrektes Authoring vorausgesetzt!). Kleinserien lohnen sich derzeit je nach Kalkulation ab etwa 500 bis 1 000 Stück – das Teuerste ist dabei die Erstellung des Glasmasters, so dass größere Stückzahlen den Einzelpreis erheblich drücken. Mit kleinen Stückzahlen sind Sie natürlich auch ein »kleiner Fisch« und werden sich eher hinten anstellen müssen, wenn Großaufträge anstehen. Planen Sie deshalb nicht mit zu kurzen Produktionszeiten – besonders wenn Sie noch Neukunde sind.

Der Projektname aus DVD Studio Pro

Falls Sie Ihre Daten an ein Kopierwerk weitergeben, sollten Sie vor dem FORMATIEREN den Namen Ihres DVD-Projekts auf Ihren Firmennamen ändern (nicht länger als zwölf Zeichen, Großbuchstaben, keine Umlaute). DVD Studio Pro schreibt nämlich merkwürdigerweise in das Feld der IFO-Datei (im VMG-Bereich), das eigentlich für den Namen des »Providers« (also des Herstellers) gedacht ist, den Projektnamen, unter dem Sie in Apples Programm gespeichert haben. Da man dieses Feld mit den geeigneten Werkzeugen im Kopierwerk lesen kann, sollte da etwas Sinnvolles zu finden sein. Im Fall von Raubkopien kann man das natürlich auch als Herkunftsbeweis nutzen, weil der Eintrag nicht ganz so leicht zu ändern ist.

21.4 Kopierschutz und Regionalcodes

Obwohl der digitale **Kopierschutz CSS** sowie die regionale Kodierung der meisten Player bereits »geknackt« wurden, sind solche Features durch das neue Urheberrecht wieder mehr in den Mittelpunkt gerückt. Einerseits sind natürlich die Nutzer mit Recht sauer, dass sie weiterhin auf Rekorder, Brenner und Medien Urheberrechtsabgaben zahlen sollen, während ihr bisheriges Recht auf die Privatkopie faktisch ausgehebelt wurde. Andererseits wollen Sie oder Ihre Auftraggeber natürlich nicht, dass massenhafte Raubkopien Sie um die Bezahlung Ihrer Leistung betrügen.

Sie wissen vermutlich selbst, dass für zahlreiche Abspielgeräte in Europa »Code-Free»-Umbausätze existieren. Viele Geräte aus Fernost werden bereits ohne Regionalcode verkauft oder sind durch kleine Tricks mit der Fernbedienung freischaltbar. Diese sind nach wie vor legal, da so etwas vom Gesetzgeber hierzulande nur als Maßnahme zum Gebietsschutz betrachtet wird – so weit reicht der lange Arm von Hollywood dann doch nicht.

Bislang setzten solche Umbausätze oft auch den analogen Kopierschutz **Macrovision** gleich mit außer Kraft, der den Nutzern Kopien per analoger Verbindung auf einem Rekorder durch Störungen vergällt. Wenn nicht: Es gab bis zur neuen Urheberrechtsnovelle auch billige Vorschaltgeräte, die Macrovision ebenfalls unwirksam machen und von denen sich noch sehr viele in privater Hand befinden dürften. Einen Regionalcode brauchen die meisten unserer Leser vermutlich sowieso nicht, denn Sie haben ja kaum die Sorgen der Hollywood-Produzenten, sondern würden recht gern Ihre DVD gleich weltweit absetzen.

Im Internet kursieren etliche Tools, die auch CSS-geschützte DVDs digital kopieren können – die sind zwar mittlerweile auch bei uns illegal, aber relativ leicht zu finden. Trotzdem dürften Auftraggeber nun wieder verstärkt auf Kopierschutzmaßnahmen drängen, insbesondere da die DVD-9 zum Selbermachen mittlerweile verfügbar ist. Leider können Sie bei Kleinserien per DVD-Brenner diese Funktionen gar nicht erzeugen: Weder CSS, noch Macrovision oder Regionalcode sind bei DVD-R möglich!

Kein Regionalcode auf DVD-R

Bei Produktionen auf DVD-R sollten Sie keinerlei Regionalcode aktivieren. Ein Regionalcode auf DVD-R ist technisch gar nicht möglich, und manche Player verweigern eine solche DVD gleich ganz, wenn Sie die entsprechende Information trotzdem vorfinden. Vorsicht ist vor allem angebracht, wenn direkt von DVD-R vervielfältigt werden soll, aber davon rate ich sowieso ab (siehe unten).

Die entsprechenden Einstellungen in DVD Studio Pro sind nämlich nur Anweisungen ans Kopierwerk, diese Funktionen zu erzeugen. Die Kopierwerke müssen für diese Verfahren umfangreiche Auflagen erfüllen und happige Lizenzgebühren bezahlen. Wie sie diese Kosten letztlich an ihre Kunden weitergeben, ist unterschiedlich. Viele sind dazu übergegangen, zumindest die Kosten für den digitalen Kopierschutz CSS in den üblichen

Preisen zu verstecken und diesen somit ohne Mehrpreis anzubieten. Ob das bei Kleinauflagen auch immer der Fall ist, müssen Sie mit Ihrem Kopierwerk abklären, das letztlich für alle Details im Zusammenhang mit CSS zuständig ist. Eventuell wird Sie das Kopierwerk dabei nach der Zahl der verwendeten Video Title Sets (VTS) fragen, die Sie im Log-Fenster nach dem FERTIGSTELLEN sehen können.

Macrovision

Etwas anders ist die rechtliche Situation bei Macrovision, dort werden Sie faktisch selbst Lizenznehmer und müssen eine Lizenzgebühr von ein paar Cents pro hergestellter DVD zahlen. Die Zahlen meldet das Kopierwerk direkt an Macrovision. Der analoge Kopierschutz kann leider gelegentlich auch bei ganz legaler Nutzung der DVD die Abspielqualität auf manchen Geräten beeinflussen. Bei PAL ist von den drei möglichen Varianten dieses Kopierschutzes nur Typ 1 verwendbar, in DVD Studio Pro wird bei der Einstellung auf PAL auch nichts anderes angeboten. Der Vorteil von Macrovision ist, dass Sie bei Bedarf auch nur Teile Ihres Materials schützen können, während CSS immer für die ganze Disk gilt. (Näheres im Apple-Handbuch auf Seite 604.) Ein Nachteil ist, dass es im Profisektor ganz legal erhältliches Equipment gibt, mit dem Macrovision ausgehebelt werden kann (mehr werden Sie dazu von mir nicht erfahren!). Es dürfte deshalb zumindest strittig sein, ob die Umgehung von Macrovision allein schon einen Rechtsbruch darstellt, während das bei CSS nach dem neuen Urheberrecht ganz eindeutig ist.

Bitte beachten Sie insbesondere bei diesem Kapitel, dass meine Äußerungen keine rechtliche Beratung ersetzen können und nur eine Zusammenfassung allgemein zugänglicher Informationen darstellen.

DLT als Transportmedium

Für die zuverlässige Anlieferung Ihrer DVD-Daten beim Kopierwerk benötigen Sie entweder einen der sehr teuren Authoring-Brenner oder besser ein **DLT-Bandlaufwerk**, das durchaus vom Gebrauchtmarkt stammen darf. Sie brauchen außerdem eine SCSI-Karte in Ihrem Rechner, da beide Gerätetypen nicht mit einem FireWire-Anschluss verfügbar sind.

CMF- oder DDP-Format

Sie sollten Ihre Daten auf DLT nach Möglichkeit nur im moderneren CMF-Format schreiben, das ist besser als das ältere DDP 2.0, besonders wenn auch der CSS-Kopierschutz benutzt wird. Sprechen Sie aber mit Ihrem Kopierwerk, ob das dort auch angenommen und verwendet wird (bei einem gut informierten Betrieb sollte das so sein). Wenn Sie Ihr Kopierwerk beeindrucken wollen, sagen Sie denen, dass Ihre DLT-Bänder im CMF-Format kommen und dass die DDPIV-Datei mit dem Flag für SSCRST #5 versehen ist!

Im älteren DDP-Format wird ein bestimmter Bereich für den Regionalcode (im Control Data Block des Lead-in) nicht freigehalten. Manche Player spucken eine DVD einfach wieder aus, wenn die Information im Lead-in-Bereich nicht mit der übereinstimmt, die als Regionalcode in der VIDEO_TS.IFO-Datei steht. Das ist selbst dann wichtig, wenn Sie gar keinen Regionalcode benötigen und alle Regionen freigegeben haben – auch diese Information muss übereinstimmen.

Übrigens: Wenn Toast 5 Ihre Daten im CMF-Format auf eine DLT-Kassette schreibt, wird das Format dort verwirrend als DDP bezeichnet. Aber DDP heißt einfach »Disc Description Protocol«, und auch CMF ist ein solches (und es wurde von den gleichen Leuten als Nachfolgeformat entwickelt). Toast erlaubt aber keinen Kopierschutz.

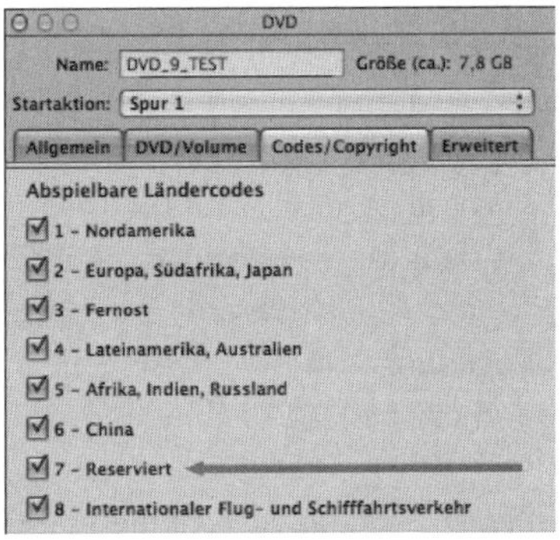

Abbildung 21.7 ▶ Bei DVD-R sollten immer alle Regionen aktiviert sein, auch die reservierte Region 7, sonst machen manche Player Ärger beim Abspielen.

Aktivieren Sie in DVD Studio Pro auch den noch nicht benutzten Ländercode 7, dann stimmen Ihre Angaben bei der Abspeicherung als CMF-Datei zumindest mit den Angaben in der Datei CONTROL.DAT überein, wie Toast sie auf DLT schreibt. Der digitale Kopierschutz wird, wie bereits erwähnt, erst im Kopierwerk erzeugt. DVD Studio Pro schreibt nur etwas größere Sektoren auf DLT (2054 Bytes pro Sektor statt 2048), wenn Sie diese Funktion aktiviert haben, um Platz für die Verschlüsselung zu lassen.

CSS mit CMF

Wenn Sie den digitalen Kopierschutz CSS benötigen, sollten Sie unbedingt das CMF (Cutting-Master-Format) benutzen. Prüfen Sie Ihre Hardware aber auf Kompatibilität, bevor Sie ein wichtiges Projekt beginnen. Apple erwähnt in den aktuellen Informationen zu DVD Studio Pro Schwierigkeiten mit Adaptec-Karten, die ich aber bei meinen DLT-Laufwerken nicht nachvollziehen konnte.

Es ist nicht auszuschließen, dass die Generierung von CSS-Sektoren im Programm selbst noch Fehler hat, da TFDVDEdit mit der gleichen Hardware CMF einwandfrei schreiben kann.

DLT-Laufwerke

Selbst wenn meist ein anderer Name auf dem Gehäuse steht: Die DLT-Laufwerke darin sind immer von **Quantum**. Nehmen Sie nicht das DLT1, aber ab DLT 2000 sind alle geeignet, also auch 4000, 7000 und 8000. Die höheren Nummern bezeichnen höhere Kapazitäten und sind auch teurer, genau wie die Kassetten höherer Kapazität. Jedes Modell gibt es auch als XT-Version (für Extended), die XT-Bänder mit höherer Kapazität verkraftet, aber abwärtskompatibel ist. Oft werden die Geräte im Modellnamen auch als 15/30, 20/40 und 40/80 bezeichnet, das ist dann die Kapazität in GB, wobei die erste Zahl das Fassungsvermögen für unkomprimierte Daten angibt, die zweite einen Durchschnittswert für komprimierte.

Da DVD-Dateien praktisch nicht weiter komprimierbar sind und die Kopierwerke zudem auf unkomprimierte Daten bestehen, ist der zweite Wert für uns irrelevant. Die Modelle DLT7000 und DLT8000 haben zudem eine deutlich höhere Schreib- und Lesegeschwindigkeit, sind aber auch die teuersten. Da jeder moderne Rechner selbst mehrere Bänder gleichzeitig locker im Hintergrund wegschreibt, reichen für DVD die älteren Modelle völlig aus. Der Mehrpreis für höhere Geschwindigkeit und Kapazität ist natürlich gerechtfertigt, wenn Sie das Laufwerk zusätzlich für Backups nutzen wollen (Toast kann nur im CMF-Format auf DLT schreiben, für Backups ist das Programm Retrospect die beste Wahl).

Sie können durchaus bei eBay fündig werden, wenn Rechenzentren ihre Kapazität erweitern müssen – DLT-Laufwerke sind recht robust und langlebig. Achten Sie aber darauf, dass sich die SCSI-Schnittstelle des angebotenen Gerätes mit Ihrer SCSI-Karte verträgt, denn das ist ein Standard mit vielen Varianten. Bei einem DLT8000 müssen Sie unbedingt die LVD-Version (Low Voltage Differential) der SCSI-Schnittstelle erwerben. Finger weg bei einer HVD-Version (High Voltage Differential), da es hierzu keine SCSI-Karten für aktuelle Macs gibt.

SCSI-Karten

Nicht alle SCSI-Controller arbeiten mit jedem Laufwerk zusammen, klären Sie das vor dem Kauf genau ab. Mit Kabeladaptern sind auch ältere 50-polige und neuere 68-polige Laufwerke kombinierbar, aber je nach Kombination kann die gesamte SCSI-Kette dabei etwas in ihrer Übertragungsrate gebremst werden. Auch für die älteren, klobigen Centronics-Anschlüsse und die neuen, wesentlich kleineren Steckerleisten gibt es Adapter. Die von Apple unterstützten SCSI-Karten von ATTO sollten funktionieren, gute Erfahrungen gibt es auch mit Adaptec-Modellen wie dem 2940U2W, bei älteren Laufwerken auch mit der Adaptec 2930-Karte.

Achten Sie aber darauf, dass es unter Mac OS X Treiber für die gewählte Karte gibt und – falls Sie auf dem Gebrauchtmarkt kaufen – dass die Karte wirklich eine Mac-Version ist. Die einzige Karte, die mit einem G5 funktioniert, ist die ATTO UL3S, und Sie sollten diese Karte in einen der 100-MHz-Steckplätze setzen (die UL4S ist für Bandlaufwerke nicht empfehlenswert). Installieren Sie für die ATTO ExpressPCIPlus nicht die Treiberversion 3.1.0 von der Website. Bei ATTO-Karten funktionieren der Treiber 2.0.4 (der wird mit dem System installiert) und die Version 2.1.2 (von der Website des Herstellers) besser. Unter Umständen kann es sogar sinnvoller sein, seinen alten Mac noch nicht auszurangieren, sondern das DLT-Laufwerk dranzuhängen.

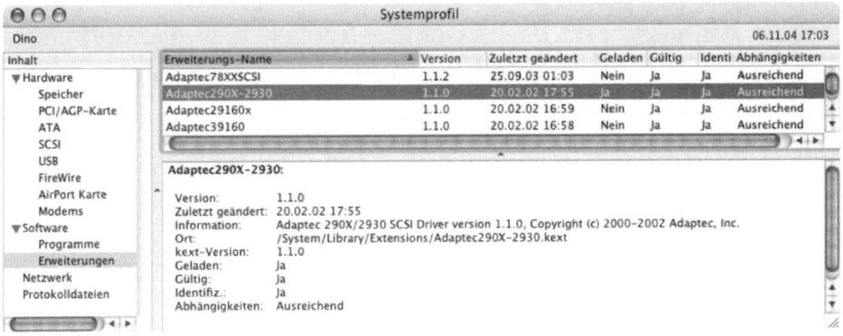

Abbildung 21.8 ▶ Bei SCSI-Karten sollten Sie die richtige Treiberversion verwenden. Sie finden diese Informationen unter dem Apfel nach Aufruf von ÜBER DIESEN MAC bei WEITERE INFORMATIONEN.

Die japanische Firma Ratoc bietet einen Konverter von FireWire auf 50-poliges SCSI unter dem Namen »FR1SX« an. In ersten Tests hat sich diese Lösung im Betrieb mit DLT-Laufwerken unter TFDVDEdit als nicht ganz zuverlässig erwiesen, obwohl sie mit Retrospect unter OS X gut zu funktionieren scheint. Die Programmierer suchen noch nach dem Grund, aber bis zur endgültigen Klärung empfiehlt sich für die Nutzung von TFDVD-Edit eher der Kauf einer PCI-Karte für SCSI.

Im Betrieb mit DVD Studio Pro scheint der Adapter nach ersten Meldungen zu arbeiten – es ist natürlich cool, ein DLT direkt vom PowerBook auszugeben –, aber Sie müssen ihn richtig konfigurieren. Stellen Sie im Konfigurationsprogramm unbedingt auf ENABLE SCSI STOP/START COMMAND, da DLT-Laufwerke das benötigen. Manche anderen SCSI-Geräte arbeiten damit nicht mehr, so dass Sie bei Nutzung weiterer SCSI-Geräte öfter neu konfigurieren müssten – als perfekt kann man diese Lösung nicht gerade bezeichnen.

DLT ist nicht auf dem Desktop sichtbar

Wenn Sie dann alles beisammen haben, lassen Sie sich nicht erschrecken, wenn das Laufwerk mit eingelegtem Medium nicht im Finder Ihres Macs auftaucht. Es genügt, wenn es vom System-Profiler gesehen wird: ÜBER DIESEN MAC • WEITERE INFORMATIONEN • HARDWARE • SCSI.

DLT-Laufwerke brauchen keinen zusätzlichen Treiber, aber sie können nur direkt von Programmen wie DVD Studio Pro, TFDVDEdit, Toast oder Retrospect genutzt werden.

Da selbst neue DLT-Bandlaufwerke deutlich preisgünstiger sind als der einzige Authoring-Brenner auf dem Markt und auch als Backup-Medium gute Dienste leisten können, sollten Sie bei regelmäßigem Bedarf eher in ein solches Laufwerk investieren. Wenn Sie aber nicht so häufig Massenkopien fertigen, können Sie vielleicht auch einen hilfsbereiten System-Administrator aus einem Rechenzentrum finden, der Ihnen bei der Kopie auf Band aushilft, denn DLT-Laufwerke sind dort als Backup-Medium recht verbreitet.

DLT-Bandformat

Wichtig ist das Bandformat: Benutzen Sie unbedingt Typ III oder IV ohne Kompression, sonst kann Ihr Band vom Kopierwerk nicht gelesen werden. Zum Umschalten auf das unkomprimierte Format muss man den Knopf an der Gerätefront mehrmals in kurzem Abstand drücken! Die Tapes des Typs III sind preisgünstiger und reichen für die DVD-Datenübergabe völlig aus (jedenfalls bis die Blu-Ray oder HD-DVD kommt).

Der verflixte Schichtwechsel: Layer-Break

Ein Teil des DVD-Standards, der uns viel Kopfzerbrechen bereitet hat, ist der Layer-Break bei der DVD-9. Zwar ermöglicht sie einerseits Laufzeiten sogar von Spielfilmen mit Überlänge, ohne die Disk umdrehen zu müssen, so wie es früher bei der Bildplatte noch war. Andererseits sind etliche technische Vorbedingungen daran geknüpft, dass das Ganze auch funktioniert. Ich verwende im Folgenden den englischen Begriff, da »Schichtwechsel« im Deutschen ja eigentlich anders definiert ist und weil ich nicht (wie Apple) jedes Mal »Wechsel zur zweiten Schicht« ausschreiben möchte – sonst wird mein Buch so lang wie deren Handbuch ...

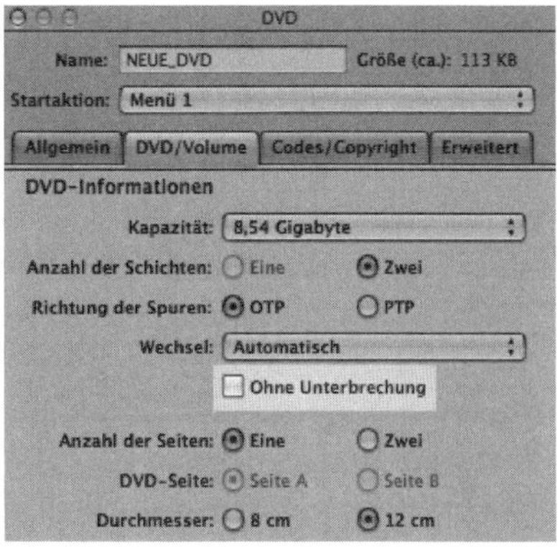

◄ **Abbildung 21.9**
Diese Einstellung sollte es eigentlich gar nicht geben: Aktivieren Sie dieses Feld auf keinen Fall!

DVD Studio Pro hat offiziell schon früh dieses Format unterstützt, aber sich einen sehr schlechten Ruf erworben, weil es lange Zeit nicht korrekt gemacht wurde und einige Player dann beim Layer-Break sogar einfroren, andere zeigten zumindest massive Bildstörungen. Inzwischen beherrscht DVD Studio Pro das technisch korrekte Verfahren, aber lassen Sie unbedingt die Finger von der Einstellung OHNE UNTERBRECHUNG, wie Apple es auch im Handbuch auf Seite 617 empfiehlt. Früher war die falsche Einstellung bei Apple unveränderlich vorgegeben – man lernt ja dazu, aber das Lehrgeld mussten in diesem Fall andere bezahlen.

Die Voraussetzungen:

- Zur Übergabe an das Presswerk eignen sich nur DLTs (zwei Stück!), zwei Image-Dateien auf Daten-DVDs oder eine Festplatte, falls die akzeptiert wird. Eine Dual-Layer-DVD ist nicht zu empfehlen.
- Eine DVD-9 hat nicht die doppelte Kapazität einer DVD-5, sondern nur 7,95 GB (in echten Gigabytes) oder 8,54 Milliarden Byte bei dezimaler Rechnung.
- Der **Layer 0** (das ist der erste Layer) darf bei dem für Video-DVDs sinnvollen OTP nie weniger Daten enthalten als der **Layer 1**.
- Beim Umschalten zwischen den Layern gibt es eine deutlich erkennbare Pause, bei der das Bild stehen bleibt und der Ton kurz aussetzt. Die genaue Dauer hängt vom Player ab.

  Es ist natürlich filmästhetisch nicht besonders befriedigend, wenn an dieser Stelle eine laufende Szene kurz einfriert. Man sieht das zwar selbst bei aufwändigen Spielfilm-DVDs, aber es lässt sich besser lösen. In DVD Studio Pro können Sie den Layer-Break wahlweise selbst festlegen oder vom Programm bestimmen lassen (Informationen im Apple Handbuch ab Seite 616). Das Programm wird eine Kapitelmarkierung in der Nähe des notwendigen Punktes dafür benutzen, wenn er von der Datenmenge her passt, anderenfalls bekommen Sie eine Fehlermeldung bei der Ausgabe. Gestalterisch ist ein von Hand bestimmter Layer-Break besser, dann können Sie nach Möglichkeit das Ende einer Filmsequenz mit ruhigem Ton oder einen ähnlich unauffälligen Punkt als potenziellen Layer-Break markieren.

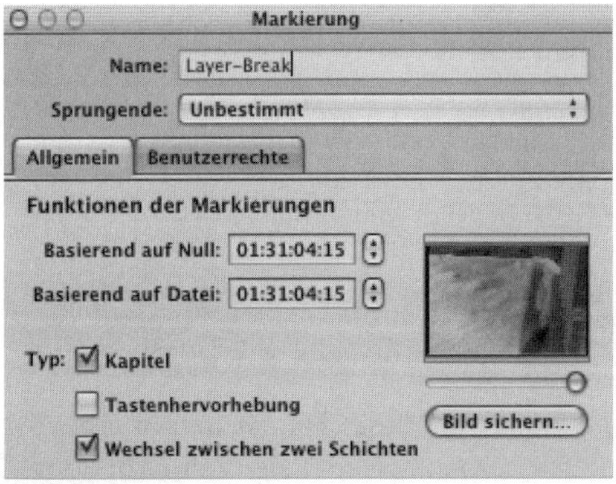

Abbildung 21.10 ▶ In DVD Studio Pro können Sie einen von Hand gesetzten Marker für den Layer-Break bestimmen und damit nach ästhetischen Gesichtspunkten wählen.

Dann tragen Sie aber auch die Verantwortung dafür, dass er sich an einem von der Datenmenge abhängigen, passenden Punkt befindet. Sonst bekommen Sie erst nach dem langwierigen Multiplexen der DVD-9 eine Meldung, dass es so nicht passte, und müssen von vorne anfangen. Leider gibt Ihnen das Programm dabei kaum Hilfestellung, obwohl einem Computer doch das Rechnen viel leichter fällt als uns Menschen. Deshalb möchte ich Ihnen hier diese Hilfestellung geben.

Rechnen für die DVD-9

Für eine DVD-9 brauchen Sie praktisch zwei Formen des »Bit-Budgeting«: das allgemeine, wie im Kapitel »Projektplanung« beschrieben, und eine Methode zur Bestimmung des Layer-Breaks. Natürlich werden Sie auch auf der DVD-9 versuchen, den Platz weitgehend auszunutzen, da das schließlich der Videoqualität zugute kommt. Trotzdem sollten Sie hier eher etwas mehr Reserven lassen, um sich genügend Freiraum zur Festlegung des Layer-Breaks zu erhalten. Die gesamte Datenmenge auf der DVD bestimmt letztlich auch dieses »Fenster« zur Platzierung des Umschaltpunktes, da wir durch zwei Kriterien eingeschränkt werden: Wir müssen den ersten Layer bestmöglich nutzen, da er immer mehr Daten enthalten muss als der zweite, und wir wollen möglichst viel auf der gesamten Disk unterbringen.

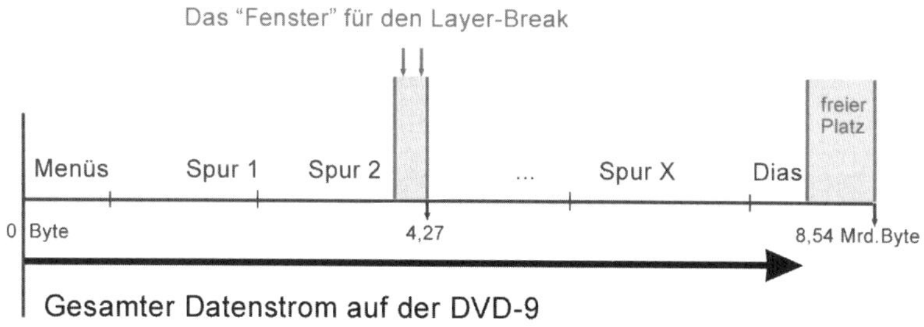

◄ **Abbildung 21.11**
Der Toleranzbereich für den Layer-Break entspricht der Hälfte des freien Platzes auf der DVD-9.

Doch um das alles zu berechnen, müssen wir erst einmal wissen, wo unser Material – physikalisch gesehen – auf der Scheibe landet. Menüs, ob mit oder ohne Animation, kommen bei DVD Studio Pro immer in das erste VOB und damit auf den ersten Layer. Übrigens gehören auch Skripte (technisch gesehen) zu den Menüs, aber deren Platzbedarf kann man meist vernachlässigen. Danach werden die Spuren in der Reihenfolge angelegt, in der sie im Listen-Fenster liegen (von oben nach unten). Als Letztes folgen die Diashows, die werden also praktisch immer auf der zweiten Schicht landen.

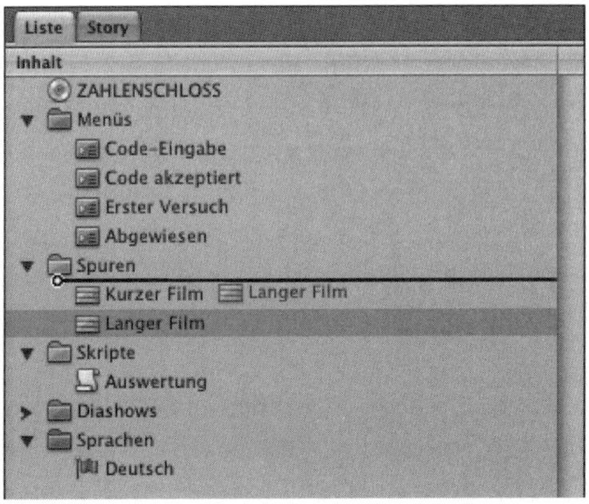

Abbildung 21.12 ▶ In der Listen-Anzeige können Sie die physikalische Position der Spuren auf der DVD durch Ziehen in eine andere Reihenfolge verändern.

Zumindest zeigt Ihnen DVD Studio Pro im Info-Fenster jedes einzelnen Elements aus der Liste (abgesehen von Skripten) dessen Größe in dezimaler Version. Bei Standbildern, die ja letztlich auch als MPEG auf der Scheibe landen, berechnet das Programm sogar die ungefähre kodierte Größe. Bei Stillmenüs lässt sich damit ganz gut eine überschlägige Größe ermitteln, eventuelles Audiomaterial wird bei der Anzeige des angewählten Menüs im Infofenster berücksichtigt. Weil bei Videomaterial die endgültige Größe erheblich vom Inhalt beeinflusst wird, empfiehlt es sich, dieses vor dem Import als MPEG-2 zu kodieren. So erhalten Sie präzisere Angaben, und dieses Vorgehen ist zur Bildkontrolle sowieso sinnvoll.

Beim Layer-Break für DVD-R besser Closed GOPs

Selbst wenn Sie auf der übrigen DVD aus Platzgründen offene GOPs haben, sollten Sie am Layer-Break für bestmögliche Funktion kritischer Player geschlossene GOPs und nicht zu hohe Datenraten benutzen (siehe »Kompressionspraxis«), auch wenn das nicht zwingend vorgeschrieben ist.

Wenn Sie kalkuliert haben, wohin der Layer Break etwa fällt, können Sie auch nur dessen Umgebung separat mit geschlossenen GOPs oder niedrigerer Rate kodieren und die Teile in der Timeline von DVD Studio Pro oder mit MPEG Append zusammensetzen.

Bei Spuren werden in der Anzeige auch Audiotracks und (falls vorhanden) mehrere Videotracks berücksichtigt, Sie müssen also nicht alle Assets einzeln kontrollieren und aufsummieren. Sie sollten auf diese Weise relativ schnell feststellen können, in welche Ihrer Spuren die Grenze von 4,25 Milliarden Byte für den ersten Layer fällt (dieser Wert lässt etwas Marge für Ungenauigkeiten). Falls diese Spur sich wenig für einen passenden Marker eignet, können Sie die Reihenfolge noch ändern, indem Sie die Spur in der Listenanzeige an einen anderen Platz ziehen (Abbildung 21.12). Der Video-Vorspann (Intro-Datei) sollte aber immer ganz oben bleiben.

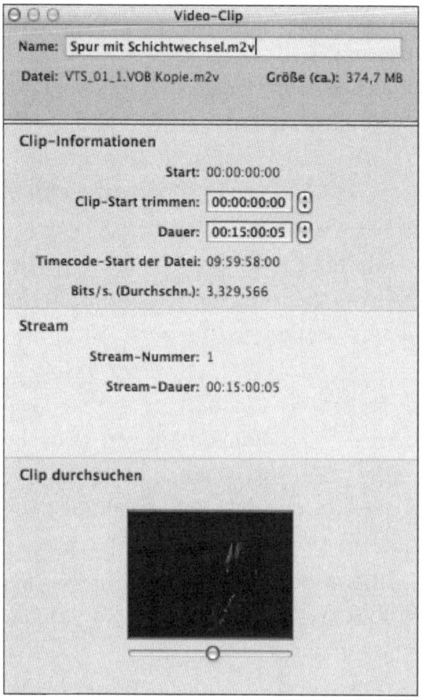

◂ **Abbildung 21.13**
DVD Studio Pro gibt Ihnen bei bereits kodierten Dateien im Info-Fenster rechts oben relativ genau den Platzbedarf an.

Doch jetzt wird's ernst: Sie müssen den Anteil der Spur berechnen, der noch in den ersten Layer fällt. Da das alles in dezimaler Berechnung stattfindet, ist es nicht allzu schwer. Nehmen wir einmal an, 72 % der betroffenen Spur haben im ersten Layer Platz. Dann wäre also spätestens bei 72 % der Laufzeit der Spur die Marke für den Layer-Break fällig – eine Kalkulation in Minuten dürfte meist reichen. Ganz präzise geht's sowieso nicht, da Sie ja vermutlich in den meisten Fällen mit VBR, also variabler Datenrate kodiert haben.

Das Programm rechnen lassen

Wenn Sie keine Lust haben, selber zu rechnen, können Sie auch DVD Studio Pro dazu zwingen. Das geht am besten, solange Sie zwar schon alle Spuren und Menüs angelegt, aber noch keine Buttons mit den Spuren verbunden haben. Sichern Sie Ihr DVD-9-Projekt, merken Sie sich die Gesamtgröße, und schalten Sie dann die Kapazität unter DVD/Volume im Info-Fenster der DVD zurück auf eine Schicht, also 4,7 GB. Nun entfernen Sie im Fenster Liste erst eventuelle Diashows und dann eine Spur nach der anderen von unten her, bis die Größe unter das Limit gesunken ist. In die zuletzt entfernte Spur fällt also der Layer-Break. Falls Sie viele kurze Videos haben und die aktuelle Größe immer noch mehr als die Hälfte der ursprünglichen Gesamtgröße der DVD-9 ausmacht, können Sie jetzt den Anfang der nächsten Spur für den Layer-Break benutzen. Laden Sie wieder die DVD-9 Version, und setzen Sie die Anfangsmarkierung der ermittelten Spur als WECHSEL ZWISCHEN ZWEI SCHICHTEN.

Wenn dagegen die zuletzt entfernte Spur sehr lang ist und ein Umsortieren der Videos nicht helfen würde, machen Sie die Löschung der entscheidenden Spur in der Testversion wieder rückgängig. Kürzen Sie diese Spur so lange, bis die Gesamtgröße passt. Falls es für eine prall gefüllte DVD-9 ganz genau sein muss, sollten Sie auch die Tonspur(en) kürzen, insbesondere bei unkomprimiertem Ton. Jetzt sehen Sie den Teil der Spur, in den Ihr Layer-Break fallen sollte. Suchen Sie dort möglichst spät in der Spur ein paar in Bild und Ton geeignete Stellen für die kurze Unterbrechung, merken Sie sich deren Timecodes, und laden Sie wieder Ihr DVD-9-Projekt. Dort markieren Sie diese Stellen als WECHSEL ZWISCHEN ZWEI SCHICHTEN. Das können auch vorhandene Kapitelmarkierungen sein, die durchaus beiden Zwecken dienen dürfen. Wenn vorhanden, eignen sich diese sowieso am besten, da Sie ja kaum ein Kapitel mitten in einer Szene gesetzt haben werden. Diese Methode ist auch sinnvoll, wenn Sie die Ausgabe auf DLT mit TFDVDEdit vornehmen wollen, denn Sie können dort zwar Markierungen für den Layer-Break setzen, aber den Ton an der gewählten Position nicht überprüfen.

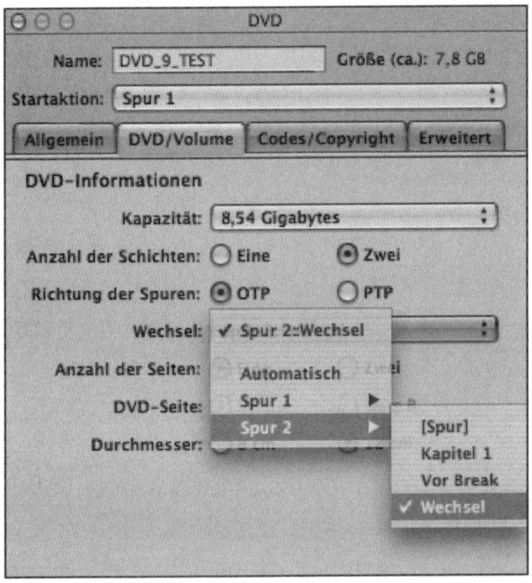

Abbildung 21.14 ▶ Es genügt nicht, die Markierung als Layer-Break zu definieren, Sie müssen diese auch in den Einstellungen für die DVD auswählen.

Vergleichen Sie aber noch einmal die Gesamtgröße mit dem Punkt, an dem eine weitere Kürzung der Spur die Größe unter die Hälfte der DVD-9 bringen würde. Diese Differenz bestimmt das »Datenfenster«, innerhalb dessen Sie die Marke zeitlich auf einen früheren Punkt verschieben und folglich mehr Material auf die zweite Schicht bringen dürfen. Dieser Bereich steht Ihnen maximal zur Verfügung, da der erste Layer ja immer der größere bleiben muss. Wenn Ihre DVD-9 sehr weit gefüllt ist, kann dieser Spielraum zum Finden einer auch ästhetisch befriedigenden Lösung ganz knapp werden. Am besten ist natürlich ein Szenenschluss mit einer Abblende und ausklingendem Ton. Aber manchmal wird man schon froh sein, wenn der Umschaltpunkt nicht mitten in eine aktionsgeladene Sequenz fällt.

DVD-9 mit Mixed-Angles?

Da wird es mit der Berechnung natürlich besonders haarig, da wir keinerlei festes Verhältnis mehr zwischen der Datenmenge und der Laufzeit haben und auch DVD Studio Pro nicht ganz genau rechnet. Wenn Sie es wirklich nicht vermeiden können, dass der Layer-Break in eine Mixed-Angle-Spur fällt, sollten Sie den Platz auf der DVD-9 keineswegs voll ausnutzen. Rechnen Sie trotzdem lieber mit eine paar langwierigen Testläufen im Multiplexing, bis der Layer-Break für diese DVD »sitzt«.

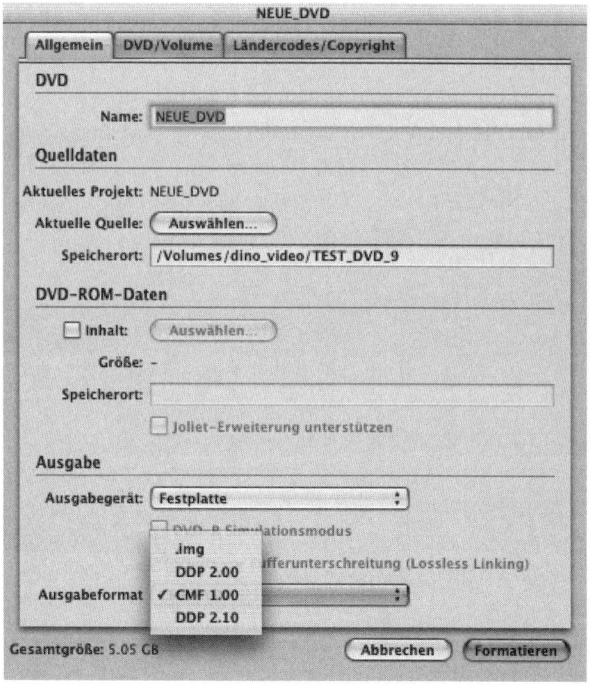

◄ **Abbildung 21.15**
Wenn Sie das CMF- oder ein DDP-Format wählen, werden auch beim Schreiben auf die Festplatte zwei Ordner und damit ein Layer-Break erzeugt.

So, und nun sollten Sie zur Probe multiplexen lassen und dann einen Schreibvorgang für DVD-9 im Format DDP oder CMF auslösen (der auch auf einer Festplatte erfolgen kann). Wenn das Programm sich dann nicht beschwert, haben Sie getroffen!

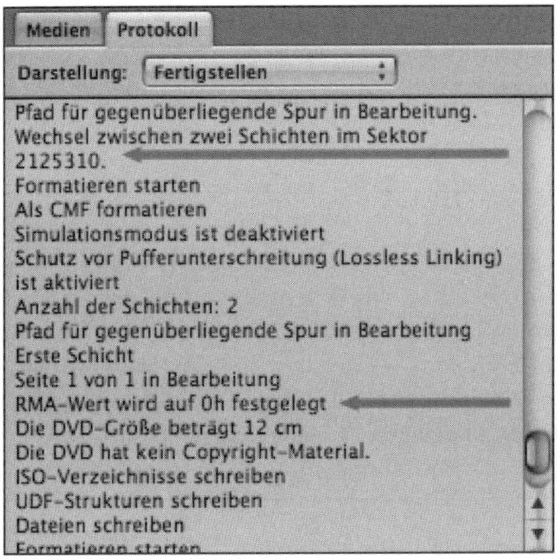

Abbildung 21.16 ▶
So gut trifft man nur selten: Der obere Wert entspricht 4,25 Milliarden Byte! Der RMA-Wert unten zeigt an, dass alle Regionen aktiviert sind.

Zwei Tapes bei DVD-9

Wenn Ihr Projekt für eine DVD mit zwei Layern angelegt ist, wird DVD Studio Pro Sie automatisch auffordern, nach dem ersten ein weiteres Band einzulegen. Vergessen Sie nicht, die Bänder korrekt zu beschriften. Ich möchte Ihnen folgenden Tipp eines offensichtlich Unix-erfahrenen Anwenders von DVD Studio Pro in einem der Internet-Foren nicht vorenthalten, obwohl bei mir das Problem noch nicht aufgetreten ist (das Vorgehen selbst habe ich getestet).

Es ist offensichtlich so, dass DVD Studio Pro auf manche langsamen DLT-Laufwerke (im konkreten Fall ein DLT4000) nach der Anforderung des zweiten Bandes nicht lange genug wartet. Wenn das Laufwerk nicht in etwa 20 Sekunden bereit ist, versucht das Programm zu schreiben, der Prozess wird abgebrochen, und im Log wird ein Fehler gemeldet. Sehr ärgerlich bei der langen Wartezeit! Bei DVD-5 muss nur ein Band eingelegt werden, das kann man rechtzeitig tun und mit dem Schreibbefehl warten, bis das Laufwerk sich als bereit meldet (LED-Anzeige beachten). Was aber, wenn für DVD-9 zwei Tapes angefordert werden? Manche älteren Laufwerke brauchen bis zu 25 Sekunden, bis sie bereit sind, Daten zu schreiben.

Nun, Mac OS X hat bekanntlich einen Unix-Unterbau, also kann man alle Prozesse direkt steuern. Machen Sie es so:

- Starten Sie das Terminalprogramm (keine Angst, es beißt nicht!); dabei darf DVD Studio Pro noch nicht laufen.
- Wechseln Sie in den DVD Studio Pro Ordner, indem Sie Folgendes eintippen:
  cd /Applications/DVD\ Studio\ Pro/DVD\ Studio\Pro.app/Contents/MacOS

(nach *cd* steht ein Leerzeichen, und die umgekehrten Schrägstriche dienen der Eingabe von Leerzeichen im Dateinamen)

- Starten Sie das Programm durch Eingabe von: *./DVD\ Studio\ Pro* (am Anfang stehen ein Punkt und der Schrägstrich, Eingaben immer mit der Eingabetaste abschließen)
- DVD Studio Pro wird nun ganz normal funktionieren, aber wenn Sie zu dem Punkt kommen, wo Sie das zweite Tape einlegen sollen, klicken Sie in das Terminalfenster, und drücken Sie [Ctrl] + [Z]. (Ignorieren Sie alles andere, was da vorher noch so geschrieben steht.)

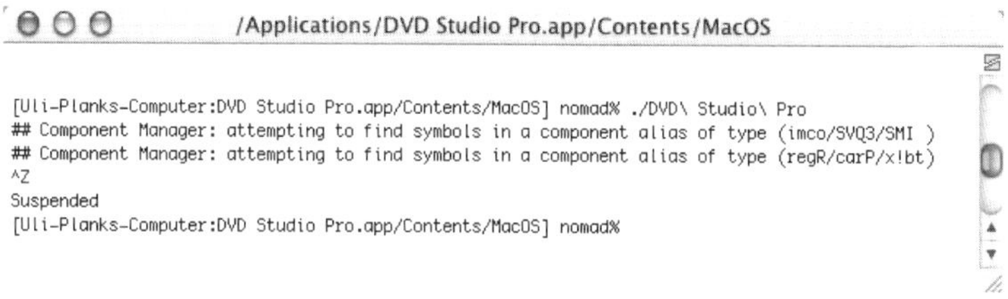

◀ **Abbildung 21.17**
So etwa sieht der Ablauf im Terminalfenster aus. Lassen Sie sich von den Meldungen des Component-Managers nicht verunsichern.

- Wenn Sie es richtig gemacht haben, steht im Terminalfenster SUSPENDED, und das Programm bleibt einfach stehen.
- Legen Sie die zweite Kassette ein, und warten Sie, bis das Laufwerk bereit ist, also kein Surren und keine blinkenden Anzeigen mehr da sind.
- Nun geben Sie *fg* in das Terminalfenster ein, und drücken Sie die Eingabetaste. Dadurch wird DVD Studio Pro wieder aktiviert und beginnt auf das Tape zu schreiben.
- Schließen Sie das Terminalfenster nicht, und tippen Sie auch nichts weiter ein, bis der Schreibvorgang erledigt ist. Sie können dann DVD Studio Pro ganz normal beenden und dann erst das Terminalfenster schließen.

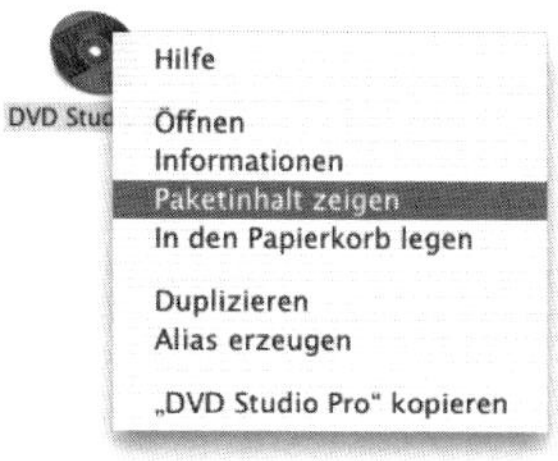

◀ **Abbildung 21.18**
Im Kontextmenü können Sie den Inhalt des Pakets öffnen, das sich DVD Studio Pro nennt.

Ein Zusatztipp noch von mir: Es gibt ein simples, kleines Freeware-Programm mit dem Namen »Open Terminal Here«, das können Sie sich im Internet holen und in die Kopfzeile Ihres Fensters integrieren. Damit sparen Sie sich die Eingabe des langen Pfadnamens, stattdessen wechseln Sie durch [Ctrl] + Klick oder mit der rechten Maustaste in das Kontextmenü von DVD Studio Pro, lassen sich den Paketinhalt zeigen und wechseln ganz normal per Fenster in CONTENTS • MAC OS. Dort öffnen Sie dann das Terminal mit Hilfe des kleinen Toolprogramms und starten DVD Studio Pro über den Terminalbefehl wie oben. Die ganze Prozedur ist zwar für den normalen Mac-User höchst befremdlich, kann Ihnen aber letztlich Nerven sparen.

Abbildung 21.19 ▶ Der Pfad, den Sie hier sehen, führt zum eigentlichen Programm DVD Studio Pro innerhalb des Pakets. Mit dem kleinen Freeware-Tool »Open Terminal Here« ist die Prozedur einfacher.

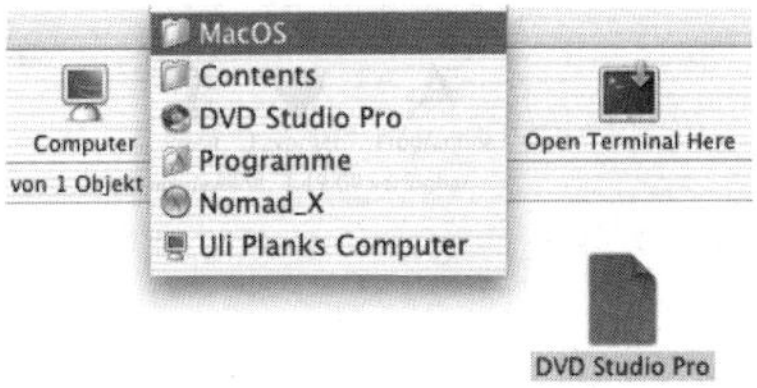

DVD Studio Pro bietet auch die Möglichkeit, Bänder ohne CSS wieder auf die Festplatte zurückzulesen, um die Aufnahme zu prüfen oder eine Sicherheitskopie anzufertigen. Einen Bit-für-Bit-Vergleich mit dem Original bietet Apples Programm nicht, da müssen Sie TFDVDEdit bemühen. Die Lesefunktion verbirgt sich allerdings dezent: Im Menü DARSTELLUNG finden Sie die Funktion SYMBOLLEISTE ANPASSEN. Neben etlichen anderen nützlichen Dingen findet sich in der neckischen Icon-Kollektion DLT LESEN – ziehen Sie das Icon direkt oben in die Werkzeugleiste. Der Vorgang dauert allerdings ebenso lange wie das Schreiben …

Abbildung 21.20 ▶ Das Tool DLT LESEN ermöglicht Ihnen die Kontrolle einer DLT-Aufnahme.

21.5 Ausgabe mit TFDVDEdit

Weil bei der endgültigen Ausgabe für das Kopierwerk überhaupt nichts mehr falsch laufen darf, haben sich die Programmierer von TFDVDEdit ganz besonders viel Mühe mit den Ausgabefunktionen in der neuen Mastering-Edition gegeben. Natürlich war das Programm mit seinen aufwändigen Fehlerprüfungen und Korrekturmöglichkeiten ohne eigene Ausgabemöglichkeiten nicht vollständig, da DVD Studio Pro den VIDEO_TS-Ordner bei der Ausgabe eigenmächtig verändert und weil Toast keinen Kopierschutz mit CSS unterstützt. Deshalb wurde das Ausgabemodul in Zusammenarbeit mit renommierten Kopierwerken so lange getestet, bis keinerlei Fehler mehr gemeldet wurden.

Um die eigenen Bänder vor dem Versand ans Kopierwerk auf Fehler zu überprüfen, wurde ein Bit-für-Bit-Vergleich eingebaut, der die gesamte DLT-Aufzeichnung noch einmal zurückliest und mit dem Original vergleicht – das kann DVD Studio Pro nicht. Darüber hinaus erlaubt TFDVDEdit auch das Einlesen von DLT-Tapes mit CSS (die eigentliche Verschlüsselung hat dort ja noch nicht stattgefunden) und von DLT-Aufnahmen aus anderen Authoring-Systemen. So können ältere Projekte mit TFDVDEdit nachbearbeitet werden, von denen keine weitere Aufzeichnung mehr existiert.

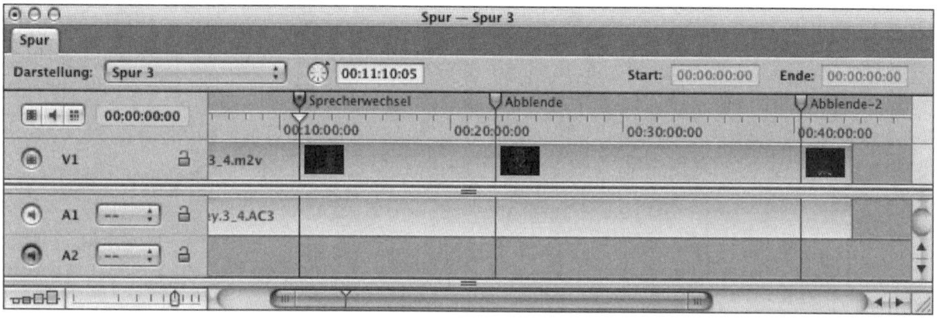

▲ **Abbildung 21.21**
Für den Layer-Break sollten Sie ein paar geeignete Markierungen in DVD Studio Pro vorbereiten, da Sie dort auch eine passende Stelle im Ton ermitteln können.

Das Mastering in TFDVDEdit erlaubt unter anderem präzises und spezifikationsgerechtes Setzen des Layer-Breaks ohne lange Rechnereien oder Herumprobieren wie in DVD Studio Pro, es kann aber dabei auf dessen Markierungen zurückgreifen. Dafür genügt eine Cell-Markierung ohne jegliche Zusatzfunktion wie Kapitel oder »Schichtwechsel« – die wird in der Timeline grün angezeigt. Das Programm achtet selbsttätig auf die volle Übereinstimmung der Regionalcodes im Video-Manager und dem Lead-in-Bereich der Aufzeichnung – Fehler an dieser Stelle führen auf manchen Playern zur Verweigerung der DVD. Die Ausgabe auf Band (oder als Tape-Image auf Festplatte) kann mit DDP 2.0, DDP 2.1 und CMF in allen üblichen Formaten erfolgen, auf Wunsch jeweils mit CSS oder Macrovision. Eine eigene Brennfunktion für DVD-R gibt es nicht – da verlässt man sich auf das bewährte Toast – aber TFDVDEdit kann ein passendes Disk-Image auf die Festplatte schreiben.

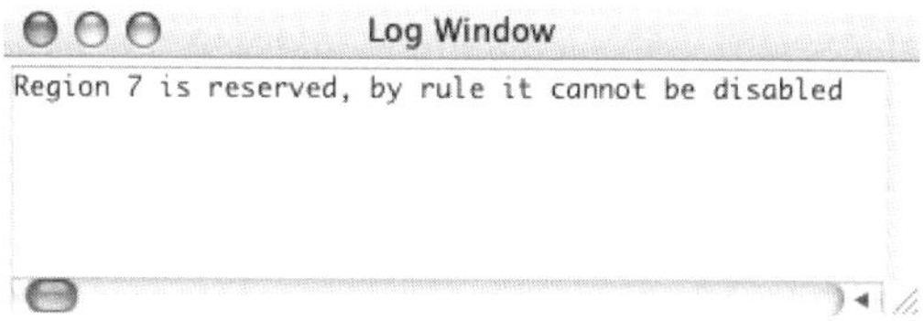

◄ **Abbildung 21.22**
TFDVDEdit sorgt selbsttätig dafür, dass die Region 7 spezifikationsgerecht aktiviert ist – DVD Studio Pro macht da beim reinen FERTIGSTELLEN noch Unsinn.

Ausgeben – Kopieren – Vergleichen

Das Fenster für alle diese Arbeiten heißt FORMAT/COPY/COMPARE und wird im Menü FILE oder per [⌘] + [F] aufgerufen. Es ist unabhängig vom Hauptfenster des Programms, Sie können also jederzeit zwischen beiden wechseln – besonders hilfreich ist das bei der Bestimmung des Layer-Breaks. In meinen Augen eine wesentlich bessere Lösung als bei DVD Studio Pro, wo erst im Ausgabeprozess abgebrochen wird, wenn sich keine passende Markierung für den Layer-Break findet.

Der Begriff Format/Copy wird synonym verwendet, da bei jedem Kopiervorgang automatisch das passende Format für das Zielmedium erzeugt wird. Sie wählen einfach links die Quelle und rechts das Ziel. Bei einem Vergleich sorgt das Programm selbsttätig dafür, dass Flags und andere Datenstrukturen, die nur auf einem der Medien existieren, nicht berücksichtigt werden. Folgende Formate können benutzt werden:

- DISK FOLDER
  Jeder Ordner auf einer Festplatte oder (als Quelle) auf einer unverschlüsselten DVD, der einen gültigen VIDEO_TS Ordner enthält. Dabei darf dieser Ordner gleichzeitig im Editor geöffnet sein. Vor einem Kopiervorgang erfolgt eine automatische Abspeicherung eventueller Änderungen, und sobald Sie einen Kopiervorgang ausgelöst haben, wird das Projekt im Editor für Änderungen gesperrt.
- DISC IMAGE
  Eine Image-Datei, wie sie auch mit DVD Studio Pro erzeugt werden kann, also Dateien, die sich auf dem Desktop als virtuelle DVD aktivieren oder 1:1 auf ein Medium brennen lassen. Ein solches Abbild ist nicht identisch mit einer DVD aus dem Kopierwerk, da es keinen Regionalcode oder Kopierschutz besitzen kann.
- TAPE IMAGE
  Das Gegenstück zum Disc Image, aber als exakte Kopie auf Festplatte von der Datenstruktur, die auf ein DLT-Band geschrieben würde. Die gleiche Struktur erzeugt DVD Studio Pro, wenn Sie ein Projekt in den Formaten DDP oder CMF auf die Festplatte ausgeben. Das ist ein Ordner mit dem Projektnamen und darin einem weiteren Ordner namens »Layer0« und noch einem »Layer1« im Falle einer DVD-9 mit allen benötigten Daten zur Bandausgabe. Manche Kopierwerke akzeptieren bereits solche Vorlagen auf anderen Datenträgern als einem DLT-Band wie Festplatte oder sogar DVD-R(W) (siehe unten).
- TAPE
  Das ist die direkte Ausgabe auf beziehungsweise das Einlesen von einem angeschlossenen DLT-Laufwerk, vom DLT2000 bis DLT8000 (ein DLT1 wird nicht unterstützt). TFDVDEdit schaltet im Laufwerk beim Schreiben automatisch die Kompression aus, da Kopierwerke nur unkompri-

mierte DLT-Bänder akzeptieren – die Fummelei an den Frontschaltern können Sie sich hier also sparen.

Die übrigen Wahlmöglichkeiten beim Mastering hängen vom gewählten Format und Medium ab, unzulässige Einstellmöglichkeiten werden deaktiviert. Die größte Fülle an Einstellungen gibt es bei der DLT-Ausgabe fürs Kopierwerk, und die möchte ich hier im Einzelnen erläutern.

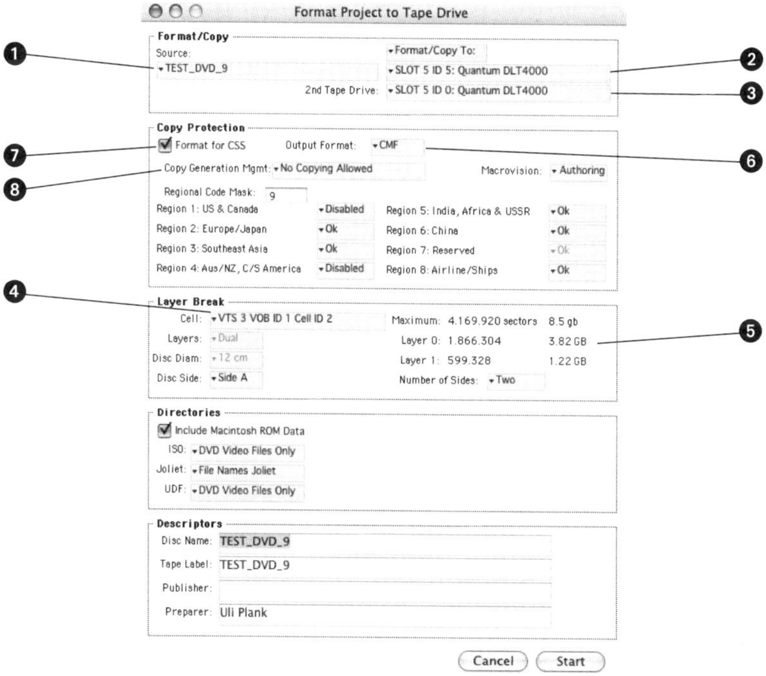

◀ **Abbildung 21.23**
Einstellungen für die DLT-Ausgabe

Unter Source ❶ zeigt das Fenster den Namen des aktuellen Projektes an, so wie er auch im Hauptfenster erscheint. Dieses Ausklappmenü bietet als Quelle für einen Vorgang alle vom Programm geöffneten Projekte, alle angeschlossenen Bandgeräte und die Formate Disk Folder, Disk Image und Tape Image. Rechts ganz oben wird dann zwischen Kopieren und dem Bit-für-Bit-Vergleich gewählt, im Bild wurde Format/Copy für ein DLT4000-Laufwerk ❷ aktiviert. Sie haben dort alle Wahlmöglichkeiten, die es auch bei Source gibt, aber manche sind ausgegraut, wenn sie für den jeweiligen Vorgang keinen Sinn ergeben. Wenn Sie mehr als ein DLT-Laufwerk in der SCSI-Kette haben, kann ein weiteres Laufwerk bei ❸ bestimmt werden. Dann werden die Daten für die beiden Layer einer DVD-9 gleichzeitig geschrieben, was natürlich sehr hilfreich sein kann, wenn der Paketdienst schon fast vor der Tür steht …

Der Layer-Break

Das Programm wählt automatisch die erste in Frage kommende Markierung, die schon als NON-SEAMLESS definiert ist. Falls es keine findet, wählt es die technisch sinnvollste (was ästhetisch völlig unbefriedigend sein kann, siehe oben) und markiert diese als NON-SEAMLESS. Doch Sie können den Layer-Break im Ausklappmenü ❹ aus allen von der Position her in Frage kommenden Kapitelmarkierungen selbst auswählen. Wenn keine der Markierungen gut passt, können Sie im Editor für ein beliebiges Nav Pack mit dem Befehl INSERT CELL, den Sie ja schon kennen gelernt haben, eine neue Position anlegen und hier im Ausgabefenster wählen. Da Sie in TFDVDEdit aber den Ton nicht hören können, ist das nicht unbedingt zu empfehlen. Besser ist es, schon in DVD Studio Pro einige passende Markierungen anzulegen. Leider können Sie deren Namen hier nicht sehen, machen Sie sich also Notizen.

Falls keine DVD-9 vorliegt oder nur eine Markierung für den Layer-Break in Frage kommt, sind die übrigen Funktionen nicht aktiv. Der Eintrag LAYERS ist ohne Funktion, da TFDVDEdit selbst feststellt, ob zwei Layer nötig sind. Rechts sehen Sie sofort ganz genaue Angaben zu den Platzverhältnissen ❺. Die Anzeige erfolgt in DVD-Sektoren und in Milliarden Byte (nicht in echten Gigabyte); DVD-ROM-Daten werden mit berücksichtigt.

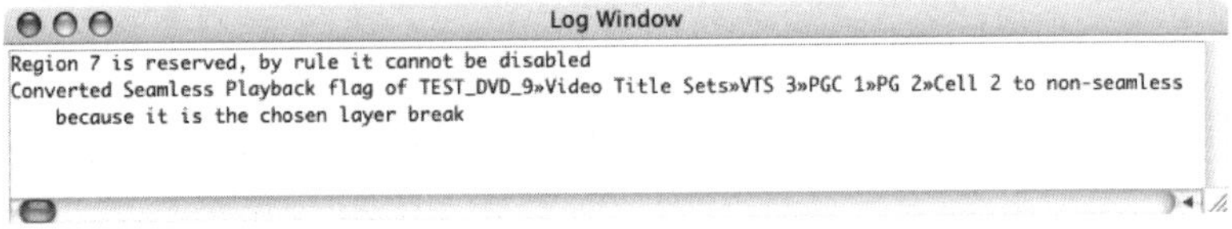

Abbildung 21.24 ▶ TFDVDEdit kümmert sich beim Mastering automatisch um die korrekten Einstellungen gemäß DVD-Spezifikation: Hier wurde ein neuer Layer-Break von Hand gewählt.

Ausgabeformate und Kopierschutz

Natürlich unterstützt das Programm alle wichtigen Ausgabeformate: Im Ausklappmenü OUTPUT FORMAT ❻ finden Sie DDP 2.0 und 2.1 sowie CMF. Unter ❼ aktivieren Sie CSS, und bei ❽ erfolgt die Copyright-Verwaltung (genau wie in DVD Studio Pro), aber bei aktiviertem CSS steht dieses Feld immer auf NO COPYING ALLOWED. Das physikalische Diskformat bestimmen Sie bei ❾, und die Liste bei ❿ enthält alle Formen des analogen Macrovision-Schutzes.

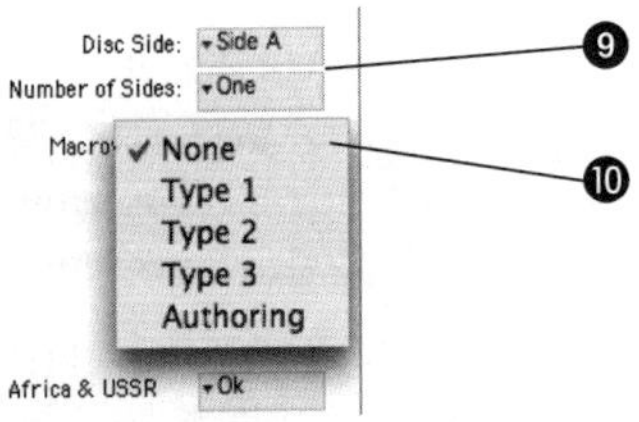

Abbildung 21.25 ▶ Differenzierte Einstellmöglichkeiten gibt es auch für den analogen Kopierschutz.

Da dieser im Authoring-System auch separat für einzelnen Filmteile vergeben werden kann, gibt es hier zwei zusätzliche Einstellungen: None deaktiviert Macrovision bei der Ausgabe für das gesamte Projekt, und Authoring richtet sich nach den Vorgaben aus DVD Studio Pro (oder jedem anderen System). Type 1 bis 3 aktivieren Macrovision in der Ausgabe für sämtliche Filmteile, wobei in PAL nur Typ 1 zulässig ist. Sämtliche Änderungen erfolgen hier nur in der Ausgabedatei, die Projektdaten werden nicht beeinflusst.

Hybride Formate

Die Erstellung hybrider DVDs ist kein ganz einfaches Thema, aber TFDVD-Edit erlaubt Ihnen dabei alle technischen Möglichkeiten. Hier schleppen wir im DVD-Format leider einen ganzen Wust älterer Formate mit uns herum, so dass eine ausführlichere Erläuterung sinnvoll ist. Es begann mit dem klassischen DOS, wo ein Dateiname nur aus acht Großbuchstaben oder Ziffern (ohne Leerzeichen), einem Punkt und drei Buchstaben als Kennung bestehen durfte, im Folgenden kurz DOS 8.3 genannt. Dann entstand (schon für die CD-ROM) der ISO-9660-Dateistandard, der mit den späteren Joliet-Extensions auch längere Dateinamen zulässt. Das heutige UDF-Format für die DVD berücksichtigt den Support für ältere Dateiformate.

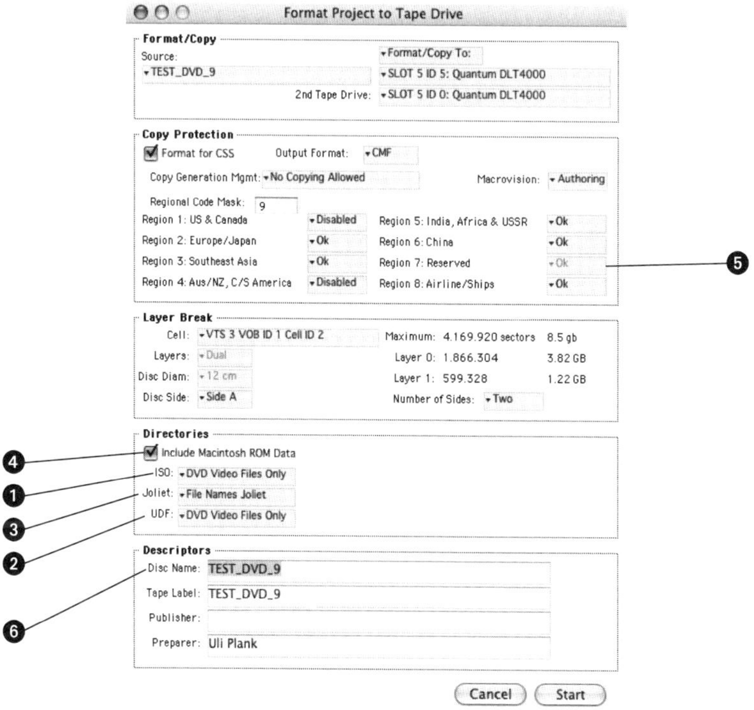

◀ **Abbildung 21.26**
Hybride DVDs – Einstellungen (Nummern siehe nächste Seite)

Da die Dateinamen innerhalb des VIDEO_TS-Ordners sich strikt an die DOS 8.3-Beschränkungen halten, sind alle übrigen Einstellungen nur von Bedeutung, wenn auch zusätzliche Computerdateien (also DVD-ROM-Daten) enthalten sein sollen. Wenn Sie eine reine DVD-Video erstellen, sollten die Einträge bei ISO ❶ und bei UDF ❷ auf DVD VIDEO FILES ONLY stehen. Wenn es keine DVD-ROM Dateien gibt oder wenn diese alle DOS 8.3-konform sind, können Sie beide Felder auf FILE NAMES DOS 8.3 stellen, dann müssen aber alle Dateien auch eine Dateikennung tragen (also die drei Zeichen nach dem Punkt).

Abbildung 21.27 ▶ Diese Optionen stehen Ihnen sinngemäß bei allen drei Dateiformaten für hybride DVDs zur Verfügung.

Die Version FILE NAMES FULL ISO bei ❶ lässt bis zu 30 Zeichen im Dateinamen zu, aber auch hier sind nur Großbuchstaben und Ziffern, keine Leerzeichen und sehr wenige Sonderzeichen in den Dateinamen zulässig (zum Beispiel keine Umlaute). Während Sie bei den beiden genannten Optionen selbst für die korrekten Dateinamen zuständig sind, setzt der Eintrag FILE NAMES MANGLED (mangled heißt hier so viel wie verstümmelt ...) zwangsweise alles auf die jeweilige Norm und eliminiert Duplikate. Rechts neben dem jeweiligen Eintrag zeigt das Programm an, wie viele Duplikate entfernt werden und wie groß diese sind.

Die »Verstümmelung« der Namen kann bei nicht lateinischen Zeichensystemen (wie Unicode) zu Namen wie »________.TXT« führen und ist daher nicht immer sinnvoll. Besser dürfte es sein, in solchen Fällen bei ISO auf DVD VIDEO FILES ONLY zu stellen und die Namen nur bei UDF anzuzeigen. ISO erlaubt außerdem maximal acht verschachtelte Ordnerhierarchien.

```
ISO: File Names will be Mangled to Fit
Joliet: File Names in Legal Full Joliet
UDF: File Names in Legal Full UDF
Regions: 1 2 3 4 5 6 7 8
*****Files not used in any filesystem:
*****End of files not used in any filesystem
*****Files not used in UDF filesystem:
    File DVD_ROM_DATA:.DS_Store
*****End of files not used in UDF filesystem
*****Files not used in ISO filesystem:
    File DVD_ROM_DATA:.DS_Store
*****End of files not used in ISO filesystem
*****Files not used in Joliet filesystem:
    File DVD_ROM_DATA:.DS_Store
*****End of files not used in Joliet filesystem
```

Abbildung 21.28 ▶ Im Log-Fenster bekommen Sie genaue Informationen darüber, was das Programm bei der Ausgabe so getrieben hat ...

Um zu sehen, welche Dateien bei Duplikaten (nur aus der Kopie!) entfernt und wie die Namen verändert wurden, sollte der jeweilige Eintrag in den Preferences aktiviert sein (hier also Log ISO Bridge), dann erhalten Sie im Log-Fenster eine Auflistung der veränderten Dateinamen. Bisher kann der Inhalt des Logs nicht direkt ausgedruckt werden, aber er lässt sich in ein Textprogramm kopieren. Bei der Kommunikation mit dem Kopierwerk kann insbesondere das Log der DLT Control Files und der UDF Bridge sehr nützlich sein.

Das Joliet-Format ❸ erlaubt bis zu 64 Zeichen, darunter auch Kleinbuchstaben und mehr Sonderzeichen sowie tiefere Ordnerhierarchien. Es schadet meist nicht, ein Joliet-Verzeichnis zu aktivieren, wenn die Namen damit konform sind. Auch hier gibt es die Möglichkeit, selbst für geeignete Namen zu sorgen – File Names Joliet – oder sie vom Programm mit File Names Mangled anpassen zu lassen. Das Ergebnis wird bei aktiviertem Log Iso Bridge im Log mit angezeigt. Falls Sie den geringen Platzbedarf für ein Joliet-Verzeichnis scheuen oder Ihre DVD-ROM auch noch auf PCs mit Windows 95 laufen soll, stellen Sie None ein.

UDF ❷ schließlich lässt als das modernste Format bis zu 127 Zeichen im 16-Bit-Unicode oder 254 Zeichen im 8-Bit-Unicode zu. Wenn irgendein einzelnes Zeichen im 8-Bit-Code nicht zulässig ist, wird alles auf 16 Bit gesetzt. Auch hier gibt es wieder die Option, mit File Names Full UDF die Verantwortung selbst zu übernehmen oder mit File Names Mangled eine Anpassung vornehmen zu lassen. Mit Log UDF Bridge in den Preferences wird auch hier das Resultat aufgelistet.

Wenn Sie das Feld bei ❹ ankreuzen, werden auch die speziellen Dateiergänzungen für den Mac mit auf die DVD gebracht. Das ist nur bei hybriden Titeln notwendig, die ausführbare Mac-Programme enthalten oder die noch auf System 9 laufen sollen. Standarddateien mit Extension werden auf Mac OS X normalerweise auch ohne diese Option richtig erkannt.

Übrigens: Reine DVD-ROMs können Sie mit TFDVDEdit (noch?) nicht erstellen, obwohl diese Funktionen dafür natürlich auch sehr sinnvoll wären. Falls Sie das Programm dafür »missbrauchen« wollen, müssten Sie die Minimalversion einer DVD-Video mit einer ganz kurzen Dummy-Spur mit auf die Scheibe bringen, und Sie wären auf die DVD-5 beschränkt, da der Layer-Break nicht erkannt würde.

Regionalcodes und Benennung

Im Mastering-Fenster können Sie noch die Regionalcodes verändern, wobei die Region 7 unter ❺ immer aktiviert ist, weil die DVD-Spezifikation das so vorsieht. Der Name für die DVD wird aus dem Namen des Projektordners abgeleitet ❻, aber auf den zulässigen Zeichensatz beschränkt. Dieses wird der Name für die DVD, wie ihn auch manche Player anzeigen können. Wenn Sie den Namen von Hand ändern, wird er (noch) nicht auf Einhaltung des korrekten Zeichensatzes geprüft – also Vorsicht.

Ausgabe und Kontrolle

Sobald Sie mit START die Ausgabe eines Projektes begonnen haben, wechselt das Dialogfenster zu einer Statusanzeige. Hier können Sie keine Eingaben mehr machen außer CANCEL und PAUSE, Sie sehen aber weiterhin alle wichtigen Einstellungen und bekommen Informationen zum Ablauf und zu der erwarteten Restzeit.

Ein ausführlicher Vergleich ist derzeit nur zwischen verschiedenen Formaten möglich, also zum Beispiel einem Projektordner und einem DLT-Band, nicht aber zwischen zwei Projekten, zwei Disk Images oder zwei Tape Images. Bei einem Vergleich werden nur die eigentlichen Projektinhalte geprüft, die zusätzlichen Informationen (eigentlich Platzhalter) für CSS oder eventuelle Macrovision-Kennungen werden ignoriert. Diese Informationen werden ja zum Teil erst bei der Ausgabe erzeugt und würden jede Menge unsinnige Fehlermeldungen verursachen. Wenn der Vergleich ohne Fehlermeldungen abschließt, können Sie sicher sein, dass Ihr Projekt ganz genau so ans Kopierwerk geht, wie es auf Ihrer Platte lag. Eventuelle Fehler werden im Log-Fenster detailliert aufgelistet.

21.6 Anlieferung beim Kopierwerk

DVD-R als Kopiervorlage?

Ein DLT-Laufwerk ist zwar billiger als ein Authoring-Brenner, aber immer noch teuer und umständlich genug für den Gelegenheitsanwender. Da könnten Sie sich ja fragen: Warum nicht von einer DVD-R vervielfältigen? Grundsätzlich rate ich davon ab! Trotzdem hier ein paar Ratschläge dazu:

Die meisten Kopierwerke nehmen eine DVD-R des Typs G nicht gern als Masterdisk an, die Dinge sind hier aber stark im Fluss. In den USA haben sich viele Anbieter bereits auf dieses Marktsegment eingestellt. Vergessen Sie jedoch nicht, dass Sie bei diesem Medium auf Kopierschutzmechanismen und Regionalcodes verzichten müssen – manchmal ist das auch nicht so wichtig. Trotzdem sollte man in diesem Fall in DVD Studio Pro im Infofenster der DVD unter CODES/COPYRIGHT alle Regionen aktivieren, auch die normalerweise nicht aktivierte Region 7 (die noch keine Funktion hat, denken Sie an die Mondstationen). Sonst gibt es Probleme, unter anderem mit Sonys X-Box.

Das Kopierwerk muss in diesem Fall unbedingt das Lead-in ändern und darf dessen Daten nicht 1:1 übernehmen. In diesem Sektor weist sich eine DVD-R als solche aus, und manche Player spielen einfach keine DVD-R, selbst wenn sie lügt und aus dem Kopierwerk kommt! Außerdem sollte im Lead-in die gleiche Regional-Info stehen wie im IFO-File, und auch das ist bei einer 1:1-Kopie nicht so und veranlasst manche Player zur Verweigerung (siehe Thema DDP und CMF). Weisen Sie Ihr Kopierwerk besser darauf hin, sonst sagt man bei Problemen hinterher nur, man hätte Ihnen ja auch von der DVD-R abgeraten ...

Besser nicht!

Es gibt noch einen Grund, die DVD-R nicht als Master zu benutzen: Glauben Sie nicht, dass eine einfache DVD-R auch nur annähernd so zuverlässig arbeitet wie etwa eine Festplatte. Die Ergebnisse eines der normalen DVD-Brenner für den Massenmarkt enthalten erhebliche Schwankungen wie Jitter und andere Fehler der Bitstruktur. Ein DVD-Player benutzt deshalb die Hälfte der Bandbreite nur für die Fehlerkorrektur (es kommen etwa 20 mbps Rohdaten vom Laser)! Viele Fehler übertragen sich natürlich auch auf alle davon erstellten Kopien. Deshalb sollten Sie auch auf keinen Fall eine Kopie von einer DVD-R erstellen, auch wenn's mal schnell gehen soll. Benutzen Sie für das Brennen immer Originaldaten von der Festplatte, sonst können Fehler sich unbemerkt aufsummieren. Der einzige Authoring-Brenner am Markt ist durchaus nicht nur aus Gründen der Stückzahl, sondern auch der Präzision so teuer. Nebenbei bemerkt, die DVD+R hat bessere Fehlerkorrekturverfahren schon beim Schreiben.

Aber notfalls so

Wenn es aber unbedingt sein muss, erstellen Sie besser mit DVD Studio Pro eine Ausgabe in einem mit dem Kopierwerk abgesprochenen Format wie DDP oder CMF auf die Festplatte. Sie erhalten dann einen Ordner namens »Layer0« bzw. bei einer DVD-9 außerdem »Layer1«. Brennen Sie jeden dieser Ordner komplett auf eine separate Daten-DVD (besser gleich noch mit Duplikat, falls es im Kopierwerk Lesefehler gibt). Benutzen Sie dazu hochwertige Rohlinge und das Programm Toast, mit dem Sie die Integrität der geschriebenen Daten überprüfen lassen können.

So erhält das Kopierwerk die gleichen Daten, die es auch per DLT bekäme, und Sie können auch einen Kopierschutz anlegen. Die Daten für eine DVD-9 sollten Sie nur auf diese Weise per DVD-R anliefern, mit der neuen DL-DVD wäre das noch höchst unsicher, da dort die Fehlerkorrektur eher noch mehr strapaziert wird.

Anlieferung auf Festplatte

Besser, schneller und zuverlässiger wäre es aber, Sie verabreden mit Ihrem Kopierwerk eine Anlieferung eben dieser Dateien auf einer Festplatte. Auch die DVD-RAM bietet mehr Datensicherheit, falls das Kopierwerk damit umgehen kann. Eine Liste von Kopierwerken finden Sie im Anhang.

Bedrucken

Während ein Kopierwerk auch fürs professionelle Bedrucken und Verpacken Ihrer DVDs sorgt, müssen Sie eine Selbstgebrannte mit anderen Mitteln angemessen »einkleiden«. Papieretiketten, wie man sie auf CDs häufiger findet, sind für eine DVD auf keinen Fall zu empfehlen. Die DVD ist aufgrund der wesentlich höheren Datendichte empfindlicher für Unwucht oder Schwankungen der Dicke, und Störungen wären fast unvermeidlich. Das Papier reagiert auf Feuchtigkeitseinflüsse und dürfte auch sonst schneller altern als die DVD selbst. Ablösungen könnten sogar zum Hängenbleiben im Player führen und diesen beschädigen. Es ist auch nicht auszuschließen, dass Substanzen wie Weichmacher aus der Klebeschicht auf längere Sicht die DVD chemisch angreifen.

Zur professionellen Beschriftung von DVD-Rs sollten Sie sich daher bei der Produktion nennenswerter Stückzahlen besser einen Tintenstrahldrucker zulegen, der direkt auf die Rückseitenbeschichtung drucken kann (oder einen Automaten, siehe vorn). Es gibt solche **CD-Drucker** von mehreren kleineren Firmen, die Druckwerke bekannter Hersteller wie Canon, Epson oder HP modifizieren – dem Drucker ist es egal, ob er eine CD oder DVD bedruckt. Nehmen Sie möglichst ein Modell mit einer präzisen Schubladenkonstruktion, die Exemplare mit einem »Caddy« haben oft eine schlechtere Positionierungsgenauigkeit.

Versuchen Sie auf keinen Fall, auf die Rückseite regulärer DVDs zu drucken – eine Tintensauerei und ein verdorbener Rohling wären das Resultat. Sie brauchen dafür Rohlinge, die als »printable« ausgewiesen sind, wobei manche Hersteller noch nach Oberflächen für Tintenstrahler oder für Thermodrucker unterscheiden. Verbatim und Pioneer bieten solche DVDs an, sie sind allerdings etwas teurer. Quellen für Drucker und DVDs finden Sie ebenfalls im Anhang.

Auf welchem Wege sie auch entstanden sein möge: Sie sollten an diesem Punkt Ihre erste DVD in den Händen halten – in Gold oder Silber. Wenn Sie dann mit Ihrem eigenen Produkt zufrieden sind, ist die Aufgabe dieses Buches erfüllt.

22 Kleine Helfer

Der Werkzeugkasten des DVD-Autors: Manchmal reichen die Standardwerkzeuge nicht für alle Aufgaben, und das Internet bietet auch einzelnen Autoren die Möglichkeit, ihre Hilfsprogramme günstig zu vermarkten oder als Freeware zu verteilen. Man muss sie nur finden ...

Einführung

Einige freundliche und produktive Anwender haben Hilfsprogramme für Aufgaben entwickelt, deren sich Apple (noch?) nicht angenommen hat. Soweit wir dafür die Genehmigung bekommen haben, finden Sie diese auf der DVD zum Buch, in den übrigen Fällen die Internet-Adresse im Anhang. Bitte respektieren Sie das Shareware-Prinzip, wo es sich um solche Angebote handelt. Besonders nützlich sind die Programme von John Brisbin, die alle auf der Buch-DVD liegen und für System 9 völlig kostenfrei sind. Für System X können Sie diese als »MPEG Append Suite« bei ihm günstig erwerben, eine voll funktionierende einwöchige Demo-Version ist verfügbar (Adresse im Anhang).

Johns Werkzeuge befassen sich mit dem Zusammensetzen von MPEG-Dateien und dem Korrigieren von Timecode und Formatangaben. Weiter hinten finden Sie dann Werkzeuge zum Zerlegen von DVDs – besser gesagt, von deren Assets ;-)

22.1 Zusammensetzen

MPEG Append

Zwar kann DVD Studio Pro in seiner Timeline mehrere MPEG-Dateien aneinander reihen, aber manchmal wollen Sie ja vielleicht Material aus anderen Encodern verwenden, bei denen Sie – im Gegensatz zu Compressor – den Timecode nicht beeinflussen können. Außerdem scheint DVD Studio Pro in seiner Spurdarstellung dabei manchmal nicht ganz exakt zu arbeiten, so dass die Anschlüsse nicht genau stimmen – ein ganz wichtiger Punkt beim Partial Interleaving (auch Seamless Branching genannt). In all diesen Fällen fügt MPEG Append mehrere MPEG-Dateien zu einer zusammen und versieht die Gesamtdatei korrekt mit einem durchlaufenden Timecode (bei NTSC auch wahlweise mit oder ohne Drop-Frame).

So können Sie z. B. einzelne Szenen mit verschiedenen Einstellungen komprimieren, um kritischen Partien eine höhere Datenrate zu geben – eine Art **handgemachtes VBR**. Wenn Sie die Originaldaten nicht löschen, können Sie einzelne Partien erneut bearbeiten, Helligkeits- oder Filterwerte ändern und alles wieder zusammensetzen, ohne das gesamte Material zeitraubend neu zu kodieren. Eine sehr nützliche Funktion bei der Optimierung der Bildqualität, denn MPEG Append arbeitet wesentlich schneller als ein Encoder – man nennt diese Arbeitsweise im Profibereich »Segment Based Re-Encoding«.

Bei allen anderen Encodern, die weder – wie Compressor – die Kapitelmarkierungen aus Final Cut Pro übernehmen können, noch das gezielte Setzen von I-Frames beherrschen, ist MPEG Append ebenfalls ein sehr nützliches Werkzeug. Sie können damit präzise Kapitelanfänge erzwingen. Kodieren Sie Ihr Videomaterial in separaten Partien pro Kapitel, und hängen Sie alles mit MPEG Append wieder zusammen. So können Sie sichergehen, dass jedes Kapitel mit einem I-Frame beginnt, auf den Sie dann in DVD Studio Pro Ihre Kapitelmarkierung setzen können.

Nur die Datenrate darf variieren

Wenn Sie MPEG-2-Dateien zu einem Stream verbinden wollen, darf die Datenrate dabei unterschiedlich sein. Das Bildformat, die Settings für Interlace oder Non-Interlace und die Bildfrequenz müssen übereinstimmen.

Die Bedienung ist recht einfach: Sie müssen Ihren zusätzlichen Dateien nur fortlaufende Nummern geben. Wenn Ihr erster Filmabschnitt z. B. »ShowTime.m2v« heißt, muss der nächste Teil »ShowTime.m2v.1« und der dritte »ShowTime.m2v.2« heißen. Bis zu neun Dateien können Sie wahlweise ein- oder zweistellig nummerieren (also mit 1, 2, 3 usw. oder 01, 02, 03 etc.), bei mehr Files müssen Sie alle zweistellig beziffern – die Obergrenze liegt damit bei 100 Files inklusive des ersten. Da es etwas unübersichtlich werden kann, wenn zahlreiche Dateien denselben Namen statt eines verständlichen Titels tragen, dürfen Sie auch Aliase (Verweise) für die zusätzlichen Namen verwenden. Nur die erste Datei muss eine Originaldatei sein; diese Datei und alle Aliase (oder Originale) müssen in demselben Ordner liegen.

Besonderheiten in System X

Achten Sie bei System X darauf, dass Sie nicht zwei Endungen vergeben, sonst werden die weiteren Dateien nicht gefunden. Am besten machen Sie die Endungen sichtbar durch Aktivieren von FINDER • EINSTELLUNGEN • SUFFIX IMMER ZEIGEN.

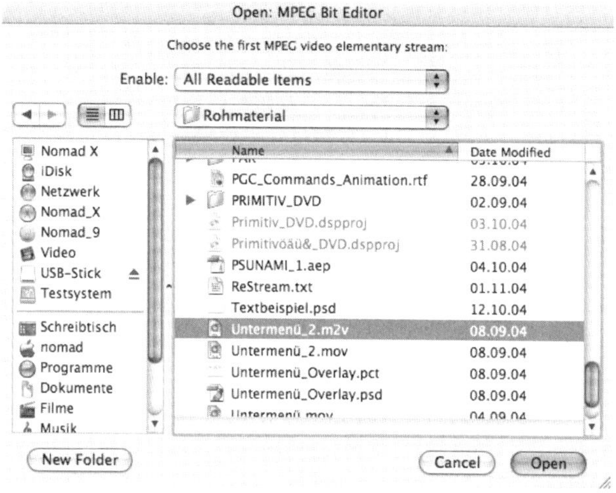

◀ **Abbildung 22.1**
In der Kopfzeile heißt MPEG Append noch »MPEG Bit Editor« …

Sie können einfach die erste Datei (im Beispiel also »ShowTime.m2v«) auf das Icon von MPEG Append ziehen, das Programm fragt Sie noch nach einem Namen für die Zieldatei und den Timecode-Einstellungen und verrichtet dann ziemlich fix seinen Job. Achten Sie auf genug Platz für das Ergebnis auf dem gewählten Laufwerk. Besonders schnell geht das, wenn Sie separate Laufwerke für die Segmente und die Zieldatei verwenden – am besten ein RAID.

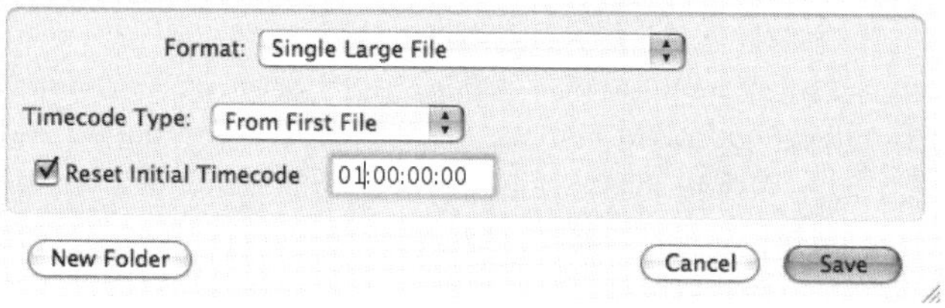

◀ **Abbildung 22.2**
Sie können in MPEG Append einen neuen Anfangs-Timecode setzen. Das Format können Sie selbst bestimmen oder aus der ersten Datei übernehmen.

Neben dem zusammengesetzten MPEG-Stream erzeugt MPEG Append noch zwei weitere Dateien:

- Sie erhalten auch eine Protokolldatei des Vorgangs als normale Textdatei. Da hier die Timecodes des jeweils ersten Bildes aufgelistet sind, können Sie diese Werte auch direkt für Kapitelmarken übernehmen. So erreichen Sie bei separater Encodierung Ihrer Filmteile perfekte Sprungmarken, da ein solcher Abschnitt immer mit einem I-Frame (Vollbild) anfängt – besonders nützlich für Partial Interleaving.

- MPEG Append erzeugt sogar noch eine Deskriptor-Datei mit der Endung .dsc, die aber nur von DVD Studio Pro 1.5 als Projekt eingelesen werden konnte. So bekamen Sie ein Projekt im Authoring-System, für das schon alle Werte wie PAL/NTSC, 16:9 etc. gesetzt und alle Anfänge der Einzelsegmente als Kapitelmarken vorbereitet waren.

Das Programm befasst sich allerdings nur mit Ihrem Videomaterial: Sie sind selber dafür verantwortlich, eine Tonspur von exakt der gleichen Länge vorzubereiten. Wenn Sie Ihre Filmabschnitte z. B. aus der Zeitleiste von Final Cut Pro oder einem anderen Schnittsystem lückenlos exportiert haben, brauchen Sie nur noch einmal den gesamten Ton an A.Pack zu übergeben und das Ergebnis in DVD Studio Pro der kompletten Videodatei zuzuweisen.

Das Programm wendet sich an Profis und geht von der kühnen Annahme aus, dass Sie mit einem Computer umgehen können und wissen, was Sie tun. Es prüft nicht, ob die von Ihnen angebotenen Dateien wirklich normgerechte MPEG-2-Files sind – Sie können MPEG Append auch ein paar Berichte, Programme oder Einkaufslisten anbieten. Es wird sie fleißig zusammenbauen, aber es ist unwahrscheinlich, dass sich so etwas von einer DVD abspielen lässt ...

John Brisbin hat noch einige Varianten seiner Software entwickelt, die genauso funktionieren, aber dabei jeweils einen zusätzlichen Parameter in der auszugebenden MPEG-2-Datei beeinflussen. In der Fachsprache spricht man vom Setzen von **Flags**, das sind quasi Schalter, die der Authoring-Software oder dem DVD-Player mitteilen, wie das Material gemeint ist. Die Bedienung entspricht ansonsten völlig der von MPEG Append.

Varianten

Force Anamorphic

Force Anamorphic setzt das Flag für die 16:9-Darstellung, teilt also dem Abspielgerät mit, dass es sich um anamorphotisches Bildmaterial handelt, so dass der Player das Ergebnis auf einem 16:9-Bildschirm als Vollbild oder auf 4:3 mit schwarzen Balken darstellt. Manche MPEG-2-Encoder, wie die Karte Digital Media Press, bieten nämlich diese Einstellung nicht, obwohl sie durchaus ein solches Bild encodieren können – schließlich bleiben es immer 720 × 576 Pixel.

Auch wenn Sie einfach nur vergessen haben, den Compressor richtig einzustellen, hilft Ihnen dieses Programm und erspart das Warten auf eine unnötige Neukompression. Wenn Sie versehentlich beim Encoding auf 16:9 gestellt haben, ist auch das kein Problem: **Force 4x3** macht es wieder rückgängig.

Force 16x9 Pan-Scan

Force 16x9 Pan-Scan teilt dem Player mit, dass es sich ursprünglich um ein Breitwandformat handelt, das aber auch für die 4:3-Bildschirmwiedergabe aufbereitet ist, indem bei der Filmabtastung der Ausschnitt nachgeführt wurde. Meist wird diese Möglichkeit nicht genutzt und nur die Bildmitte gezeigt (mehr darüber in den Kapiteln »Bewegte Bilder« und »Grafik und Text«).

Die Verwendung von 16:9-Bildern in Diashows lässt sich mit diesen Tools leider nicht erzwingen, da muss man den von Apple empfohlenen Weg gehen, die Show in eine Spur umzuwandeln, oder TFDVDEdit heranziehen.

Force Frame und Telecine

Force Frame informiert den Player darüber, dass das Material schon aus Vollbildern besteht (also zum Beispiel 25p), so dass ein Player mit Ausgängen für progressive Displays nicht seinerseits ein Deinterlacing versucht (was das Bild nur verschlechtern würde). **Force Telecine** informiert den Player über das 24p-Format für NTSC, doch das macht auch der Compressor richtig (siehe »Internationale Produktionen«), während er das 25p-Format nicht kennt.

Das Setzen solcher Flags ist aber auch nachträglich mit TFDVDEdit möglich. Allein zu diesem Zweck werden Sie also die MPEG Append Suite nicht benötigen. Da John Brisbin auch einer der Programmierer dieses viel mächtigeren Programms ist, wird er Ihnen sicher nicht böse sein, wenn Sie nur eins seiner nützlichen Werkzeuge kaufen ...

Nur korrigieren

Für den PC gibt es ein kostenloses Werkzeug namens **ReStream** (shh.sysh.de), mit dem Sie zumindest diese Flags und einige andere Parameter in MPEG-Streams ebenfalls korrigieren können. Nicht alle diese Werte lassen sich in TFDVDEdit bearbeiten, da Sie es ja dort schon mit Multiplex-Daten zu tun haben. Das Zusammenfügen von MPEG-Streams beherrscht das Programm aber nicht. Da ReStream nur ein simpler Editor ist und keine hohen Leistungsanforderungen stellt, lässt sich das Programm ohne Probleme mit Virtual PC auch auf dem Mac benutzen. Sie finden das Programm auf der Buch-DVD, aber wenn Sie es benutzen, freut sich der Programmierer sicher über eine kleine Spende für den Betrieb seiner Homepage ...

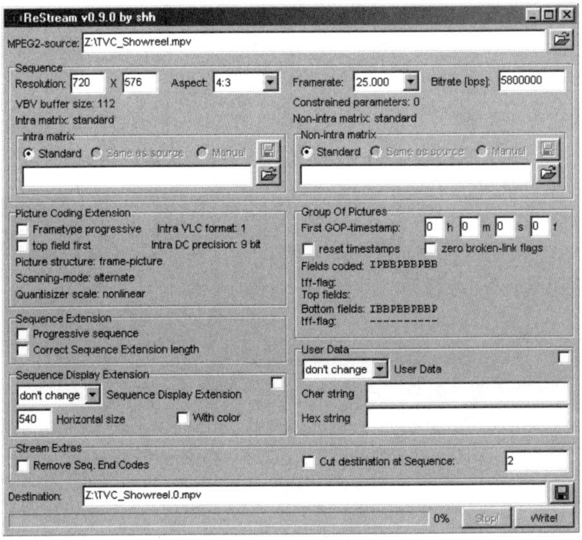

Abbildung 22.3 ▶ ReStream kann einige wichtige Parameter und Flags in MPEG-Dateien darstellen und zum Teil auch verändern.

22.2 Zerlegen

Früher oder später wird der Kunde zu Ihnen kommen, der eine bereits vorhandene DVD ändern lassen möchte. Ich meine nicht den Kunden, der genug Voraussicht hatte, sich die Originaldaten und Videoaufnahmen übergeben zu lassen. Dann ist das ein ganz normaler Auftrag. Nein, hier geht es mir um den Kunden, der einfach nur die DVD hat (und natürlich die Rechte daran!). Er hält – wie viele Laien – die DVD einfach nur für eine bessere Videokassette.

Er hat sich mit dem ursprünglichen Hersteller überworfen und will den nicht nach Originaldaten fragen, oder die Firma existiert gar nicht mehr. Oder ist es vielleicht Ihr eigener Kunde, und Sie haben einfach nicht daran geglaubt, dass ausgerechnet der noch einmal wiederkommt? Und nun doch eine ausländische Sprachfassung haben möchte …

Sie sollen also auf der Grundlage einer vorhandenen DVD eine neue Version erstellen. Zuerst einmal lassen Sie sich natürlich hieb- und stichfest nachweisen, dass er (oder sie) das Recht dazu hat. Außerdem darf die DVD nicht mit dem Kopierschutz CSS verschlüsselt sein. Natürlich gibt es auch Möglichkeiten, den zu entfernen, aber das ist nicht Thema dieses Buches. Außerdem müssen Sie den Kunden darauf hinweisen, dass auf diesem Wege keine optimale Bild- und Tonqualität möglich ist. Schließlich sind das Bild und meist auch der Ton schon einmal komprimiert worden. Vielleicht taucht ja dann das verschollene Mastertape doch wieder auf ;-)

Andererseits sind beide bei einer sauber produzierten DVD so gut, dass sie unter Umständen doch erneut bearbeitet werden können. Dazu müssen Sie aber erst einmal an die Teile herankommen. Wenn Sie nur das Bildmaterial brauchen, müssen Sie noch nicht einmal zu einem De-Multiplexer greifen.

MacMPEG2Decoder

Der MacMPEG2Decoder (kurz MM2D) ist eine Freeware, die MPEG2-Material in ein beliebiges QuickTime-Format umwandeln kann. Das kann der QuickTime Player zwar nach der Installation von DVD Studio Pro auch, aber der skaliert das Bild auf 4:3 oder 16:9 herunter und passt die Helligkeitswerte in Umkehrung der Veränderungen durch den Compressor wieder an den Computerbildschirm an (siehe »Kompressionspraxis«). Beides können Sie hier nicht gebrauchen, wenn Sie das Material mit möglichst geringen Verlusten erneut bearbeiten wollen.

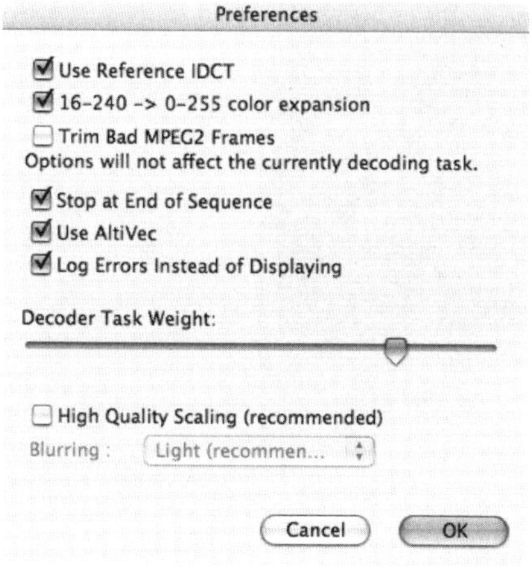

◀ **Abbildung 22.4**
Die geeigneten Einstellungen in MM2D zur Rekonstruktion von MPEG-2-Video im QuickTime-Format. Skalieren wollen wir hier nicht, da brauchen Sie nichts zu aktivieren.

Stellen Sie die Voreinstellungen wie in Abbildung 22.4 ein, und speichern Sie alles in unveränderter Größe mit dem »Animation«-Codec, wenn Ihr Platz reicht. Notfalls genügt auch Foto-JPEG, wie immer bei 75 %. Übrigens: MM2D dekodiert wie alle hier erwähnten Werkzeuge kein kopiergeschütztes Material. Genau wie der QuickTime Player kann auch MM2D ein als Multiplex-Datei vorliegendes VOB öffnen, aber Sie kommen dabei nur an das Bildmaterial heran.

Nebenbei bemerkt: In irgendeinem kurzen VOB stecken auch Ihre Menü-Hintergründe im MPEG-2-Format.

De-multiplexen und Ton dekodieren

Auch wenn Sie das vorhandene Material nur ergänzen, brauchen Sie Bild- und Tondateien in getrennter Form, da DVD Studio Pro wie die meisten

Authoring-Programme keine Multiplex-Dateien annimmt. Dekodieren müssen Sie den Ton aber nur, wenn Sie auch Änderungen daran vornehmen sollen.

Für das De-Multiplexen möchte ich Ihnen ein exzellentes und dazu noch kostenloses Programm aus Italien empfehlen: **MPEG Streamclip**. Sie finden das Programm auf www.alfanet.it/squared5. Es liefert Ihnen nicht nur genaue Informationen zu den Streams, sondern erlaubt auch einfache Schnitte (natürlich nur an den I-Frames) und kann – im Gegensatz zum QuickTime Player – auch AC-3-Ton wiedergeben. Die angebotenen Möglichkeiten sind für eine Freeware wirklich von beeindruckender Professionalität!

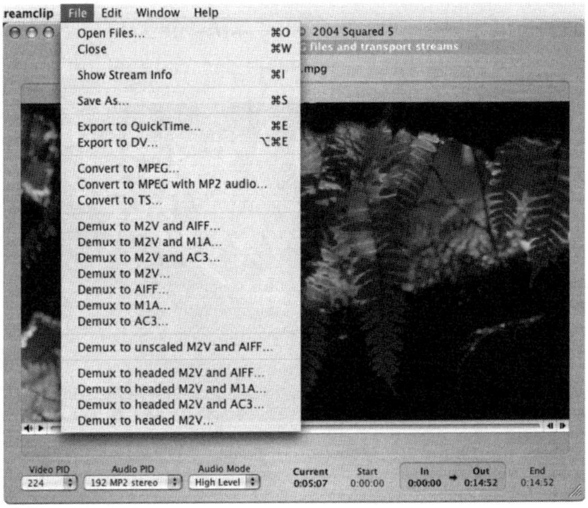

Abbildung 22.5 ▶ MPEG Streamclip ist eine sehr gute Freeware mit einer beeindruckenden Fülle an Ausgabemöglichkeiten für das De-Multiplexing von MPEG-Material.

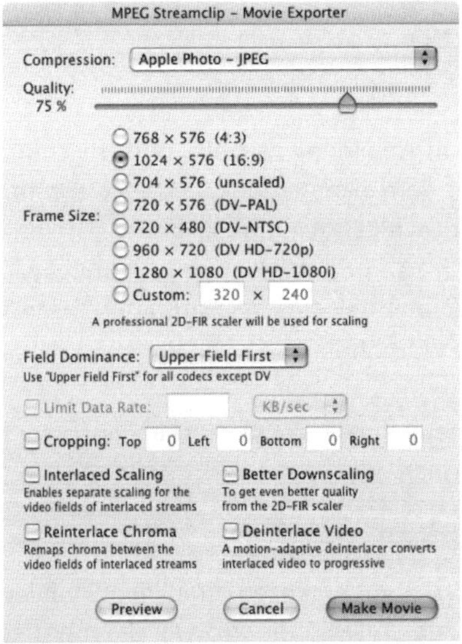

Abbildung 22.6 ▶ Auch bei der Wandlung in QuickTime-Dateien zur Weiterbearbeitung bietet Ihnen MPEG Streamclip viel mehr Möglichkeiten als der QuickTime Player.

Das soll nicht heißen, dass es nicht noch jede Menge anderer Extraktionsprogramme im Netz gäbe, die auch gleich das De-Multiplexen erledigen. Aber da die meisten auch den CSS knacken, kann ich Ihnen hier nach der neuen Rechtslage weder Quellen noch Bedienungshinweise liefern. Einige De-Multiplexer erzeugen gelegentlich keinen korrekten Datei-Header für die AC-3-Dateien. Wenn A.Pack das Material nicht zur Dekodierung öffnet bzw. wenn DVD Studio Pro die Datei nicht akzeptiert, können Sie Folgendes versuchen:

- Öffnen Sie die Datei mit dem kostenlosen Editor HexEdit auf der DVD.
- Suchen Sie per [⌘] + [F] nach dem ersten Vorkommen der Zeichenfolge 0b77.

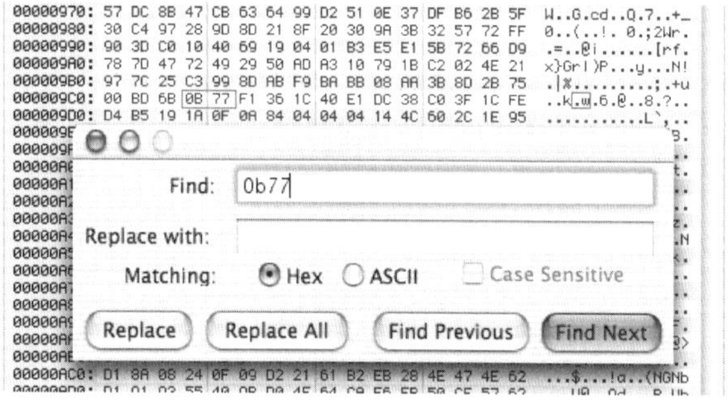

◀ **Abbildung 22.7**
Suchen Sie mit dem Befehl FIND nach der ersten Zeichenfolge 0b77 (das erste ist eine Null).

- Markieren und löschen Sie alle Zeichen davor.

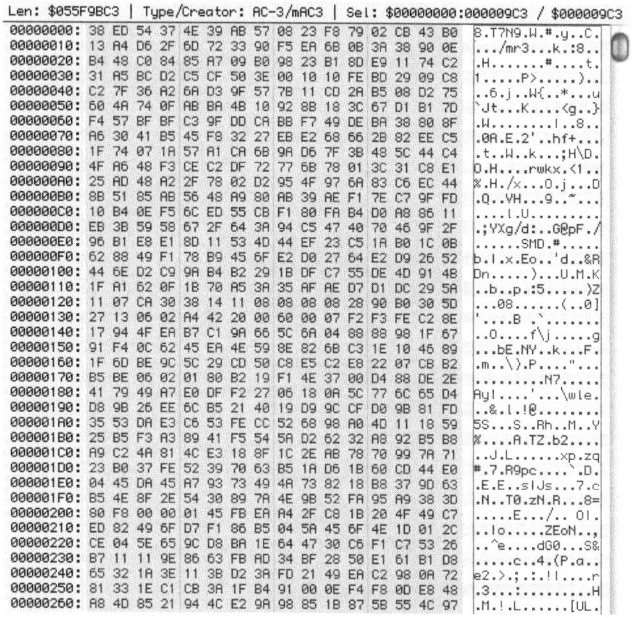

◀ **Abbildung 22.8**
Markieren Sie alles bis zum Beginn, und löschen Sie diese Daten.

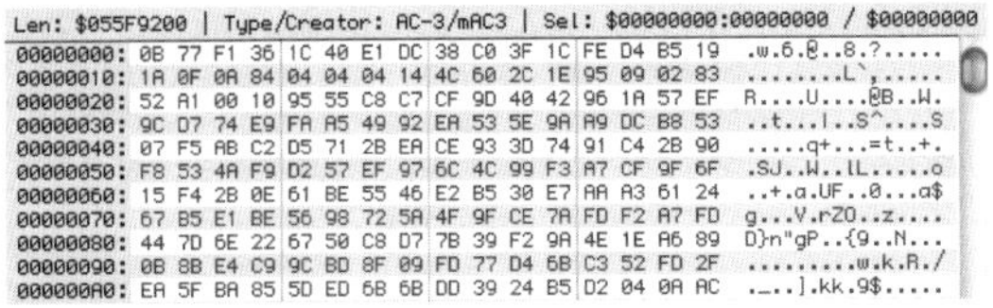

Abbildung 22.9 ▶ Jetzt sollte 0b77 am Anfang stehen.

▶ Speichern Sie und versuchen es noch einmal.

Falls auch das nicht hilft, müssen Sie den Ton von einem guten DVD-Player analog kopieren, das macht auch keinen so großen Unterschied und erspart außerdem das Suchen nach der richtigen Version bei den kryptischen Dateinamen.

Untertitel

Wenn Untertitel sich erst einmal auf der DVD befinden, sind es keine Texte mehr, sondern Bilder (siehe »Grafik und Text«). Da DVD Studio Pro mit Bildern, zum Beispiel im Format seines Vorgängers Maestro, arbeiten kann, brauchen Sie diese nur zu extrahieren. Wenn Sie aber die Untertitel ändern müssen, ist das natürlich keine befriedigende Lösung, denn da braucht man editierbare Texte. Es gibt hierfür eine hervorragende und kostenlose Lösung, aber die läuft auf dem PC (ja, auch dort gibt es fähige Programmierer!).

SubRip

Das Programm heißt SubRip, und es ist in der Lage, Untertitel mit einer eingebauten OCR in Text umzusetzen (Optical Character Recognition = Zeichenerkennung). Es ist lernfähig und produziert schnell recht brauchbare Ergebnisse. Nur das große I und das kleine l werden meist verwechselt, aber die beiden erkennen selbst wir Menschen in einfachen, serifenlosen Schriftschnitten nur aus dem Kontext. Wahlweise kann das Programm auch einfach die Bilder extrahieren, wenn Sie nur das Timing ändern oder Teile ergänzen müssen.

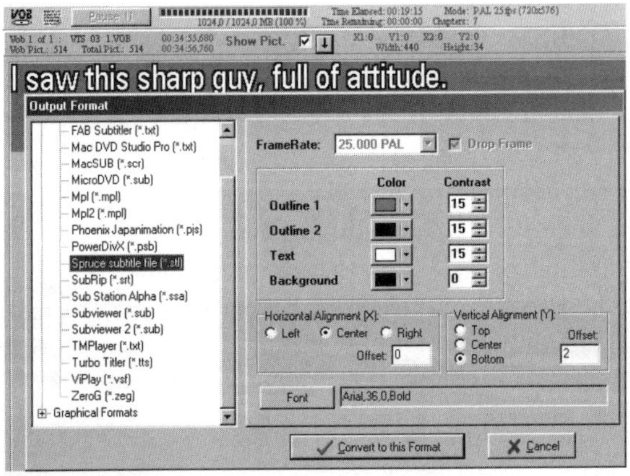

Abbildung 22.10 ▶ SubRip extrahiert die Untertitel aus einer VOB-Datei, erkennt die Buchstaben per lernfähiger OCR und kann im Spruce-Format sichern. Benutzen Sie nicht das Format Mac DVD Studio Pro, das ist für die Vorgängerversion vorgesehen.

Achten Sie beim Lernprozess darauf, dass nach Schriftschnitten unterschieden wird (wie z. B. normal und kursiv), und geben Sie Ligaturen wie »ft« als Buchstabengruppe ein. Am Anfang braucht das ein bisschen Zeit, aber wenn der Computer die ersten 30 oder 40 Zeichen gelernt hat, geht die Post ab. Wie viele andere PC-Tools funktioniert auch dieses auf Virtual PC, aber dann doch sehr behäbig.

Das Programm kennt neben dem Format des Subtitlers aus dem früheren DVD Studio Pro auch das STL-Format von Spruce Maestro, der Vorgängersoftware der neuen Version. Dieses Material wird ohne Probleme von DVD Studio Pro importiert. Achten Sie aber darauf, dass die Timecodes übereinstimmen.

Untertitel bearbeiten

Wenn Sie nur Untertitel im Format des älteren Subtitle-Editors von DVD Studio Pro 1.x übernehmen wollen, dann scheint das derzeit nicht so zu klappen wie im Handbuch beschrieben. Falls Sie das ältere Programm noch besitzen: Untertiteldatei in 1.x importieren, Track erstellen, Projekt speichern, Projekt im aktuellen DVD Studio Pro öffnen, Track exportieren und im gewünschten Projekt wieder als Track importieren!

Wenn Sie umfangreiche Bearbeitungen von Untertiteln vorhaben, sollten Sie einen Blick auf das PC-Programm **Lemony** werfen. Es wurde von Jorge Morones entwickelt, der selbst Sprachen studiert und das Programm hervorragend unterstützt und weiterentwickelt. Es ist preiswert und kann Untertitel-Dateien verschiedenster Authoring-Systeme konvertieren und bearbeiten, insbesondere auch Mac-Formate – eine Seltenheit bei PC-Programmen (neben DVD Studio Pro auch Belle Nuit, Premiere, FCP). Unter der Web-Adressse: http://www.jorgemorones.com/lemony/index.htm können Sie eine Demo-Version herunterladen.

Einfache Overlays

Die Freeware **Emaskulator** auf der DVD ist ein nettes kleines Tool für das Erzeugen von Overlays für Menüs aus vorhandenen Details oder Helligkeitsstufen des Hintergrundbildes. Wenn Sie's nützlich finden, freut sich der Autor bestimmt über eine kleine Donation. Das Ganze ist oft hilfreich und ermöglicht Effekte, die von Hand nicht ganz so einfach zu bekommen sind. Zwar ist das Tool nicht auf Geschwindigkeit optimiert, aber beachten Sie, dass es mehrere Bilder im Batch abarbeiten kann. Es hilft auch bei Bitmap-Texten für Untertitel, die kein Anti-Aliasing mitbringen. Die Ergebnisse erreichen in dem Fall aber nicht die Qualität der im Kapitel »Grafik und Text« beschriebenen Methode mit Photoshop.

Anhang

A Weitere Ressourcen

A.1 Internet-Adressen

Hier habe ich einige (hoffentlich) nützliche Internet-Adressen für Sie zusammengestellt, die Sie auch zum Anklicken auf der Buch-DVD finden. Bitte beachten Sie aber, dass sich die Dinge im Web schnell ändern. Wenn Sie eine Adresse nicht mehr finden, versuchen Sie es über eine Suchmaschine – die populärste ist sicher www.google.de. Beachten Sie bitte auch, dass wir im Rahmen dieses Buches keine ausführliche Marktermittlung durchführen konnten. Die folgenden Angaben stellen daher keinerlei Bewertung der Firmen dar, und es dürfte zahlreiche – durchaus solide – Anbieter geben, die ich nicht aufgeführt habe.

DVD-Replikation und Dienstleister

Die beiden ganz großen Presswerke sind Sonopress (Bertelsmann) und Sony:

- www.sonopress.de
- www.sonydadc.com

Einige weitere in Deutschland:

- www.cda.de
- www.digim.de
- www.docdata.de
- www.inter-disc.de
- www.kdg-mt.com
- www.marcon-media.de
- www.mediabit.de
- www.optimal-online.de
- www.pallas-group.de
- www.presscd.com
- www.skywalk.de

Das Problem ist hier, dass nicht immer zweifelsfrei festzustellen ist, wer selber presst und wer diese Dienstleistung nur vermittelt. Gute Erfahrungen haben wir selbst mit Optimal und Marcon gemacht.

Transfer von DV auf Film und weitere Profi-Dienstleistungen

Christoph Janetzko/Peter Loczenski:

- cjmovies@t-online.de (preisgünstig und kompetent)
- www.trickwilk.de
- www.swisseffects.ch (Der renommierteste, aber auch teuerste Anbieter!)

Nützliche Zusatzinformationen zu DV und zum Transfer von DV auf Film:

- www.belle-nuit.com/dv/index.html
- http://www.framestore-cfc.com/digital_lab/video_film/index.html

Gute Website zu DV und verwandten Themen:

- www.slashcam.de

Gute Quellen für professionelle Medieninformationen

- www.mediabiz.de
- www.mediaguidenrw.de
- www.mediaguideberlin.de
- www.mediaguidebayern.de
- www.mediaguidenord.de
- www.nord-media.de

Im Buch beschriebene Produkte

SCSI-Adapter:

- www.adaptec.com
- www.attotech.com

After Effects ist von Adobe:

- www.adobe.com oder www.adobe.de

Eine der besten Websites zu After Effects ist die von Trish und Chris Meyer:

- www.cybmotion.com

DVD Studio Pro und Final Cut Pro sind von Apple:

- www.apple.de

Die Website für die PC Software der Firma InterActual, mit deren Hilfe Sie Web-Enhanced DVDs erstellen können:

- http://inventor.interactual.com

Die Firma Zoo-Tech mit dem datenbankbasierten DVD-Extra Studio:

- www.zoo-tech.com/

Die Website von Canopus mit einem empfehlenswerten PC-Encoder:

- www.canopus.de

Der Hersteller des MPEG-Encoder BitVice:

- www.innobits.se

MPEG-2 Festplattengeräte:

- www.como.de

Die Firma von Hendrik de Smet (USA und Belgien) mit einem breiten Angebot und Informationen zu Filmproduktion, Rohlingen, CD/DVD-Druckern, MPEG-Encodern etc.:

- www.filmwareproducts.com

Anbieter von CD- und DVD-Zubehör wie Printern und Duplikatoren:

- www.cddimensions.com
- www.discmakers.com

Profi-Kameras und Recorder:

- www.jvcpro.de
- www.panasonic-broadcast.de
- www.sonybiz.net

Die Website mit dem MPEG-2-Encoder TMPGEnc:

- www.pegasys-inc.com

Produktseite von Philips zu den professionellen DVD-Playern der Firma:

- www.prodvd.philips.com/visitors/proplay.shtml

Quantum (DLT-Laufwerke):

- www.quantum.com

Zusatzoptiken wie anamorphotische Linsen, Weitwinkel-Vorsätze etc.:

- www.centuryoptics.com
- www.optexint.com

Hier gibt es RSFieldsKit und andere Filter Plug-Ins:

- www.revisionfx.com

Der Hersteller des Bravo Disk Publishers:

- www.primera.com/Bravo

Der Hersteller der Software Trax für Messe- und Bühnensteuerungen:

- www.dataton.com

Allgemeine Ressourcen für DVD-Authoring

Ein paar der besten Websites für DVD und Digitalvideo, in den Foren finden Sie auch DVD-Authoring Listen mit vielen hilfreichen Leuten (oft auch den Autor):

- www.finalcutpro.de (deutsch)
- www.creativecow.net (englisch)
- www.2-pop.com (englisch)

Zwei Websites in englischer Sprache mit viel Hintergrundwissen zu MPEG:

- www.michaeldvd.com.au/Articles/VideoArtefacts/VideoArtefacts.html
- www.auspaytv.com/info/mpegfaq.htm#tag41

Pits und Bits mit der deutschen Lern-DVD zum Scripting in DVD Studio Pro:

- www.pitsundbits.de

Eine Firma mit einer guten, englischen Tutorial-DVD zu DVD Studio Pro:

- http://www.digitalmediatraining.com/products/DVDSP/DVDSP_main.html

Die offiziellen Dokumentationen des DVD-Gremiums sind sehr teuer. Glücklicherweise gibt es ein paar echte Freaks, die sich auf diesem Gebiet bemerkenswerte Kenntnisse erworben haben, und auf deren Webseiten können Sie viel dazu lernen. Josef Braunstein bietet auf seiner Website viele Informationen sogar auf Deutsch und zeigt auch gleich, wie man auf einer DVD Aliens abschießt:

- http://home.arcor.de/josef.braunstein/

Eine weitere exzellente Quelle – allerdings auf Englisch wo Sie auch zwei preisgünstige PDFs mit umfangreichen Informationen erwerben können:

- http://www.dvd-replica.com/DVD/index.php

Die Website von Ralph LaBarge:

- www.alphadvd.com

Die Website der Firma Dolby mit nützlichen Hintergrundinformationen zum Surround-Ton:

- www.dolby.com

Diese Website von Trai Forrester ist kostenpflichtig, aber es lohnt sich – Trai gehört zu den bestinformierten Fachleuten für DVD Studio Pro:

- www.tfdvd.com

Die Website von Jim Taylor mit einer guten FAQ-Liste zu DVD:

- www.dvddemystified.com

Allgemeines zu DV und DVD:

- www.dvdstudiopro.ch (deutsch, viel zu Skripten)
- home.t-online.de/home/bieser/standard.htm (deutsch)
- www.dvdmadeeasy.com
- www.howstuffworks.com/dvd14.htm
- www.tecoltd.com/ (BitRate Viewer)
- www.vcdhelp.com/ (Player-Kompatibilitätsliste!)

Eine optisch und didaktisch hervorragende aufbereitete Website hat Alex Alexzander:

- www.editosburi.com

Auch wenn der Name auf Final Cut Pro hinweist, finden Sie bei Ken Stone exzellente Tutorials zu DVD Studio Pro:

- www.kenstone.net

Das DVD-Logo zu Entwurfszwecken (Rechte beachten!):

- http://www.dvdlabs.com/logo_gd.html
- http://www.cd-rom-works.com/DVD_logos.eps

Software-Quellen

Kostenloser MPEG-Audio-Kompressor und Dekompressor für den Mac:

- ftp://ftp.cc.utexas.edu/microlib/mac/sound/mpegaud-fat-10.hqx

Ein kostenloser MPEG-Multiplexer für den Mac:

- http://www.versiontracker.com/dyn/moreinfo/macosx/18300 (BitVice Helper)

Die Homepage von John Brisbin mit den aktuellen Versionen seiner DVD-Helper:

- homepage.mac.com/DVD_SP_Helper/

A.2 Literaturhinweise und -empfehlungen

Zu Final Cut Pro und Final Cut Express, zu QuickTime und zu After Effects gibt es gute Bücher bei Galileo-Press auf Deutsch.

Trish & Chris Meyer: *Creating Motion Graphics with After Effects*, CMP Books, San Francisco, ISBN 0-87930-606-8 (Ein hervorragendes Lehrbuch zu Adobes After Effects, wenn Sie bereits über das Tutorial hinausgewachsen sind.)

Jay Rose: *Producing Great Sound for Digital Video*, Miller Freeman Books, San Francisco, ISBN 0-87930-597-5 (Ein sehr praxisnahes Buch zur Tonaufnahme und –bearbeitung)

Ulrich Schmidt: *Professionelle Videotechnik*, Berlin, Heidelberg, New York 2000; ISBN 3-540-66854-3 (Umfangreiches Buch über analoge und digitale Videotechnik).

Jim Taylor: *DVD Demystified*, Second Edition, McGraw-Hill, USA, ISBN 0-07-135026-8 (Die wahre DVD-Bibel – komplett, komplex, doch in verständlichem technischem Englisch geschrieben.)

Ralph LaBarge: DVD Authoring and Production, CMP-Books, USA, ISBN 1-57820-082-2 (Nicht DVD Studio Pro spezifisch, aber fundiert und umfassend)

B Glossar

AC-3
→ Dolby Digital

AES/EBU
Professioneller digitaler Audio-Übertragungsstandard, den die nordamerikanische Audio Engineering Society und die European Broadcasting Union gemeinsam verabschiedet haben. Die Consumer-Variante S/P DIF ist signalkompatibel zu AES/EBU.

AGC (Automatic Gain Control)
Ein Schaltkreis, der automatisch die Signalstärke eines Audio- oder Videosignals an die Bedingungen des Aufnahmegeräts anpasst. Oft wird ein solcher Schaltkreis menschlichen Kriterien nicht optimal gerecht – eine Maschine kann nicht wissen, welche Informationen jeweils erwünscht oder störend sind.

Aliasing
Unerwünschte Nebeneffekte der → Digitalisierung einer Information. Die diskreten Informationen in einem festen Bezugsraster können analoge Vorgänge nur unvollkommen wiedergeben. Bei Bildinformationen entspricht das Aliasing den typischen »Treppenkanten«, die an diagonalen oder gekrümmten Linien entstehen.

Alphakanal
Ein zusätzlicher Kanal neben den Bildinformationen, die bei Farbbildern aus den drei »Kanälen« Rot, Grün und Blau (oder bei Video YUV) bestehen. Dieser Kanal entspricht einem Schwarz-Weiß-Bild, das aber als solches nicht dargestellt wird, sondern die Durchsichtigkeit des eigentlichen Bildes gegenüber einem Hintergrundbild steuert. Ähnlich wie bei einem Filmnegativ entspricht dabei Weiß völligem Durchscheinen und Schwarz völliger Undurchsichtigkeit (es gibt auch invertierte Versionen), während Grautöne verschiedener Helligkeit eine entsprechende Teildurchlässigkeit bewirken.

Analog
Ein Signal bildet eine andersartige Signalform durch Ähnlichkeit ab. Bei der klassischen Schallplatte z. B. entsprach der Verlauf der elektrischen Spannung am Tonabnehmer der mechanisch eingravierten Kurvenform und diese wiederum der Frequenz- und Intensitätskurve der Schallwelle. Der Hauptnachteil analoger Verfahren ist es, dass auf dem Übertragungsweg hinzukommende Störungen nicht mehr vom Nutzsignal getrennt werden können.

Angle
Engl. »Winkel«, bei der DVD ist ein Kamerablickwinkel gemeint. Bei Multi-Angle-Filmen kann zwischen verschiedenen Ansichten einer Szene, aber rein technisch gesehen auch beliebigen Filmversionen umgeschaltet werden.

Anti-Aliasing
Berechnungsverfahren zur Vermeidung der Nebeneffekte des → Aliasing. Dabei werden intern → Subsamples erfasst oder zusätzlich berechnet, mit deren Hilfe die Werte der dargestellten Informationen verbessert werden können. Bei einer typischen »Treppenkante« z. B. werden die Helligkeits- und Farbwerte der → Pixel so abgewandelt, dass sie besser der mathematischen Ideallinie einer Kontur entsprechen.

Aspect Ratio
Das Bildseitenverhältnis, bei Video also 4:3 oder 16:9.

Assets
Beim → Authoring Bezeichnung für alle Mediendaten, die auf einer DVD untergebracht werden können – also Videos, Töne, Bilder und Subpictures.

ATSC (Advanced Television Systems Committee)
Das Normungsgremium, das die Reihe der Standards für die hochauflösenden Fernsehsysteme in den USA verabschiedet hat, die in den nächsten Jahren dort verpflichtend anzubieten sind.

Authoring
Die Zusammenstellung und Verknüpfung der → Assets zu einer Gesamtstruktur als eigenständiges Arbeitsgebiet in Unterscheidung von Tätigkeiten wie dem Film- oder Videoschnitt, der Tonbearbeitung oder grafischen Arbeiten.

AVC (Advanced Video Coding)
→ H.264

Batch-Processing (Stapelverarbeitung)
Die automatische Abarbeitung mehrerer sich wiederholender Arbeitsgänge durch den Computer; z. B. kann eine Reihe von Filmen ohne Eingriffe des Nutzers von einem Kompressionsprogramm in das MPEG-2-Format überführt werden. Langwierige Berechnungsvorgänge können so über Nacht oder am Wochenende abgearbeitet werden.

B-Frame
Bidirektional abhängige Frames in einer Videobildsequenz. Es wird nicht der komplette Bildinhalt abgespeichert, sondern nur die gegenüber dem vorhergehenden und dem folgenden → I- oder → P-Frame geänderten Bildinhalte (siehe Kapitel »Videokodierung« und »Videokompression.pdf« auf der Buch-DVD).

Black Level (Schwarzwert)
Die Intensität eines analogen Videosignals, die von einem Fernsehgerät als Schwarz interpretiert wird. Bei Digitalvideo nach → ITU-601 entspricht dem Black Level der Wert 16 für die Y-Komponente.

BMP (Bitmap)
Unter Windows gebräuchliches Dateiformat für Pixelgrafiken im 24-Bit-Farbraum mit optionalem Alphakanal.

BNC
Steckertyp (Bayonet Neill-Concelman); im professionellen Bereich häufig eingesetzt für die Übertragung von Videosignalen über Koaxialkabel oder für → SDI-Verbindungen.

Capturing
Die Erfassung von analogen Videosignalen durch den Computer und ihre Übertragung auf eine Festplatte. Bei DV handelt es sich streng genommen nicht um Capturing, sondern nur um eine Kopie von Band auf Platte. Trotzdem wird der Begriff oft für beide Vorgänge verwendet.

CBR (Constant Bit Rate)
Konstante Bit-Rate bei Video- oder Audiokodierung (siehe »Videokodierung«).

1 2 3 4 5 6 7 8 9 10 11 12 13 14 15 16 17 18 19 20 21 22 A B C

CCD (Charge Coupled Device)
Die Bildaufnahmechips in der überwiegenden Mehrzahl heutiger Videokameras.

Cell
Engl. »Zelle«. Einheit der hierarchischen DVD-Datenstruktur. Eine Zelle kann von wenigen Sekunden bis zu einem ganzen Film unterschiedlich viel Material enthalten und dient der gezielten Ansteuerung des entsprechenden Abschnitts bei der DVD-Navigation.

Chroma Key
Auch als Bluebox-Verfahren bekannt. Eine reine Farbe im Bild – häufig, aber nicht immer Blau – wird elektronisch durch eine andere Bildinformation ersetzt.

Chrominanz (auch Chroma)
Die Farbinformation in einem Videosignal. In analoger Form besteht sie aus einem Phasenwinkel (Hue), der den Farbton bestimmt, und aus der Intensität, die der Farbsättigung entspricht.

Cinch
Im Heimbereich häufig eingesetzter Steckertyp für (abgeschirmte) Video- und Audiokabel, oft auch RCA-Anschluss genannt.

Clip
Auch wenn sich dieser Begriff über den Videoclip bereits im Deutschen etabliert hat, wäre der korrekte Fachbegriff aus der Filmbranche die »Einstellung«. Eine Einstellung ist eine zusammenhängende Film-/Videoaufnahme ohne Abschalten der Kamera – also ohne Schnitt.

Clipping
Das Beschneiden von Signalen beim Überschreiten des höchsten Eingangswerts der verarbeitenden Schaltkreise. Bei digitalen Signalen durch das schlagartige Einsetzen besonders unangenehm als Tonverzerrung oder als »Ausbrennen« im Bild (siehe auch Kapitel »Der Ton zum Bild«).

Closed Caption
Methode der Einbindung von Textinformationen in das → NTSC-Signal, ähnlich dem Videotext im PAL-Signal. Closed Captions können (im Gegensatz zu Videotext) Teil des DVD-Datenstroms sein; werden aber nicht von allen Playern unterstützt.

CMYK
Farbraum der subtraktiven Farbmischung für den Vierfarbdruck; Cyan, Magenta und Gelb (Yellow) mischen sich bei voller Intensität theoretisch zu Schwarz. Für tiefes Schwarz (Black) wird zusätzlich jedoch noch ein weiterer Farbkanal benötigt. Subtraktive und additive Farben (→ RGB) sind Komplementärfarben. Die Kombination jeweils zweier additiver Farben ergibt eine subtraktive Farbe und umgekehrt.

Codec
Kunstwort aus »Compressor/Decompressor«; es bezeichnet die Soft- oder Hardwarekomponenten, die in einem Computer für die Kompression und Dekompression von Video- bzw. Audiodaten bereitgestellt werden.

Color Bars (Farbbalken)
Ein Testsignal aus Normfarben, das zur Justage von elektronischen Aufnahme- und Übertragungsgeräten benutzt wird.

Composite Video (Kompositsignal)
→ FBAS

Cross-Dissolve
Die klassische filmische Überblendung. Eine Einstellung verblasst langsam, während die nächste ebenso allmählich sichtbar wird. Dabei ist bei Einstellungen mittlerer Helligkeit die Gesamthelligkeit des Bildes in etwa konstant, anders als bei der additiven Überblendung (additive Dissolve).

CSS (Content Scrambling System)
Digitaler Kopierschutz für die Video-DVD; wurde zum Entsetzen der Filmindustrie bereits kurz nach der Einführung entschlüsselt und stellt keinen wirklichen Schutz mehr dar. Die Umgehung des CSS ist ein Verstoß gegen das neue Urheberrecht.

D-8
Digitales Aufnahmeformat von Sony, das sich elektronisch nicht von → DV unterscheidet, aber auf Kassetten im → Hi-8-Format aufgenommen wird.

DAT (Digital Audio Tape)
Digitales Bandformat zur Aufzeichnung von → PCM-Ton mit einer Auflösung von 48 kHz bei 16 Bit. Es entspricht damit den DVD-Spezifikationen für PCM-Ton (ebenso wie die Audiospuren von DV bei zweikanaliger Einstellung).

DCT (Diskrete Cosinus-Transformation)
Mathematisches Verfahren, das häufig (z. B. bei MPEG) als erster Schritt bei der Bildkompression eingesetzt wird. Eine reine DCT reduziert die Datenmenge nicht, sondern ist nur eine Vorbereitung für die daran anschließenden Verfahren. Die DCT wandelt Daten diskreter Bildpunkte in Frequenz-, Amplituden- und Farbdaten (siehe Kapitel »Videokodierung« und »Videokompression.pdf« auf der Buch-DVD).

Decoder
Mathematischer Algorithmus zum Entschlüsseln (Dekodieren) von kodierten Daten; kann bei der Videobearbeitung in Software oder Hardware ausgeführt sein.

De-Interlacing
Das Herausrechnen des »Lattenzauneffekts«, der bei Video-Einzelbildern von bewegten Objekten sichtbar wird. Dabei werden die Pixel jeder zweiten Zeile durch Interpolation aus den Pixeldaten der Nachbarzeilen ersetzt (siehe Kapitel »Das Videomaterial«). Das adaptive De-Interlacing beschränkt den Vorgang auf Bildbereiche mit bewegten Objekten.

Digital
Eine → analoge Information wird in kleinen, gleichförmigen Zeitabständen gemessen, in binäre Zahlenwerte umgesetzt und in dieser Form gespeichert oder übertragen (siehe Kapitel »Bewegte Bilder« und »Der Ton zum Bild«). Digitale Informationen lassen sich leicht von Störungen auf dem Übertragungsweg befreien, können aber durch Artefakte wie → Aliasing beeinträchtigt werden.

DirectShow
Ein von Microsoft entwickelter Software-Standard für die Wiedergabe von Video- und Audiodaten unter Windows.

DLT (Digital Linear Tape)
Halbzoll-Bandformat für die Speicherung digitaler Daten; wird üblicherweise benutzt, um die fertige DVD-Struktur nach dem → Multiplexing beim Presswerk anzuliefern.

Dolby Digital
Ein von der Firma Dolby entwickeltes, auch AC-3 genanntes Verfahren zur Audiokompression; anerkannter internationaler Standard für DVDs. Dolby Digital-Ton muss nicht Surround-Ton bedeuten.

Dolby Pro Logic
Dekodierungsverfahren, um aus einem nach → Dolby Surround kodierten Stereosignal die Raumklanginformationen herauszufiltern. Bei dieser Variante wird zusätzlich ein Mittenkanal erzeugt.

Dolby Surround
Ein von der Firma Dolby entwickeltes Verfahren, um vierkanalige Surround-Informationen (Links, Center, Rechts, Surround = LCRS) in einem Stereosignal unterzubringen; kompatibel zu → Dolby Digital.

Dolly
Ein auf Schienen geführter Kamerawagen, der in der professionellen Filmaufnahme besonders gleichmäßige und ruhige Kamerabewegungen erlaubt.

Down-Mix
Das »Heruntermischen« eines Surround-Signals auf zwei Stereokanäle, das alle DVD-Player nach Norm beherrschen müssen, um mit älteren Wiedergabeanlagen kompatibel zu bleiben.

Drop-Frame Time-Code
Eine Form der Zeit- und Einzelbildzählung, die darauf Rücksicht nimmt, dass NTSC-Video nicht genau 30 Bildern pro Sekunde entspricht, sondern nur 29,97. Um eine exakte Übereinstimmung von Zeitmessung und Videolaufzeit zu erreichen, werden, ähnlich wie die Tage bei unseren Schaltjahren, in festgelegten Abständen Bildzahlen – aber nicht etwa Bilder – bei der Zählung ausgelassen.

DTS (Digital Theatre Systems)
Für die DVD ergänzend zugelassenes Audiokodierungsverfahren mit geringeren Kompressionsraten als → Dolby Digital mit sehr hoher Tonqualität (siehe »Der Ton zum Bild«).

DV (DVCAM, DVCPRO)
Digitales Video-Bandaufnahmeformat auf der Basis von → DCT mit → Intraframe-Kompression bei reduzierter Farbauflösung, das sich durch seine hohe Bildqualität vom Amateursektor bis in den Profibereich durchgesetzt hat. DV arbeitet mit einer festen Datenrate von 25 MBit/s oder 50 MBit/s (DVCPRO-50). Die technischen Varianten unterscheiden sich in der magnetischen Aufzeichnung und zum Teil in der Farbauflösung (siehe Kapitel »Das Videomaterial« und »Videokompression.pdf« auf der Buch-DVD).

DVB-C, DVB-S, DVB-T (Digital Video Broadcasting)
Digitalfernsehen, das entweder über Kabel (C = Cable), Satellit (S = Satellite) oder terrestrisch (T) – also über konventionelle Antennen – verbreitet wird.

(E)-IDE (Enhanced Integrated Drive Electronics)
Interner Bus- bzw. Schnittstellen-Standard zwischen dem Computer-Motherboard und einem Massenspeicher. Früher reichte die Geschwindigkeit von IDE-Festplatten nicht für Übertragungen von Videosignalen aus. Inzwischen sind sie jedoch – zumindest für DV-basierte Videodaten – schnell genug.

Elementary Stream
Ein Datenstrom, der nur einen Typ von Informationen enthält, z. B. nur Audio oder nur Video.

Encoder
Mathematischer Algorithmus zum Verschlüsseln (Kodieren) von Daten, meist zum Zweck der Reduktion der Datenmenge; kann bei der Videobearbeitung in Software oder Hardware ausgeführt sein.

Farbraum
Dreidimensionale Beschreibung eines beliebigen Farbtons, wobei die drei Achsen im → RGB-Farbraum den drei Farben Rot, Grün und Blau, im → CMY(K)-Farbraum Cyan, Magenta und Gelb entsprechen.

FBAS (Composite Video)
Abkürzung für »Farb-, Bild-, Austast- und Synchronsignal«, im Englischen »Composite« (zusammengesetzt) genannt. Das klassische Videosignal, bei dem alle zum Bildaufbau notwendigen analogen Informationen kombiniert und über ein einziges Kabel übertragen werden. Die Signale lassen sich nur mit hohem technischem Aufwand wieder trennen, dabei können Störungen im Bild entstehen. Typische Effekte sind das Farbgeflimmer auf kleinteiligen Schwarz-Weiß-Mustern oder die unruhigen Kanten neben stark gesättigten Farben, amerikanisch bildhaft »Chroma-Crawl« (etwa Farbgekrabbel) genannt.

Field (= Halbbild, eigentlich »Feld«)
Die Hälfte der in einem Videobild enthaltenen Information. Sie wird nacheinander in einer Fünfzigstelsekunde (bei PAL) übertragen und dann durch das nächste Halbbild ergänzt → Interlace (siehe Kapitel »Bewegte Bilder«).

FireWire
Markenname einer von Apple entwickelten und bereits 1987 vorgestellten seriellen Schnittstelle zur Übertragung von Daten mit 100, 200, 400 und 800 MBit/s. Inzwischen unter der Bezeichnung IEEE 1394 genormt und von Sony unter dem Markennamen iLink geführt. Geläufiger Standard bei der Übertragungen von Videodaten – insbesondere für DV – und zunehmend auch bei digitalen Photokameras, Scannern und schnellen Massenspeichern.

Frame (= Vollbild, eigentlich »Rahmen«)
Die vollständige Information eines Film- oder Videobildes, bei Video aus zwei Halbbildern (→ Fields) zusammengesetzt.

GIF
Komprimierendes Bildformat. Wird von HTML unterstützt und ist deshalb zur Übertragung von Grafiken im Internet sehr gebräuchlich.

GOP (Group of Pictures)
Bildfolge aus → I-, → P- und → B-Frames (siehe Kapitel »Videokodierung« und »Videokompression.pdf« auf der Buch-DVD).

H.264
Auch AVC (Advanced Video Coding) oder MPEG-4 Part 10 genannt. Eines der für die zukünftige hochauflösende DVD zugelassenen Verfahren zur Videokompression.

HDTV
16:9-Fernsehstandard mit erhöhter Horizontal- und Vertikalauflösung. In den USA wurde ein Standard für HDTV mit mehreren zulässigen Formaten verabschiedet, und die Sender müssen sich dort verpflichten, in den nächsten Jahren HDTV anzubieten.

Hi-8
Analoges Video-Aufnahmeformat, das – bei vergleichbarer technischer Qualität mit → S-VHS – den Amateursektor für kompakte Camcorder dominierte, bis DV aufkam.

HTML
Hypertext Markup Language; Computersprache, deren Befehle beschreiben, wie Internetdaten vom Browser dargestellt werden sollen. Internetseiten sind in HTML verfasst.

Huffman-Code
Ein Verfahren zur vollständig rekonstruierbaren, also verlustlosen Datenkompression, das kurze Codes häufig auftretenden Sequenzen und längere Codes weniger häufig vorkommenden Sequenzen zuweist. Diese Zuweisungen werden in einer Huffman-Tabelle dargestellt, die sowohl dem → Encoder wie dem → Decoder bekannt sein muss; spezielle Form der → VLC.

IDE
→ (E)IDE

IEEE 1394
→ FireWire

I-Frame
vollständig kodiertes Bild in einem Video-Datenstrom aus → B-Frame, → P-Frame (siehe Kapitel »Videokodierung« und »Videokompression.pdf« auf der Buch-DVD).

i.Link
→ FireWire

Interframe
Etwa »zwischen den Bildern«, Verfahren zur Datenkompression bei Video, das auch die Gemeinsamkeiten (→ Redundanzen) aufeinander folgender Filmbilder mit berücksichtigt und in der Speicherung eliminiert wie → MPEG.

Interlace (Zeilensprung-Verfahren)
Grundlage der Fernsehaufzeichnung und -übertragung in zwei sequenziell übertragenen Bildanteilen bei halbierter Vertikalauflösung (siehe Kapitel »Bewegte Bilder«).

Intraframe
Bedeutet in etwa »innerhalb eines Bildes«; Kompressionsverfahren, das nur auf ein einzelnes Filmbild angewendet wird, z. B. → JPEG.

Inverse Telecine
Verfahren, das den 2:3-Pulldown wieder rückgängig macht (siehe Kapitel »Bewegte Bilder«).

ITU (International Telecommunication Union)
Internationale Organisation, die weltweite Verfahren und Standards in der Telekommunikationsbranche festlegt, z. B. ITU-601.

Jacket Pictures
Bilder unterschiedlicher Auflösungen, die in einem eigenen Ordner auf einer DVD abgelegt werden können (siehe »Grafik und Text«) und auf dem Bildschirm zu sehen sind, wenn eine DVD eingelegt ist, aber noch nicht gestartet oder bereits beendet wurde.

Jitter
Gleichlaufschwankungen; Ungenauigkeiten bei der Darstellung von zeitabhängigen Daten (Video, Audio) gegenüber einem Zeitreferenz-Signal.

JPEG (Joint Picture Experts Group)
Ein im Verhältnis der Dateigröße zur Qualität skalierbares, verlustbehaftetes Einzelbild-Kompressionsverfahren, das ebenso wie → MPEG mit → DCT arbeitet und wegen der Unterstützung durch → HTML im Internet sehr populär ist. Es wird von zahlreichen Programmen zur Bildbearbeitung unterstützt.

Keyframe
Wörtlich »Schlüsselbild«, in der Animation mit Computern die Zeitpunkte, bei denen entscheidende Parameter vom Benutzer verändert werden. Die dazwischen liegenden Bereiche werden dann von der Software automatisch angepasst (= interpoliert).

Letterbox
Der Prozess, bei dem einem Videobild, dessen → Aspect Ratio breiter ist als die des Displays, oben und unten schwarze Balken angefügt werden, um das vollständige Bild darstellen zu können.

Logfile (Protokolldatei)
Eine Textdatei, die wichtige Informationen einer Computerberechnung mitschreibt, um z. B. nachträglich eine Fehlersuche oder die Zuordnung von Maschinenkosten zu einzelnen Aufgaben zu ermöglichen.

Luminanz (auch Luma)
Die in einem Fernsehbild enthaltene Helligkeitsinformation. Die Luminanz wird bei Video normalerweise mit höherer Auflösung aufgenommen und dargestellt als die Farbinformation → Chroma.

Macrovision
Kopierschutz für die Video-DVD, der verhindern soll, dass eine analoge Kopie von der DVD gezogen werden kann. In der Praxis durch Modifikationen des Players oder Zusatzgeräte im Signalweg mit relativ geringem Aufwand zu umgehen, was aber einen Verstoß gegen das neue Urheberrecht darstellt.

MLP (Meridian Lossless Packing)
Ein bei der Audio-DVD verwendetes verlustloses Kompressionsverfahren (etwa 2:1), das nötig wurde, um die hohen möglichen Datenraten des Formates innerhalb der maximalen Übertragungsrate von 10,08 MBit/s gewährleisten zu können.

Motion-JPEG
Im Verhältnis von Dateigröße zu Qualität skalierbares, verlustbehaftetes Verfahren der Kompression von bewegten Bildern nach der → JPEG-Methode. Basiert ähnlich wie → DV und → MPEG auf der → DCT und gehört zu den → Intraframe-Verfahren. Gebräuchlich bei → NLE-Schnittsystemen für analoge Quellen.

Motion-Vector
Eine zweidimensionale Bewegungsinformation für die Verschiebung von Pixelblöcken bei → Interframe-Kompressionsverfahren.

MPEG (Moving Picture Experts Group)
Eine Reihe von Kompressionsverfahren, die als MPEG-1, MPEG-2 und MPEG-4 standardisiert wurden (MPEG-3 existiert nicht, die ursprünglichen Ziele wurden bereits in MPEG-2 integriert). MPEG bezieht durch die → Interframe-Kompression auch die Redundanzen in einer Folge von Videobildern mit ein und erreicht dadurch höhere Kompressionsraten bei gleicher Bildqualität als → Intraframe-Verfahren (siehe Kapitel »Videokodierung« und »Videokompression.pdf« auf der Buch-DVD).

Multiplexing
Der Prozess, bei dem mehrere Signale oder Datenströme zu einem Signal oder Datenstrom zusammengefasst werden, indem relativ kleine Blöcke der einzelnen Datentypen sequenziell aufeinander folgen; bei der DVD insbesondere das Zusammenfassen der Video-, Audio- und Subpicture-Ströme.

Nativ (nativer Schnitt)
Die unveränderte Übertragung eines bereits digital vorliegenden Signals, wie z. B. DV, zum Computer und dessen Bearbeitung im ursprünglichen

Format. Solange nur reine Schnitte erfolgen, ist dieses Verfahren auch bei komprimiertem Video völlig verlustfrei. Erst bei der Berechnung von Effekten können Qualitätsverluste durch die notwendige Dekompression und erneute Kompression entstehen.

NLE (Non Linear Editing)
Nichtlinearer Schnitt, die moderne Form des Videoschnitts im Computer. Auch wenn sonst das Wort »nicht« meist eine Einschränkung bedeutet: Hier signalisiert es einen wesentlichen Fortschritt gegenüber dem herkömmlichen Schnitt mit mehreren Videorekordern. Dort war eben nur eine lineare Aneinanderreihung der Szenen durch Überspielung möglich. Eine Änderung mittendrin war nachträglich nicht durchführbar, ohne alle dahinter liegenden Szenen neu zu überspielen. NLE-Systeme dagegen geben dem Nutzer auch im Videoschnitt die Freiheit, die Filmcutter schon immer hatten: beliebiges Kürzen, Verlängern oder Umstellen von Einstellungen.

Non-Drop-Frame Time-Code
Vereinfachter NTSC-Time-Code, der nicht völlig mit der realen Laufzeit übereinstimmt, im Gegensatz zum → Drop-Frame TC.

NTSC (National Television System Committee)
Der Name des ursprünglichen Normungsgremiums steht für den amerikanischen Fernsehstandard mit 525 horizontalen Linien und 60 Halbbildern pro Sekunde, der auch in Japan, weiteren Teilen Asiens und in Mittelamerika verbreitet ist. NTSC hat bei der Bildauflösung und dem Farbträgerverfahren technische Nachteile gegenüber → PAL, besitzt aber eine höhere Bewegungsauflösung (siehe Kapitel »Bewegte Bilder«).

Pack
Einheit der hierarchischen DVD-Datenstruktur; besteht aus einer Gruppe von (MPEG) → Packets eines DVD-Programmstroms. Jeder DVD-Sektor (2.048 Bytes) beinhaltet einen Pack.

Packet
Einheit der hierarchischen DVD-Datenstruktur; Packets werden zu → Packs gruppiert und enthalten alle Daten eines DVD-Programmstroms.

PAL (Phase Alternation by Line)
Ursprünglich bei Telefunken entwickelter Fernsehstandard, der in großen Teilen Europas, Afrikas und Asiens verbreitet ist; Mischformen mit → NTSC existieren in Südamerika.

1 2 3 4 5 6 7 8 9 10 11 12 13 14 15 16 17 18 19 20 21 22 A **B** C

Pan and Scan
Anpassung eines Bildes an ein anderes Seitenverhältnis durch Beschneiden und ggf. Anpassung der Position des gewählten Ausschnitts. DVD-Player können automatisch eine Pan-and-Scan-Version eines Videos erzeugen, wenn sie als Teil des Videostroms kodiert wurde (selten).

Parental Management
Ein standardisiertes Verfahren zum Jugendschutz, das auf DVD eingesetzt werden kann. Dabei werden nicht jugendfreie Fassungen entweder durch einen Code gesperrt, der im Player gesetzt werden kann, oder durch »entschärfte« Versionen ersetzt, die zusätzlich auf der DVD angelegt wurden.

PCM (Pulse Code Modulation)
Unkomprimierte, digital kodierte Repräsentation eines analogen Signals; dabei wird eine Wellenform in regelmäßigen Zeitintervallen abgetastet und der entsprechende Wert je nach gewünschter Auflösung (bei 16 Bit z. B. 65 536 mögliche Werte) quantisiert.

P-Frame (Predicted Frame)
Unidirektional abhängige Frames in einer Videobildsequenz. Es wird nicht der komplette Bildinhalt abgespeichert, sondern nur die gegenüber dem vorhergehenden → I-Frame geänderten Bildinhalte (siehe Kapitel »Videokodierung« und »Videokompression.pdf« auf der Buch-DVD).

PGC (Program Chain)
Wörtlich Programmkette; die bei der DVD vorgesehene Möglichkeit, in verschieden organisierten Strukturen auf dieselben Mediendaten zugreifen zu können (z. B. Kinoversion und Director's Cut).

PICT
Digitales Bild-Datenformat; ursprünglich von Apple entwickeltes Bildformat mit 24-Bit-Auflösung, später um einen Alphakanal und optionale JPEG-Kompression erweitert; kombiniert Vektor- und Pixeldarstellung; wird inzwischen auch von vielen Windows-Programmen verarbeitet.

Pixel
Kunstwort aus Picture Element; das kleinste Element eines digitalen Bildes. Bilder auf einer DVD, egal ob 16:9-Video, 4:3-Video oder Einzelbilder haben entweder 720 × 576 (→ PAL) oder 720 × 480 (→ NTSC) Pixel. Ausnahmen sind Jacket-Pictures und das mit halber Auflösung arbeitende MPEG-1.

Post-Production
Die gesamte Bild- und Tonbearbeitung bis hin zum Endprodukt nach Abschluss der eigentlichen Film- oder Videoaufnahme in der Kamera.

Proc Amp
Kurzform für Processor Amplifier, ein elektronisches Gerät zur Veränderung der Signale in der Videotechnik, z. B. zur Farb-, Helligkeits- oder Kontrastkorrektur während eines Überspielvorgangs. Ein Proc Amp kann heute auch in Software nachgebildet werden.

Progressive
Fortschreitende Abfolge von Bildzeilen im Gegensatz zu → Interlaced Video.

PSD
Das Photoshop-eigene Bildformat, das den Ebenenaufbau von Bildern und diverse Zusatzdaten wie Vektorpfade oder Farbkorrekturdaten mit abspeichert; die Ebeneninformation wird von vielen DVD-Authoring-Programmen unterstützt.

Realtime (Echtzeit)
Die Berechnung zeitgebundener Informationen – wie Film oder Ton – durch den Computer mit einer Geschwindigkeit, die der Ablaufgeschwindigkeit solcher Medien entspricht oder darunter liegt. Beispiele: Während Videomaterial von einer Kamera oder einem Band abgespielt wird, rechnet der Computer es bereits in MPEG-2 um und speichert es auf der Festplatte. Bei Video wird innerhalb von 40 Millisekunden das nächste Bild berechnet (entsprechend PAL mit 25 Bildern pro Sekunde), so dass Effekte wie Überblendungen ohne Wartezeit zur Verfügung stehen.

Rendern (auch Rendering)
Eigentlich die »Reinzeichnung« in der klassischen Grafik, in der Computertechnik die Berechnung von Bildern auf der Grundlage bereits eingegebener Informationen, z. B. die perspektivische Darstellung einer Szene in der 3D-Animation oder die Zusammenstellung von mehreren Elementen oder Bildfiltern zu einem ausgabefähigen Bild. Das Rendern ist je nach Hardwareleistung oft mit erheblichen Wartezeiten verbunden, aber kann normalerweise ohne Eingriffe des Benutzers ablaufen.

RGB-Signal
Rot, Grün und Blauinformation als Grundlage additiver Farbmischung, z. B. in einer Fernsehbildröhre oder -kamera.

RLC (RLE)
Run Length Coding (auch Run Length Encoding); verlustloses Kompressionsverfahren, beruht auf sich wiederholenden Informationsmustern wie z. B. Pixel mit exakt gleicher Farbe (siehe Kapitel »Videokodierung«).

RS-232
Die klassische serielle Schnittstelle, die es in neunpoliger oder 25-poliger Ausführung gibt. Elektronisch ist sie der bei Videorekordern verbreiteten RS-422-Schnittstelle so ähnlich, dass Computer (mit entsprechenden Adaptern) zur Steuerung von Video-Bandgeräten genutzt werden können.

Sample (auch Sampling)
Wörtlich Muster oder Probe. Die Sample-Rate ist somit die Häufigkeit, mit der von einem analogen Signal »eine Probe genommen« (also ein Wert abgetastet) und in eine Digitalzahl umgewandelt wird. Bei Audio sind Sampleraten von 32 kHz, 44,1 kHz und 48 kHz üblich. Bei Video werden verschiedene Raten (und damit Auflösungen) für die Helligkeit (13,5 MHz) und die Farben (6,75 MHz) verwendet.

SCSI (Small Computer System Interface)
Parallele Schnittstelle und Befehlssatz für interne und externe Computer-Peripheriegeräte. Dieser Standard wurde ständig erweitert und die mögliche Geschwindigkeit erhöht. SCSI wird zunehmend seltener für Video-Festplatten, aber nach wie vor in Servern eingesetzt. Apple favorisiert für High-End-Anwendungen wie Server und unkomprimiertes Video inzwischen das leistungsfähigere Fibre-Channel.

SD (Standard Definition)
Kürzel für die herkömmliche Videoauflösung von 640 × 480 (NTSC) bzw. 768 × 576 (PAL) zur Unterscheidung von HD(TV) für erhöhte Auflösung.

SDI (Serial Digital Interface)
Professionelle serielle Digitalvideo-Schnittstelle mit einer Übertragungsrate von 270 MBit/s bei 10 Bit Auflösung sowohl für → Composite- wie auch → Component-Signale; üblich bei High-End-Videogeräten wie DigiBeta und D1.

SDSS (Sony Dynamic Digital Sound)
Wenig verbreitetes optionales Audioformat für die Video-DVD (siehe »Audiokodierung«).

SECAM (Séquential couleur avec mémoire)
Zunächst in Frankreich, später auch in anderen Ländern – insbesondere Afrika und ehemaliger Ostblock – verwendetes PAL-ähnliches Fernsehformat, das sich vor allem in der Kodierung des analogen Farbträgersignals unterscheidet.

SMPTE (Society of Motion Picture and Television Engineers)
Eine auch in anderen Ländern vertretene US-Organisation der Film- und Fernsehindustrie; legte unter anderem das → Time-Code-Format fest.

S/P-DIF
Eine mit → AES/EBU kompatible Schnittstelle für digitale Audiosignale von Philips und Sony.

Subpicture
Bei der DVD für Untertitel und Subpicture-Overlays (Hervorhebungen von Menü-Buttons) eingesetzte 2-Bit-Grafiken (siehe Kapitel »Grafik und Text«).

Subsample (auch Subsampling)
Es werden mehr Informationen erfasst und digitalisiert, als bei der späteren Darstellung oder Wiedergabe verwendet werden. Durch Subsampling können Effekte wie → Aliasing oder Quantisierungsrauschen (siehe »Der Ton zum Bild«) vermindert werden.

S-VHS (Super-VHS)
Eine Weiterentwicklung des VHS-Videosystems mit deutlich besserer Detailauflösung und etwas besserer Farbqualität.

Telecine
Ein Gerät zur Übertragung von Filmbildern auf Video-Aufnahmegeräte.

TIFF
Sehr verbreitetes pixelbasiertes Bildformat (mit optionalem Alphakanal) für unterschiedliche Betriebssysteme.

Time-Code
Ein genormtes System zur eindeutigen Bestimmung jedes einzelnen Videobildes innerhalb einer Aufnahme, zusammengesetzt aus Stunden, Minuten, Sekunden und Vollbildern (→ Frames). Digitale Videoformate enthalten grundsätzlich auch Time-Code, bei analoger Aufzeichnung wird er entweder als VITC (Vertical Interval Time Code) in ungenutzte Zeilen des Videobildes eingefügt oder als LTC (Longitudinal Time Code) auf eine

separate Spur des Magnetbandes aufgenommen. Von der → SMPTE wurde das Format Stunde:Minute:Sekunde:Frame (jeweils zweistellig) definiert. So bezeichnet z. B. 01:59:59:24 das letzte Frame vor 02:00:00:00 (in PAL; bei NTSC 01:59:59:29; → Drop Frame).

UDF (Universal Disc Format)
Das bei der DVD eingesetzte Dateisystem; entwickelt von der OSTA (Optical Storage Technology Association).

UDF Bridge
Eine Kombination aus den Dateisystemen ISO 9660 und UDF, durch die Abwärtskompatibilität mit Abspielgeräten für ISO 9660 ermöglicht wird.

U-Matic
Ein älteres analoges Format für die professionelle Videoaufnahme mit sehr robusten Geräten, das aber qualitativ mit heutigen Aufnahmesystemen selbst im Amateurbereich nicht mehr mithalten kann.

USB (Universal Serial Bus)
Verbesserte serielle Schnittstelle für Peripheriegeräte, die bei fast allen aktuellen Computern Standard ist. Das schnellere USB-2 ist mittlerweile recht verbreitet, hat sich aber im Videobereich nicht gegen → FireWire behaupten können.

Vaporware
Ein immer wieder angekündigtes, aber nie auf den Markt gekommenes Produkt (wörtlich »Dunstware«).

VBR (Variable Bit Rate)
Variable Bit-Rate bei der Video- oder Audiokodierung; siehe Kapitel »Videokodierung«.

Vektorskop (engl. Vectorscope)
Ein Messgerät zur Kontrolle der Farbsignale in der Videotechnik, heute auch per Software darstellbar. Mit Hilfe von Farbbalkensignalen lassen sich Farbverschiebungen, z. B. in der Aufnahmeelektronik, erkennen und ggf. durch einen → Proc Amp kompensieren.

Video Manager (VMG)
Index des Hauptmenüs; erste IFO-Datei des »Video_TS«-Ordners (siehe Kapitel »DVD – der technische Hintergrund«).

VLC (variable Längenkodierung)

Prinzip der Datenreduktion (siehe Kapitel »Videokodierung«).

VOB (Video Object)

Einheit der hierarchischen DVD-Datenstruktur (siehe Kapitel »DVD – der technische Hintergrund«).

VOBU (Video Object Unit)

Kleinste Einheit der DVD-Video-Datenstruktur mit 0,4 bis 1 Sekunde, meist identisch mit einer GOP.

VTS (Video Title Set)

Einheit von bis zu 99 Dateien, in denen der gesamte Inhalt einer Video-DVD abgelegt ist.

Waveform Monitor

Ein weiteres Messgerät, diesmal zur Kontrolle der Signalstärke in Videoaufnahmen, ebenfalls per Software realisierbar. Es hilft bei der Erkennung von Übersteuerungen (»Überbelichtung«) oder falschen Schwarzwerten im Video und deren Korrektur mit dem → Proc Amp.

Weißabgleich

Die Justage der Bezugswerte einer Videokamera, so dass weiße Objekte unter den jeweiligen Lichtverhältnissen auch weiß dargestellt werden.

White Level (Weißwert)

Der Maximalpegel eines Videosignals, der auf einem Fernsehgerät als Weiß dargestellt wird. Bei Digitalvideo nach → ITU-601 entspricht dem White Level der Wert 235 für Rot, Grün und Blau.

WMV-9

Windows Media Video von Microsoft in der Version 9, eines der für die zukünftige hochauflösende DVD zugelassenen Verfahren zur Videokompression (siehe auch → H.264).

Y/C oder S-Video

Hier werden die Helligkeitsinformationen (»Y«), also das Schwarz-Weiß-Bild inklusive Synchronimpulsen, und die zusammengesetzten Farbinformationen (»C«) über getrennte Adern im Kabel übertragen. Dieses Verfahren vermeidet weitgehend die Bildstörungen des → FBAS und wurde mit den verbesserten Heimsystemen S-VHS und Hi-8 populär, ist aber nicht notwendigerweise darauf beschränkt (S-Video kommt von »separat«, nicht von »super«).

YUV- oder Komponenten-Video
Eine im analogen Profisektor sehr verbreitete Form der Videoverkabelung, bei der drei separate Bildinformationen und meist noch ein separates Synchronsignal übertragen werden. Das »Y« steht dabei für die Helligkeitsinformation, »U« für die Differenz zwischen Helligkeit und Blau und »V« für die Differenz zwischen Helligkeit und Rot. Der sichtbare Unterschied in der Bildqualität gegenüber einer guten → Y/C-Verbindung ist gering.

Zeilensprungverfahren
Aufbau eines → Interlace-Fernsehbildes aus jeweils zwei → Fields mit entweder geraden oder ungeraden Zeilen.

Zelle
→ Cell

C Inhalt der Buch-DVD

Assets

Auf der Buch-DVD finden Sie im Ordner »Übungsprojekte« sämtliches Material zu den Step-by-Step-Workshops mit DVD Studio Pro. Dazu gehören mehrere Versionen der Projektdatei, wie »BUCH_DVD«, »BUCH_DVD_INTRO« und »BUCH_DVD_RETURN«. Darüber hinaus befinden sich auf der DVD im Ordner »Menügrafik« Beispiele zu den Übungen in »Grafik und Text« und für das Skriptprojekt »Zahlenschloss«.

Infos

Videokompression.pdf ist ein hervorragendes technisches Handbuch zum Thema Videokompression in deutscher Sprache. Wir danken der Firma Panasonic Broadcast Europe in Wiesbaden für die Erlaubnis, das Video Compression Book in die beiliegende DVD zu integrieren.

Kleine Helfer

Der Ordner DVD_Helpers enthält Hilfsprogramme von John Brisbin für den Mac inklusive der Beschreibungen als PDF-Datei. Er hat uns freundlicherweise erlaubt, die Programme für Sie auf die Buch-DVD zu legen. Schauen Sie aber auch mal auf seiner Homepage nach, ob es Aktualisierungen gibt: homepage.mac.com/DVD_SP_Helper/.

Der MacMPEG2Decoder dekodiert MPEG-2-Material zu QuickTime-Files beliebigen Formats. Er befindet sich noch in ständiger Weiterentwicklung, bitte schauen Sie nach unter: mm2d.sourceforge.net.

Der Emaskulator wurde von Robert Woodhead zur Verfügung gestellt. Wenn Sie das Programm nützlich finden, freut er sich sicher über eine Spende. Das gilt genauso für das PC-Programm ReStream von Siegfried Hildebrand.

SubRip ist ein Programmm für den PC zur Extraktion von Untertiteln. Bitte beachten Sie die Copyright-Bestimmungen.

Lemony ist die Demoversion eines PC-Programms zur Erstellung von Untertiteln von Jorge Morones (www.jorgemorones.com/sst/).

MakeABitBudgetV23.xls ist ein Spreadsheet zur Berechnung des Bit-Budgets für DVDs, das Ihnen dankenswerterweise von Bruce Nazarian zur Verfügung gestellt wurde und mit Excel oder kompatiblen Programmen auf Mac und PC laufen sollte. Die aktuellste Version finden Sie auf seiner Website: www.recipe4dvd.com.

Überraschungen

Die sind bei Computerprogrammen nicht nur möglich, sondern wahrscheinlich. Auch wenn ich mich bemüht habe, so viele »langlebige« Informationen wie möglich in meinem Buch unterzubringen, werden natürlich viele kleine Tipps, Tricks und insbesondere Hinweise auf Fehler schon mit der jeweils nächsten Softwareversion überholt sein. Da die Buch-DVD etwas später in die Produktion geht als der Text, werde ich mich bemühen, aktuelle Hinweise dort mit unterzubringen. Außerdem gibt es noch das Zusatzangebot zum Buch auf www.galileodesign.de ...

Ich danke ...

Ruth Wasserscheid für das kompetente, freundliche und sorgfältige Lektorat, Iris Warkus für die Grafiken, den Kollegen am IMF in Braunschweig fürs Rücken freihalten, Christoph Janetzko für die schönen Filme, der Gruppe Mistura Fina für die Musik, Roland Schäfer von der Zeitschrift Computervideo für die Auszüge aus meinen Artikeln zum Film-Look (die dort zuerst veröffentlicht wurden), der Firma Apple für DVD Studio Pro, der Firma Steinberg für Nuendo, Trai Forrester, Larry Applegate, John Brisbin, Ernie Brock und Robin Henson für TFDVDEdit, Pete Litwinowicz von ReelSmart für RSFieldsKit, Roger Andersson für BitVice, Guido Müller von Main Concept für den MCC, T.V. Zuggy für SubRip, Ian Shepherd, Ben Weinrach und Alex Alexzander für ihre Workshops zum DVD-Editing, den Lindebooms für die kreative Kuh, Hubertus Beckmann und Frank Fell-Bosenbeck bei Panasonic Broadcast Europe für das Video-Kompressionsbuch auf der Buch-CD, Gabriel Gaus und dem Digilab für die Bilder mit Bewegungsvektoren, Norbert Jeger für sein Engagement für die DVD Studio Pro-Anwender, Robert Woodhead für den Emaskulator, Ralph LaBarge für seine PowerPoint-Präsentationen und -Informationen, Jim Taylor für die wahre DVD-Bibel und all den anderen in den Internet-Foren für die vielen wertvollen Informationen.

Index

1,66 zu 1 140
1,85 zu 1 140
1-Chip-Projektoren 122
1080i 127
16-mm-Film 139
16:9-Display 135
16 Bit 252
16 zu 9 125, 355
  Film 140
16 zu 9-Adapter 191
16 zu 9-Aufnahme 189
16 zu 9-Aufnahmechips 190
16 zu 9-CCD 151
16 zu 9-Display 135
  Abfragemenü 358
16 zu 9-Format 132
16 zu 9-Funktion 131
16 zu 9-Material
  auf 4 zu 3-Bildschirm 357
16 zu 9 prüfen 415
2-Pass-VBR 207, 216, 227, 228
24-Bit-Audio 254
24p 398
24p-Format 113
24 Bit 253
25p 244
25 auf 24p-Verfahren 398
  Compressor 405
  Deinterlacing 400
  Geschwindigkeitsänderung 401
  Größenänderung 400
  Produktionsablauf 399
  Ton 403
3-Wege-Farbkorrektur 162
35-mm-Film 156
35-mm-Kinoformat 125
35-mm-Filmkamera-Objektive 196
35 mm 139
3 zu 2-Pulldown 140
4:2:0 124
4:3 356
4:1:1 124
4:2:2 123
4:4:4 123
48 kHz 252
5.1-Ton 270
720p 127
96kHz/24Bit 277

A

A.Pack 254, 283, 402
  Abhören 297
  Abhörlautstärke 288
  Ausgabe 296
  Bezugswerte ermitteln 289
  Bugs 285
  Dialog Normalization 287
  Dynamikkompression 290
  Preprocessing 294
  Steuerungsinformationen 292
AAC 268
Abfragemenü 358
Abhören 277
Abhörlautstärke 288
Ablaufplan 101, 368
Abmessungen, DVD 61
Abspielen alternativer Versionen 567
Abspielplattformen 81
Abspielsicherheit 388
Abstraction Layer 439, 505
  löschen 519, 534
  Nachteile 505
Abtastgenauigkeit 253
Abtastrate 252, 262
Abtastung, progressiv 113
Abwärtskompatibilität 48
AC-3 266, 283, 631
adaptives Deinterlacing 173
  Software 173

additive Grundfarben 121
Adobe Encore DVD 233
Adobe Photoshop 299
Advanced Video Coding 78
AES/EBU 631
After Effects 141, 160, 167, 299, 337
AGC (Automatic Gain Control) 631
AIFF 284
AJ-SDX900A 170
Aliasing 631
Aliasing-Artefakte 164
Alpha-Übergänge 344
  gestalten 350
Alphakanal 221, 339, 631
  Photoshop 328
alternative Schnittfassungen 574
Amerikanisches Filmmaterial 405
analoges Video 149
Analog 632
Anamorphot 129
anamorphotisch 126, 129, 132, 134, 189, 227
anamorphotisches Bildmaterial 614
Angle 632
Angle-Taste 367
Animation 152, 372
  prüfen 552
Animierte Button-Hervorhebungen 443
Anschlüsse 611
Anti-Aliasing 319, 321, 632
  Untertitel 322
Anzeigeinstrument 258
Apple Compressor 161, 215, 568
Apple MPEG-2-Encoder 161
Apple Software-Player 368
Arbeitsschritte 99
Archivierung 208
Archivmaterial 150
Artefakte 157, 171, 181, 203
Aspect Ratio 632
Asset-Management 103
Assets 17, 632
Asynchronität 261
ATSC 127
Audio-CD 48, 53, 81
Audio-DVD-Format 54
Audio-Interface 256
Audio-Taste 367
AUDIO_TS 73
Audiobearbeitung mit Nuendo 272
Audioformate 54
Audiokompression 265
  für DTS mit Nuendo 278
  mit A.Pack 283
Audioqualität 264
Audiosignale 53
Audiospur 388
Audio 263
Audio auf DVD 53
Audio direkt ausgeben 261
Auflösung 117, 126, 163
  Film/Video 168
Aufnahmegerät, Ton 254
Aufnahmeverfahren 111
Aus- und Weiterbildung 88
Ausgabe 575
  für Massenkopien 585
  auf Video 303
  mit TFDVDEdit 600
Ausgabeformate 604
Ausgangsmaterial 17
Ausgeben 602
Ausleuchtung 159
Aussteuerung 257
Authoring 99, 632
  Planungsschritte 100
Authoring-Brenner 587
Automatische Aktivierung 378, 391
Automatische Aussteuerung 257
Autostart 388

AVC (Advanced Video Coding) 78, 633
Avid, DV-Codec 224

B

B-Frame 205, 633
Bandbreite 112, 118
Baskerville 304
Batch-Processing (Stapelverarbeitung) 633
Bedienung, Standards 365
Bedienungselemente 365
Bedingung 489
Bedrucken 610
Befehl, Bedingt 489
Belichtungszeit 168, 194
Benutzer 365
Benutzerführung 579
Benutzerrechte 408
Bereich 447
Berufe 102
berufliche Weiterbildung 373
Betacam-SP 149
Betriebssystemunabhängig 56
Bewegungsillusion 195
Bewegungsmaske 176
Bewegungsmelder 89
Bewegungsschätzung 227
Bewegungsunschärfe 180, 175, 179, 303
Bildauflösung 201
Bildausschnitt 130, 305
Bildelemente 163
Bildfolge einlesen 549
Bildfrequenz 112, 401
Bildgrößen 301
Bildrauschen 151, 166
Bildschirm-Navigation 390
Bildschirmtasten 96
  Zustände 378
Bildspuren 382
Bild im Bild 150
Bit-Budgeting 105
Bit-Tiefe 253
BitVice-Encoder 162, 224, 242, 309
Black Level (Schwarzwert) 633
Blau 306
Blende 194, 344
Blooming 157
Blu-Ray 63, 79
Blu-Ray-Disk 146
Bluescreen 123
BMP (Bitmap) 633
BNC 633
Booklet 56
Breitbild 189
  mit Chips 190
  mit Vorsatzlinsen 191
  per Software 189
Breitbildformat 125
  Umstellung 234
Breitbildvarianten 140
Breitwandformate im Kino 125
Brennsoftware 580
Brennweite 192, 193
Briefing 102
Budget 103
Button 366, 378
  aktiviert 316
  animieren 547
  auf dem Bildschirm 377
  auf Videospur 324
  ausgewählt 316
  Hervorhebung 318, 544, 547
  Höchstzahl 371
  Normaler Zustand 316
  mit Bild oder Clip belegen 336
  Sichtbarkeit 316
  über Nummer 379
  Übergang 348
  voreingestellt 378
  Zustände 310, 316
Button-Highlights 310, 317
Button-Vorwahl 390
Button Navigation 519

C

c-DVD 77
Camcorder 254
  Einstellung für Ton 252
Capturing 633
CAV 64
CBR (Constant Bit Rate) 206, 266, 633
CCD-Chips 192
CCD (Charge Coupled Device) 155, 163, 634
CD-Drucker 610
CD-ROM 55
Cell 461, 556, 634
CGI 220
Chapter 384
Chapter-Taste 367
Chroma 311
Chroma-Keying 189, 634
Chroma Upscale Error 306
Chrominanz (auch Chroma) 634
Cinch 634
Cinemascope-Format 126, 132, 140
Cinema Craft 246
Cinema Tools 140, 401
Cleaner 242
Clip 634
Closed Caption 634
CLV 64
CMF 67, 587, 588, 604
CMYK 635
Code-Free 586
Codeabfrage per Skript 425
Codec 219, 635
Codec Animation 221
Color Bars (Farbbalken) 635
Color Glow 187
Color Schemes 518
Composite 214
Composite-Signal 82
Composite Video (Kompositsignal) 635
Compressor 161, 215
  24p 405
  Aktionen 237
  Datenrate 228
  Datenspeicherung und -übergabe 219
  Encoding startet nicht 238
  Features 216
  Filter 233
  Final Cut Pro 221
  Formatwandlung 227
  Geometrie 236
  GOP 229
  Halbbilddominanz 227
  Original kürzen 238
  Qualität 227
  Seitenverhältnis 227
  Timecode 227
  Videoformat 226
  Voreinstellungen 225
  Vorschaufenster 237
Computerbilder 152
Computergenerierte Grafik 220
Computersteuerung 86
Control Data Block 588
Copy 471
Cross-Dissolve 635
CSS (Content Scrambling System) 67, 585, 588, 635
Cursortasten 366
Cutting-Master-Format 588
Cyan 306
Cycle Recording 273

D

D-8 635
D1-Format 143
D10 (IMX) 144
D9 (Digital-S) 143
DAT 254
Dateisysteme 70
Datenaufkommen 107
Datenmenge 119
Datenrate 106

Bit-Budget 228
mit QuickTime Player umwandeln 262
Datenreduktion 145, 201
Datenübertragung 57
Datenvolumen verringern 106
DAT (Digital Audio Tape) 635
DCT (Diskrete Cosinus-Transformation) 202, 636
DDP 587, 604
De-Multiplexer 617
Decoder 636
Deinterlacing 172, 233, 636
Blend-Methode Final Cut Pro 178
Filter Compressor 233
Dialog Normalization 286, 287
Diashow 386, 559
erstellen 26
Standzeit 28
Diashow-Editor 27
Diffuser 187
Digital 118, 636
Digital-Betacam 143
Farbinformation 123
Digitaler Mehrkanalton 270
digitales Fernsehen 58
digitale Mehrkanalaufnahme 256
Digitale Tonaufnahme 251
Digitalisierung 120, 137, 150
Film 139
Digitalvideo
Technischer Kontrastumfang 158
Director's Cut 386, 574
DirectShow 636
Discrete Cosinus Transformation 202
Displaybreite 98
DivX 52
DivX ;-) 52
DLT-Ausgabe 603
DLT-Bandlaufwerk 587
DLT-Laufwerke 589, 598
DLT (Digital Linear Tape) 636
Dolby 271
Dolby-EX 267
Dolby AC-3 266
Dolby Digital 54, 263, 265, 266, 283, 636
Dolby Pro Logic 269, 637
Dolby Surround 637
Domain 447
Doppel-CPU 285
Downmix 271, 637
Downsampling 266
Drop-Frame 263
Drop-Frame Time-Code 637
Drop-Zone 327
DSL 56
DTS-Format 54, 263, 265, 266, 267, 637
Export 278
DTS-Wiedergabe 281
Dual-Layer 69
Dummy-Audiospuren 388
Dummy-PGC 448
erzeugen 555
löschen 520
DV Timecode 151
DVB-C, DVB-S, DVB-T (Digital Video Broadcasting) 638
DVB-T 58, 268
DVCAM 145
DVCPRO-HD 147
DVCPRO (25 und 50) 144
DVD
Abmessungen 61
am Computer: Farbe 308
ändern 616
Auflösung 131
Brennen mit Toast 580
Einsatzbereiche 86
Farben 308
hochauflösend 78
Kapazität 70

läuft nicht 91
Namensgebung 475
Seiten 62
Struktur 447
umprogrammieren 483
zerlegen 616
DVD+R(W) 68
DVD-10 65
DVD-14 65
DVD-18 65
DVD-1 65
DVD-2 65
DVD-3 65
DVD-4 65
DVD-5 55, 65
Kapazität 105
DVD-9 65, 66, 591, 593, 598
DVD-Abspielprogramm 83
DVD-Audio 53
DVD-Brenner 67, 92
DVD-Editing 439
DVD-Extra Studio 88, 506
DVD-Gestaltung 100
DVD-Logo 265, 584
DVD-Player 81
Verkabelung 82
DVD-Plus 65
DVD-Produktion, Arbeitsschritte 99
DVD-Qualität 137
DVD-R 66, 92
Reginalcode 586
DVD-R-Rohlinge 582
DVD-R/+R
Vervielfältigung 580
DVD-Recording 50
DVD-Rekorder 69
als Encoder 247
DVD-ROM 55, 607
DVD-RW 66, 69, 579
DVD-R (A) 67
DVD-R (G) 68
DVD-R als Kopiervorlage 608
DVD-R brennen 66
DVD-Spezifikation 445
Test 577
DVD-Struktur 444
DVD-Video 45, 264
Dateistruktur 72
DVD@CCESS 581
DVD Film Transformer 141
DVD Studio Pro 17
Ablageort 20
Ablaufplan 101
Animierte Übergänge 343
Arbeitsumgebung 19
Audio 284
Bug 24
Datei festlegen und Diashow erstellen 26
Echtfarben-Menü 318
Einstellungen 19
Intros überspringen 484
Kürzungen 238
Lupe 311
Maximale Menüanzahl 371
Menüs für Widescreen 355
MPEG-1-Encoder 211
MPEG-2-Encoder nutzen 240
Nutzerführung 96
OTP und PTP 63
Profi-Player 85
Projektmanagement 102
Skripte 407
Storys anlegen 573
Struktur 509
Subpictures 311
Subpictures animieren 548
SurCode DVD-DTS-Encoder 278
Timecode 152
Übergänge 39
Variablen 407
Videospuren 380
Vorschau 575
Widescreen 134

DVR-S201 66
DV 145
Einstellungsgrößen 156
Produktionsformat 151
DV (DVCAM, DVCPRO) 637
Dynamik 253
Dynamikumfang 260

E

(E)-IDE (Enhanced Integrated Drive Electronics) 638
Easter Eggs 317, 455
Ebenen-Menü 317
Ebenen 62
Echtfarben-Menüs 315, 317
Einführungsclips 345
Einzelbilder
importieren 552
Einzelschrittprüfung 528
Elementary Stream 638
Emaskulator 621
Encoder 199, 212, 638
Endlos-Schleifen 338
Energiesparfunktionen 581
Entfernungseinstellung 197
Entry PGC 450

F

Farbauflösung 201
Farbdifferenzsignale 122
Farbe 121, 122
im Film 164
Prüfen 306
Zulässig 306
Farbfilm 156
Farbpalette 456
Farbräume 638
Umwandeln 224
Farbstimmung 165
verändern 165
Farbtöne, kritische 306
Faux Film 185
Fazen 171
FBAS (Composite Video) 638
Feedback 316
Fehlerkontrolle 442
Fenster, Anordnungen 19
Fernbedienung 96, 365, 366
Zahlentasten 379
Fernbedienungstasten unterdrücken 474
Fernsehbild, Größe 116
Fernsehen 111
Fernsehformat 116
Fernsehstandards 91
Fertigstellen 577, 580
Festplatten-Player 86
Field 638
FieldsKit 173, 234
FieldsKit Deinterlacer mit Final Cut Pro 174
Field Order 175
File Names Full ISO 606
Film
Auflösung 166
Farbwiedergabe 164
Vorteile 139
zu Video 263
Film-Look 155
Breitbild 189
Farbe 164
Filter 185
Korn 166
Schärfe 181
Vollbilder 171
weich 182
Film/Video 164
Filmabtastung 139, 263
Filmgestaltung 155
Auflösung 156
Kontrastverhalten 156
Schärfe 181
Filmkamera 129
Filmklappe 152, 255
Filmkorn 166
Filmmaterial 139

Filmtypen 165
Filter
Farbe 308
Filterserie 55mm 185
Final Cut Pro 140, 158, 159, 162, 165, 167, 299, 351
Ausgabe 221
Blend 178
Deinterlacer 174
Farbglättung 189
Tonwertkorrektur 160
FireWire 145, 639
First Play PGC 449, 512
Fischaugenobjektiv 193
Flag 116, 356, 614
Flimmern 302, 342
überprüfen 303
Flow-Chart 101, 368
Fonts 304
Force-activated Menu 315, 317
Force 16x9 Pan-Scan 615
Force Anamorphic 356, 614
Force Telecine 615
Formatieren 99, 580
Formatwandlung 226
25 auf 24 p 398
Formen 327
automatisches Update 336
Praxisbeispiel 328
Fortsetzen 375
Foto-JPEG-Codec 153, 221
Frame-Blending 396
Frame 639
Fremdsprachen 381
Frequenzbänder 260

G

G-Converter 396
Gamma-Einstellung 343
Gammawert 343
Gegenlicht 182
Gelb 306
Generation 149
Geschwindigkeit 388
Gestaltungsmittel 194
Gestaltungsregeln 96
GIF 639
Gigabyte 70
Glasmaster 65, 585
Glow 321
GOP (Group of Pictures) 206, 383, 639
Layer-Break 594
Multi-Angle 232
offen/geschlossen 229
Varianten 206
GPRM 407
GPRM-Register 507
Grafiken 299
zur Erläuterung 382
Grafische Hervorhebungen 310
Grain Surgery 154
Group of Pictures 206, 229
Grün 306

H

H-264 52, 78
Halbbilder 112, 168
Hardware-Encoder 213, 241
Videoanschlüsse 214
Hard Matting 134
Hauptmenü 388
HD-DVD 63, 79
HD-Fernsehstandards
progressive Abtastung 113
HD-Formate, International 397
HD-Version 71
HDCAM 147
HDTV 59, 126, 140, 164, 639
Compressor 222
HDTV-Kameras 171
HDV 148
HDV-Kameras 171
Helligkeitsinformation 120
Helligkeitssprung 343

Helligkeit und Farbe
Konsistenz 343
Helligkeit und Kontrast
Beurteilen 343
Hervorhebungen 25, 312
Hervorhebungsbereich 314
HexEdit 619
Hi-8 149, 639
Hierarchien 97
High-Definition-Formate MPEG-2 208
Highlight-Buttons 338
High Definition DV 148
High Definition TV 59
Hintergrund-Pixeltyp 311
Histogramm 160
Höhen-Seiten-Verhältnis 117
Hosiden-Buchse 82
Hotspot 314, 378
HTML 639
Huffman-Code 640
Hybrid-Disks 71
Hybrid-DVD 264, 606
Hybride Formate 605

I

I-Frame 205, 212, 640
I-Frame-Markierung 229
i.Link 640
IBBP 229
Icons 582
IDE 640
IEEE 1394 256, 640
IFOEdit 440
IMX 208
Industrie 87
Informationstiefe 96
Inhalte schützen 385
Inkompatibilität 90
Fernsehstandards 91
Interaktive Button für 16:9 und Pan and Scan 361
Interaktivität 97, 365
Interface 19
Interframe-Kodierung 206
Interframe-Reduktion 204, 207
Interframe 640
Interlace-Artefakte 172, 237, 397, 578
Interlace (Zeilensprung-Verfahren) 112, 640
International
Inkompatibilitäten 90
PAL oder NTSC 397
Internationaler Marktzugang 399
Internationale Auswertung 171
Internationale Projekte 395
International Standard Recording Codes 492
Internet 56
Bandbreiten 56
Interpolation 175
Intraframe-Reduktion 203
Intraframe 640
Intro 345, 389, 443, 484
überspringen mit DVD Studio Pro 484
Überspringen mit TFDVDEdit 486
Inverse Telecine 115, 140, 405, 640
IRE-Setup 121
ISDN 57
ISRC 492
ISRC-Einträge
einsetzen 443
ITU (International Telecommunication Union) 121, 158, 163, 641

J

JACKET_P 73
Jacket Pictures 362, 641
Jitter 641
Joe's Filters 186
Joe's Levels 161
Joliet-Format 607

JPEG (Joint Picture Experts Group) 641
Jugendschutz 386
JY-HD 10 171

K

Kamerablickwinkel 382
Kamerapixel 163
Kantenglättung 319, 320
Kapazität 71, 105
  nutzbar 106
Kapitel 383
Kapitelauswahl 533
Kapitelmarkierungen 231
  Final Cut Pro 232
Kapitelsprünge 384
Kennung 90
Keyframe 641
Kilobyte 70
Kindersicherung 578
Kino 111, 155, 170
Kinofassung 574
Kinofilm 155
Kino und TV 111
Kioskanwendungen 87
Kleinauflagen per Brenner 583
Kleinserien 100
Kodierung 99
  mit Compressor 225
Kommentar 381
Kompendium 188
Kompression 199, 211, 260, 286
  Audio 259
  Kontrast und Helligkeit 223
Kompressionsverfahren 78, 201
  Auflösung 201
Kompressor 260
Kontrast 343
  Normbereich 158
Kontrastbegrenzung 160
Kontrastumfang 223, 306
Kontrastverhältnisse 159
Konturenglättung 318
Kopieren 602
Kopierschutz 107, 585, 604
Kopierwerk 608
Korn 139
Körnung 167
Kosten 103
Künstlerischer Einsatz 89
künstliche Bewegungsunschärfe 189

L

Lauflängenkodierung 202
Lautstärkeschwankungen 292
Layer 62
Layer-Break 591, 604
  DVD-9 593
Layer = 62
Layer 1 62
Lead-In 608
Lehrfilm 382
Lehrmedien 88
Lemony 621
Lern-DVD 386
Lernanwendungen 407
Lernprogramme 55
Leserichtung DVD 62
Letterbox 126, 132, 356, 358, 641
  Filter Compressor 234
Letterbox-Darstellung 98
Levels Noise 168
LFE 270
LFE-Kanal 267
LFE-Signale 270
Lichtreflexe 213
Lichtschranken 89
Lichtstreuung 182
Linear PCM 266
Linienstärke 302
Link Sub-Instruction 540
Link Sub-Ins 540
Linux 56
Lizenzmanagement 104
Logfile (Protokolldatei) 641

Logic 272
Logos 310
Look-and-Feel 97
Loop-Punkt 28, 341, 346
Low-Budget 399
Luminanz (auch Luma) 641
Luminanz reduzieren 308

M

MacMPEG2Decoder 617
Macrovision 586, 587, 605, 642
Magenta 306
Main Concept Coder 245
Marker 383
Markierungen 384
  Compressor 238
Maske 330
Master-Slave-Betrieb 152
Masterdisk 608
Mastering 480
Mastering in TFDVDEdit 601
Material nicht benennen 478
maximale Datenrate 76
maximale Videodatenrate 107
Mazen 139
MCC 245
Media Concept Encoder
  Seamless Branching 569
Medien, Importieren 21
Megabyte 70
Mehrfachkompression 138
Mehrfachkonturen 181
Mehrkanal 380
mehrsprachige Menüs 418
Menü 99, 313
  Audioformate 107
  Benutzung 336
  Button 370
  für Widescreen 358
  gestalten 313
  Hervorhebung 315
  hierarchische Struktur 377
  Hintergrund 315
  mit Ebenen 315
  Planung 313
  Videomaterial einfügen 338
  Wartezeiten 377
Menü-Aufbau 314
Menü-Hintergrund 327
Menüformat 411
Menüstruktur 505
Messinstrument 257
Mini-DVD 77
Mittelklasse-System 215
Mixed-Angle 232, 233, 382
  DVD-9 597
MLP (Meridian Lossless Packing) 642
Modem 57
Motion 344
Motion-JPEG 642
Motion-Menüs 372
Motion-Vector 642
Motion Blur-Plug-in 189
Motion Menus 317, 337
  Erstellung 339
  Gestaltung 342
  Ton 338
MP3 49, 264
MPEG 199, 268, 642
  Filmgestaltung 207
MPEG-1 207, 211
MPEG-1-Encoder 211
MPEG-1 Apple Compressor 211
MPEG-1 Audio 266
MPEG-1 Layer 2 268
MPEG-2 199, 208
  Ausgabegröße 237
MPEG-2-BC 268
MPEG-2-Encoder 162, 211, 212
MPEG-2 Audio 266
MPEG-4 52, 199
MPEG-Dateien aneinander 611
MPEG-Kompressionsverfahren 153
MPEG Append 568, 611
MPEG Streamclip 618

Multi-Angle 89, 213, 232, 233,382, 463, 569
Multi-Angle-Video, Cell 463
Multi-PGC 453
Multi-Story 464
Multimedia-CD 48
Multimedia-Systemarchitektur 216
Multinorm-Geräte 397
Multiplex 76, 105, 383, 577, 642
  Protokoll 508

N

Nachsynchronisation 274
Namensgebung 475
Nativ (nativer Schnitt) 642
Navigation 365
  Bild und Ton 380
  neu anlegen 507
Navigationsdesign 99, 365
Navigationsführung 96
Navigationsstruktur 579
Nav Pack 454
  Datenrate 570
ND-Filter 194
Neuprogrammierung 505
NLE (Non Linear Editing) 643
Non-Drop-Frame 263
Non-Drop-Frame Time-Code 643
non-seamless 465, 604
non-sequential PGCs 507
Normalisierung 259
Normwandlung 396
NTSC 91, 118, 237, 395, 643
  Bildgröße 301
  Audioprobleme 263
  Filmabtastung 140
  Kino/TV 114
  und Film 140
NTSC-Farben 308
Nuendo 272
  Audiokompression 278
Nutzer 46, 95
Nutzerfreundlichkeit 368, 544
Nutzerführung 96
Nutzerwahl
  Skript 423
  speichern 423
NVRAM 85

O

offene GOP 206
OMF 272
One Sequential PGC 453, 464
OTP 63
Overlays 621
Oversampling 138, 163

P

P-Frame (Predicted Frame) 205, 644
Packet 643
Pack 643
PAL 91, 118, 237, 395, 643
  Bildgröße 301
  Zielgruppe 98
PAL-M 395
PAL-Video
  in NTSC-Bildgröße umrechnen 398
Pan and Scan 132, 356, 644
Papieretiketten 610
Parallel Track Path 64
Parental Locking 386
Parental Management 644
Partial Interleaving 567, 611
  Einsatz 574
  Grenzen 574
Part of Title 449
Paste 471
Patch Burn 580
Patente 46
PCM (Pulse Code Modulation) 266, 644
PCM-Ton 264
Peak DV 289
Pflichtenheft 102

PGC (Program Chain) 448, 644
löschen 535
PGC in VTSM 1 487
Philips 47
Photoshop-Format 299
Photoshop 160
Videofunktionen 299
Photoshop Elements 300
PICT 644
Pits 61
Pixel 116, 118, 644
Form 119
nicht quadratisch 301
Planung 95
Platzhalter 578
Player, PAL/NTSC 91
Player-Einstellung
Abfragen 419
Player-Programm 84
Plug-in 275
Post-Commands 449
Postproduktion 137, 269, 645
Power DVD 84
Pre-Commands 449, 539
Pre-Multiplied Alpha 349
Premastering 99
Pressformen 65
Presswerke 104
ProCoder 227, 246
Proc Amp 645
Produktionsformate 206
Produktionsorganisation 99
Produktionsprozess 99
Profi-Camcorder 151
Profi-Player 85
Programmeinstellungen 19
Program Chain 448
Progressive 645
progressive Displays 399
Progressive Scan 116, 170
Prohibited User Operations 474
Projektmanagement 100
Projektname 585
Projektplanung 95
Projekt erzeugen 20
Proportionen erhalten in
Photoshop 302
ProTools 272
Provider 511
PSD 645
Pseudo-Raumklang 296
PTP 63
PTT 449

Q

Qualitätsanspruch 97
Qualität 137
Quantisierungsartefakte 138
Quantisierungsrauschen 253
Quellmaterial
Auflösung 138
QuickTime 162, 216, 284
Codecs 218
QuickTime-Wiedergabe
MPEG-Audio 268
QuickTime Pro 219, 240

R

Rauschabstand 121
Rauschen 309
Rauschen entfernen
Filter Compressor 234
Rauschfilterung 214, 234
Rauschreduktion
Algorithmus 235
Re-Authoring 505
Reaktionsschnelligkeit 505
Realtime (Echtzeit) 645
Regional Code 90, 420, 447, 510, 607
ändern 443
Umgehung 91
Regional Code Mask 511
Region 7 511
Register 407
Reguläre Menüs 372

Reihenfolge 385
reine Farben 306
reinigen 92
Rendern (auch Rendering) 645
Replikation 100
ReStream 615
Resume 373, 374
Return-Taste 498
  programmieren 443
Reverse Engineering 514
RGB 121, 223
RGB-Signal 82, 645
Richtungstasten 390
Rillen 63
Ripper 54
RLC (RLE) 202, 646
RLE 202
Rohlinge 582
Roll-over-Effekt 314
Root-Ordner 73
Rot 306
Roxio Toast 580
RS-232 646
Run Length Coding 202

S

S-VCD 77
S-VHS (Super-VHS) 149, 647
S-Video 214
S-Video-Verbindung 82
S/P-DIF 647
SACD 53
Sample (auch Sampling) 252, 646
Sättigung reduzieren 308
Scart-Kabel 82
Scene Change Detection 216
Scene Detection 205
Schärfeleistung 117
Schärfentiefe 193
  verringern 194
Schärfeverlagerung 196
Schärfe 181
scharfe Konturen 303
Scharfzeichnen, Filter Compressor 235
Schein 321
Schichten, DVD 62
Schnittbearbeitung 132
Schriften einblenden 304
Schriftgröße 304
  fernsehgerecht 304
Schriftschnitte 304
Schwarz-Weiß-Fernseher 116
Schwarz-Weiß-Pegel einstellen
  Filter Compressor 236
Schwarz-Weiß-Signal 122
Schwarzwert 121
SCSI-Karten 589
SCSI (Small Computer System Interface) 646
SDDS 268
SDI-Karte 242
SDI (Serial Digital Interface) 646
SDSS (Sony Dynamic Digital Sound) 646
SD (Standard Definition) 59, 127, 646
SD Alliance 47
Seamless 465
Seamless Branching 88, 387, 443, 567, 571
Seamless Playback 454, 517
SECAM (Séquential couleur avec mémoire) 91, 395, 647
Segment Based Re-Encoding 213
Selbst gebrannt 82, 89
  Gesamtdauer 228
Sendefähige Farben 308
Serifenschriften 304
Sharpness 181
Shutter 194
sichtbarer Bereich 305
Simulator 40, 417, 575
  Untertitel 576
Skalierung 301
Skript 407

abschließender Befehl 423
Aufrufen 409
Ein- und Ausgabe 410
erstellen 411
Kommentar 412
prüfen 417
Syntax 409
Smear 157
SMPTE (Society of Motion Picture and Television Engineers) 647
Software-Encoder 212, 242
PC 246
Software-Filter 188
Software-Player 577
Test 577
Soft Matting 134, 140, 234
Sonderformate 76
Sony 47
Sony HDR-FX 171
Sony Optical Disk 146
Sound Designer II 284
Speicherplatzbedarf 122
Speicherstellen 407
Spitzenlautstärke 259
Spot-Focus-Verfahren 197
Sprachauswahl, Skript erstellen 418
Sprachen, Laufrichtung 418
Sprachversion 98, 261, 325, 381
SPRM 409
Sprungbefehl 422
Sprünge 386
Sprungende 27
Spurdarstellung 611
Spuren 380
Standardisierung 46
Standards 395
Standardsprache 20
Standardtaste 390
Standard Definition 59
Standbild-Menüs 358
Standbild 342, 345
Blende 381
Startaktion 369
Startobjekt 369
Startskript 409, 410
Startspur 370
Stativ 169
Stereo-Kompatibilität 271
Still Menu 317
STL-Datei 549
STL-Format 326
Stopp-Taste 370
Storys 37, 386
anlegen 573
Zugriffsrechte 386
Struktur 446
Analyse 509
Subpicture 25, 105, 135, 202, 309, 338, 381, 647
animieren in DVD Studio Pro 548
animiert 317
bei 16 zu 9 411
Einsatzzweck 310
Farben 310
Farbfestlegung 311
für 16 zu 9 360
für Letterbox-Anzeige 360
für Pan and Scan 361
für Widescreen 359
Texthervorhebung 318
verschwunden 385
Subpicture-Animation 310, 547
SubRip 620
Subsample (auch Subsampling) 647
Subtitle-Taste 367
Subwoofer 270
Super-Video-CD 51, 77
Superweiß 158, 223
Super Audio-CD 53
Super Disc 48
SurCode DVD-DTS-Encoder 278
Surround-Bearbeitung 272, 275
Surround-Positionierung 276
Surround-Ton 269

SVCD 51
Synchronisierung 260, 277

T

Tasten 366
  Fernbedienung 367
Tastenbelegung 389
Tastennavigation 391
Tasten fortlaufend automatisch zuordnen 22
Tasten programmieren 373
Taste Angle 376, 383
Taste Audio 376
Taste Chapter 376
Taste Menu 373, 389
Taste Resume 374
Taste Return 374, 375
  Aufgabe 495
  programmieren 495
Taste Subtitle 376
Taste Title 375, 389
Taste Top (Menu) 375, 389
Technischer Kontrastumfang 158
technische Grundlagen 111
Telecine 129
Telecine-Pull-down 397
Telecine-Transfer 115
Telecine 647
temporale Filterung 244
Testen 575
  DVD-Unikate 579
  Vorschau in DVD Studio Pro 575
  Wiedergabe von der Festplatte 577
Testschritte 575
Text 304
  Flimmern 304
  in Button 319
Textüberlagerung
  Filter Compressor 235
Text Data 475
TFDVDEdit 439, 441, 483, 533
  Anwendung 457
  Ausgabe 600
  Befehle bearbeiten 442
  Cell 461
  Darstellung 445
  Dummy-PGCs erzeugen 459
  DVD-ROM 607
  Einsatzgebiete 443
  Fehlerkontrolle 442
  Fernbedienungstasten unterdrücken 474
  Intro überspringen 486
  Installation 456
  Interleaving 569
  International Standard Recording Codes einfügen 492
  hybride DVD erstellen 605
  Mastering 480, 601
  Namensgebung 475
  Preview 458
  Preferences 483
  Program Map 460
  Re-Authoring 507
  Seamless Branching 387, 567
  Taste Return programmieren 495
  Title List 465
  Tracer 480
  Videomaterial ändern 466
  Video Title Set ändern 468
  Vertrieb und Support 444
  Voreinstellungen 456
TIFF-Dateien 299, 647
Time-Stretching 263, 275
Timecode 151, 254, 647
Timecode-Lücken 152
Timer
  programmieren 443
Titelbereich 305
Title List 466
  Eintrag löschen 518
Title Tracks 449

TMPGEnc 211, 246
Ton 251
  Mischen 259
  Rolle 251
Tonaufnahme 277
Tonaufnahmegerät
  Computer 256
  MD-Rekorder 254
Tonaussteuerung 257
Tonbearbeitung 257
Toneffekte 272
Tonformate 266
Tonhöhenverschiebung 263, 402
Tonmischung 272
Tonschnitt 272
Tonspuren 263, 380
Tonstörungen 121
Tontrennungen 153
Tonwertumfang 158
Tracer 480, 528
Track Path 64
transparent 339
Trittkontakte 89
TT 449
TV 111
Twixtor 397
Typ A 67
Typ G 67

U

U-Matic 648
Überbelichtung 157
Übergang 347, 389
  Animiert 343
  aus Fotos 355
  Dauer 347
  mit Alphakanal 349
  Position 345
Übergangsclips 346
Übergangsmaske 351
Überlagerungsfarben 24
Überlagerung 22, 309
Übersichtlichkeit 505
Überspielung 132
Übersteuerung 257, 258
Überstrahlte Bereiche 182
UDF (Universal Disc Format) 70, 607, 648
UDF Bridge 648
Unschärfe 194, 196
Unschärfefilter 303
Untermenüs 97
Untertitel 310, 322, 325, 620
  auf Videospur 324
  bearbeiten 621
  für 16 zu 9 362
  Grafikdatei importieren 323
  im Simulator 576
  in Excel formatieren 327
  Konturenglättung 322
  Sprachversionen 325
Untertitelspuren 325
Untertitelversionen 381
Unwucht 610
unzureichendes Material 150
UOP 474
Usability 96, 365
USB (Universal Serial Bus) 256, 648

V

Vaporware 648
Variablen 407, 507
variable Längenkodierung 202
Varicam 147
VBR (Variable Bit Rate) 206, 212, 612, 648
Vektorskop (engl. Vectorscope) 306, 648
Vergleichen 602
Verlangsamung 506
Verschmutzung 63
Verstärkung 151
Verstärkungsstufen 166
Vervielfältigung 99, 104, 580
Verzerrung 121, 258

VHS 49, 149
Video-Einschränkung für Grafiken 300
Video-Aufnahmeformate 142
Video-CD 51, 76
Video-DVD 45
Hierarchie 447
Vorteile 55
Video-Enhancer 181
Video- und Toninhalte austauschen 443
VIDEO_TS 73
VIDEO_TS.IFO 75
Videoanschlüsse 214
Videoaufzeichnung
Qualität 137
Videobild, Pixelanzahl 120
Videodatei 272
Videoformate
Auflösung 118
Eigenschaften 142
umwandeln 396
Videoinstallation 89
Videokamera 129
Videokodierung 199
VideoLAN-Client 343
Videomaterial 137
ändern 466
Videospur 356
keine? 388
Videosystems
Auflösung messen 117
Videoverbindung 82
Video Manager (VMG) 75, 447, 648
Video Object 452
Video on Demand 56
Video Title Sets 75, 380, 449
ändern 468
Menu 449, 514
Virtual Reality 89
VLC (variable Längenkodierung) 202, 649
VMG 447
VMG Identifier 510
VMG Menus 447
VOB (Video Object) 75, 452, 466, 649
VOBU (Video Object Unit) 649
Vollaussteuerung 259
Vollbild-Aufnahme 168
Vollbild-Camcorder 169
Vollbilder 300
International 397
nachträglich erzeugen 171
Vollbildmodus 169
Vorschau 575
VTS (Video Title Set) 380, 449, 649
VTSM 449
VU-Meter 257

W

Wasserzeichen
Filter Compressor 235
WAVE 284
Waveform 159
Waveform-Monitor 159, 649
Wechsel zwischen zwei Schichten 596
Weichzeichnen 213, 309
Vorsatzfilter 183
Weichzeichner-Effekt 183
Weißabgleich 165, 649
Weitwinkel 192
Weitwinkelwirkung 192
Wellenform 258
Wellenlänge 63
White Level (Weißwert) 649
Widescreen 125
auf dem Display 135
auf DVD 131
im DVD-Player 134
auf Film 129
auf Video 129
Menüs 355
Menüs anpassen 358
Pixelzahl 131

Subpictures 359
und TV 126
Widescreen-Aufnahme 129, 192
Widescreen-Bildmaterial
anamorphotisch 134
Letterbox 133
Pan and Scan 133
Widescreen-Subpictures 359
umschalten 411
Wiedergabe 81
Computer 83
DVD-Player 85
HD 83
Selbst gebrannte DVD 82
Spielkonsolen 85
Wiedergabegerät 98
WinDVD 84
WMV-9 649

X

XLR-Stecker 256
XLR-Tonanschlüsse 145

Y

Y/C oder S-Video 649
YUV 82, 223
YUV-Information 122
YUV-Komponenten 214
YUV- oder Komponenten-Video 650

Z

Zahlentasten 367, 379
Zebra-Funktion 157
Zeilen 116
Zeilensprung 171
aufheben 172, 179
Zeilensprungverfahren 84, 112, 650
zeilenweise 111
zeitliche Auflösung 113
Zelle 650
Zielgruppe 96, 97
Sprache 98
Wohnort 98
Zifferntasten 426
Zoomobjektive 193
Zoom 197
Zootech 506
Zuverlässigkeit 505
zweiseitige DVD 65
Zwischenspeicherung 153, 220

Tipp
für Fotografen:
Das Video-Traiining

Die Photoshop-Bibliothek

www.galileodesign.de

versandkostenfrei
im Web bestellen

nd viele Profibücher mehr
zur Creative Suite von Adobe

... alles auf www.galileodesign.de

Galileo Design
Know-how für Kreative

Lernen Sie Final Cut auf unterhaltsame Art

ca. 460 S., 4c, mit CD, ca. 59,90 Euro
ISBN 3-89842-417-0, Oktober 2004

Final Cut Pro HD

www.galileodesign.de

mit CD/ DVD

Andreas Zerr, Björn Adamski

Final Cut Pro HD

Videoschnitt, Techniken und Effekte

Dieses Standardwerk vermittelt Wissen auf unterhaltsame Art. Die Autoren zeigen Ihnen, wie Sie Ihr Rohmaterial importieren, Grob- und Feinschnitt durchführen und Ihren Film mit Übergängen, Filtern und Effekten versehen. Auch die Vertonung und das Titeldesign sowie das Compositing, Rendering und die Ausgabe für Fernsehen und Web werden behandelt. So leicht sind Sie noch nie zum Profi geworden!

After Effects wird Ihnen nach der Lektüre nicht mehr kompliziert erscheinen

ca. 500 S., 4c, mit DVD, ca. 59,90 Euro
ISBN 3-89842-414-6, Januar 2005

Adobe After Effects 6.5

www.galileodesign.de

Gerhard Koren

Adobe After Effects 6.5

Compositing, Motiondesign und Animation

mit CD/ DVD

Wie Sie aus After Effects alles herausholen können, zeigt Ihnen der Adobe-Spezialist Gerhard Koren anhand vieler Praxisbeispiele. Die komplexen Einstellungsmöglichkeiten des Programms können abschreckend wirken - hier werden sie zielführend erläutert. Außer den klassischen Aufgabenstellungen der Animation wie Keying, Maskierung und Motion Tracking werden z.B. auch das 3D-Compositing und die CS-Integration erläutert.

Netzwerk- und Druckerprobleme sofort lösen

408 S., 2004, mit Referenzkarte, 39,90 Euro
ISBN 3-89842-474-X

Mac OS X 10.3 Panther im professionellen Einsatz

www.galileodesign.de

mit Referenzkarte

Kai Surendorf

Mac OS X 10.3 Panther im professionellen Einsatz

Probleme mit Mac OS X 10.3? Das Buch bietet tief gehende Infos zum Mac in homogenen und heterogenen Netzwerken, zu Sicherheitsaspekten sowie zu Druck- und Schriftproblemen und erläutert Systemadministration, Benutzerverwaltung, die Arbeit am Unix-Terminal sowie die Features des Mac OS X Servers.

gute Sounds, Songs und Loops produzieren

352 S., 2005, mit CD und QuickFinder & Glossar,
24,00 Euro
ISBN 3-89842-567-3

Das GarageBand-Buch

www.galileodesign.de

mit Infoklappen

mit CD/ DVD

Anja Senkpiel, Robert Schreml

Das GarageBand-Buch

Alles über das komplette Aufnahmestudio für den Mac

Das erste deutsche Buch zu Apple GarageBand zeigt Ihnen, wie Sie Ihre eigenen Songs komponieren, aufnehmen und abmischen. Spielen Sie eigene Instrumente ein und erfahren Sie, wie Sie mit GarageBand professionell arbeiten. Der optimale Einstieg in die Musikwelt am Mac!

Alle wichtigen Rechtsfragen – anschaulich erklärt!

336 S., 2005, 34,90 Euro
ISBN 3-89842-597-5

Recht für Kreative

Ausgabe 2005

www.galileodesign.de

Uwe Koch, Dirk Otto, Mark Rüdlin

Recht für Grafiker und Webdesigner, Ausgabe 2005

Verträge, Schutz der kreativen Leistung, Selbstständigkeit, Versicherungen, Steuern

Wie schütze ich meine Leistungen? Welche Versicherungen sollte ich abschließen? Welche Fallstricke lauern in Verträgen? Was ist besser: GbR oder GmbH? Besonders kreativen Freiberuflern und Agenturen gibt dieser hilfreiche Ratgeber Antworten auf viele unliebsame, aber wichtige Fragen. Die aktuelle Auflage mit allen Neuerungen des Jahres 2005, Vertragsmustern und Checklisten!

Filmtechniken per Film gelernt!

DVD, Win, Mac und TV, mit Handbuch, 25,00 Euro
ISBN 3-89842-612-2

Digitales Filmen

www.galileodesign.de

Mac Windows

slashCAM

Digitales Filmen

Lernen per DVD: Kameraführung, Technik, Bildausschnitt, Licht, Ton

Mit dieser DVD drehen Sie richtig gute Filme! Ohne lange Theorie zeigt Ihnen das Team von slashCAM in 30 Filmen direkt am Set, wie Sie das Einmaleins des Filmemachens in Ihren eigenen Videos einsetzen. Perspektiven, Bildgestaltung, Beleuchtung, Kamerafahrten, DV-Einstellungen - lernen Sie Ihre Kamera richtig kennen und schauen Sie den Profis über die Schulter!

Bibliografische Information Der Deutschen Bibliothek
Die Deutsche Bibliothek verzeichnet diese Publikation in der Deutschen Nationalbibliografie; detaillierte bibliografische Daten sind im Internet über http://dnb.de abrufbar.

ISBN 3-89842-596-7

© Galileo Press GmbH, Bonn 2005
1. Auflage 2005

Der Name Galileo Press geht auf den italienischen Mathematiker und Philosophen Galileo Galilei (1564–1642) zurück. Er gilt als Gründungsfigur der neuzeitlichen Wissenschaft und wurde berühmt als Verfechter des modernen, heliozentrischen Weltbilds. Legendär ist sein Ausspruch **Eppur se muove** (Und sie bewegt sich doch). Das Emblem von Galileo Press ist der Jupiter, umkreist von den vier Galileischen Monden. Galilei entdeckte die nach ihm benannten Monde 1610.

Lektorat Ruth Wasserscheid
Herstellung Vera Brauner
Korrektorat Sandra Gottmann, Münster
Einbandgestaltung Hannes Fuß, www.exclam.de
Satz SatzPro, Krefeld
Gesetzt aus der Linotype Syntax mit Adobe InDesign CS
Druck Bercker Graphischer Betrieb, Kevelaer

Das vorliegende Werk ist in all seinen Teilen urheberrechtlich geschützt.
Alle Rechte vorbehalten, insbesondere das Recht der Übersetzung, des Vortrags, der Reproduktion, der Vervielfältigung auf fotomechanischem oder anderen Wegen und der Speicherung in elektronischen Medien.

Ungeachtet der Sorgfalt, die auf die Erstellung von Text, Abbildungen und Programmen verwendet wurde, können weder Verlag noch Autor, Herausgeber oder Übersetzer für mögliche Fehler und deren Folgen eine juristische Verantwortung oder irgendeine Haftung übernehmen.

Die in diesem Werk wiedergegebenen Gebrauchsnamen, Handelsnamen, Warenbezeichnungen usw. können auch ohne besondere Kennzeichnung Marken sein und als solche den gesetzlichen Bestimmungen unterliegen.

Hat Ihnen dieses Buch gefallen?
Hat das Buch einen hohen Nutzwert?

Wir informieren Sie gern über alle
Neuerscheinungen von Galileo Design.
Abonnieren Sie doch einfach unseren
monatlichen Newsletter:

www.galileodesign.de

Galileo Design

Die Marke für Kreative.